아르케
북스
241

진경환 秦京煥, Jin Kyoung Hwan

고려대학교 국어국문학과를 졸업하고 동 대학원에서 한국고전문학으로 박사학위를 받았다. 현재 한국전통문화대학교 명예교수로 있다. 지은 책으로 『세시기 번역과 주석의 제 문제』(민속원, 2022), 『조선의 잡지: 18~19세기 서울 양반의 취향』(소소의책, 2018), 『집 잃은 개를 찾아서: 리링, 다산, 오규 소라이, 난화이진과 함께 떠나는 진경환의 논어 여행(1 · 2)』(소명출판, 2015), 『이야기의 세계 1』(보고사, 2004), 『고전의 타작 : 소설과 문학사의 몇 국면(월인, 2000)이 있고, 공저로 『전통, 근대가 만들어낸 또 하나의 권력』(인물과사상사, 2010), 『전통문화교육의 이론적 기초』(한국교육과정평가원, 2009), 『우리 고전문학을 찾아서』(고려대학교 민족문화연구원, 2003), 『고전문학이야기주머니』(녹두, 1994)가 있다. 옮기고 주해한 책으로는 『조선의 세시를 기록하다: 완역 동국세시기』(민속원, 2023), 『백성의 말 하려 하니 목이 메고 눈물 난다: 주해 조선후기 현실비판가사』(문예원, 2023), 『서울의 풍속과 세시를 담다: 완역 경도잡지』(민속원, 2021), 『예로부터 이른 말이 농업이 근본이라: 주해 농가월령가』(민속원, 2021), 『서울 · 세시 · 한시』(보고사, 2003), 『백마강 한시로 읊다: 부여회고한시선』(민속원, 2011), 『누가 꿈이며 꿈이 아니냐』(휴머니스트, 2015), 『사씨남정기』(두산동아, 2007)가 있다. 공역으로 은사이신 석헌石軒 정규복丁奎福 선생님과 한문본 노존老尊A본 등을 역주한 『구운몽』(한국고전문학전집 27, 고려대학교 민족문화연구소, 1996)이 있다.

민속원 아르케북스 241 minsokwon archebooks

세시풍속도감

그림과 사진으로 보고 읽는 『경도잡지』

| 진경환 |

민속원

머리말

도감圖鑑은 도보圖譜와 같이 쓰는 말로, 사전에서는 "그림이나 사진을 모아 실물 대신 볼 수 있도록 엮은 책"이라고 설명합니다. 그런데 저는 이 설명 앞에 "글만으로는 쉽게 이해하기 어려운 사물, 용어, 개념 등을"이라는 말을 덧붙이고 싶습니다. 옛글을 읽다 보면 모르는 말들이 자주 등장하는데, 그때마다 사전 등 공구서를 찾아보게 됩니다. 열심히 찾아 읽지만, 그런다고 곧장 이해가 되는 것은 아닙니다. 알 듯 말 듯, 손에 잡힌 것처럼 명료하게 이해되지 않을 때가 많은 것입니다. 그때 그것과 관련이 있는 그림이나 사진을 보면 단박에 이해가 됩니다. 도감이 필요한 이유입니다. 도감은 특히 교육 현장에서 대단히 요긴합니다. 말이나 글로 애써 설명을 하지만, 제대로 이해가 되지 않거나 오히려 더욱 난해해질 경우가 있는데, 그럴 때 도감을 십분 활용하면 효과가 만점입니다.

소줏고리의 단면도

예를 들어 『농가월령가』 「12월령」에 "주준에 술 들으니 돌 틈의 새암 소리"라는 구절이 나옵니다. 학생들은 "주준"과 함께 "술 들으니"라는 말이 무엇인지 난감해 합니다. "주준"은 '酒樽'이라고 쓰는데, 술을 담아 두는 큰 통을 말합니다. 그렇다면 "술 들으니"는 무슨 말일까요? 아궁이에 불을 펴고, 쌀을 발효시켜서 만든 양조주釀造酒를 가열하면 술이 끓으면서 증발하여 소줏고리 윗부분으로 올라가게 됩니다. 윗부분으로 올라간 증기蒸氣가 시원한 물이 담긴 용기(뚜껑)에 닿으면 온도가 떨어지면서 다시 액화液化됩니다. 이 액체는 허리 부분에 달려 있던 주둥이를 통해 한 방울씩 내려가게 되는데, 그것을 모으면 소주를 얻을 수 있습니다. 요컨대 "술 들으니 돌 틈의 새암 소리"는 소줏고리에서 소주 방울이 똑똑 떨어지는 소리를 돌 틈에서 샘물이 떨어지는 소리에 비유한 것입니다. 그런데 이처럼 긴 설명보다는 소줏고리와 거기서 떨어지는 소주 방울 그림이나 사진을 보여주면서 설명을 하면 단박에 이해가 될 것입니다.

이런 이유에서 한국전통문화대학교에 자리를 잡은 이후, 줄곧 『한국전통문화도감』(가제)을 만드는 꿈을 꾸어 왔습니다. 다행히 교내 모든 학과가 전통문화를 전공으로 삼고 있으니, 각자의 분야를 맡아 해당 부분을 작성하면 될 것이라고 생각했습니다. 그것을 실현할 수 있는 여건과 기회를 기다리는 저자의 책상 한쪽에는 그래서 늘 네 권의 도감이 놓여 있었지요. 김삼불의 『국문학참고도감國文學參考圖鑑』(이병기 교열, 1949년), 홍웅선과 이훈종의 『국어학습도보』(1955년), 이훈종의 『국학도감』(1969년), 김만희의 『한국민속도감韓國民俗圖鑑』(1973년)이 그것입니다. 도감 중 최고의 것으로 인정받는 중국의 『삼재도회三才圖會』(1607년, 王圻 저, 홍기원 역, 민속원, 2004년)와 일본에서 그것을 본떠서 만든 『화한삼재도회和漢三才圖會』(1712년, 寺島良安 저, 홍기원 역, 민속원, 2014년), 그리고 『국조오례의國朝五禮儀』, 『악학궤범樂學軌範』, 『춘관통고春官通考』 등 각종 의궤儀軌와 문집文集, 읍지邑誌 등에 들어 있는 다양한 도판들을 모아 엮은 『한국삼재도회韓國三才圖會』(박성훈 저, 시공사, 2002년)도 늘 제 곁을 지켜왔습니다. 그리고 자그마한 문고본이지만, 내용이 충실한 『北京風俗圖譜 1』(內由道夫 해설, 平凡社, 2012)이 큰 자극을 주었고, 복식분야에서는 국립고궁박물관의 『왕실문화도감 : 조선왕실복식』(2013)이 많은 도움이 되었습니다.

그런데 여러 차례 함께 해 보자고 권유를 했지만, 아무도 반응을 보이지 않았습니다. 2019년 체코 프라하에서 남북한 학자들이 모여 한국학 전반에 대해 발표하고 토론하는 자리에서 『겨레말큰사전』(2021년 가제본 제작)의 전례를 따라 남북한 공동으로 전통문화 관련 도감을 작성할 것을 제안해 보았으나, 그것도 공허한 메아리로 되돌아왔습니다. 퇴직을 1년 앞둔 시점에서 돌아보니, 아무래도 제 오랜 꿈은 실현되지 못할 것 같았습니다. '결국 이렇게 끝이 나는가 보다' 하며 안타까워하다가 문득 '포기할 것이 아니라 무엇이라도 일단 시작을 해보자'는 생각이 들었습니다. 그 광범위한 대상과 범위를 혼자서 모두 다루기는 거의 불가능하니, '내가 어느 정도 다루어 본 분야에서부터 일단 시작을 해 보면 어떨까' 하는 생각을 했던 것입니다. 바로 세시풍속 분야입니다.

세시풍속은 수년간 이리저리 손을 좀 대어본 분야라 어떻게든 해볼 수 있겠다는 생각이 들었습니다. 그런데 세시풍속도 간단히 다룰 수 있는 대상은 아닙니다. 한 해의 세시와 풍속의 내용과 범위가 그리 단순치 않은 것입니다. 그래서 유득공柳得恭(1749~1807)의 『경도잡지京都雜志』를 저본으로 삼아 작업을 시작하기로 마음먹었습니다. 혼자서 욕심을 내다보면 무엇보다도 자의적인 취사선택으로 인해 당대의 실상을 온당히 짚어낼 수 없다고 판단했기 때문입니다. 『경도잡지』는 「풍속」 19개 항목과 「세시」 19개 항목, 총 38개의 항목으로 18~19세기 서울의 세시풍속을 요약적으로 묘사하고 설명한 텍스트입니다. 이 틀에 맞추어 작업을 하게 되면 우선 당대인의 시각을 존중함으로써 그 실상에 보다 적실히 다가갈 수 있다고 생각했던 것입니다.

필자가 생각하는 가장 바람직한 도감은 대상을 그림으로 그려서 그 세부를 상세히 설명하는 것입니다. 요즘은 해상도가 높거나 입체적인 사진을 누구나 쉽게 다룰 수 있게 되었지만, 그것들은 대상의 세부 하나하나를 드러내기에는 손으로 그린 그림처럼 효과적이지 못하다고 생각합니다. 이렇게 보면 이 책은 본격적인 도감이라고 하기 어렵습니다. 관련 그림이나 사진을 최대한 보여주려고 노력은 했지만, 저자가 생각해 온 도감에는 현저히 미치지 못하기 때문입니다. 이런 의미에서 이번 책은 본격적인 도감을 산출하기 위한 하나의 출발에 불과합니다.

정리하자면, 이 책은 『경도잡지』를 저본으로 삼아 거기서 언급된 내용과 관련된 그림, 사진을 동원해서 본격적인 도감의 전 단계를 작성해 본 것입니다. 그러므로 제목을 『세시풍속도감』이라고 한 것은 분명 과하고도 지나친 명명입니다. 그래서 "그림과 사진으로 보고 읽는 『경도잡지』"라는 부제를 달아 그 무모함을 면해 보려 하였습니다. 독자 제현의 혜량을 바라마지 않습니다.

자료를 수집하고 거기에 설명을 다는 것 모두를 처음부터 혼자서 하느라 이른바 진도도 좀처럼 나가지 않았고, 좀 더 적절하고 좋은 자료들을 폭넓게 모으는 데에도 한계가 있었습니다. 그러나 부족한 도감이지만, 부디 이 책이 전통문화를 공부하는 학생들에게 조금이나마 도움이 되기를 바랍니다. 사실 이 책은 2023년 8월 저의 퇴직을 자축하는 의미에서 마련한 것입니다. 30여 년을 대학에서 가르치면서 결국 이 정도의 책으로 마무리를 한다는 것이 민망하기 짝이 없지만, 제 공부가 여기에 그친다는 사실을 있는 그대로 드러내 놓고자 합니다.

마지막으로 저작권에 대해 한마디 하지 않을 수 없습니다. 저작권을 보호해야 한다는 것은 췌언에 불과할 것입니다. 다만, 공적인 영역에서는 그 사용이 좀 더 유연할 수 있기를 바랍니다. 이번 책이 사설 출판사에서 출간되기 때문에 원칙적으로 상업적인 성격을 갖지만, 이런 도감류는 기본적으로 공적인 영역에 속한다고 봅니다. 유력 소장처와 일부 개인 소장자는 자료 이용에 거액을 요구합니다. 수백 점의 그림과 사진이 들어가는 이런 도감류는 그 비용을 영세 출판사나 개인이 감당하기 어렵습니다. 대학이나 국책 기관 소속의 연구소를 위시한 공공기관에서 작업을 해주면 좋겠는데, 거기에서는 주로 '돈 되는 프로젝트'에 열중하지 '돈 들어가는 일'에는 관심이 없습니다. 결국 반드시 필요할 뿐 더러 대단히 중요한 자료들을 빼고 또 뺄 수밖에 없었습니다. 이렇게까지 해서 책을 내야 하는가 하는 회의가 들어 여러 번 포기할까 했지만, 출발에 의미를 두자는 심정으로 빈약한 결과물이나마 일단 내놓기로 했습니다. 나중에 대학이나 국책 기관 소속의 연구소를 위시한 공공기관에서 충분한 시간을 들이고 넉넉한 자금을 투여해 훌륭하고도 멋진 도감을 만들어주실 것을 기대해 마지 않습니다. 그때 이 책은 뒷방으로 밀려나도 좋겠습니다. 작업을 하면서 '공공누리', '공유마당' 같은 사이트의 도움을 많이 받았습니다. 고마운 마음을 전합니다. 앞으로 이런 곳이 더 늘어나기를 바랍니다.

지금까지 여러 권의 책을 민속원에서 냈는데, 이번에도 기꺼이 맡아주었습니다. 앞으로도 몇 권을 더 민속원의 목록에 올려놓을 예정입니다. 다시 말하지만, 한국학의 발전에 튼실한 기초를 놓겠다는 의지 없이는 이런 일을 수행하기 어렵습니다. 손이 많이 가고 비용도 만만치 않게 든 이 책의 출간을 흔쾌히 떠맡아주고, 거기에 더해 아름답게 만들어 주기까지 한 민속원 홍종화 사장님과 편집부 일동에게 깊은 감사의 말씀을 전합니다.

2023.7.
용인 누거에서
진경환 씀

차례

풍속 風俗

세시 歲時

일러두기

1. 매장마다 『경도잡지』의 번역문과 원문을 달아 두었습니다. 「풍속」 19장, 「세시」 19장 해서 모두 38장입니다.
2. 번역문은 가능한 한 직역을 하려고 했지만, 이해의 편의를 위해 약간의 의역을 감행하였습니다. 그래서 원문에는 없는 구절이 일부 드러나게 되었습니다. 양지하시기 바랍니다.
3. 번역문의 특정 단어나 용어는 다른 색으로 표시를 했는데, 그것은 그 단어나 용어와 관련된 도판이 뒤에 나온다는 일종의 알림입니다.
4. 이 책은 '도감'이다 보니, 『경도잡지』 원문에 주석을 충실히 달기가 어렵습니다. 그러므로 기존에 펴낸 『서울의 풍속과 세시를 담다: 완역 경도잡지』(민속원, 2021)를 곁에 두고 읽으면 많은 도움이 될 것입니다.
5. 도판의 '설명'은 가능한 한 '원전 자료'를 위주로 작성했습니다. 개인적인 소견이나 판단으로 생기는 오류를 가능한 한 줄여 보고자 한 것입니다. 결과적으로 많은 세시기 관련 원문 자료를 두루 접하게 되는 이점도 있겠습니다.
6. '설명'에 나오는 단어나 개념에 대해서는 가능한 한 상세한 풀이를 덧붙이려고 했습니다. 그래서 가독률은 다소 떨어질 것으로 보입니다만, 보다 정확한 이해를 위해 불가피한 일이었습니다. 어떤 것은 풀이가 중복되어 달리거나 달지 않아도 알 만한 내용에도 풀이를 한 경우가 있는데, 이는 입문자에 대한 배려입니다.
7. '도판'의 선정과 활용에는 국립중앙박물관, 국립민속박물관, 국립고궁박물관, 서울역사박물관, '공유누리'와 '공공마당'의 도움을 많이 받았습니다. '녹우당문화예술재단'의 후원으로 윤두서尹斗緖(1668~1715)의 그림 석 점을 쓸 수 있었고, 주강현 선생님(고려대학교 아세아문제연구원 연구위원)과 박동춘 선생님(동아시아차문화연구소장), 그리고 네이버 블로그 '길르앗 치유의 숲 기도처' 주인장께서 귀한 자료를 쓰도록 허락해 주셨습니다.

8. '설명' 작성에서 기존 사전류들, 예컨대 『한국민족문화대백과사전』, 『한국민속대백과사전』, 『표준국어대사전』 등의 사전류와 각 박물관의 해설이 많은 도움이 되었습니다.
9. 수많은 논저들이 참고되었지만, '참고문헌'은 '설명'에 동원된 논저들 위조로 작성했습니다. 고전원전의 경우, 번거로워 보여 출처는 생략하고 제목만 밝혀두었습니다. '설명'에서는 가독성을 살리기 위해 서지를 간략히 표시했으니, 자세한 것은 '참고문헌'을 살펴보아 주시기 바랍니다.
10. '색인'은 『경도잡지』 번역문만을 대상으로 했습니다. '설명'까지 대상으로 하면, 색인이 지나치게 장황해지기 때문입니다.
11. '도판'의 출처를 밝힐 때, 그 크기나 재질 같은 것은 생략했습니다.
12. 『경도잡지』 「풍속」의 19개 제목은 모두 두 글자로 되어 있는데, 다소 어려운 글자들이어서 적절히 풀어두었습니다. 그런데 풀어쓰기가 좀 어려운 부분이 몇 군데 있습니다. 예컨대 '과과果瓜'는 원래 '과일과 호박'이라는 말인데, 요즘 식으로 보면 어색한 연결이어서 '과일과 채소'로 바꾸었습니다. '제택第宅'을 '집과 방'으로, '화훼花卉'를 '꽃과 나무'로 풀어쓴 것도 마찬가지입니다. 독자 제현의 혜량을 부탁드립니다.
13. 거의 대부분의 도판은 저작권을 해결하였습니다만, 일부는 완전하게 해결되지 못한 것이 있습니다. 불가피한 경우 때문이고 의도한 바가 아니니, 책이 출간된 이후라도 해결하도록 하겠습니다. 이 도감에 쓰인 모든 도판은 출처 등을 정확히 밝히고 사용하려 노력은 했지만, 일부는 착오가 있을지 모릅니다. 다음 쇄를 찍을 때 바로잡도록 하겠습니다.

풍속
風俗

건복巾服, 쓰개와 옷

사대부는 집에서는 보통 복건服巾, 방관方冠, 정자관程子冠, 동파관東坡冠을 쓰고, 조정에서 벼슬을 하는 조사朝士는 당건唐巾을 쓴다. 거리를 다닐 때에는 모두 갓을 쓰고, 당혜唐鞋나 운혜雲鞋를 신는다. 선비는 도포道袍를 입는데, 조사의 근무복인 상복常服으로도 입는다. 무관의 상복은 깃이 곧고 뻣뻣하며 소매가 넓은 직령直領이다.

겨울에는 모선毛扇을 든다. 모선은 두 손잡이를 담비 턱에 난 누런 털을 대나무 마디 모양으로 감싸고, 거기에 검은 비단[단緞] 한 폭을 잇대어 만든다. 간혹 수달 가죽으로 손잡이를 감싸기도 한다. 모선으로 손을 따뜻하게 하고 찬바람으로부터 얼굴을 보호한다. 봄과 가을에는 얇고 좀 거칠게 짠 비단인 깁[사紗] 한 폭을 잇대어 먼지를 막는데, 노루 가죽으로 손잡이를 감싼다.

윗도리에 차는 작은 칼[소도小刀]은 코뿔소의 뿔[서각犀角], 바다거북의 등딱지[대모玳瑁], 침향목沈香, 검은 무소의 뿔[흑각黑角], 모과나무인 화리華梨로 그 칼자루와 칼집을 만든다. 혹은 오동烏銅으로 손잡이를 새기기도 하는데, 그것은 왜倭의 방식이다.

백성의 살림집이 많이 모여 있는 여항의 부녀자는 녹색의 규의袿衣, 곧 장옷을 입는데, 거리에서는 별도의 윗도리로 머리를 가린다.

士大平居多戴幅巾方冠程子冠東坡冠, 朝士唐巾. 街上俱用笠子, 穿唐鞋雲鞋. 儒服道袍, 朝士常服亦用之. 武官常服直領. 冬持毛扇, 其制兩柱裹以貂頷黃毛, 作竹節狀, 聯以黑緞一幅, 或用獺皮裹柱, 取其暖手護面也. 春秋用紗幅, 障塵獐革裹柱. 衣帶小刀, 用犀玳瑁沈香黑角華梨爲柄鞘, 或有烏銅鏤柄, 倭制也. 閭巷婦女綠袿衣在街上, 另用一衣羃首.

복건幅巾

1

1 **복건**. 국립민속박물관 소장.

조선 시대 남성이 쓰는 건巾으로, '복건[幅巾]' 또는 '복건幞巾'으로 표기했다. '복건[幅巾]'에서 '폭幅'은 직물 한 폭으로 만들었음을 나타낸다. 검은 헝겊으로 위는 둥글고 삐죽하게 만들고, 뒤에는 넓고 긴 자락을 늘어지게 대며, 이마 부분에 주름을 잡고, 양옆에는 끈이 있어서 뒤로 돌려 뒤통수에서 묶었다. 복건은 그것 하나만 썼던 것은 아니고, 그 위에 갓을 덧쓰기도 했고, 점차 원래의 용도와 다르게 쓰여 오늘에 이르게 된다. 즉 "새로 관례冠禮(남자가 성년에 이르면 어른이 된다는 의미로 상투를 틀고 갓을 쓰게 하던 의례儀禮)한 서방님이 초립草笠(주로 어린 나이에 관례를 한 사람이 쓰던 갓으로 썩 가늘고 누런 빛깔이 나는 풀이나 말총으로 결어서 만듦) 받침으로 쓰기나 하고, 그나마도 관례식冠禮式 때에만 한하게 되고, 다시 일전一轉하여 아동배兒童輩의 장식적 쓰개로 이용되어서 유아가 '돌'을 잡히면 복건을 만들어 씌워서 이를 예쁘게 보고, 이로부터 미관전未冠前까지는 세시歲時(한 해의 절기나 달, 계절에 따른 때)나 예석禮席(예식을 베푸는 자리)에 있는 성장盛裝(잘 차려입음. 또는 그런 차림)에 이를 예모禮帽(예복을 입을 때 격식에 맞추어 쓰는 쓰개)로 착용하는 풍風(한 시대의 유행과 습관)이 생겼다."(『조선상식』) 한편 복건은 사람이 죽어 염殮(시신을 수의壽衣로 갈아입힌 다음, 베나 이불 따위로 싸는 일)을 할 때 망자망자亡者(생명이 끊어진 사람)에게 씌우기도 했다. 부의賻儀(상가喪家에 부조로 보내는 돈이나 물품. 또는 그런 일)로 복건을 보낸 기록이 전한다.

2 「**송시열 초상**」. 국립중앙박물관 소장.

송시열이 심의深衣에 복건을 쓰고 있다. 주희의 가르침을 신봉하고 실천하는 것으로 평생의 사업을 삼은 송시열은, 주희가 복건을 『가례家禮』에 기록해 예복禮服(의식을 치르거나 특별히 예절을 차릴 때에 입는 옷)이 된 것을 근거로 삼아 복건을 즐겨 썼다. 조선에서 주자학朱子學(중국 송나라 · 명나라 때에 주돈이周敦頤, 정호程顥, 정이程頤 등에서 비롯하고 주희朱熹가 집대성한 유학의 한 파. 성리학性理學)이 융성해짐에 따라 유학자들 사이에 복건이 널리 쓰이게 되었다. "김취려金就礪(1526~?)가 복건과 심의를 지어 보내자 선생께서 말씀하시기를, '복건은 중들이 쓰는 두건과 같아서 쓰기에 온당치 못한 것 같구나' 하시고는 심의를 입고 정자관을 쓰셨다"(『학봉속집鶴峯續集』)라고 한 데서 보듯이, 이황李滉(1501~1570)은 점잖은 선비 혹은 학인學人의 차림으로 복건이 적절치 않다고 생각했던 것으로 보인다. 지금 천 원권 지폐에는 1974년에 이유태李惟台(1916~1999)가 그린 이황의 초상이 들어 있는데, 이황은 복건을 쓰고 있다. 이것은 잘못된 것이다. 한편 복건의 제작 방법을 당파와 관련하여 설명한 연구가 있다. 이황이 복건을 중의 모자라 하고 대신 "정자관程子冠을 쓴 이후로, 남인南人들은 이황의 선례에 따라 200년 가까이 복건을 착용하지 않았다"고 한 것이다. 그러나 "초상화를 보면, 남인인 허목許穆(1595~1682)이 복건과 심의를 착용한 것이 발견되고 있어" 일률적으로 단정해 말하기는 어렵다.

3 **심의**深衣. 국립민속박물관 소장.

심의는 유학자의 상징적인 옷으로, 상의인 저고리와 하의인 긴 치마가 연결되어 길이가 발목에 이르는 형태이다. 깃의 모양은 직선으로 곧게 내려와 서로 교차하여 입는 직령直領과 깃 모양이 네모진 방령方領으로 나뉜다. 심의의 각 부분은 저마다 유가적 상징을 담고 있는데, 하의는 열두 달을 상징하여 열두 폭으로 제작했고, 둥근 소매는 예를 표시하며, 곧은 깃과 선은 바른 정치적 올바름을 나타낸다. 심의는 선비가 평소에 착용하는 복식으로 주자학의 전래 이후 유학자들이 많이 입었다.

사방관四方冠

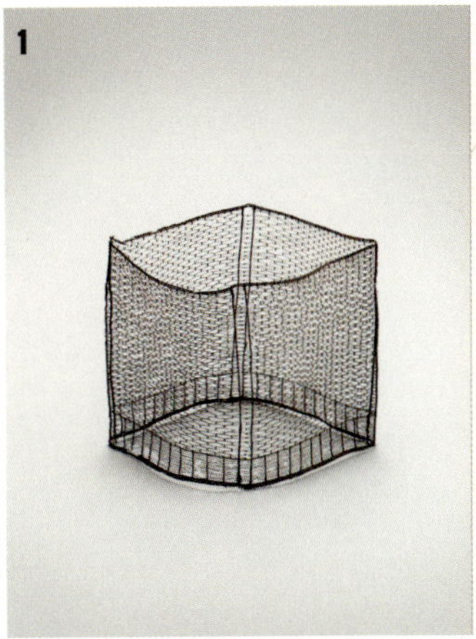

1 **방관**方冠. 국립민속박물관 소장. 사대부가 집안에서 쓰던 관으로, 말총이나 옷감으로 만들었다. 모양이 편평한 사각형에서 그 명칭이 유래하여 방관 혹은 방건方巾 또는 사방관四方冠이라고 불렀다. 방관은 맨상투 바람을 면하기 위해서 썼다. 관모 윗부분이 막힌 것과 트여진 것 두 가지 형식이 있는데, 조선 후기에는 주로 트인 것을 애용했다.

2 **신한평**申漢枰(1726~?), 「**이광사 초상**李匡師肖像」. 국립중앙박물관 소장. 미색의 도포에 방관을 착용한 반신 좌상이다. 그림 속 사방관은 말총을 성글게 짜서 만들었는데, 관속의 상투관과 비녀까지 선명하게 드러나 있다. 초상화 화면 우측 상단에는 이광사가 1762년에 신지도薪智島로 이배移配(귀양살이하고 있는 죄인을 다른 유배지로 옮김)되었고, 1777년 73세로 사망했으며, 이 초상은 이광사가 70세 되던 해(1774년)에 신한평이 그렸다는 내용이 적혀있다.

3 **상투관과 비녀**. 국립민속박물관 소장. 상투머리에 쓰는 작은 관으로 상부는 사다리꼴이고, 하부는 원형이다. 하부 양 측면에 구멍이 있어 비녀를 가로질러 상투에 고정할 수 있도록 했다. 표면에 흑칠黑漆(검은 빛깔의 옻칠)을 했다.

정자관程子冠

1

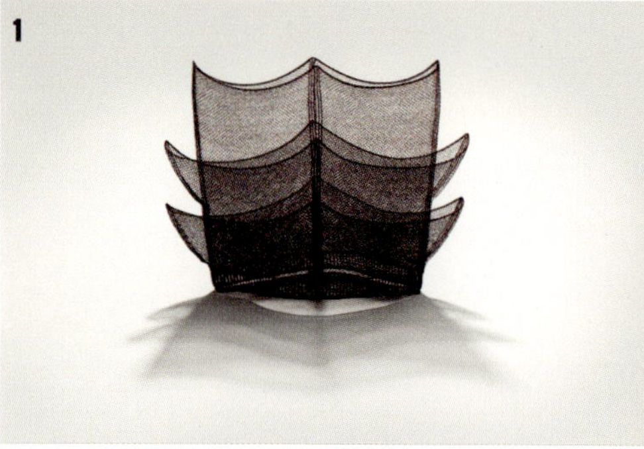

2

1 **정자관.** 국립민속박물관 소장.

사대부가 집안에서 착용한 관으로, 망건網巾이나 탕건宕巾 위에 썼다. 말총을 재료로 하여 산 모양으로 짰으며, 높이와 크기를 다르게 하여 2단 혹은 3단으로 겹쳐 만들었다. 앞뒤 중심선으로 가는 선을 대어 힘을 받게 했다. 송나라 때 정호程顥(1032~1085)・정이程頤(1033~1107) 형제가 즐겨 썼다고 해서 붙여진 이름이라고 하는데, 애초에 망건을 쓰고 다시 탕건을 쓴 다음 그 위에 덧보태어 쓰는 것으로 실내나 가정에서 갓을 쓰는 번거로움을 덜기 위함이었다.(망건과 탕건에 대해서는 아래 '갓'에서 설명함) "'복건은 중들이 쓰는 두건과 같아서 쓰기에 온당치 못한 것 같구나' 라고 하고는, 심의深衣(신분이 높은 선비들이 입던 웃옷으로 대개 흰 베를 써서 두루마기 모양으로 만들었으며 소매를 넓게 하고 검은 비단으로 가를 두름)를 입고 정자관을 썼다"라고 한 이황의 전례에서 보았듯이, 정자관은 양반의 위엄을 나타내기 위해 즐겨 썼다.

2 **채용신**蔡龍臣(1850~1941), 「**유소심**劉小心 **초상**」. 국립중앙박물관 소장.

정자관을 쓴 56세의 유소심이 심의를 입고 앉아 앞을 향하고 있는 정면 좌상坐像(앉은 모습을 묘사한 그림이나 조소 작품)이다. 좌상 중에서도 양반다리를 한 부좌상趺坐像(대개 좌선坐禪할 때 앉는 방법의 하나로 오른발을 왼편 넓적다리 위에 올려놓은 뒤, 왼발을 오른편 넓적다리 위에 올려놓고 앉는 자세) 자세를 하고 화문석花紋席(꽃 모양을 놓아 짠 돗자리) 위에 앉아 있으며, 왼쪽 발이 도포道袍(예복禮服으로 입던 남자의 겉옷으로 소매가 넓고 등 뒤에는 딴 폭을 댐) 밖으로 나와 있다. 화면 오른쪽에 주인공 유소심이 스스로 '자필自筆'하였음을 밝히고 있으며, 왼손에는 『성리전서性理全書』를 들고 있다.

동파관東坡冠

1

2

1 **동파관**東坡冠. **심득경**沈得經(1673~1710) **초상**(부분).
국립중앙박물관 소장.
사대부가 집안에서 쓰던 관으로, 망건 위에 썼다. 말총이나 실처럼 가늘게 쪼갠 대오리인 죽사竹絲로 관이 두 개 겹쳐지게 만들었다. 네 조각으로 이루어져 있으며, 연결해서 각진 부분이 양 눈썹 사이에 오게 착용했다. 안의 것이 바깥쪽보다 크며, 윗면은 직선으로 되어 있다. 송나라 시인 동파東坡 소식蘇軾(1036~1101)이 즐겨 썼다고 해서 그의 호를 따서 동파관이라 했다. 명 나라 때 우리나라에 전래된 것으로 보이며, 문인 · 선비들이 한가히 지낼 때 쓰던 쓰개다. 사신使臣으로 나가던 역관譯官이 쓰기도 했다. 사방관의 옆에 위로 올라가는 수收가 덧달린 형태다. 망건網巾 위에 탕건宕巾을 하고 그 위에 썼다.

2 「**이채 초상**李采肖像」, 1802년, 국립중앙박물관 소장.
심의深衣(신분이 높은 선비들이 입던 웃옷으로 대개 흰 베를 써서 두루마기 모양으로 만들었으며 소매를 넓게 하고 검은 비단으로 가를 두름)에 동파관을 쓰고 정면을 지그시 응시한 채 두 손을 단정히 맞잡은 자세의 이채李采(1745~1820)가 묘사되어 있다. 화면 오른쪽 위에는 이한진李漢鎭(1732~1815)이 전서篆書(한자 글씨체의 하나로 보통 대전大篆과 그것을 간략화한 소전小篆을 말함)로 쓴 이채의 글이 있는데, 그 내용은 다음과 같다. "정자관程子冠을 머리에 쓰고 주자朱子가 말씀하신 심의를 입고 꼿꼿하면서 단정하게 앉아있는 사람은 누구인가? 짙은 눈썹에 하얀 수염, 귀는 높이 솟았고 눈빛은 빛난다. 그대가 참으로 계량季亮 이채李采라는 사람인가? 지난 행적을 살펴보니 세 고을과 다섯 주州의 수령을 역임하였으며, 무슨 공부를 하였는가 물으니 사서四書(유교의 경전인 『논어論語』, 『맹자孟子』, 『중용中庸』, 『대학大學』을 통틀어 이르는 말)와 육경六經(중국 춘추시대의 여섯 가지 경서經書로 『역경易經』, 『서경書經』, 『시경詩經』, 『춘추春秋』, 『예기禮記』, 『악기樂記』, 를 이르는데 『악기』 대신 『주례周禮』를 넣기도 함)이다. 한 시대를 속이고 헛된 명성을 도둑질한 것은 아닐까? 아! 할아버지[이재李縡(1680~1746)]의 고향으로 돌아가서, 할아버지가 남긴 글을 읽어라. 그러면 삶의 즐거움을 알 수 있을 것이고 정자程子와 주자의 문도門徒(이름난 학자 밑에서 배우는 제자)가 되기에도 부끄럽지 않으리라." 그런데 이채가 쓰고 있는 것은 정자관이 아니라 동파관이다.

당건唐巾, 사모紗帽

1

2

3

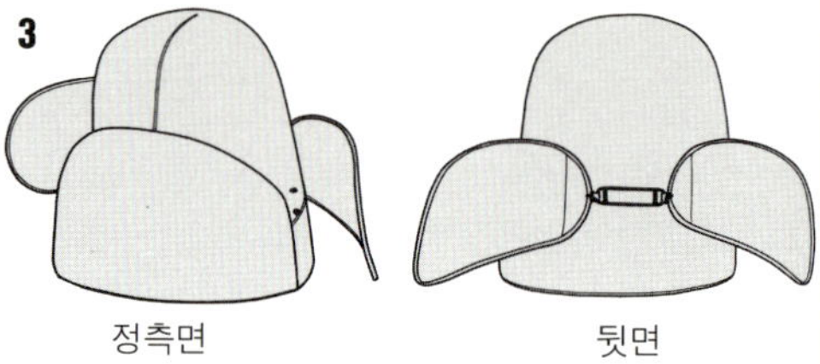

1 **사모**紗帽. 국립민속박물관 소장.

고려 후기부터 조선 후기까지 관리의 근무복인 상복常服에 쓰던 관모이다. 형태는 모부帽部와 양 날개가 달린 각부角部로 구성되는데, 뒤가 높고 앞이 낮은 2단의 형태를 이룬다. 겉면은 실처럼 가늘게 쪼갠 대오리인 죽사竹絲와 말총으로 짜고 그 위를 생사로 짠 얇은 비단인 사紗로 씌웠다. 조선 전기에는 모체가 낮고 양 날개가 아래로 늘어졌었는데, 조선 중기에는 모체가 높고 양 날개도 평각으로 넓어졌고, 조선 후기에는 모체가 낮아지면서 양 날개의 길이도 짧아지고 모양도 굽어졌다. 양 날개에 무늬가 있는 문사각紋紗角은 당상관堂上官이, 양 날개에 무늬가 없는 단사각單紗角은 당하관堂下官이 썼다. 『경도잡지』에서는 조사朝士는 당건唐巾을 쓴다고 했다. 우리나라의 관모 중에 '당건'이라는 이름은 없으나 조선 전기 백관百官(모든 벼슬아치)의 사모가 당건과 매우 흡사한 형태여서 대개 당건은 사모를 지칭한 것으로 보인다.

2 「**강세황 초상**姜世晃肖像」. 국립중앙박물관 소장.

날개에 무늬가 있는 문사각紋紗角 사모를 쓰고, 쌍학의 흉배胸背(문무관文武官이 입는 관복의 가슴과 등에 학이나 범을 수놓아 붙이던 사각형의 표장表章)를 부착하고 있으며, 정이품 관원이 착용하던 삽금대鈒金帶를 띠고 있다. 한편 『순암선생문집順菴先生文集』에서 보듯이, 이익李瀷(1681~1763)은 아내를 잃고 상을 치를 때 위에 베로 만든 건[포건布巾]을 겹친 당건을 쓰고 있는바, 사모는 상복喪服으로 쓰기도 했음을 알 수 있다.

3 **사모 도형**.

높이 16.7㎝, 바닥지름 17㎝, 19세기 말의 관리용 사모.

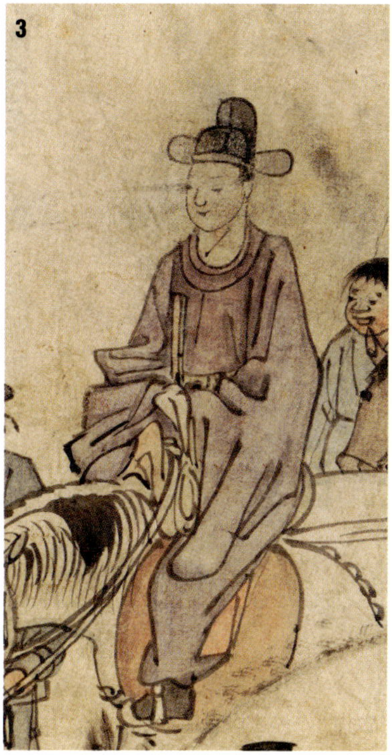

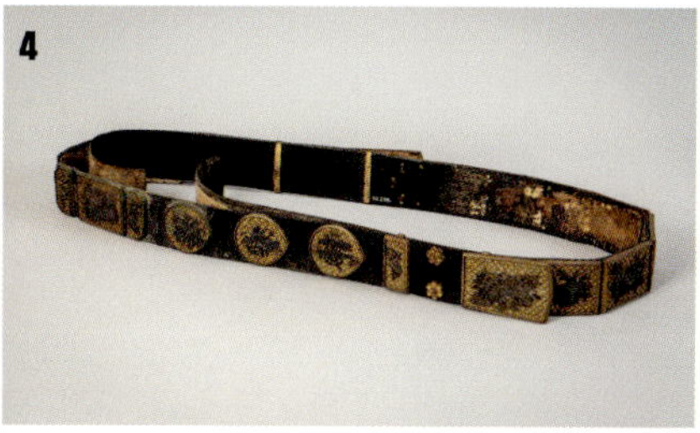

3 **김홍도**金弘道(1745~?), 「**신행**新行」(부분). 『단원풍속도첩檀園風俗圖帖』, 국립중앙박물관 소장.

사모는 조선 시대 백관百官이 근무복인 상복常服에 착용하던 쓰개인데 혼례 때에는 서민에게도 착용이 허용되었다. 참고로 『경도잡지』에서는 신랑이 겹날개가 달린 사모를 쓴다고 했는데, 그 사례는 도상 등 시각 자료에서 찾아보기 어렵다.

4 **삽금대**鈒金帶. 국립민속박물관 소장.

조선 시대 정이품 관원이 조복朝服, 제복祭服, 상복常服, 시복時服에 띠던, 금으로 만든 허리띠다. 삽금대는 모든 띳돈(노리개의 맨 윗부분에 있는 장식품으로 금이나 은, 옥 따위로 사각형, 원형, 꽃 모양, 나비 모양 따위를 만듦)에 금테를 두른다. 띳돈의 재료는 침향沈香(침향나무의 목재에 함유된 수지樹脂. 수지는 나무에서 분비하는 점도가 높은 액체로 그것이 공기에 닿아 산화하여 굳어진 것), 학정鶴頂(심해의 물고기인 학어鶴魚의 진한 붉은색의 두골頭骨), 대모玳瑁(바다거북의 등과 배를 싸고 있는 껍데기) 등이고, 모란, 국화, 덩굴풀인 만초蔓草, 사자나 사슴, 십장생 등의 무늬를 새겼다. 참고로 붉은빛의 비단으로 만들며, 소매가 넓고 깃이 곧은 조복은 관원이 조정에 나아가 하례賀禮할 때 입던 예복이고, 제복은 왕이 주도하는 나라의 제사인 제향祭享 때 입는 예복이며, 시복은 대궐에 들어가서 임금을 뵐 때나 공무를 볼 때 관원들이 입던 옷이다.

갓

1

2
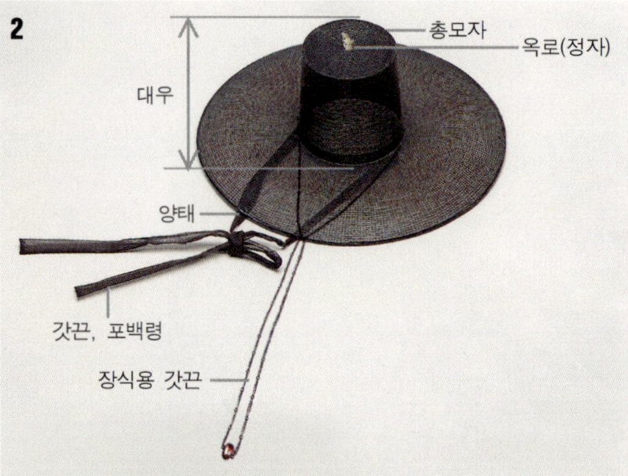

3

1 **갓.** 국립민속박물관 소장.
가늘게 쪼개 놓은 댓개비인 대오리 혹은 말의 갈기나 꼬리의 털인 말총으로 대우(갓양태 위로 우뚝 솟은 원통 모양의 부분)와 양태(밑 둘레에 붙어 있는 둥글넓적한 부분)를 짜고 포나 베로 싼 다음 검은 칠을 하였다. 흑립은 대우와 양태를 싸는 재료에 따라 명칭이 달랐다. 말총으로 싼 것은 마미립馬尾笠, 돼지털로 싼 것은 저모립猪毛笠, 대나무를 실처럼 가늘게 쪼갠 세죽사細竹絲로 싼 것은 죽사립竹絲笠, 죽사립을 옷감으로 싼 것은 포립布笠이라 하였다. 흑립은 양반계층의 전유물로 대체로 대우가 높고 양태가 넓은 것이 특징이었다. 그러나 흥선대원군 섭정 이후 의관제도의 간소화로 대우도 낮아지고 양태도 좁아졌다. 참고로, 유형원柳馨遠(1622~1673)은 『반계수록磻溪隨錄』에서 "갓을 없애고 관冠과 건巾으로 대체"하자고 주장했다. 형식을 싫어하고 실질을 존중하는 실학자다운 발상인 것 같지만, 사실은 중국 의관의 제도를 따라야 마땅하다면서 그렇게 말했다.

2 **갓의 부분 명칭.**

3 **갓집.** 국립민속박물관 소장.
갓집은 갓을 넣어 보관하는 함이다. 나무로 갓 모양의 틀을 만들고, 외면에 흑칠黑漆(검은 빛깔의 옻칠)을 하여 마감한 형태이다. 대우(갓에서 위로 우뚝 솟은 원통 모양의 부분)와 양태(갓모자의 밑 둘레에 붙어 있는 둥글넓적한 부분)가 팔각형을 이루고 있다. 뚜껑과 몸체의 측면에 대롱 형태의 고리를 부착했고, 측면 두 곳에 세로형 대롱이 부착되어 있다. 대우 윗면에는 기쁠 '희囍' 자 문양을, 양태에는 팔괘문八卦紋을 덧붙여 양감을 나타냈다. 내부에는 색지로 나비문 등을 오려 붙였다.

4

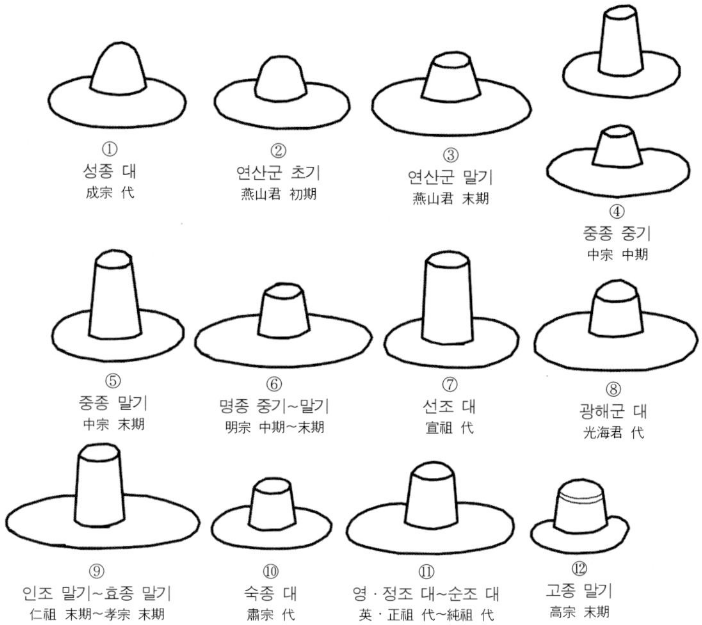

4 **갓의 모양 변천.**

갓은 시대의 변화에 따라 그 모습이 다양하게 변모하였다. 갓의 꼭지인 모정帽頂은 초기에는 둥글고 중엽에 오면 납작하여 원통형이 된다. 조선 초에는 높고 차양遮陽(갓 끝에 대서 햇볕을 가리는 부분. 챙.)이 좁은 승립僧笠(승려의 삿갓) 비슷한 형이었다. 성종 대에 오면 모정은 둥글고 양태涼臺(갓모자의 밑 둘레 밖으로 둥글넓적하게 된 부분)가 넓어지고, 연산군 10년(1504)에는 특정한 치수와 양식을 주어 만들게 하였다. 중종 대는 상인商人들이 갓 만드는 제도나 방식을 함부로 정하여 만들므로 중종 25년(1530)에는 형식을 고쳐 정하고 어긴 장인을 벌주도록 하였다. 명종 대는 대우(갓양태 위로 우뚝 솟은 원통 모양의 부분)가 점점 낮아져서 승립형僧笠形이 된다. 이때 초상初喪에 흰 베로 만든 백립白笠이 정식으로 사용된다. 선조 대가 되면 대우는 높고 양태가 좁아지며, 광해군 대는 양태가 매우 넓어지고, 인조 대는 높고 넓은 큰 갓이 유행하였다. 효종 대는 양태가 문을 출입할 때 방해가 될 만큼 넓었고, 숙종 대는 단소화하자 다시 구제舊制에 따르도록 하였으며, 순조 대는 다시 넓어졌으나 고종 대는 1895년 의제衣制개혁 이후 단소화되었다.

5 **김준근, 「갓장이」.** 국립민속박물관 소장.
갓을 만드는 모습을 그린 그림이다. 네 사람이 분업하여 갓 만드는 과정이 묘사되고 있다. 두 사람은 갓모자를 만들고, 나머지 두 사람은 둥근테인 양태를 만들고 있다. 작업장의 중앙에는 인두질(불에 달구어 천의 구김살을 눌러 펴거나 솔기를 꺾어 누르는 데 쓰는 기구인 인두로 구김살을 펴거나 꺾은 솔기를 누르는 일)에 필요한 화로가 있고, 그 위에는 아교가 굳는 것을 막기 위해 아교阿膠(짐승의 가죽, 힘줄, 뼈 따위를 진하게 고아서 굳힌 끈끈한 것으로 풀로 씀) 그릇이 올려져 있다.

6 **시장에서 갓 장사가 갓을 만드는 모습.** 『사진엽서로 보는 근대풍경』 7 - 풍속, 조선인, 민속원, 2009, 149쪽.

망건網巾

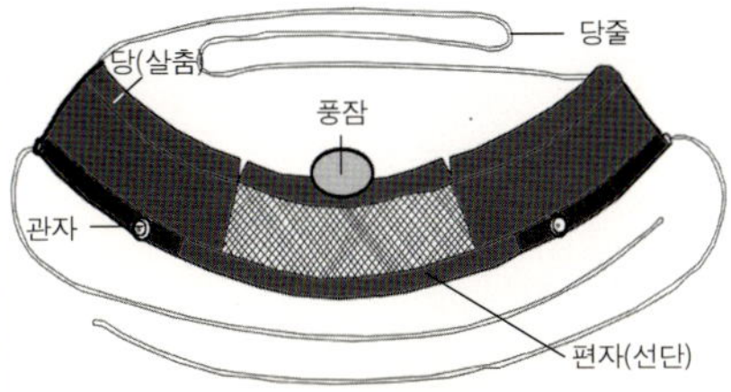

1 **망건**網巾. 국립민속박물관 소장. 상투 튼 머리가 흐트러지지 않게 이마에서 뒤통수에 걸쳐 두르는 건巾이다. 말총이나 머리카락을 사용하여 직사각형으로 만들고, 옆쪽은 양옆보다 성글게 짠다. 착용자의 귀 뒤에 오도록 관자貫子를 달고, 당줄을 관자에 걸어 머리에 동여맨 후, 상투에 잡아맨다. 관자는 착용자의 신분에 따라 재료를 달리했다. 망건에 달아 당줄을 꿰는 작은 단추 모양의 고리인 관자는 신분에 따라 금金, 옥玉, 호박琥珀(나무의 진 따위가 땅속에 묻혀서 탄소, 수소, 산소 따위와 화합하여 굳어진 누런색 광물로 투명하거나 반투명하고 광택이 있어 장식품으로 씀), 마노瑪瑙(석영, 단백석蛋白石, 옥수玉髓의 혼합물로 광택이 있고 때때로 다른 광물질이 스며들어 고운 적갈색이나 흰색 무늬를 띠기도 해 보석이나 장식품으로 씀), 대모玳瑁(바다거북의 등과 배를 싸고 있는 껍데기), 뿔, 뼈 따위의 재료를 사용하였다. 망건은 착용자의 신분에 따라 재료를 달리했다. 착용 후 모습이 앞이 높고 양옆이 낮기 때문에 팔자망건八子網巾이라고도 했다. 참고로 당줄은 망건에 달아 상투에 동여매는 줄로 망건당에 꿰는 아랫당줄과 상투에 동여매는 윗당줄이 있다.

2 **김준근, 「망건 뜨는 모양」**. 국립민속박물관 소장. 망건을 뜨는 모습을 그린 그림이다. 두 남자가 마주 앉아 망건을 뜨고 있는데, 두 사람 앞에 각각 망건골과 말총이 담긴 그릇이 놓여 있다. 망건골은 망건의 형태를 잡거나 고치는데 사용하는 틀로 윗면이 좁고 밑면이 넓은 원통형이다.

3 **김준근, 「망건장이」**. 국립민속박물관 소장. 망건과 탕건을 만드는 모습을 그린 그림이다. 망건을 만드는 장인 세 명과 탕건을 만드는 장인 한 명이 묘사되고 있다. 인물들 옆에 말총이 담긴 사발이 있고, 말총 가닥을 바늘에 끼워서 망건과 탕건을 짜는 모습이 보인다.

탕건宕巾

1

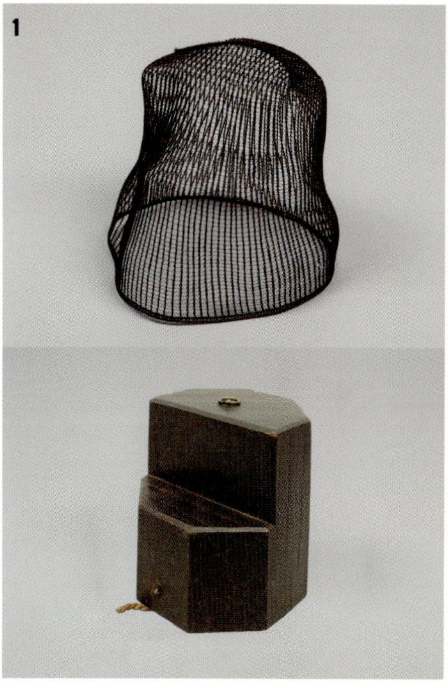

2

1 **탕건과 탕건통.** 국립민속박물관 소장.
갓 아래 받쳐 쓰는, 말총으로 만든 건巾이다. 본래는 다른 쓰개의 아래에 쓰는 내관內冠이 아니라 독립된 관이었다. 평상시 집안에서는 탕건만 쓰기도 했다. 앞은 낮고 뒤를 높게 하여 턱지게 만든 것으로, 상투와 망건 위에 써서 갓 받침 역할을 한 것이다. 탕건은 목침木枕(나무토막으로 만든 베개)에 서랍(책상, 장롱, 화장대, 문갑 따위에 끼웠다 빼었다 하게 만든 뚜껑이 없는 상자)을 만들어 보관할 정도로 늘 몸 가까이에 두고 사용하였다. 탕건은 속칭 '감투'라고도 하여 벼슬에 오르는 것을 '감투 쓴다'고도 하였다. 그러나 감투는 턱이 없이 민틋하게 생긴 것으로 탕건과는 그 형태가 다르다.

2 **김준근, 「탕건장이」.** 국립민속박물관 소장.
탕건 만드는 모습을 그린 그림이다. 두 명의 탕건장이가 마주 앉아 탕건을 만들고 있다. 한 명은 그릇에 든 말총(말의 갈기나 꼬리의 털)을 잡고 있고, 다른 한 명은 탕건을 뜨고 있다. 탕건은 틀에 받쳐 모양을 잡아 결은 뒤, 골(물건을 만들 때 일정한 모양을 잡거나, 뒤틀린 모양을 바로잡는 데 쓰는 틀)에 끼운 채로 삶아 만들었다. 외형을 굳히기 위해 참먹(품질이 아주 좋은 먹)을 바르고 햇볕에 말렸다. 참고로 '겯다'는 씨와 날이 서로 어긋매끼게 엮어 짠다는 말이다.

쓰개는 각자의 개성에 따라

김홍도, 「바둑두기」. 국립중앙박물관 소장.

두 사람은 바둑을 두고, 다른 두 사람은 구경을 하고 있다. 그런데 네 사람의 쓰개가 모두 다르다. 왼쪽 아래에서 시계 방향으로 각각 갓, 방건, 탕건, 복건을 쓰고 있다. 같은 공간에서 다양한 쓰개가 동시에 사용되고 있는 것이다. 여기서 보듯이 쓰개는 제각각 쓰는 목적과 기능을 가지고 있었지만, 일상생활에서는 개인의 취향이 우선이었다는 점을 알 수 있다. 일부 교과서에서 하듯이, 특정 쓰개를 특정 용도에 한정해서 설명하는 것은 실상에 부합하지 않는다. 개성에 따라 다양한 쓰개가 자유롭게 사용되었는데, 그런 현상은 조선 후기로 갈수록 더욱 빈번하게 이루어졌다.

당혜唐鞋, 운혜雲鞋

1 **당혜.** 국립민속박물관 소장.

식물의 형태를 일정한 형식으로 도안화한 당초문唐草紋과 같은 무늬 있는 비단을 신 둘레에 두른 가죽신, 곧 갖신의 하나이다. 안은 융 같은 푹신한 감으로 하고 거죽은 비단으로 가죽을 싸서 만들었다. 여자들이 신는 신발로 알려져 있지만, 『경도잡지』 본문에서 "(양반들은) 거리를 다닐 때에는 모두 갓을 쓰고, 당혜나 운혜를 신는다."라고 했듯이, 남성들도 신었던 신발이다. 참고로 전통 신은 크게 화靴와 이履로 나누어지는데, 요즘의 장화처럼 신목이 붙어 있는 것을 '화'라 하고, 신목이 짧은 것은 '이'라 했다. 다시 '이'는 신 둘레의 높이인 운두가 낮은 혜鞋, 나무를 파서 만든 나막신[극屐], 어머니나 할머니의 상喪에 상제喪制가 신는 엄짚신 구屨 등 다양했다.

2 **운혜.** 국립민속박물관 소장.

앞부리와 뒤꿈치에 구름 무늬를 새긴 마른신으로 온혜溫鞋라고도 한다. 여자들이 신는 신발로 알려져 있지만, 남성들도 신었던 신발이다. 조정 근무복인 상복常服 차림으로 관원은 당혜를 신었으며, 궁중을 지키고 임금을 호위, 경비하는 친위병들 역시 숙직이나 당직을 설 때 당혜나 운혜를 신었다.

도포道袍, 두루마기

1 **도포**道袍. 국립민속박물관 소장

임진왜란 전에는 고관들의 신분을 상징하는 옷으로 착용되다가, 이후 유생과 사대부도 착용하게 되었다. 일반 서민은 입을 수 없었다. 도포의 형태는 깃이 곧고 무(윗옷의 양쪽 겨드랑이 아래에 대는 딴 폭)가 달려 있으며 소매가 넓다. 특히 뒷길에 별도의 뒷자락이 달린 것이 특징이다. 뒷자락은 안자락의 터진 부분을 가려줌으로써 말을 타고 앉을 때 속옷이 보이지 않도록 가리는 역할을 했다. 고종 때 의복 간소화로 도포를 금지했으나, 곧 간략하게 만들어 관례冠禮(남자가 성년에 이르면 어른이 된다는 의미로 상투를 틀고 갓을 쓰게 하던 의례儀禮), 혼례婚禮(부부 관계를 맺는 서약을 하는 의식), 상례喪禮(상중喪中에 지키는 모든 예절), 제례祭禮(제사를 지내는 의례) 때 입도록 했다. 도포의 유래에 대해서는 여러 설이 있지만, 이덕무李德懋(1741~1793)가 '중[승僧]의 외투'에서 비롯되었다고 추론한 이래 그의 손자인 이규경李圭景(1788~1863)도 중국 중의 상의와 조선 중의 장삼長衫(승려의 웃옷로 길이가 길고, 품과 소매를 넓게 만듬)이 다 도포와 함께 모양이 같음을 지적하여, 도포가 승복僧服(승려의 옷)에서 왔다고 부연했는데, 도포라는 명칭을 생각해보아도 본래 속인俗人(일반의 평범한 사람. 불가에서 승려가 아닌 일반 사람들)의 옷은 아닌 것 같다고 했다.

2 **두루마기**. 국립민속박물관 소장

옆 트임이 없는 두루 막힌 옷 전체가 돌아가며 막혀있는 형태로, '막혀 있다'는 의미의 '두루막이'에서 비롯되었다. 형태와 구조상으로는 그 역사가 오래되었으나, 두루마기에 대한 기록은 영조 때 승복으로 착용되었다는 기록과 순조 때 넓은 소매의 두루마기에 대한 기록이 있어 외출복으로 착용하게 된 것을 알 수 있다. 고종 때 이루어진 의복 개혁 이후 두루마기는 남녀 모두 입게 되었다.

단령團領, 직령直領

1

2

1 **직령**直領. 국립민속박물관 소장.

깃이 곧은 데에서 나온 명칭인데, 직령으로 된 포袍(바지 · 저고리 위에 입는 겉옷)를 그대로 직령이라 하기도 한다. 깃이 곧고 소매가 넓은 웃옷인 직령은 무관武官이나 향리가 평소 때 입었다. 사대부는 평상시에 간편하게 입는 편복便服으로 직령을 입었다. 세종 때 단령團領이 관복官服으로 승격된 후 직령은 천인과 서민의 옷이 되었다. 양반층은 세조 때부터 잔치 때 입는 연거복燕居服으로 착용하기 시작했으나, 주로 별감別監(궁중의 각종 행사에 참여하고 임금이나 세자가 행차할 때 호위하는 일을 맡아보던 하인)이나 향리鄕吏(한 고을에 대물림으로 내려오던 구실아치)들이 근무복, 곧 상복常服으로 입었다. 그러나 후대로 갈수록 이런 제약이 허물어지고 있음을 고종高宗의 유품 중 직령으로 된 장의長衣가 잘 말해주고 있다. 예시로 보인 옷은 충북 보은군 마로면 적암리 류인서(?~1644) 부부 묘에서 출토되었다. 소매 아랫부분인 배래(한복 소매 아래쪽에 물고기의 배처럼 불룩하게 둥글린 부분)는 갈수록 넓어지다가 소맷부리와 이어지는 부분을 곡선으로 처리했다. 깃은 칼깃이고, 양쪽 겨드랑이 아래에 대는 무의 양쪽이 트여 있으며, 양 겨드랑이 쪽에는 매듭단추를 달아 무가 아래로 처지지 않도록 하였다. 좌우 겨드랑이 부분에는 네모반듯한 모양의 바대를 댔고, 상단부 안쪽에는 등바대를 댔다. 참고로 '바대'는 잘 해지는 곳에 안으로 덧대는 헝겊 조각을 말한다.

2 **단령**團領. 국립민속박물관 소장.

단령이란 옷깃이 둥글기 때문에 붙여진 이름이며, 대개 궁중 근무복인 상복常服은 단령團領 · 사모紗帽 · 띠[대帶] · 화靴(요즘의 장화처럼 신목이 붙어 있는 신)로 구성된다. 조선시대의 관복은 제복祭服 · 조복朝服 · 공복公服 · 상복常服 · 시복時服 · 융복戎服 등이었는데, 공복 · 상복 · 시복이 단령이었다. 참고로 『송남잡지松南雜識』에서는 단령은 본래 오랑캐의 복식에서 나왔는데, 요즘 옷깃이 모두 둥근 것은 몽고의 풍습에 물든 것이 고쳐지지 않은 듯하다고 했다. (관복의 종류에 대해서는 '당건, 사모' 부분을 참고할 것)

3 **단령과 직령이 붙어 있는 옷.** 국립민속박물관 소장.

둥근 깃의 남성용 겉옷이다. 충남 태안군 태안읍 삭선리 남오성(1643~1712)의 묘에서 출토되었다. 단령은 항라亢羅(명주, 모시, 무명실 따위로 짠 피륙의 하나로 씨를 세 올이나 다섯 올씩 걸러서 구멍이 송송 뚫어지게 짠 여름 옷감), 직령은 운문사雲文紗(구름무늬를 놓아서 짠 얇은 비단)로 되어 있다. 각각 따로 제작된 단령과 직령을 깃, 소맷부리, 밑단, 양쪽 무 부분만 실로 고정시켰다. 겉고름 세 개와 안고름 두 개가 모두 있다. 단령의 깃 부분에 매듭단추와 고리가 있고, 뒤쪽 겨드랑이 양쪽에 고리가 달려 있다. 참고로 '고름'은 저고리나 두루마기의 깃 끝과 그 맞은편에 하나씩 달아 양편 옷깃을 여밀 수 있도록 한 헝겊 끈, 곧 옷고름을 말한다.

4 **흑단령**黑團領. 국립민속박물관 소장.

흑단령은 조선초기 음악인의 관복冠服 중 하나이다. 두루마기의 일종인 흑단령은 검은색 면포綿布로 제조됐다. 성종(1469~1494) 때 사신연使臣宴(중국의 사신을 영접하는 잔치)과 동궁연東宮宴(왕세자를 위한 잔치)에 출연한 악공樂工과 관현맹인管絃盲人(궁중 잔치에서 향악鄕樂과 당악唐樂을 연주하던 맹인盲人 악사)이 흑단령을 착용했는데, 녹색의 비단 두건[녹주두건綠紬頭巾]과 함께 입었다. 단령은 둥근 깃이 달려 있고 소매는 좁으며 겨드랑이 아래로 무가 달려 있다.

5 **금관조복**金冠朝服. 국립대구박물관 소장.

『경도잡지』에 "무관의 근무복은 직령이다."라고 했지만, 반드시 그랬던 것은 아니다. 사진에서 보듯이, 조복朝服, 곧 조정에 나아가 하례賀禮 등 축하 의식을 시행할 때 입는 붉은 색의 예복은 직령으로 되어 있는 것이다. 우의정과 영의정을 두루 지낸 채제공蔡濟恭(1720~1799)이나 흥선 대원군 이하응李昰應(1820~1898)의 초상화에서 그들이 입고 있는 조복에서 그런 면을 여실히 볼 수 있다.

모선毛扇

남바위를 쓰고 모선을 든 남자와 전모氈帽를 쓴 여자를 그린 성협成夾의 풍속화. 국립중앙박물관 소장.

"임금이 궁에 돌아오자 대신에게 이르기를, '한기寒氣가 사람을 침범하여, 모선이 없었다면 아마도 견딜 수 없었을 것이다.' 하였다."(『숙종실록』)라고 한 데서 보듯이, 모선은 벼슬아치가 겨울에 얼굴을 가리던 방한구防寒具이다. 네모반듯하게 겹친 비단 양쪽에 모피로 싼 자루를 단 이 모선은 '깃 부채' 혹은 '우선羽扇'이라고도 불렀다. 모선은 혼례를 올릴 때, 남자들이 자신의 얼굴을 가리는 가리개로 쓰기도 했다. 이것은 천의 양쪽에 손잡이 대를 끼워서 두루마리처럼 양쪽을 말아 쥘 수 있었는데, 그것을 펴면 가리개가 되었다. 혼례 때에는 청색 천을 사용했고, 사모관대紗帽冠帶(사모와 관대를 아울러 이르는 말로 본디 벼슬아치의 복장이었으나, 전통 혼례에서는 일반인도 착용함)를 차려입은 신랑이 초행醮行(신랑이 혼례를 지내기 위하여 처가로 감) 길에 말 위에 올라앉아 얼굴을 가리는 차면선遮面扇으로 사용하기도 했다. 한편 상중喪中인 사람이 외출할 때에는 가늘게 쪼갠 대나무를 엮어서 큰 삿갓 모양으로 만든 방립方笠에 포선布扇을 들었다. 상주부채, 곧 '상선喪扇', '소선素扇'이라고도 부른 이 포선은 대나무로 양쪽에 자루를 만들고 그 자루에 장방형의 베를 붙였는데, 근신謹愼하는 의미로 얼굴을 가린 차면선의 하나이다. 참고로 남바위는 추위를 막기 위하여 머리에 쓰는 쓰개로 겉의 아래 가장자리에 털가죽을 둘러 붙였고 앞은 이마를 덮고 뒤는 목과 등을 덮는다. 전모는 여자들이 나들이할 때 쓰던 모자의 하나로 대나무로 삿갓 모양의 테두리를 만들어 종이를 바른 다음 기름에 결어 만든다.

소도小刀

1

2

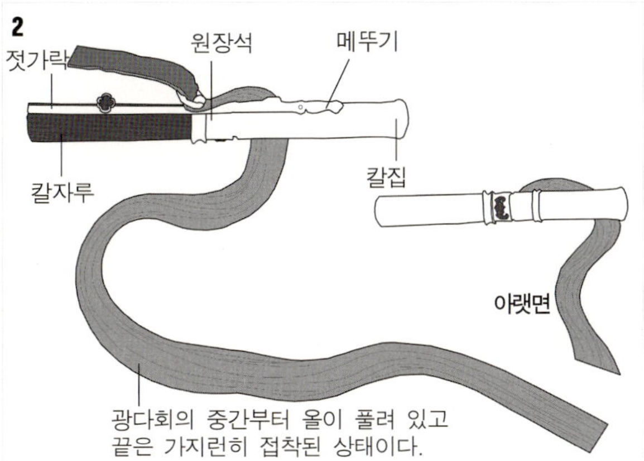

1 「순은양각초화문장도純銀陽刻草花紋裝刀」. 국립중앙박물관 소장.

은으로 만든 장식용 칼이다. 일명 '은장도銀粧刀'라고 부르는데, 표면에 풀꽃무늬[초화문草花紋]가 양각되어 있다. 그런데 칼집만 있을 뿐 칼은 남아 있지 않다. 상류층의 부녀자들이 장식용으로 차고 다녔던 것으로 짐작된다. 장도는 글자 그대로 '장식한 칼'로 남녀 모두 장식용으로 가지고 다니는 소도小刀, 곧 '작은칼'이었다. 주머니에 넣고 다니는 것을 낭도囊刀, 허리춤이나 옷거름에 차고 다니는 것을 패도佩刀라 했다. 장도는 노리개나 패물이니 남성도 지니고 다녔다. 19세기에 지어진 것으로 추정되는 한글 장편가사 「한양가漢陽歌」에서 조선 후기 한양 유흥계의 주역이었던 별감別監의 복색을 묘사하면서, "밀화장도蜜花粧刀 백옥장도白玉粧刀 안팎으로 비껴 차고"라고 했다. '밀화'는 벌집을 만들기 위하여 꿀벌이 분비하는 물질인 밀랍蜜蠟 같은 누런빛이 나고 젖송이 같은 무늬가 있는 호박琥珀을, '백옥'은 빛깔이 하얀 옥을 말한다. 한편 1670년(현종 11) 12월 29일에 제정된 『금제절목禁制節目』(사치풍조를 잠재우기 위하여 구체적인 금지조항을 적어 놓은 규정)에 의하면 정부는 유생儒生(유학을 공부하는 선비)과 잡직雜職(의학醫學이나 천체의 운동을 관측하여 책력冊曆을 연구하는 역학曆學, 범죄나 형벌에 관해 연구하는 율학律學 따위를 맡아보던 벼슬로 최고 정육품으로서 그 이상의 품계에는 오를 수 없었음), 그리고 서인庶人(아무 벼슬이나 신분적 특권을 갖지 못한 일반 사람) 남녀의 경우는 은장도를 차지 못하도록 금지하고 있다. 이는 사치를 막고 낮은 신분층에게는 제한을 두기 위한 목적으로 보인다. 그러나 이 규정이 얼마나 실효를 거두었는지는 알 수 없다.

2 소도의 부분 명칭.

코뿔소의 뿔[서각犀角]

1

2

1 **코뿔소의 뿔.** 픽사베이.
코뿔소를 멸종의 위기로 몰아가고 있는 최대의 원인은 뿔을 채취하기 위한 밀렵이다. 코뿔소의 뿔은 예로부터 약용 및 조각의 재료로 귀중히 여겨져 왔다. 한방에서는 코뿔소의 뿔을 서각犀角이라 하여 해열 및 해독에 효능이 있다고 한다. 뿔의 분말이 해열제나 최음제催淫劑(성욕을 증신시키는 약물)로 효능이 있다고 믿어 왔고, 고대 중국에서는 뿔을 재료로 하여 아름답게 조각을 한 술잔이 사용되었다. 조선에서도 수입하여 다방면에서 활용했는데, 대표적인 것이 각대角帶 장식이었다. 각대는 백관百官(모든 벼슬아치)이 벼슬아치가 공식적으로 입던 정복正服인 관복官服에 두르던 띠로 착용자의 신분과 계급에 따라 차별을 두었다. 띠의 길이는 사람에 따라 조금씩 다르나 가슴둘레보다 커서 보통 120㎝ 정도이며, 너비는 5㎝ 정도이다. 각대는 관복의 겨드랑 밑에 있는 고리에 끼워 앞가슴에 오도록 하였다.

2 **화각畵角장도.** 숙명여자대학교 박물관 소장.
쇠뿔을 사용해서 장도의 전면에 십장생문十長生紋을 표현하였다. 사슴과 소나무, 바위, 해, 학 등의 모습들을 확인할 수 있다. 화각은 쇠뿔을 얇게 펴서 채색 그림을 그린 후 이를 목기물 위에 붙여 장식하는 우리나라 특유의 각질角質 공예기법을 말한다. '화각'은 한자로 '畵角'이나 '華角'을 모두 쓰며, 둘이 지칭하는 의미는 같다. 화각공예의 주재료는 소의 뿔이다. 쇠뿔은 쉽게 구할 수 있는 재료라는 장점이 있으며, 맑고 투명한 표면, 자연적으로 생겨난 은은한 무늬 등은 우아한 장식 효과를 낸다. 하지만 모든 쇠뿔이 적합한 것은 아니었다. 너무 어리지도 늙지도 않은 중간 나이의 소의 곧은 뿔이 주로 사용되었는데, 이는 이 나이대의 소의 뿔이 가장 맑고 이용 가능한 면적도 넓기 때문이며, 곧은 뿔이 가공하기 용이했기 때문이다. 같은 이유로 암소뿔이 아닌 수소뿔이 주로 사용되었는데, 암소의 뿔은 가늘고 구부러진 반면 수소의 뿔은 곧게 뻗고 통이 굵기 때문이다. 참고로 '십장생문'은 오래도록 살고 죽지 않는다는 열 가지인 해, 산, 물, 돌, 구름, 소나무, 불로초, 거북, 학, 사슴을 그린 문양을 말한다.

바다거북의 등딱지[대모玳瑁]

1 **바다거북.** 픽사베이.
바다거북과에 속하는 거북의 일종이다. 열대지방에 사는데, 등껍대기는 대개 황갈색에 검은 반점이 있으며 대모갑玳瑁甲이라 하여 공예 재료로 쓰였다. 그것을 아주 얇게 갈아서 그 이면에 칠한 붉은 색이 표면에 비쳐 보이도록 하는 까닭에 복홍伏紅 또는 복채伏彩라고도 일컫는다. 대모는 재료의 공급이 원활하지 않은 탓에 귀한 대접을 받았다. 대모로 만든 장도가 얼마나 비싸고 귀한 것이었는지는, 「흥부전」에서 가난한 흥보의 아들이 "아부지, 나일랑은 양피羊皮 조끼에 통 대모 장도, 비단 꽃신 한 벌 사다 주오"라고 한 데서 잘 드러난다.

2 **대모로 장식한 장도.** 국립민속박물관 소장.

침향목沈香木

1 **참파**(서기 192년부터 1832년까지 무려 1600여 년 동안 지금의 베트남 중남부 지역에 존재했던 참족의 나라)**의 옛 국제무역항 호이안의 중국인 사찰에 모셔진 침향나무**. 사진 주강현.

팥꽃나뭇과의 상록 교목으로 높이는 20미터 정도이며, 인도와 동남아시아의 아열대 지방에서 주로 나며 수지樹脂를 가공하여 향료로도 쓴다. '수지'는 소나무나 전나무 등의 나무에서 나오는 점도가 높은 액체나 혹은, 그것이 공기에 닿아 산화하여 굳어진 것을 말한다. 수지의 무게 때문에 물에 넣으면 가라앉기 때문에 '침沈'이라 했고, 향기가 대단히 짙어 '향香'을 붙였다. 그냥 보면 나무 조각 같지만 나무에 난 상처를 치유하기 위해 상처 부위에 모인 수지가 수년에서 수천 년에 걸쳐 응결된 귀한 덩이리다. 자연산은 매우 희귀하여 구하기도 힘들고 고가이기 때문에 침향나무나 백목향나무를 재배하여 나무둥치의 지름이 30㎝ 이상 되는 것을 골라 도끼로 찍어 상처를 내어서 수지를 분비시켜 수년 간 방치해 두었다가 채취한다. 침향목은 종교행사와도 연관이 되는데, 사천매향비泗川埋香碑가 대표적이다. '매향埋香'은 『미륵하생경彌勒下生經』에 근거한 일종의 신앙의식으로, 매향비는 내세來世에 미륵불彌勒佛의 세계에 태어나기를 염원하면서 복을 빌기 위하여, 향목香木을 해수海水와 시냇물이 만나는 지점에 묻고 그 사실을 돌에 새겨 기념하기 위해 세우는 비를 말한다.

2 **화산침향목**. e뮤지엄.

희귀 한약으로 쓰이는 침향목으로, 대구약령시한의약박물관에 소장되어 있다.

검은 무소의 뿔[흑각黑角]

1 **물소.** 픽사베이.

보통 소와 형태가 달라 털이 적고 뿔이 길고 크며, 절단면은 삼각형이다. 대체로 체구가 크며 보통 소보다 야생화하는 성질이 많고 포악한 편이다. 물소는 보통 소가 견디기 어려운, 덥고 물이 풍부한 지방에서 사육되는 가축으로서 그 조상에는 여러 가지 야생형태의 물소가 있다. 스리랑카, 중국 남부, 인도차이나, 필리핀 등지에 퍼져 있다. 품대品帶, 비녀, 첩지 등을 만드는 데 사용된다. 품대는 벼슬아치가 공복公服에 갖추어 두르던 띠로 공복의 종류와 품계에 따라 달랐다. 비녀는 여자의 쪽 찐 머리가 풀어지지 않도록 꽂는 장신구이다. 첩지는 부녀들이 예장禮裝할 때 머리 위를 꾸미던 장식품으로 은으로 용이나 봉황새 따위의 형상을 만들고, 좌우 쪽으로 긴 머리털을 달아서, 가르마 위에 대고 뒤로 잦혀 매었다.

2 **흑각장도.** 한국문화정보원 문화포털 소장.

이 장도는 아무런 장식 없이 흑각으로만 만든 을乙자형맞배기 형태를 띠고 있다. 백동白銅으로 판板을 만들어 붙이고 칠보문七寶紋을 장식하였으며 그 가운데에 사각의 틀을 만들어 중심에는 국화를 장식하고 둘레에 "바탕은 흰 눈 같고, 빛은 흩어진 번개와 같다(質如白雪, 光似散電)"는 명문銘文(금석金石이나 그릇 따위에 새겨 놓은 글)을 새겨 넣었다. 참고로 '칠보'는 금, 은, 구리 따위의 바탕에 갖가지 유리질의 유약을 녹여 붙여서 꽃, 새, 인물 따위의 무늬를 나타내는 공예품을, '칠보문'은 칠보로 장식한 문양을 말한다.

화리華梨/花梨

1 **화리.** 픽사베이.
화리는 콩과의 상록 활엽 교목인 모과나무이다. 그 재목은 건축, 가구 따위의 재료로 쓴다. 홍대용은 「연기燕記」에서 "화리花梨·자단紫檀·강진降眞·오목烏木·침향沈香 같은 나무들은 남쪽 변방에서 생산되는 것인데, 이것은 다만 귀한 집의 완기翫器로서만 쓰인다."라고 했다.

2 **화리로 만든 장도.** 국립민속박물관 소장.

오동烏銅

일자장도一字粧刀. 울산박물관 소장.

오동으로 상감象嵌(금속이나 도자기, 목재 따위의 표면에 여러 가지 무늬를 새겨서 그 속에 같은 모양의 금, 은, 보석, 뼈, 자개 따위를 박아 넣는 공예 기법. 또는 그 기법으로 만든 작품)한 장도粧刀이다. 오동은 금과 구리의 합금으로 검붉은 빛이 나는 구리다. 오금烏金과 같은 광택이 있어 장식품으로 많이 쓴다. 이 장도는 오동을 성인의 소변으로 변색시켜 검은빛이 나는 오동 판으로 만든 다음, 거기에 문양을 세밀하게 조각해 은을 상감한 것이다.

장옷

1

1 **장옷.** 국립민속박물관 소장.

장의長衣라고도 하는 장옷은 부녀자가 외출할 때 얼굴을 가리기 위해 사용한 쓰개이다. 초기에는 서민 부녀자만 사용했고, 후대로 오면서 사족士族의 부녀자도 착용했다. 여름에는 깁[사紗(얇고 좀 거칠게 짠 비단인 깁)], 겨울에는 비단[견絹]으로 만들며 색은 연두색으로 한다. 두루마기의 형태와 비슷하나 깃과 고름은 자주색으로 만든다. 소매 끝에는 백색 거들지(손을 가리기 위하여서 두루마기, 소창옷, 여자의 저고리 따위의 윗옷 소매 끝에 흰 헝겊으로 길게 덧대는 소매)를 붙이고 깃 뒤의 머리가 닿는 부분에는 더러움을 방지하도록 백색의 천을 댄다. 외출 시에는 앞머리가 보이지 않을 정도로 둘러 고름(저고리나 두루마기의 깃 끝과 그 맞은편에 하나씩 달아 양편 옷깃을 여밀 수 있도록 한 헝겊 끈) 부분을 합쳐 잡을 뿐 소매를 팔에 끼우지 않는 것이 두루마기와 다르다. "초록색 명주明紬(누에고치에서 뽑은 가늘고 고운 실)로 지은 긴 옷으로 머리와 얼굴을 가리는데 종아리까지 내려간다. 이 장옷이 언제부터 시작되었는지 기록에 없으니 알 수 없다."(『조선여속고朝鮮女俗考』) 세조 때 양성지梁誠之(1415~1482)가, 여자가 장옷 입는 것을 금지해달라고 상소했지만, 그 유행을 막지는 못했다. 이는 부녀자들이 성장盛裝(잘 차려입음. 또는 그런 차림) 시 머리 위에 덧들이는, 머리 숱을 많아 보이게 하려고 덧넣은 딴머리인 가체加髢가 여러 번 금지되었지만, 결국은 살아남은 것과 같다.

2

3

2 **신윤복, 『여속도첩女俗圖帖』.** 국립중앙박물관 소장.
장옷을 쓰고 외출하는 여인과, 이를 바라보는 아이를 업은 여인을 한 화면에 그렸다. 장옷을 쓴 여인은 의복이 단정하고 크게 묘사되었고, 아이를 입은 여인은 맨발이며 상대적으로 작게 그려 신분의 차이를 보여주려는 화가의 의도를 비친 것으로 여겨진다.

3 **장옷을 입은 여인.** THE MENTOR(KOREA), Department of History and Travel, 1920.
장옷은 머리에 쓰고 얼굴만 드러내도록 하며, 앞은 마주 여며지도록 맺은 단추를 달았으며, 속에서 이중고름을 잡아서 여민다. 일을 할 때나 노인들의 경우, 접어서 머리 위에 이고 다니거나 어깨에 걸치고 다니기도 하였다. 양반층에서는 주로 쓰개치마를 사용하였는데, 조선 말기에는 잘 지켜지지 않고 장옷과 혼용되기도 하였다.

쓰개치마

1 **신윤복, 「월하정인**月下情人」. 국립중앙박물관 소장 유리건판.

2 **쓰개치마.** 국립중앙박물관 소장.

장옷과 유사한 것으로 쓰개치마가 있다. 쓰개치마는 조선 중기 이후 양반층 부녀자가 사용한 내외용 쓰개로, 형태는 보통 치마와 같은 것으로 끈이 달려 있으며, 주름을 겹쳐 잡고 치마허리는 얼굴 둘레를 감싸 턱 밑에서 맞물려질 정도의 길이다. 재료는 옥색 옥양목이나 명주로 만들었으며 계절에 따라 겹으로 하거나 솜을 두어 사용하였다. 착용법은 머리에 쓰고 얼굴을 치마허리로 감싸며 속에서 손으로 앞을 여미어 잡는다.

처네

1 **처네.** 국립민속박물관 소장.

조선 후기 서민층 부녀자들이 방한을 겸하여 쓰던 내외용 쓰개로 천의薦衣, 횡담橫褡이라고도 한다. 장옷에서 파생된 것으로 보이며, 형태는 작은치마와 같이 네모진 폭에 맞주름을 깊게 잡아 허리와 끈을 달았다. 또, 장옷보다 짧고 폭도 좁으며 소매가 없다. 다듬이질한 명주에 솜을 두어 만들었는데, 겉감은 밝은 자주색이나 다홍색을 주로 사용하였고, 안감은 연두색 또는 초록색을 사용하였으며, 허리와 끈은 겉감과 같은 것을 사용하였다. 사용 방법은 이마 위에 쓰고 끈을 뒤로 매어 늘이며 속에서 손으로 앞을 여며 잡는다. 참고로 일본의 민속학자 아키바 다카시秋葉隆는 처네를 "함흥, 북청 등의 기녀들이 입는" 옷이라면서 "겉은 다홍색에 연두색 안을 넣어 솜을 두어 네모지게 만들어 머리에 쓰고 이마 쪽에서 매고 목 부분에서 끈으로 묶는다"(『조선민속지朝鮮民俗誌』)라고 했다.

2 **신윤복, 『여속도첩**女俗圖帖』. 국립중앙박물관 소장.

처네는 장옷보다 길이가 짧고 소매가 달려 있지 않다. 주로 낮은 계급의 부녀자가 사용하였다. 서북지방西北地方에서 겨울철에 방한용으로 사용한 '포대기' 또는 '두깽이' 등도 처네의 일종이다.

3 **처네 입은 여인**. 『일본지리풍속대계日本地理風俗大系』(1930).

처네는 그 모양이 어린애를 업을 때 사용하는 포대기처럼 생겼고, 끈이 있어 그것으로 얼굴을 동여매게 되어 있었다. 처네의 길이는 무릎까지 내려왔다. 처네는 명주, 무명, 비단 등을 겹으로 하여 만들었는데, 겨울용으로는 겹으로 한 처네에 솜을 두어 누빈 것도 있었다. 처네의 색깔은 여러 가지였으나, 지방에 따라 색깔 선택에서 특성이 있었다. 함경도 지방에서는 흰색을 주로 썼고 중부지역에서는 자주색을 많이 사용하였다. 함경도와 전라도에서는 처네를 '무릎개'라고도 하였다. 처네는 19세기 말기부터 노인들의 겨울용 방한복으로 되었다.

주식酒食, 술과 음식

이름이 소국小麴, 도화桃花, 두견杜鵑인 술은 모두 봄에 빚는, 좋은 술들이다. 평양의 감홍로甘紅露, 황해도의 이강고梨薑膏, 호남의 죽력고竹瀝膏 역시 선물로 주고받기에 좋다.

노구솥은 전립투氈笠套라고도 부르는데, 그 모양이 서로 비슷한 데서 유래한 것이다. 그 가운데 움푹 들어간 데에는 채소를 데치고, 가장자리에는 고기를 구워 먹는데, 안주와 반찬을 만들 때 모두 좋다.

탕평채는 녹두묵에 돼지고기와 잘게 썬 미나리 싹을 초장에 무친 것으로, 매우 시원해서 봄날 저녁에 먹기 좋다.

석박지[잡저雜菹]는 새우젓을 달여 맑은 국물을 받은 후에 무, 배추, 마늘, 고춧가루, 소라, 전복, 조기 등을 버무려 단지에 담그는데, 겨울을 지나면 몹시 매워진다.

제어鮆魚는 속명이 위어葦魚로 한강 하류 행주杏洲에서 난다. 늦은 봄과 초여름에 궁중에서 음식에 관한 일을 맡아 보던 사옹원司饔院 관리들이 그물로 잡아 임금에게 올린다. 생선 장수들은 거리를 돌아다니면서 외치며 파는데, 횟감으로 쓴다. 복숭아꽃이 채 떨어지기 전에는 복어국[하돈갱河豚羹]을 먹는데, 복어의 독을 꺼리는 사람은 도미찜[독미어증禿尾魚蒸]으로 대신한다.

酒名, 小麴桃花杜鵑, 皆春釀之佳者. 浿城甘紅露, 海西梨薑膏, 湖南竹瀝膏, 亦有餉到者. 鍋名, 氈笠套, 取其形似也. 瀹蔬於中, 燒肉於沿, 案酒下飯俱美. 蕩平菜者, 菉豆乳猪肉芹苗縷切, 用醋醬衝之, 極凉, 春晚可食. 雜菹, 煑鰕鹽汁候淸, 蘿菖菘蒜番椒螺鰒石首魚, 用陶甕和淹, 經冬辛烈. 鮆魚, 俗名葦魚, 産於漢江下流杏洲. 春末夏初, 司饔院官網捕進供. 漁商遍街叫賣, 以爲鱠. 材桃花未落, 亦食河豚, 羨憚其毒者, 代以禿尾魚蒸.

두견주杜鵑酒, 소국주小麴酒, 도화주桃花酒

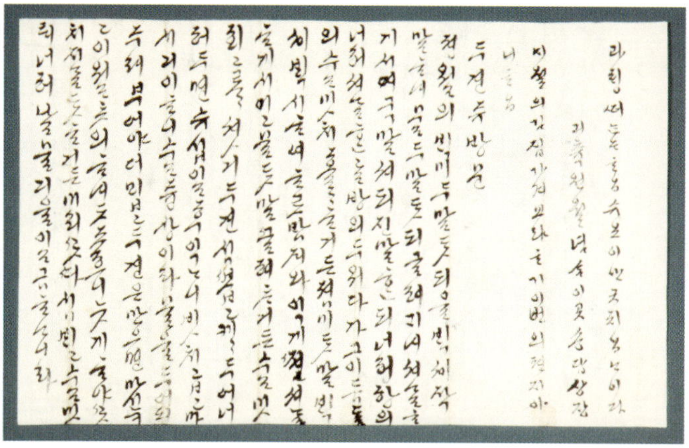

두견주杜鵑酒 **방문**方文. 국립민속박물관 소장.

기축년己丑年(1889) 1월 23일에 송병필宋秉弼이라는 이가 아내 이씨에게 답장으로 보낸 편지의 말미에 두견주를 담는 방법을 적었다. 원래 '방문'은 약을 짓기 위하여 약 이름과 약의 분량을 적은 종이, 곧 '약방문'을 말한다. 두견주는 "진달래 활짝 핀 것을 꽃술 없이 깨끗이 다듬어 술 한 제에 한 말을 넣는다. 너무 많이 넣으면 술 빛이 붉고 좋지 않으니 조금씩 켜켜이 넣었다가 두이레나 세이레 지난 뒤에 들쳐보아, 내려앉았거든 밤에 심지에 불을 켜 독 속에 넣어 둘러보면 덜 된 술은 불이 꺼지고 다 되었으면 안 꺼진다. 위를 얇게 곱게 벗기고 가운데를 잘 헤치면 맑은 술이 솟아올라 개미(걸러놓은 술에 뜬 밥알)와 꽃이 잔뜩 뜨고, 술내가 향기로워 가히 사랑스럽다"(『규합총서閨閤叢書』) 소국주는 "깨끗이 쓴 멥쌀 한 말을 공을 들여 씻은 다음 가루를 만들어 질그릇 동이에 담고 깨끗한 물 두 병을 붓고 끓인다. 이것을 쌀가루에 골고루 타서 식은 뒤에 빻은 누룩 한 되 다섯 홉과 버무린다. 칠일째가 되면 깨끗이 쓴 쌀 두 말을 전과 같이 잘 씻어두고, 쌀 한 말에 팔팔 끓는 물 두 병을 고루 뿌려, 식은 다음 먼저 빚은 술밑과 뒤섞어 독에 넣는다. 스무하루가 되어 맑게 가라앉은 뒤에 쓴다." (『산림경제山林經濟』) 쌀로 빚은 이 술은 대체로 막걸리와 비슷한데, 충남 서천의 한산에서 나는 것이 유명하다. 오늘날 '한산 소곡주'로 부르는 이 술은 맛이 너무 좋아 계속 마시다 보면 앉은자리에서 일어날 수 없을 정도로 취한다고 해서 '앉은뱅이 술'이라고도 한다. 그리고 도화주는 "정월에 깨끗이 쓴 멥쌀 두 말 반을 잘 씻어서 가루로 만들고, 흐르는 물 두 말 반을 팔팔 끓여 고루 섞어 식힌 뒤에 누룩가루와 밀가루를 각 한 되씩 독에 넣고, 복숭아꽃이 흐드러지게 필 때까지 기다린다. 이 시기가 되면 멥쌀과 찹쌀 각 서 말씩을 잘 씻어 하룻밤 물에 불려 쪄서 흐르는 물[活水] 여섯 말을 팔팔 끓여 식힌 뒤에 고루 섞는다. 밥이 완전히 식으면 복숭아꽃 두 되를 따서 먼저 독 바닥에 깔고, 먼저 빚은 술밑과 함께 넣은 다음, 복숭아꽃 두어 가지를 그 가운데 꽂아놓았다가 익은 다음에 걸러 술통에 뜬다. 만드는 방법이 비록 이와 같으나, 처음 빚는 술밑에 물 다섯 되를 감하고 첨가할 때 또 서너 되를 감하면 맛이 더욱 좋다. 항상 싸늘한 곳에 두어 익기를 기다린다."(『산림경제』)

감홍로甘紅露, 이강고梨薑膏, 죽력고竹瀝膏

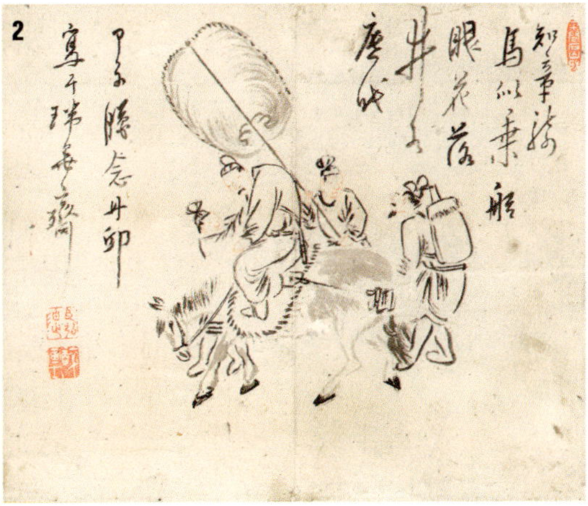

1 **김후신**金厚臣, 「**통음대쾌도**痛飮大快圖」. 간송미술관 소장.

공유마당 : https://gongu.copyright.or.kr/gongu/wrt/wrt/view.do?wrtSn=13268506&menuNo=200018

18세기 후반의 화가 김후신金厚臣의 이 그림은 술에 취한 양반을 갓을 쓴 세 사람이 부축해 가고 있는 장면을 그렸다. '통음대쾌'는 흠뻑 마셔 크게 유쾌하다는 말이다.

2 **김홍신**, 「**하지장도**賀知章圖」. 국립중앙박물관 소장.

1804년 김홍도가 당나라의 시인이자 천하의 술꾼인 하지장賀知章이 술에 취해 말 탄 모습을 그렸다. 하지장을 따라 가는 이는 등에 큰 술통을 졌다. 예전이나 지금이나 술, 특히 좋은 술을 실컷 마시고 싶은 욕망은 언제나 한결같다. 최남선은 평양의 감홍로甘紅露, 황해도의 이강고梨薑膏, 호남의 죽력고竹瀝膏를 '조선의 3대 명주'라고 극찬했다. 감홍로는 온갖 약재를 넣어 우려낸 약술인데, 담그는 방법이 다양하다. 보통은 계피와 생강을 꿀에 버무려 하룻밤이 지난 다음 소주를 붓고 밀봉한 후 땅속에 70일간 묻어두면 향기가 높고 달콤한 담홍색 술이 된다. 이 술은 특히 '관서감홍關西甘紅'이라 하여 평안도 지방에서 제일가는 명주로 쳤다. 이강주梨薑酒라고도 하는 이강고는 글자 그대로 배와 생강으로 만든 술이다. 근래에는 전주 지방에서 나는 것이 유명하다. 이해응李海應(1775~1825)이 1803년 152일 동안 중국에 다녀온 여정을 기록한 『계산기정薊山紀程』에서는 천일주千日酒, 백화주百花酒, 죽력주竹瀝酒와 함께 이 술을 우리나라에서 맛이 가장 좋은 술 중 하나로 든다. 죽력고는 대나무가 풍부한 호남 지방의 술로, 푸른 대를 구울 때 나오는 끈끈한 진액을 뽑아 만든 술이다. 위급한 병을 치료하는 데에도 탁월한 효과가 있다. 일본에 나라를 빼앗기자 자결한 황현의 『오하기문梧下記文』에 따르면, 동학농민전쟁 당시 농민군의 총대장인 전봉준全琫準(1855~1895)은 "압송 도중에 푸른 대쪽을 불에 구워서 받은 진액과 인삼을 구하여 상처를 치료했다."

대표적인 전통술과 산지

지역	술
서울	삼해주三亥酒
경기	부의주浮蟻酒 계명주鷄鳴酒 문배주
제주	오메기술
함양	국화주菊花酒 송근주松根酒
진도	홍주紅酒
면천	두견주杜鵑酒
보성	강하주薑荷酒
전주	이강주梨薑膏
아산	연엽주蓮葉酒
선산	송로주松露酒
여산	호산춘壺山春
마천	옥수수술
김천	과하주過夏酒
한산	소곡주小麯酒
호남	죽력고竹瀝膏
평양	감홍로甘紅露
안동	소주燒酒 송화주松花酒
경주	법주法酒

감홍로와 이강고, 죽력고가 조선 후기의 서울 양반들이 알아주는 약술이었지만, 그것만 있었던 것은 아니다. 홍석모洪錫謨(1781~1857)의 『동국세시기東國歲時記』는 이 밖에도 소나무 순筍으로 만든 송순주松筍酒, 멥쌀과 송진으로 빚은 평안도의 벽향주碧香酒, 계피와 차주·당귀를 소주에 넣어 삭힌 호남의 계당주桂當酒, 멥쌀로 빚은 충청도의 약주 노산춘魯山春을 더 들고 있다. 1924년에 발간된 『조선무쌍신식요리제법朝鮮無雙新式料理製法』을 보면, '술 담그는 법'에 소개된 술은 총 54종이다. 국미주麯米酒, 송순주松荀酒, 백로주[白露酒, 백하주白霞酒, 문방주文房酒], 삼해주三亥酒, 이화주[梨花酒, 백설향白雪香], 도화주桃花酒, 연엽양[蓮葉釀, 천상백옥체天上白玉醴], 호산춘壺山春, 경액춘瓊液春, 동정춘洞庭春, 봉래춘蓬萊春, 송화주松花酒, 죽엽춘竹葉春, 죽통주竹筒酒, 집성향[集聖香, 사절주四節酒], 석탄향惜呑香, 하삼청夏三淸, 청서주淸暑酒, 자주煮酒, 매화주梅花酒, 연화주蓮花酒, 유자주柚子酒, 포도주葡萄酒, 두견주杜鵑酒, 과하주過夏酒, 향설주香雪酒, 무릉도원주武陵桃源酒, 동파주東坡酒, 송자주松子酒, 감저주甘藷酒, 칠일주七日酒, 백료주白醪酒, 부의주浮蟻酒, 잡곡주雜穀酒, 신도주新稻酒, 백화주[白花酒, 백화양白花釀], 삼일주三日酒, 혼돈주混沌酒, 청주淸酒, 탁주濁酒, 합주合酒, 모주母酒, 감주甘酒, 능금술[임금주林檎酒], 계피주桂皮酒, 생강주生薑酒, 수수소주[출소주秫燒酒], 옥수수소주[옥촉서소주玉蜀黍燒酒], 감홍로甘紅露, 이강고梨薑膏, 죽력고竹瀝膏, 우담소주牛膽燒酒, 상심소주桑椹燒酒, 관서감홍로關西甘紅露. 참고로 술 이름에 '술 주酒' 뿐 아니라 '죽력고竹瀝膏'에서처럼 '고膏' 자를 쓰거나 '호산춘壺山春'에서처럼 '춘春' 자를 붙이거나 '감홍로甘紅露'처럼 '로露' 자를 쓰기도 했다. 또한 '주酎'라고도 했는데, "섬세한 방법으로 여러 번 술밑을 덮어서 순하고 풍부한 맛이 나도록 빚어내는 술을 한자로 주酎라 하고, 또 아언雅言으로 춘주春酒라고 하니, 국내외를 통틀어 무릇 춘 자를 붙이는 술은 모두 이러한 주酎의 종류에 속하는 것이다". (「조선상식」)

노구솥

노구솥. 국립민속박물관 소장.

적은 양의 밥을 지을 때 사용하는 휴대용 밥솥이다. 높이가 낮고, 아가리에 전(물건의 위쪽 가장자리가 조금 넓적하게 된 부분이 달린 형태)이 달린 형태다. 바닥과 배는 평평하고, 뚜껑은 가운데가 높으며, 돌기 띠를 둘렀고 중앙에 가느다란 꼭지가 달려 있다. 놋쇠나 구리로 만드는 노구솥은 '왜솥'이라고도 한다. 한국 고유의 솥은 대개 무쇠솥으로 되어 있다. 그래서 대부분이 부뚜막이나 한뎃부엌(방의 구들장 밑으로 나 있는, 불길과 연기가 통하여 나가는 길인 방고래와 상관없는 한데에 따로 솥을 걸고 쓰는 부엌)에 걸어서 고정시킨다. 그러나 노구솥은 자유로이 옮기어 따로 걸고 쓸 수 있다. 주로 노구메(산천의 신령에게 제사 지내기 위하여 놋쇠나 구리로 만든 작은 솥에 지은 메밥)를 짓는 데 사용한다. 노구솥은 한자로는 '동구로銅爐口', '과銅' 혹은 '동과銅鍋', '탕라盪鑼', '로고爐古', '철당鐵鐺', '노구부壚口釜' 등이라 쓴다. 참고로 『임원경제지林園經濟志』에 따르면, "옛날에는 다리가 있으면 기錡라 하고, 없으면 부釜라 했다."

전립戰笠

전립[벙거지]. 국립민속박물관 소장.

모자와 그 밑 둘레 밖으로 둥글넓적하게 된 양태涼臺(갓모자의 밑 둘레 밖으로 둥글넓적하게 된 부분)가 있는 패랭이 모양의 관모冠帽(벼슬아치들이 쓰던 모자)로 무관이 쓰던 모자이다. 예시한 전립戰笠(무관이 쓰던 모자의 하나로 붉은 털로 둘레에 끈을 꼬아 두르고, 술이나 이삭 모양으로 만들어 다는 붉은빛깔의 가는 털인 상모象毛와 높은 벼슬아치나 외국에 가는 사신이 쓰는 갓 위에 달던, 옥으로 만든 해오라기 모양의 장신구인 옥로玉鷺 따위를 달았으며, 안쪽은 남색의 운문대단雲紋大緞, 곧 구름무늬가 있는 중국 비단으로 꾸밈)은 무관이 사용하던 전립과 형태가 같으나, 인공 가죽 위에 흑색 털로 장식하고, 검정실로 엮었다. 모자 위에는 적, 황, 백색의 술을 장식했고, 모자와 양태의 접합 부분에는 붉은색 가죽을 둘렀다. 양태 양쪽에 붉은색 천을 붙인 노란색의 방패 모양을 장식하였다. 양태 아랫부분은 청색 천으로 감싸고, 적, 황색의 나무 구슬을 엮은 갓끈을 달았다. 이것을 뒤집어놓으면 훌륭한 조리 도구가 되는데, 이것을 전립투氈笠套, 곧 벙거짓골이라고 불렀다.

전립투[벙거짓골]

1 **전립투.** 국립민속박물관 소장.
이 벙거짓골은, 움푹 들어간 가운데에는 국물 있는 요리를 하고, 편평한 가장자리에는 고기 등을 구워 먹기에 적합했다. 흔히 노구솥이라고도 하는 이 전립투는 겨울철 야외 잔치인 난회煖會 혹은 난로회煖爐會에서 특히 요긴했다. "벙거짓골은 그 형용을 이름이라. 쇠나 곱돌로 벙거지처럼 들어 제쳐서 화로의 동그란 쇠 위에다가 얹고, 기름을 많이 붓고, 갖은 나물을 맹물에 데쳐서 벙거짓골 속에 넣고 재어놓은 고기는 가장자리에 펴놓고 익으면 먹는다. 너무 국물이 없으면 장국을 하였다가 붓고 계란도 풀어 먹는데, 고기는 쇠고기뿐 아니라 닭이나 생치나 양이나 제육이나 무엇이든지 다 좋고, 안주를 하든지 밥을 말아 먹든지 다 좋다. 그 밖에 강요주江瑤珠 조개껍질을 주석으로 가를 겹쳐 두르고 손잡이를 하여서 화로에 제쳐놓고 고기를 지져 먹으면 다른 그릇보다 맛이 한층 더 있다."(『조선무쌍신식요리제법』)

2 **성협成夾의 풍속화.** 국립중앙박물관 소장.
벙거지골로 고기를 구워 먹고 있는 난로회煖爐會 모습을 그렸다. 난로회는 18세기 무렵 서울에서 크게 유행했다. 신광하申光河(1729~1796)는 「벙거짓골에 소고기를 굽다[영전철자육詠氈鐵煮肉]」라는 시에서 난로회의 풍경을 다음과 같이 묘사하고 있다. "고기 썰어 벙거짓골에 늘어놓고 / 몇 사람씩 화로를 끼고 앉아서 / 자글자글 구워서 대강 뒤집다가 / 젓가락을 뻗어보니 고기는 벌써 사라져버렸네." 박지원 역시 「만휴당기晩休堂記」에서 벗과 함께 눈 내리던 날 벙거짓골을 마주하고 고기를 굽는 난로회를 가졌는데, 세칭 철립위鐵笠圍라 부른다면서 온 방 안이 연기로 가득하고 파와 마늘 냄새, 고기 누린내가 몸에 배었다고 했다. 성협의 그림에서 보듯이 난로회는 추운 겨울 야외에서 열었는데, 연암이 즐긴 난로회는 방안에서 이루어졌다.

탕평채蕩平菜, 석박지[잡저雜菹]

1 **탕평채**. 국립민속박물관 소장.
'탕평'이라는 말로 미루어 짐작할 때, 탕평책蕩平策(영조 때에, 당쟁의 폐단을 없애기 위하여 각 당파에서 고르게 인재를 등용하던 정책)을 내세운 영조(재위 1724~1776) 때 이 음식이 생겨났을 것이라고들 추측하지만 확실한 근거는 없다. 참고로, "송인명宋寅明(1689~1746)이 젊은 시절에 가게를 지나가다가 탕평채 파는 소리를 듣고 사색四色의 당인黨人을 섞어 등용해야 한다는 사실을 깨닫고서 탕평 사업을 하였다고 한다."(『송남잡지松南雜識』) 이 전언에 따르면 '탕평채'는 영조 재위 이전에 이미 가게에서 팔고 있었으니, '탕평책' 운운은 나중에 거기에 덧붙여진 이야기임을 알겠다. 녹두묵에 돼지고기, 미나리의 싹을 잘게 썰어 초장으로 무쳤다고 했지만, 『동국세시기東國歲時記』에서는 탕평채에 김을 더 넣어 먹었다고 했다. 요즘도 대개 한식집에서는 녹두묵[청포묵]으로 만든 탕평채를 김과 함께 무쳐서 내온다.

2 **석박지**. 국립민속박물관 소장.
잡저雜菹, 곧 석박지를 "여러 채소를 절이는 것"으로 푼 경우가 있는데 잘못이다. 잡저는 절인 배추, 무, 오이를 넓적하게 썰어 고춧가루와 생강, 마늘, 새우젓국, 소금, 파, 미나리 등을 함께 넣고 버무린 다음 다시 젓국을 부어서 익힌 석박지를 말한다. 지금 우리가 즐겨 먹는 김치는 한자로 '침채沈菜'라고 표기했다. 『순암선생문집順菴先生文集』에서는 묘에서 지내는 제사[묘제墓祭]의 제물祭物을 설명하면서 "소채 따위는 김치[침채沈菜], 익힌 나물[숙채熟菜], 생나물[생채生菜], 잡저雜菹 등으로 한다."라고 했다. 잡저와 김치는 분명히 구별되었던 것이다. 『규합총서』에서도 '김치'와 '셧박지'를 나누어 설명하고 있다.

제어[鮆魚, 위어葦魚, 웅어]

1

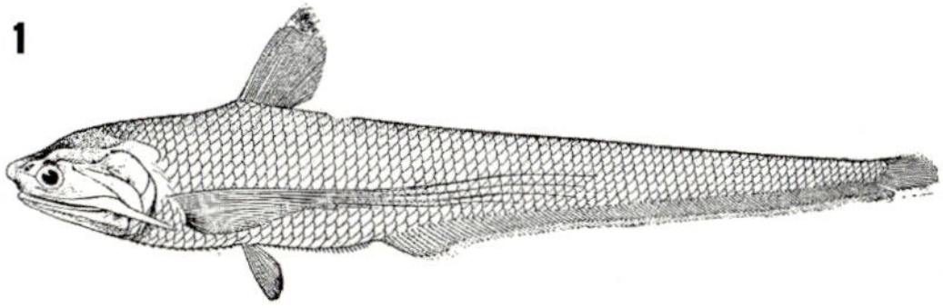

2

1 **제어**. Freshwater and Marine Image Bank 소장.

위어葦魚라고도 한다. '위葦'는 갈대를 말하는데, 갈대가 많은 곳에서 산란하기 때문에 그렇게 부른다. 요즘은 대개 '웅어'라고 하는데, 충남 부여에서는 '우여'라고 부른다. 강과 바다가 만나 염분이 적고 영양물질이 풍부한 기수沂水 지역에서 자라는 웅어는 맛이 좋아 임금에게 진상되었다. 한강 하류인 행호杏湖에서는 아예 위어소葦魚所라는 기관을 두고 웅어를 본격적으로 잡아 올렸다. 웅어를 궁궐에서만 먹었던 것은 물론 아니다. 생선 장수들이 지고 다니면서 횟감으로 팔기도 했다. 요즘 가을철에 '집 나간 며느리도 그 냄새에 돌아온다'는 전어錢魚가 인기 있듯이, 예전에는 봄철 시식으로 웅어가 대접을 받았다. 생선 장수들은 행주에서 웅어를 받아다가 서울 장안을 돌아다니면서 팔았다. 지금은 논산, 강경, 군산, 부여 등지에서 4월 잠깐 회무침으로 먹는다. 참고로 금강에 하구둑이 설치된 이래 웅어는 거의 자취를 감추었다. 낙동강의 경우, 2021년 29일 간 수문을 개방한 결과 웅어, 학꽁치 등이 돌아온 바가 있다.

2 **정선, 「행호관어杏湖觀漁」. 『경교명승첩京郊名勝帖』, 간송미술관 소장.**

한강 하류인 행호에서 복어와 위어를 잡고 있다. '행주 호수에서 고기 잡는 것을 구경하다'라는 제목의 이 그림에 붙인 이병연李秉淵(1671~1751)의 제시題詩를 풀이하면 다음과 같다. "늦봄 복어국이요, 초여름 웅어회라. 복사꽃 가득 떠내려오면, 그물을 행호 밖에서 잃겠네(春晩河豚羹, 夏初葦魚膾, 桃花作漲來, 網逸杏湖外)." 마지막 구절은 복어와 웅어가 가득 잡혀 그물이 강물 속에 잠겨버렸다는 뜻이다.

생선장수

1

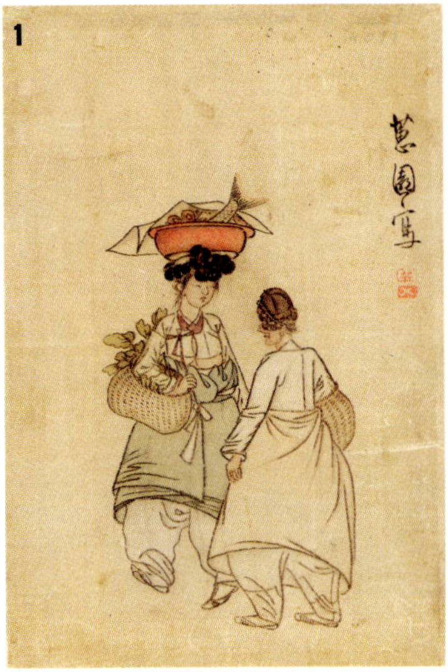

2

1 **신윤복, 「어물장수」, 『여속도첩**女俗圖帖』 **중 5번째.** 국립중앙박물관 소장.
가채加髢머리 위에 생선 함지박을 이고 채소가 든 망태기를 옆구리에 낀 채 대화하는 여인을 그리고 있다. 이는 신윤복의 작품에서 보기 드문 서민의 일상을 표현한 가작이다. 『경도잡지』에서는 웅어를 생선 장수들이 거리를 돌아다니면서 외치며 파는데, 횟감으로 쓴다고 했다.

2 **김홍도, 「어물장수」, 『행려풍속도병**行旅風俗圖屛』 **중 4폭**(부분). 국립중앙박물관 소장.
'행려풍속도'란 선비가 세속을 유람하면서 보는 풍정을 담은 일종의 풍속화로, 주인공은 대개 나귀를 타고 가는 선비로 등장한다. 대장간이나 강변 풍경, 그리고 벼타작 장면 등 다양한 세상살이의 모습을 보여주고 있다.

복어와 복어국

1

2

1 **황복**. 픽사베이.

복어는 맛이 좋아 '서자유西子乳'라고 했는데, "옛적에 서자란 계집이 어여쁘고 살빛이 희기에 서자의 젖과 같다."(『조선무쌍신식요리제법』)라고 한 것이다. 그래서인지 복어를 "우리나라에서는 '복생선鰒生鮮'이라고 한다. 한강에 삼사월이면 떼지어 올라오니, '복진상鰒進上'이라고 한다."(『송남잡지松南雜識』) 『경도잡지』에서는 복숭아꽃이 채 떨어지기 전에 복어국을 먹는다고 했다. 복숭아꽃이 진 다음에는 복어의 독이 강해져서 먹을 수 없기 때문이다. 그럼에도 '하어약河魚約'이라는 복어 모임이 이어졌다.

2 **복어국**. 국립민속박물관 소장.

복어국의 재료가 되는 복어의 또 다른 명칭은 하돈河豚이다. 하돈은 강물 '하河'에, 새끼돼지 '돈豚'이 합쳐진 말로, '강에서 잡히는 새끼돼지'라는 뜻이다. 복어가 수면에서 공격을 받으면 공기를 들이마셔 배를 불룩하게 내미는 성질에서 유래한 것이다. 『경도잡지』에서 "복숭아꽃이 채 떨어지지 전에는 '하돈갱河豚羹'을 먹는다"고 했는데, 하돈갱은 복어국을 말한다. 복어국을 조리할 때는 반드시 미나리를 같이 사용하는데, 그것은 복이 지닌 독을 없애기 위해서이다. 복어 독의 해독에 동원된 재료로는 미나리 외에 참기름과 곤쟁이젓 등이 더 있었다. 그렇지만 복어의 독은 "여러 물고기 가운데 가장 독하니, 중독자는 반드시 죽는다. 그러면 사람의 똥물 먹이고, 참기름을 많이 먹이고, 백반가루를 끓는 물에 타 먹이고, 소루쟁이 두드린 즙을 먹이고, 괴화가루 삼전三錢을 갓 길은 물에 타 먹이고, 곤장이젓과 소금, 쪽즙을 다 먹여야 한다."(『규합총서』)

도미와 도미찜

1

2

1 **도미.** 픽사베이.

'도미'는 도밋과의 바닷물고기를 통틀어 이르는 말이다. 몸은 타원형으로 납작하며 대부분 붉은색을 띠고 비늘은 둥글고 크다. 연안성의 어류로 바다 밑바닥에 산다.

2 **도미찜.** 크라우드픽.

『경도잡지』에 따르면, 복어의 독을 염려하는 사람은 복어국 대신에 '독미어증禿尾魚蒸', 곧 도미찜을 먹었다. 독미어를 '숭어'라 하기도 하고, '도미'라 하기도 하는데, 유득공이 1801년 북경에 다녀와서 쓴 글에 따르면, 독미어는 도미다. "'이곳에서는 해즉海鯽이라 일컬으며 속명俗名은 대두어大頭魚라 하오. 귀국에서는 무어라 하지요?' '우리 고장에는 이 생선이 몹시 많으며 이름을 독미어禿尾魚라 합니다. 이 고기는 머리가 제일 맛있다지만, 묘한 맛은 바로 두 눈깔에 있거든요.'" 독미어라 부른 해즉이 바로 도미인 것이다.(『연대재유록燕臺再遊錄』 4월 15일) 이로 미루어보면, 독미어는 수어水魚/秀魚라고 하는 숭어가 아니라 도미이고, 독미어증은 도미찜임을 알 수 있다. 도미는 찜을 하거나 도미국수 등으로 요리해 먹었다. 『해동죽지海東竹枝』에서는 도미찜을 '기생보다 낫다'는 뜻의 '승가기勝佳妓'라 하면서, 해주 명물인 그것이 서울의 도미국수와 흡사하다고 했다. 한편 '승기악탕勝妓樂湯'이라는 요리도 있었는데, 그것이 일본의 스키야키衫燒에서 온 차용어라는 견해도 있다. 그러나 실제로 승기악탕이 무슨 요리를 지칭했는지는 확실치 않다. 『조선요리학朝鮮料理學』(1940)에서는 그것을 도미찜이라 했지만, 『규합총서』(1809)에서는 닭을 넣은 왜관倭館(조선 시대에, 입국한 왜인倭人들이 머물면서 외교적인 업무나 무역을 행하던 관사) 요리로, 조선 후기 왕·왕비·왕대비 등에게 바친 진찬進饌(궁중 잔치의 하나로 진연進宴보다 규모가 작고 의식이 간단함)을 기록한 의궤인 『진찬의궤進饌儀軌』(1848)에서는 '승지아탕勝只雅湯'이라 하여 숭어와 농어를 반 마리씩 넣은 요리로, 『진찬의궤』(1887)에서는 숭어와 오리를 넣은 요리로, 『조선요리제법朝鮮料理製法』(1913)과 『조선무쌍요리제법朝鮮無雙料理製法』(1924)에서는 숭어를 넣은 요리로 각각 설명했다.

다연茶煙, 차와 담배

차는 우리나라에서 나지 않아 중국에서 사들여오거나 작설雀舌 혹은 강귤薑橘로 대용한다. 관청에서는 찹쌀을 볶아 물에 우려 마시는데, 그것 역시 차라고 한다. 근래에는 백두산 전나무의 싹으로 차를 만들기도 한다.

관서 지방의 삼등三登과 성천成川 등지에서는 금사연金絲煙이라는 담배가 난다. 그것을 속칭 서초西草라 하는데, 매우 귀하게 여긴다. 조정에서 근무하는 조사朝士는 반드시 담뱃갑[연합煙盒]을 지닌다. 담뱃갑은 쇠로 만드는데, 은銀이나 동銅으로 물려 매화나 대나무를 새기고, 자줏빛 나는 사슴 가죽으로 끈을 달아 담뱃대[연배烟盃]와 함께 말꽁무니에 단다. 지위가 낮고 천한 사람은 지위가 높고 귀한 사람 앞에서는 감히 담배를 피우지 못한다. 조정에서 벼슬을 하고 있는 조사朝士의 행차에서 선도하는 군졸들이 큰 소리를 질러 길을 비키게 하던 벽제辟除를 할 때, 그 앞에서 감히 담배를 피우는 자는 엄하게 다스린다.

茶無土產, 貿於燕市, 或代以雀舌薑橘. 官府熬糯米沈水, 亦謂之茶. 近俗或用白頭山杉芽. 關西之三登成川等地, 產金絲烟, 俗稱西草, 甚珍之. 朝士必有烟盒. 鐵鑄銀銅梅竹, 紫鹿皮綬幷, 烟盃携在馬後. 卑賤在尊貴之前, 不敢吸烟. 朝士出街辟除, 含烟者甚嚴.

작설雀舌과 작설차[雀舌茶]

1 **작설**. 박동춘(동아시아차문화연구소, http://www.ea-tea.co.kr/). 작설은 참새 '작雀' 자에 혀 '설舌' 자를 붙여 참새의 혀처럼 생긴 찻잎의 새순을 말한다. '참다운 차[진다眞茶]'라고 부를 만큼 품질이 좋은 작설차는 14세기경에 처음으로 문헌에 보인다. "가을 감 먼저 따서 나에게 부쳐주고 / 봄볕에 말린 작설 여러 번 보내왔네 / 대사는 옛 정분을 못 잊어 그렇게 하지만 / 나는 공도 없이 많이 받기가 부끄럽다네." 송광화상松廣和尙이라는 승려가 보내준 차를 고마워하면서 이제현李齊賢(1287~1367)이 답례로 보낸 시다. 작설차는 봄볕에 말렸음을 알려준다. 작설차는 "순천順天에서 나는 것이 가장 좋고 변산邊山의 것이 다음"(『도문대작屠門大嚼』)으로 좋다고 한다. 작설은 약용으로도 쓰였다.

2 **작설차**. 직접 촬영. "차는 우리나라에서 나지 않아 중국에서 사들여오거나 작설雀舌 혹은 강귤薑橘로 대용한다."라는 『경도잡지』의 설명에 따르면, 작설차는 차가 아니게 된다. 작설차로 차를 대신했다고 했기 때문이다. 이에 대해서는 다음 전언이 참고된다. "우리나라 풍습이 비록 작설을 사용하여 약에 넣기는 해도, 대부분 차와 작설이 본래 같은 물건인 줄은 모른다. 때문에 예전부터 차를 채취하거나 차를 마시는 자가 없었다. 혹 호사가가 중국 시장에서 사 가지고 올망정, 가까이 나라 안에서 취할 줄은 모른다. 1760년에 배편으로 차가 오자, 온 나라가 비로소 차의 생김새를 알게 되었다. 10년간 실컷 먹고, 떨어진 지 이미 오래되었는데도 또한 따서 쓸 줄은 모른다. 우리나라 사람에게 차는 또한 그다지 긴요한 물건이 아니어서 있고 없고를 따질 것이 못 됨이 분명하다."(『동다기東茶記』) 이 전언에 따르면, 유득공도 당시 대부분의 사람들처럼 차와 작설이 같은 것인 줄 몰랐기 때문에 이런 혼란이 생겨났던 것이다. 그만큼 18세기까지도 차 마시는 것은 보편적인 문화가 아니었다.

전나무의 싹

전나무의 싹. 픽사베이.

지금 우리가 알고 있는 삼나무는 학명 Cryptomeria japonica에서 보듯이, 일본 특산종의 상록 교목으로 우리나라에서는 남부 해안 지방에 분포한다. 그러므로 『경도잡지』애서 말하는 "백두산 삼나무"는 현실에서는 성립할 수 없다. 그렇다면 '삼杉'은 다른 대상을 지칭한다고 보아야 옳을 것이다. 1576년에 발간된 『신증유합新增類合』에는 '삼杉'을 '잇갈'이라 했고, 숙종 때 역관譯官 홍순명洪舜明(1677~1745)이 펴낸 일본어 학습서 『왜어유해倭語類解』에서는 '익개'라고 했으며, 사역원司譯院에서 1768년에 간행한 『몽어유해蒙語類解』에서는 '삼목杉木'을 '익개나무'라 했고, 『병와집甁窩集』(1774)에서는 '익가益櫃'라 했으며, 『방언류석方言類釋』에서는 '잇개나모'라고 했다. 그런데 정약용丁若鏞(1762~1836)은 『아언각비雅言覺非』(1819)에서 "우리나라 사람들이 삼나무를 익가나무라 잘못 부르고 있다(東人誤爲弋櫃)"고 하면서, "삼杉이라고 하는 것은 세속에서 말하는 이른바 전나무[회檜]라고 했다. 여기서는 '삼杉'이 과연 전나무인지 아니면 익개나무, 곧 잎갈나무(혹은 이깔나무)인지, 그리고 그 '싹'으로 차를 끓여 마시는 나무가 전자인지 후자인지 단정하여 말하기 어려워 두 견해가 있다는 것을 밝혀두고, 편의상 『아언각비』의 견해에 따라 전나무 싹 사진을 예시로 들어두기로 한다. 참고로 백두산에서 나는 차나무로 백산차[白山茶]라는 것이 있었는데 "그 나무에 대해 효당曉堂은 생강나무일 것이라 했고, 응송應松은 석남과石南科에 속하는 철쭉꽃일 것이라 했다. 1914년(大正 3) 조선총독부에서 조사한 『백두산식물조사서白頭山植物調査書』에 따르면, 백두산의 고산식물高山植物로 이 백산차가 나오는데, 여기 이름은 'Ledun'으로 나와 있다. 아마 이러한 차들이 변해 소위 우리의 순수한 차가 되는 생강차, 구기자차, 산수유, 당귀, 감초, 마가목, 오미자, 인삼차 등으로 마시지 않았나 생각된다."(『한국의 차문화』) 여기서 효당과 응송은 각각 근래 소위 '다도茶道'로 유명했던 최범술崔凡述(1904~1979)과 박영희朴暎熙(1893~1990) 스님을 말한다.

금사연金絲煙

금사연. 언스플래쉬(금사연 사진을 구할 수 없어 연초煙草 말린 것을 제시함).

조선시대에는 담배를 부르는 말이 여럿 있었다. 그중에 남령초南靈草 혹은 남초南草라는 이름이 있는데, 폐암을 유발한다고 해서 담배가 추방당하는 요즘과 달리 그 이름들은 '약초'라는 뜻까지 담고 있다. 남령초는 남방으로부터 전래하고 또 약효가 있는 풀이라는 뜻을 붙인 이름인 것이다. 그러니 『계곡만필谿谷漫筆』의 전언대로 "우리나라에는 20년 전(1610년 경)에 처음으로 이것이 들어왔는데, 지금은 위로 공경公卿으로부터 아래로 가마꾼과 초동목수樵童牧竪에 이르기까지 피우지 않는 사람이 없게 되었다." 이런 상황에서 '명품 담배'의 출현은 필연적이다. 돈 많은 사람들은 좀 더 좋은 담배로 다른 이들과 차이를 두려고 하기 때문이다. 이른바 '구별짓기'다. 당시 매우 귀한 대접을 받은 담배 중 하나로 관서 지방의 삼등三登과 성천成川 등지에서 나는 금사연金絲煙이 대단한 인기를 끌었다. '금사연'이란 담배 연기가 금실처럼 보인다고 해서 붙인 이름이다. 그것은 특별히 '서초西草'라는 별칭으로 불렸는데, 명품 브랜드가 등장한 셈이다. "농가에서는 밭이랑을 잇달아 모두 다 담배를 심는데, 곡식을 심는 것보다도 이익이 배는 많다. 그러므로 좋은 밭에는 모두 담배를 심는다. 그 가운데서도 평안도와 황해도 두 도에서 나는 것을 서초라고 하는데, 맛이 더욱 향기롭고 맑아서 값이 몇 배는 비싸다."(『해동역사海東繹史』) 그래서 유득공의 전언대로 "금사연은 현달한 관리가 아니면 계속 피울 수 없었다."(『고운당필기古芸堂筆記』) 정조가 "앞의 시편을 심사하시자마자 또 시를 올리라 명하셨는데, 승지承旨(승정원承政院에 속하여 왕명을 내고 받는 일을 맡아보던 정삼품의 당상관堂上官)에게 금사연 한 대를 피우게 하여 그것으로 시한을 정하셨다. 이번 편을 걷어가서는, 어비御批(임금이 열람하거나 처리한 문서를 이르던 말)에 '담배 한 대 피우는 사이에 붓을 잡아 금방 써내니 어찌 뛰어난 재주가 아닌가!' 하고, 세 배의 점수를 주셨다."(『다산시문집茶山詩文集』)고 한 데서 보듯이, 금사연은 궁중에서 애용한 담배였다.

담뱃갑[연합煙盒]

1 「**철제은입사연초합**鐵製銀入絲煙草盒」. 국립중앙박물관 소장.

담뱃서랍 혹은 초합草盒 등으로도 부르는 담뱃갑은 뚜껑을 닫으면 밀폐되는 합盒의 특성을 살려 담배의 향을 유지시켜 주었다. 나무로 만든 것이 흔했는데 주로 자단紫檀, 느티나무, 뽕나무, 오리나무 등이 사용되었다. 형태는 타원형, 원형, 방형, 장방형 등으로 다양했다. 나중에는 돌이나 금속 등으로 멋을 내기 시작했다. "담배합에는 무늬목에 황동으로 치장한 것, 황동에 꽃을 새긴 것이 있다. 또 유철抽鐵에 은색 꽃을 새긴 것, 검은 옻칠을 한 나무에 나전칠기를 상감으로 새긴 것이 있다. 이렇듯 제품은 한둘이 아닌데 주로 지위가 높은 사람들이 사용한다."(『연경, 담배의 모든 것』) 특히 조사朝士들은 점잖은 체면 때문에 품위 없이 쌈지 따위를 갖고 다닐 수 없었다. 그래서 쇠로 만든 담배합에 은銀이나 동銅으로 매화나 대나무를 장식하고, 자줏빛 나는 사슴 가죽으로 끈을 달아 담뱃대와 함께 말꽁무니에 달고 다니면서 멋을 부렸다. 관리들의 담배합은 상당히 고급스런 사치품이었던 것이다. 이렇게 고급 사치품에 대한 수요가 많아지면서 조선 후기 공예품들의 수준도 아울러 높아졌다.

2 **원통형의 담배합**. 국립중앙박물관 소장.

담배 농사와 담배 가게

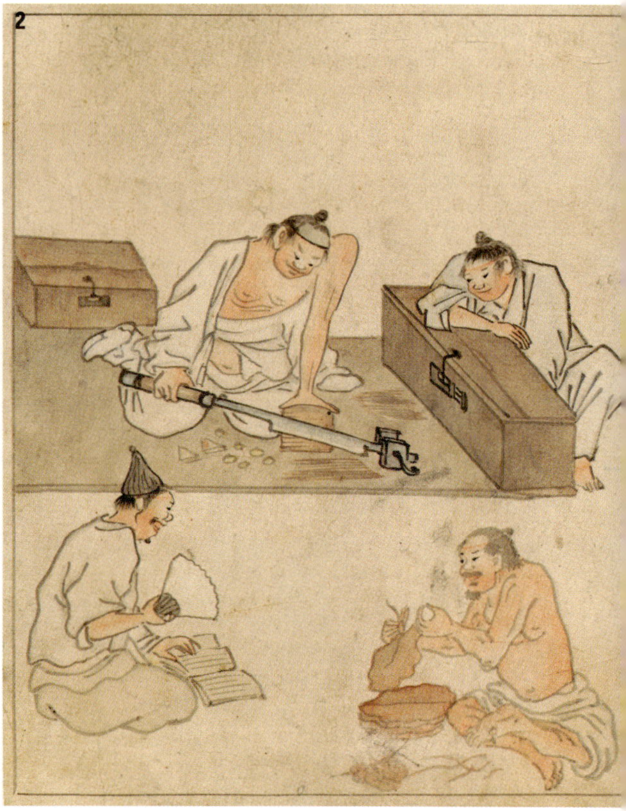

1 **화형연초花形煙草의 생육상황.** 『사진엽서로 보는 근대풍경』 7 - 풍속, 조선인, 민속원, 2009, 160쪽.

2 **김홍도, 「담배썰기」.** 『단원풍속도첩檀園風俗圖帖』, 국립중앙박물관 소장.
그림 왼쪽 아래에서 부채를 들고 책을 읽고 있는 이는 아마도 소설을 읽어주는 사람이었을 것이다. 담배가 크게 유행하자 담뱃가게도 많아졌고, 그와 함께 담뱃가게 들간의 경쟁도 치열해졌을 텐데, 담뱃가게 주인들은 소설을 읽어주는 사람을 고용해 좀 더 많은 손님이 찾아오도록 하는 유인책을 폈다. 그로 인해 심각한 사건도 발생했다. "옛날 어떤 한 남자가 종로거리 담뱃가게에서 누군가가 읽어주던 소설을 듣다가, 이야기가 영웅이 뜻을 이루지 못해 실의한 대목에 이르자, 눈을 부릅뜨고 입에 거품을 물면서 담배 썰던 칼을 들고 곧바로 달려들어 소설 읽는 사람을 찔러 그 자리에서 죽게 했다."(『청장관전서靑莊館全書』) 얼마나 실감 나게 소설을 낭독했으면 듣는 사람이 현실을 잊고 허구 속으로 빨려 들어가 살인을 저질렀을까. 이렇듯 담뱃가게는 담배의 유행과 함께 새롭게 등장한 대중소설의 유통 현장, 그리고 서민의 문화 욕구를 충족시키는 주요 공간으로 떠올랐던 것이다.

담뱃대[연배煙盃]

1

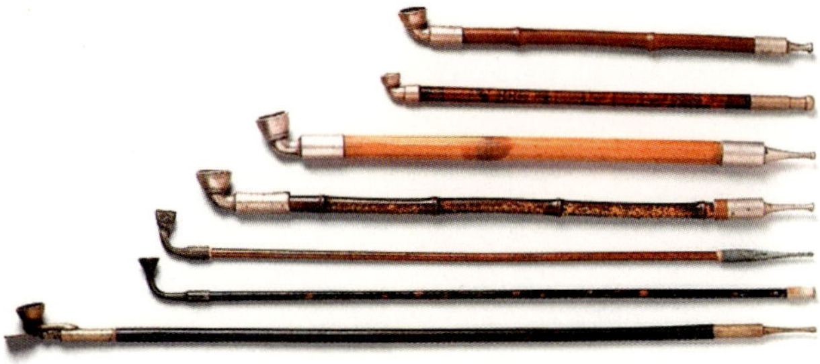

2

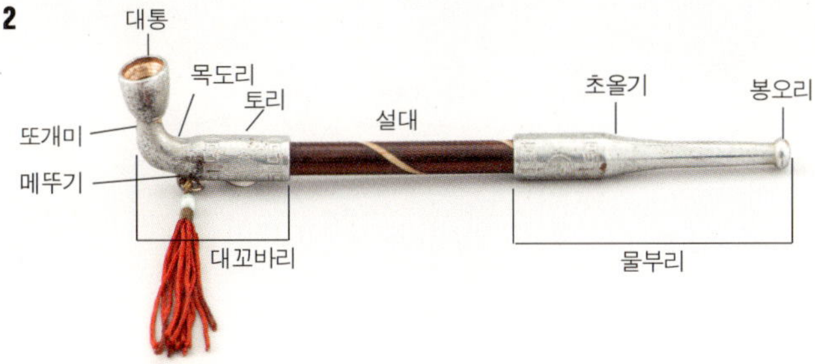

1 **곰방대**. 국립중앙박물관 소장.
곰방대는 살담배(말린 담뱃잎을 칼 따위로 썬 담배)를 피우는 데에 쓰는 짧은 담뱃대)를 말한다. 이 사진은 조선 후기에 사용된 담뱃대 일곱 점이다. 모두 크기와 색상이 각각 조금씩 다르다. 일반적으로 담뱃대는 대통[안수雁首]·설대[연도煙道]·물부리의 세 부분으로 이루어진다. 대통은 안수라고도 하는데, 마치 기러기목처럼 생겼다 하여 붙은 이름이다. 구부러진 끝에 담배를 담는 작은 통이 대통이며, 대통 바닥에 작은 구멍을 만들어 설대와 이어진다. 설대는 담배를 담는 담배통, 곧 대통과 물부리 사이에 끼워 맞추는 가느다란 대를 말한다. 물부리는 입에 물기 편리하도록 끝으로 갈수록 가늘다. 이 담뱃대의 경우 설대는 나무로 만들고, 대통과 물부리는 구리로 되어 있다.

2 **담뱃대 부분 명칭**. 국립중앙박물관 소장.

3

3 **신윤복, 「쌍검대무雙劍對舞」.** 국립중앙박물관 소장 유리건판.
담배를 담는 담배통, 곧 대통과 물부리 사이에 끼워 맞추는 설대는 조선 후기로 갈수록 점점 길어졌는데, 긴 담뱃대[장죽長竹]가 양반의 권위를 상징한 것이다. 이 그림에서 양반과 기녀가 들고 있는 담뱃대의 길이가 대단히 긴 것을 볼 수 있다. "물들인 담뱃대는 울금빛이 번쩍이고 / 작은 쌈지 대통에 태극무늬 담배함 / 주막집 여인네들 부끄러워서라도 / 한 발 되는 긴 담뱃대 정도는 물어야 하리"(『낙하생고洛下生集』)에서 보듯이, 서로 으스대느라 담뱃대 길이를 늘이는 경쟁이 있었던 것 같다. 담뱃대 길이가 자꾸 길어지면 팔이 닿지 않아 장죽을 입에 물고 담배통에 불을 붙이기가 어렵다. 그래서 연동烟童이라 부르는 어린 종을 데리고 다니면서 담배에 불을 붙이게 했다. 오른편 위쪽의 아이가 바로 그 연동이다. 이와 함께 그림 왼쪽 위에 갓을 올려 쓴 양반의 갓끈을 보라. 대단히 길다. 갓끈이 그렇게 길 필요는 없다. 이것 역시 담뱃대의 길이가 늘어나는 것과 마찬가지로 일종의 구별짓기였다. 금은이나 옥, 호박 같은 것을 주렁주렁 달아 자신의 지위를 과시하는 데 소용했던 것이다.

부시와 쌈지

1

3

2

1 **부시, 부싯돌, 부싯깃, 부시쌈지.** 국립민속박물관 소장.
부시는 손가락 길이 정도의 쇳조각으로 불을 일으키는 도구이다. 부싯쇠, 부쇠, 부수, 화도火刀라고도 한다. 얇은 쇳조각을 그대로 이용하기도 하지만 손잡이를 가죽으로 입히고 여러 가지 장식을 하기도 한다. 부시와 한 벌을 이루는 것으로 부싯돌(부시로 쳐서 불을 일으키는 데 쓰는 석영石英의 하나로 아주 단단하고 회색, 갈색, 검은색 따위를 띰)과 부싯깃(부시를 칠 때 불똥이 박혀서 불이 붙도록 부싯돌에 대는 물건으로 수리취, 쑥 잎 따위를 불에 볶아 곱게 비벼서 만들기도 하고, 흰 종이나 솜 따위에 잿물을 여러 번 묻혀서 만들기도 함)이 있다. 이들 도구는 함께 부시쌈지에 넣어 휴대하였다. 한 손에 부싯돌을 그 위에 부싯깃을 얹어 엄지 손가락으로 눌러잡고 반대편 손에 부시를 들고 내려쳐 강한 마찰을 일으켜 불을 일으킨다.

2 **쥘쌈지.** 국립민속박물관 소장.
담배를 넣어 휴대할 수 있도록 만든 주머니로 담뱃대와 함께 들고 다녔다. 담배쌈지의 재료로는 기름을 먹인 종이, 천, 가죽 등을 사용했다. 쥘쌈지는 두 번 혹은 세 번 접을 수 있도록 만들어서 옷소매나 호주머니에 넣고 다닐 수 있도록 만들었다.

3 **찰쌈지.** 국립민속박물관 소장.
허리에 차고 다니는 찰쌈지로는 둥근 모양의 두루주머니나 각이 진 귀주머니가 있었다. 특히 사진에서 보는 귀주머니의 경우, 덮개를 달고 한지를 여러 겹 붙여 공기가 들어가지 않게 밀착시키고 주물러 아주 강하게 만드는 줌치기법으로 제작되었고, 표면에 흑칠黑漆, 곧 검은 색의 옻칠이 되어 있다.

벽제辟除와 피맛골

피맛골. 『일본지리풍속대계日本地理風俗大系』(1930).

벽제는 왕이나 관원 등 귀인貴人이 행차할 때 선도先導하는 군졸들이 큰 소리를 질러 길을 비키게 하던 제도이다. 원래는 개벽開闢, 소제掃除의 뜻으로 길을 열고 불결한 것들을 치우게 하던 일이었으나, 뒤에는 귀인이나 관원들의 위엄을 과시하는 의례로 되었다. 행차에 앞장선 나장羅將(관아에서 심부름하던 사령使令), 조례皁隸(관아에서 부리던 하인) 등이 큰 소리로 "물렀거라!" 혹은 "에라, 게 들어섰거라!" 하고 외치면 서민들은 길을 비켜 허리를 굽히고, 왕이 행차할 때에는 길에서 멀리 떨어져 엎드리고 감히 고개를 들지 못하였다. 왕의 행차 때는 특히 '시위!'라는 소리를 지르기도 하였다. 종로 거리에서 고관대작이 행차할 때 '아랫것들'이 담배를 물고 있거나 활개를 치고 걷거나 머리를 조아리지 않으면 치도곤治盜棍(몹시 혼나거나 맞음. 죄인의 볼기를 치던 곤장의 하나로 버드나무로 넓적하게 만들었으며 곤장 중에서 크기가 가장 큼)을 당했다. 그 꼴을 보기 싫은 이들은 아예 그 행차를 피해 뒷골목으로 다녔는데, 그곳이 바로 피맛골이다. 피맛골이란 '말의 행차를 피해 들어가는 골목길'이라는 뜻이다. 사진 왼쪽 대로가 종로통이고, 오른쪽 골목이 피맛골이다. 지금은 재개발로 역사의 뒤꼍으로 사라져버렸다. 『발칙한 한국학』을 지은 스콧 버거슨Scott Burgeson은 서울시의 피맛골 재개발정책을 '피맛골 대학살'이라는 격한 표현을 써가며 비난했다.

과과果瓜, 과일과 채소

배 중에 품질이 좋은 것으로 추향秋香이 있는데, 황해도 황주黃州와 봉산鳳山 등지에서 온다. 이름이 월화月華, 소단小團, 장존長存, 방혈方穴인 감은 경기도 남양과 안산에서 난다. 귤, 유자, 석류 모두 남쪽 지방에서 난다. 서울에서는 화분에 석류를 기르는 것이 유행이다. 털이 없는 복숭아를 승도僧桃라 하고, 털이 있으며 아주 크고 일찍 익으면서 맛이 상쾌한 복숭아를 유월도六月桃라고 한다. 울릉도에서 나는 것은 대부분 크고 그 씨는 종자로 삼는데, 그것을 울릉도鬱陵桃라고 한다.

호박[남과南瓜]을 돼지고기와 한데 볶아 먹으면 맛이 좋다. 호박을 말린 민어[면어乾鮸] 대가리로 조리를 하면 진솔한 여름 반찬이 된다.

梨之佳者曰秋香, 自海西之黃州鳳山等地而至. 柹名月華小團長存方穴, 產於畿內之南陽安山. 橘柚石榴俱南產. 京城盆養石榴亦盛. 桃之不毛者曰僧, 桃有毛以絶大早熟爽美, 曰六月桃. 鬱陵島中, 多大桃取核而種之, 曰鬱陵桃. 南瓜同猪肉煑味佳. 亦調以乾鮸魚頭, 爲夏月眞率之饌.

과일과 채소

윤두서尹斗緖(1668~1715), 「**채과도**菜果圖」. 녹우당 소장.

수박과 참외, 가지 등을 그렸다. 형태의 굴곡과 양감을 잘 표현하였고, 명암에 대한 관심을 나타냈다는 평가를 받는 그림이다. 『경도잡지』는 과일로 배와 감, 귤, 유자, 석류, 복숭아를 든 반면 채소는 호박 한 가지만 들었다. 제목을 "과일과 호박[과과果瓜]"이라고 한 이유를 알겠다. "조선은 대개 봄, 가을이 메마르고 여름에는 흐린 날이 많고 비가 흔해서 과수果樹의 생육에 적당하며, 토질이 또한 그 재배에 합함으로써 각종의 과수가 널리 재배되고, 특별히 사과[평과苹果]의 과수원 경영이 남북 각지에서 성행하고 있다. 그 가운데 남방에서는 대구, 삼랑진, 북방에서는 황주, 진남포 내지 원산, 함흥 등이 다 사과의 명산지로서, 품질이 우수하고 생산되는 양이 또한 많아서 중국과 시베리아와 남양 일부로의 수출이 날로 늘며, 상해 시장에서는 유명한 미국의 우량종을 압도하기에 이르렀다. 사과 이외의 개량 과종에는 삼랑진의 배, 성환의 참외, 소사의 수박 등이 기호가嗜好家의 침을 자아내는 것들이다."(『조선상식문답』)

배

1

1 **오늘날 배의 대표적인 품종들.** 농업진흥청.
국내육성품종 중 조생종에는 미니배, 감로, 신천, 조생황금, 선황, 원황, 신일, 한아름이, 중생종에는 황금배, 수황배, 화산, 만풍배, 영산배, 수정배, 감천배, 단배가, 만생종에는 미황, 추황배, 만수, 만황이 있다. 오늘날 배의 대표적인 품종이다. 『경도잡지』에서 소개한 품종과는 차이가 많다. 조선시대에 배는 대개 수확 시기에 따라 '조생종(원앙배)', '중생종(화산배)', '만생종(신고배)'으로 나누지만 황금배, 추황배, 영산배, 만풍배, 화산배, 장십랑, 하늘배[천사리天賜梨], 금색배, 검은배[현리玄梨], 붉은배[홍리紅梨], 대숙배[대숙리大熟梨] 등 그 종류가 매우 다양했다. 예전에는 "배의 진품珍品으로 청술레[靑戌來], 황술레[黃戌來], 합술레[合戌來] 등의 명칭이 있었는데 봉산에서 생산된 것을 최상으로 쳤다".(『백운필白雲筆』) 그런데 "조선의 배가 맛있다고 해도 몹시 추운 나라이니까 겨울을 넘는 것은 어떻게 해도 불가능한 일이다. 또 황해도 봉산은 경성까지 400리나 된다. 여기서 나오는 배는 보통 두 배 정도 크고 맛도 특별하다. 국왕에게 바치려고 해도 도중에서 상하니까 국왕의 힘으로도 봉산의 배만은 잡수실 수 없다고 한다."(『상서기문象胥記聞』)

2

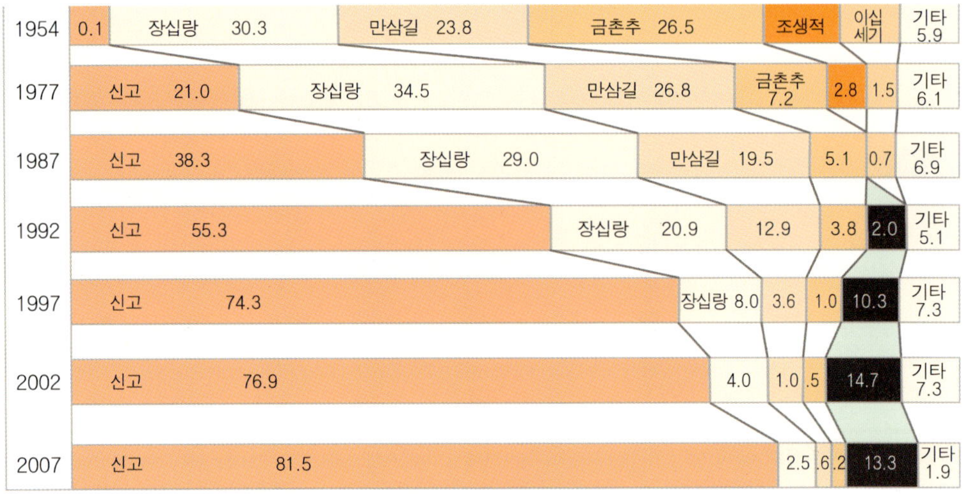

2 **배 주요 품종별 재배면적 비율의 변화(%).**

신고新高배가 오늘날 배 생산의 주종을 이루고 있음을 알 수 있다. 신고배는 배의 한 품종으로 씨를 둘러싸고 있는 과피果皮는 담황갈색이며, 육질이 비교적 유연하고 과즙이 많아 맛이 우수하다. 신고배는 일본의 천의천[天の川] 품종과 금촌추今村秋 품종을 교배 육성하여 1927년에 명명한 일본 품종이다. 우리나라에는 1930년대에 들어왔다. 과실의 크기가 큰 품종으로 무게는 500g이상 나간다. 과실의 껍질은 밝은 황갈색으로 표면이 매끄럽다. 유명한 성환배도 대부분 신고배다. 참고로 신고배의 개화기는 빠른 편이다. 수원을 기준으로 만개滿開하는 때는 대략 4월 25일경이다. 꽃가루는 매우 적다. 수확기는 9월 하순에서 10월 중순 사이이다. 과실이 많이 열릴 경우 크기가 작고 떫은맛이 나는 등 품질이 크게 떨어지므로 적절한 과실 수를 유지하여야 한다. 또 기온이 낮은 곳보다는 따뜻한 곳에서 재배하는 것이 단맛이 많이 난다. 상온에서 90일 정도 저장할 수 있다.

감

1

품종	설명
물감[水柿]	둘레가 크고 모난데다가 네 홈이 있고 머리가 오목하며 시원하고 과즙이 많음
조홍감	온양溫陽이라고도 하는데, 뾰족하고 조금 작으며 익는 것이 서리를 기다리지 않음
납작감[盤柿]	모양이 물감과 닮아 모났지만 홈은 없고, 무르익으면 꿀물과 같음
먹감[墨柿]	조금 평평한데 검고 씨가 없음
상시霜柿	머리가 둥글고 서리가 내리면 더욱 맛이 있음
고종시高鍾柿	모양이 연방蓮房과 비슷한데, 우리거나 말리면 그 맛이 엿과 같이 담
장준長準	매우 높고 홈은 자못 선명한데, 그 껍질은 두꺼워 떡으로 만들어 먹음
월하시月下柿	고종시와 흡사한데, 모양이 조금 작고 맛 또한 강하지 않음
생채生菜	장준과 비슷한데, 볼록하고 홈이 없으며 먹을 때 소금물에 우리지 않아도 단 과즙이 흘러나옴
방열方悅	가장 작은 것으로 끝이 목화 뭉치와 같아 일명 속솔續䔿이라고도 하니, 우비牛椑의 짝이 됨
소원시小圓柿, 우소원隅小圓	작고 둥글어 한 주먹에도 차지 않는다. 종자가 조롱박처럼 수백 수천의 작지만 많은 열매를 맺음

2

품종	설명
골감	꼭지에서부터 꽃이 붙었던 배꼽자리 쪽으로 네갈래의 골이 진 감
반시	모양이 쟁반처럼 둥글 납작한 감. 씨가 없고 육질이 연함. 경북 청도지방의 '청도반시'가 유명함
소시	고욤보다 크고 일반 감보다 작은 소과종
둥시	경북 상주, 충북 온천 · 영동지방에서 나는 감. 곶감용으로 주로 사용됨. 둥글게 생겼다고 해서 '둥시'라고 부름
두리감	떫지만 당도가 높은 감으로 연시 · 곶감용으로 주로 사용되며 '월화시'라고도 불림
대봉시	무게 300g 이상의 대과종. 연시용으로 적함
고종시	보통 감보다 잘고 씨가 없으며 단맛이 강함. 경북 예천과 서부 경남이 주산지임. 고종 황제에게 진상을 했다고 해서 '고종시'라고 불리며 서부 경남에서는 '단성시'라고도 불림
사곡시	경북 의성군 사족면이 주산지인 감으로 연시 및 우림감용으로 사용됨
분시	경북 상주가 주산지인 감
수종시	예산이 주산지임 감
먹시	경북 임실이 주산지임 감

1 **조선 후기 감의 종류.**
"감의 성질은 바닷가로 바람을 받는 곳에 적합하다. 그런 까닭에 경기 지방, 즉 남양南陽, 안산安山, 강화에서 가장 성하고, 호서 지방은 해미海美, 결성結成 등지에서 대단히 많이 생산된다. 호남과 영남 지방 또한 산골짜기에서 숲을 이룬 데가 많다. 다만 호남과 영남의 감은 껍질이 두껍고 맛이 떫어 비록 오래 보관할 수는 있으나, 우리거나 말리는 것이 적합하다. 경기의 감은 껍질이 얇고 과즙이 많으며 달고 시원하나 무른 것이 많다. 홍시는 당연히 경기산을 상품으로 친다."(『백운필白雲筆』) 한편 물렁하게 익힌 감인 홍시는 '칠절七絶'이라고도 불렀다. "첫째는 장수하고, 둘째는 그늘이 많고, 셋째는 새 짐승이 집을 짓지 못하고, 넷째는 벌레가 없고, 다섯째는 서리 맞은 후 물든 잎을 구경할직하고, 여섯째는 맛이 아름답고, 일곱째는 낙엽이 크고 살찜을 당시唐詩에 일렀으니, 성질이 바닷바람을 좋아하기 때문에 바다 가까운 데 감나무 숲이 많다."(『규합총서閨閤叢書』)

2 **오늘 날 감의 품종.**

복숭아

1 **복숭아.** 픽사베이.

복숭아는 배보다 저장하기가 더욱 곤란한 과일이다. 제철이 아니면 먹기가 어렵다. 그래서 저장법에 대해 고민이 많았다. 경북 북부의 안동과 영양 일대에서 살았던 안동 장씨張氏(1598~1680)가 말년에 저술한 음식 조리서인 『음식디미방』에 '복숭아 간수하는 법'이 나온다. "밀가루로 죽을 달이고 소금을 조금 넣어 새 독에 넣고 복숭아를 죽 가운데 넣어 단단히 봉해두면 겨울에 먹어도 제철 것 같다." 허균은 「도문대작屠門大嚼」에서 복숭아 종류들인 황도黃桃, 반도盤桃, 승도僧桃, 포도蒲桃를 언급하면서 각각에 대해 이렇게 부기했다. "춘천과 홍천에서 많이 난다", "시흥과 과천 두 곳에서 많이 났는데 지금은 없다. 내가 어렸을 때 친척이 안양에 살았는데 냇가에 많이 심어 따 보내주곤 하였다. 맛이 매우 좋았는데 지금은 얻을 수가 없어 안타깝다", "전주 부근은 모두 승도가 난다. 크고 달다", "마유馬乳에서 나는 것은 드물고 신천信川 윤대련尹大連의 집에 한 그루 있는데 맛이 매우 좋아 중국에서 나는 것에 뒤지지 않는다."

2 **「요지연도瑤池宴圖」**(부분). 국립중앙박물관 소장.

복숭아는 불로장생의 열매로 인식되기도 했다. 소위 천도天桃요, 선도仙桃이다. '무릉도원武陵桃源'이라는 말에서 보듯이 보통 '도원桃源'은 별천지를 상징한다. 그런데 그 도원의 주인은 도교의 신녀神女인 서왕모西王母이다. 거기서 자란 복숭아를 한 개 먹으면 1,000년을 사는데, 동방삭東方朔이라는 사람은 세 개를 훔쳐 먹어 3,000년을 살았다는 전설이 전한다. '삼천갑자三千甲子 동방삭東方朔'은 거기서 유래한 말이다. 이런 맥락에서 복숭아는 불로장생의 상징으로 많은 그림에 차용되었다. 한편 복숭아나무는 반도蟠桃라고 하는데, 요사스러운 귀신을 물리치는 벽사辟邪의 기능을 하는 것으로 인식되어왔다. 돌날 복숭아 모양을 새긴 반지를 아이에게 끼워주는 것도 어린이 사망률이 높던 시절, 잡귀로부터 아이들을 지키기 위해 복숭아의 신통력에 기대려 했던 것이다. 또한 복숭아나무는 집 안의 뜰에는 심지 않았다. 신령스러운 나무를 사람이 사는 누추한 곳에 심을 수 없다는 뜻이다. 집 가까이 심어두면 혼령이 무서워해서 제사에 오지 못한다고 여겼다.

귤

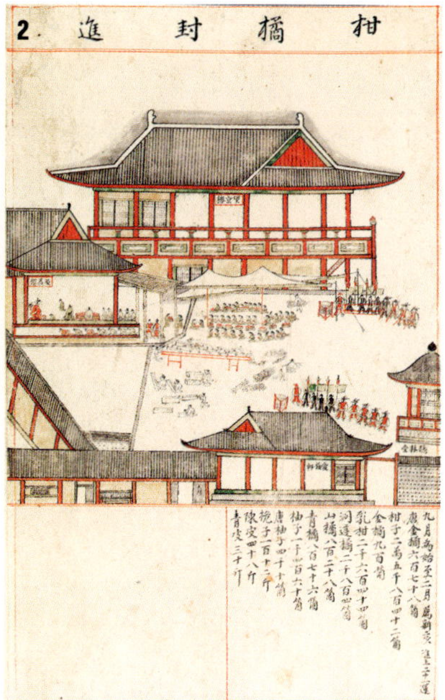

1 **귤도**. 국립전주박물관 소장.

큰 귤을 의미하는 '대귤大橘'은 중국어 발음에서 '크게 길하다'는 '대길大吉'과 발음이 비슷해서 행운을 바라는 도안에 자주 활용되었다. 귤은 지금은 흔한 과일이 되었지만, 예전에는 나라에서 특별히 관리하는 귀한 진상품이었다. "제주목濟州牧에서 귤·유자·감귤을 공물貢物(중앙 관서와 궁중의 수요를 충당하기 위하여 여러 군현에 부과하여 상납하게 한 특산물)로 진상하면, 임금은 종묘宗廟(역대 임금과 왕비의 위패를 모시던 왕실의 사당)에 천신薦新(철 따라 새로 난 과실이나 농산물을 먼저 신위神位에 올리는 일)하고 나서 궁궐의 근시近侍(임금을 가까이에서 모시던 신하)들에게 내려준다. 옛날 탐라 성주星主(조선 시대 제주목사濟州牧使를 달리 이르던 말)가 공물을 바칠 때, 그것을 치하하기 위해서 과거를 보였다. 우리 조정에서는 이를 모방하여 성균관[태학太學]과 사학四學(조선 시대에, 나라에서 인재를 기르기 위하여 서울의 네 곳에 세운 교육 기관) 유생儒生(유학儒學을 공부하는 선비)들에게 시험을 보이고 감귤을 내려주었는데, 이를 감제柑製 혹은 황감제黃柑製라고 한다."(『동국세시기東國歲時記』)

2 「**감귤봉진도**柑橘封進圖」, 『**탐라순력도**耽羅巡歷圖』. 제주목관아에서 직접 촬영.

임금에게 올리는 귤을 준비하는 장면을 그린 이 그림 아래에는 올리는 감귤의 종류별 수량이 적혀 있다. 당금귤唐金橘 678개, 감자柑子 25,842개, 금귤金橘 900개, 유감乳柑 2,644개, 동정귤洞庭橘 2,804개, 산귤山橘 828개, 청귤青橘 876개, 유자柚子 1,460개, 당유자唐柚子 4,010개, 치자梔子 112근, 진피陳皮 48근, 청피青皮 30근.

3 「**감귤봉진도**柑橘封進圖」(부분). 제주목관아에서 직접 촬영.

제주에서는 9월부터 이듬해 2월까지 두 차례 천신薦新(철 따라 새로 난 과실이나 농산물을 먼저 신위神位에 올리는 일)을 올리고 많은 양의 감귤류를 진상進上(진귀한 물품이나 지방의 토산물 따위를 임금이나 고관 따위에게 바침)했다. 이 그림은 진상할 감귤류를 선별하고 바구니에 담아 제주목사의 점검을 받는 장면을 묘사한 것이다. 뜰 한편에서는 감귤을 담을 나무상자를 만들거나 완성된 상자에 짚단을 채우는 등 포장이 한창이다. 귤이 왕이나 양반네에게 인기가 있었다는 것은 그것을 재배하는 농군들에게 가렴주구苛斂誅求의 대상이 되었음을 의미하기도 한다. "매년 중추中秋가 되면 (…) 열매의 개수를 세고 나무둥치에 표시를 해두고 갔다가 과일이 누렇게 익으면 비로소 와서 따간다. 간혹 바람에 떨어진 것이 여러 개 있는데 곧 추궁해서 보충하게 하고 그렇게 하지 못할 것 같으면 그 값을 징수한다. 광주리째 가지고 가면서 돈은 한 푼도 주지 않는다. 관리들을 대접하느라 닭을 삶고 돼지를 잡게 되니 그 비용이 많이 든다. (…) 이에 몰래 그 나무에 구멍을 뚫고 후추를 집어넣어 그 나무가 저절로 말라 죽으면 그 대장에서 빠지게 된다."(『목민심서牧民心書』)

4 **오카무라 쇼켄**岡村尙謙**의 『계원귤보**桂園橘譜』. 일본국립국회도서관 소장.

왼쪽부터 시계방향으로 동정귤洞庭橘, 당유자唐柚子, 홍귤紅橘, 청귤青橘(좌), 일본귤日本橘, 금귤金橘, 유자柚子, 탱자(우). 이 중에서 '동정귤'은 조선 시대 종묘宗廟(역대 임금과 왕비의 위패를 모시던 왕실의 사당)에 천신薦新(철 따라 새로 난 과실이나 농산물을 먼저 신위神位에 올리는 일)할 때 쓰던 중요한 감귤이다. '동정洞庭'은 그 이름 때문에 동정호洞庭湖를 연상하기 쉽지만, 태호太湖에 있는 동정산洞庭山을 가리킨다. 당송 이후 동정산은 중국의 대표적인 감귤 생산지였다. 동정감귤은 품질이 뛰어나 '절품絶品'으로 이름이 높았다. 조선의 동정귤은 중국 강남의 동정감귤에서 유래한 것이다. 오카무라 쇼켄의 설명은 이렇다. "크기가 밤만 하다. 빛깔은 짙은 녹색이다. 맛을 달고도 시원하며, 맑고 곱다. 향가롭고 부드러워 입에 넣으면 상쾌하게 정신이 돌아와 낯빛을 고치게 만든다."

유자柚子

1 **유자**. 언스플래쉬.
유자는 중국이 원산지이고, 한국에서는 고려말에 씌어진 『파한집破閑集』에 유자나무를 뜻하는 귤橘이 나오는 점으로 보아 이 무렵에 들어온 것으로 보인다. 한국의 남부 지방에서 흔히 심고 있는데, 귤나무속橘－屬(Citrus) 식물들 가운데 내한성이 가장 뛰어나며 열매를 잘게 썰어 설탕으로 잰 뒤 차로 마시면 추위를 잘 이길 수 있는 것으로 알려져 있다. 또한 옛날에는 추위를 이기기 위해 동지冬至에 유자를 목욕물에 넣어 목욕을 했다고 한다. 덜 익은 열매는 탱자나무의 열매 대신 약으로 쓰기도 하는데, 위장을 튼튼하게 하는 효과가 있는 것으로 알려져 있다.

2 「**유자금조도**柚子錦鳥圖」. 경기대학교 소성박물관 소장.
유자가 열린 나무에 새 한 마리가 앉아 있다. 유자는 '유자有子'와 음이 같아서 많은 자손을 상징하는 의미로 그려진다. '금조錦鳥'는 '금계金鷄', 곧 수탉의 미칭이다. 수탉은 한자로 '공계公鷄'인데, '공公'은 '공功'과 발음이 같고, 수탉이 울 때면 울 '명鳴'에서 이름 '명名'이 연상된다. 이렇게 볼 때, 이 그림은 자손들이 모두 부귀공명을 누리기를 바라는 기대를 나타낸 것이다.

석류石榴

1 **석류**. 픽사베이.

석류는 오늘날의 이란 지방이 원산지이며, 중국을 통하여 우리나라에 들어왔다. 이란의 옛 이름이 페르시아이고 중국식으로 표기하면 안석국安石國이다. 그래서 석류를 '안석류安石榴'라고도 한다. 석류는 아름다운 꽃과 독특한 열매 때문에 수많은 시가詩歌의 소재가 되기도 했다. 통일신라 시대에 당초문唐草紋(여러 가지 덩굴이 꼬이며 벋어 나가는 모양의 무늬. 덩굴무늬)이 유행했는데, 거기에 석류의 문양이 일부 포함되어 있는 것으로 보아 이미 7세기 이전에 우리 나라에 수입이 된 것으로 추정된다. 석류나무 꽃은 여섯 장의 꽃잎이 진한 붉은빛으로 핀다. 이런 꽃 모양을 보고 송 나라의 왕안석王安石은 "짙푸른 잎사귀 사이에 피어난 한 송이 붉은 꽃[만록총중홍일점萬綠叢中紅一點]"이라고 노래했다. 오늘날 우리가 흔히 뭇 남성 속의 한 여인을 말할 때 쓰는 '홍일점'이란 말은 여기에서 유래했다.

2 **화조도 8폭 중 5폭**. 국립중앙박물관 소장.

석류와 모란과 수탉을 함께 그렸다. 석류의 회화적 상징은 다산이고, 모란은 부귀의 상징이다. 유자에서 보았듯이, 수탉은 한자로 '공계公鷄'인데, '공公'은 '공功'과 발음이 같고, 수탉이 울 때면 울 '명鳴'에서 이름 '명名'이 연상된다. 부귀공명에 자손까지 많으면 금상첨화일 텐데, 이 그림은 그런 희망을 담아냈다.

3 **윤두서**尹斗緖(1668~1715), **「석류매지도**石榴梅枝圖」. 녹우당 소장.

수박, 참외, 가지 등 여름 과일과 채소를 쟁반에 모아놓고 그림을 그리며, 새로운 명암법(색상의 명도 차에 의하여 입체감을 나타내는 기법)을 사용하여 오목한 부분과 튀어나온 부분을 표현해냈다.

승도僧桃, 유월도六月桃, 반도蟠桃

1

2

1 **승도**. 픽사베이.

승도는 껍질에 털이 없는 복숭아이다. 천도복숭아로도 부른다. 아시아가 원산지이고, 온대지역에 서식한다. 2,000년 전부터 심어온 것으로 알려져 있다. 복숭아들을 교배하거나 제꽃가루받이(동일한 유전자를 가진 꽃의 꽃가루가 스스로 암술머리에 붙어 열매나 씨를 맺는 일)를 시켰을 때 씨에 털이 없는 껍질을 갖게 하는 인자가 있으면 승도가 되고, 이 인자가 없으면 복숭아가 된다. 승도는 복숭아나무에서 눈돌연변이(식물의 체세포에서 유전자 돌연변이가 일어나 다른 잎, 줄기, 꽃, 열매 따위가 생기는 일)가 일어나 나타나기도 한다. 승도는 복숭아와 같은 방법으로 재배하는데, 질소가 풍부하고 모래나 자갈이 많은, 배수가 잘 되는 비옥한 땅에서 재배하는 것이 가장 좋다.

2 **유월도**. 픽사베이.

음력 6월에 익으며, 매우 크고 털이 많다. 속살은 연하여 맛이 달며, 빛깔이 검붉다. 정조 때 사도세자와 헌경왕후의 사당인 경모궁景慕宮에서 지내는 제사의 의식과 절차 등을 기록한 『경모궁의궤景慕宮儀軌』에 진상한 과일 목록 중에 유월도가 있다. "앵두[앵도櫻桃], 살구[황행黃杏], 능금[임금林檎], 오얏[이실李實], 배[생리生梨], 대추[조棗], 생밤[생율生栗], 연밥을 진상한다."

3 「일월반도도병풍日月蟠桃圖屛風」. 국립고궁박물관 소장.
파도가 넘실거리는 바다 위로 해와 달이 떠오르고 바위 사이에서 자라난 복숭아나무에 탐스러운 열매가 주렁주렁 열려 있는 모습을 단순화하여 그린 그림이다. 해와 달이 나란히 배치된 점은 다섯 개의 산봉우리와 해, 달, 소나무를 그린 그림으로 임금이 정무를 볼 때 앉던 평상인 용상龍牀 뒤 장식으로 쓴 일월오봉도日月五峯圖와 유사하나 복숭아와 불로초와 같은 소재는 십장생도十長生圖(오래도록 살고 죽지 않는다는 해, 산, 물, 돌, 구름, 소나무, 불로초, 거북, 학, 사슴을 그린 그림)에서 유래한 것이다. 이 그림에서 보이는 복숭아나무는 특히 반도蟠桃라고 한다. 천도天桃라고도 부르는 이 반도는 중국 전설에 나오는 불사不死의 신선인 서왕모西王母의 정원에서 자란다는 과일로 왕실의 영원함을 기원하는 의미를 담고 있다.

호박[남과南瓜]

1

2

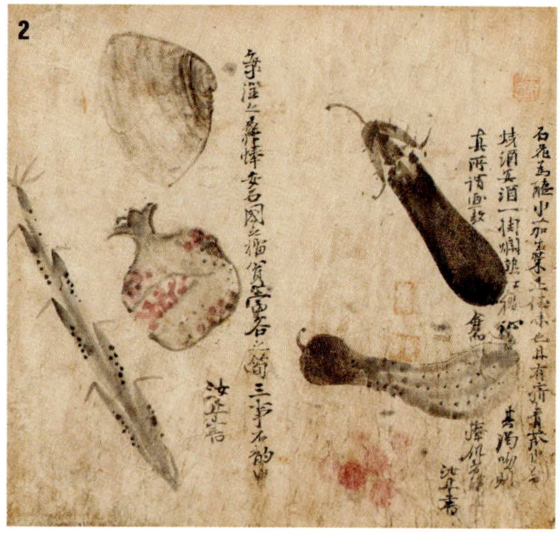

1 **호박**. 픽사베이.

이옥의 『백운필白雲筆』(1803)에 따르면, "호박은 팔구십 년 전에는 사람들이 심는 경우가 드물었고 먹을거리로 여기지 않았는데, 오직 절의 승려가 심어서 별미로 여겼다. 그 뒤 어떤 정승이 이를 매우 즐겨 먹어 상에 호박 반찬이 없으면 밥을 먹지 않았는데, 집에서 기름으로 부친 다음에 식초를 얹으면 먹지 않다가 곧 새우젓을 곁들여 볶아놓은 다음에야 먹었다. 호박이 이로 인해 세상에 널리 퍼지게 되었다. (…) 채소 가운데 매우 흔하고 두루 재배하면서도 옛날에 없던 것 두 가지가 있다. 초초艸椒는 일명 만초蠻椒로 속칭 고추[고초苦椒]라 하고, 왜과倭瓜는 일명 남과南瓜로 속칭 호박好朴이라 한다. 이 두 가지는 대개 근세에 외국에서 전해진 것이다."

2 **강세황, 「채소도菜蔬圖」**. 국립중앙박물관 소장.

우측 상단부터 가지, 오이, 죽순, 석류, 조개가 보인다. "조선 시대에 아무리 먹을 것이 귀했다지만 채소 정도는 실컷 먹었을 거라고 생각하기 쉽다. 하지만 그렇지 않다. 조선 시대 농부들은 채소를 심지 않았다. 채소를 심을 땅도 없고 재배할 겨를도 없었기 때문이다. 벼농사와 채소 농사는 병행하기 어렵다. 채소 심을 땅이 있으면 곡식을 심는 게 낫다. 한양 도성 내에서는 원칙적으로 농사를 금지했다. 게다가 한양 근처의 산은 마구잡이 벌채로 민둥산이 되었으니 산나물 따위가 남아 있을 리 없다. 한양 사람들이 먹는 채소는 모두 근교의 채소밭에서 재배했다. 당시 도성 밖이었던 왕십리의 채소밭이 가장 규모가 컸다. 거기서 키운 채소를 도성 안으로 들여와 채소전菜蔬廛에서 판매하거나 행상이 팔러 다녔다."(『조선잡사』) 『경도잡지』에서는 채소 중 유일하게 호박[남과南瓜]에 대해서만 언급하고 있다.

민어[면어鮸魚]

1 **민어.** 국립민속박물관 소장.

『자산어보玆山魚譜』에서 "면어를 속칭 민어라고 한다"고 했고, 『아언각비雅言覺非』에서도 "면어는 민어를 말한다"고 했다. 민어는 "생으로 먹거나 익혀 먹는 일 모두 좋지만 말린 것이 더욱 사람을 보익케 해준다."(『자산어보』) 그리고 "민어의 머리의 붉은 껍질과 살은 더욱 맛이 좋"은데 "서울에서 복중伏中에 민어국으로 복달임을 해온 습관이 있다."(『이류박물지』) "민어는 호박이 날 때야 기름지고 맛이 좋다."(『조선무쌍신식요리제법』) 요컨대 『경도잡지』에서 "말린 민어 대가리로 조리를 하면 진솔한 여름 반찬이 된다"고 한 음식은 요즘 호박에다 감자와 조기를 넣고 조려 먹는 '호박조기조림'과는 다른 음식임을 알 수 있다.

2 **말린 민어**[건면어乾鮸魚]. 국립민속박물관 소장.

— 제택第宅, 집과 방 —

사대부士大夫는 자기 집 대문을 높고 큼직하게 세울 수 있지만, 서민들은 그것을 법으로 금지한다. 양반집 사랑채 처마에는 전나무로 시렁을 매고 그 끄트머리를 끌어올려 호로葫蘆, 산개傘蓋, 날아오르는 학의 모양을 만드는데, 그것을 노송취병老松翠屛이라 한다.

사랑채 안에는 기름먹인 누런 종이를 까는데, 엉긴 기름처럼 매끄럽다. 그 위에 다시 수복壽福 자를 수놓은 용수초龍鬚草 자리를 펴고, 그 위에 꽃문양으로 장식한 은낭銀囊을 둔다.

들창에는 만자卍字로 꾸민 여닫이 겹창을 단다. 종이를 바르고 기름을 먹여서 은빛처럼 말끔하게 하며, 유리를 끼워 밖을 내다보기도 한다. 백성의 살림집이 많이 모여 있는 여항에서는 널빤지 문을 새로 만들어 달면, 거기에 '경신년 경신월 경신일 경신시 강태공 만듦[경신년경신월경신시강태공조庚申年庚申月庚申日庚申時姜太公造]'이라고 써넣는다. 이는 '금金이 목木을 이긴다'는 뜻을 취한 것이다.

士大夫高大其門, 庶人有禁. 堂前結樅棚引其餘梢, 爲葫蘆傘蓋翔鶴之狀號, 老松翠屛. 堂內鋪油黃紙滑如凝脂, 再鋪龍鬚草壽福字席, 置花紋隱囊. 牖設卍字複窗, 遊移開闔, 糊紙着油淨如泥銀色, 嵌琉璃瞰外. 閭巷新設白板門, 書庚申年庚申月庚申日庚申時姜太公造, 盖取金克木之義也.

솟을대문

1

2

1 **안동고택의 솟을대문.**

공유마당 : https://gongu.copyright.or.kr/gongu/wrt/wrt/view.do?wrtSn=13065030&menuNo=200018.

2 **남원 솟을대문.** 국립민속박물관 소장.

솟을대문은 가마를 타고 출입할 수 있도록 좌우 행랑보다 높게 설치한 대문이다. 우뚝 솟은 대문이 양반의 권위를 더욱 높여주고 있다. 양반 관료들은 주로 가마를 타고 다녔는데, 특히 이 중에서도 종2품 이상이 타는 초헌軺軒은 외바퀴가 달린 수레 형식의 가마로 보통 6~9인이 한 조를 이루어 움직였으며, 가마가 높고 바퀴가 달려있어서 솟을대문을 설치하였을 뿐만 아니라 바퀴가 통과할 수 있도록 문턱도 없앴다.

호로葫蘆, 산개傘蓋

1
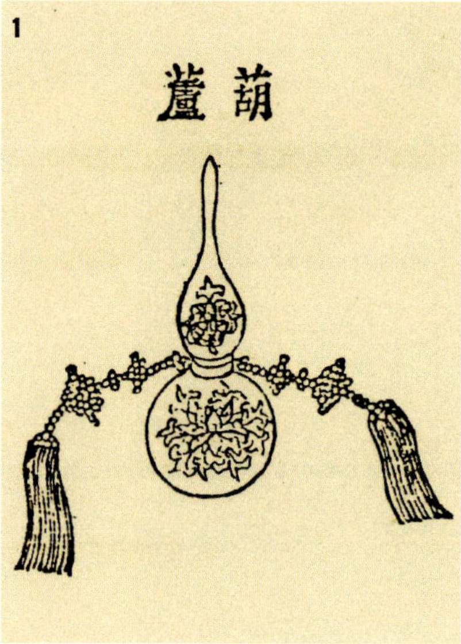

2

1 **호로**. 『순조기축진작의궤純祖己丑進爵儀軌』(1829).
호로는 글자 그대로 조롱박 모양의 물건을 지칭할 때 두루 쓰인 말이다. 대궐 안의 잔치 때 벌이던 춤과 노래를 정재呈才라고 하는데, 그중에 원효元曉에게서 비롯되었다는 '무애무無碍舞'라는 춤이 있다. 그것을 잘 볼 수 있는 것이 『순조기축진작의궤』다. 거기에 나오는 그림 중에 악사들이 호로를 들고 있는 장면이 있는데, 조롱박 모양에다 술을 늘어뜨린 모양이다. 노송취병과 관련해서는 조롱박 모양보다 그것에 감아 늘어뜨린 술을 관심 있게 보아야 한다.

2 『**원행을묘정리의궤**園幸乙卯整理儀軌』(부분). 국립중앙박물관 소장.
산개는 양산 모양으로 햇볕을 가리도록 고안된 것인데, 빛깔에 따라 청개靑蓋와 홍개紅蓋로 나뉜다. 주로 임금, 왕비, 왕세자 등의 행차 때 사용했고 행차 당사자의 신분과 규모에 따라 그 종류와 수효가 정해져 있었다. 위 그림에서 정조가 앉는 말 위로 별감別監이 붉은 일산日傘을 들고 있다. 기록화에서는 왕을 그리지 않는 관례대로 빈말만 그리고 좌마坐馬라고 적었다.

취병翠屛

「규장각도奎章閣圖」. 국립중앙박물관 소장.

취병은 '비취색의 병풍'이라는 말인데, 대나무 지지대로 틀을 만들고 주로 상록수의 푸른 가지를 이리저리 틀어서 문이나 병풍 모양을 만든 일종의 담장이다. 이 그림에서 보듯이, 길게 쳐 있는 초록의 취병은 창덕궁 비원의 주합루宙合樓 정문인 어수문魚水門을 중심으로 위쪽의 주합루 공간과 아래의 부용정芙蓉亭 · 부용지芙蓉池의 공간을 구분하는 역할을 하기도 한다.

노송취병老松翠屏

1

1 김홍도의 「삼공불환도三公不換圖」(1801년, 부분), 리움박물관 소장.
우리 한옥은 처마가 짧아 여름에는 햇볕이 방 깊숙이 들어오고, 비가 오면 곧장 들이치는 약점이 있다. 그렇다고 처마를 길게 하면 지붕이 내려앉을 염려가 있다. 그래서 처마 끝에 소나무나 전나무 등 상록수 가지를 엮어 달아놓으면 햇볕과 비를 피할 수 있었다. "처마 시렁을 만들면 폭염을 막을 수 있다"(『임원경제지林園經濟志』)고 한 바로 그 시설물을 노송취병이라고 했다. 노송취병은 달리 '송첨松簷' 혹은 '송붕松棚'이라고도 불렀다.

2 **김득신**金得臣(1754~1822),
「**풍속팔곡병**風俗八曲屛」 **중 제7면**(부분).
호암미술관 소장.
"창문을 닫자니 바람이 들어오지 않고 / 창문 여니 햇볕 또 이글거리네 / 처마 끝에다 솔가지를 얽어매었더니 / 햇볕도 피하고 바람도 들어오네(閉窓風不來, 開窓日又烘, 所以架松簷, 暫將避日兼來風)"(『목은시고牧隱詩藁』)

3 **김홍도, 「단원도檀園圖」.**
개인 소장.
공유마당 :
https://gongu.copyright.or.kr/gongu/wrt/wrt/view.do?wrtSn=13216540&menuNo=200018

이 그림은 노송취병을 초가에도 설치했음을 보여준다. "작은 초가 처마 짧으니 / 무더위 몰려올까 몹시 걱정이라 / 겨우 솔잎으로 햇살 가려 / 한낮에도 그늘 얻을 수 있네(小屋茅簷短, 偏愁溽暑侵, 聊憑歲寒葉, 偸得午時陰.)"(『석주집石洲集』)

4 **김홍도, 「후원유연後園遊宴」.**

공유마당 : https://gongu.copyright.or.kr/gongu/wrt/wrt/view.do?wrtSn=13216419&menuNo=200018

'후원유연後園遊宴'은 후원에서 잔치를 벌인다는 말이다. 측백나무 등 잘 휘는 상록수 가지를 비틀어 담장을 만들고 문을 냈다. 취병을 설치하여 외부의 시선을 차단함으로써 사생활을 보호하는 동시에 살아 있는 꽃과 나무를 감상할 수 있었다. 취병을 통해 옛사람들은 도시에 살면서도 자연을 즐기고, 나아가 신선이 된 듯한 기분도 느껴보고자 했다. 중국에서 들여온 이 제도는 양반계층의 경제적 여유에 기반한 사치의 극점 중 하나였다.

용수초龍鬚草와 은낭隱囊

1 **물들인 왕골로 만든 용수초 자리.** 국립민속박물관 소장.
장판 위에는 장수長壽와 행복을 뜻하는 '수복壽福' 자를 수놓은 용수초龍鬚草 자리, 곧 고급 화문석花紋席을 편다. '수복' 자는 어디에나 쓰거나 새겨 넣었을 뿐 아니라 '수壽' 자와 '복福' 자 여러 개를 다양한 문양으로 묘사한 문자도文字圖 또한 큰 인기를 누렸다. 용수초는 "우리말로 '골䒰'"(『경세유표經世遺表』), 말하자면 돗자리를 만드는 왕골이다. 이 "'골䒰'은 "아마도 지금의 골풀인 관菅과 같은 종류인 듯하니, (거기에) 무늬를 넣으면 용수龍鬚라고 부른다."(『소문사설謏聞事說』)

2 **안석**安席. 국립민속박물관 소장.
은낭이라고도 부른 안석은 앉을 때 벽에 세워놓고 등을 기대고 편하게 앉을 수 있게 한 등받이다. 소털이나 돼지털을 넣어 만들기도 하였으나 근래에는 솜을 넣고 누벼서 만든다. 윗부분은 대개 높고 낮은 산 모양으로 만들고, 가운데는 수壽를 상징하는 문자나 거북, 학, 봉황 등의 수를 놓기도 한다. 이 안석은 가운데는 왕골로 짠 자리를 붙이고 가장자리에는 남색 모본단을 둘렀다. 자리 중앙에 수壽 자 변형문을 오려 붙였고, 아래 양쪽에는 박쥐문의 천을 붙여 장식했다. 박쥐는 생긴 것과 달리 한자 말 '편복蝙蝠'의 '복蝠'이 '복福'과 발음이 같은 연유로 일찍부터 '복福'의 상징으로 사랑받았다. 기와에 박쥐 문양을 새긴 것은 '복福' 자를 써넣는 것과 같은 효과가 있다고 믿었다. 그래서 박쥐 두 마리를 그려 넣으면 '쌍복雙福'이, 다섯 마리를 그려 넣으면 '오복五福'이라는 의미가 된다.

들창[유牖], 만자창卍字窓

1 **들창**[유牖]. **김홍도, 「모당평생도慕堂平生圖」 중 세 번째**(부분). 국립중앙박물관 소장.
들어서 여는 창인 들창을 열고 신랑 행차를 구경하고 있다. 들창은 "일반적으로 행랑채(대문간 곁에 있는 집채) 전면에 높직하게 달거나, 방의 후벽後壁에 창을 달 때 창호의 윗울거미(문짝 등과 같이 짜서 만든 물건의 가장자리를 이루는 뼈대, 곧 문틀)와 돌쩌귀(문짝을 문설주에 달아 여닫는 데 쓰는 두 개의 쇠붙이로 만든 걸개)를 달아 방 안에서 밖으로 밀어 여는 창"을 말한다. "이때 창을 열어두기 위해서 버팀쇠나 막대로 받쳐둔다. 창의 모양새는 정방형에 가까운 방형이거나 가로로 긴 장방형 울거미(문틀과 같이, 뼈대를 짜서 맞춘 것을 통틀어 이르는 말)에 다양한 살짜임(창문이나 연鳶, 부채, 바퀴 따위의 뼈대가 되는 부분의 조직이나 구성)을 이룬다."(『한국의 문과 창호』)

2 **만자창**卍字窓. 국립민속박물관 소장.
창살이 '만卍'자 모양으로 된 창이다. 중국식으로 '완자창'이라고도 부른다. 들창에 만자卍字로 꾸민 여닫이 겹창을 달 경우, 한쪽에는 종이를 바르고 기름을 먹여서 은빛처럼 말끔하게 하였다. 들창에 유리를 끼운 경우도 있었다. "사면에는 들창을 만들어서 푸른 비단을 발랐고, 창 사이에는 유리를 끼워서 영롱하고 글씨와 그림이 번쩍번쩍한다. 들창을 펼치면 사방을 바라볼 수 있고, 닫으면 방과 같다."(『몽경당일사夢經堂日史』)

디딜방아

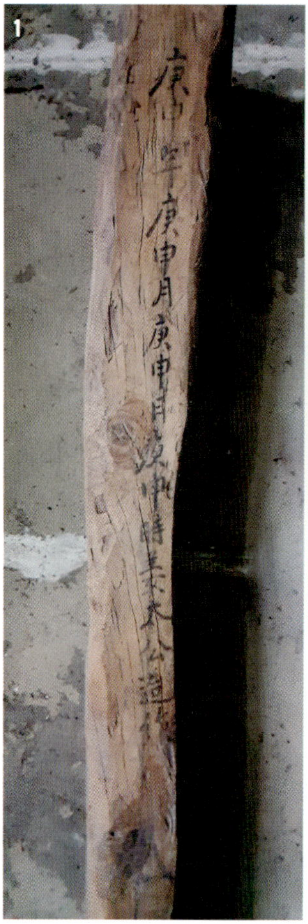

1 **"경신년 경신월 경신일 경신시 강태공 조작**庚申年庚申月庚申日庚申時姜太公造作**"이라고 쓰여 있는 디딜방아.**
네이버 블로그 길르앗 치유의 숲 기도처
(https://blog.naver.com/bushclover/221599559641).
"오늘날 인가에서 새로 집을 지을 때, 바깥문에 '경신년 경신월 경신일 강태공 조작'이라 써넣는데, 생각건대 이런 뜻 같다. 토목 공사를 시작할 때 혹시 동티가 나지 않을까 걱정을 하는데, 목木을 이기는 데 금金만 한 것이 없으므로, 오행 중 금에 속하는 경신이라는 글자를 써넣어 목을 눌러 이기는 것이다."(『오주연문장전산고五洲衍文長箋散稿』) 판소리 「춘향가」의 '궁자타령'에서 방아를 언급하면서, "강태공의 조작궁"이라고 한 데서 보듯이, 그 대표적인 예가 디딜방아다. 땅, 돌, 나무 등 함부로 대해서는 안 되는 물건을 건드려서 걱정이나 해를 입는 것을 '동티[동토動土]'라고 한다. 그래서 동티를 막고자 하는 예비 노력이 널리 퍼졌다. 그것이 바로 '경신년 경신월 경신일 경신시 강태공 조작'이라는 일종의 주문呪文이다. 이것은 나무로 만든 물건에 대부분 적용되었다.

2 **디딜방아.** 국립민속박물관 소장.
함흥지방 부녀자들이 디딜방아를 찧고 있는 장면으로, 두 부녀자가 기둥에 의지하여 디딜방아를 발로 밟고 있으며, 다른 한 명은 방아공이 쪽에서 곡물을 넣고 빼는 일을 하고 있다.

강태공姜太公

'경신庚申'이 '금'을 의미한다는 것은 오행사상五行思想(다섯 가지 원소인 금金, 수水, 목木, 화火, 토土가 우주 만물을 이루고 있다고 여기는 사상)과 관련되어 있지만, 한편으로는 도교와도 밀접하게 연관되어 있다. 우리 세시풍속에 '수세守歲'라는 것이 있다. 수세는 섣달그믐날 밤인 제야除夜에 집 안 구석구석에 등촉을 밝히고 밤을 새우는 풍습을 말하는데, 이는 경신일庚申日에 잠을 자지 않고 밤을 지새우는 도교적인 장생법長生法 중 하나인 수경신守庚申에서 유래했다. 60일에 한 번씩 돌아오는 경신일이 되면 사람 몸에 기생하던 세 마리의 벌레, 곧 각각 이마 · 심장 뒤 · 배꼽 아래 단전에 산다는 삼시충三尸蟲이 사람이 잠든 사이에 몸을 빠져나와 천제天帝에게 지난 60일 동안의 죄과를 고해바쳐 수명을 단축시키기 때문에, 밤에 자지 않고 삼시가 상제에게 고해바치지 못하도록 하여 천수天壽를 다하려는 신앙의 한 형태가 수경신이다. '경신년' 운운의 이 풍속은 음양오행 사상과 도교가 결합하여 만들어낸 것이다. 문제는 강태공의 존재다. 『오주연문장전산고』에서는 "강태공이 어떤 의미로 쓰였는지에 대해서는 고찰할 수 없다"라고 했다. 강태공의 생일이 경신년 경신월 경신일이기 때문이라는 주장도 있지만 근거는 없다. 월 · 일 · 시가 모두 경신으로 맞아떨어지는 간지干支는 실제로 존재하지 않기 때문이다. 여기서 강태공이 사람의 운명과 수명을 맡아 그 사람을 빨리 죽게 한다는 흉한 별들인 천살성天殺星과 지살성地殺星으로 하여금 놀이를 하여 요귀를 물리치게 했다는 『산대도감극山臺都監劇』의 전언을 참고할 수 있다. 강태공이 '요귀를 물리치는', 곧 벽사辟邪의 신으로 인식되었던 것이다.

마려馬驪, 말과 나귀

붉은색 말을 절다截多, 밤색의 말을 구랑勾郎, 붉은색과 흰색이 섞여 있는 말을 부루夫婁, 검은 말을 가라加羅, 누런 말을 공골公鶻, 검은 갈기가 있는 누런 말을 고라高羅라 하고, 해류海騮를 몸이 희고 갈기가 검은 가리온加里溫이라 하며, 뺨에 줄이 있는 말을 간자間者라고 한다. 이는 본디 만주어滿州語로 우리나라 사람들이 국경에서 열리는, 무역 시장인 개시開市 때 들여온 것이다.

말을 타는 사람은 보통 견마잡이를 오른쪽에 두는데, 고위직인 당상관堂上官은 왼쪽에 하나 더 세운다. 견마잡이가 잡는 고삐는 매끈하고도 길다. 유생들은 나귀 타기를 좋아하고, 조정에서 벼슬을 하는 조사朝士도 탈 수 있지만, 무관武官이 타면 조롱을 받는다.

紅馬曰截多, 栗色馬曰勾郎, 紅沙馬曰夫婁, 黑馬曰加羅, 黃馬曰公鶻, 黑鬃黃馬曰高羅, 海騮曰加里溫, 線臉曰間者, 此本滿洲語. 東人于開市時效之也. 騎馬者有右牽, 堂上官添左牽. 其轡沃若而長. 儒生愛跨驢, 朝士亦可騎, 武官騎者致謗議.

다양한 말들

가라加羅 (검은말, Black)	청총青總 (검정과 흰색, Black-Gray)	적다赤多 (붉은색, Chestnut)
적다월라赤多月羅 (얼룩이, Pinto)	가라월라加羅月羅 (얼룩이, Pinto)	유마騮馬 (갈색, Bay)
총마驄馬 (회색, Gray)	공골마公骨馬 (크림색, Sorrel)	고라古羅 (암황갈색, Fallow)
부루夫老 (점박이, Roan)		

제주마등록관리정보시스템 홈페이지 내 '제주마 모색'(https://jejuhorse.jeju.go.kr/).

이익李瀷의 『성호사설星湖僿說』에는 『경도잡지』에서 설명한 것보다 좀 더 다양한 말들이 상세히 소개되고 있다. "빛깔이 흰 말은 다만 백마白馬라고 했는데, 빛이 희면서 검은 털이 섞인 것은 속칭 설라雪羅라 하고, 빛깔이 검은 것은 여驪라 했는데, 세속에서는 가라加羅라 한다. 철색鐵色으로 생긴 것은 철鐵, 적색赤色으로 생긴 것은 유騮라고 했는데, 속칭으로는 적다赤多라 하며, 붉은 털과 흰 털이 섞인 것은 하騢라고도 하고 또는 자백마赭白馬라고도 했는데, 세속에서는 부로不老라 한다. 적흑赤黑색으로 생긴 것은 오류烏騮, 자흑紫黑색으로 생긴 것은 자류紫騮라 했고, 푸른 털과 흰 털이 섞여 총청색葱青色으로 생긴 것은 총驄, 푸른 털과 검은 털이 섞인 것은 철총鐵驄, 푸르고 검은 빛깔에 물고기 비늘처럼 얼룩진 것은 연전총連錢驄이라고 했다. 그리고 여백잡모驪白雜毛가 섞인 것은 보鴇라고도 하고 또는 오총烏驄이라고도 했으며, 음백잡모陰白雜毛가 섞인 것은 인駰 또는 이총泥驄이라고 했는데, 음陰은 얕게 검은빛이라 하였고, 창백잡모蒼白雜毛가 섞인 것은 추騅라고 했는데, 창蒼은 얕게 푸른빛이라고 했다. 누른 털과 흰 털이 섞인 것은 비駓라고도 하고 또는 도화마桃花馬라고도 하며, 누런 빛깔에 흰빛이 나타나는 것은 표驃라 했다. 등마루가 검은 것은 속칭 골라骨羅라는 것이고 갈기와 몸뚱이 빛이 다르게 된 것은 속칭으로 표表라 하였으며, 눈이 누른 것은 속칭으로 잠불暫佛이고 이마가 흰 것은 구駒라 하기도 하며 또는 대성戴星이라고도 했다. 갈기가 어설프고 이가 성긴 것은 속칭 간자間者, 주둥이가 흰 것은 속칭 거할巨割이라는 것이다." 『경도잡지』의 설명하고 좀 다른 부분이 있다. 참고로 이규경李圭景의 「경전잡설經傳雜說」에서도 여러 말을 소개하고 있다. "백마白馬는 흰 빛, 토골마兎鶻馬는 흰 데에 붉은 털이 있는 말, 청마青馬는 총이말, 분청粉青은 뽀얀 총이말, 사청沙青은 백흑색이 섞인 총이말, 철청鐵青은 철청 총이말, 회청灰青은 잿빛에 흰 총이말, 낙피마駱皮馬는 추마말, 홍마紅馬는 절다말, 율색마栗色馬는 굴형말, 은종마銀鬃馬는 갈기와 꼬리가 흰 절다굴형말, 홍사마紅紗馬는 부루말, 흑마黑馬는 가라말, 조류棗騮는 오류말, 황마黃馬는 황색, 즉 공골말, 흑종黑鬃은 황색 갈기와 꼬리가 검은 고라말, 해류海騮는 가리온말, 은태銀駘는 흰 데에 누른 빛이 있는 말, 표화豹花는 도화잠불말, 점자마點子馬는 잡색 반점이 있는 말, 화마花馬는 얼룩말, 옥안玉眼은 골이 눈말, 옥면玉面은 낯이 흰 말, 소취소안燒嘴燒眼은 눈·코가 붉은 말, 선검線瞼은 설간자말, 옥정玉頂은 소태성말, 은제銀蹄는 네 발이 흰 말, 고제孤蹄는 후빌족 말이다."

馬名	털색과 특징	馬名	털색과 특징
적다말赤多馬	붉은 색 말	가라말加羅馬	검은색 말
구렁말仇郎馬	밤색 말	고라말古羅馬	담황갈색에 다리는 검고 등에 鰻線이 있는 말
공골말公骨馬	누런 말	설아말雪阿馬	턱 밑부터 배 밑 부분이 흰색
송골말松骨馬	몸 전체가 흰색인 말	오류말五騮馬	몸 전체가 검은색 말
소태성말 小台星馬	이마에 흰 반점이 있는 말	부루말夫老馬	붉고 흰털이 섞인 말
간자말看者馬	이마와 뺨이 흰 말	가리온말 加里溫馬	갈기 검은 흰 말
자불마者佛馬	뺨이 흰 말	월아말月羅馬	어깨와 발목이 흰 말
추말騅馬	잿빛 말	유말騮馬	붉은 몸에 갈기 꼬리가 검은 말
총말驄馬	청백색이 섞인 말	거할말巨割馬	주둥이가 흰 말
표말表馬	갈기가 은색인 말	사명말四明馬	네 발이 흰 말
옥비첨말 玉鼻尖馬	코끝이 흰 말	철청총말 鐵靑驄馬	청백색에 이마와 뺨이 흰 말

김정희, 『朝鮮時代 柳下馬圖 硏究』, 고려대학교대학원 석사논문, 2007

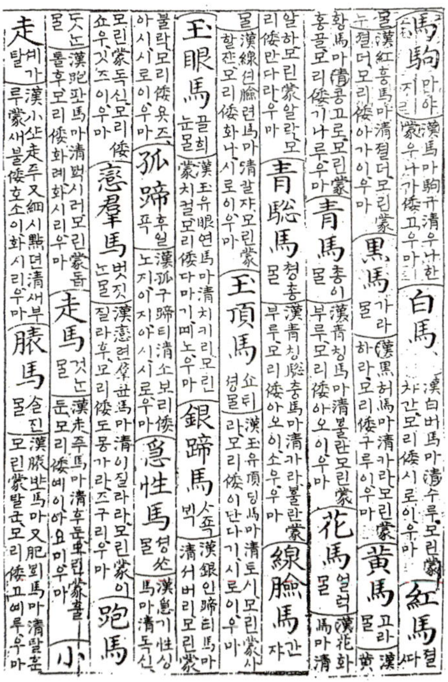

이 『방언유석方言類釋』은 한어漢語, 한어韓語, 청어淸語, 몽어蒙語, 왜어倭語의 대역어휘집對譯語彙集으로서 역관譯官인 홍명복洪命福 등이 1778년(정조 2)에 편찬한 4권 2책의 필사본이다. 이 책은 한자로 된 중국어 단어를 표제어로 삼아 그 아래에 이 단어에 대한 우리말을 원문으로 대역하여 놓고 그 아래에 다시 한어, 청어, 몽어, 왜어 순으로 대역하여 국문으로 표기하여 놓았다. 예를 들어 "白馬"에 대해 먼저 한어漢語로 "白(백)馬(마),", 다음 청어로 "수루모린", 다음 몽어로 "차간모리", 마지막 왜어로 "시로이우마"라고 기록했다. 이 책에는 백마, 홍마紅馬, 흑마黑馬, 청마靑馬, 화마花馬, 청총마靑驄馬, 선검마線臉馬, 옥항마玉項馬, 옥안마玉眼馬, 은제마銀蹄馬, 고제孤蹄, 급성마急性馬 연군마戀羣馬, 포마跑馬, 주마走馬, 소주小走, 표마膘馬 등 다양한 말이 나온다.

「백락상마도伯樂相馬圖」와 「유하백마도柳下白馬圖」

1

1 조석진趙錫晉(1853~1920), 「고사인물두폭병풍백락상마귀거래서故事人物二幅屛風伯樂相馬歸去來辭」(부분). 국립중앙박물관 소장.
춘추전국시대 초나라의 백락伯樂 손양孫陽은 말을 감정하는 상마가相馬家였다. 초나라 왕이 백락에게 천리마를 구해오라고 지시했다. 백락이 길을 나선 후 아무리 찾아도 천리마를 구할 수 없었다. 어느 날 소금장수의 수레와 마주쳤다. 소금 수레를 끄는 말은 비쩍 마르고 볼품없이 생겨 아무 데도 쓸모없어 보이는 말이었다. 그런데 백락은 단번에 그 말이 천리마임을 직감했다. 불세출의 천리마로 태어나 왕을 태우고 세상을 호령했어야 할 말이 보잘것없는 먹이를 먹고 비쩍 마른 채 소금 수레를 끌고 있는 모습을 보자 백락은 절로 측은지심이 들어 입고 있던 베옷을 벗어 말의 잔등을 덮어주었다. 그러자 말은 자신을 알아주는 데 감격하여 길고 우렁차게 울었다. 백락이 소금장수에게서 사온 말을 보여주자 초나라 왕은 크게 화를 냈다. 좋은 말을 구해오라 했더니 웬 비루먹은 말 한 마리를 끌고 왔냐는 것이었다. 이에 백락은 며칠만 기다려보라고 했다. 백락이 제일 좋은 먹이와 마구간을 내주어 그 말을 힘써 보살피니 말은 곧 비쩍 말랐던 예전 모습은 온데간데없이 위풍당당한 천리마의 모습을 되찾았다. 초나라 왕이 몹시 기뻐하며 그 말 위에 올라타 채찍을 한 번 휘두르니 말은 그 길로 천 리를 질주했다 한다. '백락상마伯樂相馬', 곧 백락이 말을 잘 본다는 말이 여기서 생겨났다.

2 **윤두서**尹斗緖(1668~1715), 「**유하백마도**」. 녹우당 소장.
「유하백마도」를 보면, 윤두서는 백락이라 할 만하다. 그렇지 않고서야 백마 그림을 그렇게 생동감 있게 묘사할 수는 없기 때문이다. 윤두서가 도달한 경지는 사실주의적 정신의 매진으로서 가능했던 것임을 남태응南泰膺(1687~1740)이 잘 말해주고 있다. "말을 그린 것은 장년에 이르러서인데 마구간 앞에 서서 종일토록 주목하여 보기를 몇 시간이나 계속한 다음, 무릇 말의 상태와 모양을 마음의 눈으로 꿰뚫어 보아 털끝만큼도 비슷함에 의심이 없는 다음에야 붓을 들어 그렸다. 그렇게 그린 그림을 참모습과 비교해보고서 터럭 하나라도 제대로 안 되었으면 즉시 찢어버리고, 반드시 참모습과 그림이 서로 어울린 다음에야 붓을 놓았다. (…) 형상과 물체가 더욱 핍진逼眞(실물과 아주 비슷함. 사정이나 표현이 신실하여 거짓이 없음)하고 디할 수 없이 정교하고 섬세하며 그 정묘함이 '묘妙'의 경지에 이르렀다."(「청죽화사聽竹畵史」)

팔준마八駿馬

『팔준도첩八駿圖帖』. 양은수 모사.

'팔준도'는 조선을 건국한 태조 이성계가 탔던 여덟 마리의 준마駿馬, 곧 횡운골橫雲鶻 · 유린청游麟青 · 추풍오追風烏 · 발전자發電赭 · 용등자龍騰紫 · 응상백凝霜白 · 사자황獅子黃 · 현표玄豹'를 그린 그림이다. 이 그림은 1446년에 세종의 명으로 안견安堅이 그렸던 것을 조선 후기에 이모한 것이다. 팔준마 중에서 이성계의 애마 '유린청游麟青'이 특히 유명하다. "함흥에서 났고, 올라兀剌를 빼앗고 해주에서 싸우고 운봉에서 이길 때 탄 것이다."(『증보문헌비고增補文獻備考』) 왜구와 싸우다가 화살 세 개를 맞고 죽자 이성계는 유린청을 석조石槽(큰 돌을 파서 물을 부어 쓰도록 만든 돌그릇. 돌구유)에 넣어 묻었다. 후에 세종은 당대 최고의 화가 안견安堅에게 유린청을 그리도록 하고 박팽년朴彭年(1417~1456), 신숙주申叔舟(1417~1475) 등 집현전集賢殿 학사들에게 찬시讚詩(찬미하거나 찬양하는 시)를 짓게 했다. 그중 성삼문成三問(1418~1456)이 지은 찬시는 이렇다. "유린청이여 몸이 봉우리같이 우뚝 솟았으니 / 순하면서 굳세니 동銅의 뛰어난 기상이로다 / 어진 상서로움 들춰내어 임금을 받들었고 / 나이 들수록 기예도 성숙하네 / 사방으로 간악한 무리들을 짓밟아 나라가 편안하네 / 삼십일 년 그 기상을 빛내고 / 죽어서 돌구유 남아 있어 큰 이름을 떨치니 / 유린청이여! 그 덕 어찌 다 말하리(游麟青體峯生, 地之類銅之英, 振振之仁瑞聖明, 齒歷延長藝老成, 四踣艱頑邦以寧, 三十一祀耀厥靈, 死有石槽留雄名, 游麟青德焉稱."(『동문선東文選』)

목장도牧場圖

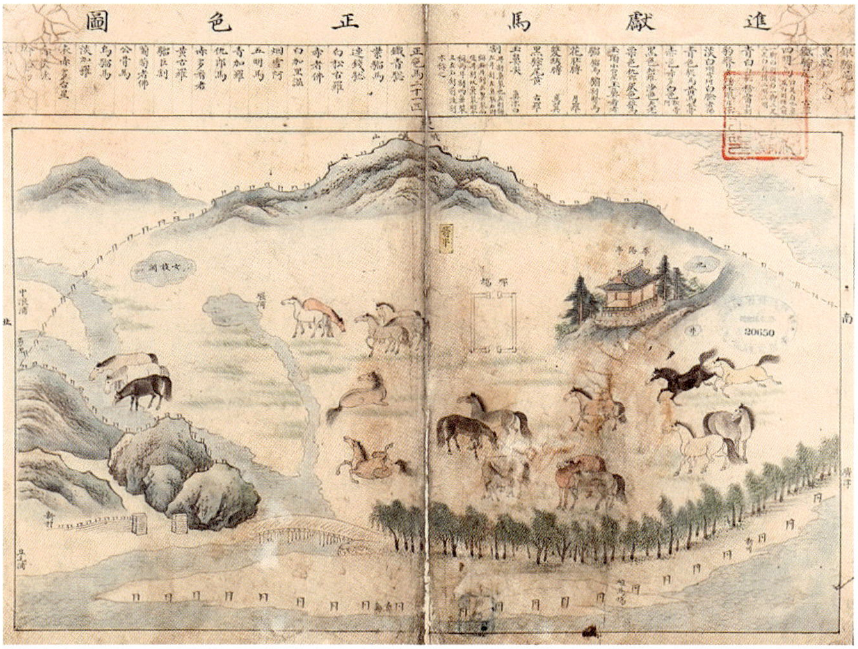

「진헌마정색도進獻馬正色圖」(1663). 국립중앙도서관 소장.

이 그림이 들어 있는 『목장지도牧場地圖』는 1678년(숙종 4) 국가의 마정馬政 수립에 활용하기 위해 전국의 목장 실태를 한 권에 수록한 지도첩이다. 전국의 목장 통계와 지도가 수록되어 있다. '진헌마進獻馬'는 '명나라 황제에게 바치는 말'이라는 의미이고, '정색도正色圖'는 실물과 같게 그렸다는 뜻이다. 그런데 명나라에서 조선에 말을 바치라고 한 이유는 무엇이었을까? 다수의 말, 곧 군마軍馬를 정기적으로 진상케 함으로써 조선의 군사력을 약화시키려는 의도에서였다. 저 뒤에 보이는 산이 '아차산峨嵯山'이고, 그 아래 '전곤箭串', 곧 '살곶이'라고 표시해 두었다. 오른쪽 정자는 '화양정華陽亭'이고, 아래는 한강으로 왼쪽 끝에는 '두모포豆毛浦'가, 오른쪽 끝에는 '광진廣津'이 있다. 말 목장은 전국에 두루 설치되어 있었는데, '목장도'로 전해지는 곳은 '강령, 강화, 거제, 고성, 나주, 낙안, 남양, 남해, 동래, 면친, 문천, 수원, 순천, 영광, 옥구, 웅진, 울산, 인천, 장기, 당단, 장흥, 절이, 진도, 철산, 태안, 함흥, 해남, 해주, 홍원, 홍양 등 여러 곳이다.

제주도 말 점고點考

1

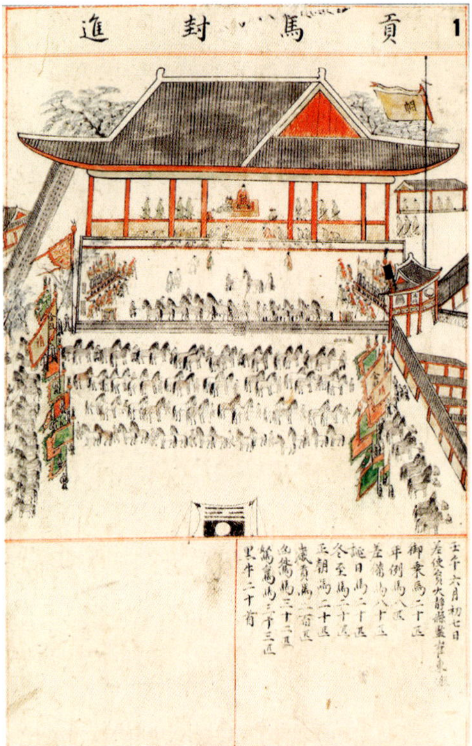

2

1 「공마봉진貢馬封進」. 제주목관아에서 직접 촬영.

관덕정에 앉아 있는 목사가 각 목장에서 징발된 말을 진상하기 위해 최종적으로 점고點考하는, 곧 한 마리씩 대조하여 점검하는 모습을 그린 것이다. 이날 점고의 대상이 된 말은 임금이 탈 어승마御乘馬 20필, 매년 정기적으로 공납하던 연례마年例馬 8필, 예비로 갖추어 놓는 차비마差備馬 80필, 왕의 생일을 축하하기 위해 바치던 탄일마誕日馬 20필, 동짓날 바치는 동지마冬至馬 20필, 정월 초하루에 바치는 정조마正朝馬 20필, 해마다 공물로 바치던 세공마歲貢馬 200필, 재난이 있을 때 사역하는 흉구마凶咎馬 32필, 둔하여 짐을 싣는 노태마駑駘馬 33필 등 말 433필과 흑우黑牛 20수였다. 이것은 1702년(숙종28) 한 해 동안 제주에서 봉진한 말과 소의 목록과 숫자이다.

2 「우도점마牛島點馬」. 제주목관아에서 직접 촬영.

1702년(숙종28) 7월 13일, 우도 목장 내에 있는 말을 점검하는 그림이다. 하단에 말은 262필이며 이들 말을 관리하는 목자牧子(나라의 목장에서 마소를 먹이던 사람)와 보인保人(군대에 직접 복무하지 않던 병역 의무자)의 수가 23명으로 기록되어 있다. 참고로 우도牛島는 '쉐섬'의 한자 차용 표기다. 제주에서는 소를 '쉐'라고 부른다. 동두東頭는 '동머리'의 한자 차용 표기로, 우도의 '쉐머리오름'을 이른다. 이름 그대로 이 쉐머리오름을 머리로 소가 누워있는 형상을 하고 있다.

「목마도牧馬圖」, 「우마도牛馬圖」, 「군마도群馬圖」

1 필자미상, 「목마도牧馬圖」. 국립중앙박물관 소장.

2 (전)홍득구, 「우마도牛馬圖」. 국립중앙박물관 소장.

3 필자미상, 「군마도群馬圖」, 국립중앙박물관 소장.

4 필자미상, 「군마도群馬圖」. 국립중앙박물관 소장.

기록화에 보이는 말들

1 「**태평성시도**太平城市圖」(부분). 국립중앙박물관 소장.
시장에서 다양한 말들이 거래되고 있는 장면을 묘사한 이 그림은 성城으로 둘러싸인 도시에서 생활하는 사람들의 다양한 모습이 그려져 있는 8폭의 대형 병풍에 그려져 있다. '태평성시'라는 말은 '성으로 둘러싸인 태평스러운 도시'라는 뜻이다. 이 작품이 그려진 시기는 조선 후기 정조 때로 보이는데, 새로운 도시에 대한 바람과 태평성대에 대한 염원이 느껴진다. 북송 때의 장택단張擇端이 그린 「청명상하도清明上河圖」와 청나라 때 그려진 「패문새경직도佩文齋耕織圖」 등의 영향을 받아 중국풍이 많이 드러나 있다.

2 「**사옹원 선온사마도**司饔院宣醞賜馬圖」(부분). 국립중앙도서관 소장.

'사옹원司饔院'은 궁중의 음식에 관한 일을 맡아보던 관아이고, '선온'은 임금이 신하에게 술을 내리던 일을 말하며, '사마賜馬'는 임금이 신하에게 말을 하사하는 것을 말한다. 그러므로 이 그림의 뜻은 '임금이 사옹원에 술과 말을 내려주었다'는 것이다. 영조가 16세 때인 1709년 숙종을 위해 음식과 탕약을 올리기 위해 사옹원에서 도제조都提調(외교문서를 맡아보던 승문원承文院, 제사祭祀와 시호諡號에 관한 일을 맡아보던 봉상시奉常寺, 외국어의 번역 및 통역에 관한 일을 맡아보던 사역원司譯院, 군인을 양성하던 훈련도감訓鍊都監 따위의 으뜸 벼슬로 정승이 겸임하거나 정승을 지낸 사람을 임명하였으나, 실무를 보지는 않았음)를 했기에 이를 추억하고 은혜를 베푼 것을 기록한 그림이다. 신하 다섯 명에게 말 한 마리씩을 하사했는데, 말에는 등급이 있었다. 궁궐에서 기른 내구마內廏馬, 제조提調(각 사司나 청廳의 우두머리가 아니면서 각 관아의 일을 다스리던 직책) 세 사람에게는 궁 밖에서 키운 외구마外廏馬, 부제조에게는 길들인 말인 숙마熟馬를 내려주었다. 백마가 세 마리, 갈색 말과 흑마가 각각 한 마리씩이다.

견마잡이[거덜巨達]

1 김홍도, 「안릉신영도安陵新迎圖」(1786년, 부분), 국립중앙박물관 소장.

모든 말에 견마잡이가 붙어 있다. 견마잡이는 거덜[巨達]이라고도 했는데, 원래 거덜은 궁중의 가마나 말에 관한 일을 맡아보던 사복시司僕寺에 속하여 말을 돌보고 관리하는 일을 맡아 하던 종을 뜻하였지만, 나중에는 사람이 탄 말이나 당나귀를 끄는 마부를 일컬었다. 견마는 원칙적으로 문무관에게만 허용되었지만, 후대에는 민간에서도 유행하여 양반이라면 최소한 과하마果下馬라도 타야 체면이 섰는데, 그때에도 반드시 견마를 잡혔다. 과하마는 우리나라 토종인 조랑말의 일종으로, 그것을 타고서 과실나무 아래를 지나갈 수 있을 정도로 작다는 뜻이다. 결국 아무리 보잘것없는 말을 타더라도 반드시 견마잡이를 붙여야만 체면이 섰다는 것이다. 먼 길을 갈 때에는 마방馬房(마구간을 갖춘 주막집)에서 말을 빌려 타야 했는데, 그때도 견마잡이는 반드시 따라왔다. 그런데 견마잡이는 말만 잘 몰았던 것이 아니고, 지리도 잘 알고 있어 대단히 편리했다. 그런데 『경도잡지』에서 특히 문제 삼고 있는 것은 견마잡이의 위치와 숫자이다. 조정에서 임금을 알현하는 등의 의례에서 당상堂上의 교의交椅에 앉을 수 있는 고위 관직의 당상관들은 견마잡이 둘을 둘 수 있었다. 말 오른쪽과 왼쪽에 한 사람씩 세워두고 가야 권위가 선다는 말이겠는데, 지나친 허세가 아닐 수 없다. 예나 지금이나 이렇게 거들먹거리는 고위 관리는 참으로 꼴불견이다. 견마잡이들도 덩달아 허세를 부려 서로들 더 좋은 고삐를 가지려 했다. 질 좋은 매끈한 가죽으로 만들어 번쩍번쩍 광을 내고 거들먹거리고 다녔던 모양이다. "거덜 났다"는 말이 여기서 생겨났다. 견마잡이 주제에 우쭐하고 다니니, 그나마 알량한 재산이나 살림 같은 것이 여지없이 허물어지거나 없어졌다는 말이다.

2 『사진엽서로 보는 근대풍경』 7 - 풍속, 조선인, 민속원, 2009, 424쪽.

3 『사진엽서로 보는 근대풍경』 7 - 풍속, 조선인, 민속원, 2009, 423쪽.

견마잡이를 두는 풍습에 대한 비판이 삼엄했다. “말을 타면서 견마잡이를 쓰는 것은 올바른 법이 아니다. 말이란 것은 사람을 태워서 걷는 데 힘을 들이지 않기 위한 물건이다. 이제 우리나라에서는 한 사람을 말에 태우고 또 한 사람을 고생되게 걷도록 한다. 말은 빨리 달리기 위해 사용하는 물건이다. 이제 사람에게 끌려다니느라 한 번에 몇 리를 내달리거나 하루에 1천 리 길을 달릴 수 없다. 전쟁터에 나가 적진을 달릴 때, 늘 견마잡이에게 끌려 다니던 말은 위급함에도 끌지 않으면 명령을 따르지 않는다. 전투에서 반드시 패하는 길이다.”(『북학의北學議』) “박연암의 『열하일기』에 우리나라 사람들의 말 타는 법을 논하여, ‘오른쪽 한쪽만 경마(견마를 말함)를 잡히는 것도 불가한데, 하물며 왼쪽마저도 경마를 잡힌단 말인가. 문신도 경마 잡혀서는 안 되는데 더구나 무신임에랴’ 하였는데, 실로 명언이다. 내가 일찍이 일본 사람의 「방야도方野圖」를 보았더니 앵두꽃이 활짝 피었는데 말을 타고 나란히 나아가는 꽃놀이하는 여인들은 모두 좌우에서 경마를 잡히고 있었다. 또 사신을 따라 일본에 갔던 여러 서기書記들에게 들으니, 남자라도 좌우에 경마를 잡힌다고 했다. 우리 풍속은 불행하게도 일본과 비슷하니, 부끄러운 일이다. (…) 중국 사람들은 일찍이 우리나라 사람들에게, ‘너희 나라 말은 등짝에 한 사람을 태운 채 입에도 한 사람을 물고 가니, 어쩌면 그리도 힘이 센가?’ 하였으니, 말을 타고 경마 잡히는 것을 비웃는 말이다.”(『고운당필기古芸堂筆記』)

당상관堂上官과 교의交倚

1

	품계	문신(문관)	무신(무관)	지방관리
당상관	정1품	영의정, 좌의정, 우의정, 도제조	영사, 도제조, 대장	
	종1품	좌찬성, 우찬성, 판사, 제조	판사	
	정2품	지사, 판서, 좌참찬, 우참찬, 대제학	지사, 제조, 도총관	
	종2품	동지사, 참판, 상선	동지사, 부총관	관찰사, 부윤, 병마절도사
	정3품	참의, 직제학	첨지사, 별장	목사, 병마 절제사
당하관 및 참상관	종3품	집의, 사간	대호군, 부장	도호부사, 병마첨절제사
	정4품	사인, 잠령	호군	
	종4품	경력, 첨정	경력, 부호군, 첨정	군수, 병마동첨절제사
	정5품	장량, 별좌, 교리	사직	
	종5품	도사, 판관	도사, 부사직, 판관	도사, 판관, 현령
	정6품	좌랑, 별제		
	종6품	주부, 교수	부장, 수문장, 종사관	찰방, 현감, 교수, 병마절제도위
참하관	정7품	박사	사정, 참군	
	종7품	직장	부사정	
	정8품	저작	사맹	
	종8품	봉사	부사맹	
	정9품	부봉사, 정자, 훈도	사용	
	종9품	참봉	부사용, 별장	

2

1 당상관은 조선 시대 조정에서 서로 의견을 교환하고 의논하는 조의朝議를 행할 때 당상堂上에 있는 교의交椅에 앉을 수 있는 관계官階 또는 그 관원을 말한다. 동반東班은 정3품의 통정대부通政大夫 이상, 서반序班은 절충장군折衝將軍 이상, 종친은 명선대부明善大夫 이상, 의빈儀賓은 봉순대부奉順大夫 이상의 품계를 가진 사람이다. 이러한 당상관은 의관醫官 · 역관譯官 등 기술관, 또는 환관宦官 등에게도 간혹 제수하였으나 이는 특례이고 대부분 양반이 독점하였다.

2 「**당권대운기로연회도**權大運耆老宴會圖」. 국립민속박물관 소장.
권대운權大運(1612~1699)의 기로회耆老會 입소와 정치적 재기를 자축하기 위해 열었던 잔치를 그렸다. 기로회란 기영회耆英會라고도 하며, 정2품 중 70세 이상의 덕망 높은 원로 문인들의 모임이다. '기로耆老'는 연로하고 덕이 높은 사람을 말하는데, 기耆는 예순 살을, 노老는 일흔 살을 이른다. 이 그림에서 기로들은 모두 교의에 앉아 있다. 교의는 신주神主를 모시는 의자인데, 금이나 3품 이상의 당상관堂上官이 앉았던 의자를 말하기도 한다. 당하관堂下官은 승상繩床에 앉았다. 승상은 접어서 들고 다닐 수 있도록 등받이 없이 걸상 비슷하게 만든 물건으로, 긴 네모 모양 가죽 조각의 두 끝에 네모진 다리를 대었다. 예전에 벼슬아치들이 가지고 다니며 길에서 깔고 앉거나 말을 탈 때 디디거나 하였다.

나귀

1

2

1 **나귀.** 『조선풍경인속사진첩朝鮮風景人俗寫眞帖』(1911).

나귀는 한자어로는 '여驢'라 하며, 장이長耳, 한려漢驢 등의 별명이 있다. 나귀는 말과 달리 이마에 털이 없고, 꼬리에도 하반부에만 긴 털이 있고 상반부는 짧은 털로 덮여 있어서 소의 꼬리와 비슷하다. 또, 당나귀의 귀는 말보다 길고 크다. 눈 주위 · 입 · 하복부 및 다리의 안쪽은 모두 흰색이다. 나귀는 말보다 덜 빠르고 덜 위험한 동물로 인식되어 교통수단으로 이용되었다. 『경도잡지』에서 유학을 공부하는 유생儒生들은 당나귀를 타기 좋아하며, 궁중에서 벼슬을 하는 조사朝士들도 이용하였다고 했다. 이처럼 나귀는 행세하는 사람의 중요한 교통수단이 되었기 때문에 "도련님은 나귀가 제격이다."라는 속담이나 "나귀를 구하매 샌님이 없고, 샌님을 구하매 나귀가 없다."라는 속담이 생겨났다.

2 **함윤덕, 「기려도騎驢圖」**(16세기 후반). 국립중앙박물관 소장.

말이나 나귀 같은 탈것에서도 문무의 차별이 있었다. 무관은 나귀를 탈 수 없었다. "무인 집안의 자제들이 대부분 교만하여 출입할 때 거의 복건을 쓰고 나귀를 타고 다닌다."(『영조실록』)라는 문신의 힐난이 쟁쟁하다. 이는 물론 차별이기도 하였겠지만, 한편으로 생각하면 느리고 작은 나귀를 타고서야 어찌 무인일 수 있겠는가. 선비는 점잖게 나귀를 타고, 무인은 용맹스럽게 말을 타야 제격인 것이다. 물론 무인에게 견마잡이를 허용하지 않은 것은 지나친 처사이다.

편자와 징

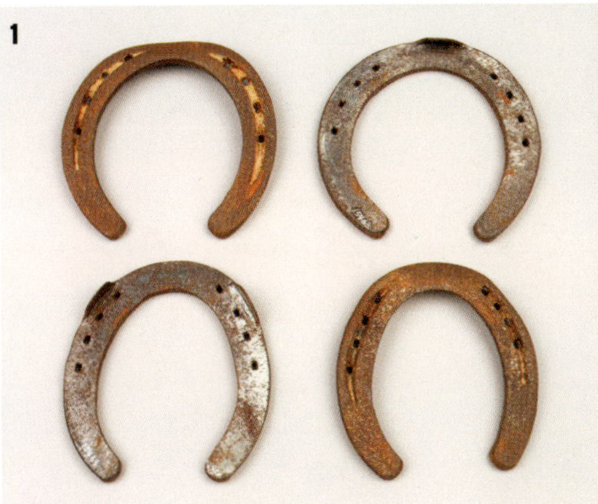

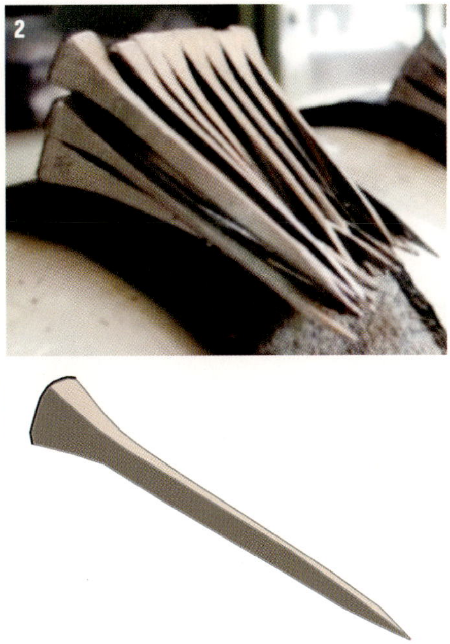

1 **편자.** 국립민속박물관 소장.
편자는 말발굽을 보호하기 위하여 발굽 바닥에 장착하는 말발굽형의 쇠붙이다. 제철蹄鐵이라고도 한다. 말굽에 대어 붙이는 쇳조각. 'U'자형이며 양쪽에 네개씩의 구멍이 있고, 뒷면에는 편자가 벗어나지 않도록 돌기가 달렸다. 옛날에는 짚으로 엮은 짚신이나 가죽신이 사용되었다.

2 **징.** https://blog.naver.com/fkdlssjaqjxn/120108383129
신의 가죽 창이나 말굽 · 쇠굽 따위에 박는, 대가리가 크고 넓으며 길이가 짧은 쇠못으로 '대갈'이라고도 한다. 편자에 박은 징이 말발굽 위에 삐져나오면, 잘라낸 후 끌로 다듬었다.

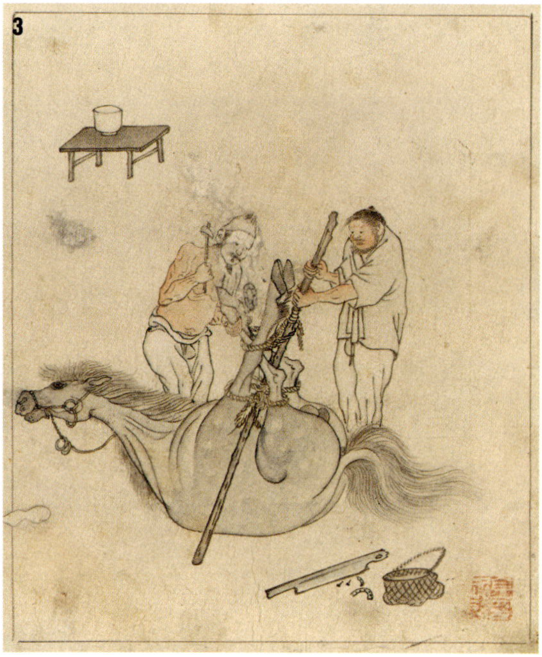

3 **김홍도, 「편자박기」**. 『단원풍속도첩檀園風俗圖帖』, 국립중앙박물관 소장.
말을 눕힌 다음 네 다리를 나무에 묶어 요동치지 못하게 하고 편자를 박는 장면을 묘사한 그림이다. 누워 본 적이 없는 말을 눕히자 발버둥 치는 말의 네 다리를 모아서 동아줄로 묶고, 줄이 풀어지지 않도록 장대를 다리 사이에 가로질러 고정시킨 다음 신속하게 작업을 하는 모습이다.

4 **조영석, 「말징박기」**. 『사제첩麝臍帖』, 국립중앙박물관 소장.
가마니 위에 갈색 말을 눕히고 네 다리를 나무에 묶어서 꼼짝 못하도록 한 다음 앞발에 말 징을 박는 광경을 그린 풍속화이다. 말이 아픔을 호소하듯이 울부짖는 모습을 잘 살렸다. 모자를 눌러쓴 사람은 고통스러워 하는 말을 나뭇가지로 어르고 있다.

— 기집器什, 가재도구 —

시속에서는 유기鍮器, 곧 놋그릇을 귀중하게 여긴다. 밥, 탕, 나물, 고기 등 한 상을 차릴 수 있는 반상기飯床器 한 벌을 반드시 갖추며, 심지어는 세숫대야나 요강까지 모두 놋쇠로 만든 것을 쓴다.

俗重鍮器, 人必具飯湯蔬炙一卓之用, 至頮盆夜壺皆以鍮鑄.

놋그릇[유기鍮器]

20세기 초 유기공장의 모습.

유기鍮器란 구리에 주석을 합금한 청동, 아연을 합금한 황동의 일종으로 놋그릇이라고도 한다. 유기는 재료의 성분과 비율에 따라 차이가 있으나, 넓은 의미로는 구리를 기본으로 하는 비철금속계의 합금을 말한다. 1834년에 간행된 이규경李圭景의 『오주서종박물고변五洲書種博物考辨』에는 "향동(청동)은 우리나라의 놋쇠이다. 놋쇠 1근을 만들려면 구리 1근에 주석 4냥을 넣는다."라고 기술하고 있다. 이것을 조성 비율로 환산하면 구리Cu 80% : 주석Sn 20%로 청동 합금인 것이다. 유기는 제작 기법에 따라 주조법과 단조법이 있다. 주조는 구리에 아연, 주석 합금의 쇳물을 거푸집(만들려는 물건의 모양대로 속이 비어 있어 거기에 쇠붙이를 녹여 붓도록 되어 있는 틀)에 부어 촛대 · 향로 · 화로 등을 만드는 기법이다. 유기를 주조해서 만드는 곳을 '퉁점', 여기서 생산되는 주물(쇠붙이를 녹여 거푸집에 부은 다음, 굳혀서 만든 물건)을 '붓배기'라 하였다. 단조는 구리와 주석 합금으로 바둑(괴)을 만든 다음 이 바둑을 불에 달구면서 망치나 메로 쳐서 모양을 잡아가며 징 · 꽹과리 · 대야 · 식기 · 수저 등을 만드는 기법이다. 단조로 만든 것은 인체에 해롭지 않아 식기류로 많이 애용되었으며, 소리가 좋아 타악기로도 널리 사용되었다. 유기(놋그릇)를 단조하여 만드는 곳을 '놋점', 여기서 만든 단조품을 '방짜'라 하였다. 특히 방짜란 용어에는 우리 고유의 과학 기술이 숨어 있다. 대개 두드려 만드는 것을 방짜라고 알고 있지만, 과학적으로는 구리 78%에 주석 22%를 정확히 합금하여 만든 것이 바로 방짜인 것이다. 즉, 방짜는 가장 질 좋은 합금을 일컫는 합금 기술 용어이며, 잡금속을 섞어 질이 떨어지는 합금은 퉁짜(쇠)라 일컬었다. 이는 우리말의 진짜, 가짜와 통하는 용어이다.

방짜유기와 주물유기

1 **거창유기공방 - 불에 그을리기.** 국립민속박물관 소장.

2 **거창유기공방 - 본색내기.** 국립민속박물관 소장.

방짜유기장으로는 무형문화재 제77호 이봉주 옹이 대표적인 장인이다. 방짜법은 구리와 주석을 녹인 쇳물을 정확한 비율로 섞어 바대기라 하는 둥글납작한 쇳덩이를 만든 다음 불에 달구어가면서 두들겨 그릇 형태를 이루는 기법이다. 방짜유기는 일명 '양반쇠'라고도 하며 북한의 납청유기가 가장 유명하다. 질이 좋은 놋쇠는 전통적인 유기제작 방법인 방짜기법으로 제작했다. 이 방짜유기는 금속 조직을 늘여서 만드는 것이라 떨어뜨려도 찌그러질 뿐 깨지지 않아서 사람들이 매우 선호했다. 그러나 조선조 중엽에 이르러 수요가 늘어나자 손으로 두드려서 만드는 방짜기법 대신 손쉬운 주물기법이 선호되었고, 그로 인해 대량생산이 가능하게 되었다. 한편 주물유기장으로는 무형문화재 제77호 김근수 옹이 대표적인 장인이다.. 주물법은 구리와 아연의 합금인 황동이나 기타 잡금속을 섞어 녹인 쇳물을 그릇 형태의 틀에다 부은 다음 다듬고 광을 내어 완성하는 기법이다. 주물유기는 방짜유기의 합금과는 달리 구리와 아연의 합금인 황동이나 기타 잡금속을 섞어 녹인 금속을 주형에 부어 대량으로 생산해낸 것이다. 정확한 합금비율로 만든 전통적인 방짜유기와 주물유기는 성분이 다소 다르지만 잡주물로 만든 유기까지를 포함해서 넓은 의미로 유기라고 알려져 왔다. 이렇게 잡금속을 섞어서 대량생산하던 합금쇠를 퉁쇠라고 했으며, 전통적인 놋쇠와는 엄격히 구분지어 사용하였다. 그 이유는 퉁쇠는 주물한 것이라 금속의 단면이 유연성이 적어 그릇을 떨어뜨리면 깨지기 쉽기 때문이다.

유기점鍮器店

1

2

1 **유기장사**, 『사진엽서로 보는 근대풍경』 7 - 풍속, 조선인, 민속원, 2009, 225쪽.

2 「**금물옥**金物屋」(1918~1933).

우라키와 가즈야 엮음, 『그림엽서로 보는 근대조선』 6 - 풍속엽서, 민속원, 2017, 282쪽.

유기 밥그릇, 유기 탕그릇

1

2

1 **유기 주발**周鉢. 국립민속박물관 소장.
밥 등을 담는 유기그릇으로 위가 약간 벌어지고 뚜껑이 있다. 뚜껑은 중앙부가 높고 평평한 형태로, 평평한 부분의 둘레가 도드라져 있다.

2 **유기 탕기**湯器. 국립민속박물관 소장.
탕을 담는 그릇이다. 낮은 굽나리가 달린 사발 형태다. 아가리가 겉으로 조금 벌어졌고, 안 비닥은 평평하다. 몸체의 중앙부는 오목하게 들어가고, 하단부는 볼록하게 곡선을 이룬다.

유기 나물그릇

유기 쟁첩. 국립민속박물관 소장.
상을 차릴 때 나물, 조림, 구이, 마른반찬 등 여러 가지 반찬을 담는 그릇이다. 쟁첩은 반찬을 담는 작은 접시로 흔히 놋쇠 따위로 만들며 다섯이나 일곱, 또는 아홉 개로 한 벌을 이룬다. 대개 몸체와 뚜껑으로 이루어졌다. 몸체는 아가리에서 아래로 갈수록 좁아지는 형태로 굽이 달렸다. 뚜껑은 가운데가 높고 평평하며, 중앙에 양각으로 원형 띠가 둘러졌다.

유기 구이접시

유기 제기접시. 국립민속박물관 소장.
고기나 생선구이 등을 놓은 접시다. 원형으로 운두(그릇이나 신 따위의 둘레나 높이)가 낮은 접시 형태다. 내외면 바닥에 두 줄의 침선沈線이 둘러지고, 아가리 바깥면에 한 줄의 침선沈線이 둘러졌다.

유기 칠첩반상

1 **칠첩유기반상기.** 국립민속박물관 소장.
『경도잡지』에서는 밥그릇, 탕그릇, 나물접시, 구이접시 등 반상기飯床器 한 벌을 갖춘다고 했는데, 그 비용이 만만치 않았을 것이다. 반상이 밥, 국, 찌개, 김치, 간장, 초간장, 초고추장, 반찬으로 구성되는 상차림이고, 숭늉으로 식사의 끝을 맺으므로 반상기도 반상 규범에 맞추어 일습一襲, 요즘 말로 한 세트가 갖추어져 있다. 그런데 현존하는 반상기의 일습은 그 역사가 오래되지 않았고 조선 시대에 비로소 갖추어진 것이다. 반상기는 대개 밥그릇, 국그릇, 숭늉 대접, 둥근 쟁반, 김칫보 각 1개, 찌개나 찜을 담는 조칫보 1~2개, 종지 1~3개, 반찬 그릇 3~12개로 일습을 이룬다.

2 **놋대야.** 국립민속박물관 소장.
물을 담아 무엇을 세척하거나 김장 등 다양한 용도로 사용하는 그릇이다. 방짜유기로 만들었다. 입술에 전(물건의 위쪽 가장자리가 조금 넓적하게 된 부분)을 돌리고 전의 끝을 약 1.5cm가량 세운 형태다. 내부에는 모란을 새긴 모란문牡丹文, 매화를 새긴 매화문梅花文, 덩굴무늬를 새긴 당초문唐草文, 박쥐 모양을 새긴 편복문蝙蝠文, 만자 모양을 새긴 만자문卍字文, 물고기를 새긴 어문魚文 등을 새겨넣기도 했다. 방짜기법으로만 만들 수 있다.

3 **놋요강.** 국립민속박물관 소장.
실내에 두고 용변을 볼 때 사용하는 그릇이다. 바닥과 아가리가 좁고 몸체가 넓다. 움푹 들어간 둥근 홈이 둘러져 있고 꼭지가 달린 뚜껑이 있다. 방짜기법으로만 만들 수 있다.

— 문방文房, 서재와 필기구 —

붓은 족제비 꼬리털로 만든 낭미필狼尾筆, 종이는 설화지雪花紙와 죽청지竹淸紙, 먹은 해주海州에서 만든 유매먹[유매묵油煤墨], 벼루는 남포藍浦에서 나는 오석연烏石硯을 최고로 치는데, 근래에는 위원渭原에서 나는 자석연紫石硯을 많이들 쓴다.

黃鼠狼尾筆, 雪花竹淸紙, 海州油煤墨, 藍浦烏石硯爲佳品, 近頗用渭原紫石硯.

문방도文房圖

1

1 **문방도가리개**(문방도두폭병풍文房圖二幅屛). 국립고궁박물관 소장.
문인의 서재인 문방文房에서 옆에 두고 늘 사용하던 붓, 종이, 먹, 벼루를 '문방사우文房四友'라고 한다. 문방에는 문방사우 외에 요즘의 책꽂이에 해당하는 서가書架, 책상冊床, 문서나 문구를 넣어두는 문갑文匣, 필통筆筒, 붓걸이인 필가筆架, 붓두껍인 필모筆帽, 먹이나 물감이 묻은 붓을 빠는 그릇인 필세筆洗, 먹을 올려놓는 받침인 묵상墨床, 종이가 바람에 날리지 않도록 눌러두는 서진書鎭, 서화용 종이를 말아서 꽂아두는 지통紙筒, 여러 문구를 벌여 놓아두는 작은 책상인 연상硯床, 바람을 막거나 먼지나 먹물이 튀는 것을 막기 위해 벼루 머리에 치는 작은 병풍인 연병硯屛, 벼루에 먹을 갈 때 쓰는 물을 담아두는 그릇인 연적硯滴, 글씨를 쓸 때 종이 밑에 받치는 널조각인 서판書板 등이 있었다.

2 「**문방도병풍**文房圖屛風」. 국립고궁박물관 소장.

장수를 기원하는 '단만수團萬壽' 문양이 새겨진 장막 안에 책과 두루마리, 다양한 기형의 완상용 기물 및 벼루, 필통과 같은 문구류를 그렸다. 만자卍字는 긴 다리를 가졌다는 의미에서 '장각만자長脚卍字'라고도 하고, 부귀가 끊임없이 이어진다는 뜻에서 '부귀부단두富貴不斷頭'라고도 하는데, 목숨 수壽 자와 결합하여 '단만수자團萬壽字' 또는 '만수금萬壽錦'이라고도 부른다. 이러한 책과 기물은 관직 등용, 학문과 배움, 문방청완文房淸玩의 취미를 상징한다. 이 외에도 다산多産, 부귀富貴, 지조志操, 부처와 신선神仙 등을 상징하는 석류石榴, 모란牡丹, 매화梅花, 불수감佛手柑과 수선화水仙花 등 여러 가지 꽃과 과일을 배치하였다. 참고로 '문방청완'은 밝은 창, 깨끗한 책상 아래 향을 피우고 차를 끓이며 서예와 그림을 완상하며 좋은 벼루와 먹을 비롯한 갖가지 문방구를 애완하는 일을 말한다.

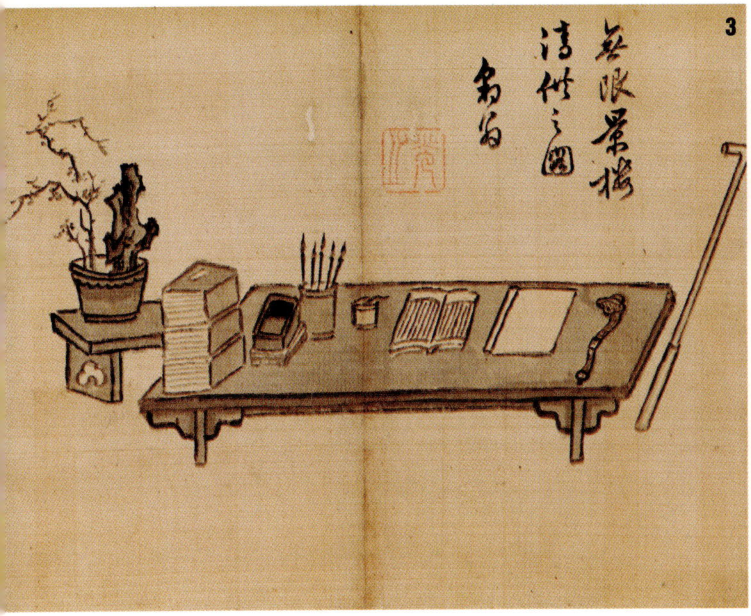

3 **강세황**姜世晃(1713~1791), 「**청공도**清供圖」. 선문대학교박물관 소장.

'청공'은 '맑음을 갖추었다'는 뜻으로 문방구文房具(글을 쓰거나 그림을 그릴 때 또는 책을 읽을 때 사용하는 물건)를 의미한다. 이 '청공도'는 아무런 배경 없이 서안 위에 놓인 문방구와 화분과 지팡이만 그렸다. 담백하고 고상한 문인의 서재 풍경이다. 책상 위에는 효자손으로 쓰던 여의如意, 백지, 책 한 권, 연적硯滴인 수중승水中丞, 붓 다섯 자루가 꽂힌 필통, 연대硯臺 위에 올린 벼루, 갑匣에 싸인 책 세 질帙이 있다. 책상 옆에는 괴석怪石과 매화를 심은 화분이 받침대 위에 놓여 있다. "무한경루의 청공을 그린 그림, 표옹(無限景樓, 清供之圖, 豹翁)", 그림에 적어놓은 화제畫題이다. '무한경루'는 강세황이 관직에 나가면서 남산에 마련한 가옥의 당호이고, '표옹'은 강세황의 호이다.

4 **안중식**安中植(1861~1919), 「**시창청공**詩牕清供」. **개인 소장.**

공유마당 : https://gongu.copyright.or.kr/gongu/wrt/wrt/view.do?wrtSn=13217220&menuNo=200018

'시창청공'은 '서창청공書窓清供'이라고도 했다. '시창'은 시로 보는 창문, 서창은 글로 보는 창문 정도로 해석할 수 있으니, '시(서)공청공'은 마음의 창문을 통해 보이는 맑고 깨끗한 선비의 물건을 뜻한다. 조선의 선비들은 청렴결백을 미덕으로 하며 매사에 검소하게 지내려고 노력했지만, 문인으로서 애착을 가진 문방구를 비롯하여 서책과 골동품 등을 모으는 것을 좋아하기도 했다. 이 그림에서 그러한 동향을 느껴볼 수 있다.

낭미필狼尾筆과 세필細筆

1
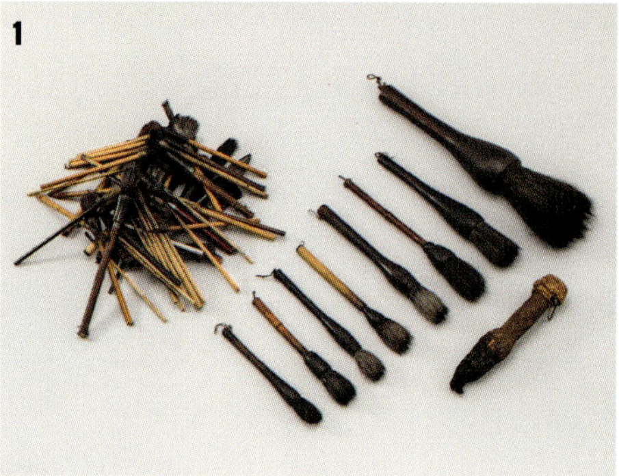

2
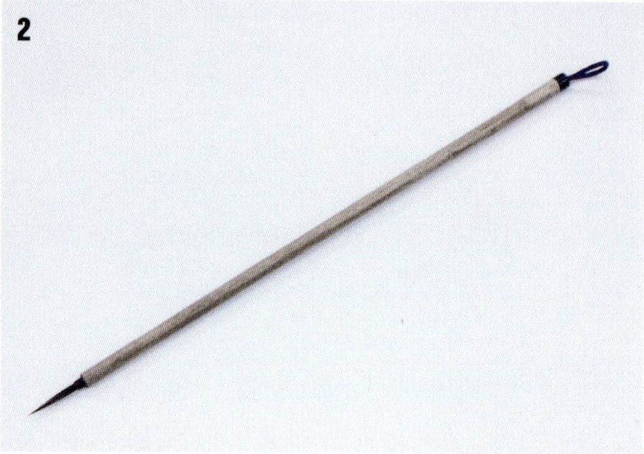

1 **황서랑미필**黃鼠狼尾筆. 소수박물관 소장.
족제비 꼬리털로 만든 붓을 낭미필狼尾筆, 낭모필狼毛筆, 황필黃筆, 황모필黃毛筆, 황서필黃鼠筆이라고도 불렀다. 이 붓은 명 나라 조정의 백서『명회전明會典』에 조선의 조공품朝貢品(조선이 중국에 때를 맞추어 바치던 물품)으로 등재된 명품이었다. 그런데 조선의 특산품이었지만, 재료는 대부분 수입해 썼다. 수요를 충족할 만큼 족제비가 많지 않았기 때문이다. 조선은 중국에서 수입한 족제비 털로 붓을 만들어 다시 중국에 수출을 한 것이다.

2 **세필**細筆 **붓**. 직접 촬영.
초상화의 수염같이 가는 선을 그리는 데 사용하는, 쥐 수염과 청설모의 꼬리털을 합쳐 만든 붓이다. 참고로 붓에 쓰는 털의 재료로는 족제비, 염소, 토끼, 이리, 담비 등 동물의 털이 쓰였고, 간혹 사람의 머리카락도 사용되었다. 털은 끝이 잘려나가기 않은 것을 사용했다. 대개 억세고 강한 털을 심으로 하고 부드러운 털로 겉을 입힌다. 붓의 모양과 크기, 털의 강약에 따라 다른 이름으로 불리며, 여러 종류의 붓을 갖추어 두고 용도에 맞게 사용했다. 붓의 털은 빳빳하고 뾰족한 것, 털이 많으며 가지런한 것, 털 윗부분을 끈으로 묶어서 둥글게 만든 것, 오래 써도 털에 힘이 있는 것이 좋다.

필공이와 필방筆房

1

2

1 **김준근, 「필공이」.** 국립민속박물관 소장.

붓을 제작하는 필공이의 모습을 그린 그림이다. 한 명은 털 고르기를, 다른 한 명은 마무리 작업을 하고 있다. 바닥에는 붓들이 놓여 있다. 참고로 좋은 붓을 만들려면 여러 종류의 털을 섞어 넣어야 한다. 이익李瀷(1681~1763)의 『성호사설星湖僿說』에 따르면, 억센 털로 심지를 만들고 부드러운 털로 감싼 다음, 다시 조금 억센 털로 겉을 둘러싸야 좋은 붓이 된다.

2 **필방.** 국립중앙박물관 소장.

붓, 종이, 먹, 벼루 등 서재에서 쓰는 물건들인 문방구文房具를 파는 가게이다. 지금의 종로구 필동은 필방이 많아서 붙여진 이름이다.

붓털의 종류

이름	소재	기타
양모羊毛	양의 털	흰색 털. 숫컷의 겨드랑이 털을 상품으로 침
황모黃毛	족제비의 털	꼬리털. 북쪽의 것을 상품으로 침
마모馬毛	말의 털	꼬리와 머리 뒤쪽 털
산토모山兔毛	산토끼의 털	봄과 여름털은 쓰지 않음
우모牛毛	소의 털	귓속털
돈모豚毛	돼지의 털	단독으로 쓰지 않고 다른 털과 혼모하여 사용함
장모獐毛	노루의 털	암컷의 겨드랑이털을 상품으로 침
구모狗毛	개의 털	탄력성이 좋음
청모靑毛	청설모의 털	꼬리털. 단독으로 쓰지 않고 다른 털과 혼모하여 사용함
우모羽毛	새의 털	날개털
서모鼠耗	쥐의 털	입수염털. 세필細筆에 적합함

※ 이것 이외에 여우털인 호모狐毛, 이리털인 이모狸毛, 호랑이털인 호모虎毛 등이 있다.

황모黃毛, 곧 족제비 털로 만든 붓 산지(『세종실록지리지』)

도	고을
충청도	충주, 단양, 괴산, 음성, 연풍, 제천, 영춘, 청주, 문의, 죽산, 청안, 전의, 익산, 평택, 온수, 신창, 아산, 황윤, 보은, 청산, 진천, 한산, 남포, 비인, 정산, 홍산, 연산, 석성, 진안, 부여, 이산尼山, 홍주, 태안, 서산, 면천, 해미, 당진, 예산, 청양, 보령
전라도	전주, 진산, 금산, 익산, 고부, 김제, 금구, 만경, 임파, 옥천, 함열, 용안, 부안, 정읍, 태인, 고산, 여산, 나주, 해진, 영암, 영광, 강진, 무장, 함평, 남평, 무안, 고창, 장성, 흥덕, 남원, 순창, 용담, 구례, 임실, 운봉, 무주, 장수, 진안, 곡성, 광양, 장흥, 담양, 순천, 무진, 보성, 낙안, 고흥, 능성, 창평, 화순, 동복, 옥과, 진원
황해도	봉산, 수안, 곡산, 신은, 해주, 재령, 옹진, 장연, 신천, 연안, 평산, 배천, 강음, 문화, 송화, 장연
평안도	평양, 삼등, 강동, 순안, 삼화, 함종, 강서, 숙천, 자산, 개천, 덕천, 영유, 은산, 양덕, 정주, 용천, 곽산, 수천, 선천, 삭주, 영변, 창성, 운산, 박천, 태천, 강계, 이산理山, 희천
함경도	삼흥, 함흥, 정평, 영흥, 고원, 문천, 예원, 안변, 의주, 길주, 단천, 갑산, 경성鏡城

15~19세기 문헌에 나오는, 재료와 쓰임에 따른 한지의 종류

문헌과 시기	한지의 종류
용재총화慵齋叢話 성현成俔 (1439~1504)	국가문서 작성에 쓰는 표전지表箋紙, 조선과 중국 사이에 주고받던 문서 작성에 쓰는 자문지咨文紙, 귀리의 짚으로 만든 고정지藁精紙, 버드나무의 잎을 원료로 하여 만든 유엽지柳葉紙, 버드나무를 잘게 부수어 만든 유목지柳木紙, 율무의 짚으로 만든 의이지薏苡紙, 마의 겨릅을 잘게 부수어 섞어서 만든 마골지麻骨紙, 일본의 제지술로 만든 순왜지純倭紙
세종실록지리지 世宗實錄地理志 (1454)	표전지, 자문지, 서류의 부본을 만들 때 사용하는 부본단자지副本單子紙, 임금에게 올리는 문서에 쓰던 주본지奏本紙, 편지 겉봉투에 쓰던 피봉지皮封紙, 조선과 일본 사이에 주고받던 문서에 쓰던 서계지書契紙, 제사를 지낼 때 신명에게 고하는 글을 쓰는 축문지祝文紙, 책의 맨 앞뒤의 겉장으로 쓰던 표지表紙, 다듬이질을 하여 반드럽게 한 도련지擣錬紙, 중국에 조공할 때 쓰려고 각 도에서 올리게 하는 중폭지中幅紙, 상표지常表紙(미상), 병졸들의 겨울옷 속에 솜 대신 넣은 갑의지甲衣紙, 바둑판 모양과 같이 여러 개의 세로줄과 가로줄이 일정한 간격을 이루며 직각으로 교차 되어 그려진 안지眼紙, 정초에 세화를 그리는 세화지歲畫紙, 신하가 임금에게 알리는 계문啓聞에 사용하는 백주지白奏紙, 성냥개비에 불을 붙일 때 성냥개비 머리 부분을 문지르는 화약지火藥紙, 지방 벼슬아치들이 임금에게 보고하는 글을 쓰는 장지狀紙, 관청에 소장訴狀을 낼 때 쓰는 상주지常奏紙, 닥종이를 이어 붙여 만든 두꺼운 기름 한지로 비가 올 때도 사용할 수 있으며, 전시에는 야외용 천막을 만드는 데 사용하였던 유둔지油芚紙
통제영統制營 장부帳簿 (1851년 추정)	강원도 평강에서 나는 흰 빛깔의 설화지雪花紙, 얇고 질이 좋은 도화지桃花紙, 닥나무 껍질로 만든 흰빛의 백지白紙, 부기용簿記用으로 많이 사용한 크고 두꺼운 장지壯紙, 들기름에 결은 두꺼운 장유지壯油紙, 닥나무 껍질의 찌꺼기로 만드는, 품질이 낮은 대피지大皮紙, 편지에 쓰는 고급 종이인 피금전지皮金鈿紙, 금박을 바른 금박지金箔紙, 청신지青薪紙(미상), 잇꽃으로 염색한 황국지黃菊紙, 회화나무꽃으로 염색한 초록지草綠紙, 검은빛 나는 회색의 보라지甫羅紙, 검은빛으로 물들인 흑지黑紙, 쪽물 빛이 나는 아청지鴉青紙, 모란을 접는 데 쓰는 모란지牧丹紙, 빗접을 만드는 데 쓰는 소첨지梳貼紙, 부채에 바르는 질기고 단단한 선자지扇子紙, 유둔지油芚紙, 코발트 빛 문양의 청화지青花紙, 시지詩紙로 많이 사용한 두꺼운 후지厚紙, 국가에 길흉이 있을 때 임금이나 왕후, 태자에게 올리는 글을 쓰는 전문지箋文紙, 임금에게 올리는 문서를 쓰는 계본지啓本紙, 갓 위에 쓰는 우장용 기름종이인 입모지笠帽紙, 두껍고 질기며 단단하게 널빤지처럼 만든 판지板紙
대전회통大典會通 잡령雜令 (1865)	조선과 중국 사이에 주고받던 문서 작성에 쓰는 자문표지咨文表紙, 닥나무 껍질로 만든 두꺼운 저주지楮注紙, 승지가 임금 앞에서 왕명을 받아 적거나 저화楮貨라는 지폐로 쓰던 저상지楮常紙, 임금에게 올리는 문서에 덧붙인 목록인 계목에 쓰는 계목지啟目紙, 승지가 임금 앞에서 왕명을 필기할 때 사용하는 초주지草注紙, 품질이 약간 낮은 초주지인 차초주지次草注紙, 관청에서 공용문서로 쓰는 공사지公事紙, 각 관청의 사령 용지로 쓰는 두껍고 흰 관교지官敎紙, 도련지, 닥나무를 반드럽게 다듬어 만든, 두껍고 품질이 좋은 도련저주지擣錬楮注紙, 과거 시험 답지答紙인 시권試券으로 쓰는 양질의 대호지大好紙, 황마黃麻를 섞어 만든 흰 백면지白綿紙, 대호지보다 품질이 낮고 크기가 작은 소호지小好紙
한양가漢陽歌 (1884)	장지狀紙, 대호지, 설화지, 매우 얇지만 질기고 단단한 죽청지竹清紙, 두께가 매미의 날개처럼 매우 얇은 선익지蟬翼紙, 화초지花草紙, 품질이 썩 좋고 흰 백면지白綿紙, 순창 부근에서 나는 윤이 나고 질긴 상화지霜花紙, 자문지, 도배할 때 먼저 바르는 초도지初塗紙, 임금에게 상소를 올릴 때 쓴 상소지上疏紙, 궁중에서 쓰는 궁전지宮箋紙, 시를 적어 누루마리로 만는 시축에 쓰는 시축지詩軸紙, 여러 개의 마름모꼴이 규칙적으로 연결되어 이루어진 무늬가 인쇄된 능화지菱花紙

죽청지竹淸紙

죽청지에 모사한 영조 어진. 국립고궁박물관 소장.

죽청지는 얇지만 질기고 단단해 조선 시대에 왕비, 왕세자, 왕세자빈 등을 책봉冊封할 때 내리는 교명敎命은 죽청지를 사용했고, 왕의 초상인 어진御眞도 죽청지에 모사했다. 어진의 경우 죽청지를 사용하는 것이 이상적이나 죽청지는 유지油紙보다 폭이 좁아 연폭聯幅으로 사용해야 하므로 흔히 유지를 사용했다고 하지만, 영조 어진의 경우는 유지가 아니라 죽청지를 잇대어 거기에 모사했다. 죽청지는 비문碑文을 작성할 때에도 사용했다. 강세황姜世晃(1713~1791)은 "죽청지는 우리나라 남쪽 고을에서 생산된다. 비문을 쓰는 사람은 반드시 이 종이를 구하는데, 촘촘하고 얇아서 모각模刻하기에 편리하기 때문이다."라고 했다.(『표암유채豹菴遺彩』)

유매먹[유연묵油煙墨]

1

2

3

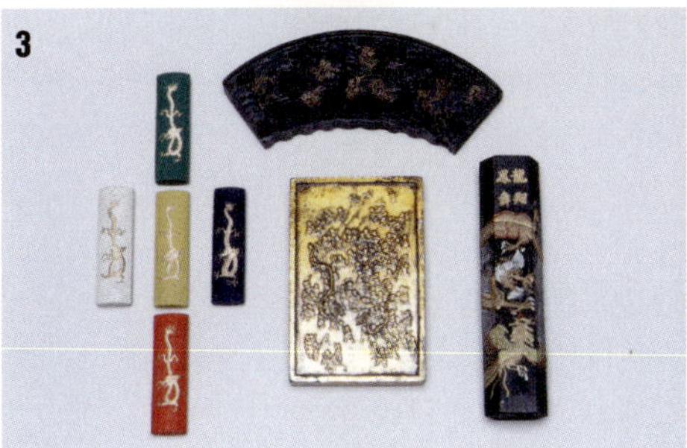

4

1 **유연먹**[油煙墨]. 국립민속박물관 소장.

기름을 태운 그을음으로 만든 먹이다. 기름 중에서도 참기름의 그을음으로 만든 것을 가장 좋은 참먹으로 여겼다. 18세기 이후 19세기 말까지 줄곧 그 유매먹이 대단한 인기를 누렸다. 먹의 주재료인 그을음인 연매煙煤에는 기름을 태울 때 생기는 검은 연기인 유연油煙과 송진을 태울 때 나는 검은 연기인 송연松煙이 있다. 유연은 채소의 씨로 짠 기름인 채종유菜種油, 참깨로 짠 기름인 호마유胡麻油, 콩에서 짜낸 기름인 대두유大豆油, 목화씨에서 짜낸 기름인 면실유棉實油 등 식물성 기름을 심지로 태워 막 구운 접시를 씌워 그 접시에 붙은 그을음을 채취한 것이다. 송연은 그을음의 입자가 유연보다 크고 타는 온도가 높아서 짙은 흑색을 얻을 수 있다.

2 **김준근, 「먹장이」**. 국립민속박물관 소장.

먹 만드는 모습을 그린 그림으로, 두 명의 먹장이가 마주 보고 앉아 있다. 한 명은 그릇에 담긴 먹을 반죽하고 있고, 다른 한 명은 먹틀을 들고 있는데, 바닥에는 먹틀과 상자가 놓여 있다. 먹을 만드는 주재료는 그을음인 연매煙煤, 아교, 향료이다. 아교는 보통 사슴의 뿔이나 소가죽, 어피魚皮 등을 물에 담가 불려서 끓여 졸인 다음 식혀서 굳히고 그것을 얇게 썰어 그늘에서 건조 시킨다. 물에 녹고 접착성이 좋으며 저온에서 굳어지는 성질이 있어 먹 제조에 이용된다. 향료는 아교의 악취를 제거하고 동시에 먹을 갈 때 나오는 향香이 글을 쓰는 사람의 정신을 안정시키는 역할을 한다. 대개 녹나무에서 채취한 용뇌龍腦나 장뇌樟腦를 향로로 쓴다. 먹은 아교와 송연 혹은 유연의 그을음을 이긴 후 거기에 향료를 첨가하여 틀에 넣어 성형, 건조 시키는 과정을 거쳐 만들어진다. 사각형이나 타원형이 많으며, 문양을 새긴 틀을 이용하여 표면을 장식하기도 했고 색깔을 입히기도 했다.

3 **채색먹**. 국립민속박물관 소장.

한 면에 먹 이름을 금박이나 은박으로 쓰고, 다른 쪽에는 여러 색으로 다양한 그림을 그렸다.

4 **무채먹**. 국립민속박물관 소장.

왼쪽에는 '오백근유五百斤油'라는 금 글씨가 써 있는 것으로 보아, 기름 500근을 태워 만든 먹임을 알리고 있다. 오른쪽에는 한글로 '충효먹'이라고 썼다.

오석연烏石硯, 자석연紫石硯, 위원벼룻돌 장식판

1

2

3

1 **남포 오석연**. 국립민속박물관 소장.

『경도잡지』에서 최고의 벼루로 주목한 것은 남포藍浦의 오석연烏石硯이다. 벼루에 특히 관심이 많았던 유득공은 "충청도 보령의 남포에서 나온 벼룻돌을 최고로, 안동의 마간석馬肝石(빛깔이 말의 간처럼 붉은 돌)을 최하로 평가했다. 남포 벼룻돌은 최고의 명품으로 공인된 단계연端溪硯(중국 광동성 단계에서 나는 단계석端溪石으로 만든 벼루. 돌의 질이 단단하며 치밀하고 무겁다. 자주색과 검자주색의 것을 가장 좋은 것으로 침), 흡연歙硯(중국 강서성에서 나는 벼루로 중국 4대 벼루 중 하나)에도 뒤지지 않는다"고 했다. 조선 후기의 고증학자인 성해응成海應(1760~1839) 역시 "내가 어릴 적부터 벼루 모으기를 좋아해 좋은 벼루를 많이 모았는데, 우리나라 것으로는 남포에서 나는 것을 따를 것이 없다"(『연경재전집研經齋全集』)고 극찬했다. 남포연에 대해서는 서유구徐有榘(1764~1845)의 다음 전언이 참고된다. "남포석은 금사문金絲紋이 가장 으뜸이고, 은사문銀絲紋이 그 다음이며, 화초문花草紋이 그 다음이다. 단단하고 매끄러워 먹에 거스리지 않으며 껄끄러워도 먹에 엉기지 않으면 좋은 것이다. 대개 돌의 다듬음이 단단하면 먹의 색이 맑다. 오직 맑고 윤기가 있고 곱고 반질반질한 것이 먹과 더불어 서로 이득이 된다. 지금 거리의 가게, 촌의 서당에서 쓰는 것이 모두 남포산 벼루이나 사람들이 심히 귀한 줄을 모른다. (…) 남포연은 풍천주豐川府에서 나오는 것은 강하고 매끄러우며 자색紫色은 희귀하다. (…) 남포현 성주산聖住山 아래 석갱石坑(암석에 판 구멍)이 있는데, 그중 화초석花草石이 금색으로서 스스로 화초의 문양을 이루며 온윤溫潤(따뜻하고 인정미가 있음)하고 먹이 잘 갈린다."(『임원경제지林園經濟志』「동국연품東國硯品」)

2 **위원 자석연**. 국립민속박물관 소장.

유득공이 『경도잡지』를 지을 당시에는 위원渭原의 자석연紫石硯이 특히 인기 있었다. 위원은 평안북도 위원군에 속한 면으로, 압록강 중류의 굴곡 지대에 있다. '자석'이란 글자 그대로 자줏빛이 나는 돌을 말한다. 이 자석연 중 푸른빛 나는 것은 흡석연을 닮았고, 붉은빛 나는 것은 단계석을 닮았으나, 돌결이 좀 거칠다. 좋은 위원석은 물속에 쌓여 있기 때문에 여러 사람을 동원해야 얻을 수 있다.

3 **위원벼룻돌 장식판**. 국립민속박물관 소장.

평안북도 위원군 위원강에서 채석되는 자색紫色의 돌인 위원석渭元石으로 만든 장식판이다. 자색과 청색이 층을 이루며 엇갈려 있고, 뱀 두 마리가 꼬여있는 문양이 양각陽刻되어 있다.

묵호墨壺와 연적硯滴

1

2

3

4

1 **청자 원숭이 모양 먹항아리**[청자원형묵호靑磁猿形墨壺]. 국립중앙박물관 소장.
먹물을 담아두던 먹통인 묵호로, 고려 시대인 12세기 무렵에 만들어졌다..

2 **꽃 새 무늬 육각형 놋쇠 먹통**[진유제선각화조문육각묵통眞鍮製線刻花鳥文六角墨筒]. 국립중앙박물관 소장.
놋쇠로 만든 육각형의 먹통이다. 뚜껑에 고리를 달아 열기에 편리하도록 하였으며, 먹물을 담는 먹통 양 가장자리에는 통모양의 작은 구멍을 만들고 구멍을 이용하여 실을 매달아 들고 다니기 편리하게 하였다. 먹통의 몸통에는 꽃과 새무늬를 새겼다.

3 **백자 청화 동채 두꺼비모양 연적**[백자청화동채섬형연적白磁靑畵銅彩蟾形硯滴]. 국립중앙박물관 소장.
연적은 적절한 양의 물을 담아 먹을 갈거나 채색할 때 부어 주는 도구이다. 조선 후기의 연적 중에는 두꺼비 모양을 한 연적이 있다. 이 두꺼비 연적에는 살가죽에 사마귀처럼 우툴두툴한 돌기가 솟아 있는 두꺼비의 특징들이 간략하면서도 빠짐없이 표현되어 있다. 피부의 거친 돌기는 작은 꽃모양 점으로 귀엽게 양각하였고, 몸 전체에 붉은빛 구리 안료를 입혀 마치 살아있는 듯한 느낌을 표현하였다. '청화靑畵'는 푸른 물감의 하나로 복숭아꽃 빛깔과 섞어 나뭇잎과 풀을 그리는 데 많이 쓴다. '동채銅彩'는 구리 안료로 색을 칠하거나 그림을 그린 것을 말한다.

4 **백자 청화 복숭아 모양 연적**[백자청화도형연적白磁靑畵桃形硯滴]. 국립중앙박물관 소장.
나뭇가지 위에 놓인 복숭아를 형상화한 백자 연적이다. 물이 나오는 부분은 굵은 나무줄기로 형상화하고, 가지로부터 올라온 잎이 동체부를 감싸고 있다. 줄기, 잎, 복숭아 열매 끝부분은 청화 안료로 채색했다.

붓걸이, 휴대용 묵호와 붓

1
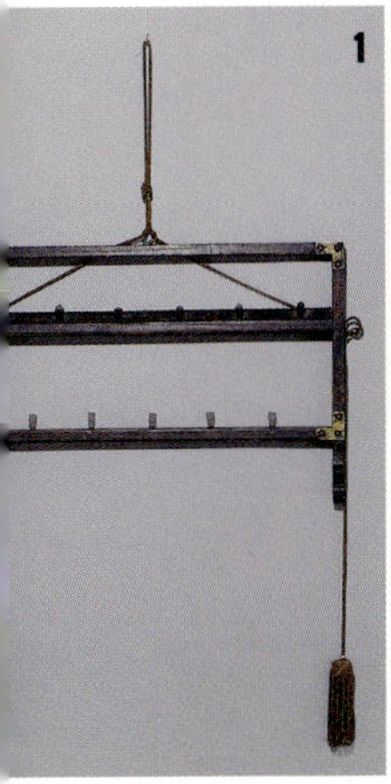
2

3

4

1 **붓걸이**. 국립민속박물관 소장.
붓걸이는 붓을 걸어 놓는 도구이다. 이것은 끈목이 달린 벽걸이용 붓걸이다.

2 **붓걸이**. 국립민속박물관 소장.
정교하게 장식한, 바닥에 놓고 쓰는 붓걸이로, 붓을 거는 부분이 돌아가게 만들었다.

3 **휴대용 묵호와 붓**. 국립중앙박물관 소장.
선비들은 걷거나 말을 타고 여행을 즐겼다. 간혹 걷기 힘든 곳이나 험준한 산으로 유람을 갈 때는 남여藍輿라는 덮개 없는 가마를 사용하기도 했다. 선비들의 여행에서 빼놓을 수 없는 것은 역시 책과 문방구류였다. 휴대가 간편한 여행용 책들과 함께 먹통, 붓, 작은 벼루, 종이 등을 몸에 지니고 다니면서 시도 짓고, 편지도 쓰고 그림도 그리며 여행 기록을 남겼다.

4 **휴대용 묵호와 붓**. 국립중앙박물관 소장.

벼루의 세부 명칭

1 **벼루**. 국립민속박물관 소장.

2 **벼루**. 국립중앙박물관 소장.

벼루는 먹이 갈리는 연면硯面과 물이 괴는 연지硯池로 크게 나누어지며, 이 밖에 각기 부분적으로 다양하게 부르는 이름들이 있다. 예를 들면 먹이 갈리는 곳을 연면硯面, 묵당墨堂, 연당硯堂이라 하고, 물이 괴는 연지硯池는 흔히 물집이라는 말을 쓰지만, 연홍硯泓, 연심硯心, 묵지墨池 등으로도 부른다.

— 화훼花卉, 꽃과 나무 —

화초를 가꾸는 데에 왜倭의 소철蘇鐵과 종려棕櫚 그리고 북경의 추해당秋海棠을 능숙하게 다루는 것을 높이 평가한다.

매화는 녹악매綠萼梅와 도수매倒垂梅 등 등걸이 자연스러운 것을 높이 친다.

국화에는 홍학령紅鶴翎, 황학령黃鶴翎, 백학령白鶴翎의 삼학령三鶴翎과 금원황禁苑黃과 취양비醉楊妃 등의 이름, 그리고 오홍烏紅, 대설백大雪白, 소설백小雪白 등 여러 품종이 있다.

養花卉能致倭蘇鐵棕櫚燕中秋海棠爲貴. 梅以綠萼倒垂自然槎爲佳. 菊有紅黃白三鶴翎禁苑黃醉楊妃之號, 又有烏紅大小雪白諸品.

화훼花卉 감상

정선, 「독서여가讀書餘暇」, **『경교명승첩**京郊名勝帖』. 간송미술관 소장.

어느 여름날 사방관四方冠을 쓰고 부채를 든 선비가 사랑채에서 책을 읽은 여가에 툇마루로 나와 마당에 놓인 화분을 보면서 한가롭게 생각에 잠겨 있다. 당시 서울 상류층의 화훼 열풍을 짐작할 수 있게 한다. 열어젖힌 결문 밖에는 오래된 향나무의 뒤틀린 굵은 둥치가 멋들어지게 그려져 있다. 이 그림은 정선이 50대 초반 북악산 아래 유랑동幽蘭洞에서 생활하던 모습을 그린 자화상이라는 견해도 있다. 작은 것은 난이고 큰 것은 작약인 듯한데, 작약이 활짝 핀 것을 보니 오뉴월 여름인 것 같다. 그런데 그 선비의 눈초리랄까 시선이 예사롭지 않다. 책을 물리고 휴식 차 난과 작약을 그저 바라보고 있는 것 같지만은 않고 난과 작약을 공을 들여 가꾸고 있는 것이 분명해 보인다. 작약과 난초가 심겨 있는 화분도 예사롭지 않다. 화분 받침대 역시 마찬가지다. 당시 지식인들 사회에서 화훼花卉 붐이 대단했다는 사실을 유추하기에 충분하다.

소철蘇鐵

1

2

1 **소철**. 언스플래쉬.

죽은 나무에 쇠못을 치면 다시 살아나므로 소철이라 부른다는 이야기가 전한다. 그 "성품이 건조한 것을 좋아하고 습기를 싫어하므로 시들려고 하면 뽑아서 지붕 위에 올려놓고 쇠못[철정鐵釘]을 그 껍질에 박아두면 다시 살아나니, 그 물성物性이 매우 괴이하다. 소철이라 이름을 붙인 것도 쇠로써 소생시킬 수 있기 때문"(『동사록東槎錄』)이라는 것이다. 달리 철초鐵蕉라고도 부르는 이유이다. 소철은 잎사귀가 크며 가늘게 찢어져서 보기에 매우 기이하여 인기가 많았다. 성질이 괴이하고 기르기도 힘든 소철을 굳이 키우려 한 이유는 무엇이었을까? 더욱이 값이 비싸서 유력자가 아니면 완상하는 것이 불가능하였음에도 어떻게 소철처럼 희귀하거나 화려한, 그리고 고가의 화훼가 구매력과 소비 욕구가 확인된 수요처로 바로 공급될 수 있었을까? 물론 이국 취향이 강하게 작용했을 테지만, 줄기가 곁가지가 없이 바로 올라가고, 뿌리가 얽히지 않고 곧게 뻗어가며, 잎이 꼭대기에서 나와 일산[산繖]처럼 사방으로 퍼지는 그 기이한 모습, 특히나 그 잎이 봉의 꼬리 같아서 감상할 만했기 때문이었을 것이다. 그래서 소철을 봉황의 꼬리와 같다고 해서 봉미초鳳尾蕉라고도 했는데, '초蕉'라고 한 것은 파초의 잎을 닮아서이다. 파초는 양반들이 대단히 사랑한 화초 중 하나였다.

2 **김홍도, 「취후간화醉後看花」**. 국립중앙박물관 소장.

'술에 취한 후에 꽃을 바라본다'는 의미의 이 그림에서 오른쪽 아래에 소철이 보인다. 소철은 열대식물이고 거의 꽃을 피우지 않는 나무여서, 선가禪家에서는 그것을 무심無心 혹은 무작無作에 비유하여 사려와 분별을 단절하는 수행의 본으로 삼는다고 한다. 이렇게 볼 때, 황현黃玹(1855~1910)이 "그루마다 봄바람에 철수 꽃 피었네"(『매천집梅泉集』)라고 감탄한 것은 이해할 만하다. '철수鐵樹'는 소철을 말하는데, 대개 '철수개화鐵樹開花'라고 하면 보기가 쉽지 않은, 아주 드물게 나타나는 현상을 비유하는 말로 쓰인다. 그래서 우리나라 문인들의 시문에서 '철수개화'는 보통 장수長壽를 비유하는 말로 인용되곤 했다.

종려棕櫚

1

2

1 **종려나무.** 픽사베이.

그 기이한 모양새 덕분에 인기가 많았다. 야자나무과에 속하는 종려는 일본 규슈 지방이 원산지여서 일본산 종려라는 뜻으로 왜종려倭棕櫚라 부르기도 했다. 종려나무는 뿌리 크기가 파초와 같으며, 더부룩하게 털이 덮였으므로, 그것으로 짜서 자리를 만들고 또 비를 만들기에 편리하며, 잎사귀는 접은 부채를 차차 펴는 모양과 같다고 했다. 종려는 서울에서 기르기가 좀 어려웠던 것 같다. "영남 군영에 종려나무 한 그루가 있는데, 높이가 몇 길이 되고 잎이 우산처럼 넓어 시원한 그늘이 즐길 만하였으니, 마땅한 토양을 얻었기 때문이었다. 장수將帥로 있던 자가 서울에 가지고 와서 옮겨 심었는데, 몇 년 동안 재배하였으나 끝내 고사枯死하였으므로, 보는 사람들이 아깝게 여겼다."(『임하필기林下筆記』)

2 **작가미상, 「군현도群賢圖」.** 국립중앙박물관 소장.

종려나무 아래에서 여러 현인들이 앉아 즐기고 있는 차를 마시고, 악기를 연주하며, 글을 읽고 있다. 참고로 그림에는 '단원檀園'이라는 글자가 쓰여 있어 김홍도의 작으로 보이는데, 국립중앙박물관의 설명에는 '작가미상'으로 되어 있다.

추해당秋海棠

1 **추해당**秋海棠. 픽사베이.

요즘 흔히 해당과海棠科의 꽃은 모두 '베고니아'라고 말하는데, 추해당은 그중에서도 목베고니아다. 8월에 꽃이 피어서 '팔월춘八月春'이라고도 하지만, "옛날에는 부인이 님을 사모하면서 항상 북쪽 담장 아래에서 눈물을 흘렸다. 뒤에 눈물을 흘린 곳에서 풀이 자랐는데 그 꽃이 매우 아름다워 단장화斷腸花라 불렀다"(『임하필기林下筆記』)라는 전설이 더욱 애틋하다. '단장斷腸'이란 몹시 슬퍼서 창자가 끊어지는 듯하다는 말이다. "모양이 금봉화金鳳花 같고, 색깔은 붉은색으로 사랑스러운"(『백운필白雲筆』) 추해당은 "그 성질이 음습陰濕한 데를 좋아하여 일광日光을 보면 시들며, 깨끗한 것을 기뻐하므로 결코 더러운 비료를 주어서는 안 된다. (…) 서리가 내린 뒤에 그 뿌리를 캐서 얼지 않게 간직했다가 2월에 심으면 더 좋다. (…) 꽃만이 아름다운 것이 아니라 잎사귀가 한층 더 곱고 아름다우니 꽃과 잎의 자태가 모두 여리고 고운 아름다움을 자랑한다."(『화하만필花下漫筆』) 곱고 아름다운 대신 손이 많이 가서 세심하게 다루어야만 했다.

2 **신명연**申命衍(1809~1886), 「**산수화훼도**山水花卉圖」. 국립중앙박물관 소장.

매화

1

2

1 **조희룡,** 「**홍백매화도**紅白梅花圖」(8폭병풍). 국립중앙박물관 소장.

아담한 풍치와 높은 절개라는 의미의 '아치고절雅致高絶'이니 얼음같이 맑고 깨끗한 살결과 아름다운 자질이라는 뜻의 '빙자옥질氷姿玉質'이니 하는 데에서 보듯이, 사군자四君子 중의 으뜸인 매화는 대개 어떤 격식도 규범도 없이 자연스럽게 뻗어나가는 선을 높이 쳐준다. "(매화는) 비스듬히 기울어 여윈 것과 늙은 가지가 기이하게 생긴 것을 귀하게 여겼다."(『양화소록養花小錄』) "운치가 있고 격이 높은 고로 비스듬히 빗긴 가지에 거꾸로 피어 늙은 가지는 길고 짧고 가지런하지 않고 어린 가지가 곧게 올라가 향기가 사람에게 끼치면 가품佳品"(『규합총서閨閤叢書』)으로 여겼던 것이다. 같은 매화라도 특이한 품종과 양태에 각별한 관심을 가지고 있음을 알 수 있다.

2 **전기**田琦(1825~1854), 「**매화초옥도**梅花草屋圖」. 국립중앙박물관 소장.

눈 덮인 흰 산, 잔뜩 찌푸린 하늘, 눈송이 같은 매화, 인물의 알록달록한 옷 등이 잘 어울려 조화롭고 산뜻한 분위기를 자아낸다. 매화를 짙은 먹으로 줄기와 가지를 이어 그리고 흰색 호분점을 찍어 꽃을 그리는 방식으로 표현했다. 담묵의 붓질로 부드럽게 산에 명암을 넣듯 준법을 썼고, 청록색을 덧칠한 태점을 세워 그린 점이 독특하다. 참고로 '호분점胡粉點'은 '호분'으로 점을 찍었다는 말이다. 호분은 얼굴빛을 곱게 하기 위하여 얼굴에 바르는 화장품의 하나로 주로 밝은 살구색이나 흰색의 가루로 되어 있으나 고체나 액체 형태로 된 것도 있다. 그리고 '태점苔點'은 바위나 나무에 난 이끼를 표현하기 위해 찍는 작은 점을 말한다.

녹악매綠萼梅

1 **녹악매**綠萼梅. 직접 촬영.

'악록매萼綠梅'라고도 하는 '녹악매綠萼梅'는, "모든 매화의 꽃받침과 꼭지는 붉은 자주색인데, 이 녹악매만이 순녹색이고 가지와 줄기도 청색이다."(『양화소록養花小錄』) '녹영매綠英梅'라는 이름이 과하지 않다.

2 「**태평성시도**太平城市圖」(부분). 국립중앙박물관 소장.

괴석怪石(궁궐이나 별서別墅 등의 원림園林을 조성하고 꾸미는 데 사용하고, 받침돌 위에 놓기도 함)과 함께 식재한 매화 화분을 구매자에게 배달하는 장면이다.

도수매倒垂梅

도수매. 픽사베이.

도수매는 도심매倒心梅, 수양매垂楊梅, 능수매라고도 하는데, 능수버들처럼 가지가 거꾸로 드리운 것이 특색이다. "매화에 도심倒心이란 이름을 가진 게 있는데, 꽃이 모두 거꾸로 드리운다. 일찍이 보지는 못했으나, 아마 절품絶品이리라. 두시杜詩에 '강가에 한 그루 매화 드리워 피었는데[江邊一樹垂垂發] / 세월은 덧없이 사람의 흰머리만 재촉하는구나[朝夕催人自白頭]'라고 하였으니, 이는 곧 이런 매화를 가리킨 듯하다. 이황李滉이 「도산에서 매화를 찾는다[陶山訪梅]」라는 제목으로 지은 한 절구絶句에도 '한 봉오리만 등진다 해도 오히려 의심할 만한데[一花纔背尙堪猜] / 어찌하여 드리우고 드리워 다 거꾸로 피었느냐[胡垂垂盡倒開] / 나는 이런 것을 힘입어 꽃 밑에 앉아서 보니[賴是我從花下看] / 머리를 들 때마다 한 송이 한 송이 마음에 비춰오네[昂頭一一見心來]'라 하고, '이는 중엽매重葉梅이다.'라는 주를 달았다, 중엽重葉이면서 도심倒心이었으니, 더욱 대단히 신기하고 기이한 것이다."(『성호사설星湖僿說』)

황학령黃鶴翎, 백학령白鶴翎, 홍학령紅鶴翎

1 신윤복, 『건곤일회도첩乾坤一會圖帖』.
공유마당 : https://gongu.copyright.or.kr/gongu/wrt/wrt/view.do?wrtSn=13362694&menuNo=200018

국화는 사대부가 극진히 사랑한 꽃이다. "국화가 여러 꽃 중에서 특히 뛰어난 점은 네 가지가 있다. 느지막이 꽃을 피우는 것이 그 하나요, 꽃이 오래도록 견디는 것이 그 하나요, 향기를 뿜는 것이 그 하나요, 고우면서도 화려하지 않고 깨끗하면서도 차지 않은 것이 그 하나다."(『다산시문집茶山詩文集』) "자연에 묻혀 사는 호사가들은 국화를 군자에 비견하곤 한다. 그들의 설명에 따르면 계절이 바뀌어 초목이 시들게 될 때 홀로 찬란하게 피어나 바람과 이슬을 꿋꿋하게 견디니 산인山人과 일사逸士의 절개에 견줄 만하다. 적막하고 춥더라도 도를 즐기는 넉넉함은 그 즐거움을 바꾸지 않는다."(『양화소록養花小錄』) 국화에 오상고절傲霜孤節, 곧 서릿발이 심한 속에서도 굴하지 아니하고 외로이 지키는 절개라는 명예를 붙여줄 만하다. 그런데 18세기가 되면 국화는 보다 전문적으로 재배하게 되고 고가에 팔리는 상품이 된다. "근래 서울에서 화분에다가 국화를 심는 일이 매우 성행"(『노사집蘆沙集』)하여 웬만한 집이라면 국화 화분 몇 개씩은 놓고 살았다. 김정희는 국화의 품종이 163종이나 된다고 했다. 기존에 없던 품종을 만들어내거나 중국에서 대거 들여왔고 '백운타白雲朶' 등 일본에서 흘러들어온 것들도 있었다. 정약용은 제자인 황상에게 국화를 기르려면 적어도 48종은 되어야 한다고도 했다. 이렇게 되니 그중에서도 어떤 국화가 제일이냐는 등급 매기기가 자연스레 제기되었다. 김정희金正喜(1786~1856)는 163종의 국화 중에서 으뜸으로 학령鶴翎을 들었고, 심능숙沈能淑(1782~1840)은 삼학三鶴을 높게 치는데 그중에서도 백학령을 으뜸으로 여긴다고 했으며, 기정진奇正鎭(1798~1879)도 백학령이 더욱 인기가 많다고 했다. 제시한 그림에서는 양반이 앉아 있는 방으로 기녀妓女가 들어가고 있고, 방 앞에는 당시 유행했던 노란 국화인 황학령黃鶴翎 화분이 놓여 있다. 그림으로 제시하지는 못했지만, 김홍도의 『풍속도병風俗圖屛』 중 「만절쟁경晩節爭卿」(프랑스 기메박물관 소장)을 보면, 어느 양반집 마당에서 양반들이 승경도陞卿圖 놀이를 하고 있는데, 그 곁에는 노랗고 빨간 국화가 화분 세 개가 놓여 있다. 당시 국화 애호의 정도를 잘 알 수 있다.

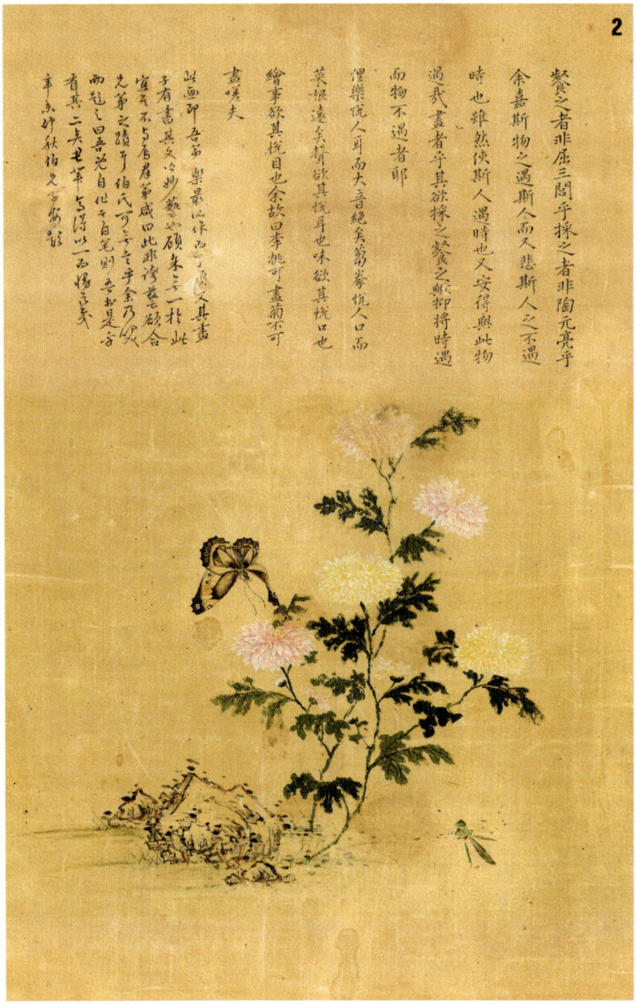

2 **홍낙최**洪樂最(1735~1757), 「**국접도**菊蝶圖」. 국립중앙박물관 소장.

이 그림의 화제와 발문은 각각 다음과 같다. "(국화를) 먹은 것은 굴원屈原이 아니었던가. (국화를) 캔 것은 도잠陶潛이 아니었던가. 나는 이들이 국화와 만난 것을 기뻐하나, 또 이들이 때를 만나지 못했음을 슬퍼하노라. 그렇다 하더라도, 이들이 가령 때를 만났더라면 또 어찌 국화를 만날 수 있었겠는가. 그림을 그린 이는 어쩌면 국화를 캐고 맛보고 싶어 하는 것일까? 아니면 장차 때를 만나 국화를 만날 수 없게 될 것인가? 세속의 음악은 귀를 즐겁게 하나, 진정 큰 음악[대음大音]은 끊어지고 만다. 갖가지 고기는 입을 즐겁게 하나, 채소 뿌리 나물은 멀리하게 된다. 소리는 귀를 즐겁게 하고, 맛은 입을 즐겁게 하며, 그림은 눈을 즐겁게 한다. 그러므로 내가 말하기를, 오얏꽃과 복사꽃은 그릴 만하나, 국화는 그리기 어려우니, 안타깝구나!" "이 그림은 내 동생 낙최가 그린 것으로 자순子順 홍낙명洪樂命이 화제를 짓고 자유子有 홍낙삼洪樂三이 글씨를 썼는데, 교묘한 솜씨가 있다. 돌이켜 보면, 나는 이 (솜씨) 가운데 하나도 지닌 바가 없어 마땅히 함께 참여하지 않았다. 여러 동생이 모두 말하기를, '이것은 재주를 뽐내기 위함이 아니라 형제의 자취를 모으기 위함일 뿐입니다. 맏형께서 어찌 말씀이 없을 수가 있겠습니까.' 나는 이에 숨을 들이쉬고 쓰기를, '내가 깊이 생각하여 즉흥으로 썼으니[백필白筆], 이제야 그 둘(글짓기와 글씨)을 갖추었다. 너희는 그중 한 가지씩만 높은 수준을 얻었으니, 속이 타지는 않는지?' 신미년(1751) 음력 8월, 맏형 자안子安 홍낙성洪樂性이 쓰다."

국화도菊花圖와 분재상盆栽商

1 **김홍도, 「국화도菊花圖」**. 국립중앙박물관 소장.
국화는 꽃들이 다투어 피는 봄과 여름을 지나 늦가을 서리를 맞으며 홀로 피어난다. 이러한 모습에서 국화는 절개를 지키며 속세를 떠나 고고하게 살아가는 은자隱者에 즐겨 비유되었다. 김홍도는 담백한 먹과 채색으로 계절감이 느껴지는 국화의 모습을 서정적으로 묘사했다. 화면 가운데 탐스럽게 핀 황국黃菊과 백국白菊을 그린 먹과 담채의 농담을 미묘하게 조절하여 가을의 소슬한 분위기를 잘 살렸다.

2 **「태평성시도太平盛市圖」**(부분). 국립중앙박물관 소장.
분재상이 다양한 화초를 팔고 있고, 배달꾼들은 부지런히 화분을 구매자에게 실어나르고 있다. 18세기 이후 화훼에 관심이 많아지면서 자연스레 화훼 수요가 늘어났다. 수요가 늘어나면 공급도 늘어나게 마련이다. 진귀한 풀, 꽃, 나무 등이 상품으로 유통되기 시작했고, 그것을 파는 상인이 대거 등장하게 되었다. "필운대 아래 누각동 및 도화동 청풍계 등지에 혹 아전으로 늙은 사람 가운데 한가롭고 또 가난한 사람이 있어, 꽃에 종사하는 이가 많다. 이미 그 낙을 붙이고, 그것으로 생계를 삼는다." 이들 화훼상花卉商은 "매화를 기이한 등치에 접붙인 것, 국화를 삼색 모두 하나의 화분에 키운 것, 석류를 높이 키워 번성하게 열매 맺게 한 것, 분재한 대나무, 분재한 소나무, 분재한 복숭아나무 등의 종류를 왕왕 내놓고 팔기도 하는데, 값 또한 심히 높지 않다. 농백, 치자, 영산홍, 백일홍, 종려, 왜철쭉, 유자 같은 종류는 남방의 사람들이 어깨에 메고 등짐으로 져서 배로 운송하여 권귀가權貴家의 문전에 대어주니, 장시에서 얻을 수 있는 것이 아니다."(『백운필白雲筆』)

발합鵓鴿, 집비둘기

집에서 기르는 비둘기는 여덟 종류가 있다. 첫째는 온몸이 흰 전백全白이고, 둘째는 몸이 희고 꼬리는 검으며 머리에 검은 점이 있는 점오點烏이며, 셋째는 몸이 붉고 꼬리가 흰 자단紫丹이고, 넷째는 몸이 희고 머리와 목이 검은 흑허두黑虛頭이며, 다섯째는 몸이 희고 머리와 목이 자줏빛인 자허두紫虛頭, 여섯째는 몸이 희고 목이 붉으며 날개 끝에 두 줄의 붉은 점이 있는 천앙백天仰白이고, 일곱째는 몸은 검고 꼬리가 흰 흑층黑層이며, 여덟째는 갈색의 날개 끝에 두 줄의 금색 점이 있는 승僧이다.

養鵓鴿有八目之稱. 其一全身白曰全白, 其二身白尾黑頭戴黑點曰點烏, 其三身赤尾白曰紫丹, 其四身白頭頸黑曰黑虛頭, 其五身白頭頸紫曰紫虛頭, 其六身白頸赤翎端有二層赤點曰天仰白, 其七身黑尾白曰黑層, 其八褐色翎端有二層金色點曰僧.

자단紫丹과 전백全白

작자미상, 「쌍구도雙鳩圖」. 국립고궁박물관 소장.

온몸이 흰 전백全白과 몸이 붉고 꼬리가 흰 자단紫丹이 보인다.(채색이 아니어서 정확하게 묘사되지 않았지만, “ᄌᆞ단”라고 분명히 적었다.) 참고로 『오주연문장전산고五洲衍文長箋散稿』에서 보듯이 ‘구鳩’는 산비둘기라 하고, ‘합鴿’은 집비둘기라 했다. “산비둘기를 ‘구鳩’라 하고 집비둘기를 ‘합鴿’이라 하여 구분한 것은 『금경禽經』에 자세히 보인다.(山鳩家鴿之別, 相見禽經)” 그런데 이 그림에서 집비둘기를 언급하면서 ‘구鳩’라 했는데, ‘구鳩’는 『훈몽자회訓蒙字會』에서 보듯이, 비둘기의 총칭으로 쓰이기도 한다. “鳩 비두리 구 摠稱”

오늘날 대표적인 비둘기

1 **집비둘기**. 국립생물자원관 소장.

우리 나라에서 집비둘기라고 부르는 것은 1527년 『훈몽자회訓蒙字會』와 1596년 『동의보감東醫寶鑑』에서 발견되며 발합鵓鴿이라고도 불렀다. 여러 종류의 집비둘기에 관한 정보를 담은 유득공의 『발합경鵓鴿經』은 집비둘기의 명칭, 종류, 외형, 습성 등에 대해 상세하게 설명하고 있다. 집비둘기의 상품으로는 점오點烏, 전백全白, 전항백纏項白, 자단紫段, 검은층黔隱層, 자허두紫虛頭, 흑허두黑虛頭 등 여덟 종류를, 하품 잡종으로는 실점오實點烏, 자점오紫點烏, 다대점오多臺點烏, 흑허미黑虛尾, 자허미紫虛尾, 흑승黑僧, 고달전항백古達纏項白, 자어농紫魚濃, 가야어농加治魚濃, 자관자子貫子, 흑관자黑貫子, 자휘항子揮項, 흑휘항黑揮項, 덕거마德去摩 등 열다섯 종을 들고 있다. 이로 보면 『경도잡지』에서 소개하고 있는 품종은 주로 상품上品에 해당하는 것들임을 알 수 있다.

2 **멧[산]비둘기**. 픽사베이.

매우 흔한 텃새로, 보통의 집비둘기와 달리 무리지어 다니지 않는다. 한 번에 1~2마리의 새끼를 키운다. 수평으로 날 때 날개를 뒤로 젖히고 주기적으로 퍼덕이며 날아간다. 도시에서 사는 비둘기와는 다르게 멧비둘기는 원래 한국에서 서식하던 텃새다. 도시 외곽이나 동네 뒷산에서도 드물지 않게 볼 수 있는 비둘기다. 도시에서 사는 비둘기들과 달리 꽤나 날렵하고 사람을 경계한다. 다만 닭둘기화, 곧 닭처럼 잘 날지도 않고 두 다리로 걸어다니면서 사람이 주는 것만 주워 먹는 멧비둘기도 심심찮게 볼 수 있는데, 이들은 사람을 그다지 신경 쓰지 않는다.

3 **양비둘기.** 픽사베이.

바위비둘기의 친척종이다. 이들은 한반도 및 그 주변지역인 연해주, 중국, 시베리아, 몽골, 타지키스탄, 티베트 중부, 히말라야, 아프카니스탄, 투르크메니스탄 등에 분포하고 있다. 우리나라에서는 매우 희귀한 텃새이다. 원래 흔한 텃새였으나 외래종인 집비둘기의 유입으로 인해 번식지 경쟁에서 밀려나고 여러 잡종들의 탄생으로 인해 매우 희귀해졌다. 머리, 얼굴, 턱밑은 짙은 회색이고 뒷목과 가슴은 광택이 있는 녹색이다. 어깨, 날개덮깃, 가슴 아랫부분은 회색이다. 허리는 순백색이고 날개에는 두 줄의 폭넓은 검은색 띠가 있고, 꼬리 끝에는 흰색 무늬가 뚜렷이 있다. 부리는 검고 눈은 적색, 눈동자는 검은색이며 다리는 붉다.

4 **바위비둘기.** 픽사베이.

바위비둘기에 대한 가금화家禽化(집에서 기르는 날짐승으로 변함)의 규모로 미뤄볼 때, 바위비둘기가 분포하는 넓은 지역에서 유전적 순수성이 남아있다고 보기에는 무리가 있다. 회색 머리에 가슴과 목에는 붉고 푸른색의 광택이 있으며 다리는 붉은 색이다. 새끼의 눈은 검지만 크면서 붉은색 또는 주황색으로 변한다. 검은색 부리에 하얀색 콧잔등을 가지고 있는데, 이 콧잔등은 피부 조직이 부풀어 오른 것으로 다른 조류의 부리에 난 밀랍질 부분과는 구조적으로 다르다. 비둘기의 콧구멍은 이 콧잔등 사이로 비스듬히 위치해 있다.

민화 속 비둘기들

1 「화조도8폭병풍花鳥圖八幅屛風」. 국립민속박물관 소장.

2 「화조도8폭병풍花鳥圖八幅屛風」. 국립민속박물관 소장.

3 「화조도6폭병풍花鳥圖六幅屛風」. 국립민속박물관 소장.

4 「**화조도8폭병풍**花鳥圖八幅屛風」. 국립민속박물관 소장.

5 「**문자도**文字圖」. 국립민속박물관 소장.

이 그림은 7폭 편화片畵(낱장 그림) 중 두 번째 글자인 '제悌' 자에 비둘기가 그려져 있다. 그림 위 왼쪽에 '발합화명鵓鴿和鳴'이라고 씌어져 있는데, 이는 집비둘기가 화답해 지저귀듯이 서로 공경하라는 뜻을 담았다. 참고로 비둘기의 성질 중 가장 잘 알려진 것은 "정해진 짝이 있어 무리 지어 살아도 잡란雜亂(뒤섞여 어지러움)하지 않는다. 떨어지거나 죽는 경우가 아니면 짝을 바꾸는 법이 없다"는 점이다. 그러나 "곁에 암컷이 있으면 오래도록 서성이며 떠나지 못한다. 암수가 서로 혀를 빠는 까닭에 비둘기의 성품을 음란하다"(『발합경鵓鴿經』)고도 말한다.

6 「**태평성시도**太平城市圖」(제1폭 부분). 국립중앙박물관 소장.

비둘기집인 용대장龍隊藏이 보인다. 비둘기 집을 '장藏'이라 하는데, 심지어는 여덟 칸짜리인 것도 있다. 그것을 용대장이라 한다. "서울의 호사가들은 새장 기둥 위에 산 모양을 새겨 넣고 나무와 풀 그림을 그리고는 동銅으로 된 철사로 망을 만들어서 한 조롱鳥籠(새장)의 값이 많게는 수천 전錢에 이르렀다." 거기에 비둘기, 특히 진귀한 비둘기를 채우려면 돈이 만만치 않게 들었을 것이다. "작은 몸집에 순백색으로 이마에는 검은 화점花點 하나가 있는 점모點毛가 제일 비싸서 한 쌍에 백 문文[1문은 10전이니, 백문은 1,000전이다. 참고로, 정조 때 공물로 바치는 녹용 한 대의 값이 거의 200문文에 가깝다고 했다.]을 넘기도 하였나"(『백운필白雲筆』)고 하니, 보통의 재력으로는 애당초 엄두도 내지 못했을 것이다. 서울 양반들은 누가 더 비싼 비둘기를 많이 사들이냐를 놓고 경쟁했다. 여덟 칸 용대장에 앞에서 말한 "여덟 종의 상품 비둘기를 모아서 각각의 방에 들여놓는 것을 다투어 좋아했다."(『발합경鵓鴿經』)

— 유상遊賞, 유람과 순성巡城 —

필운대弼雲臺의 살구꽃, 북둔北屯의 복사꽃, 흥인문興仁門 밖의 버들, 천연정天然亭의 연꽃, 삼청동三淸洞 탕춘대蕩春臺의 물과 돌은 술과 시를 즐기는 이들이 즐겨 찾는 풍경이다.

한양도성의 둘레는 40리인데, 하루 동안 여기저기 돌아다니면서 성 안팎의 꽃과 버들을 감상하는 것을 최고로 친다. 꼭두새벽에 오르기 시작하면 저녁 종을 칠 때쯤이 되어야 마칠 수 있다. 산길이 대단히 험해서 지쳐 떨어져 되돌아가는 이들도 있다.

弼雲臺杏花, 北屯桃花, 興仁門外楊柳, 天然亭荷花, 三淸洞蕩春臺水石, 觴詠者多集于此. 都城周四十里, 一日遍巡周覽城內外花柳者爲勝. 凌晨始登, 昏鍾可畢. 山路絕險, 有委頓而返者.

꽃구경[상화賞花]

김홍도, 「유상독조柳上獨鳥」. 개인소장.

공유마당 : https://gongu.copyright.or.kr/gongu/wrt/wrt/view.do?wrtSn=13216410&menuNo=200018

이 그림은 봄날 새 한 마리가 버드나무 가지 위에 앉아 있는 모양을 그린 것이다. 왼쪽 상단에 “여기필법단원呂紀筆法檀園”이라는 문구가 있는 것으로 보아, 명나라의 화조花鳥 화가 여기呂紀의 필법을 본따 그린 그림임을 알 수 있다. 봄날의 정취를 절묘하게 묘사하고 있다. 조선의 양반들은 철 따라 피는 꽃을 감상하면서 시를 짓고 노래하며 술 마시는 것을 풍류로 여겼다. 관료들은 살구꽃 피는 봄이면 홍도연紅桃宴을, 초여름 장미가 피는 시절에는 장미연薔薇宴을, 한여름 소나무 아래에서는 벽송연碧松宴을 열었고, 문인들은 여러 종류의 상화회賞花會, 곧 꽃놀이 모임을 즐겼다. 서울의 양반들이 즐겨 다닌 꽃놀이 장소는 필운대, 북둔, 홍인문 밖, 천연정, 삼청동 탕춘대 등이었다. 그곳은 각각 살구꽃과 복사꽃, 버들, 연꽃, 그리고 물과 돌로 유명했다. 이 밖에도 양화진 동쪽 언덕에 있는 잠두봉蠶頭峯과 정조가 간혹 들러 시를 남긴 세심대洗心臺는 유상객이 “구름같이 모이고 안개처럼 피어 한 달이 다 가도록 사그라들지 않는”(『열양세시기洌陽歲時記』) 곳이었다. 최남선의 전언에 따르면, 구한말에는 창의문 밖 탕춘대, 숭례문 밖 이태원, 혜화문 밖 성북동 등이 복사꽃과 살구꽃 중심의 경성 화류 대표지가 되었다.(『조선상식』) 봄이면 전국 방방곡곡 어디에서나 복숭아꽃과 살구꽃, 진달래를 흔히 볼 수 있었는데, 그래서 1927년 이원수가 작시하고 홍난파가 곡을 붙인 「고향의 봄」에서 “나의 살던 고향은 꽃 피는 산골 / 복숭아꽃 살구꽃 아기 진달래”라는 노랫말이 모두의 가슴에 깊이 다가왔었다. 참고로 「국도팔영國都八詠」에서 열거한 서울의 명승지와 그 특징은 다음과 같다. 필운화류弼雲花柳(필운대의 봄꽃과 버들), 압구범주狎鷗泛舟(압구정의 뱃놀이), 삼청녹음三淸綠陰(삼청동 여름의 시원한 녹음), 자각관등紫閣觀燈(자하골 창의문에서 내려다보는 초파일 관등놀이), 청계관풍淸溪觀楓(청풍계의 단풍 구경), 반지상련盤池賞蓮(서대문 근방 반송정 서지의 연꽃 구경), 세검빙폭洗劍氷瀑(세검정 계류의 시원한 폭포), 광통제월廣橋霽月(광통교에서 올려보는 비 갠 후 맑은 달). 한편 조선 초기 「한도십영漢都十詠」에서도 서울의 경치 좋은 곳 열 군데가 거명된다. 「한도십영」은 성종의 형인 월산대군月山大君을 비롯하여 강희맹姜希孟, 서거정徐居正, 이승소李承召, 성임成任 등 문신들이 한양의 아름다운 풍경 열 개를 정해 노래한 시다. 장의심승藏義尋僧(세검정의 장의사로 찾아드는 스님들의 모습), 제천완월濟川翫月(한강변 제천정에서의 달구경), 반송송객盤松送客(서부 반송방에서 길손을 전송하고 맞이하는 모습), 양화답설楊花踏雪(한겨울에 양화진의 눈길을 걷는 정경), 목멱상화木覓賞花(남산의 꽃구경), 전교심방箭郊尋芳(살곶이벌의 봄날 향기로운 꽃놀이), 마포범주麻布泛舟(마포강 잠두봉 아래에서의 뱃놀이), 흥덕상련興德賞蓮(동소문 내 흥덕사 연못의 연꽃 구경), 종가관등鐘街觀燈(초파일의 종로 연등축제), 입석조어立石釣魚(한강 두모포 앞 입석포에서의 낚시).

복숭아꽃 살구꽃

신윤복, 「사시장춘四時長春」.

국립중앙박물관 소장.

이 그림은 신윤복의 작품으로 전해지는 것으로 남녀 사이의 사랑을 담은 풍속화이다. 나무에 살짝 가려진 호젓한 건물, 그리고 닫힌 방문, 마루에 놓여 있는 신발 두 켤레로 보아 방안에는 두 명의 남녀가 있음을 짐작할 수 있다. 술병을 받쳐 들고 망설이듯 멈칫한 소녀의 자세는 방 안 남녀의 춘정을 암시하며, 기둥에 붙인 '사시장춘四時長春', 곧 '늘 봄날처럼'이라는 글씨와 분홍빛 꽃나무는 남녀 사이에 흐르는 봄날과 같이 따스한 정감을 전해준다. 화면 왼쪽 위에는 '혜원'의 도장이 찍혀 있다.

'분홍빛 꽃나무'는 아마도 복사꽃 혹은 살구꽃이 아닌가 한다. 복사꽃의 색은 도색桃色이라 하여 꺼렸다. 그것은 흔히 '도색잡지'니 '도색영화'니 하는 표현에서 보듯이, 색정色情을 드러내는 빛깔로 여겨졌다. 더구나 '도화살桃花煞'이라는 말은 색정을 넘어 호색好色과 음란淫亂을 강조한다. 한편 옛 선비들은 봄철에 살구꽃이 만발한 집에서 술을 마시곤 했다. 살구꽃이 피는 마을, 곧 행화촌杏花村을 술집이라 부르는 까닭이 여기에 있다. 이는 두목杜牧의 시 「청명淸明」의 '한번 물어보세 술집이 어디 있는지借問酒家何處有 / 목동이 멀리 가리킨 곳 살구꽃 핀 마을牧童遙指杏花村'이라는 시구에서 유래했다."

필운대에서의 꽃구경

임득명林得明(1767~1822),
「**등고상화**登高賞華」(1786년).
『옥계십이승첩玉溪十二勝帖』,
삼성출판박물관 소장.

필운대弼雲臺 위에서 장안에 활짝 핀 꽃들을 구경하는 장면이다. "오른편 능선은 필운대 언덕의 실제 풍경처럼 보이지만, 왼편의 능선은 실경에 존재하지 않는다. 사선의 화면 구성상 일부러 좌우를 맞추어놓은 듯하다. 필운대 언덕 위에는 일곱 명의 시인이 등장한다. 한 사람은 서 있고 여섯 명이 앉아있으나, (…) 모두 갓을 쓰지 않은 점과 더불어, 여항 문학을 선도한 중인층의 자유스러움이 묻어나는 듯해 눈길을 끈다. (…) 「등고상화」에는 정조 시절 부상한 중인이나 서민층의 문예 감정이 고스란히 드러나 있다. 18세기 영·정조의 시대 변화상을 읽게 하는 대목이다."(이태호) 이 그림과 유사한 정선의 「필운대상춘弼雲臺賞春」은 버드나무와 복사꽃과 살구꽃이 그득한 장안 풍경을 선비들이 필운대 위에 앉아서 즐기고 있는 장면을 묘사했다. 필운대 인근의 인가에서 꽃나무를 많이 심었기 때문에 서울 사람들의 봄철 꽃구경 장소로 이곳을 먼저 손꼽게 되었다(『신증동국여지승람』). 그런데 꽃구경의 대상은 무엇보다도 살구꽃이었다. 『경도잡지』에서 강조했듯이, 특히 "필운대弼雲臺의 살구꽃"이 대단했던 것이다. 박제가가 "그대가 골짜기서 왔단 말 듣고 / 잡아끌고 서쪽 마을 향하여 갔지 / 살구꽃 어느새 활짝 피어서 / 술 사러 맑은 기슭에 자리 잡았네 / 그대 그린 회포가 쌓여 있어서 / 저물도록 대화는 끝이 없었지(聞君自峽來, 拉向城西曲, 杏花已爛熳, 沽酒坐晴麓, 思君積懷抱, 日斜話諄複.)"(『정유각집貞蕤閣集』)라고 노래한 곳이 바로 필운대다.

필운대弼雲臺

필운대. 직접 촬영.

조선시대 서울에 사는 시인 묵객들은 봄이 되면 옷을 가벼이 입고 멀지 않은 인왕산을 찾았다. 그중에서도 사직단 뒤쪽에 나지막하게 자리 잡은 필운대에 올라 봄꽃 구경을 하였다. 이곳은 그리 높지 않고 평평한 바위가 많고 주변에 봄에 피는 꽃이 많은 곳이었다. 당시 필운대 아래 서촌에는 재주 있는 양반·중인들이 많이 살아 이곳에 자주 올라 시를 짓고 그림을 그려 더욱 유명해졌다. 필운대 일대는 산수 풍광이 볼 만함은 물론 살구꽃과 복사꽃 같은 여러 가지 꽃이 많았다. 봄철이 되면, '필운대 꽃놀이[필운상화弼雲賞花]'라 하여 도성의 풍류객들이 이곳을 찾아 술과 시로 춘흥을 즐겼다. 특히 '필운대의 살구꽃[필운행화弼雲杏花]'은 '행촌杏村'이란 말이 있을 정도로 유명하였다. 그래서 '동대문 밖의 버들[흥인문외양류興仁門外楊柳]', '성북동의 복사꽃[북촌도화北村桃花]'와 더불어 장안의 구경거리로 꼽혔다. 필운대는 이항복李恒福(1556~1618)이 살았던 곳으로도 유명하다. 바위에 새긴 글씨가 누구의 것인지를 놓고 말들이 많지만, 유득공의 아들 유본예柳本藝(1777~1842)가 『한경지략漢京識略』에서 "지금 바위벽에 새겨져 있는 '필운대弼雲臺' 석자가 바로 오성부원군의 글씨라고 한다."고 한 것을 보면, 이항복의 글씨가 맞는 듯하다. 필운대는 경치가 좋아 많은 화가들이 그림으로 그 풍광을 남겼다.

북둔北屯의 복사꽃

1 

2 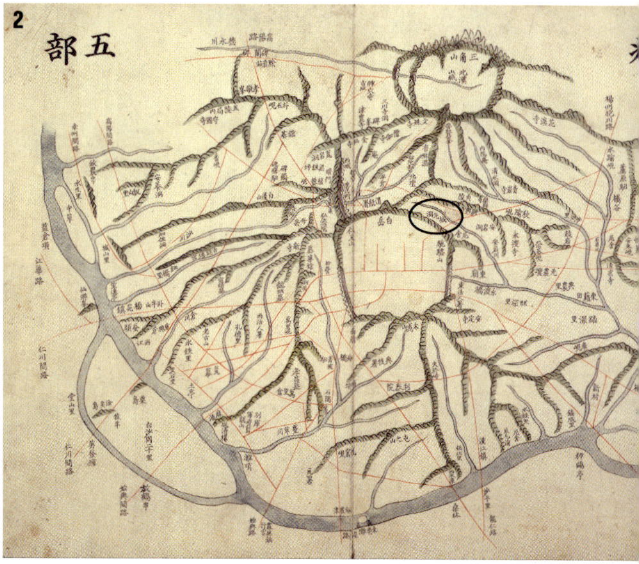

1 **혜화문.** 서울역사박물관 소장.
이 문은 동소문東小門이라고도 하는데, 지금의 종로구 혜화동과 삼선동 사이에 위치해 있는 네 개의 작은 문, 곧 사소문四小門 중 하나이다. 1928년 도로 확장 과정에서 헐렸다가 1994년 원래의 위치 바로 옆에 복원되었다. 이 혜화문을 나가면 북둔이 있다. 북둔은 혜화문 밖 북쪽 3~4리에 있던 북저동北渚洞으로 지금의 성북동 자리다. 혜화문과 숙정문 사이의 한양도성이 부채꼴 모양으로 감싼 성북동은 조선 시대 도성 수비를 담당했던 어영청御營廳에 속한 성북둔城北屯이 1765년 영조 41년에 설치된 연유로 동명이 붙여졌다. 자하문 북쪽의 도화동桃花洞과 함께 복숭아꽃 경치로 유명하였다. 맑은 시내의 언덕을 따라 주민들이 복숭아나무를 심어놓아서 늦은 봄철마다 놀러 온 사람들과 거마車馬가 가득 찬다. 그래서 민간에서는 도화동桃花洞이라 부르기도 했다.(『신증동국여지승람』)

2 **성북동**城北洞. 『대동방여전도大東方輿全圖』 중 「경조오부도京兆五部圖」. 서울대학교 규장각한국학연구원 소장.
위쪽에 숙정문과 혜화문이 보이는데, 그 뒤쪽에 북둔, 곧 성북동이 있었다. 박제가가 북둔의 복숭아꽃을 노래한 시의 제목은 이렇다. "혜화문을 나서서 성을 따라 서쪽으로 가니, 2리쯤 되는 곳에 상북둔이라는 창고가 있다. 백성들이 모두 복숭아를 심어 붉은 안개가 성에 어린 듯하다. 언덕을 사이에 두고 무너진 절터가 있으니, 이른바 북사동이라는 곳이다出惠化門, 循城而西, 二里有倉曰城北屯, 居民皆種桃, 紅霧蒸城, 隔岡有破寺所, 謂北寺洞者." '무너진 절'은 묵사墨寺인데, 그래서 그곳을 묵사동墨寺洞 또는 북사동北寺洞 등이라 부르기도 했다.

흥인문興仁門 밖의 버드나무

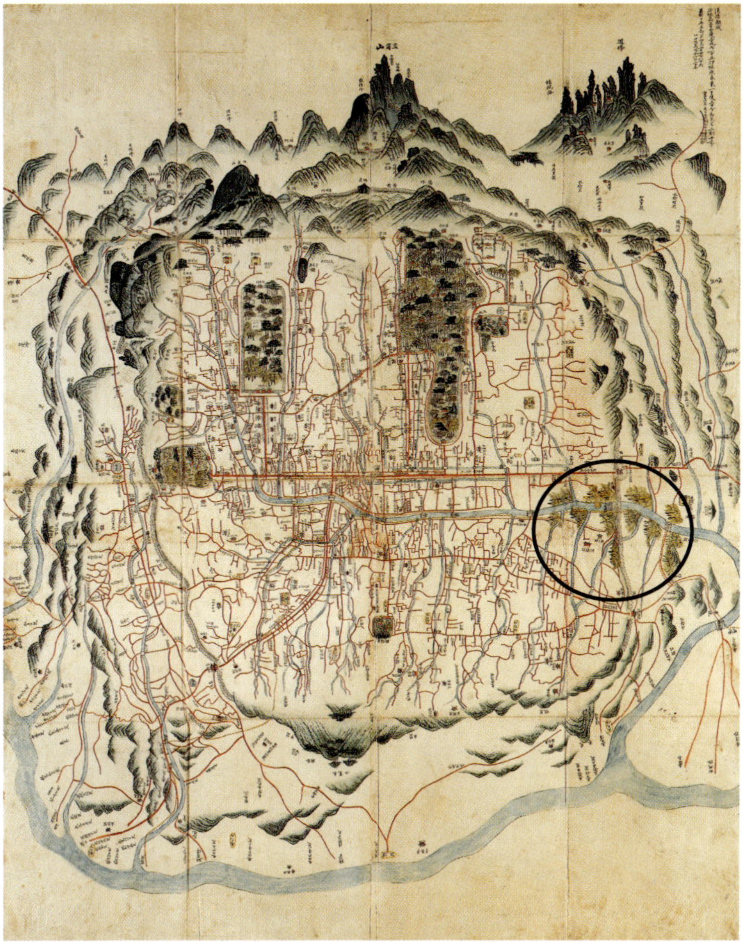

「**한양도성도**漢陽都城圖」(1800년대 초). 호암미술관 소장.

흥인문 주변 청계천 양안에 버드나무가 많이 심어져 있다. 흥인문 밖에는 버들이 유명했다. 흥인문은 속칭 동대문이다. 동대문 밖, 구체적으로 청계천 양안에는 방죽이 무너지는 것을 막기 위해 버드나무를 심었다. "영종 경진년(1760)에 오래도록 쳐내지 않았으므로 개천 길이 막혀서 모래가 덮이고 다리가 묻혀, 장마 때가 되기만 하면 그만 넘쳐흐르게 되니 백성을 모집하여 개천을 쳐내게 하였다. 그리고 완공된 다음에는 준천사濬川司를 수표교 북쪽 냇가에 설치하고, 양쪽 인덕에 버들을 심고 얽이매어서 무너지는 것을 방지하였으며, 계사년(1773)에는 고쳐서 돌로 쌓았다."(『신증동국여지승람』) 그때 청계천 양안에 심었던 버드나무들이 서울의 명물이 되었다.

천연정天然亭

천연정과 서지西池. 1926년 촬영, 서울역사아카이브.

천연정은 경기감영이 있던 돈의문敦義門 밖의 정자로, 지금의 독립문 부근에 있었다. 정자가 제일 큰 연못으로 이름이 났고 연꽃이 많았다. 그래서 이백李白의 "천연스러워 꾸밈을 벗어났다"라는 시구에서 빌려와 정자의 이름을 지었다.(『완당전집阮堂全集』) "서지 연못과 천연정은 본시 이해중李海重(1727~?)의 서재였는데 지금은 중영中營에 소속되어 여름철 달밤 연꽃 구경이 매우 좋다."(『동국여지비고東國輿地備考』) "연못에 연꽃이 무성하게 피었을 때면 성 안 사람들이 천연정으로 찾아들어 여름철 달밤에 연꽃 구경하는 것을 으뜸으로 여겼다."(『한경지략漢京識略』) 1877년 주조선 대리공사 하나부사 요시모토花房義質이 이곳에 일본 공사관을 개설하고 천연정을 청수관淸水館이라 불렀다. 이 건물은 1882년 임오군란 때 불타 버렸다. 양반들은 수렁에서 티끌 하나 없이 피어나는 연꽃을 보면서 세속에 오염된 마음을 씻는다 하여 '세심洗心놀이'를 즐겼다. 아무도 없는 새벽, 배를 타고 나가면 여기저기서 연달아 들려오는 연꽃 터지는 소리는 시심詩心을 불러일으켰다.

삼청동三淸洞

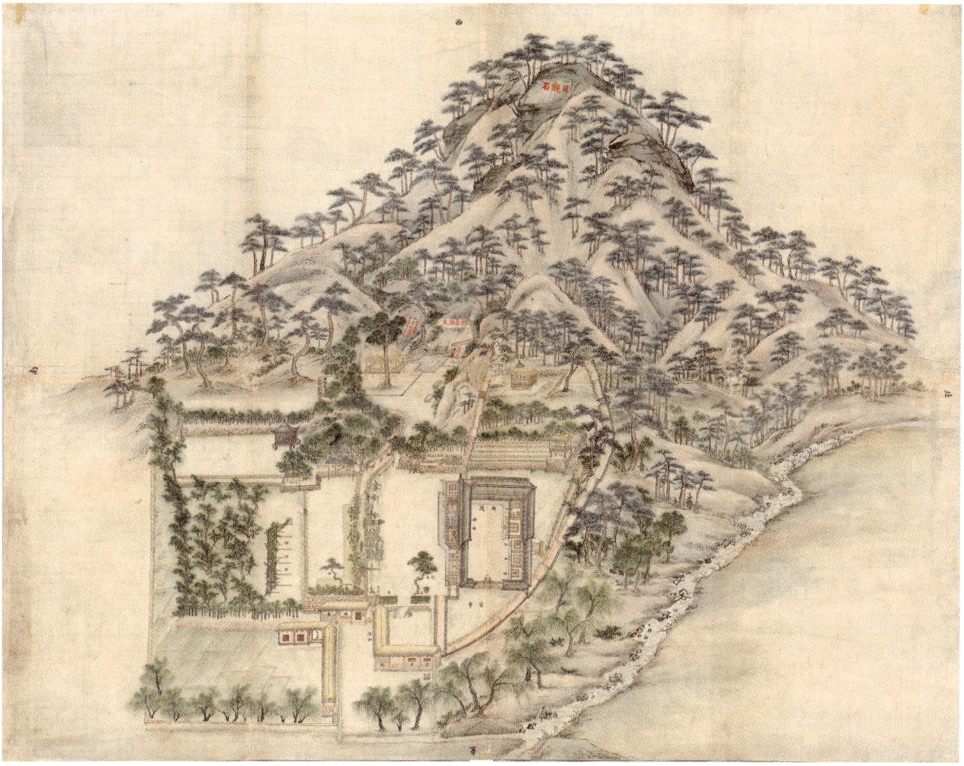

「옥호정도玉壺亭圖」. 국립중앙박물관 소장.

이 그림은 순조의 장인이자 조선 후기 세도정치의 서막을 연 김조순金祖淳(1765~1832)의 별서別墅(농장이나 들이 있는 부근에 한적하게 따로 지은 집. 별장)인 옥호정 일대를 그린 것이다. 옥호정은 옥호정사玉壺精舍, 옥호산방玉壺山房 등으로 불렸고, 현재 서울시 종로구 삼청동 9길(삼청동 133번지) 일원에 해당된다. 그림을 그린 작가는 알 수 없다. 옥호정도는 삼청동 북악산 백련봉白蓮峯 일대의 실제 경관을 상세하게 그렸다. 그림에서는 옥호산방玉壺山房 편액이 있는 사랑채 건물 외에, 후원後園의 죽정竹亭과 산반루山半樓, 별원別園의 첩운정疊雲亭, 그리고 옥호동천玉壺洞天, 을해벽乙亥壁 등 암벽 각자와 주요 조경물에 대하여 상세하게 명칭을 부기하였다. 또한 사방의 방위를 표기하였다. 뒷면에는 한글 궁서 흘림체로 '삼청동'이라 쓴 묵서墨書(먹물로 쓴 글씨)가 있다. 화면 오른쪽을 흐르는 시내가 삼청동천三淸洞川이다. 삼청동천은 북악산의 남쪽에서 발원하여 지금의 청계광장 부근에서 청계천으로 합류하던 하천으로, 물과 돌이 볼 만하다고 하여 시인묵객들이 자주 찾던 유상처遊賞處였다. "삼청동은 북악 아래 진장방鎭長坊에 있는데, 옛적에 삼청도관三淸道館이 여기 있었기에 삼청동이라 한다고도 하고, 혹은 산청山淸, 인청人淸, 수청水淸이라 해서 삼청동이라 한다고도 한다."(『한경지략漢京識畧』)

탕춘대蕩春臺

1 정선, 「세검정洗劍亭」. 국립중앙박물관 소장.

세검정洗劍亭(경복궁 뒤의 창의문 밖에 있는 정자로 인조반정仁祖反正 때 이귀李貴, 김유金瑬 등이 이곳에 모여 광해군의 폐위를 의논하고 칼을 씻은 데서 생긴 이름임) 위쪽으로 탕춘대가 보인다. 『경도잡지』에서 "탕춘대의 수석水石"을 이야기했는데, 정제두鄭齊斗(1649~1736)가 그 풍경을 곡진하게 묘사하고 있다. "물은 바로 탕춘대를 싸고 왼쪽으로 두 골짜기를 끼고 흐른다. 대체로 그 구렁은 모두 돌이며 반석이요, 지면은 모두 모래인데 희었다. 돌인 때문에 물은 골골이 울며 흐르고, 모래인 까닭에 물은 맑고 깨끗하며, 비록 흔들어도 흐려지지 않으니 모래와 돌은 또한 물과도 서로 잘 만났다. 그런 까닭에 모두 매끈하여 갈아놓은 것 같으며 밝고 빛나서 햇빛과 모래 빛이 환히 서로 비치었다. 맑은 바람과 소나무는 운치를 이루었으니 참말로 산간의 절승絶勝이었다."(『하곡집霞谷集』) 비 온 후 탕춘대의 물이 얼마나 대단했는지 정약용은 "비 온 뒤라서 탕춘대 아래의 폭포수가 한창일 것인데 훨훨 날아 함께 가서 구경할 수 없는 것이 애석하다"(『다산시문집茶山詩文集』)고 했다.

2 탕춘대성蕩春臺城. 국민민속박물관 소장.

홍지문弘智門을 중심으로 오간수문五間水門(한양도성을 지을 때 물길을 고려하며 성벽 아래 수문 5개짜리 문을 만들었음)과 탕춘대성을 찍은 흑백사진이다. 1906~7년에 한국을 방문한, 독일 장교 헤르만 산더(1868~1945)가 수집한 구한말舊韓末 사진 자료이다.

한양도성漢陽都城

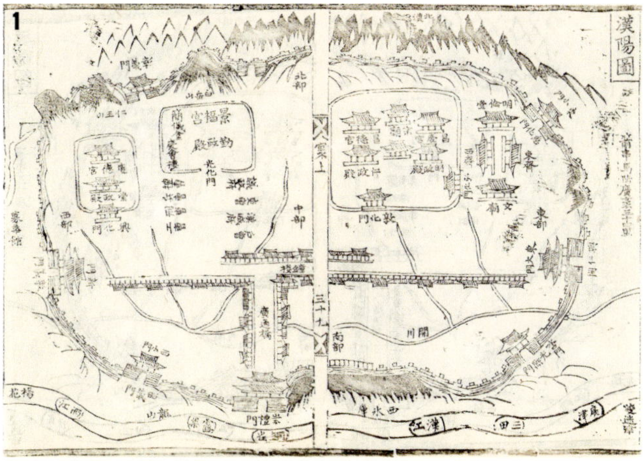

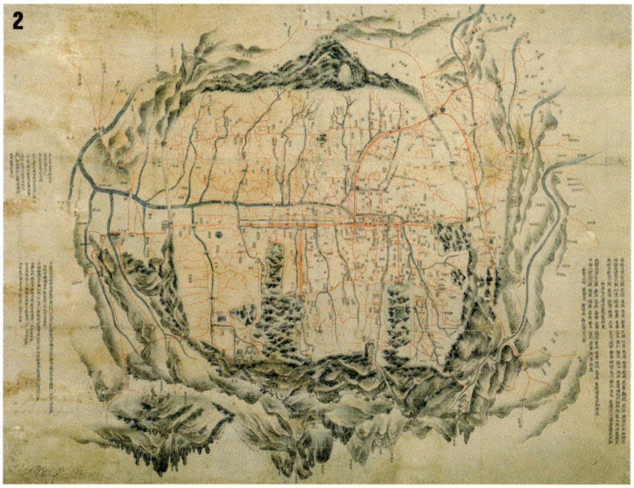

1 「도성도都城圖」, 『신편표제찬도환영지新編標題纂圖寰瀛誌』. 서울대학교 규장각한국학연구원 소장.

2 「도성도都城圖」. 서울대학교 규장각한국학연구원 소장.

1396년부터 축조되기 시작한 한양 성벽은 백악산, 인왕산, 남산, 낙산의 능선을 따라 이어지면서 서울을 감싸고 있다. 이 「도성도」는 한양도성을 한눈에 볼 수 있게 표시하고 있어, 『경도잡지』에 소개된 '순성巡城놀이'의 규모를 구체적으로 짐작해 볼 수 있다. 강이천姜彝天(1768~1801)은 18세기 한양의 모습을 한시로 묘사한 「한경사漢京詞」에서 "서울을 둘러싸고 산들이 휘장을 두른 듯하고 / 팔대문의 성곽 구불구불 돌아가네 / 각각이 기이한 경관 제공함을 알겠나니 / 봄이 되면 성곽 다 밟았다고 다투어 자랑하네"라고 노래하고 있다.

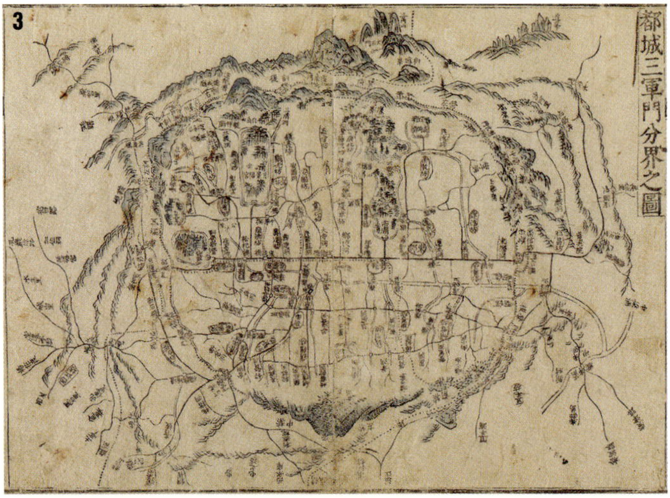

3 「**도성삼군문분계지도**都城三軍門分界地圖」(1751), 『**효원물거**效苑勿去』. 서울대학교 규장각한국학연구원 소장.
조선 후기 도성 안을 경비하는 훈련도감訓鍊都監, 어영청御營廳, 금위영禁衛營 등 삼군三軍의 도성 경비 구역을 표시한 지도이다.

4 **인왕산 능선을 따라 구부러지게 쌓은 곡성**曲城. 서울역사아카이브 소장.
서울 60리 둘레를 구불구불 이어져 감싸고 있는 한양도성은 애초 남산과 북악산을 제외하고는 흙으로 쌓았는데, 세종 때 돌로 다시 쌓았다. 옛 법도에 따르자면 성곽은 사각형 모양이 되어야 하지만 한양의 산세를 거스르지 않고 짓다 보니 굽이굽이 산성이 되었다.

5 **삼각산 성벽**. 송석하의 현지조사 사진. 국립민속박물관 소장.
사진 뒷면에 '三角山 城壁'이라 기재되어 있다. 삼각산의 능성이를 따라 쌓았던 성벽의 모습을 보여 준다. 한양도성의 둘레는 40리다. 10리를 약 4킬로미터로 계산하면 대략 16킬로미터다. 평지도 있지만, 대개는 산지에 지어져 대단히 험했다. 그 한 바퀴를 돌려면 『경도잡지』에서 "꼭두새벽에 오르기 시작해서 저녁 종을 칠 때쯤이 되어야 마칠 수 있다"라고 한 말이 결코 과언이 아니다. '저녁 종'은 오후 7시에 성문을 닫으면서 종각에서 여덟 번 쳤다. 꼭두새벽에 오르기 시작했다니 늦게 잡아도 아침 7시라면, 거의 열두 시간을 걷는 경로였다. 더구나 요즘처럼 등산복이나 등산화가 있는 시절이 아니었으니 더욱더 힘든 여정이었을 것이다. 그래서 '지쳐 떨어지는 이들'이 있었고, 중간에서 되돌아가기도 했을 것이다. 한양도성은 2014년 현재 전체 구간의 70퍼센트, 총 12.8킬로미터(2014년 기준) 구간이 남아 있는데, 그것을 한번에 돌아보기는 지금도 여전히 어려운 일이다. 한양도성이 처음 완공된 때는 태조 5년(1396)이었다. 98일 동안 전국 백성 19만 7,400여 명을 동원하여 성을 쌓았다. 전체 공사 구간(총 5만 9,500척)을 600척씩 97구간으로 나누고 각 구간을 천자문 순서에 따라 이름 붙인 뒤 군현郡縣별로 할당했다. 태조 때 처음 축성할 당시 평지는 토성으로, 산지는 석성으로 쌓았으나 세종 때 개축하면서 흙으로 쌓은 구간도 석성으로 바꾸었다. 세월이 흐르면서 성벽 일부가 무너져 숙종 때 대대적으로 보수·개축했으며 이후에도 여러 차례 정비했다. 한양도성은 근대화 과정에서 옛 모습을 상당 부분 잃어버렸다. 1899년 도성 안팎을 연결하는 전차가 개통되면서 먼저 성문이 제 기능을 잃었고, 1907년 일본 왕세자 방문을 앞두고 길을 넓히기 위해 숭례문의 좌우 성벽이 철거되었다. 이어 1908년에는 평지의 성벽 대부분이 헐렸다. 성문도 온전하지 못했다. 소의문은 1914년에 헐렸으며, 돈의문은 1915년에 건축자재로 매각되었다. 광희문의 문루는 1915년에 붕괴되었고 혜화문은 1928년에 문루가, 1938년에 성문과 성벽 일부가 헐렸다. 일제는 1925년 남산 조선신궁과 홍인지문 옆 경성운동장을 지을 때에도 주변 성벽을 헐어버리고 성돌을 석재로 썼다. 민간에서도 성벽에 인접하여 집을 지으며 성벽을 훼손했다. 해방 이후에도 도로, 주택, 공공건물, 학교 등을 지으면서 성벽을 훼손하는 일이 되풀이되었다. 숙정문, 광희문, 혜화문을 중건했지만 광희문과 혜화문은 부득이하게 원래 자리가 아닌 곳에 세워지게 되었다.

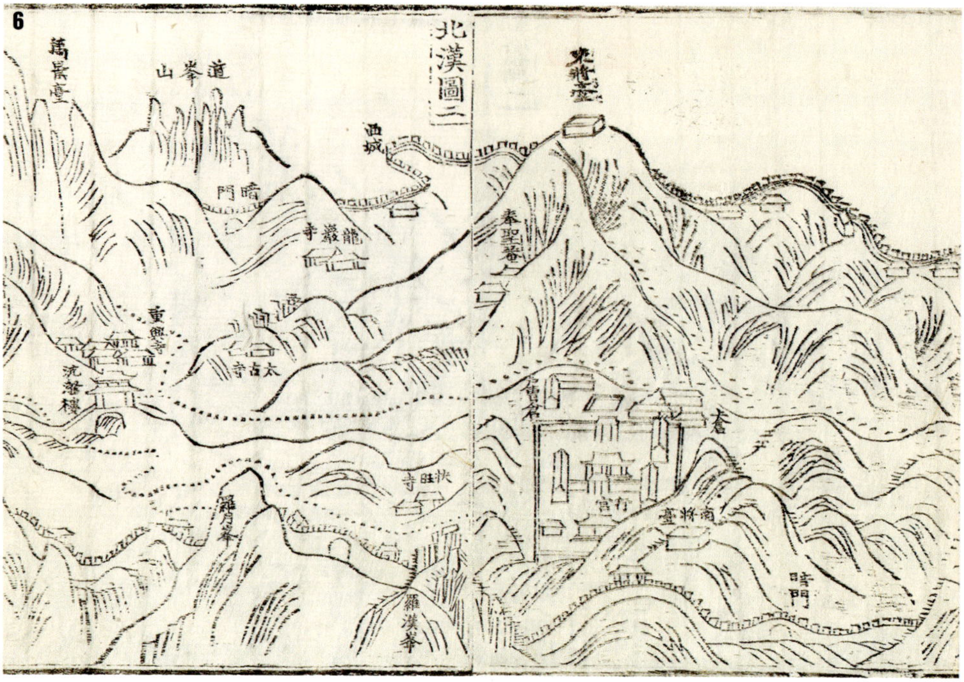

6 「**북한도**北漢圖」, 『**북한지**北漢誌』. 서울역사박물관 소장.

『북한지』는 북한산성의 수축을 총 지휘한 도총섭都摠攝(승군僧軍의 최고 직위. 임진왜란 이후 보편화된 직명으로, 주로 산성을 쌓고 지키는 일을 감독하였으며, 전국의 사찰과 승려를 통솔하고 감독하는 위치에 있었음) 성능性能이 산성의 수축修築 과정과 수축 내용을 상세히 기록한 목판본 지리지로, 북한산성이 6개월이라는 단기간에 완성된 당시의 상황을 잘 알 수 있으며, 수록된 「북한도」는 북한산성의 규모를 짐작하고 복원하는 데 귀중한 자료이다. 참고로 한양도성은 조선왕조 도읍지인 한성부 도심都心의 경계를 표시하고, 그 권위를 드러내며 외부의 침입으로부터 방어하기 위해 축조된 성이다. 태조 5년(1396), 백악(북악산) · 낙타(낙산) · 목멱(남산) · 인왕의 내사산內四山 능선을 따라 축조한 이후 여러 차례 개축하였다. 평균 높이 약 5~8m, 전체 길이 약 18.6km에 이르는 한양도성은 현존하는 전 세계의 도성 중 가장 오랫동안(1396~1910, 514년) 도성 기능을 수행하였다. 한양도성에는 4대문四大門과 4소문四小門을 두었다. 4대문은 북쪽에서부터 시계방향으로 숙정문肅靖門 · 흥인지문興仁之門 · 숭례문崇禮門 · 돈의문敦義門이며 4소문은 서북에서부터 시계방향으로 창의문彰義門 · 혜화문惠化門 · 광희문光熙門 · 소의문昭義門이다. 이 중 돈의문과 소의문은 없어졌다. 또한 도성 밖으로 물길을 잇기 위해 흥인지문 남쪽에 오간수문五間水門과 이간수문二間水門을 두었다.

— 성기聲伎, 음악과 연극 —

북[고鼓], 장구[요고腰鼓], 해금奚琴, 대금大笒[횡적橫笛], 큰 피리[대필률大觱篥], 작은 피리[소필률小觱篥]로 합주하는 것을 타풍류打風流라고 한다. 선전관청宣傳官廳에 소속된 연주자[악수樂手]를 내취內吹라 하고, 장용영壯勇營, 훈련도감訓鍊都監, 금위영禁衛營, 어영청御營廳에 소속된 연주자를 세악수細樂手라 한다. 이원梨園의 속악부俗樂部에도 그것이 있다.

노래에는 맑은 소리[청음淸音]와 탁한 소리[탁음濁音] 두 가지가 있는데, 그것이 이러저러하게 변화하여 중대엽中大葉, 삭대엽數大葉 등의 이름이 생겼다. '엽'은 가락[강腔]을 말한다.

춤은 반드시 대무對舞, 곧 마주 보고 추는데, 남자는 소매를 떨치고, 여자는 손을 뒤집는다.

내의원內醫院과 혜민서惠民署에는 의녀醫女가 있고, 공조工曹와 상의원尙衣院에는 침선비鍼線婢가 있다. 이들은 모두 관동關東과 삼남三南에서 선발해 올린 기녀妓女들인데, 잔치에서 노래하고 춤추게 한다. 내의원의 의녀는 검은 비단으로 만든 가리마를 쓰고, 나머지는 검은 베로 만든 가리마를 쓴다. 가리마는 우리말로 덮거나 씌운다는 뜻인데, 그 모양이 마치 서투書套, 곧 책갑冊匣과 같아서 머리카락을 가릴 수 있다.

연극에는 산희山戲와 야희野戲의 두 부部가 있는데, 나례도감儺禮都監에 소속되어 있다. 산희는 시렁을 매어 장막을 친 무대인 산대山臺에서 사자춤, 범춤, 만석춤 등을 추고, 야희는 마당에서 당녀唐女와 소매小梅로 분장하고 춤을 춘다. 만석曼碩은 고려 때 중의 이름이다. 당녀는 고려 때 예성강 가에 와서 살던 중국 여자 광대이고, 소매 역시 옛날 미녀의 이름이다.

鼓腰腰鼓奚琴橫篴小篥, 合奏謂之打風流. 籍係宣傳官廳曰內吹, 壯勇營訓局禁御二營曰細樂手. 梨園俗樂部亦有之. 歌用淸濁二音轉變, 有中大葉數大葉等名. 葉猶言腔也. 舞必對舞, 男拂袖女翻手. 內醫院惠民署有醫女, 工曹尙衣院有鍼線婢, 皆關東三南選上妓也. 宴集招致歌舞. 內醫院醫女, 戴黑緞加里麽, 餘用黑布爲之. 加里麽者方言羃也, 其形如書套, 可以羃髻. 演劇有山戲野戲兩兩部, 屬於儺禮都監. 山戲結棚下帳, 作獅虎曼碩僧舞, 野戲扮唐女小梅舞. 曼碩高麗僧名, 唐女高麗時, 禮成江上有中國倡女來居者. 小梅亦古之美女名.

북, 장구, 대금, 피리, 해금

1 **북.** 국립민속박물관 소장.

북은 나무로 짠 통에 가죽을 씌우고 채(북, 장구, 꽹과리, 징 따위의 타악기를 치거나 현악기를 타서 소리를 내게 하는 도구)로 두드려 연주하는 악기로, 흔히 소나무 여러 조각을 모아 북통을 짜고 양 면에 소가죽을 맨 것이 많다. 궁중음악에 쓰이는 것은 대부분 못으로 박아 매었고, 민간에서는 못을 박는 것도 있으나 가죽끈으로 얽어맨 것이 많다. 그리고 궁중음악에서는 흔히 한 손에 또는 양 손에 북채를 들고 치며, 민간음악에서는 오른편은 채로 치고, 왼편은 손바닥으로 치는 경우가 많다.

2 **장구.** 국립민속박물관 소장.

장구는 한자로는 '장고杖鼓/長鼓'라고 쓰며, 요고腰鼓 혹은 세요고細腰鼓라고도 부른다. "갈고羯鼓 · 장고 · 요고腰鼓는 한漢나라와 위魏나라에서 사용되었다. 요고의 통은 큰 것은 질그릇으로, 작은 것은 나무로 만든다. 머리는 모두 넓고 허리는 가늘다. 송나라 소사簫史의 이른바 세요고가 이것이다. 오른쪽은 채로 치고 왼쪽은 손으로 친다. 후세에는 이것을 장구라고 하였다."(『악학궤범』) 장구는 오른손에 대쪽으로 만든 가는 채를 가지고 그 채편(장구나 북에서, 채로 치는 오른쪽 얇은 가죽면)을 치며, 왼손으로는 손바닥으로 북편(장구나 북에서, 손으로 치는 왼쪽 가죽면)을 치는데, 양편을 동시에 치는 것은 쌍雙이라 하고, 채로 채편만 치는 것을 편鞭, 왼손으로 북편만 치는 것을 고鼓, 그리고 채로 잠시 치고 굴리는 소리를 내는 것은 요搖라고 한다.

3

4

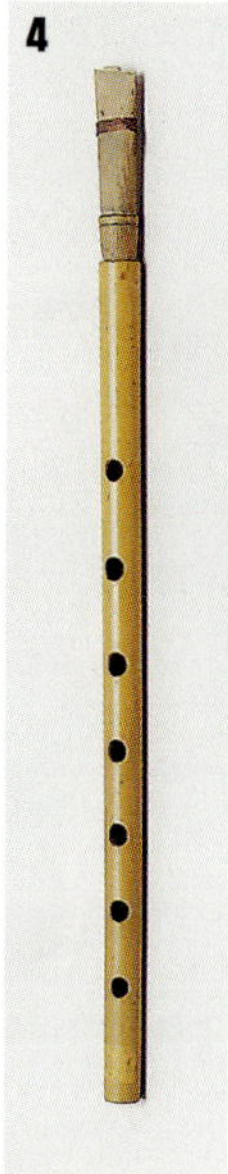

5

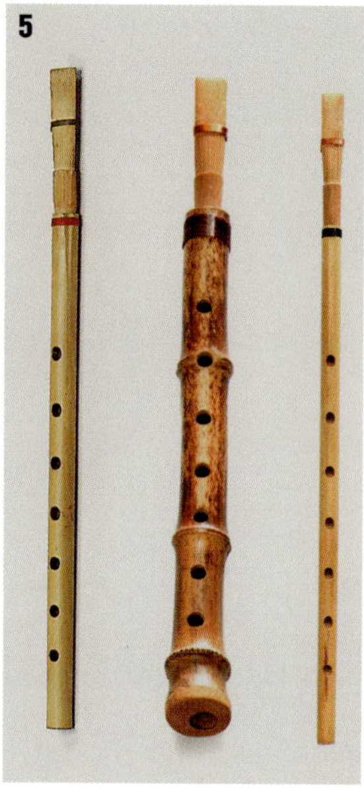

6

3 **대금**. 국립국악원 소장.
대금大笒[횡적橫笛]은 한국전통악기 중 가로로 잡고 부는 관악기를 총칭하는 말이다. 관악기는 취구吹口(나팔, 피리 따위에서 입김을 불어 넣는 구멍)의 위치와 연주자의 부는 자세에 따라서 두 갈래로 구분되는데, 한 갈래는 가로 잡고 부는 횡적橫笛이고, 다른 한 갈래는 세로 잡고 부는 종적縱笛이다. 횡적의 취구는 몸통의 위에 뚫려 있지만, 종적의 취구는 몸통의 끝부분에 놓여 있다. 현행 관악기 중에서 대금大笒, 중금中笒, 당적唐笛, 지篪는 대표적인 횡적들이다.

4 **피리**. 국립민속박물관 소장.
피리는 관管에다 혀[설舌]를 꽂아 세로로 부는 관악기를 말한다. 한자로 '필률觱篥'이라고 쓴다. 피리는 원래 서역西域의 악기로서, 이미 삼국시대부터 고구려 · 백제 등에서 사용되었다. 현재 우리 나라에 전하는 피리 가운데는 당피리 · 향피리 및 세細피리의 세 가지가 있다.

5 **향피리 · 당피리 · 세피리**. 향피리 : 국립민속박물관 소장, 당피리 · 세피리 : 국립국악원 소장.
향피리는 향필률鄕觱篥이라고 하는데, 가는 피리인 세細피리에 상대되는 말로 대피리라고도 한다. 『경도잡지』에서 "대소필률大小觱篥"이라고 한 것은 이 향필률과 세피리를 말한다. 당피리는 고려 시대에 송 나라에서 들여와, 종묘제례악과 당악唐樂에 쓰였다.

6 **해금**. 국립국악원 소장.
해금은 상당히 다양한 음색을 낼 수 있고 조옮김도 자유로워서 국악기 중에서도 널리 애용하는 악기다. 순우리말로는 '깽깽이'나 '깡깡이'라고 하는데, 공명통에서 울리는 특유의 비성鼻聲(코가 막힌 듯이 내는 소리) 때문이다. 생긴 형태만 놓고 보면 중국의 얼후와 비슷하지만 조율, 연주법, 음색은 명확하게 다르다. 국악곡에서 해금은 거의 빠지지 않는 악기이며, 최근 창작곡에서는 독보적인 음색으로 합주 시 주선율主旋律을 이끌어가는 역할도 하고 있다.

삼현육각三絃六角

1 **김준근, 「기생 검무하고」**(부분). 국립민속박물관 소장.

피리가 둘, 대금, 해금, 장구, 북이 각각 하나씩 편성되는 풍류인 삼현육각三絃六角을 묘사하고 있다. 모두 도포에 갓을 쓰고 책상다리를 한 채 연주하고 있다. 왼쪽부터 장구, 피리 둘, 해금, 대금, 북 순으로 빙 둘러앉아 연주하고 있다. 인형극 · 탈춤 · 가면극 등의 민속놀이 때에도 삼현육각은 필수적이고, 무당의 굿판에서 연행되는 무당춤이나 무가巫歌의 반주에서도 삼현육각이 기본이다.

2 **김홍도, 「춤추는 아이」**. 『단원풍속도첩檀園風俗圖帖』, 국립중앙박물관 소장.

향피리 2, 대금, 해금, 장구, 북의 6인조가 원칙이나, 경우에 따라서 악기의 종류나 편성 인원에 조금 차이가 있을 수 있다. 근래의 무용 반주에서는 피리 두 개 대신 피리 한 개로 연주하는 경우가 많다. 이렇듯 삼현육각은 때에 따라서 나발 2 · 피리 2 · 태평소 2의 편성으로도 이루어지기도 한다. 이런 편성을 육잡이 또는 육잽이라고 부른다.

내취內吹

김홍도, 「안릉신영도安陵新迎圖」(부분). 국립중앙박물관 소장.

선전관청宣傳官廳에 소속된 악대 혹은 악수樂手를 내취內吹라 했다. 선전관청은 임금의 명령을 전달하고, 임금을 시위侍位하는 등의 임무를 맡은 관청인데, 그 임무 중에 '계라啓螺', 곧 임금의 거둥[擧動](임금의 나들이)에서 취타吹打(군대에서, 관악기와 타악기를 연주하던 일)를 연주하는 일도 있었다. 그 취타를 담당한 것이 바로 내취다. 이들은 국왕이 거둥할 때나 정전正殿(임금이 나와서 정사를 논하던 궁전으로 경복궁의 근정전, 창덕궁의 인정전 등이 있음)에 나와 앉을 때 시위侍衛(임금을 모시어 호위함)한 행렬의 일원으로, 현재의 군악대에 해당한다. 이들의 악기 편성은 임금이 거둥할 때와 궁중 잔치인 진연進宴(나라에 경사가 있을 때에 궁중에서 베풀던 잔치)이나 진찬進饌(진연보다 규모가 작고 의식이 간단한 궁중의 잔치) 등 경우에 따라 서로 다르지만 대개 징, 나무로 만든 관에 여덟 개의 구멍을 내고 아래 끝에는 깔때기꼴로 된 놋쇠를 대고 부리에는 갈대로 만든 혀를 끼워서 부는 태평소, 큰 소라 피리인 나각螺角, 신호로 부는 피리인 호적號笛, 놋쇠를 접시처럼 둥글넓적하고 얇게 만든 것으로 두 짝을 서로 마주쳐서 소리를 내는 자바라, 북통 양면에 두 개의 고리가 있어 무명천으로 질빵(짐 따위를 질 수 있도록 어떤 물건 따위에 연결한 줄)을 삼아 목부터 아랫배까지 늘여 매고 양손에 두 개의 북채(북을 치는 조그만 방망이)를 쥐고 위에서 내리쳐서 연주하는 용고鏞鼓, 놋쇠로 만든 금부 악기로 한 가지 음만 낼 수 있는 나발 등이다. 내취의 음악은 영문營門에 소속된 세악수細樂手와 달리 군사적인 기능보다 의례적인 기능이 더 강했다. 내취가 흔히 군복이 아니라 상의와 하의를 따로 구성하여 허리에 연결시킨 형태의 포袍인 철릭天翼을 입은 이유이기도 하다.

세악수細樂手

김홍도, 「안릉신영도安陵新迎圖」(부분). 국립중앙박물관 소장.

장용영壯勇營, 훈련도감訓鍊都監, 금위영禁衛營과 어영청御營廳에 소속된 세악수는 여섯 명이 한패를 이뤄 각기 다른 악기를 연주하는 삼현육각三絃六角으로 편성된다. '세악'이란 크고 시끄러운 소리인 취타吹打에 대해 '부드러운 음악'을 의미한다. 세악수들은 군대에 소속되어 궁중이나 관아의 한 부역賦役(국가나 공공 단체가 특정한 공익사업을 위하여 보수 없이 국민에게 의무적으로 책임을 지우는 노역)으로서 음악을 연주하는 것을 주요 임무로 삼았다. 이들은 임금의 행차인 노부鹵簿와 임금이 신하에게 베풀어주는 잔치인 사연賜宴에서 음악을 담당했다. 원래 장악원 악생樂生[장악원에 속하여 아악을 연주하던 사람. 양인 출신으로 공천公賤 출신의 악공보다 지위가 높았음]과 악공樂工이 맡아서 하는 일이었는데, 18세기 후반기를 지나면서 세악수가 일부 관여하게 되었다.

이원梨園

「이원기로회도梨園耆老會圖」. 『이원기로계첩梨園耆老契帖』(1730년), 국립중앙박물관 소장.

『경도잡지』에서 "이원梨園의 속악부俗樂部에도 그것이 있다"라고 했다. '그것'은 세악수이다. '이원'은 조선시대 궁중에서 연주되는 음악 및 무용에 관한 모든 일을 맡아보던 관청인 장악원掌樂院을 달리 부르는 말이다. "우리나라에는 두 갈래의 음악이 있으니, 하나는 아악雅樂(궁중음악으로 고려 예종 때 중국 송나라에서 들여왔던 것을 조선 세종이 박연에게 명하여 새로 완성시킴)이고 다른 하나는 속악俗樂(궁중음악인 아악에 상대하여 이르는 말로 고려 이후로는 향악과 같은 뜻으로도 쓰임)이라네. 아악은 옛날의 음악이고 속악은 후대의 음악일세. 사직社稷(나라 또는 조정)과 문묘文廟(공자를 모신 사당)는 아악을 쓰고 종묘宗廟(역대 왕과 왕비의 위패를 모시던 사당)는 속악을 섞어 쓰는 법이니, 이게 이원의 법부法部라네."(『이조한문단편집(중)』) '이원의 법부'란 장악원의 별칭이다. 이 장악원에 세악수가 있었다는 것은 18~19세기 음악의 무게중심이 장악원 악공에서 세악수로 넘어왔음을 말해주는 예다. "장악원의 전통음악이 제례악으로 쓰임이 한정되어 있는 반면, 군문에서 발달한 세악은 일반의 놀이와 연희로 전용되어 개방적"(임형택)이었기 때문이다. 한편 새로운 음악 장르로 '줄풍류'라는 것이 생겼는데, 이는 현악기 중심의 실내악을 가리킨다. "거문고, 가얏고, 양금, 해금(깡깡이) 등 현악기를 주체로 하고 거기에 장고, 젓대, 단소를 반주격으로 얹어서 동호자끼리 조용히 엔조이하는 실내악"(『조선상식문답』)이 그것이다. "'세악'이 도시의 소시민적 음악으로 적응하면서 '줄풍류'를 성립시켰을 것이다."(임형택) 이는 곧 직업적인 악사가 등장하는 조건이 된다. 유우춘柳遇春 같은 전문적인 연주가들은 궁중 이외에 임금의 친족인 종친宗親이나 정승政丞 같은 대신大臣의 저택, 귀공자나 문인들의 모임, 시종별감侍從別監(궁중의 각종 행사에 참여하고 임금이나 세자가 행차할 때 호위하는 일을 맡아보던 왕의 측근 하인)이나 한량閑良(일정한 직업 없이 놀고먹던 양반 계층)이 기녀를 동반해서 벌이는 잔치 등에서 활동한바, 세련화 · 전문화한 새로운 음악 문화가 출현한 것이다.

만대엽萬代葉, 중대엽中大葉, 삭대엽數大葉

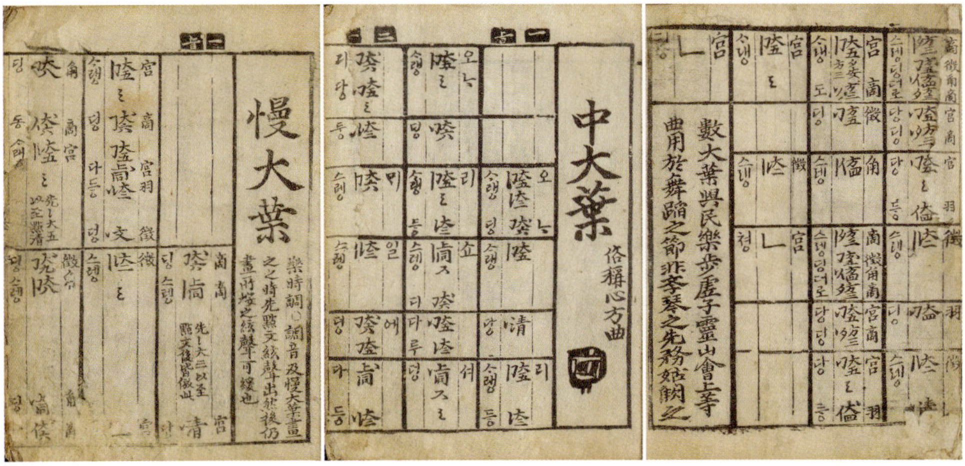

『양금신보梁琴新譜』. 서울대학교 규장각한국학연구원 소장.

“우리나라 풍속 가사歌詞에 대엽조大葉調가 있는데, 형식이 다 같아서 길고 짧은 구별이 없다. 그중에 또 느린[만慢] 것, 중간[중中]인 것, 빠른[삭數] 것 세 가지 조調가 있다. (…) 느린 것은 너무 느리어서 사람들이 싫증을 내어 폐지된 지가 오래고, 중간 것은 조금 빠르나 또한 좋아하는 사람이 적고, 지금에 통용하는 것은 곧 빠른 삭대엽數大葉이다.”[「성호사설星湖僿說」] “하지만 60년 전 민간의 속악은 그래도 심하게 듣기 싫거나 촉급하지는 않았다. 노래의 경우, 중대엽中大葉은 평조平調나 계면界面 종류여서 듣는 사람이 충분히 근심이나 화를 잊고 화평한 마음을 기를 수 있었으며, 춤추는 사람도 몸가짐이 느긋하고 화락하며 마음 상태가 편안하고 한가로웠다. 연주곡으로는 「영산회상靈山會上」이 있는데, 소리만 있고 가사가 없으며, 그 소리가 끊이지 않고 이어지면서 편안하고 알맞아서 그 리듬에 맞추어 춤을 출 수 있었다. (…) 그런데 근년 이래로 중대엽 이하는 마침내 전부 없어지고 옛 노인들도 다 죽었으며, 그 음악에 대해 말을 하는 사람도 없어져서 세속에서 쓰는 음악이라고는 등등곡[등등곡登登曲]보다 더 심한 곡들이다.”(『존재집存齋集』)

대무對舞

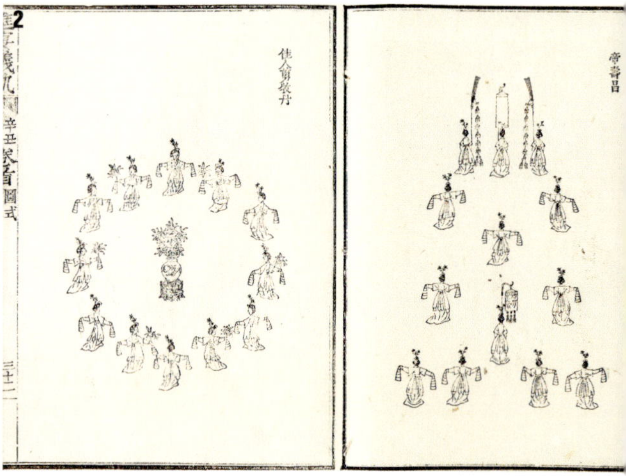

1 **신윤복, 「납량만흥納凉漫興」**. 간송미술관 소장.

네 명의 악사 앞에서 남자와 여자가 대무對舞(마주 서서 춤을 춤. 또는 그 춤)를 추고 있다. 대무를 하되 남자는 소매를 떨치고, 여자는 손을 뒤집는다. 미인이 섬섬옥수를 드러내놓고 춤을 추면 그 손동작만으로도 남정네의 심금을 울릴 수 있을 것이다. 그 어여쁜 손을 굳이 소매로 가린다면 춤의 멋은 반감되고 말 것이다. 마찬가지 이유에서 남자는 소매를 떨쳐야 남정네다워 보인다. 당시 남녀가 대무를 하는 풍습이 유행이었을 것이다. 참고로 '친구'를 의미하는 '동무'도 이 '대무'와 관련되어 있다는 견해가 있다. "동무同儛는 곧 대무對舞이다"(『송남잡지松南雜識』)라고 한 것이다. 그리고 혼자서 추는 춤, 곧 '독무獨舞'는 엄격히 말해서 '춤'이라고 할 수 없는 행위다. "한스러운 것은 긴 소매 미인이 없어 / 먼 하늘 석양에 홀로 춤추는 거로다"(『백사별집白沙別集』)에서 보듯이, 이항복이 그리워한 '미인'이 누구이든지 간에, 여하튼 피치 못할 사정이 있을 때 이렇게 홀로 춤을 춘다. 그것은 결핍과 별리를 애달파하는 원망의 '몸짓'이다.

2 **『고종진연의궤高宗進宴儀軌』**. 국립고궁박물관 소장.

기생들이 궁중 연회에서 가무를 하고 있다.

의녀醫女와 기녀妓女

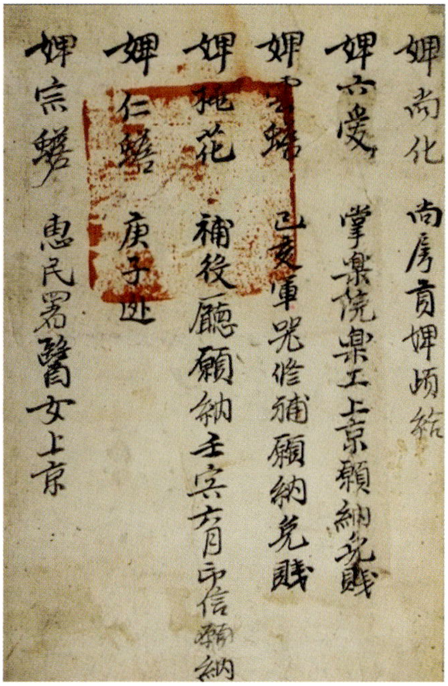

노비안奴婢案. 국립중앙도서관 소장.

관비官婢(관가官家에 속하여 있던 계집종)인 종섬宗蟾이 혜민서惠民署의 의녀로 상경했다는 문서이다. 종섬은 의술이 뛰어나서가 아니라 외모가 어여뻐서 서울로 차출이 되었다. 종섬처럼 서울로 뽑혀 올라간 관기들은 기녀妓女가 되어 음주가무飮酒歌舞(술을 마시고 노래를 부르면서 춤을 추는 일)를 담당했다. 『경도잡지』는 18세기 후반 서울의 기녀, 곧 경기京妓에 대해 설명하면서 내의원 혜민서의 의녀醫女와 공조 상의원의 침선비針線婢를 지방, 곧 관동關東(강원도에서 대관령 동쪽에 있는 지역. 영동嶺東)과 삼남에서 뽑혀 서울 관아에 속한 기녀라 하고 있다. 지방에서 뽑아 올렸다고 해서 '선상기選上妓'라 한다. 잔치가 있을 때는 그녀들을 불러 노래를 시키며 춤을 추게 했다. 그런데 의녀와 침선비가 왜 기녀인가? "임진왜란 이후 (궁중의) 행사가 대폭 축소되었다. 왕이 궁궐 밖으로 행행幸行하는 수가 현저히 줄어들었던 것은 물론이고, 왕실의 연회 역시 드물었다. 중국 사신을 접대하는 일 역시 현저히 줄어들었고, 여진과 일본에서는 거의 사신을 보내오지 않았다. 게다가 성리학이 점차 사회화되자, 기녀를 국가의 행사에 동원하는 일을 부도덕한 일로 보는 시각이 압도적이었기에 국가와 왕실에서 기녀의 수요는 점점 줄어들게 되었다. 그 줄어든 만큼을 의녀와 침선비로 대체했고, 국가와 왕실에서 벗어나게 된 기녀는 시정市井으로 활발히 진출하여 기방이 출현하게 된 것이다. 혜민서에는 의녀 70명, 상의원과 공조에는 침선비가 각각 10명이 있었다. 이것이 18세기 후반 서울에 상존하는 경기京妓의 숫자다."(강명관)

근대의 관기官妓

1 **관기의 춤.** 『사진엽서로 보는 근대풍경』 7권 - 풍속. 조선인, 536쪽.

궁내부宮內府(구한말에, 왕실에 관한 모든 일을 맡아보던 관아로 고종 31년(1894)에 설치하여 융희 4년(1910)까지 두었음) 소속의 관기官妓들이 춤을 추기 전에 도열하고 있다. 복장을 보아 궁중무宮中舞를 출 모양이다.

2 **덕수궁 중화전 앞의 관기와 관인**(1918~1933).

우라키와 가즈야 엮음, 『그림엽서로 보는 근대조선』 6 - 풍속엽서, 민속원, 2017, 337쪽.

김준근의 기녀 그림들

1 

2 

1 **김준근, 「기생방에 배반 나고」.** 국립민속박물관 소장.

기생이 기방妓房에서 거문고와 양금洋琴(사다리꼴의 오동나무 겹 널빤지에 받침을 세우고 놋쇠로 만든 줄을 열네 개 매어 대나무로 만든 채로 쳐서 소리를 냄. 영조 때 아라비아에서 청나라를 거쳐 우리나라에 들어옴)을 연주하는 모습을 그린 모습이다. 가운데 주안상이 있고, 주위에 연주하는 기생과 선비가 앉아있다. '배반'은 술상에 차려 놓은 그릇과 거기에 담긴 음식 혹은 흥취 있게 노는 잔치를 말한다.

2 **김준근, 「기생 검무하고」.** 국립민속박물관 소장.

전립戰笠[무관武官이 쓰던 모자의 하나로 붉은 털로 둘레에 끈을 꼬아 두르고 상모象毛(술이나 이삭 모양으로 만들어 다는 붉은 빛깔의 가는 털), 옥로玉鷺(높은 벼슬아치나 외국에 가는 사신이 쓰는 갓 위에 달던, 옥으로 만든 해오라기 모양의 장신구) 따위를 달아 장식하였으며, 안쪽은 남색의 운문대단雲紋大緞(구름무늬가 있는 중국 비단)으로 꾸밈]을 쓰고 전복戰服[무관들이 입던 옷으로 깃, 소매, 섶이 없고 등솔기(옷의 등 가운데 부분을 맞붙여 꿰맨 솔기)가 허리에서부터 끝까지 트여 있음. 고종 때 소매가 넓은 옷을 못 입게 하면서 문무 관리들이 평상복으로 입게 됨]을 입은 기생 두 명이 삼현육각三絃六角의 반주에 맞춰 검무劍舞(칼을 들고 추는 춤)를 추고 있다. 삼현육각은 해금, 대금, 피리, 장구, 북의 전통적인 악기 편성임이다.

가리마

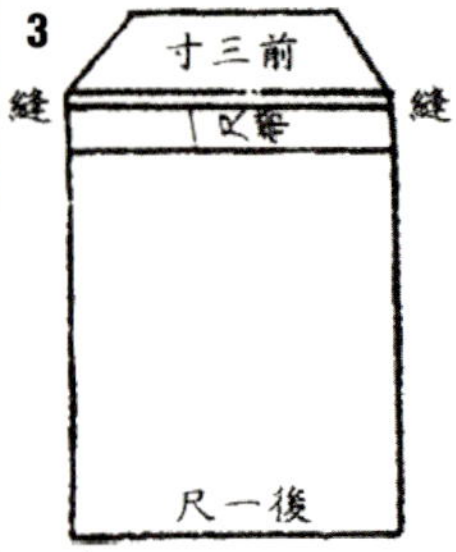

1 **가리마.** 전傳 김홍도, 「평안감사향연도平安監司饗宴圖」(부분). 국립중앙박물관 소장.

가리마는 검은 비단에 자색 비단을 반으로 접어 두 겹으로 한 후 그 속에 두꺼운 종이를 배접하여 만든 쓰개다. 정조 12년(1788) 각 궁방宮房(왕실의 일부인 궁실宮室과 왕실에서 분가하여 독립한 대원군 · 왕자군 · 공주 · 옹주가 살던 집을 통틀어 이르던 말)의 무수리(궁중에서 청소 따위의 잔심부름을 담당하던 계집종), 의녀醫女(간단한 의술을 익혀 내의원과 혜민서에서 심부름하던 여자로 뒤에 차차 기생과 같이 대우되어 의기醫妓라고도 불림), 침선비針線婢(상의원尙衣院에 속하여 바느질을 맡아 하던 기녀妓女) 그리고 각 영읍營邑(관찰사觀察使가 직무를 보던 감영監營이나 병마절도사兵馬節度使가 있던 병영兵營이 있던 고을)의 여기女妓(춤, 노래, 의술, 바느질 따위를 배우고 익혀서 나라에서 필요한 때 봉사하는 관비를 통틀어 이르던 말)는 다른 사람과 구별하기 위해 가리마를 쓰게 하되, 내의원 의녀는 검은 비단으로 만든 가리마를, 나머지는 검은 베로 만든 가리마를 썼다고 했다.(『경도잡지』) 같은 기녀라도 내의원 혜민서의 의녀와 공조工曹 상의원의 침선비 사이에는 위계가 있었음을 알 수 있다. 광해군 중기 이후 얹은 머리의 금지와 함께 족두리(부녀자들이 예복을 입을 때에 머리에 얹던 관의 하나로 위는 대개 여섯 모가 지고 아래는 둥글며, 보통 검은 비단으로 만들고 구슬로 꾸밈)를 쓰게 되면서 사용이 줄었고, 이후에는 앞부분 가운데에 솜을 넣어 족두리처럼 오뚝하게 만들기도 했다. 이마에서 머리를 덮어 뒤로 드리우게 착용했으며, 뒷부분은 어깨나 등까지도 내려갔다. 한편 『증보사례편람增補四禮便覽』에 따르면, 신부가 처음 시집으로 들어가는 우례于禮에서 패물로 장식하여 따라가는 신부의 시녀나 시어머니가 선물을 받을 때 머리에 쓰는 가리마를 '엄태'라고 했는데, 앞은 넓고 뒤는 좁으며, 타원형이며 길이는 한 자가량, 넓이는 네다섯 치쯤 되는 나무 판대기로 바탕을 두고, 그 둘레를 다리로 묶어 싸고 끈을 맨다.

2 **신윤복, 「월하정인聽琴賞蓮」**(부분). 국립중앙박물관 소장 유리건판.

3 **가리마 도상.** 『국조속오례의國朝五禮儀』.

서투書套[책갑冊匣, 포갑包匣]

1

2

1 **서투.** 직접 촬영.

2 **서투.** 국립민속박물관 소장.

『경도잡지』에서는 가리마의 모양이 마치 서투書套와 같다고 했다. 서투는 여러 권으로 된 질책帙冊을 한꺼번에 묶어두기 위해 만든 포갑包匣, 곧 책갑을 말한다. 참고로 '책갑冊甲'은 책의 겉장이 상하지 아니하게 종이, 비닐, 헝겊 따위로 덧씌우는 물건인 책가위를, '책갑冊匣'은 책을 넣어 둘 수 있게 책의 크기에 맞추어 만든 작은 상자나 집을 말하다.

산희山戲

1

1 **아극돈**阿克敦(1685~1756), 「**봉사도**奉使圖」(제7폭). 북경 중앙민족대학교 소장.

1725년인 영조 1년에 모화관慕華館에서 행해진 중국 사신 영접 행사의 연희 장면을 묘사했는데, 마당에서는 여러 놀이들[야희野戲]이, 바퀴가 달린 거대한 산대山臺에서는 광대들이 연행[산희山戲]을 하고 있다. 요즘 식으로 말하면, 산희는 무대극이고 야희는 마당극이다. 산희와 야희가 구체적으로 무엇을 의미하는지는 논란이 많지만, 사진실의 연구에 따르면, 산희는 산대山臺 위에 잡상雜像(행사나 장소를 치장하기 위해 만든 모형들을 싸잡아 일컫는 말)을 만들어 조작하는 '산대잡상놀이'이고, 야희는 그 앞마당에서 벌어진 탈춤과 잡기를 아우르는 말이다.

2

3

2 **아극돈**阿克敦(1685~1756), **「봉사도**奉使圖」(제7폭 부분).
저 산대는 바퀴가 달려 이동할 수 있었는데, 그것을 예산대曳山臺, 곧 '끌고 다니는 산대'라고 한다. 산대山臺 아래에서 두 사람이 밀고 가는 모습이 보인다. 예산대는 단순한 무대 장식용 장치가 아니라, 이동할 수 있는 수레 위에 기계장치가 들어있는 가산假山이 올려져 있는 구조로서, 신선이 사는 세계인 산대 속에서 무희舞姬, 선녀仙女, 동자童子, 강태공姜太公, 원숭이 등의 인형 움직임을 연출하여 보여주는 종합적인 연희 공연을 위한 무대장치라고 할 수 있다. 사진실의 연구에 따르면, "18세기 초반 「봉사도」의 산대 위에 강태공과 여인, 원숭이가 등장하고, 18세기 후반 유득공이 언급한 산희에 사자와 호랑이, 만석중이 등장하였듯이, 산희의 내용은 특정 인물이나 짐승으로 한정된 것이 아니라 다양하게 연출될 수 있었다."

3 **『악학궤범**樂學軌範**』에 기록된 침향산**沈香山. 서울대학교 규장각한국학연구원 소장.
이 산대는 환궁 행렬을 맞이하기 위해 세워졌다. 의례 행사를 마치고 궁으로 돌아오는 왕의 수레와 행렬대를 영접하고 정화시키는 기능을 수행했다. 침향산은 바퀴통을 장착한 이동식 산대로 규모가 작은 편에 속한다. 『악학궤범』의 설명은 이렇다. "나무판자로 산 모양을 만들고, 전면과 후면에는 피나무로 뾰족한 산봉우리를 조각하여 붙이고, 절탑과 승불僧佛 그리고 고라니와 사슴 등 여러 가지를 만들어 산골짜기에 깃들이고 모두 색칠을 한다. (…) 밑에는 바퀴통 네 개를 달아 끌 수 있게 한다."

사자춤, 범춤, 만석춤

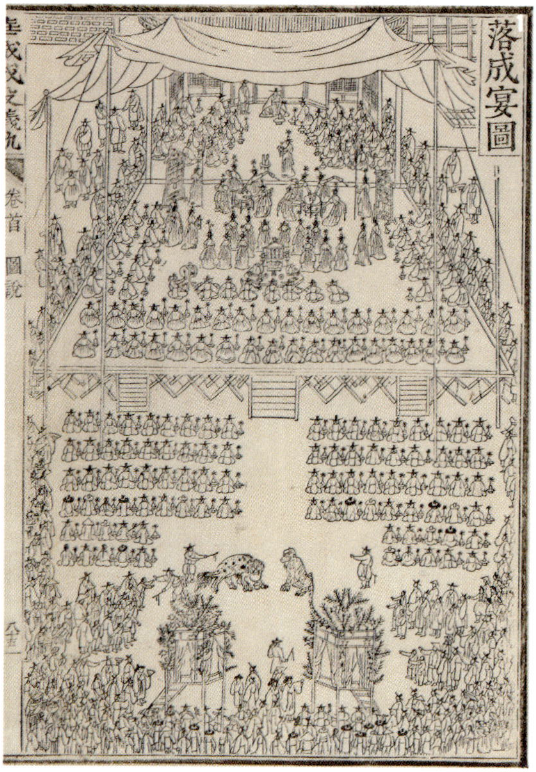

1 『화성성역의궤華城城役儀軌』 중 「낙성연도落成宴圖」.
서울대학교 규장각한국학연구원 소장.
1796년 정조 때 수원 화성 성역 완공 축하 기념식인 '낙성연'을 묘사한 그림이다. 그림 하단에는 취발이, 노승, 여인들이 타고 있는 두 개의 채붕綵棚이 매우 섬세하게 묘사되어 있으며, 채붕 위쪽에는 사자 탈춤과 호랑이 탈춤이 그려져 있다. 채붕은 누각의 형태로 나무 단을 만들고 오색 비단 장막을 늘어뜨린 가설무대이다.

2 『화성성역의궤華城城役儀軌』 중 「낙성연도落成宴圖」(부분).
탈춤인 '수영야유水營野遊' 제4과장은 「사자무」인데, 거기에 사자와 범이 함께 출연한다. "거대한 사자가 춤을 추며 등장한다. 사자 가면은 수영야류가면 중 가장 큰데, 사자의 두부頭部는 탈을 쓴 사람으로 형성되고, 동부胴部는 보자기(담요나 이불보)를 둘러쓴 사람(2인 또는 3인)으로 형성된다. 그러니까 자연히 보자기 속에 들어간 사람들끼리 조화된 춤을 추어야 한다. 악곡에 맞추어 사자가 사자춤을 한참 추고 있을 때, 범이 범춤을 추면서 등장한다. 사자와 범은 서로 으르렁대며 격투난무格鬪亂舞한다. 일장 투무鬪舞하다가 마침내는 범이 사자에게 잡아먹히게 되는 웅장한 무용극이다."(강용권 채록) 그리고 오른쪽 채붕 위에 칡베장삼을 입은 노장과 기생, 왼쪽 채붕 위에 술에 취해 얼굴이 붉은 취발이와 기생이 보인다. 이것이 바로 『경도잡지』에서 말한 만석춤, 곧 만석승무曼碩僧舞이다. 김재철의 『조선연극사』에 따르면, '만석중'은 가슴을 통하여 팔과 다리에 연결된 줄만으로 발로 차고 팔로 가슴을 치는 동작을 연출하는 인형극이다. 만석중과 함께 연출된 용, 잉어, 노루, 사슴 등도 간단하게 줄로 엮어 서로 다투는 모습을 연출한다. 담 구석에 붕棚을 설치한 것은 인형 조종자가 숨을 공간을 확보하기 위해서이다. 담장 쪽은 붕으로 가리지 않아도 되니 경제적이다.

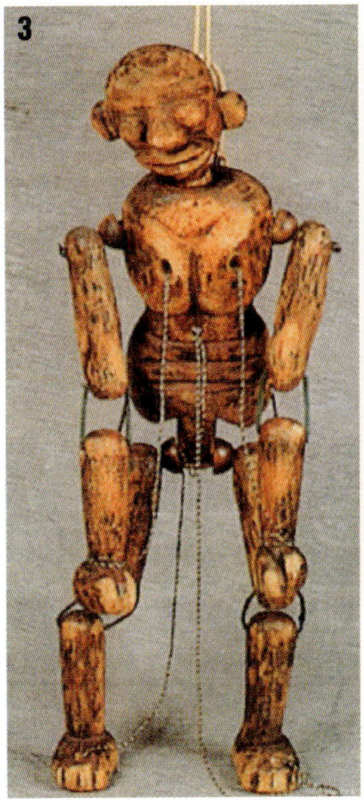

3 **만석중 인형.** 『문화재사랑』 Vol.164(문화재청, 2018.6).

만석중놀이에 쓰이는 인형들은 대부분 평면인 종이 인형인데, 만석중 인형만이 목각으로 된 입체 인형이다. 인형의 양손과 양다리 끝에 각각 실을 연결해 움직인다. 김재철의 『조선연극사』에 따르면, '만석중 인형'은 얼굴은 바가지로, 몸통과 팔다리는 나무로 만들어졌다. 나무로 만든 몸통의 가슴에 구멍을 두 개 뚫고 나서 오른쪽 구멍을 통해 오른팔과 오른발에 연결된 두 개의 끈을, 왼쪽 구멍을 통해 왼팔과 왼발에 연결된 두 개의 끈을 뒤쪽으로 펜 다음 등 뒤에서 네 개의 끈을 잡아당겨 양팔과 양발이 각각 가슴과 머리를 두드리도록 만들었다. 그리고 김재철은 역대 승려 중에서 '만석曼碩'이라는 승려의 이름이 확인되지 않고, 만석중이 거대한 인형인 까닭에 '넓고 커다란 중'이라는 뜻으로 '만석曼碩'이라고 작명한 것으로 보았다. 만석중의 인형은 꼭두각시놀음의 인형처럼 막대의 위쪽에 얼굴을 조각하고 옷을 입혀서 막대의 아래쪽을 손으로 잡고 조종하는 막대 인형인 장두괴뢰杖頭傀儡가 아니고, 신체 각 부위를 분리 제작하여 연결하고 줄을 매달아 신체 부위를 움직이도록 조종하는 줄 인형인 현사괴뢰縣絲傀儡라는 점에서 매우 귀중한 자료적 가치를 지닌다.

4 **만석중놀이. 만석중 인형.** 『문화재사랑』 Vol.164(문화재청, 2018.6).

만석중놀이 무대 뒤의 모습이다. 관색들은 이 물건들의 그림자를 보게 된다. 맨 왼쪽에 만석중 인형이 서 있다.

야희野戲

1 **아극돈**阿克敦(1685~1756), 「**봉사도**奉使圖」(제7폭 부분).
줄타기 등 마당놀이가 벌어지고 있다. 그런데 『경도잡지』에 따르면, 야희에서는 당녀唐女와 소매小梅가 춤을 춘다고 했다. 민속극 연구 초기에는 이들을 오늘날의 탈춤에서 볼 수 있는 왜장녀와 소무小巫일 것 같다는 의견이 제출된 바 있다. 그러나 "소매는 중국의 유명한 문신인 종규鍾馗의 누이동생인 소매小妹로서 '종규가매鍾馗嫁妹'의 고사는 중국에서 송, 금의 잡극雜劇, 원본元本, 명대의 잡극雜劇, 전기傳奇를 비롯하여 현대의 경희京戲에도 남아 있다. 그리고 후대의 나례儺禮는 방상씨方相氏가 자취를 감추고 (대신에) 종규가 구나驅儺의 중심인물의 하나가 되자 소매小妹도 함께 등장하였으니 (…) 나례의 소매小妹가 산대희의 소매小梅로 변하"(김학주)게 된 것이다.

2 **김준근, 「광대 줄타고」**. 『민속에 대한 기산의 지극한 관심』, 민속원, 2004, 101쪽.
줄광대가 악사들의 반주에 맞춰 줄 타는 모습을 그린 그림이다. X자로 교차한 작수목 사이로 이어진 줄 위에서 줄광대가 줄을 타고 있다. 줄광대는 고깔과 장삼을 입고 중놀이 대목을 연행한다. 줄 아래에는 어릿광대가 줄광대와 재담才談(익살과 재치를 부리며 재미있게 이야기함. 또는 그런 말)을 하며 분위기를 돋우고 있다. 오른쪽 위에는 삼현육각三絃六角을 갖춘 반주자들이 자리 잡고 있다.

3 **김준근, 「솟대장이 놀고」**, 『민속에 대한 기산의 지극한 관심』, 민속원, 2004, 99쪽.
솟대란 원래 소도蘇塗에서 유래한 민족적 용어로, 장대[장간長竿]를 뜻하는 것이다. 솟대쟁이패란 명칭은 이 패거리들이 벌이는 놀이판의 한가운데에 반드시 솟대와 같은 긴 장대를 세우고, 그 꼭대기로부터 양편으로 두 가닥씩 네 가닥의 줄을 늘여놓고 그 위에서 갖가지 재주를 부린 데서 비롯된 것이다. 그 옆에서는 죽방울 받기 놀이를 하고 있다. 두 명의 인물이 죽방울 채로 죽방울을 받아쳐 올리는 모습이다. 한 명은 채를 높이 치켜올리고, 다른 한 명은 죽방울을 쳐올리려고 한다. 죽방울은 장구 형태다.

4 **김준근, 「팔탈판」.**
『민속에 대한 기산의 지극한 관심』, 민속원, 2004, 105쪽.
가운데서 채찍을 들고 깨끼춤사위를 선보이는 광대는 말뚝이다. 붉은 탈을 쓴 그는 양반에 대립하는 인물로서 재담才談(익살과 재치를 부리며 재미있게 이야기함. 또는 그런 말)으로 속시원하게 상류층의 흉을 보아 듣는 이의 속을 뻥 뚫리게 만든다. 그 왼쪽으로 회색 장삼長衫(승려의 웃옷. 길이가 길고, 품과 소매를 넓게 만듦)을 입은 노장老丈(늙은 승려를 높여 이르는 말)은 용틀임을 닮은 거드름춤사위로, 장삼을 날개삼아 활개를 치며 느린 몸짓에 보폭을 크게 넓히고 있다. 그런 그를 지긋이 바라보며 어깨 짓을 하는 아낙은, 노장을 파계破戒(불교에서 죄를 금하고 제약하는 계戒를 받은 사람이 그 계율을 어기고 지키지 아니함)로 몰아넣는 소무이다. 노장 옆에 붉은 부채를 든 샌님은 작은 갓을 쓰고, 뭔가에 놀란 듯 눈을 내리깔고는 뒷걸음질을 치고 있다. 샌님을 놀라게 한 것은 옷차림은 여자이나, 얼굴에서 남성의 기운이 느껴지는 여장남자의 할미다. 주름 잡힌 얼굴과 거뭇한 수염 자국은 남성의 것이나 치마저고리를 입고 엉덩이를 좌우로 흔들어대는 동작은 젊은 여성 같다. 할미 오른쪽으로 선 양반은 양팔을 펴서 도포자락을 좌우로 휘날리며 갈 지之자로 움직이고, 상좌는 손에 한삼을 끼고 위로 뿌리며 뛰는 춤사위를 선보인다.

5 **가면을 쓴 모습.** 『사진엽서로 보는 근대풍경』 6 - 관광 · 풍속, 민속원, 2009, 374쪽.

6 **덧뵈기.** 문화재청 국가유산포털.
덧뵈기는 남성으로 구성된 연희 집단인 남사당패가 각 지방을 유랑하며 공연하던 가면극이다. 덧뵈기는 지역 전승의 가면극에 비해 의식성이 약한 대신 관중의 흥미에 영합하는 현장성이 풍부하며, 춤보다는 재담과 연기가 더 우세하다. 참고로 남사당놀이는 풍물, 덧뵈기, 살판, 어름, 덜미, 버나 등의 여섯 가지 놀이로 구성된다.

— 도희賭戲, 투전 노름 —

투전投箋은 종이 패 같은 것이다. 인人, 어魚, 조鳥, 치雉, 성星, 마馬, 장獐, 토兎 등 1부터 9까지 있고, 각각에는 장將이 있는데, 인장人將은 황皇, 어장魚將은 용龍, 조장鳥將은 봉鳳, 치장雉將은 응鷹, 성장星將은 극極, 마장馬將은 승乘, 장장獐將은 호虎, 토장兎將은 취鷲다. 이 여덟 개에 각 10장씩 하여 총 80장인데, 그것을 팔목八目이라고 한다. 이것들 중에서 인人, 어魚, 조鳥, 치雉를 노老라 하고, 성星, 마馬, 장獐, 토兎를 소少라 한다. 투전의 글자는 전서篆書 같기도 하고 초서草書 비슷하기도 해서 기괴하다.

投箋者紙牌類也. 人魚鳥雉星馬獐兎自一至九, 人將曰皇, 魚將曰龍, 鳥將曰鳳, 雉將曰鷹, 星將曰極, 馬將曰乘, 獐將曰虎, 兎將曰鷲. 凡八十葉號爲八目. 人魚鳥雉用老, 星馬獐兎用少. 箋字似篆似草, 奇恠.

투전投箋(鬪牋, 投錢, 投牋)

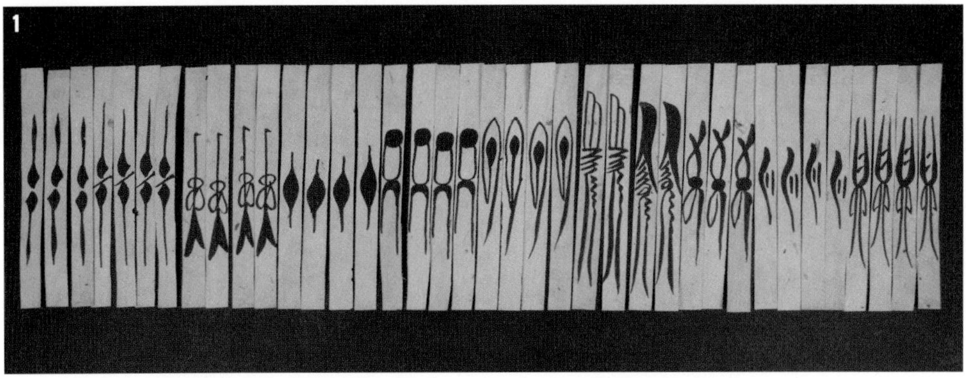

1 **투전.** 국립민속박물관 소장.

투전이 언제 들어왔는지에 대해서는 여러 이견이 있다. “투전놀이가 어느 시대에 시작되었는지는 알 수 없으나 숭정崇禎 말엽에 장현張炫(1613~?)이 북경에서 배워 가지고 왔다”(『청성잡기靑城雜記』)라고 한다. 좀 더 자세하게는 “숙종 때 역관 장현은 옥산부대빈玉山府大嬪의 부父 형炯의 조카로 후에 반역죄로 죽임을 당했는데, 중국의 법을 약간 변화시켜 이 기技를 만들었다”(『오주연문장전산고五洲衍文長箋散稿』)고 하였다. 이 주장에 따르면, 투전은 대략 17세기 중엽에 들어왔다. 우리나라의 대표적 노름이었다고 할 수 있는 투전은 영조 초기부터 널리 퍼져서 서울은 물론이고 전국 각지에서 크게 유행했다. 투전의 한자 표기도 다양했다. ‘投箋’(『경도잡지』), ‘鬪牋’(『청성잡기』), ‘投錢’(『담헌서』), ‘投牋’(『임하필기』) 등이 그것이고, 그 외에 ‘구전鬮牋’(『오주연문장전산고』), ‘투패鬪牌’(『목민심서』), ‘두철頭鐵’(『아언각비』) 등으로 표기했다. ‘마조馬弔’, ‘지패희紙牌戲’, ‘엽자희葉子戲’는 투전을 달리 부르는 말이었다. 『경도잡지』에서 언급하고 있는 투전은 수투전數鬪牋이다. “현행의 투전에는 아속雅俗의 2종이 있는데, 문아文雅한 인사들이 행하는 것”이 수투전이다. “일반 대중들 사이에서는 그저 투전이라” 했는데, 40매로 하는 ‘돌려대기(갑오잡기)’가 득실이 제일 크게 나서 가장 많이 행해졌다. 그 외에 같은 끗 세 짝을 맞추는 ‘동동이’, 3인 1조로 15끗 잡기를 하는 ‘가구’, 4~5명이 한 조로 판을 돌린 장 이외에 한 장씩 더 뽑아서 우열을 다투는 ‘우동뽑기(단장대기)’, 그리고 ‘가구’ 중에 5점 3엽葉으로 15를 내는 ‘대방진주’, 1과 4로 되는 ‘여사’, 2와 1로 되는 ‘빵빵이’ 등이 더 있었다. 이 “투전은 대개 수투전의 오락적 기능을 누르고 도박성을 확대하여 만든 것”(『조선상식』)이다. 노름꾼 뒤에는 돈을 꾸어주는 분전노分錢奴가 있었고, 빚을 얻은 이가 계약서대로 이행하지 못할 때에는 수령에게 고소하여 법률의 힘을 빌리기까지 했다. 그러나 농촌 사람들은 현금이 없게 마련이므로 중간 착취자인 설주卨主가 끼어들어 노름을 조장했다. 노름꾼들은 이 설주에게 가축이나 농산물 따위를 시가의 반값으로 저당 잡혔으며, 설주는 자기의 도장을 찍은 개인 돈, 곧 사전私錢을 발행했다. 노름이 끝나면 설주는 그 돈을 현금으로 바꾸어주고 가축이나 작물을 자기 것으로 삼았는데, 이러한 노름을 ‘셈노름’이라 했다.

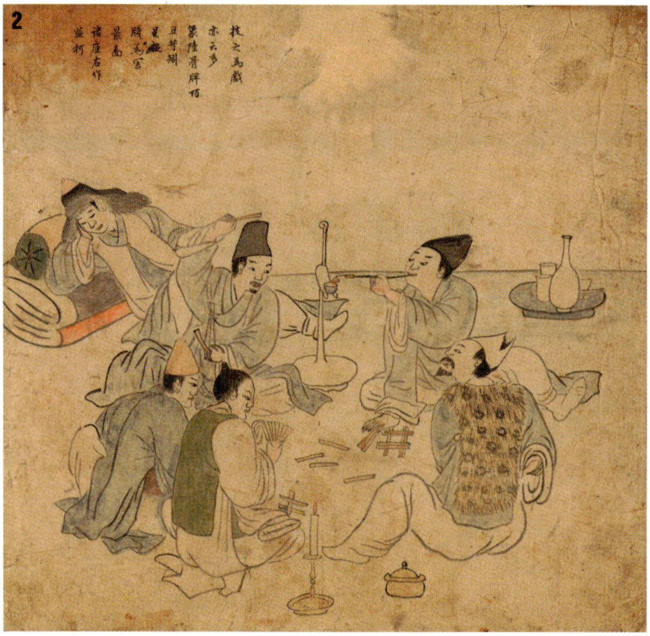

2 **성협, 『풍속화』.** 국립중앙박물관 소장.

"세상에서는 '남초(담배)를 피우지 않고 투전을 하지 않으면 어찌 사람이라 할 수 있겠는가'라고까지 말"하거나 "투전도 하지 않고 농담과 욕도 하지 않으면 사람들과 어울리며 세상을 살아갈 수 없다"(『무명자집無名子集』)라고 하니, 당시 사람들이 투전에 얼마만큼 빠져들었는지 알 만하다. 그러다 보니, 이른바 '타짜'들도 자연스레 등장했다. "장현이 처음에는 국수國手로 일컬어졌다"(『청성잡기靑城雜記』)라는 전언에서 보듯이, 투전의 초대 국수는 투전을 도입한 장현이었다. 그림으로 제시하지는 않았지만, 김홍도의 아들인 김양기金良驥가 그린 「투전도」(개인 소장)를 보면, 눈여겨 보아야 할 물건들이 있다. 우선 요강이다. 잠시 밖에 나가 볼일을 볼 틈도 없이 투전에 매달리고 있음을 알 수 있다. 촛불이 있는 것으로 보아 밤새 놀았음도 짐작이 가능하다. 술상도 있고, 음식을 들고 들어오는 아낙네도 있으며 시계도 걸려 있고 옷걸이도 보인다. 특히 쉬면서 잠을 청하고 있는 사람으로 보아 저 집은 전문적으로 투전판을 제공하는 공간임을 알 수 있다.

3

4

3 「**투전도**」. 국립민속박물관 소장.

투전을 하고 있는 모습을 그린 그림이다. 원을 그리고 둘러 앉아서 투전을 하는 사람, 구경꾼, 술상을 차려 놓고 연죽煙竹을 물고 있는 여인 등을 그렸다. '투전 열풍'은 패가망신으로야 끝을 보았다. 그러고도 "기세가 양양하"니 더 볼 것이 없다. "세상에는 스스로를 해치고 내버려서 패가망신하는 일인데도 한번 빠져들면 제정신을 잃고 돌아올 줄 모르는 것이 세 가지가 있으니, 술과 여색과 투전이다"라는 말이 결코 과언이 아니다. 그림에는 양반과 상민, 그리고 노소가 섞여 있다. 투전에는 상하노소가 따로 없었음을 알 수 있다. "세상에서는 '남초를 피우지 않고 투전을 하지 않으면 어찌 사람이라 할 수 있겠는가'라고까지 말"하거나 "투전도 하지 않고 농담과 욕도 하지 않으면 사람들과 어울리며 세상을 살아갈 수 없다"라고 하니, 당시 사람들이 투전에 얼마만큼 빠져들었는지 알 만하다. 미치광이처럼 한곳에 모여들어 빼곡히 둘러앉아 낮이나 밤이나 쉬지 않으니, 여기에 빠지면 좋은 술과 아리따운 계집으로도 견주지 못하고, 승부를 걸면 한 번에 100만 전을 던져도 많다고 여기지 않는다.(『무명자집無名子集』)

4 『**사법제도연혁도보**』. 서울대학교 중앙도서관 소장.

김윤보金允輔(1865~1938)의 「포교포잡기인捕校捕雜技人」은 포교들이 투전꾼들을 습격하는 장면을 묘사했는데, 저 집이 바로 전문 도박장이다. 요즘 말로 하면 '하우스'다.

여러 서체들

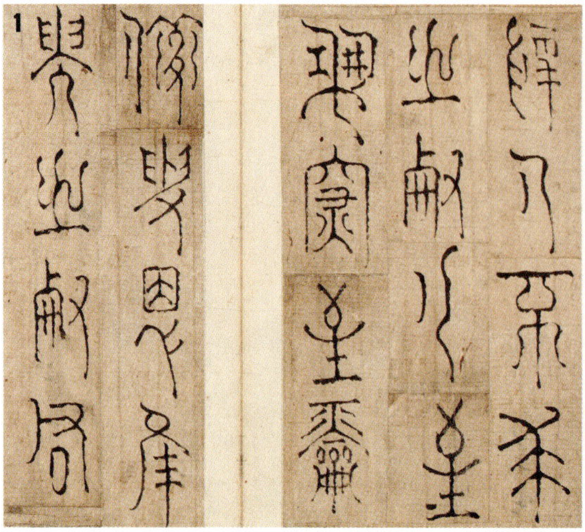

1 **허목**許穆(1595~1682)**의 전서**篆書. 국립중앙박물관 소장.

전서는 예서와 함께 진한秦漢 시대까지 널리 사용된 서체로서 고문古文, 대전大篆, 소전小篆 등의 종류가 있다. 이러한 서체들은 고문古文의 범주에 속한다고 할 수 있다. 그리고 전서는 쓰임에 있어서 간략화되거나 정비되기도 하였는데, 그중 소전은 진秦 나라 때 체계적으로 정비가 이루어져 이후에는 전서의 전형으로 여겨져 오고 있다. 전서의 역사에서 마지막 단계의 서체인 소전은 중후하고 안정감을 주는 글자체다. 비석의 머릿부분인 두전頭篆에는 통상적으로 전서를 사용했으며, 전통 시대 뿐만 아니라 요즘에도 도장을 새길 때 전서를 이용하는데, 이는 전서의 중후한 맛과 권위적인 멋이 남아 있기 때문이다. 이러한 전서는 초서草書, 행서行書, 해서楷書와 같은 쓰기 편리한 서체가 출현하자 이어져 나온 예서隸書와 함께 장식적이고 의례적인 용도로만 사용되었다.

2 **양사언**楊士彦(1517~1584)**의 초서**草書. 국립중앙박물관 소장.

초서는 행서行書를 빠르게 쓰기 위하여 짜임새와 필획을 생략하여 곡선 위주로 흘려 쓰는 한자 서체를 말한다. 초서의 발생에 대하여는 일반적으로 행서가 출현한 뒤 이를 쓰기에 편리하고 속서速書(빠르게 씀)할 수 있도록 짜임새와 필획筆劃(글자를 구성하는 점과 획)을 간략하게 한 것으로 알려져 있지만, 기록상으로 볼 때, 전서를 사용하였던 중국 전국시대에 이미 초고草藁라 하여 속사를 위한 초체草體가 있어 정체正體와 구별되었다고 한다. 따라서 넓은 뜻에서의 초서는 모종의 자체를 초략草略(거칠고 간략함)한 서체 모두를 가리킨다고 하겠다.

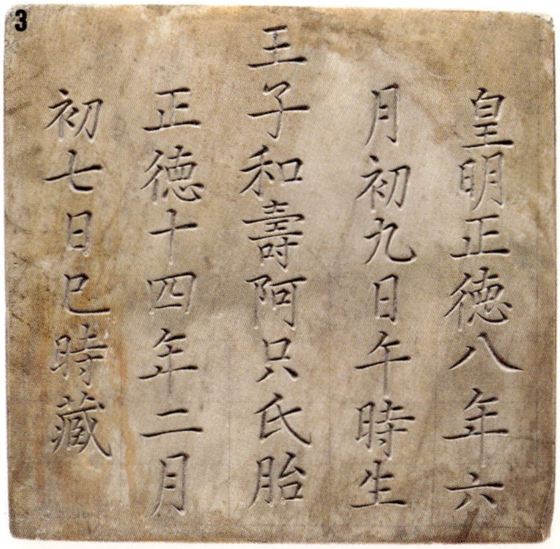

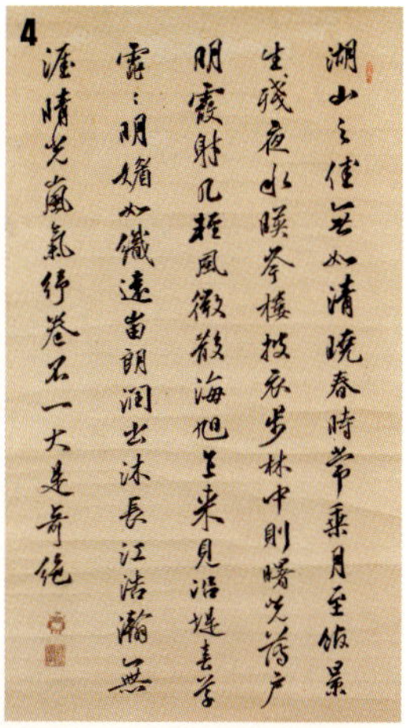

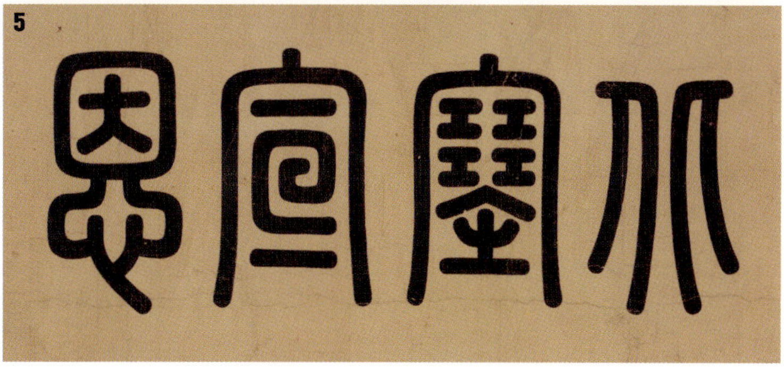

3 **화수왕자 태지명**和壽王子胎誌銘**의 해서**楷書. 국립중앙박물관 소장.
해서에는 두 가지 뜻이 있는데, 법도法度를 갖추어서 모범이 되는 서법이라는 뜻이 그 하나이고, 정서正書(글씨를 흘려 쓰지 아니하고 또박또박 바르게 씀. 또는 그렇게 쓴 글씨) 혹은 진서眞書(바른 글씨)로서 자체가 단정하고 용필用筆이 법에 맞는다는 것으로 행서行書나 초서草書처럼 흘려쓰지 않는다는 뜻이 있다. 주로 공문서에 이용된 양식이며, 글자의 모서리가 깔끔하고 다양한 두께의 곧은 획이 특징이다. 참고로 '태지명胎脂銘'은 '탯줄을 담아 묻은 함에 새긴 글자'라는 뜻이다.

4 **인조**仁祖**의 행서**行書. 국립중앙박물관 소장.
행서는 해서와 초서의 중간 형태로 해서의 획을 약간 흘려 쓴 것이다. 봄날 새벽의 맑은 기운과 느낌을 행서체로 썼다.

5 **한시각**韓時覺(1621~?)**의 예서**隸書. 「북새선은도北塞宣恩圖」, 국립중앙박물관 소장.
「북새선은도」는 1664년 함경도 길주에서 실시된 문무과 과거 장면을 그린 기록화이다. 두루마리 형식의 첫머리에는 '북새선은北塞宣恩'이라는 제목이 예서체로 쓰여있다. 예서는 전서篆書보다 간략하고 해서楷書에 가까운 서체로, 번잡한 전서를 생략하여 만든 것인데, 노예와 같이 천한 일을 하는 사람도 이해하기 쉽도록 한 글씨라는 뜻에서 붙은 이름이다.

— 시포市鋪, 시장과 점포 —

비단, 명주, 종이, 베를 파는 큰 점포들은 종가鐘街를 끼고 들어서 있고, 나머지는 여기저기에 흩어져 있다. 장을 보는 사람들은 아침 일찍 배오개[이현梨峴]와 소의문昭義門 밖에 모여 있다가 정오에는 종로에 모인다. 서울에서 소비되는 것으로 동부東部 시장에는 채소가, 그리고 칠패七牌 시장에서는 생선이 가장 많이 팔린다.

남산 아래에서는 술을 잘 빚고, 북부에는 떡집이 많아서 남주북병南酒北餠이라 한다.

약을 파는 점포인 약포藥鋪는 갈대로 만든 갈대발[위렴葦簾]에 신농유업神農遺業, 만병회춘萬病回春 등을 써서 걸어놓는다. 약을 파는 사람은 모두 봉사奉事라 부른다.

緞紬紙布諸大舖挾鍾街而居, 餘皆散處. 凡趨市者, 晨集于梨峴及昭義門外, 午集于鍾街. 一城之所需者, 東部菜七牌魚爲盛. 南山下善釀酒, 北部多賣餠家, 俗稱南酒北餠. 藥舖垂葦簾揭神農遺業萬病回春等號, 賣藥者皆稱奉事.

시장과 시전市廛

1

2

1 **김준근, 「시장」.** 『민속에 대한 기산의 지극한 관심』, 민속원, 2004, 167쪽.

장날이 되면 인근 각 지역의 주민들이 그들의 잉여생산물을 가져다 다른 물건과 바꾸거나 팔아서 다른 물건을 구입하였고, 몇 개의 시장을 그 판매권으로 하던 보부상 조직은 시장의 전문상인 노릇을 하였다. 그림에서 장터 한가운데에는 나무틀에다 햇볕가리개를 씌워 임시로 세운 점포 안에 갓 쓴 이들이 앉아 포목을 팔고, 그 뒤로는 지게에 목판을 올려놓은 이, 엿장수 등이 서서 손님을 기다린다. 그림의 오른쪽에서는 곡물을 팔고 있다. 그림 위쪽에는 소가 거래된다. 왼쪽 아래편에는 인근 주민들이 곡물을 머리에 이거나 지고 팔러 들어오고, 그 옆 장터 입구에는 갓에 두루마기 차림인 거간꾼인 듯한 사람이 그들에게 흥정을 건다. 그 옆의 두 사람은 마주 보고 서서 이야기를 나누고 있다. 시장은 옛날 바깥세상의 정보가 교환되는 장소이기도 하였다. "서울에 세 군데 큰 장이 서는데, 동편은 배오개[이현梨峴], 서편은 소의문昭義門, 중앙은 운종가雲從街다. 모두 좌우 양편으로 전이 늘어서 은하수처럼 벌여 있다. 온갖 장인바치며 장사치들이 저마다 가진바 물건들을 내놓으매 사방에 쌓인 물화가 구름처럼 밀리고 물처럼 모인다. 시민들은 이곳에서 관대冠帶, 의복, 신발 그리고 식료품을 구입하는 것이다. 이에 만인의 눈이 쏠려 오직 이익 그것을 바라고, 만인의 입이 지껄이며 오직 이익 그것을 꾀한다. 한 사람이 팔려 하고 한 사람이 사려 하매 또 한 사람이 거간을 서, 해가 뜨면 모이고 해가 지면 파한다. 장판에 다니면 어깨와 등이 서로 부딪히고 서 있어도 갓을 바로 쓰지 못한다. 간교한 소인들이 고기 못을 이루고 새떼를 지어, 그곳에 출몰하며 사람을 현혹시킨다. 심한 놈은 주머니를 슬쩍해서 남의 돈을 빼앗고, 그다음은 거짓을 꾸며서 유리하게 팔아넘긴다."(『담정총서潭庭叢書』) 그런데 「성시전도응령城市全圖應令」에서는 "배오개, 종루鍾樓와 칠패七牌 / 바로 도성의 3대 저자라"고 했다. 한편 『동국여지비고東國輿地備考』에 따르면 "세상에 전하기를, 신무문神武門 밖 북쪽에 예전에 시장이 있었는데, 지금은 상고할 수 없다. (지금 시장은) 모두 네 곳에 있다. 종루가상鐘樓街, 이현梨峴, 칠패七牌, 소의문 바깥이다."

2 **김홍도, 「장터길」.** 『단원풍속도첩檀園風俗圖帖』, 국립중앙박물관 소장.

『경도잡지』에서는 "장을 보는 사람들은 아침 일찍 배오개와 소의문 밖에 모여 있다가 정오에는 종로에 모인다"고 했다. 그런데 여기서 "장을 보는 사람들"의 원문은 "추시자趨市者"이다. 앞을 다투어 달려간다는 말이다. "이른 아침 남대문에서 성안으로 쇄도하는 말은 이삼천이라는 막대한 수에 달했다. 당시 남대문은 야간에 폐문했기 때문에 아침 일찍 문 열기를 기다리다 앞을 다투어 시내로 들어갔던 것이다. 정각 두세 시간 전부터 지켜 섰다가 서로 앞다툼을 하는 판이니 날마다 싸움질이 끊이지 않았다 하며, 일단 개문이라고 하면 그야말로 노도怒濤와 같은 형세로 말, 소, 사람, 짐들이 한꺼번에 쏟아져 들어가는 것이었다.(『한국사회풍속야사』) 그런데 왜 이렇게 몰려갈까? 바로 좋은 물건을 남들보다 싸게 사려 하기 때문이다. 참고로 이 그림은 산모퉁이를 돌아가는 한 무리의 가마 행렬을 그린 것이다. 앞서가는 소와 가운데에 있는 말등에 아무 것도 실리지 않은 것으로 보아 장터에서 물건을 다 팔고 돌아가는 길인 듯하다. 장사가 잘 되었는지 전체적으로 밝고 경쾌한 느낌이다.

운종가雲從街의 약도와 배치도

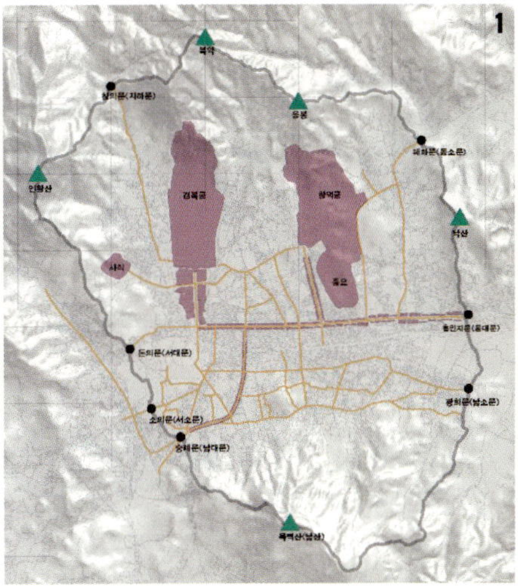

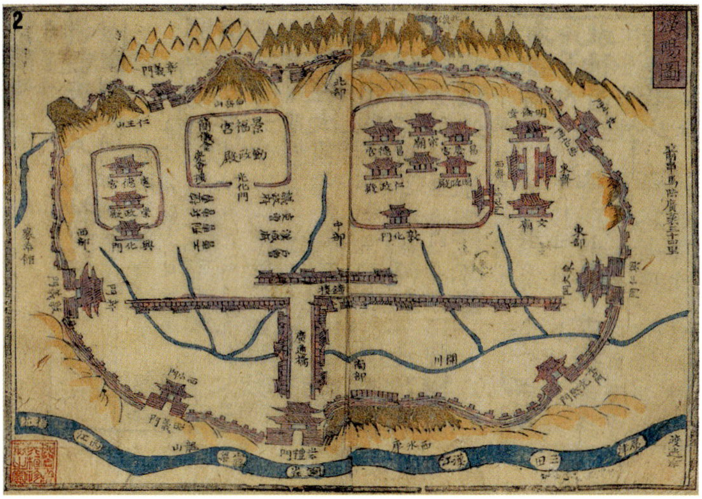

1 **조선 전기 서울 도성 내 궁궐, 종묘사직 및 시전 행랑.** 서울역사박물관 소장.
가운데 가로 일직선으로 그어진 도로가 운종가雲從街이다. 운종가는 시간을 알리는 종鐘이 설치되었던 종루鐘樓, 鐘閣로 인해 이름 붙여진 종루가鐘樓街라고도 불렸다. 조선 초기 관청의 주도로 만들어진 운종가는 지금의 광화문사거리부터 홍인지문까지 이어진 조선의 가장 넓은 길이었다. 기록상으로는 1410년(태종 10)에 시전市廛(관아에서 임대하여 주고, 특정 상품에 대한 독점 판매권과 허가 없이 길에 함부로 벌여 놓은 가게인 난전亂廛을 금지하는 특권을 주는 대신 관아에서 필요로 하는 물품을 바칠 의무를 부과함)의 구역 정비로 업종별 거래 공간이 나누어졌고, 1412년(태종 12) 2월부터 본격적으로 행랑行廊(서울의 큰 거리 양쪽에 줄지어 세운 상점. 특히 종로鍾路의 육주비전六注比廛이 유명함)을 짓기 시작했다.

2 **위백규, 「한양도**漢陽圖. 서울역사아카이브 소장.
이 「한양도」는 위백규가 1770년에 저술한 『환영지寰瀛誌』 안에 있는 여러 지도 중의 하나이다. 이 지도는 당시 도성 안의 대표적인 건물인 궁성, 사대문, 관청, 종가鍾街 등과 한강, 청계천, 북한산, 백악산, 인왕산 등의 지형지물을 간결하게 묘사하고 있다. 특히 종가의 시전市廛이 강조되어 있어 운종가의 행랑 규모를 잘 보여준다. 참고로 경복궁의 오른쪽에는 1760년(영조 36)에 경희궁慶熙宮으로 이름이 바뀐 경덕궁慶德宮이 표기되어 있는 것으로 보아, 1760년 이전에 제작된 것으로 추정된다.

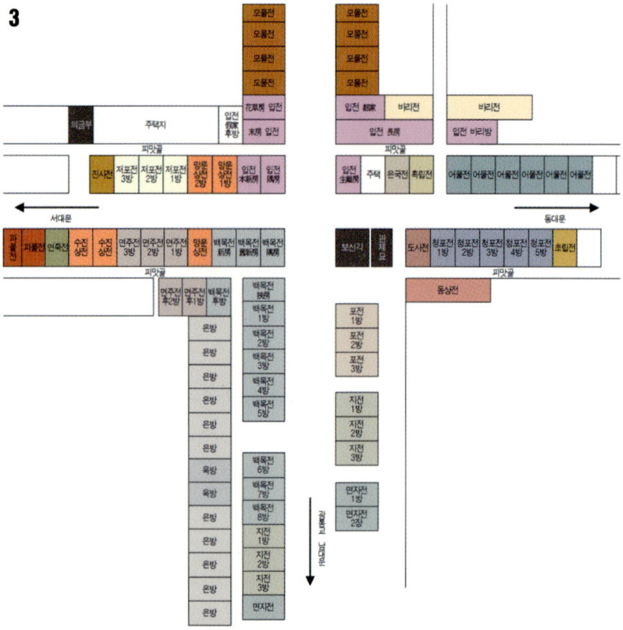

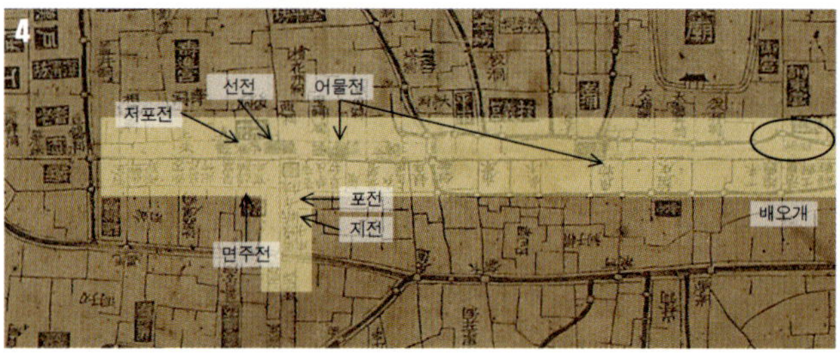

3 **조선 시대 말기 종각 주변의 시전 배치도.**

시전市廛으로 상품을 독점해서 판매할 수 있는 전매專賣 특권과 국역 부담의 의무가 큰 여섯 종의 상전商廛, 곧 선전線廛, 면주전綿紬廛, 면포전綿布廛, 지전紙廛, 포전布廛, 어물전魚物廛을 육의전六矣廛 혹은 육주비전六注比廛이라고 한다. 시전 중에서 규모가 가장 크고 이익이 많이 나는 선전에서는 중국산 비단을, 면주전에서는 국산 비단을, 면포전에서는 무명과 은을, 지전에서는 종이를, 포전에서는 삼베를, 어물전에서는 생선과 건어물, 그밖에 저포전苧布廛에서는 모시를, 도자전刀子廛에서는 보석과 장신구를 팔았다.

4 **육의전六矣廛 배치도.** 「수선총도首善總圖」(부분). 서울역사박물관 소장.

종로 시전의 개략적인 배치를 알 수 있다. 오늘날 종로에 해당하는 운종가는 조선의 수도인 한양을 동서로 가로지르는 큰길을 중심으로 그 양쪽에 국가에 물품을 납품하는 육의전六矣廛을 비롯하여 시전市廛들이 즐비했다. 대체로 육조거리가 끝나는 광화문 네거리에서 시작해 종각에서 남쪽으로 방향을 바꾸어 광통교를 지나 숭례문까지 길이 이어졌다.

근대의 운종가

1 **1920년 종로거리.** 서울역사아카이브 소장.
서쪽을 바라보며 찍은 사진으로 멀리 인왕산의 줄기가 보이고, 직선으로 이어진 길 좌측으로 약간 꺾어 언덕을 올라가면 서대문인 돈의문敦義門이 있었다. 좌측에 지붕에 하얀 선으로 된 용마루가 보이는데, 그 오른쪽이 보신각普信閣이다.

2 **종로 시전 풍경.** 『한국풍속풍경사진첩韓國風俗風景寫眞帖』(1910).

3 **종로 시전의 잡화점.** 『조선풍경인속사진첩朝鮮風景人俗寫眞帖』(1911).

4 **종로거리.** 『한반도韓半島』(1906).

남대문시장

1 **옛 경성 남대문통.** 『사진첩 조선寫眞帖朝鮮』(1921).

소달구지가 보이는 이 사진은 『경성부사』 제1권(1934)에도 동일한 것이 수록되어 있는데, 거기에는 1895년에 촬영하였다는 설명문이 있다. 남대문 밖 시장 가게들이 보인다.

2 **경성 남대문 거리.** 『한국풍속풍경사진첩韓國風俗風景寫眞帖』(1910).

남대문 문루에서 성문 안쪽 남대문로 일대를 포악한 전경 사진이다. 저 멀리 명동성당과 상동교회가 보이고, 도로의 오른쪽에는 전차선로가 지나는 모습이 눈에 띈다. 가게마다 간판을 걸어놓은 것이 인상적이다.

동대문[배오개]시장

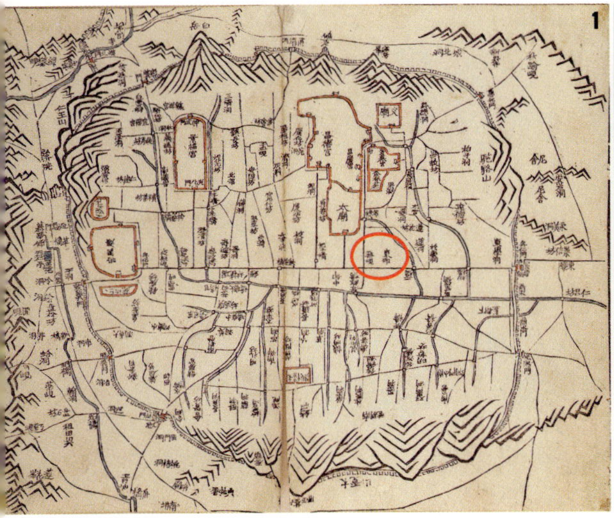

1 「**도성도**都城圖」. 『대동여지도大東輿地圖』(1861), 서울대학교 규장각한국학연구원 소장.
배오개인 이현梨峴, 곧 동대문시장의 위치를 알 수 있다.

2 **1900년 초 동대문시장.** 『조선풍속풍경사진첩朝鮮風俗風景寫眞帖』(1911), 국립민속박물관 소장.
전차선로와 전신주가 늘어선 길의 끝에 동대문이 보이고, 그 왼쪽에는 한성전기주식회사가 세운 화력발전소의 큰 굴뚝이 연기를 품고 있다. 배오개시장은 동대문 안쪽으로, 현재 광장시장의 뿌리가 된 곳이다. '이현梨峴'은 종로구 인의동에 있었던 고개를 말한다. 창경궁 동남쪽에 있던 이현은 원래 숲이 울창해서 짐승과 도깨비가 나온다고 하여 '도깨비고개'라고도 했고, 고개가 험해 대낮에도 100여 명이 모여야 넘어갔다고 하여 '백고개' 혹은 '백재' 또는 '백채'라고도 불렀으며, 고개 입구에 배나무가 많아서 '배고개', '배오개'라고 불렀다. 길을 넓히면서 고개를 없애버렸고, 지금의 예지동과 인의동에서 종로 5·6가에 이르는 거리를 아울렀다. 배오개시장은 동북 지역에서 서울로 향하는 상품들이 일차로 모이는 시장이었다. 그러므로 함경도 지역에서 운반된 북어가 팔렸으며, 다른 한편에서는 서울 근교에서 상업적으로 재배된 채소들이 주로 팔렸다. 18세기 이후 도성 밖 산지가 대거 기경지起耕地로 개간되면서 교외에 상업적 농업지대가 형성되기 시작했다. 서울의 도시화가 급속하게 진행되면서 서울 주민의 대다수는 일용할 찬거리를 시장에서 구입해 먹는 도시민으로 바뀌었기 때문에, 교외에 채소, 과수 농업과 약초 재배업 등이 발달한 것이다. 대표적인 경우를 보면 동대문과 서대문 밖에서는 미나리가, 독립문 주변에서는 무와 배추가 비교적 많이 재배되었다. 특히 왕십리에서는 무, 살곶이다리에서는 순무, 석교에서는 가지·오이·수박, 연희궁에서는 고추·부추·해채, 청파에서는 미나리, 이태원에서 토란 등이 주로 재배되었다. 그 대표적인 시장이 이현, 곧 배오개시장이었던 것이다.

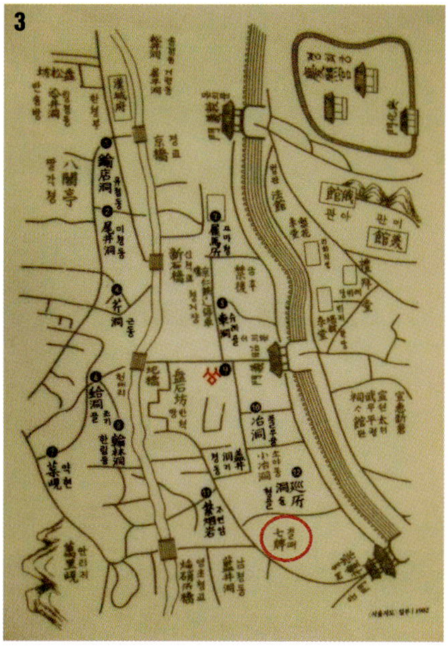

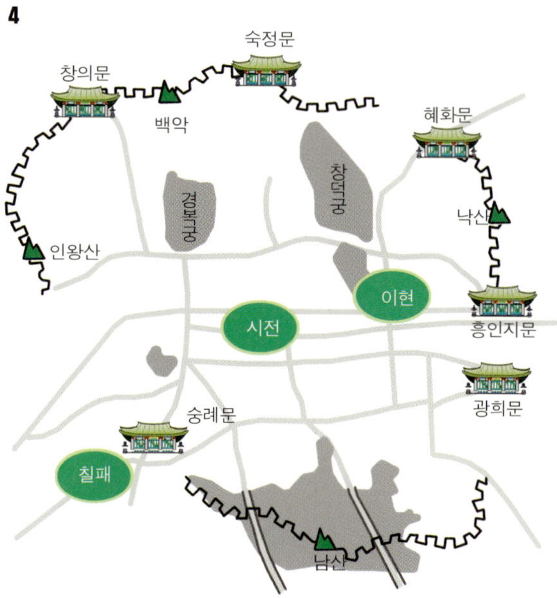

3 **한양지도**(1902). 서소문성지역사박물관, 직접 촬영.

4 **칠패시장의 위치.**

서소문과 남대문 사이에서 번성한 칠패시장은 서울의 관문인 경강 지역과 가까웠기 때문에 서해에서 들어오는 각종 어물과 미곡 등이 판매되었다. 시전 중 하나인 외어물전은 서소문에 있었는데, 이 지역은 칠패시장과 매우 가까웠고 마포, 서강, 동작진銅雀津을 장악할 수 있어서 배 주인들, 그리고 배로 옮기는 어물과의 접촉이 가능했기 때문에 서울로 반입되는 수산물은 외어물전과 거래하기가 쉬웠다. 덕분에 칠패시장은 그 규모가 나날이 커져갔다. 1808년에 지어진 『만기요람萬機要覽』에 따르면 순청동巡廳洞, 만리재[萬里峴], 작작동灼灼洞의 돌모루[석우石隅]까지를 칠패라고 했는데, 이후 남대문 밖에서부터 청파를 중심으로 하여 서빙고, 마포, 용산을 두루 아우르는 지역을 일컫게 되었다. 여기에는 물론 그 지역의 인구 증가가 큰 몫을 했다. 정조 14년(1790)의 호구조사에 따르면 서울 오부 중 칠패가 속한 서부의 호구 수가 제일 많다. 중부 4,382호 · 동부 7,634호 · 남부 9,970호 · 북부 5,817호인 데 반해 서부는 11만 6,371호였다. 농촌에서 유리된 인구가 도시로 집중된 결과이다.

약포藥鋪와 약방藥房

1

2

1 **약포**. 나카무라 킨죠, 권혁희 해제, 『조선풍속화보』, 민속원, 2008, 134쪽.
약포藥鋪는 동현銅峴, 곧 구리개 좌우에 늘어서 있었다. 구리개는 지금의 중구 을지로 입구 일대를 말하는데, 진흙길 언덕으로 되어 있어 그렇게 불렸다. 구리개에 약포가 몰려 있었던 것은 조선 초부터 500년간 의약과 일반 서민의 치료를 맡은 혜민서惠民署가 그곳에 있었기 때문이다. 약포는 약을 판다는 일종의 간판으로 갈대발에 '신농유업神農遺業'이니 '만병회춘萬病回春'이니 하는 글자를 써서 걸어놓았다. '만병회춘'이야 모든 병을 낫게 해서 청춘을 되돌려준다는 뜻이니 '만병통치'와 통한다 하겠다. '신농유업'에서 '신농'은 중국 신화시대의 농업과 의약의 신이고, '유업'은 대대로 물려받은 사업이라는 말이니, 약포의 상징으로 제법 적당하다 하겠다.

2 **조선의 약방**. 『일본지리풍속대계日本地理風俗大系』(1930).
간판을 보아 약방 이름은 '성은당약방聖恩堂藥房'인 것으로 보인다. 원문에서는 조선의 한방 약방을 소개하면서 조선이 예로부터 위생 사상이 결핍되어 있고 길가의 우물 역시 불결하기 때문에 콜레라 등의 전염병이 많았다고 설명하고 있다. 매년 약령시藥令市가 열리면 각지에서 진귀한 나무껍질과 풀뿌리가 모여 시끌벅적하다고 덧붙이고 있다.

시문詩文, 시와 문장

아이들에게는 먼저 주흥사周興嗣의 『천자문千字文』을, 그 다음에 증선지曾先之의 『사략史略』과 소미少微 강지江贄의 『통감通鑑』을, 그러고 나서 『소학小學』을 가르친 후에 다른 책들로 넓혀간다.

봄과 여름에는 초본당시抄本唐詩를 읽는데, 송지문宋之問이 한식寒食에 대해 읊은 시가 제일 먼저 나와 있기 때문에, 그것을 흔히 '마상당음馬上唐音'이라고 부른다.

민간에서는 『전등신화剪燈新話』를 좋아하는데, 이두문吏讀文을 배우는 데 도움이 되기 때문이다. 『전등신화』는 명나라 구우瞿佑가 지은 소설로서 우리나라의 수호자垂胡子 임기林芑가 본문의 뜻을 주로 달아 알기 쉽게 풀이하였다.

유생들은 하과夏課, 곧 여름에 과거시험 준비를 위해 산속 절과 정자에 모여 시부詩賦 짓기를 연습하는데, 그것을 접接이라 한다. 시는 제목 중 한 글자를 운韻으로 삼아 스무 개의 운韻을 짓는데, 다섯 번째와 여섯 번째 운을 입제立題라 하고, 일곱 번째와 여덟 번째 운을 포두鋪頭라 하며, 아홉 번째와 열 번째 운을 포서鋪敍라 한다. 조금씩 층절層節을 변화시켜 회제回題에 이른다. 부는 삼십 개의 운을 쓰는데, 일곱 번째와 여덟 번째 운을 파제破題라 하고, 아홉 번째와 열 번째 운을 포두鋪頭라 한다. 그 나머지는 시와 대략 같다.

시율詩律을 속칭 풍월風月이라 하는데, 음풍영월吟風詠月이라는 의미다. 시를 짓는 모임에서는 염운拈韻, 곧 바둑알을 모아놓고 거기에 쓰여 있는 글자를 뽑아 시의 운으로 삼는다. 지은 시들을 청색, 황색, 홍색, 백색의 측리側理와 취우翠羽 등 시전지詩箋紙에 쓰는데, 후에 그것들을 이어 붙인다.

小兒先授周興嗣千文, 次曾先之史略少微通鑑或小學, 以及於他書. 春夏讀抄本唐詩, 以宋之問寒食詩爲首, 俗號馬上唐音. 閭巷最愛剪燈新話, 以其有助於吏文也. 剪燈新話元瞿佑撰, 東士垂胡子林芑註解. 儒生夏課詩賦聚於山寺野亭曰接. 詩押題中一字二十韻, 第五六曰立題, 第七八曰鋪頭, 第九十曰鋪叙. 稍變層節, 至於回題. 賦轉三十韻, 第七八曰破題, 第九十曰鋪頭, 餘與詩略同詩律. 俗稱風月, 吟風詠月之謂也. 宴集拈韻, 喜用青黃紅白側理翠羽等箋, 聯幅而寫之.

서당 풍경

1

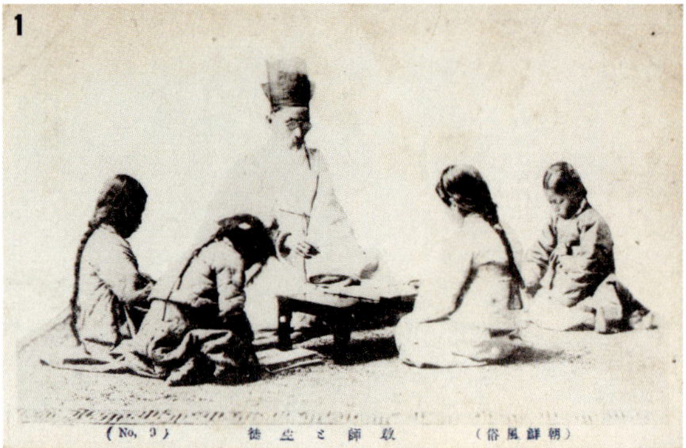

2

3

4

1 **1920년대 서당 풍경.** 우라키와 가즈야 엮음, 『그림엽서로 보는 근대조선』 6 - 풍속엽서, 민속원, 2017, 130쪽.
엽서에는 '가정교육'이라고 되어 있지만, 서당 풍경인 것으로 보인다. 서당은 향촌사회에 생활근거를 둔 사족士族과 백성이 주체가 되어 면 · 동 · 이를 기본단위로 설립한 초중등 단계의 사설교육기관이다. 1910년 통계에 따르면, 전국의 서당 수는 16,540개로 1개 서당의 아동 수는 평균 9명이었으니, 전체 학동 수는 어림잡아 15만 명 정도였을 것으로 추정된다. 그들 중 99.6%가 남자였다.

2 **1920년대 서당 교육.** 우라키와 가즈야 엮음, 『그림엽서로 보는 근대조선』 6 - 풍속엽서, 민속원, 2017, 132쪽.
서당에서 아이들이 공부를 시작할 때 처음으로 배우는 교과서는 주흥사周興嗣의 『천자문千字文』이다. 그것을 떼고 나서는 증선지曾先之의 『사략史略』, 소미少微의 『통감通鑑』이나 『소학小學』을 차례로 공부한다. 이것은 다음에서 보듯이, 거의 누구에게나 적용되던 일반적인 과정이었다. "엄성 : 귀처貴處의 어린애는 처음 무슨 글을 읽는가? / 담헌湛軒 : 처음 『천자문』을 읽고 『사략』을 읽은 다음 『소학』을 읽고 경서經書에 미친다."(『담헌서湛軒書』) 홍대용洪大容(1731~1783)이 청나라 학자 엄성嚴誠(1732~1767)과 나눈 대화이다. 이덕무李德懋(1741~1793)도 "우리나라에서는 어린아이들 교육에 반드시 먼저 『통감』과 『사략』을 가르친다"(『청장관전서青莊館全書』)라고 했다.

3 **김홍도, 「서당」.** 『단원풍속도첩檀園風俗圖帖』, 국립중앙박물관 소장.
서당은 고려 시대부터 조선 시대에 걸쳐서 계속된 비형식적 사설 교육기관이다. 설립에 있어서 인가認可를 위한 기본 재산이 필요하지 않았으므로 뜻있는 자는 자유로이 설립하고 폐지할 수 있었다. 서당은 사부학당, 곧 사학四學(서울의 네 곳에 세운 공교육기관으로 위치에 따라 중학中學 · 동학東學 · 남학南學 · 서학西學이 있었는데, 태종 11년(1411)에 설립하여 운영하다가 고종 31년(1894)에 없앰)과 향교鄕校(지방에 있던 문묘와 그에 속한 관립 학교로 중앙의 사부 학당과 같은 역할을 하였으며, 조선 중기 이후 서원이 발달하자 기능이 약화됨)에 입학을 위한 준비 및 널리 서민 대중의 자제들을 위한 교육기관이 되어 한때 극히 성행하여 전국 방방곡곡에 널리 퍼졌다. 그러나 조선 후기에는 점차 그 내용이나 질이 저하됨에 따라 궁유窮儒(곤궁한 선비)나 한사寒士(가난하거나 권력이 없는 선비)의 걸식처로 변하여 자연히 쇠퇴하게 되었다. 서당에서 수학한 학도는 7세부터 16세의 아동들이 중심이었으며, 20세 혹은 25세 이상의 성인이 있는 경우도 많았다. 서당의 교육은 한 글방에서 복수식 교육을 실시하였으므로 그 교육수준을 초등 · 중등 교육 중의 어느 편이라고 단정할 수가 없다. 입학은 대개 동지에 했다고 한다.

4 **김준근, 「글 가르치는 모양」.** 국립민속박물관 소장.
훈장이 학동에게 글을 가르치는 모습을 그린 그림. 회초리를 든 훈장과 양쪽에 책을 펴고 앉은 학동들이 그려졌다. 훈장은 도포道袍(통상예복으로 입던 남자의 겉옷으로 소매가 넓고 등 뒤에는 딴 폭을 댐) 차림에 사방관四方冠(맨상투 바람을 면하기 위해서 쓰는 편평한 사각형의 쓰개)을 쓰고, 학동들은 바지 · 저고리 차림에 댕기머리를 하고 있다.

천자문千字文

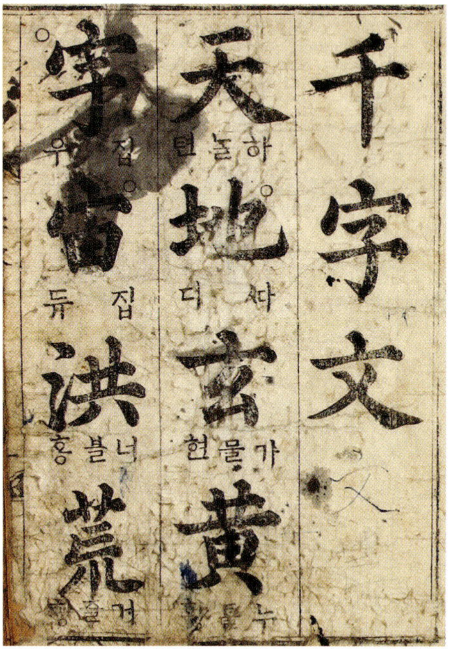

『천자문千字文』. 국립중앙박물관 소장.

『천자문』은 하늘은 검고 땅은 누렇다는 의미의 '천지현황天地玄黃'으로 시작하여 말을 마치는 어조사인 '언재호야焉哉乎也'로 끝이 난다. 이렇게 "네 자 두 구를 한 문장으로 모두 125개의 문장으로 구성되어 있다. 원래는 산문으로 지어졌으나, 후에 다시 운을 넣어 사언고시四言古詩의 형식으로 편찬한 것이 지금의 『천자문』이다. (…) 『천자문』은 자연현상, 역사, 제도, 정치, 인륜, 인상, 충효, 생활, 가정, 수신, 교화, 역사 인물, 지리, 농사 제도, 가축, 지혜, 처세, 학문, 예악, 송덕, 제사 등 담고 있는 내용이 다양하다. (…) 『천자문』의 내용은 동아시아 고전의 주요 테마인 문, 사, 철을 모두 담고 있"다. 흔히 『천자문』을 한자 학습을 위한 교재 정도로 여기는데, 이것은 대단히 잘못된 생각이다. "오랜 세월 동안 우리나라의 전통적인 한자 교재로 활용되어왔던 『동몽선습童蒙先習』과 『격몽요결擊蒙要訣』이 인간이 지녀야 할 기본 덕목인 오륜을 중심으로 철학적 내용이 집약되어 있고, 『훈몽자회訓蒙字會』가 초학자에게 한자를 가르치고 익히는 것에만 초점을 맞추었다면, 『천자문』은 문장 구성이 시적일 뿐만 아니라 내용이 역사, 천문, 지리에서부터 인성에 관한 거의 모든 분야를 망라하고 있기에 학동들의 한자 학습용 교재 차원을 넘어서서 그들에게 다양한 교양 지식을 익히게 할 수 있는 장점을 갖고 있다. 뿐만 아니라 『천자문』은 수사 면에서 볼 때 단순 서술 형식에서부터 전고典故 활용에 이르기까지 다양한 기법을 구사하고 있으므로 초학자들에게 표현하는 훈련을 쉽게 시킬 수 있다는 점에서도 훌륭한 장점을 갖고 있다. 전체적으로 학동들이 읽기에는 내용이 다소 어렵다는 비판이 있긴 하지만, 이러한 장점으로 인해서 오랜 기간 동안 기초 학습 교재와 입문서로 활용될 수 있었다."(『천자문』 해제) 주흥사周興嗣(469~537)는 중국 남북조시대 양梁나라 무제武帝 때의 문인으로, 박학다재博學多才하고 문사文思에 민첩하여 무제의 명으로 하룻밤만에 사언고시四言古詩 250구의 『천자문』을 지었다고 한다.

사략史略과 통감通鑑

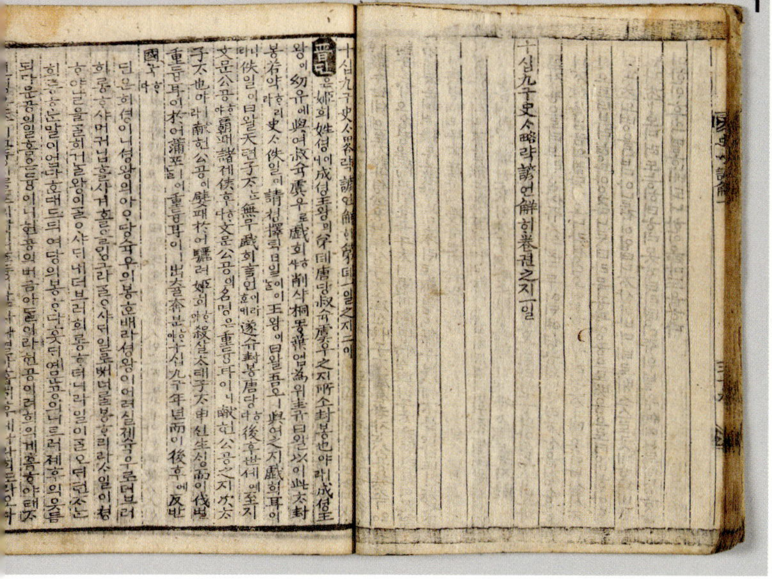

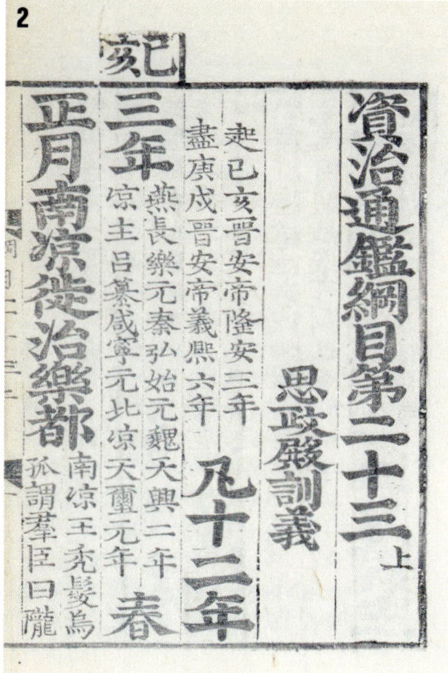

1 『**사략**史略』. 국립중앙박물관 소장.
'고금역대십팔사략古今歷代十八史略', 줄여서 '십팔사략十八史略'이라 한 책을 더 줄여서 『사략』이라 부른다. 이 책은 송 나라 말기부터 원 나라 초기에 살았던 증선지曾先之가 기존의 역사책, 곧 사마천司馬遷의 『사기史記』에서부터 탁극탁托克托의 『송사宋史』에 이르기까지 총 18종의 역사책을 요약한 것으로, 고대부터 송 나라에 걸친 역대 왕조의 흥망성쇠를 시간순으로 담았다. 수천 년 중국의 역사에 대한 대강의 지식과 그 큰 흐름을 초학자들이 알기 쉽게 편찬한 것이다.

2 『**통감**通鑑』. 한국학중앙연구원 장서각 기탁자료 (경주 경주이씨 이찬우 소장 전적).
『통감』은 송 나라 휘종 때의 학자 소미少微 강지江贄가 지은 『통감절요通鑑節要』를 줄여 부르는 말이다. 이 책은 북송北宋의 사마광司馬光이 지은, 주 나라 위열왕 23년에서부터 오대 주세종 현덕 6년까지에 이르는 1,362년의 역사를 기록한 『자치통감資治通鑑』이 지나치게 방대하여 그것을 대폭 간추려 요약한 것이다.

소학언해小學諺解

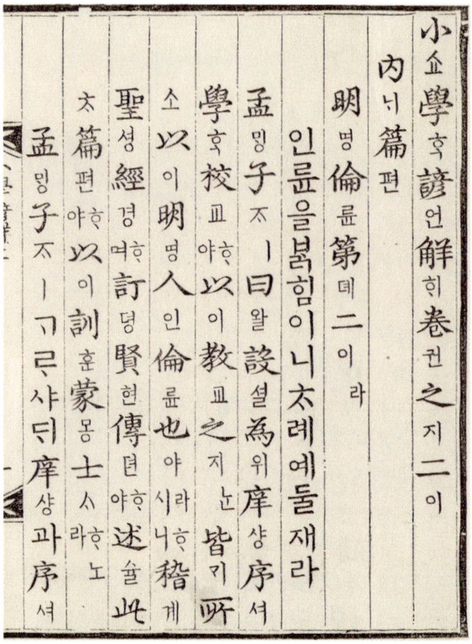
小쇼學ᄒᆞᆨ諺언解ᄒᆡ卷권之지二이
內ᄂᆡ篇편
明명倫륜第뎨二이라
인륜을ᄇᆞᆰ힘이니ᄎᆞ례예둘재라
孟ᄆᆡᆼ子ᄌᆞㅣ曰왈設셜為위庠샹序셔
學ᄒᆞᆨ校교ᄒᆞ야以이教교之지ᄂᆞᆫ皆기所
소以이明명人인倫륜也야ㅣ시라ᄂᆞ니稽계
聖셩經경ᄒᆞ며訂뎡賢현傳뎐ᄒᆞ야述슐此
ᄎᆞ篇편ᄒᆞ야以이訓훈蒙몽士ᄉᆞ라ᄒᆞ노
孟ᄆᆡᆼ子ᄌᆞㅣᄀᆞᄅᆞ샤ᄃᆡ庠샹과序셔

『**소학언해**小學諺解』. 서울대학교 규장각한국학연구원 소장.

『소학』을 한글로 풀어쓴 책이다. 『소학』은 송 나라의 유자징劉子澄이 스승인 주희朱熹의 지시에 따라 여러 경전에서 아이들을 교화시킬 수 있는 예의범절과 인격 수양을 위한 격언, 그리고 충신과 효자의 사적 등을 모아 편찬한 책이다. 내・외편으로 이루어져 있는데, 내편은 『서경』, 『주례』, 『예기』, 『효경』, 『논어』, 『맹자』 등에서 인용한 것이고, 외편은 주로 송대宋代 여러 유학자의 언행을 기록한 것이다. 유교의 효孝와 경經을 중심으로 이상적인 인간상과 수기修己(자신의 몸과 마음을 닦음), 치인治人(남을 다스림)의 군자를 기르기 위한 계몽 교훈이 그 주요 내용이다. 조선에서 『소학』은 초기부터 사학四學(나라에서 인재를 기르기 위하여 서울의 네 곳에 세운 교육 기관), 향교鄕校(공자를 모신, 지방에 있던 문묘文廟와 그에 속한 관립官立 학교), 서원書院(선비가 모여서 학문을 강론하고, 석학이나 충절로 죽은 사람을 제사 지내던 곳), 서당書堂(향촌사회의 사설교육 기관) 등 모든 유학 교육기관에서 필수과목으로 다루어졌다. 향약鄕約(권선 징악과 상부상조를 목적으로 만든 향촌의 자치 규약)이 실시됨으로써 지방 사회에 퍼지기 시작한 『소학』과 그 이념은 지배계급은 물론 백성들까지 주자학적 도덕 질서 안에 포섭할 수 있는 계기를 마련했다. 『소학』 주해서와 언해본이 만들어지기도 했는데, 이는 『소학』의 이념이 점차 대중화되기 시작했음을 말해준다. 언해본의 보급이 『소학』 교육 확산의 의미를 담고 있다면, 서원과 서당은 실질적으로 교육을 통해 『소학』 이념을 확산하는 데 크게 기여했다. 조선 중기를 거치면서 건립되고 점차 급증하기 시작한 서원과 서당을 통해 주자학적 이념에 기반을 둔 『소학』에 대한 관심이 거의 폭발적으로 높아진 것이다. 17세기 이후에는 당연히 읽고 생활 속에서 실천해야만 하는 책이 되었다.

당음唐音과 마상당음馬上唐音

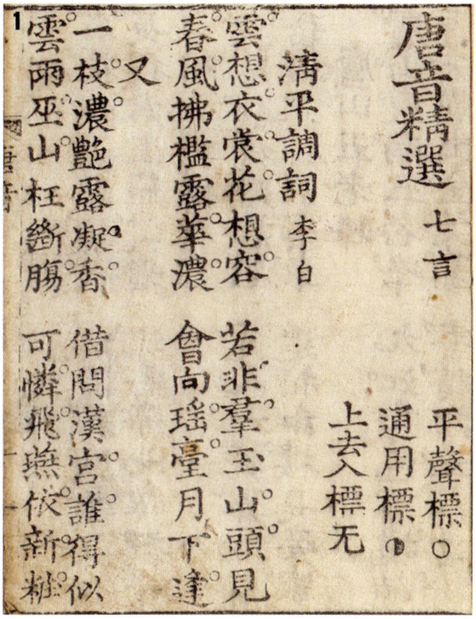
唐音精選 七言
平聲標○
通用標◐
上去入標无
淸平調詞 李白
雲想衣裳花想容
春風拂檻露華濃
若非羣玉山頭見
會向瑤臺月下逢
又
一枝濃艶露凝香
雲雨巫山枉斷腸
借問漢宮誰得似
可憐飛燕倚新粧

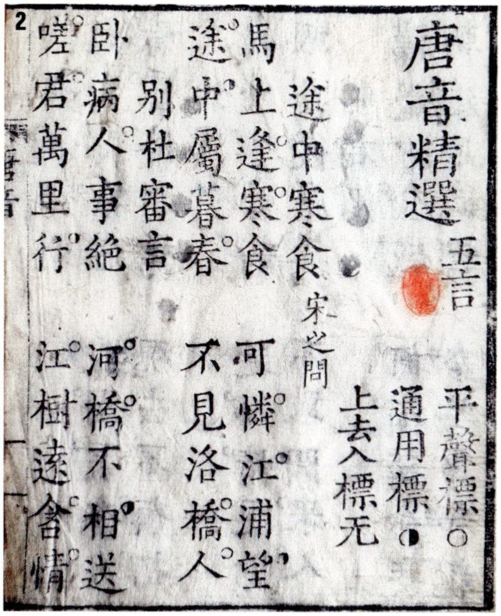
唐音精選 五言
平聲標○
通用標◐
上去入標无
途中寒食 宋之問
馬上逢寒食
途中屬暮春
可憐江浦望
不見洛橋人
別杜審言
卧病人事絶
嗟君萬里行
河橋不相送
江樹遠含情

1 『당음정선唐音精選』 칠언七言. 국립중앙박물관 소장.

한시를 처음 배우는 초학자들을 위해 중국의 '당음唐音', 곧 '당시唐詩'를 우리의 기호에 맞게 발췌하여 엮을 때, 그것을 그대로 소화하기에는 너무나 번다하다고 여겨 우리의 실정에 맞게 비교적 평이한 시만 뽑아서 새로 묶었다. 당 나라 시에서 골라 뽑았다고 해서 '초본당시草本唐詩'라고도 했다. '초본'이라는 말이 가려 뽑은 책이라는 뜻이니, '초본당시'는 당 나라 한시 중에서 가려 뽑아 묶은 시집이라는 의미다. 그런데 '당시'는 '당음唐音'이라고도 했다. 서당에서 익히던 한시 교재 중에 목판본으로 찍어낸 『당음정선』이 바로 '초본당시'인 것이다.

2 『당음唐音』 오언五言. 직접 촬영.

『당음唐音』에 실린 송지문의 「도중한식途中寒食」이라는 시의 첫 구절이 "마상봉한식馬上逢寒食"인데, 거기에서 속칭 '마상당음馬上唐音'이라는 말이 나왔다. '마상봉한식'은 '말 위에서 한식寒食을 맞이한다'는 말이다.

전등신화剪燈新話

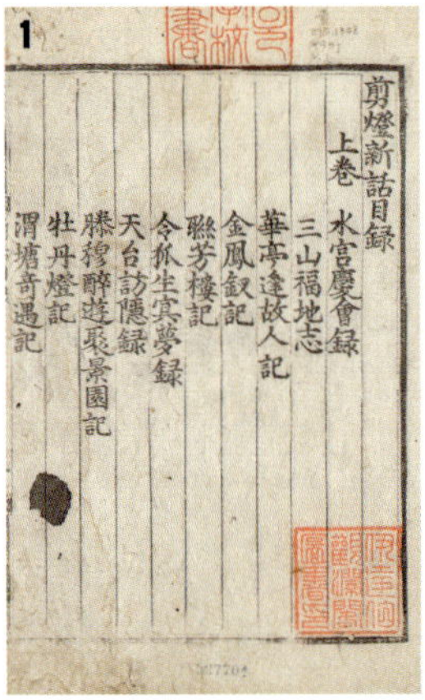
剪燈新話目錄
上卷 水宮慶會錄
三山福地志
華亭逢故人記
金鳳釵記
聯芳樓記
令狐生冥夢錄
天台訪隱錄
滕穆醉遊聚景園記
牡丹燈記
渭塘奇遇記

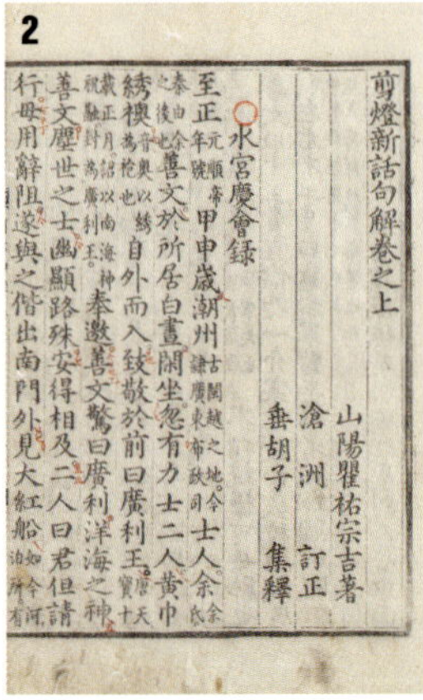
剪燈新話句解卷之上
山陽瞿佑宗吉著
滄洲 訂正
垂胡子 集釋
水宮慶會錄
至正甲申歲潮州士人余善文於所居白晝閑坐忽有力士二人黃巾繡襖自外而入致敬於前曰廣利王奉邀善文驚曰廣利洋海之神善文塵世之士幽顯路殊安得相及二人曰君但請行毋用辭阻遂與之偕出南門外見大紅船

1 『전등신화剪燈新話』. 서울대학교 규장각한국학연구원 소장.

'등불의 심지를 잘라서 불을 밝혀가며 읽는 재미나고 새로운 이야기'라는 뜻의 『전등신화』는 중국 명대에 저술된 괴이소설집怪異小說集이다. 전 40권으로 되어 있었으나 현재는 4권만이 남아 있다. 각 시대의 괴이담을 기록하고 있으며, 당대 전기소설傳奇小說의 영향을 강하게 받은 흔적이 있다. 남녀 간의 농염한 애정사를 다룬 이야기가 많은데, 이를 깊고 오묘한 철학적 사고와 이치를 담은 유려한 필치로 담아내고 있다. 민간에서는 「삼언이박三言二拍」이라 불리는 명 말기 통속소설이나 명대의 희곡에 영향을 주었고, 청초 포송령蒲松齡의 『요재지이聊齋志異』에도 영향을 주었다. 또한 조선에 전래되어 김시습金時習의 『금오신화金鰲神話』에 큰 영향을 주었고, 이순신李舜臣의 『난중일기亂中日記』에도 『전등신화』 속 이야기와 관련된 구절이 있다.

2 임기의 『전등신화구해剪燈新話句解』. 서울대학교 규장각한국학연구원 소장.

『전등신화』는 선조 때 사람으로 문장에 능하고 시문이 호방豪放했던 수호자垂胡子 임기林芑가 주해함으로써 더욱 널리 읽히게 되었다. 임기가 주해한 책은 『전등신화구해剪燈新話句解』(1559)이다. 이 책은 특히 한자의 음과 뜻을 빌려 우리말을 적던 차자借字(자기 나라의 말을 적는 데 남의 나라 글자를 빌려 씀. 또는 그 글자) 표기법인 이두吏讀를 배우는 데 도움이 되었다. 이두를 배우는 데 실제로 도움이 된 것은 『전등신화』 본문이 아니라 임기가 구절마다 현토懸吐(한문을 읽을 때 그 뜻이나 독송讀誦을 위하여 각 구절 아래에 달아 쓰던 문법적 요소를 통틀어 이르는 말)를 한 부분이 이두식으로 표기되어 있기 때문이다. 수호자 임기는 명종, 선조 연간에 승문원承文院(외교에 대한 문서를 맡아보던 관아)에 속하여 외교문서를 처리하던 역관譯官(통역을 맡아보는 관리)인 이문학관吏文學官을 지낸 인물로, 명종 11년(1556)에는 이미 사역원司譯院(외국어의 번역 및 통역에 관한 일을 맡아보던 관아) 소속으로 중국어와 이문에 관한 일을 맡아보던 한리학관漢吏學官 경력 20년에 이르렀고, 1567년에는 선조 즉위를 알리러 고부사告訃使(우리나라의 왕이 죽었을 때 그것을 알리기 위하여 중국에 보내던 사신인데, 여기서는 주로 새 왕의 즉위에 대한 중국 측의 승인을 얻는 것을 소임으로 한 관리)의 통역관으로 명 나라에 다녀오기도 했다.

이두문吏讀文

1

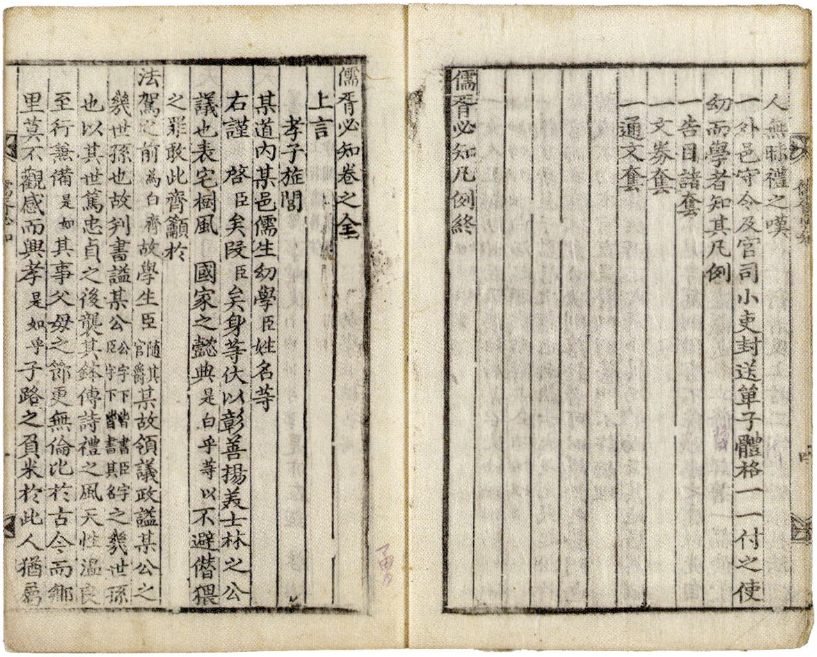

2

한문	蠶陽物大惡水故食而不飮
이두문	蠶段陽物是乎等用良水氣乙厭却桑葉叱分喫破爲遣飮水不冬
한글 표기	蠶딴 陽物이온들쓰아 水氣을 厭却 桑葉뿐 喫破하고 飮水안들
현대어	누에는 양물이므로 물기를 싫어해 뽕잎만 먹고 물을 마시지 않는다

1 『유서필지儒胥必知』. 서울대학교 규장각한국학연구원 소장.
한자어를 끊어 읽는 방법 가운데 하나로 한문을 읽을 때 그 뜻이나 독송을 위하여 각 구절 아래에 달아 놓는 표기법인 현토懸吐를 이두吏讀로 썼다. 맨 왼쪽의 작은 글씨 "시여호是如乎"가 이두이다. "~이라 하는, ~이라 하므로, ~이라 하더니"의 뜻이다. 『유서필지』는 '선비와 서리가 반드시 알아야 하는 것'이라는 뜻으로, 조선 시대 일반 서리와 백성, 목민관牧民官(백성을 다스려 기르는 벼슬아치라는 뜻으로, 고을의 원員이나 수령 등의 외직 문관을 통틀어 이르는 말)이 일상적으로 다루어야 할 공문의 서식과 여기에 쓰이는 이두 등을 해설한 지침서로 이두문을 읽는 법과 쓰는 법 및 주석과 작례 등을 수록한 서식 용례집이다.

2 한문, 이두문, 한글, 현대어 표기 구분 예시

하과夏課

1 강희언康熙彦(1710~?), 「사인휘호士人揮毫」, 『사인삼경도첩士人三景圖帖』. 개인소장.
공유마당 : https://gongu.copyright.or.kr/gongu/wrt/wrt/view.do?wrtSn=13360118&menuNo=200018

2 강희언康熙彦(1710~?), 「사인시음士人詩吟」, 『사인삼경도첩士人三景圖帖』. 개인소장.
공유마당 : https://gongu.copyright.or.kr/gongu/wrt/wrt/view.do?wrtSn=13360119&menuNo=200018

이 그림들의 제목은 각각 '선비들이 글씨를 쓰거나 그림을 그리다', '선비들이 시를 읊다'라는 뜻이다. 그런데 이것들은 『경도잡지』에서 말한 '하과夏課', 곧 여러 선비가 정자에 모여 곧 있을 과거에 대비해 시부詩賦를 익히던 모습과 유사했을 것이다. 여름엔 주로 문학을 공부했는데, 이는 양기가 충만하니 차분한 철학 공부보다는 마음을 움직이고 기운을 펼치는 공부가 적절했기 때문이다. 그런데 추석 직전, 구체적으로 회화나무꽃이 필 때쯤에야 하과는 끝이 난다. 그래서 회화나무에 꽃이 피면 바빠진다는 뜻의 "괴화황槐花黃, 거자망擧子忙"이란 말이 생겨났다. 그 '여름 공부'는 혼자서 한 것이 아니라 여럿이 모여서 했는데, 그것을 '접接'이라 했다.

운韻과 염운拈韻

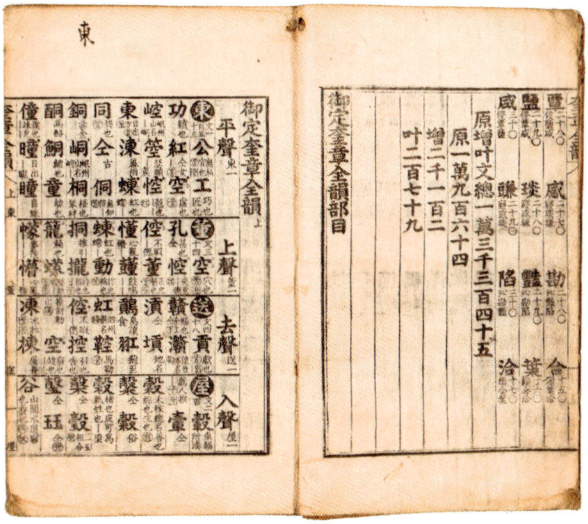

『어정규장전운御定奎章全韻』. 국립중앙박물관 소장.

『규장전운』은 1800년(정조 24) 왕의 명령으로 규장각에서 펴낸 책으로 한자의 운韻 자에 대한 사전이다. 운목韻目(각각의 운韻을 배열한 목록. 또는 동일 운에 속한 한자 중에서 그 운의 명칭이 된 대표 한자)에 따라 한자음을 분류하였고, 조선의 한자음인 동음東音과 중국의 본토음인 화음華音을 함께 표시하고 있다. 한시를 짓는 데 꼭 필요한 사전으로 널리 보급되었으며, 한자를 사성四聲(한자음의 성조, 곧 음절 안에서 나타나는 소리의 높낮이를 평성平聲, 상성上聲, 거성去聲, 입성入聲으로 나눈 것)에 따라 소리의 높고 낮음으로 구별하였다. 과거제가 발달함에 따라 한시漢詩를 지을 때 운서韻書(한자漢字의 운韻을 분류하여 일정한 순서로 배열한 서적을 통틀어 이르는 말)를 참고하게 되었는데, 조선 후기에는 이 책이 그 역할을 담당하여 널리 보급되었다. 시를 짓는 모임에서 우선 하는 일은 '염운拈韻', 곧 맞출 운韻을 따는 것이다. 그런데 그 방법이 흥미롭다. 바둑알을 모아놓고 거기에 쓰여 있는 글자를 뽑아 시의 운으로 삼는 것이다. 예를 들어 정약용은 "염운법을 썼다"고 하면서 "바둑알 30개에다 각기 운 하나씩을 써서 병 속에다 넣어두고 그것을 하나씩 나오는 대로 꺼내 이리저리 서로 이어서 말을 만들었다."(『다산시문집茶山詩文集』)고 했다. "운이란 한자의 음을 처음의 자음 부분의 성모聲母와 나머지 모음을 포함하는 운모韻母로 나눌 때, 그 운모에 해당하는 부분을 말한다. 예를 들어 상평성 한寒 운에 '한寒, Han', '단丹, Dan', '탄歎, Tan', '난難, Nan' 등의 어느 것이든 '안An'의 운을 함축하고 있으므로 이것을 동운同韻이라 한다. 고래로 한시는 각 구말句末에 동운자同韻字를 두는 것을 압운押韻 또는 답운踏韻이라 하여 공통의 울림 또는 음조의 가락을 맞추어 서로 통합하여 소위 음운의 효과를 나타내게 하였다. 압운한 것은 시요, 문학이므로 운문이라 하여 압운이 없는 산문과 구분되며 또한 이것이 한시의 특징이기도 하다."(『한시 작법의 정석』)

시전지詩箋紙

시전지. 국립중앙박물관 소장.

시 모임에서 지은 시들은 여러 색깔로 된 측리側理와 취우翠羽처럼 비싸고 좋은 시전지에 썼다. '측리'는 가는 털과 같은 이끼를 섞어서 가로로 무늬가 드러나게 뜬 종이이고, '취우'는 비취색으로 물들인 일종의 색종이다. 시 짓기나 편지 쓰기는 품위 있고 고상한 행위였기 때문에, 아무 종이에나 적지 않았던 것이다. 당시로서는 대단히 화려하게 문양을 넣거나 아름다운 색상을 입힌 종이에 시와 편지를 썼는데, 대개는 목판에 그림이나 문양을 새겨서 여러 번 찍어내어 활용했다. 보통 선비들의 절개와 지조를 상징한다는 의미에서 사군자 문양이 많이 들어갔는데, 연꽃, 새, 병에 담긴 꽃 등 다양한 길상吉祥의 문양이나 상서로운 글자를 그려 넣기도 했다. 단지 멋을 내자는 것이 아니라 자신의 행위를 좀 더 의미 있게 하거나 상대방에 대한 친근한 정을 담고자 한 것이다.

시축詩軸

1

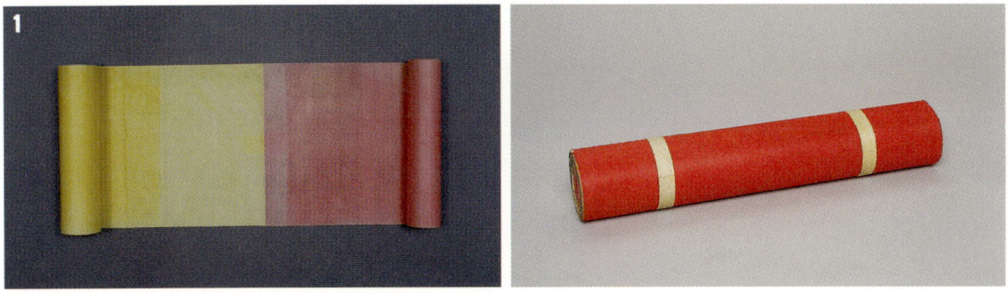

2

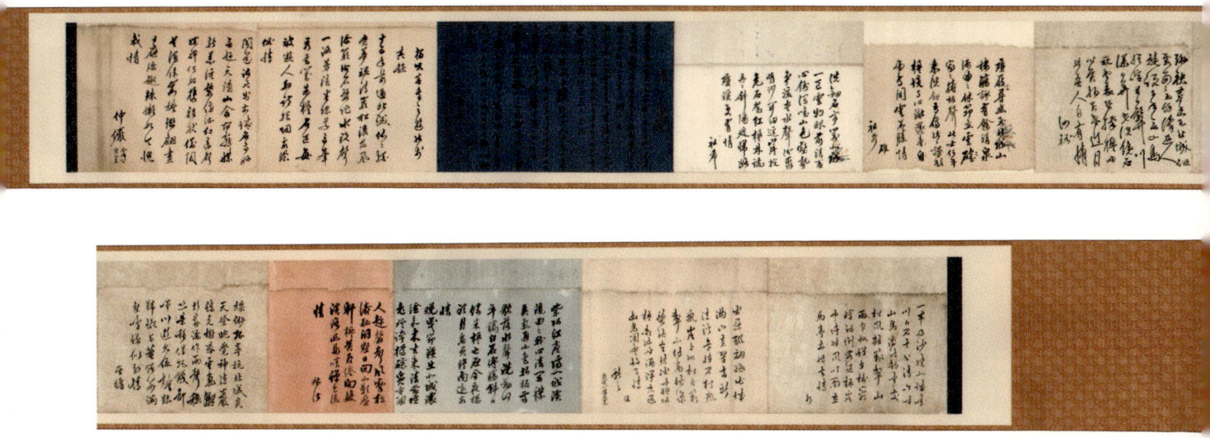

1 **시축**. 국립민속박물관 소장.
시회詩會, 곧 시 짓는 모임에서 시전지지詩箋紙에 쓴 시들은 이어붙여서 두루마리를 만드는데, 그것을 시축詩軸이라고 한다.

2 **「탕춘대시축蕩春臺詩軸」**. 서울역사박물관 소장.
이 시축은 박충규朴忠圭(1753~?), 정술인鄭述仁(1750~?)을 비롯한 일곱 명이 탕춘대蕩春臺에 보여 지은 시들을 모은 것이다. 칠언율시七言律詩(한시漢詩에서, 한 구句가 일곱 글자인 칠언七言으로 된, 모두 여덟 구로 이루어진 시) 14수를 이어붙여 배접褙接(종이, 헝겊 또는 얇은 널조각 따위를 여러 겹 포개어 붙임)하여 축으로 만들었다. 한여름 탕춘대와 세검정洗劍亭에서 시회를 하며 지은 시들로 내용은 대체로 탕춘대성蕩春臺城, 곧 북성北城과 세검정 등을 소재로 자연을 노래한 것이 대부분이다.

— 서화書畫, 글씨와 그림 —

글씨에는 촉체蜀體가 있는데, 조송설趙松雪의 서체를, 곧 송설체松雪體를 말한다. 고려 충선왕忠宣王이 원 나라 성종成宗의 부마駙馬로서 태위太尉 심양왕瀋陽王이라는 관작官爵을 받고 연경燕京의 관저에 머물 때, 조송설이 드나들었으므로 그의 필적을 많이 가지고 있었다. 그것이 우리나라로 들어와 지금도 그 서체를 본받는다. 촉체라고 한 것은 초체肖體를 잘못 말한 것으로, 초肖 자는 조趙 자의 반쪽이다.

또 액체額體라는 것이 있는데, 원 나라 승려 설암雪庵의 서체로 널빤지 등에 글씨를 써서 거는 액자인 편액扁額의 글씨로 적당하여 그렇게 부르게 된 것이다. 지금도 설암이 쓴 『병위삼첩兵衛森帖』이라는 서첩書帖이 유행하고 있다.

비백서飛白書는 버드나무 가지를 깎아 그 끝을 가른 다음 먹을 묻혀서 효孝, 제悌, 충忠, 신信, 예禮, 의義, 염廉, 치恥 등의 글자를 쓰는 것이다. 점찍기[점點]와 긋기[획劃] 그리고 파임[파波]과 삐침[불拂] 등을 마음대로 하여 물고기, 게, 새우, 제비 등의 모습을 만든다.

벽에는 종규鍾馗가 귀신을 잡는 모습을 그린 「종규포귀도鍾馗捕鬼圖」나 신선이 사슴을 타고 있는 모습을 그린 「선인기록도仙人騎鹿圖」를 건다.

큰 병풍에는 금강산 일만 이천 봉이나 관동팔경關東八景 등을, 작은 병풍에는 꽃, 새, 나비 등을 그린 화조도花鳥圖를 그린다. 혼례 때 쓰는 병풍으로는 「백자도百子圖」나 「곽분양행락도郭汾陽行樂圖」, 「요지연도瑤池宴圖」를 그린 것이 있다. 공식 잔치에서는 제용감濟用監에서 제작한 모란대병牡丹大屛을 쓰기도 하는데, 사족士族들이 혼례 때 빌려 쓰기도 한다.

書有蜀體, 謂趙松雪也. 高麗忠宣王, 以元成宗時駙馬, 進爵太尉瀋陽王, 留燕邸, 松雪遊王門, 故筆蹟多東來. 至今效其體. 蜀體者, 肖體之訛也, 肖則趙字之半也. 又有額體, 元僧雪庵體也. 今所書兵衛森帖, 行於世. 飛白書, 削柳枝歧其端, 蘸墨寫孝悌忠信禮義廉耻等字, 點畫波拂隨意, 作魚蟹蝦燕狀. 壁揭鍾馗捕鬼, 仙人騎鹿圖. 屏書金剛一萬二千峯, 或關東八景. 小屛花鳥蛺蝶, 婚屛百子圖郭汾陽行樂圖瑤池宴圖. 公讌用濟用監牡丹大屛, 士族婚禮亦借用.

송설체松雪體[조맹부체趙孟頫體]

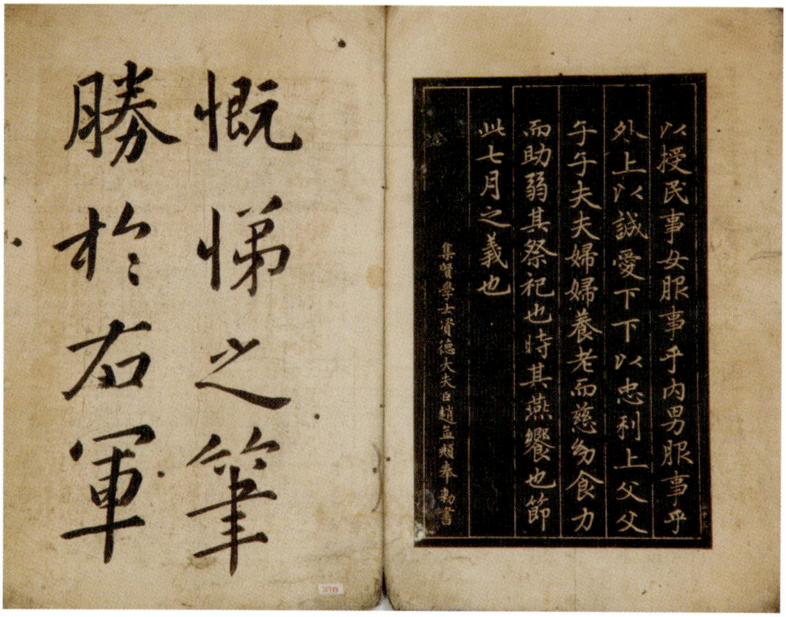

『조맹부법첩趙孟頫法帖』. 국립민속박물관 소장.

이 법첩은 옛 사람들의 유명한 필적을 돌 또는 나무(판목)에 새기고 탑본하여 글씨를 익히거나 감상할 목적으로 만든 책으로, 중국 원元대의 서예가인 조맹부趙孟頫(1254~1322)의 글씨를 모아 놓은 것이다. 뒷표지는 남아 있으나 앞표지는 없다. 촉체는 조맹부의 서체인데, 그의 호가 송설松雪이어서 송설체라고도 한다. 그런데 촉체라고 한 것은 초체肖體를 잘못 말한 것이라는 주장이 있다. 조맹부의 성인 '조趙'는 '주走'와 '초肖'가 합쳐진 글자이니, 조맹부체는 줄여서 '초체'라고 해야 맞는데, 잘못 쓰여 '촉체'라고 불렀다는 것이다. 그러나 다른 견해도 있다. 이규상李圭象(1727~1799)의 『병세재언록幷世才彦錄』에서 이렇게 말했다. "촉체란 조맹부의 서법을 가리킨다. 그러나 촉체의 뜻이 어디에서 온 것인지는 사람들이 잘 모르고 있다. 황운조黃運祚(1730~1800)에게 들으니 '조맹부의 서법은 소동파蘇東坡로부터 온 것인데, 동파가 촉 땅의 사람이기 때문에 촉체라 이름한 것이다'라고 하였다." 조맹부의 서체는 한마디로 정리하면 복고주의라고 할 수 있다. 그는 당나라 안진경顔眞卿(709~784?) 이래로 송나라에서 유행하던 글씨, 곧 남성적인 박력과 균제미를 중시하는 분위기를 배격하고, 왕희지王羲之(307~365)의 전아한 문체로 돌아갈 것을 주장한 것이다. 그의 서체는 심미주의적인 양식으로, 가지런하고 근엄하면서도 우아함이 느껴지는 것이 특징이다. 정조는 당시 유행하던 윤순尹淳(1680~1741)의 서체에 진기眞氣가 없이 마르고 껄끄러운 병통이 있다고 비판했다. 그래서 '순박한 서풍'인 촉체로 돌아갈 것을 주장했다. 구체적으로는 안평대군(1418~1453)과 석봉石峯 한호韓濩(1543~1605) 시대의 서체를 되돌려놓고자 한 것이다. 소위 서체반정書體反正이다.

액체額體

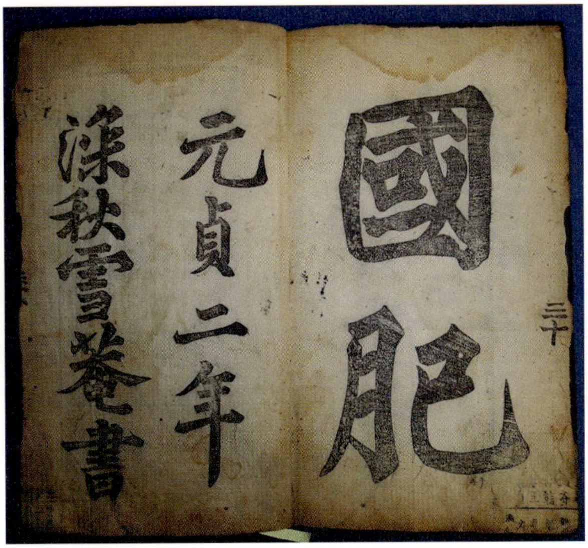

'원정이년元貞二年**'**(1296)**이라는 간기**刊記**가 있는 『설암서첩**雪庵書帖』.

서울대학교 규장각한국학연구원 소장.

종이, 비단, 널빤지 따위에 그림을 그리거나 글씨를 써서 방 안이나 문 위에 걸어 놓는 액자인 편액扁額에 쓰는 글씨를 액체라고 한다. "액체라 함은 전각누정殿閣樓亭('전殿'이나 '각閣' 자가 붙은 커다란 집과을 이르는 말. 사방을 바라볼 수 있도록 문과 벽이 없이 다락처럼 높이 지은 누각樓閣, 그리고 경치가 좋은 곳에 놀거나 쉬기 위하여 지은 집인 정자亭子)의 현판懸板(글자나 그림을 새겨 문 위나 벽에 다는 널조각)에 쓰는 서체를 이름이니, 고려 말 이조 초에 조맹부와 같은 시대 사람 설암雪庵 이부광李溥光(1264~1307)의 서체이다. 설암은 해서楷書, 행서行書, 초서草書에 두루 능했는데, 그중에서도 특히 대자大字를 잘 썼다는 평을 받았다. 그 대자는 편액에 잘 어울려 액체라고 하면 곧 설암체를 의미하게 되었다. 액체는 일반적으로 전서篆書로 쓰기 때문에 전액篆額이라고도 한다. "설암체는 점획의 굵기가 굵고 획 사이의 여백이 매우 좁으며 전획의 시작, 끝, 전절轉折 부분이 강조되는 것이 특징이다. 이는 건물의 크기에 어울리고 멀리서도 글자를 뚜렷하게 볼 수 있는 장점이 된다."(『서예감상법』) '전절'은 붓놀림이 가로획에서 세로획으로, 또는 세로획에서 갑자기 위로 채는 등으로 변화하는 일, 또는 그 변화된 부분을 말한다.

편액扁額[현판懸板]

1 **한석봉이 쓴 도산서원 편액.** 직접 촬영.

"편액이란 건물의 명칭을 써서 거는 널빤지를 말한다. 곧 사람의 이마인 액額에 해당되는 건물 정면의 처마 밑에 거는 제서題書(서적의 머리나 족자, 비석 따위에 쓴 글자)를 뜻한다. 요즘에는 '거는 널빤지'라는 뜻에서 '현판懸板'이라는 용어로 통칭하기도 한다. 현판은 편액을 비롯하여 건물 안쪽에 서는 시판詩板, 기둥에 거는 주련柱聯, 근래 건물 입구의 기둥에 기관이나 단체의 이름을 거는 널빤지까지 포함한다."(『서예감상법』)

2 **화엄사 대웅전 현판.** 직접 촬영.

의창군義昌君 이광李珖(1589~1645)이 1636년에 쓴 구례 화엄사華嚴寺 대웅전 현판. 편액은 건물의 문과 처마 사이에 글씨를 새겨 붙인 나무판이다. 글씨는 단순하게는 건물의 명칭과 건물의 성격을 표시하며, 건물의 장식을 위한 의미도 포함하고 있지만, 편액에 새긴 글귀는 매우 함축적이며 상징적인 의미를 지니고 있어, 건물주의 생각과 정감을 문학과 예술의 형식으로 표현하고, 또 이를 외부에 널리 알리는 역할을 한다.

비백서飛白書와 문자도文字圖

1

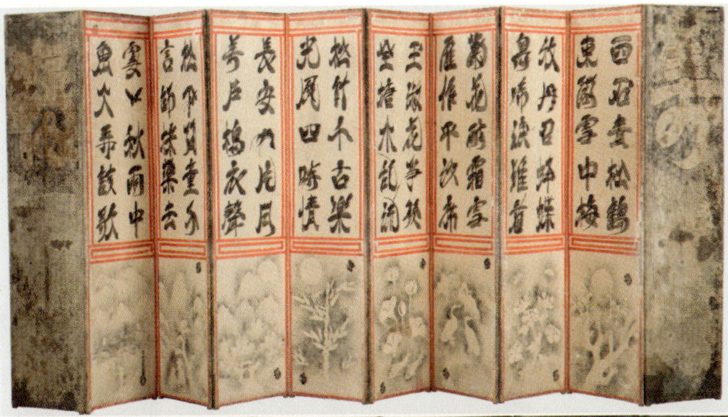

2

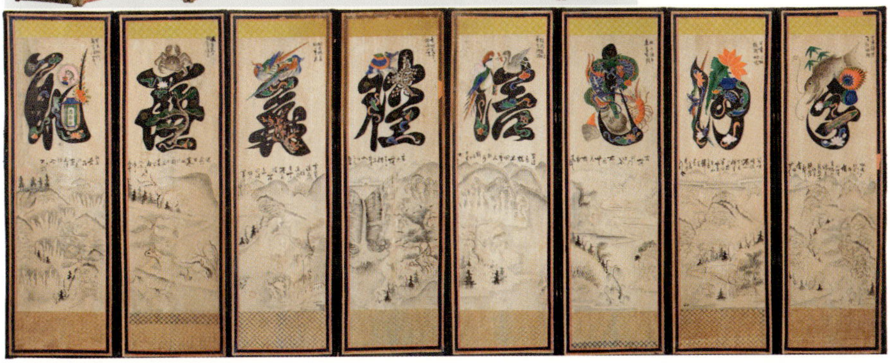

1 「화조영모혁필 10폭 병풍」(후면). 국립민속박물관 소장. 비백서는 원래 빗자루로 쓴 것처럼 붓 자국이 드러나 흰 부분이 희끗희끗 보이게 쓴 서체를 말한다. 붓끝이 갈라져 필세筆勢(글씨의 획에서 드러난 힘이나 기운. 필력筆力)가 끊어질 듯 이어지는 듯 속도감을 보인다고 해서 붙여진 이름이다.

2 「문자도 8폭 병풍」. 국립민속박물관 소장. 문자도는 유교 사회를 지탱해주는 핵심 덕목인 '효제충신예의염치孝弟忠信禮義廉恥' 등의 글자를 특정 동식물의 그림과 함께 섞어놓은 그림이다. '효' 자는 진晉 나라 왕상王祥이 한겨울에 계모를 위해 얼음을 깨고 잉어를 잡아드린 고사와 관련해 대개 잉어와 함께, '제' 자는 『시경』의 형제의 우정을 읊은 '상체지화常棣之華'에 따라 산앵두나무와 할미새와 함께, '충' 자는 충절을 상징하는 대나무와 새우나 대합 같은 것과 함께, 신' 자는 서왕모가 요지연瑤池宴에 여러 신선을 초청하는 편지를 입에 물거나 손에 든 고니(또는 흰기러기)와 파랑새, 복숭아, 연못 등과 함께, '예' 자는 거북과 책, 그리고 행단杏壇과 함께, '의' 자는 『삼국지』에 나오는 '도원결의桃園結義', 『시경』에 묘사된 부부간의 의를 나타내기 위해 복숭아와 물수리 등과 함께, '염' 자는 수천 리를 날다가 배가 고파도 조 따위는 먹지 않는 봉황이나 나아감과 물러감이 분명하다는 의미를 담은 게와 함께, 마지막으로 '치' 자는 무왕이 은나라를 멸망시키고 주나라를 세운 것을 부끄럽게 여겨 수양산에 들어가 달과 매화를 감상하며 고사리를 먹다 죽었다는 백이숙제伯夷叔齊의 고사와 함께 표현된다.

영자팔법永字八法

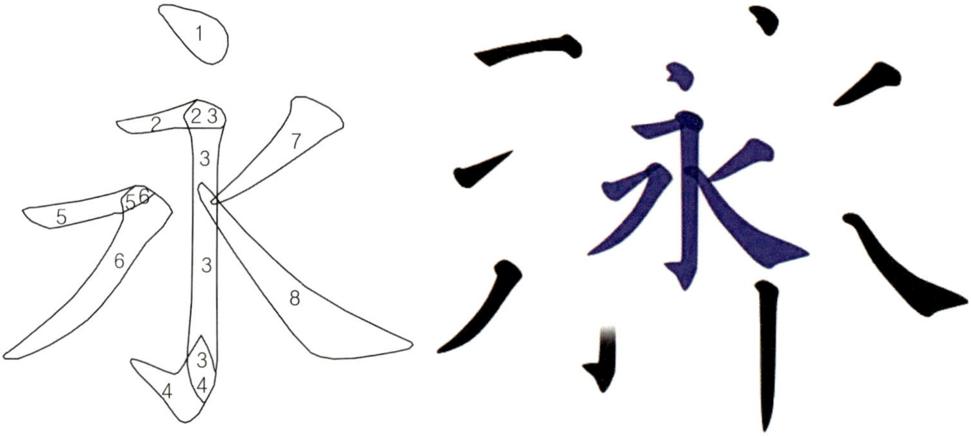

영자팔법永字八法.

붓글씨로 한자를 쓸 때 자주 나오는 획의 종류 여덟 가지를 '영永' 자를 통해 설명한 것이다. 후한 시대 채옹蔡邕이 처음 고안하였다. 1. 측側 – 점, 2. 늑勒 – 가로획, 3. 노努 – 세로획, 4. 적趯 – 갈고리, 5. 책策 – 오른쪽 치킴, 6. 약掠 – 긴 왼삐침, 7. 탁啄 – 짧은 왼삐침, 8. 책磔 – 파임. "영자팔법은 해서楷書를 쓸 때 기본이 되는 것으로 '영永'이라는 특정 글자의 조형적 특성을 기준으로 모든 글자에 공통적으로 적용하려고 고찰한 운필법이다. 영자팔법은 점획의 용필과 조직의 방법을 논한 것이기 때문에 운필이라기보다는 필세나 형세로 보아야 한다. 측側은 점이다. 점의 다양한 변화는 글씨의 표정, 즉 정서라 할 수 있다. 그렇기 때문에 점의 처리는 작가의 역량으로 평가되기도 한다. 점에는 측인 우점右點 이외에도 심心자의 첫 획과 같은 좌점左點, 삼수변의 마지막 점 같은 도점挑點 등이 있다. 늑勒은 가로획이다. 가장 기본획이면서 어려운 획이다. 가로획은 머리가 말발굽 같다고 하여 마제馬蹄라고 하고, 끝부분은 누에의 머리와 같다 하여 잠두蠶頭라고 하며, 기울기는 처음의 윗부분과 끝의 아랫부분 높이가 비슷한 것이 보통이다. 노努는 세로획이다. '늑'을 뒤집어 세워 놓은 모양과 비슷하다. 그 매력은 곧지 않고 중간 부분이 약간 잘록하여 허리처럼 탄력을 지니는 데 있다. 세로줄기는 크게 두 가지가 있는데 끝에서 눌러 떼는 것과 그대로 하향하여 빼는 것이 있다. 적翟은 갈고리라고 한다. 세로획의 끝 부분에서 쓰러져 있는 붓이 일어나는 탄력으로 튀어나가는 것이다. 책策은 왼쪽으로부터 비스듬히 오른쪽으로 올리는 삐침이다. 얼핏 보기에 시작이 가로 획과 비슷한 것 같지만 속도와 감각 면에서 입봉入鋒과 출봉出鋒이 매우 다르다. 약掠은 왼쪽 아래로 털어 떼어내는 긴 삐침이다. 일획삼과의 법이 잘 적용되는 것이 약이다. 다소 굽은 형세를 띠는 것으로서 아무렇게나 빠져나가서는 그 특징인 통통한 맛이라든지 서미鼠尾를 잘 표현할 수 없다. 탁啄은 오른쪽에서 왼쪽으로 운필하는 짧은 삐침이다. 책策과 반대되는 모양으로, 첫머리 부분이 책보다 강조된다. 책磔은 '파임'이라고 하며, 오른쪽 아래로 물결 모양으로 끌어당긴다. 갈고리와 파임만 잘하면 글씨의 특징을 잡을 수 있다고 여겨지듯이, 파임은 글씨에서 액센트이다.(『한글글꼴용어사전』)

종규鍾馗

1 「종규도鍾馗圖」.
국립중앙박물관 소장.

종규는 역귀나 마귀를 쫓는다는 중국의 신으로 이것의 형상을 문에 붙여 악귀를 막는 풍속이 당송唐宋 때 성행했다고 한다. 조선 시대 세시기들에 따르면 정월 초하루에 사악한 귀신을 잡는 종규를 그려 문에 붙이는 방법으로 사악한 귀신과 두려운 전염병을 물리쳤다. 그런 그림을 문배門排라고 한다. 문배에는 종규 그림만 있는 것은 아니다. 『용재총화』에서는 "이른 새벽에 그림을 문門, 호戶, 창窓, 비扉에 붙이는데, 처용, 각귀角鬼, 종규, 복두관인幞頭官人, 개주장군介冑將軍, 경진보부인擎珍寶婦人, 닭, 호랑이 따위의 그림이다"라고 했다. "세속에서는 금갑金甲을 한 두 장군을 사천왕四天王의 신상神像이라거나 혹 울지공尉遲恭(울지경덕尉遲敬德. 이름은 공恭, 자는 경덕敬德으로 진숙보秦叔寶와 함께 당나라 초기의 명장名將으로서, 지조와 절개가 있고 용감하여 전쟁에서 많은 공을 세움)과 진숙보秦叔寶(본명은 경瓊, 자는 숙보이다. 지조와 절개가 굳세며 용감하여 전쟁에서는 항상 선봉先鋒이 되어 대소 2백여 싸움에서 혁혁한 공을 세움. 울지공과 함께 태종의 고굉지신股肱之臣, 곧 임금이 가장 믿고 중히 여기는 신하)라고 하며, 진홍빛 도포를 입은 사람을 위정공魏鄭公(위징魏徵. 당나라 태종 때의 학자로 모습은 비록 보잘것없었으나 뜻은 대담하여, 2백여 사건을 진언進言함으로써 태종은 그를 공경하면서도 꺼렸다고 함)이라고 한다."(『동국세시기』) "금 갑옷을 입은 두 장군의 모습을 궁궐 문의 양쪽에 건다. 그 장군들은 키가 한 길이 넘는데, 한 사람은 부斧를, 그리고 다른 한 사람은 절節을 들었다.(지방관이 부임할 때 왕은 그에게 부절符節과 부월斧鉞을 내려 주었다. 부절은 수기手旗 모양의 신표로 임무수행자의 증명이었고, 부월은 도끼 모양으로 되어 있는데 살생권殺生權의 상징이었음.) 또 붉은 도포와 검은 사모紗帽를 쓴 사람의 그림을 중합문重閤門(중문重門과 합문閤門을 합해서 부르는 말. 중문은 대문 안에 또 세운 문을, 각문閣門이라고도 하는 합문은 임금이 평상시에 거처하는 궁전인 편전便殿의 앞문을 가리킴)에 건다. 임금의 내외 친척들과 민간에서도 그렇게 할 수 있는데, 그림의 크기는 문짝에 따라 작게도 한다. 상인방에는 귀신의 머리를 그려 붙인다. 항간에서는 금 갑옷을 입은 사람을 울지공과 진숙보, 붉은 도포와 검은 사모紗帽(고려 후기부터 조선 후기까지 관리의 근무복인 상복常服에 쓰던 관모로 모부帽部와 양 날개가 달린 각부角部로 구성되는데, 뒤가 높고 앞이 낮은 2단의 형태를 이룸)를 쓴 사람을 위정공이라고 한다."(『경도잡지』)

2 중국의 「종규도」.

3 일본의 「종규도」.

신도神荼와 울루鬱壘

1 **광화문에 붙은 문배도門排圖.** 문화재청 제공.
지난 2015년 워싱턴DC 주미 대한제국 공사관 복원 과정에서 19세기 말 '문배도'가 붙은 광화문 사진이 발견돼 실체가 확인됐다.

2 **재현한 신도와 울루.** 문화재청 제공.

3 **대문에 붙인 신도神荼와 울루鬱壘 글씨.** 국립민속박물관 소장.
문배도는 새해에 바깥에서 집안으로 들어오는 통로인 문에 붙여 잡귀를 막는 구실을 하는 목적으로 제작된 그림이다. 문배에 그려진 문신상門神像 중에서 가장 많이 쓰거나 그린 것은 신도神荼와 울루鬱壘이다. 우리나라에서는 그림 대신에 '신도'와 '울루'라는 네 글자를 크게 써서 문짝에 나누어 붙이는 경우가 많았다. 인터넷상에는 '신도神荼'를 '신다神茶'라고 표기한 경우가 많은데, '도荼' 자를 '다茶'로 잘못 읽은 것이다. 참고로 이 사진에서 '신도'와 '울루' 글자 옆에 쓰여 있는 말은 각각 '문신호령門神戶靈'과 '가금불상呵禁不祥'인데, 대문과 방문의 신령이 불길한 것을 물리친다는 뜻이다. 춘첩자春帖子로 쓰던 말이다. 『동국세시기』에 따르면, 춘첩자는 대궐 전각殿閣 기둥에 써 붙이던 주련柱聯[기둥이나 벽 따위에 장식으로 써서 붙이는 글귀로 주로 한시漢詩의 연구聯句를 씀]인데, 대신大臣과 사대부, 민가와 상점에도 춘련春聯을 붙여 새봄을 축하하는데 이를 춘축春祝이라 한다.

선인기록도仙人騎鹿圖

1 **김홍도, 『풍속도화첩**風俗圖畵帖』(부분). 국립중앙박물관 소장.
고대 신화와 전설 속 선인仙人들은 흰 사슴을 타거나 흰 사슴이 모는 가마를 타고 다녔다. 그래서 후에는 '선인仙人의 기록騎鹿', 곧 '선인이 사슴을 탄다'는 말은 선인에게 하늘을 날 수 있는 술법이 있다는 뜻이다. 선인이 하늘을 나는 술법이라는 의미하게 되었다. 『경도잡지』에서 말한 『선인기록도仙人騎鹿圖』는 '세화歲畫'로 썼다. 세화는 새해를 맞이하여 사악한 것을 물리치고 신년을 송축하기 위해 제작하여 문이나 벽에 붙였던 그림이다.

2 **김홍도, 「파상군선도**波上群仙圖」(부분). 국립중앙박물관 소장.

3 **김홍도, 「선록도**仙鹿圖」. 국립중앙박물관 소장.

금강산이나 관동팔경을 그린 병풍

작자미상, 「금강산도」. 국립중앙박물관 소장.

『경도잡지』에서는 크고 작은 병풍과 행사 때 쓰는 병풍을 언급하면서 거기에 그려진 여러 그림을 소개하고 있다. 우선 대병大屛에는 대개 금강산 일만 이천 봉이나 관동팔경關東八景(강원도 동해안에 있는 여덟 곳의 명승지. 통천의 총석정叢石亭, 고성의 삼일포三日浦, 간성의 청간정淸澗亭, 양양의 낙산사洛山寺, 강릉의 경포대鏡浦臺, 삼척의 죽서루竹西樓, 울진의 망양정望洋亭, 평해의 월송정越松亭)을 그린다고 했다. 금강산 일만 이천 봉이나 관동팔경은 여러 폭의 병풍으로 그려졌다. 조선 후기에는 금강산도에 대한 수요가 크게 늘어 민화나 목판화로도 많이 제작되었다. 특히 민화의 경우, 신선 사상 등의 기복적이고 길상적인 민간신앙과 결부되어 사랑방의 장식용 병풍으로 많이 그려졌다. 이런 그림은 무엇보다도 '와유臥遊'를 위한 것이었다. 와유란 글자 그대로 '누워서 유람한다'는 뜻으로, 집에서 명승이나 고적古蹟을 그린 그림을 보며 즐기는 일이다. "후세의 호사가들이 온 천하를 다 유람하기가 이처럼 어려운 것을 보고 또 그러한 힘을 갖추지 못한 것을 근심한 나머지 그림으로 명산을 그려 눈앞에 펼치고 이를 통해 천하의 산수를 감상하는 취미를 붙이고는 이를 와유라 하였으니, 이는 자신의 형편에 맞는 편리한 방도를 취한 것이다."(『서계집西溪集』)

화조도花鳥圖

1 **신한평**申漢枰(1726~?), **화조도 족자**. 호암미술관 소장.

공유마당 : https://gongu.copyright.or.kr/gongu/wrt/wrt/view.do?wrtSn=13268500&menuNo=200018

작은 병풍이나 족자에는 꽃과 새와 나비 등을 그렸다. 이른바 '화조도花鳥圖'다. 꽃과 새가 자연스럽게 어우러져 아름다운 조화를 이루는 화조도는 가장 많이 그려진 민화이다. 자연과 어우러져 의좋게 노니는 암수 한 쌍의 새는 금실 좋은 부부애를 상징하여 안방이나 신혼부부의 방을 장식했다. 대개 부귀와 장수, 그리고 과거 급제 등에 대한 소박한 소망을 담아 그린 화조도는 보통 적赤, 녹綠, 황黃 등의 물감으로 채색된 화려한 그림이 많다. 민화 중에서 색채감이 가장 풍부한 그림으로 손꼽힌다.

2 「**화조도병풍**花鳥圖屛風」. 국립고궁박물관 소장.

이 화조도는 연꽃과 매화, 모란, 국화 등의 여러 가지 꽃과 꿩, 오리, 백로 등 다양한 종류의 새들을 소재로 하고 있다. 화려하고 짙은 채색이 입혀졌으며 화면을 구성하는 소재들을 각 화면의 한쪽에 치우치게 배치하는 구도가 주로 사용되었다. 물이 흐르거나 바위가 있는 야외를 배경으로 여러 가지 꽃과 새들을 배치하는 정형화된 화면 구성을 반복적으로 이용하였으며, 화면의 전체적인 구도 역시 일정한 틀에서 벗어나지 않고 있다. 앞에서 언급한 것과 같은 전형적인 화조도의 소재 이외에 봉황鳳凰과 같은 상상 속의 새, 사슴·영지와 같은 십장생도十長生圖의 소재가 등장하고 있는 점에서도 궁중 회화다운 특징이 나타난다.

백자도百子圖

1 「**백동자도**」(6폭병풍 부분). 서울역사박물관 소장.

「백동자도」라고도 하는 「백자도」는 부귀한 저택의 정원이나 신선들이 사는 선경仙境을 배경으로 어린 아이들이 즐겁게 노니는 모습을 묘사한 그림이다. 자손 번창의 축복을 담은 백자도의 '백百'은 많고 풍부하다는 의미지 반드시 백 명일 이유는 없다. 조선 시대 궁정의 혼례를 기록한 『가례도감嘉禮都監』, 잔치를 기록한 『진연도감進宴都監』 등 의궤儀軌에 「백동자도」 병풍이 사용된 기록이 있다. 그러한 왕실 문화가 사대부 집안에서도 혼례에 사용되면서 길거리 화가들에 의해 그려지고 판매되었을 것이다.

2 「**백동자도**」(8폭병풍 부분). 국립민속박물관 소장.

백자도 속 동자의 머리가 두 갈래 상투 형태의 쌍계雙髻 모습을 하고 있는데, 삼국시대 어린아이의 머리도 두 갈래 상투였다. 조선 시대 그림 속의 선녀도 그러한 모습을 하고 있다. 쌍계는 고전적 이미지로 신선다운 고귀함의 또 다른 표현이다. 「백동자도」 속 아이들은 세상 부모들의 바람대로 고귀한 존재로서 건강하고 용과 범처럼 용감하고 행복하며 천진한 모습을 하고 있다.

곽분양행락도郭汾陽行樂圖

「곽분양행락도郭汾陽行樂圖」(8폭병풍). 국립중앙박물관 소장.

「곽분양행락도」는 한평생 부귀영화를 누린 노년의 곽자의郭子儀(697~781)가 호화로운 저택에서 가족과 함께 연회를 즐기고 있는 모습을 그린 그림이다. 곽자의는 당나라 사람으로 안녹산安祿山의 난을 평정하고, 그 공으로 분양왕汾陽王에 봉해져서 곽분양郭汾陽이라고도 불리었다. 그는 관료로서 성공적인 삶을 살았고, 장수를 누렸으며, 자손들 또한 번창하여 세속에서의 복을 마음껏 누리 인물로 후대에 부귀공명을 누리는 상징이 되었다. 현재 남아 있는 곽분양행락도는 8폭 또는 10폭의 병풍으로 대부분 진한 색채로 그려져 있다. 병풍 형식의 곽분양행락도는 화면이 크게 세 부분으로 나뉘어지는데, 첫 번째 부분에는 곽자의 집안의 모습으로 주로 여성들과 아이들이 그려져 있다. 두 번째는 연회가 열리고 있는 장면이다. 아름다운 꽃이 피어 있고 학이 노니는 정원에서 곽분양이 차일遮日(햇볕을 가리기 위하여 치는 포장) 아래에 앉아 무희舞姬들의 춤과 기녀妓女들의 연주를 감상하고 있으며, 그의 주위에는 아들과 사위, 신하들이 보인다. 마지막 부분은 후원後園으로 보이는 공간으로 연못 위의 정자에서 바둑을 두고 있는 사람들과 연회에 참석하러 온 사람들의 모습이 보인다. 현존하는 병풍들은 약간의 차이를 보이기는 하지만 대체로 구성과 배치가 유사하다.

요지연도瑤池宴圖

「요지연도瑤池宴圖」(팔폭병풍). 국립중앙박물관 소장.

「요지연도」는 중국 주 나라의 목왕이 서왕모西王母가 사는 곤륜산崑崙山 요지瑤池에서 열리는 연회장에 초대받은 장면을 그린 그림이다. 서왕모가 살고 있는 곤륜산에는 삼천 년 만에 열린다는 반도蟠桃, 연회에 초대받은 여러 신선들, 마당에서 춤추는 학 등이 나오는데 모두 인간의 세상에서는 불가능한 초세超世적인 장수를 상징한다. "대부분의 문화권에는 사랑과 미의 여신이 있다. (…) 이미 2천 년 전에 한국에도 비너스에 해당하는 '서쪽의 여왕', 곧 서왕모西王母라는 여신女神이 있었다. 한국인은 불사不死의 여신 서왕모에 젊음과 아름다움이라는 이미지를 결합시켰다. (…) 중국에서는 '시황무'라 하고, 한국에서는 '서왕모'라 부르는 이 여신은 2천5백 년 이상 도교의 중심지였던 산둥반도에서 특히 유명한 존재이다. (…) 서왕모가 사는 곳은 환상적인 풍광을 지닌, 날카롭게 깎아지른 듯한 산꼭대기들로 유명한 중국 남서쪽의 곤륜산崑崙山이다. 세상에서 가장 멋진 과수원이 그 험준한 산속 깊숙한 곳에 있는데, 거기서 자란 복숭아는 한 번만 베어 물어도 영생永生할 수 있다. 서왕모는 이 낙원을 관장하면서 6천 년마다 여기서 신선들을 초대해 잔치를 연다. (…) 서왕모의 복숭아나무는 3천 년마다 잎이 달리고, 다시 3천 년이 지나 열매가 익는다. 복숭아 맛이 절정에 달했을 때, 서왕모는 신선들을 초청해서 잔치를 연다. 산꼭대기의 옥 궁전에서 열리는 이 잔치는 대단히 성대하였다. 서왕모의 궁전은 견고한 금벽으로 되어 있고, 그 위에는 진귀한 보석들이 쌓여 있다. 서왕모의 정원은 대부분이 복숭아나무로 이루어진 과수원인데, 거기에는 진귀한 보석처럼 녹색을 띠고 있어 요지瑤池라고 불리는 연못이 있다. 서왕모가 6천 년마다 마련하는 이 잔치, 곧 요지연瑤池宴에서는 육안肉眼으로는 볼 수 없는 악기를 연주하는 신선의 음악이 흐른다. (…) 절의 명부전冥府殿에서도 서왕모의 벽화를 볼 수 있다. 봉원사의 외벽과 해인사의 천장에도 그려져 있다. 서왕모가 구름을 타고 공중을 떠다니는 모습이나 그녀의 복숭아 과수원 모습은 미술에서 중요한 소재의 하나가 되어왔다. 한국의 화가들은 불사의 복숭아를 서왕모를 대신해서 그리기도 하였다."(『Korea's Cultural Roots』)

모란대병牡丹大屛

「모란도」(6폭병풍). 국립고궁박물관 소장.

공식 잔치에서는 모란대병牡丹大屛을 썼다. 모란은 꽃 중의 왕, 곧 화왕花王이라고 부르는 만큼 모양이 훌륭해서 부귀화富貴花라고도 부른다. 모란 그림은 다른 꽃들과도 함께 그려지는데, 해당화와 목련이 곁들여 있다면 모란꽃의 부귀, 목련의 옥玉, 해당화의 당堂이 함께 읽혀서 '부귀옥당富貴玉堂'이 된다. 여기서는 물론 생태적 사실, 예를 들어 목련은 4월, 모란은 5월, 해당화는 6월에 핀다는 점은 중요치 않다. 모란과 바위를 함께 그리면 바위의 수壽와 함께 '부귀수富貴壽'의 뜻이 된다. 모란꽃을 크게 그리면 '대부귀역수고大富貴亦壽考', 곧 크게 부귀를 누리고 장수하여 천수를 다하라는 의미가 된다. 모란에 장닭을 함께 그리면 '공을 세워 이름을 떨치고 부귀를 누린다'는 뜻의 「부귀공명도富貴功名圖」가 된다. 모란이 부귀, 장닭이 공계公鷄이므로 '공公'과 독음이 같은 '공功'을, 울 '명鳴'과 독음이 같은 이름 '명名'을 빌려서 그렇게 읽는다. 이렇듯 모란은 그 자체의 의미에 더해 여러 사물과 연결되면서 대단히 소망스런 기원을 두루 표현해낸다. 공식 잔치에서 쓸 만한 그림이 아닐 수 없다. 그런데 모란대병은 제용감濟用監에서 만든다. 제용감은 왕실에서 쓰는 각종 직물, 인삼의 진상과 국왕이 내려주는 의복 및 사紗, 나羅, 능綾, 단緞, 포화布貨, 채색입염彩色入染, 직조 등에 관한 업무를 관장했다. 모란대병은 사적으로 제작하기에는 비용이 많이 들어 사족들은 혼례 때 빌려쓰기도 한다.

신랑은 백마를 타는데, 자주색 비단으로 된 단령團領을 입고 서대犀帶를 띠며 겹날개가 달린 사모紗帽를 쓴다. 행렬 앞에는 청사등롱靑紗燈籠 네 쌍을 배치한다. 기럭아비[안부雁夫]는 붉은색 갓인 주립朱笠에 흑단령黑團領을 입고서 기러기를 받들고 천천히 앞서 걸어간다. 관청의 하인들을 동원해 행차를 호위하게 하는데, 그 모양이 대단히 성대하다.

신부는 황동黃銅으로 정수리를 장식한 팔인교八人轎를 타는데, 그 사면에는 발을 드리운다. 그 앞에 청사등롱 네 쌍과 안보案褓 한 쌍을 배치하는데, 대추와 포 그리고 옷상자와 경대는 머리에 이고 부용향芙蓉香은 들고 간다. 고운 옷을 입혀 예쁘게 단장한 계집종 열두 명이 짝을 지어 앞에 가고, 유모乳母는 검은 비단으로 만든 너울[멱라冪羅]을 쓰고 말을 타고 뒤를 따른다. 역시 관청의 하인들이 호위하여 대단히 성대하게 거리를 누비며 간다.

新郎跨白馬, 衣紫綃團領, 繫犀帶, 戴複翅紗帽. 前排靑紗燈籠四對. 鴈父朱笠黑團領, 捧鴈徐步在前. 借諸司吏隸陪護籠街. 新婦乘黃銅頂八人轎, 四面垂簾. 前排靑紗燈籠四對, 案袱一對, 戴棗脩衣函鏡臺. 擎芙蓉香十二婢, 靚粧麗服, 作雙前導. 乳母戴黑繒冪羅, 跨馬隨後. 亦用吏隸陪護籠街.

신랑

1

1 **김준근, 「장가가고」.** 국립민속박물관 소장.

신랑이 신부를 맞이하기 위해 신붓집으로 가는 친영親迎(신랑이 신부의 집에 가서 신부를 직접 맞이하는 의식) 행렬 모습을 그린 그림이다. 신랑이 혼례를 올리려고 신부의 집으로 가는 것을 초행初行이라고 한다. 혼례 날 아침 신랑은 말을 타고 신부의 집으로 간다. "남자가 먼저 움직여 여자의 집으로 가는 것은 강유剛柔의 이치를 따른 것이다. 남자는 굳세기 때문에 강剛이고, 여자는 부드럽기 때문에 유柔이다. 강의 덕은 앞으로 나아가는 것을, 유의 덕은 물러서는 것을 위주로 한다."(『조선 양반의 일생』)

2 「**평생도**平生圖」(8폭 중 제1폭). 국립중앙박물관 소장.
신랑의 행차 대열의 구성을 잘 보여주고 있다.(캡션은 『조선 양반의 일생』에서 재인용) 참고로 말은 반드시 '백마'일 필요는 없었다. 혼인과 관련된 여러 근거를 밝힌 문헌들을 찾아봐도 백마에 관한 기록은 없다. 조선 시대의 관혼상제와 관련하여 두루 참고되었던 『증보사례편람增補四禮便覽』에는 다만 "신랑은 나가 말에 오른다[서출승마壻出乘馬]"라고만 기록되어 있을 뿐이다. 이것은 정약용의 『가례작의嘉禮酌儀』에서도 마찬가지다. "신랑이 말을 타면 횃불을 든 두 사람이 앞에 선다"라고 했을 뿐이다. 그러니 이왕이면 다홍치마라고, 백마라면 더 좋지 않겠느냐는 생각이 반영되었다고 보면 좋겠다. 과거 급제자도 백마를 타고 금의환향해야 더 멋지고 훌륭해 보여서 그리했을 것이다.

3 **김홍도, 「모당홍이상공평생도**慕堂洪履相公平生圖」. 국립중앙박물관 소장.
버드나무가 한창 물이 올라 있는 것으로 보아, 때는 꽃 피고 새 우는 봄날이다. 그런데 버드나무 아래 오리가 놀고 있는 상황에는 중요한 이야기가 숨어 있다. 버드나무는 한자로 '류柳'라 하는데, 이는 석류를 나타내는 '류榴'와 음이 같다. 석류는 다자多子를 의미한다. 그리고 오리는 '압鴨'이라 쓰는데, 거기에는 '갑甲'이 들어 있다. 이것은 물론 과거에서 1등으로 급제함을 뜻한다. 오리 두 마리를 그린 것은 소과小科와 대과大科에 연달아 합격하라는 기원이다. 요컨대 아들 많이 낳아 다들 출세하라는 소원을 그렇게 담아낸 것이다.

단령團領

1

2

1 **단령**團領. 국립민속박물관 소장. 자주색 단령 혼례복. 『경도잡지』에서 신랑은 자주색 단령을 입는다고 했다. 단령은 주로 문관이 착용했던 둥그런 깃의 관복官服으로, 품계品階에 따라 홍색, 청색, 녹색 등으로 구별했다. 그러니 신랑이 자줏빛 비단의 단령을 입었다는 것은 관복 중에서 최고로 좋은 옷을 입었다는 말이 된다. 그런데 남겨진 그림이나 사진 등을 보면 반드시 그랬던 것은 아닌 것 같다. 남성 혼례복은 보통 관리의 근무복인 상복常服에 해당하는 복식으로, 바지, 저고리에 북청색 혹은 남색의 단령, 곧 깃이 둥근 도포를 입는다. 단령에는 쌍학 혹은 단학 흉배(가슴과 등에 꾸미던 사각형의 장식품)를 달았고, 허리에는 각대角帶를 둘렀다. 머리에는 사모를 쓰고 목화木靴(바닥은 나무나 가죽으로 만들고 검은빛의 사슴 가죽으로 목을 길게 만든, 장화와 비슷한 신)를 신었다.

2 **서대**犀帶. 국립민속박물관 소장. 관리가 입던 관복인 조복朝服, 제복祭服, 상복常服이나 공복公服을 갖추어 입을 때 띠는 허리띠이다. 『경국대전經國大典』에 따르면 1품은 서대犀帶, 정2품은 삽금鈒金, 종2품은 소금素金, 정3품은 삽은鈒銀 종3품, 종4품은 소은素銀, 종5,6품은 흑각黑角을 띠었다. 이 대帶는 가죽 위에 금동으로 테를 두른 서각대로 안은 초록빛 구름무늬로 수를 놓은 비단인 운문단雲紋緞으로 마감하였다.

사모

1 **문사각**紋紗角. 국립공주박물관 소장.

사모는 고려 후기부터 조선 후기까지 관리의 상복常服에 쓰던 관모이다. 형태는 모부帽部와 양 날개가 달린 각부角部로 구성되는데, 뒤가 높고 앞이 낮은 2단의 모정부를 이루었다. 겉면은 죽사竹絲(실처럼 가늘게 쪼갠 대오리)와 말총(말의 갈기나 꼬리의 털)으로 짜고 그 위를 사紗(삶아서 익히지 않은 명주실인 생사로 짠 얇고 가벼운 비단)로 씌웠다. 조선 전기에 모체가 낮고 양 날개가 아래로 늘어졌었는데, 조선 중기에는 모체가 높고 양 날개도 평각으로 넓어졌고, 조선 후기에는 모체가 낮아지면서 양 날개의 길이도 짧아지고 모양도 굽어졌다. 문사각은 정삼품 이상의 관원인 당상관堂上官이 쓰던, 뿔에 무늬가 있는 사모이다. 두 겹으로 되어 있으며 아롱무늬(연한 빛깔의 작은 점이나 줄 따위가 고르게 촘촘히 이루어진 무늬)가 있다.

2 **단사각**單紗角. 국립민속박물관 소장.

단사각은 당하관堂下官이 쓰던, 뿔에 무늬가 없는 사모이다. 한 겹 깁(명주실로 바탕을 조금 거칠게 짠 비단)으로 되어 있다. 그런데 『경도잡지』에서 신랑이 "겹날개가 달린 사모를 쓴다"고 했는데, 그런 사례는 찾아보기 힘들다. 신분이 높고 부귀한 집안의 혼례에서나 가능했던 일이 아닌가 한다.

차면선遮面扇, 사선紗扇

1 **차면선**遮面扇. 국립민속박물관 소장.
혼례에서 신랑이 말을 타거나 걸을 때 예로 얼굴을 가리기 위해 사용하는 가리개이다. 보통 부채보다 크고 손수건 크기의 네모 형태인데, 얇은 비단인 '사紗'로 만들어 사선紗扇이라고도 한다. 천의 양쪽에 손잡이 대를 끼워서 두루마리처럼 양쪽을 말아 쥘 수 있고, 이것을 펼치면 가리개가 된다.

2 **김준근, 「장가가고」**(부분). 국립민속박물관 소장.
차면선은 밖에서는 안을 볼 수 없지만, 안에서는 밖을 볼 수 있어사화게 만들었다. 차면선은 문무과에 급제한 사람에게 임금이 하사하던 종이꽃인 어사화御賜花와 함께 하사했다. 차면선은 청색과 홍색의 두 가지 있는데, 보통은 청색의 차면선을 사선紗扇이라 하여 혼례에서 신랑이 드는 것으로 알려져 있지만, 김준근의 「쟝가가고」에서 보듯이 반드시 그랬던은 아니다.

청사등롱靑紗燈籠

1

2

1 **청사등롱**靑紗燈籠. 국립민속박물관 소장.

청사靑紗(푸른 천과 붉은 천으로 상, 하단을 두른 주머니) 안에 등불을 넣은 것이 청사등롱이고, 촛불을 넣은 것이 청사초롱이다. 이 등/초롱은 손에 들고 다니며 사용하는 휴대용 조명구로 크게 틀과 그 위를 덮는 의衣 그리고 손잡이로 구성된다. 청사등/초롱의 홍색은 양陽을 상징하며 청색은 음陰을 상징한다. 우리나라는 예로부터 우주 만물이 음양의 조화로 이루어졌다고 믿어 혼례식에 사용하는 초롱도 이러한 음양을 나타내는 청홍의 배색을 하였던 것이다. 『경도잡지』에서는 신랑 행렬 앞에 청사등롱靑紗燈籠 네 쌍을 배치한다고 했는데, 그것은 대단히 성대한 경우이고, 대개는 두 개를 앞세웠다. 『사례편람四禮便覽』에서는 "머슴이 횃불을 들고 앞에서 길을 밝힌다"라고 했다. 이것은 앞길에 있을지 모를 사악한 기운을 물리친다는 뜻이다. 그런데 횃불이든 등롱이든 모두 어두운 저녁에 필요한 물건이다. 이로 보아 다들 알고 있듯이 혼례는 저녁에 치렀음을 재차 확인할 수 있다.

2 **청사초롱의 틀**. 국립민속박물관 소장.

틀은 금속 판재를 사용하여 만드는데 주로 4각형 또는 5각형의 구조가 많으며, 교차점을 중심으로 접을 수 있다. 하부 교차점에는 원통형의 초꽂이를 두어 초를 꽂을 수 있게 하고 상부 교차점에는 사슬이 달린 손잡이를 연결하여 들고 다닐 수 있도록 하였다. 중간에는 틀이 접히는 것을 막기 위한 고리가 있으며 붉은색과 남색의 갑사를 상하로 이어 만든 초롱의를 씌웠다. 초롱 입구 부분에는 끈을 꿰어 틀에 씌웠을 때 빠지지 않도록 하였다.

기럭아비, 가럭아범[안부雁夫]

1 **김홍도,** 「**신행**新行」. 『단원풍속도첩檀園風俗圖帖』, 국립중앙박물관 소장.
원래는 살아 있는 기러기에 색깔이 있는 생명주生明紬(가는 무명 올로 폭이 넓고 설피게 짠 생사生絲로 짠 명주明紬. 명주는 누에고치에서 뽑은 가늘고 고운 실)로 얽어맸는데, 후에는 나무를 깎아 대신했다. 보통 기러기를 쌍으로 들고 가는 것으로 알고 있지만, 실제로는 한 마리만 들고 갔다. 참고로 '신행'은 혼인에서 신랑이 신붓집으로 가는 것을 말한다.

2 **나무기러기.** 국립민속박물관 소장.
기러기는 네 가지 덕을 가졌다고 여겼기 때문에 앞세웠다. "기러기의 작은 것은 안雁이요 큰 것은 홍鴻이니, 네 가지 덕이 있다. 추우면 북으로부터 남형양에 그치고 더우면 남으로부터 북안문北雁門에 돌아가니 신信이요, 날면 차례가 있어 앞에서 울면 뒤에서 화답하니 예禮요, 짝을 잃으면 다시 짝을 얻지 않으니 절節이요, 밤이 되면 무리를 지어 자되 하나가 순경巡更(밤에 도둑이나 화재 따위를 경계하기 위하여 돌아다님)하고, 낮이 되면 갈대를 머금어 주살誅殺(실을 매어서 쏘는 화살)을 피하니 지혜가 있기 때문에 예폐禮幣(고마움의 뜻으로 보내는 물건)하는 데 쓴다."(『규합총서閨閤叢書』)

주립朱笠

주립. 국립민속박물관 소장.

조선 시대 정3품 상계上階 이상의 품계인 문무 당상관堂上官이 융복戎服(옛 군복으로 무신이 입었으나, 문신도 전쟁이 일어났을 때나 임금을 호종扈從할 때에는 입음)에 착용한 붉은색의 갓으로, 주사립朱絲笠 혹은 자립紫笠이라고도 한다. 가는 죽사竹絲(실처럼 가늘게 쪼갠 대오리)로 대우(갓양태 위로 우뚝 솟은 원통 모양의 부분)와 양태涼臺(갓모자의 밑 둘레 밖으로 둥글넓적하게 된 부분)를 만들어 붉은색 칠을 하고, 대우 좌우에 흰 새털인 호수虎鬚 등을 꽂을 수 있는 꽂이를 달았다. 갓에 끈[입영笠纓]이 달려 턱 밑에서 고정할 수 있게 하였다. 나무기러기를 들고 신랑 행차를 인도하는 안부雁夫, 곧 기럭아범에게는 신랑의 권위를 높여주기 위해 주립을 씌웠다. 신랑의 장모에게 기러기를 바쳐 혼인을 맹세하는 전안례奠鴈禮를 행하는 역할을 하니 그 정도의 격식은 차려야 했을 것이다. 참고로 '전안奠鴈'은 혼례 때, 신랑이 기러기를 가지고 신붓집에 가서 상 위에 놓고 절을 하는 예를 말한다. 이때 산 기러기를 쓰기도 하나, 대개 나무로 만든 것을 쓴다.

시집가는 신부

1

1 **김준근, 「시집가고」.** 국립민속박물관 소장.

신붓집에서 초례醮禮(신랑 신부가 처음 만나 절하는 교배례交拜禮를 행한 후, 서로 합환주合歡酒를 마시는 합근례合巹禮를 말함)를 마친 신부가 사인교四人轎(앞뒤에 각각 두 사람씩 모두 네 사람이 메는 가마)를 타고 시집가는 모습을 그린 그림이다. 신부가 4명이 멘 사인교를, 수모手母(혼례에서 신부의 단장 및 그밖의 일을 곁에서 도와주는 여자)는 2명이 든 보교步轎(사람이 메는 가마의 하나로, 네 기둥을 세우고 사방으로 장막을 둘렀으며, 뚜껑은 가운데가 솟고 네 귀가 내밀어서 정자亭子 지붕 모양을 하고 있으며, 바닥과 기둥 · 뚜껑은 각각 뜯게 되어 있음)를 타고 시집으로 가는 신행新行(혼인할 때 신부가 신랑 집으로 감) 모습을 묘사했다. 사인교 앞에는 함(혼인 때 신랑 쪽에서 채단采緞과 혼서지婚書紙를 넣어서 신부 쪽에 보내는 나무 상자. '채단'은 치마나 저고릿감으로 쓰는 푸른색과 붉은색의 비단을, '혼서지'는 신붓집에 보내는 감사 편지)을 머리에 인 2명의 함비函婢와 청사초롱을 들었던 등롱꾼 2명이 칼을 쥐고 앞서고 있다. 신부의 집에서 혼례를 끝낸 다음에 신랑은 신부를 데리고 자기 집으로 간다. 그것을 '우귀于歸'라고 한다. 대개 혼례를 치른 날 바로 우귀를 하는 '당일우귀當日于歸' 혹은 사흘 뒤 시집에 가는 '삼일우귀三日于歸'를 행했다. 그런데 행렬 앞에서 가는 두 '하님'(여자 종을 대접하여 부르거나 여자 종들이 서로 높여 부르던 말)의 손에 붉은 천과 푸른 천이 들려 있다. 이것은 양과 음의 조화를 염원하는 행위다. 『경도잡지』에서는 "고운 옷을 입혀 어여쁘게 단장한 계집종 열두 명이 짝을 지어 앞에 간다"고 했는데, 이 '열두 하님'은 대단히 성대한 혼례식에서나 있을 법한 일이었다.

2 「**혼례행렬**婚禮の道中」(1920년대).

우라키와 가즈야 엮음, 『그림엽서로 보는 근대조선』 6 - 풍속엽서, 민속원, 2017, 159쪽.

신부는 대개 4인교 혹은 8인교 가마를 타는데, 이 사진의 경우는 앞에만 6명의 가마꾼이 있다. 뒤에도 마찬가지라면 모두 12명의 가마꾼이 동원된 셈이다. 대단히 성대하게 치러진 혼인으로 보인다. 가마 위에 호피를 얹었다. 호피는 벽사력辟邪力을 지닌 호랑이 덕으로 사악한 기운을 물리쳐 신성한 분위기에서 혼인이 이루어지기를 바라는 마음에서 씌웠겠지만, 그와 함께 사치스럽게 치장하기 위한 것이기도 했다.

신부 복장

1

1 **활옷**. 국립민속박물관 소장.
활옷은 혼례에서 새색시가 입는 예복인데, 원래는 공주나 옹주가 나라의 중대한 의식이 있을 때입던 대례복大禮服이었다. 활의闊衣라고도 썼다. 다홍색 비단 바탕에 장수와 길복을 의미하는 물결, 바위, 불로초, 봉鳳, 나비, 연꽃, 모란꽃 등의 수繡 이외에 이성지합二姓之峆(남녀가 합함), 만복지원萬福之源(모든 복의 근원), 수여산壽如山(산처럼 장수함), 부여해富如海(바다처럼 부유함) 등의 글씨를 수놓는다. 머리에는 족두리(부녀자들이 예복을 입을 때에 머리에 얹던 관의 하나로 위는 대개 여섯 모가 지고 아래는 둥글며, 보통 검은 비단으로 만들고 구슬로 꾸밈)나 화관花冠(금, 은, 구리 따위의 바탕에 갖가지 유리질의 유약을 녹여 붙여서 꽃, 새, 인물 따위의 무늬를 나타내는 칠보七寶로 꾸민 여자의 관)을 쓰고, 비녀 좌우에는 앞댕기를 늘이고, 뒤에는 도투락댕기로 쪽머리를 덮어 장식했다. 댕기는 길게 땋은 머리 끝에 드리는 장식용 헝겊이나 끈을 말한다.

2

3

4

5

2 **화관**花冠. 국립민속박물관 소장.

일반적으로 검은색 비단을 사용해 아래는 둥글고 위는 여섯 모로 만든다. 반구형半球形으로 상부 중앙이 움푹 파인 형태다. 내부에 솜으로 심을 만든 후 흑색 견絹 조각을 이어 바느질하고, 상부에 연꽃 모양의 옥, 둥근 옥, 나무를 깎아 칠한 구슬 장식을 꿰고 술을 달아 장식한다. 뒤쪽 하단에 끈이 달렸다.

3 **여성 예복용 관모**. 국립민속박물관 소장.

여성 예복용 관모로 영정조 때에 이르러 여성의 의식용 머리모양을 쪽머리로 고치면서 일반화되었다. 화관의 기본적인 틀은 종이를 두껍게 배접褙接(종이, 헝겊 또는 얇은 널조각 따위를 여러 겹 포개어 붙임)한 것으로, 여기에 각종 보석을 장식하여 화려하게 만들었다. 시대와 지역에 따라 형태와 모양이 다르다.

4 **족두리**. 국립민속박물관 소장.

예복을 입을 때 쓰는 관모冠帽의 하나이다. 정수리를 중심으로 여러 폭의 비단을 이어 형태를 만들고 안에 솜을 넣어 만든다. 윗면에 옥판玉板(잘게 새김을 한 얇은 옥 조각)을 받치고 산호珊瑚, 진주 등으로 장식하기도 한다. 평상시에는 흑색을 쓰고, 상중喪中에는 백색을 쓴다. 원삼圓衫(부녀 예복의 하나로 흔히 비단이나 명주로 지으며 연두색 길에 자주색 깃과 색동 소매를 달고 옆을 튼 것으로 홑옷, 겹옷 두 가지가 있음)이나 당의唐衣(여자들이 저고리 위에 덧입는 한복의 하나로 앞길과 뒷길이 저고리보다 길고, 저고리나 두루마기 자락의 가장자리인 도련은 둥근 곡선으로 되어 있으며, 옆은 저고리와 같은 옷에서 앞뒤의 길과 소매를 이은 선인 진동선 아랫부분이 트여 있음)와 함께 착용했다.

5 **떨잠**. 국립민속박물관 소장.

여성들이 예복을 입을 때 머리에 꽂는 장식이다. 착용자가 움직일 때마다 옥판 위의 장식이 떨리듯 흔들린다 해서 붙여진 이름이다, 원형이나 나비형의 옥판 위에 옥과 진주 등을 붙여 만든 나비와 새 모양의 장식이 부착된 용수철이 달려 있다. 옥판에 달린 납작한 머리꽂이로 머리에 고정한다.

댕기

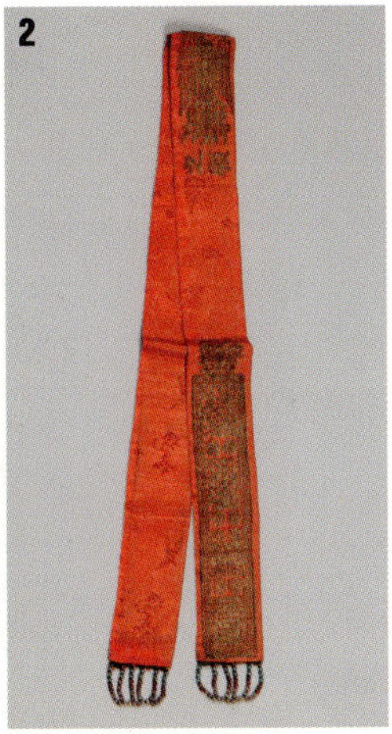

1 **도투락댕기.** 공유마당 : https://www.culture.go.kr/tradition/useOrigin.do?sType=09&reffer=shape&did=17229
궁중이나 양반 가문에서 신부가 원삼圓衫(부녀 예복의 하나로 흔히 비단이나 명주로 지으며 연두색 길에 자주색 깃과 색동 소매를 달고 옆을 튼 것으로 홑옷, 겹옷 두 가지가 있음)이나 활옷의 혼례복을 입고 족두리나 화관을 쓸 때 쪽진머리의 뒤쪽에 길게 늘어뜨린 것이다. 다홍색 · 검정색 등의 비단으로 만들며 대개 길이는 90㎝, 너비는 10~12㎝ 정도였다. 댕기의 전체적인 형태는 위쪽을 세모로 접어서 두 가닥이 되도록 하며 치마길이보다는 짧다. 댕기는 전체적으로 금박을 찍어서 문양을 표현하고, 댕기의 위쪽에는 석웅황石雄黃(천연으로 나는 비소 화합물로 쪼개져 갈라진 면은 진주광택이 나며, 계관석과 더불어 산출된다. 등황색 또는 누런색을 띠며 염료 또는 화약에 쓰임)이나 옥판玉板(잘게 새김을 한 얇은 옥 조각으로 족두리, 아얌, 벼룻집 따위에 붙여 장식을 하는 데 씀)을 달고 밀화蜜花(밀랍 같은 누런빛이 나고 젖송이 같은 무늬가 있는 호박琥珀)나 칠보七寶 등의 장식을 댕기의 중앙선에 달면 좌우가 연결된다. '큰댕기'라고도 한다.

2 **댕기.** 국립민속박물관 소장.
혼례 때 큰댕기(도투락댕기)와 짝을 이루어 양쪽 어깨 위에서 앞으로 늘이는 댕기이다. 큰 비녀의 양쪽 여유분에 적당한 길이로 맞추어 감아 양 어깨 위에 드리운다. 나비는 5㎝ 내외이며 금박을 박았고 양 끝에는 진주나 산호주珊瑚珠(산호로 만든 구슬. 분홍빛, 붉은빛, 흰빛 따위가 있으며 여러 가지 장식에 쓰임) 장식을 하였다.

3 **뒷댕기.** 국립민속박물관 소장.
궁중이나 양반집에서 신부가 예장할 때에 사용되던 댕기다. 뒷댕기 혹은 수렴朱簾이라고도 한다. 긴 댕기를 반으로 접되 윗부분은 세모꼴이 되도록 하며 반으로 접힌 두 가닥의 댕기를 칠보장식과 석웅황 · 옥판을 달아 좌우를 연결한다. 다홍색 견사에 쌍봉문 · 모란문 · 석류문 · 수복강령壽福康寧문 · 난초문 · 서각보문 등의 각종 문양으로 금박 장식된다. 자주색과 금실 등의 색실을 가장자리에 두르고, 금박문양 중심에 각각 다른 꽃과 나비문의 칠보장식을 장식한다.

팔인교八人轎

1

1 덩[덕응德應]. 국립고궁박물관 소장.

공주나 옹주가 타던 덩이다. 전체에 누런색이 조금 섞인 붉은색의 칠인 주칠朱漆을 하고 앞부분 출입문과 양측면 창문 및 아래 난간 등 모든 면에 꽃, 넝쿨과 박쥐, 칠보문, 수자문壽字文 등을 부조浮彫(조각에서 평평한 면에 글자나 그림 따위를 도드라지게 새기는 일)로 장식했다. 창은 겹창으로 만들었는데, 미닫이형 내창은 덩굴 문양을 투각透刻(조각에서, 묘사할 대상의 윤곽만을 남겨 놓고 나머지 부분은 파서 구멍이 나도록 만들거나, 윤곽만을 파서 구멍이 나도록 만듦)하여 장식했고, 지붕에서부터 검정색 비단으로 휘장을 내려 창문을 가렸다. 지붕은 각진 궁륭형穹隆形(활등이나 반달처럼 굽은 모양의 형상)을 이루면서 꼭대기를 납작한 보주寶珠(보배로운 구슬)로 마무리했다. 가마채(가마 밑 양편에 앞뒤로 나오게 세로로 지르는 기다란 나무로, 가마를 멜 때 이 나무 끝에 멜빵을 걸고 손으로 잡음)는 별도의 고리를 만들어 고정했고, 끝부분은 용머리로 장식했다.(『조선 왕실의 가마』) 『경도잡지』에서는 신부가 팔인교를 탔다고 했는데, 그것은 혼인식을 대단히 성대하게 했을 경우였다. 팔인교는 글자 그대로 여덟 명이 메도록 만든 가마이다. 이 가마는 공주나 옹주가 탔던 '덩'이라는 것이다. '덩'은 한자로 '덕응德應'으로 쓰는데 반절反切로, 곧 앞 글자에서 '더'과 뒷글자의 'ㅇ'을 합쳐서 그렇게 적었다. 이 덩은 왕과 왕비, 그리고 왕세자가 타는 연輦에 버금가는 가마였다. 그래서 일반인은 엄두도 내지 못하는 가마인데, 혼례식에서는 빌려주기도 한 모양이다. 물론 대갓집에 한정되었을 것이다. 혼례식을 묘사한 옛 그림에서 덩을 탄 신부는 찾아보기 어렵다. 앞에 제시한, 김준근의 「시집가고」에서 보듯이, 대개는 4인교를 탔다.

2 3

2 『고종명성황후가례도감의궤高宗明成王后嘉禮都監儀軌』 중 「반차도班次圖」(1866년) 부분.
국립고궁박물관 소장.
"덩". 부대부인덕응府大夫人德應이라고 표기되어 있다.

3 연輦. 국립고궁박물관 소장.
이 가마는 왕, 왕비, 왕세자가 타던 연輦이다. 지붕, 몸체, 가마채로 이루어져 있는데 전체적으로 가옥의 모양을 따랐다. ㅁ모체 네 모서리에 용을 그린 기둥을 세우고 다시 둥근 기둥 사이에 각 기둥을 세운 후 윗부분은 비워두고 아랫부분에만 난간을 둘렀다. 몸체에 주칠朱漆을 한 후 난간 부분에 금색으로 백택白澤(덕망이 있는 임금이 다스리는 시대에 나타난다고 하는 상상의 신령스러운 짐승으로 사자의 모양을 하고 여덟 개의 눈을 가졌으며, 말을 한다고 함), 기린麒麟(전설 속에 존재하는 상상의 동물로 등은 5가지 색이 섞여 있고 노란색 또는 갈색빛의 배를 가지고 있으며, 네 개의 발굽에는 하얀 털이 돋아 있어서 달릴 때에는 마치 구름 갈기가 피어나는 것과도 같다고 함) 등 다양한 상상의 동물들을 그려 넣고, 쇠에 입사入絲(놋그릇이나 쇠 그릇 표면에 은실로 장식함)한 거멀장식[세간이나 나무 그릇의 사개(상자 따위의 모퉁이를 끼워 맞추기 위하여 서로 맞물리는 끝을 들쭉날쭉하게 파낸 부분) 또는 연귀(두 재를 맞추기 위하여 나무 마무리가 보이지 않게 귀를 45도 각도로 비스듬히 잘라 맞춘 곳)를 맞춘 자리가 벌어지지 못하게 걸쳐 대는 쇠 장식]으로 필요한 부분을 보강했다. 네 면에 주렴珠簾(구슬 따위를 꿰어 만든 발)을 드리우고 다시 휘장을 내려 열고 닫을 수 있도록 했다. 지붕 네 모서리 봉황 장식에 고리를 달아 유소流蘇(가마, 기旗, 끈, 띠, 책상보, 옷 따위에 장식으로 다는 여러 가닥의 실)를 고정시켜 내려뜨렸다. 가마채의 끝부분에는 도금한 용머리 장식을 끼워 마감했다.(『조선 왕실의 가마』)

사인교四人轎

1

2

1 **사인교.** 국립민속박물관 소장.
앞뒤에 각각 두 사람씩 모두 네 사람이 메는 가마이다. 멜빵(짐 따위를 어깨에 걸어 메는 끈)에 장대를 걸어서 어깨에 메게 되어 있다. 신부가 우귀于歸(전통 혼례에서 예식을 마치고 3일 후 신부가 처음으로 시집에 들어감)할 때 탄 가마가 보통 사인교이다. 신부의 가마에는 흰 천으로 휘장을 두르고, 지붕에는 호랑이의 가죽이나 쓸개를 얹어서 잡귀를 쫓는다.

2 **가마 덮개.** 국립민속박물관 소장.
호랑이 무늬의 담요로 혼례용 사인교 지붕에 덮어 요사로운 기운을 막았다. 겉감은 홍색 바탕에 호랑이 문양을 넣었다. 안감은 밤색이다. 가장자리는 옅은 밤색 천을 대서 둘렀다.

3 「**신부의 가마**」. 『사진엽서로 보는 근대풍경』 6 - 관광 · 풍속, 민속원, 2009, 414쪽.

『경도잡지』에서 "신부는 황동黃銅으로 정수리를 장식한 팔인교八人轎를 타는데, 그 사면에는 발을 드리운다."라고 했다. 그런데 저 가마는 정수리를 황동으로 장식했지만, 팔인교가 아니라 사인교이다. 또 "앞에 청사등롱 네 쌍과 (신부가 쓸 옷가지, 화장품 등을 넣은) 안보案褓 한 쌍을 배치"한다고 했는데, 여기서는 인력거가 앞뒤를 따르고 있다. 엽서 사진 설명에서는 "현대 상류 혼례 도중現代上流婚禮道中"이라고 되어 있다.

4 **가마발**. 국립민속박물관 소장.

이 발은 대나무를 실로 엮어 발을 짰으며 가운데 부분은 귀갑문龜甲紋(거북의 등 모양으로 여섯 모 꼴이 가로세로로 잇달아 있는 무늬)을 장식하였다. 테두리에는 남색 천을 둘렀다. 비단 천으로 삼단의 장식을 세 군데에 늘어뜨렸으며 각 단 끝에는 세 개씩의 부채 모양 장식을 달았고, 위쪽에 천으로 만든 고리를 달았다.

부용향芙蓉香

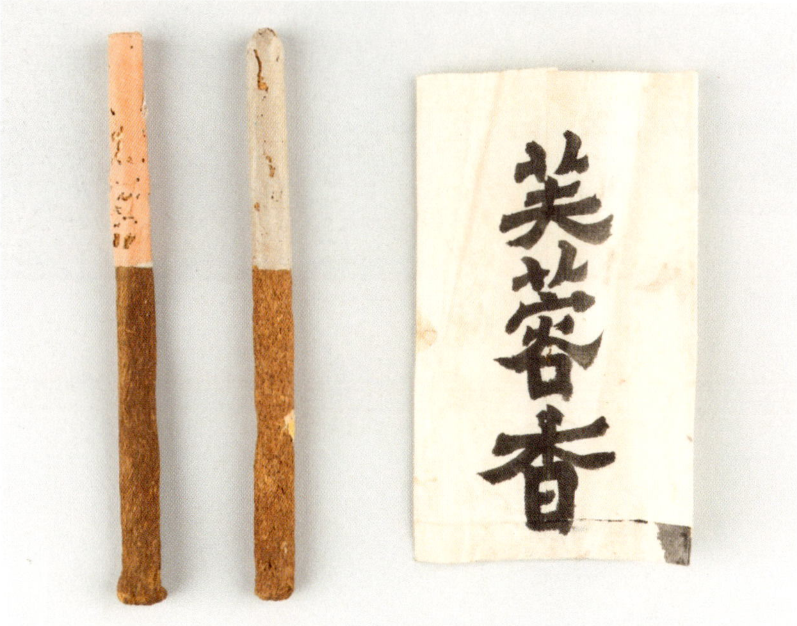

부용향. 국립민속박물관 소장.

부용향은 손가락 크기로 5~6치 되는 모양으로 신부가 처음으로 신랑집에 가는 신행길에 향꽂이에 꽂아 신부를 따라가는 계집종인 족두리하님이 가지고 신부에 앞서 가면서 주위를 정화시키고 잡귀를 쫓았다. 원래 부용향은 조선 시대 왕실을 상징하던 향으로 왕실의 각종 의례에 사용되었다. 민가에서도 혼인할 때 신부의 가마 앞에서 부용향을 태우기도 했다. 부용향은 의례, 방향, 방충, 의료의 목적으로 다양하게 사용되었다. 부용향은 감송향甘松香, 모향茅香, 백급白芨, 삼내三柰, 소뇌小腦, 영릉향零陵香, 정향丁香, 침향沈香, 팔각향八角香, 백단白檀을 가루내어 물에 반죽한 다음 젓가락만 하게 향대[조條]를 만들어 그늘에 말려 태운다.(『동의보감』) 이 그림에서 보이는 것은 목부용木芙蓉으로 만든 향香이다. 향대와 향대를 담는 봉투로 구성되어 있다. 향대는 약재를 가루 내어 물에 반죽한 후, 젓가락처럼 만들어 그늘에 말린 형태다. 한쪽에 종이를 덧대었다. 봉투(세로 17, 가로 10.4)는 편지봉투 상단을 잘라낸 형태로 '부용향芙蓉香'이 묵서墨書(먹물로 글씨를 씀. 또는 그 글씨)되어 있다.

너울[나올羅兀, 멱라冪羅]

1 **너울**. 국립민속박물관 소장.

조선 초기에는 궁중과 양반계급 여인들이 사용하다가 조선 말기에는 궁중 가례嘉禮(오례五禮의 하나로 왕가王家에서는 왕의 성혼成婚이나 즉위, 또는 왕세자·왕세손·황태자·황태손의 성혼이나 책봉 따위의 예식을 이르고, 사가私家에서는 관례冠禮나 혼례를 말함)와 능행陵行(임금이 능에 거둥함) 시 또는 및 궐내에서 착용하였다. 가례 때에는 비·비빈·상궁·시녀·유모·나인이 착용하였다. 형태는 갓[입자笠子] 위에 사각형의 천을 씌운 것으로, 위보다 아래가 약간 넓은 자루형이며, 길이는 어깨까지 오며, 눈 위치에 밖을 내다볼 수 있도록 비치는 옷감을 대었다. 『경도잡지』에서는 검은 비단으로 만든 너울을 쓰고 말을 탄 유모가 신부의 뒤를 따른다고 하였다.

2 『**원행을묘정리의궤**園幸乙卯整理儀軌』 「**반차도**班次圖」(부분). 서울대학교 규장각한국학연구원 소장.

1795년(정조 9) 정조가 어머니 혜경궁 홍씨를 모시고 사도세자의 묘소인 현륭원顯隆園을 참배하고, 화성華城(정조 때 경기도 수원에 쌓은 성) 행궁行宮(임금이 나들이 때 머물던 별궁別宮)에 행차해 어머니의 회갑연을 치른 과정을 기록한 이 그림은 「반차도班次圖」에서 궁중 나인들이 너울 쓰고 가는 모습을 확대한 것이다.

김준근의 혼인식 그림들

1

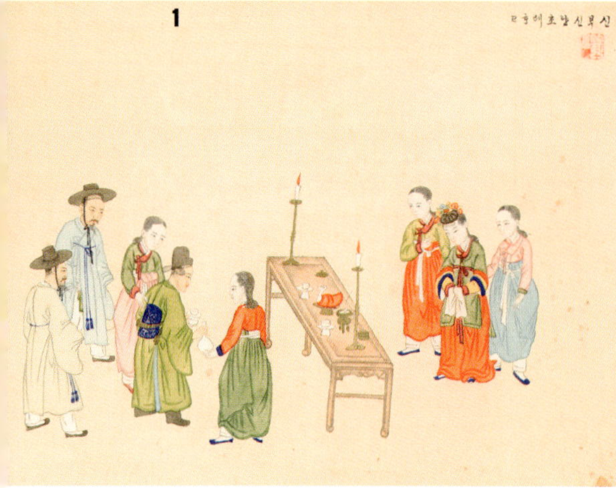

2

3

1 **김준근, 「신부 신랑 초례하고」**. 국립민속박물관 소장.
신랑과 신부가 서로 술을 따라 건네주고 마시는 초례醮禮의 장면을 그린 그림이다. 신랑이 왼손에 술잔을 들고 오른손으로 술을 따르는 모습이 묘사되어 있다. '초례'는 신랑 신부가 처음 만나 절하는 교배례交拜禮와, 서로 합환주合歡酒를 마시는 합근례合巹禮 의식을 말한다.

2 **김준근, 「시집가서 잔 붓는 모양」**. 국립민속박물관 소장.
신랑과 신부가 술잔을 주고받으며 혼인 서약을 하는 절차인 합근례合巹禮의 한 과정을 묘사했다.

3 **김준근, 「전안하는 모양」**. 국립민속박물관 소장.
혼례에서 전안례奠鴈禮(혼례 때, 신랑이 기러기를 가지고 신붓집에 가서 상 위에 놓고 절하는 예로 산 기러기를 쓰기도 하나, 대개 나무로 만든 것을 씀)를 그린 그림이다. 신랑이 전안상 앞에서 의례를 행하고 있다. 옆에는 혼례 진행을 도와주는 2명의 수모手母(전통 혼례에서 신부의 단장이나 그 밖의 일을 곁에서 도와주는 여자)가 있다. 전안상에는 촛대, 목안木雁, 술잔 등이 놓여 있다. 신랑은 단령團領(주로 문관이 착용했던 둥그런 깃의 관복官服)의 도포에 사모紗帽(고려 후기부터 조선 후기까지 관리의 근무복인 상복常服에 쓰던 관모로 모부帽部와 양 날개가 달린 각부角部로 구성되는데, 뒤가 높고 앞이 낮은 2단의 형태를 이룸)를 쓰고, 수모는 치마, 저고리에 쪽머리(시집간 여자가 머리카락을 뒤통수 아래에 틀어 올리고 비녀를 꽂은 머리)를 했다.

유가遊街, 급제 축하 잔치

진사進士가 급제했다는 방문榜文이 걸리면 세악수細樂手, 광대廣大, 재인才人을 거느리고 유가遊街를 한다. 광대란 창우倡優를 말하는데, 비단옷을 입고 초립草笠에 채화綵花와 공작의 깃털을 꽂고 어지러이 춤을 추면서 재담才談을 늘어놓는다. 재인은 줄을 타고 재주를 넘는 등 온갖 유희를 벌인다.

進士及第, 放榜遊街, 帶細樂手廣大才人. 廣大者, 倡優也, 錦衣黃草笠揷綵花孔雀羽, 亂舞詼調. 才人作踏索筋斗諸戲.

과거시험

「**풍속화**(과거 시험장)」. 국립민속박물관 소장.

과거 시험장에 대한 일반적인 상식과 거리가 먼 장면들이다. 모두 커다란 우산처럼 생긴 일산日傘 안에 모여 과거시험의 답안을 작성하고 있다. 그런데 일산 안에는 과거에 응시하는 유생들만 있는 것이 아니라 답안 작성을 돕도록 고용된 여러 사람이 함께 들어가 있다. 부정행위를 돕는 사람들이다. 답안을 작성해 주는 이를 거벽巨擘이라 하고, 정리된 답안을 대신 써 주는 이를 사수寫手라 불렀다. 그림 속에서 젊은 유생이라 하기에는 어딘가 어색한, 수염이 덥수룩한 중년의 인상착의를 한 인물이 그들이다. 이들의 행태를 보면 일산 아래에서 대신 써 준 답안을 읽고 있거나 답안을 대신 작성해 주는 모습이 눈에 띈다. 답안을 읽으며 지적해 주는 모습도 적나라하게 그려져 있다. 명백한 부정행위 장면들이다. 그 오른편으로 이어지는 일산 아래에는 한 사람이 술잔을 들었고, 또 한 사람은 답안을 읽고 있다. 너무나 자유분방한 시험장이다. 특히 두 명씩 짝을 이루고 있다는 점이 주목된다. 이렇게 구성된 한 팀을 접接이라 부르기도 했다. 이들의 부정행위는 재력이나 권세 있는 집안의 자제를 과거에 합격시키는 데 결정적 역할을 했을 것이다.(『조선의 뒷골목 풍경』) 어떻게 해서든 과거 시험에 합격을 해야만 한다는 욕망이 고스란히 들어 있다. 과거 급제는 모든 노력을 경주해서 마침내 도달해야 할 인생 최대의 목표였기 때문이다.

등용문登龍門

1 「약리도躍鯉圖」. 국립민속박물관 소장.

'약리躍鯉', 곧 '잉어가 힘차게 뛰어오른다'는 뜻을 지닌 이 그림은 과거 합격, 곧 등용문登龍門을 기원한 것이다. '등용문'은 '용문龍門에 오른다'는 뜻으로, "선비로서 인정을 받은 사람을 용문에 올랐다고 한다"라는 『후한서後漢書』의 전언에 근거를 둔다. 황하黃河 상류의 하진河津을 일명 용문이라고 하는데, 흐름이 매우 빠른 폭포가 있어 고기들이 오를 수가 없다. 강과 바다의 큰 고기들이 용문 아래로 수없이 모여들지만 쉽게 오르지 못하는데, 오르는 놈은 용이 된다고 믿었다. 소위 '어변성룡魚變成龍'의 이야기다. 이렇게 해서 만들어진 '등용문'이라는 말이 나중에는 '과거에 급제한다'는 뜻으로 변했던 것이다. 곧 물고기가 변해서 용이 된다는 말처럼 과거에 합격하느냐 못하느냐는 인생을 뒤바꿔 놓는 결정적인 계기였다. "인간의 영욕이 이 순간에 결정되니, 인생사 구름과 진흙처럼 피차가 달라지"(「성시전도의응제城市全圖擬應製」)는 것이다. 구름과 진흙처럼 달라진다는 말은, 급제한 사람은 구름을 타고 낙방한 사람은 진흙탕을 밟고 다닌다는 뜻이다. 한편 저 용문을 통과하지 못한 수많은 물고기들은 '점액點額'이라 했다. '점'은 상처를 입었다는 뜻이고 '액'은 이마를 의미하니, '점액'은 용문에 오르려 애를 썼지만 비위에 부딪혀 이마에 상처를 입고 다시 떠내려가는 물고기를 말한다.

2 「백자청화잉어문대반白磁靑畵鯉魚文大盤」. 국립중앙박물관 소장.

잉어 아래에 파도나 물결이 있는 보통의 「약리도」와 달리 영지버섯 모양의 구름이 있는 것으로 보아, 「약리도」라 하기 어렵다. 그러나 바로 그 구름 때문에, 이 그림은 물고기가 용으로 변한다는 '어변성룡'을 묘사한 것이라고 할 수 있다.

해탐노화蟹耽蘆花와 일로연과一路連科

1 **김홍도, 「해탐노화蟹耽蘆花」.** 간송미술관 소장.

과거 급제의 기원은 대단히 간절한 것이어서, 그 소망을 담은 그림을 선사하곤 했다. 이 그림이 대표적이다. '해탐노화蟹耽蘆花', 곧 '게가 갈때꽃을 탐한다'는 제목의 이 그림에서, 게 두 마리가 갈대꽃을 물고 있다. 자연계에서 게는 갈대를 먹지 않는다. 그런데 이렇게 그린 것은 갈대를 의미하는 '노蘆'가 중국어로 발음하면 '려臚'와 비슷하기 때문이다. 그리고 '려' 자의 부수는 '고기 육肉'이다. 이는 장원급제한 사람에게 임금이 내리던 귀한 음식을 말한다. 장원급제자가 임금을 알현하고 임금이 내린 음식을 받는, 최고의 영예를 뜻하는 것이다. 게를 두 마리 그린 것은 소과小科와 대과大科를 모두, 게다가 우수한 성적으로 통과하라는 기원이다. 게는 등껍질이 딱딱하니 한자로 하면 갑甲이 되기 때문이다. '갑을병정무술임계甲乙丙丁戊戌壬癸'에서 보듯이, 갑은 육십갑자六十甲子에서 위의 단위를 이루는 요소인 천간天干의 처음이다. 곧 1등이라는 뜻이다.

2 **신사임당, 「노연도鷺蓮圖」.**

공유마당 : https://gongu.copyright.or.kr/gongu/wrt/wrt/view.do?wrtSn=13362619&menuNo=200018

학 한 마리와 연꽃 열매인 연과蓮菓를 함께 그렸다. 학 한 마리를 뜻하는 '일로一鷺'는 '함께' 혹은 '모두'의 의미를 지닌 '일로一路'로, '연과蓮菓'는 '연이은 과거'인 '연과連科'로 변했다. '연이은 과거'란 소과와 대과를 말한다. 이렇게 볼 때, '일로연과一路連科'는 소과와 대과에 단번에 모두 급제하라는 의미가 된다. 생원과 진사를 합해 평균 약 6.4%만 문과에 합격하였다니, 그 기원과 소망은 대단히 간절한 것일 수밖에 없다. 참고로 소과는 성균관에 입학할 자격을 부여하는 생원진사시生員進士試를, 대과는 문과 또는 동당시東堂試를 말한다. 생원이나 진사가 된 다음에 문과에 응시해 급제하는 것이 일반적인 코스였다. 『경도잡지』에서 "진사가 급제했다는 방이 붙으면" 운운한 것은 바로 이 과정을 말하는 것이다.

과거 합격자

1 **김준근, 「장중에 들어가는 션비」.** 국립민속박물관 소장.
장중場中(과거 시험을 보는 장소인 과장科場 안)에 들어가는 선비의 모습을 그린 그림이다. 손에 시지試紙(과거 시험을 볼 때 답안을 쓰는 종이)를 든 두 명의 선비를 그렸다. 선비는 띠를 맨 포 차림에 유건儒巾(유학을 공부하는 선비인 유생儒生이 예복에 갖추어 쓰는 관으로 베로 만듦)을 쓰고 있다.

2 **김준근, 「치경 급제하는 모양」.** 국립민속박물관 소장.
'치경治經'은 경서經書의 대목을 외던 일을 말한다. 성균관과 사학四學(조선 시대에, 나라에서 인재를 기르기 위하여 서울의 네 곳에 세운 교육 기관)의 유생儒生(유학儒學을 공부하는 선비) 등이 사서삼경四書三經(유교의 경전經典인 사서四書, 곧 『논어論語』, 『맹자孟子』, 『중용中庸』, 『대학大學』과 유교의 경서經書인 『시경詩經』, 『서경書經』, 『주역周易』을 말함. 칠서七書라고도 함)을 암송하는 강경과講經科 시험을 그린 그림이다. 책상 앞에 앉은 시관試官(과거 시험에 관계되는 시험관)과 시험을 보는 선비가 그려졌다. 시관은 단령團領(주로 문관이 착용했던 둥그런 깃의 관복官服)에 사모紗帽(고려 후기부터 조선 후기까지 관리의 근무복인 상복常服에 쓰던 관모로 모부帽部와 양 날개가 달린 각부角部로 구성되는데, 뒤가 높고 앞이 낮은 2단의 형태를 이룸)를 쓰고, 선비는 도포 차림에 유건儒巾(조선 시대 유생들이 쓰던 실내용 두건의 하나. 민짜건)을 쓰고 있다.

3 **진사급제.** 『한국사진첩』, 1905.
진사進士란 조선시대의 과거 제도 중 소과小科 진사과進士科에 급제한 사람을 일컫는다. 이들은 성균관에 입학할 자격이 있었다. 소과小科는 생원生員과 진사進士를 뽑던 과거이다. 진사과進士科는 5품 이하의 관리나 향교鄕校, 사부 학당四部學堂의 학생이 응시하여 제술製述(시나 글을 지음)을 겨루던 시험으로 초시初試(과거의 첫 시험으로 서울과 지방에서 3년에 한 번 돌아오는 식년式年의 전해 가을에 봄)와 복시覆試(초시에 합격한 사람이 이 차로 보는 시험)가 있으며 합격자에게는 성균관 입학 자격과 문과 응시 자격을 주었다.

시권試券

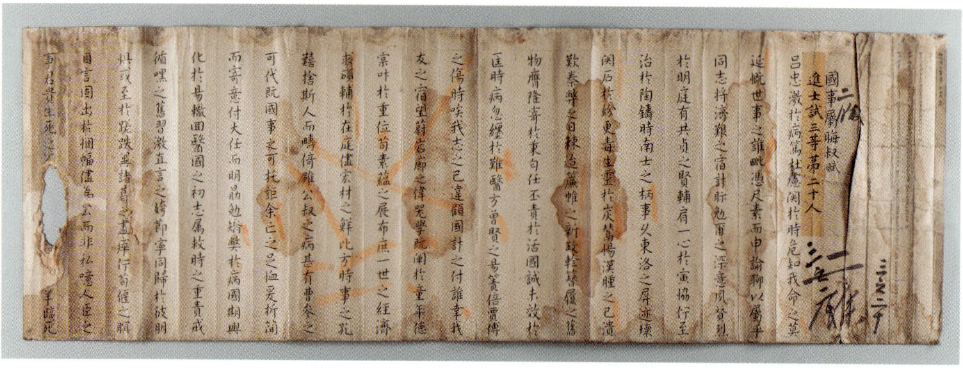

권익문權益文의 1710년 시권. 국립민속박물관 소장.

시권은 과거시험 답안을 쓴 종이다. 1710년 유생儒生 권익문이 진사시進士試(성균관에 입학할 자격을 부여하는 것을 본래의 목적으로 실시한 과거로 소과小科 또는 사마시司馬試라고도 함)를 치를 때 작성한 과거시험 답안지다. 시험 과목은 부賦(과부科賦. 과부는 주로 중국의 역사 사실이나 옛 시문의 한 구절을 주제로 삼아 1구6언으로 30구에서 60구까지 지었다. 일정한 압운도 없고 각 구 제3언 다음에 대개 허자虛字를 써서 구의 호흡을 조절함), 과거科擧의 글제인 시제試題는 "국사촉회숙國事屬晦叔"이고, 두 번째 문제의 시험 과목은 시詩로, 시제는 "수민시사왕전기기란壽民詩謝王佺期寄丹"이며, 초서草書로 답안을 기입하였다. 우측 과거 응시자의 인적 사항을 기록한 피봉皮封과 좌측의 답안이 묶여 있다. 시험 성적인 과차科次는 "차하次下"를 받았고, 그 내용을 붉은 먹인 주묵朱墨으로 썼다. 두 번째 답안은 "외外"를 받았음. 피봉과 답안에 등위等位 "삼지이십三之二十"이 쓰여 있고, 시제 좌측에 "진사시삼등제이십인進士試三等第二十人"(3등 20인)을 쓴 황색 첨지籤紙(책 따위에 무엇을 표시하려고 붙이는 쪽지)가 붙어 있다.

김준근의 과거 시험 그림들

1 **김준근, 「과가하는 사람」.** 국립민속박물관 소장.

과거 급제자가 두 사령의 안내를 받으면서 걸어가는 모습이다. 과거 급제자는 깃을 둥글게 만든 단령團領을 입고 각대角帶(벼슬아치가 예복에 두르는 띠)를 두르고 검은 사紗(생사로 짠 얇고 가벼운 비단)로 만든 사모紗帽를 썼으며, 어사화御賜花(문무과에 급제한 사람에게 임금이 하사하던 종이꽃)를 꽂고 나무나 가죽으로 만든 바닥에 검은빛의 사슴 가죽으로 목을 길게 만든 목화木靴를 신었다. 과거 급제자, 곧 '신래新來'의 석차는 1등부터 성적순으로 나열하지 않고 갑·을·병으로 삼등분했다. 예를 들어 문과 합격자 33명의 경우 갑과에는 세 명, 을과에는 일곱 명, 병과에는 열세 명이 배정되었다. 갑과의 1등을 장원壯元, 2등을 방안榜眼, 3등을 탐화探花라 했다.

2 **김준근, 「신은 신래 짓고」.** 국립민속박물관 소장.

과거 급제자를 축하하면서 놀리는 신고식을 그린 그림이다. 두 팔이 묶인 급제자는 어사화 끝을 입에 문 채로 선배들 앞에서 삼진삼퇴三進三退(세 번 앞으로 나오고 세 번 뒤로 물러가게 함)를 행하는 모습이다. 과거에 새로 급제한 사람을 신은新恩 혹은 신래新來라고 하며 선배들이 급제자를 축하하며 놀리는 신고식을 "신래 불리다"라고 했다. 신고식에서는 신참자를 웃음거리로 만드느라 별의별 짓을 다 시켰다. 대표적인 것은 희묵戲墨인데, 신참자의 얼굴에 먹칠을 해대는 것이다. 심지어는 '음묵飮墨', 곧 먹물 한 말을 마시게 하기도 했다. 대궐 문루門樓에 보면 여러 동물의 형상이 늘어서 있다. 십신十神 잡상雜像이다. 그 이름들이 특이하다. 대당사부大唐師傅, 손행자孫行者, 저팔계豬八戒, 사화상沙和尙, 마화상麻和尙, 삼살보살三殺菩薩, 이구룡二口龍, 천산갑穿山甲, 이귀박二鬼朴, 나토두羅土頭다. 신참자들이 오면 그 십신을 외우게 했는데, 단숨에 열 번을 외우지 못하는 사람은 참여를 허락하지 않았다.(『어우야담於于野談』) "마전교馬前橋로 불러오라 가라 하며 장난거리로 삼"을 뿐더러 "이름을 거꾸로 부르게 하여 도함倒啣이라 하고, 더러운 도랑으로 걸어 들어가게 하고 게잡이[촉해促蟹]라 하며, 땅바닥에 누워 구르게 하고 멍석말이[권석捲席]라 하고, 하늘로 펄쩍펄쩍 뛰게 하고 별따기[적성摘星]라고 하였다. 박수를 치면서 하늘을 바라보며 크게 웃게도 하고, 땅바닥에서 한 치 떨어지게 고개를 숙이게 하며 (…) 담을 타거나 춤을 추거나 한 발을 들고 껑충껑충 뛰면서 가게도 한다. 우스꽝스럽고 괴이한 일을 하나도 빠짐없이 모두 하였다"(『용재총화慵齋叢話』) 무과에서는 '비벌鼻罰'이라는 것이 행해졌다고 하는데, 무과 급제자의 코를 때리는 것이다.(『자저실기自著實記』)

과거 합격 교지敎旨와 어사화御賜花

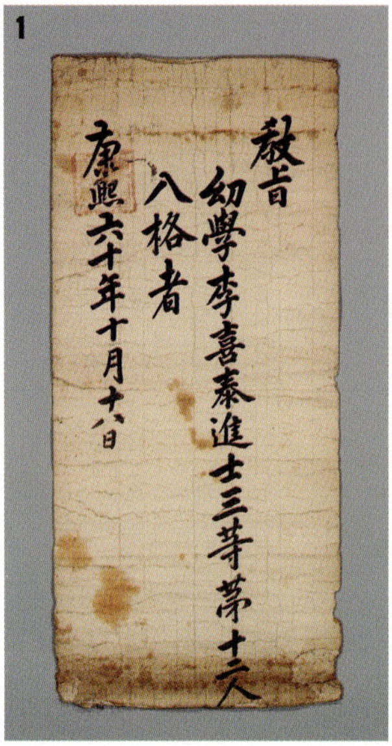
敎旨
幼學李喜泰進士三等第十二人
入格者
康熙六十年十月十八日

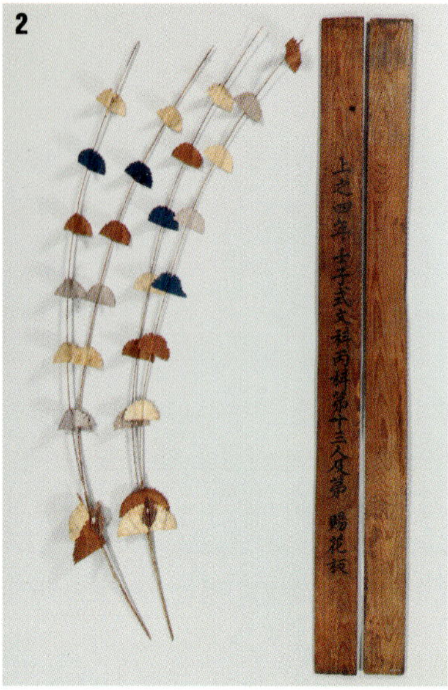

1 **교지**敎旨. 국립중앙박물관 소장.
유생儒生 이희태李喜泰가 진사進士 시험에 합격하였음을 증명하는 교지敎旨이다. 1721년(경종 1) 10월 18일 발급되었으며, 진사 3등 제12인으로 합격하였음이 기록되어 있다. "과거지보科擧之寶"라는 보인寶印(국권의 상징으로 국가적 문서에 사용하던 임금의 도장)이 찍혀 있다. 이것은 백패白牌(소과에 급제한 생원이나 진사에게 주던 흰 종이의 증서)인데, 백패는 흰 종이에 검은 글씨로 합격자의 직위, 성명, 합격등급, 성적순위를 기입하고 연월일을 쓴 다음 그 사이에 왕의 도장인 어보御寶를 찍은 것이다. 반면 대과大科의 최종 합격자에게 발급한 문서는 홍패紅牌라고 하였다.

2 **어사화**御賜花. 국립민속박물관 소장.
문무과文武科에 급제한 사람에게 임금이 하사하던 종이꽃으로, 급제한 자에게 발급한 급제증서인 홍패紅牌, 급제를 축하하는 술인 어주御酒와 함께 내려졌다. 모화帽花 또는 사화賜花라고도 한다. 합격자의 이름을 적은 방榜(과거 합격자 명부)을 발표할 때 왕은 합격증서로서 홍패紅牌, 개蓋(양산 모양으로 햇볕을 가리도록 고안된 의장儀仗)와 더불어 어사화를 내렸다. 과거에 급제한 사람은 어사화의 한 쪽 끝을 급제자가 쓰는 복두幞頭(사모같이 두 단段으로 되어 있으며, 위가 모지고 뒤쪽의 좌우에 날개가 달려 있음) 뒤에 꽂고 다른 한 쪽은 명주실로 매어 머리 위로 휘어 넘겨 입에 물고 삼일유가三日遊街를 했다. 위 어사화는 철종 3년(1852) 4월 문과文科 병과丙科 제 13인에 급제及第한 이만기李晚耆에게 하사된 것이다. 둥글게 늘어진 2개의 댓가지를 모아 짧은 댓가지에 연결한 형태다. 댓가지에는 종이가 감겨 있고, 종이를 오려 반을 접어 만든 꽃이 장식되었다. 보관판의 한 면에는 '상지사년임자식문무병과제십삼인급제사화판上之四年壬子式文科丙科第十三人及第 賜花板'이 묵서墨書(먹물로 글씨를 씀. 또는 그 글씨)되어 있다.

3 『화성능행도華城陵幸圖』(7폭).
국립중앙박물관 소장.
정조의 화성華城(정조 때 경기도 수원에 쌓은 성) 행차 3일차 오전 과거시험을 실시한 뒤 같은 날 오후 그 합격자를 발표하고 시상하는 장면을 그렸다. 합격자 모두 어사화御賜花를 꽂았다. 이 그림은 창방의唱榜儀라고도 하는 방방의放榜儀를 묘사하고 있다. 문반과 무반의 고위 신하들이 시립侍立하고 급제자들의 가족이 참관하는 가운데 급제자를 차례로 호명하여 문과 급제자에게 주는 합격증서인 홍패紅牌, 종이꽃으로 복두幞頭(과거에 급제한 사람이 홍패紅牌를 받을 때 쓰던 관冠으로 사모紗帽같이 두 단段으로 되어 있으며, 위가 모지고 뒤쪽의 좌우에 날개가 달려 있음) 뒤에 꽂고 명주실로 잡아매어 머리 위로 휘어 넘겨 입에 무는 어사화, 장원급제한 사람이 타는 수레에 세우던 일산日傘인 개蓋, 주과酒果 등을 하사한다. 어사화의 꽃은 문관이 33송이, 무관이 28송이였다고 하는데, 그 유래는 자세히 알 수 없다. 한편 급제자를 축하하기 위해 의정부에서 베푼 잔치인 은영연恩榮宴을 보여주는 그림이 현재 일본의 양명문고陽明文庫에 소장되어 있는바 「과거은영연도科擧恩榮宴圖」가 그것이다. 영의정, 우의정 외에 시험관들이 참석한 가운데 급제자들을 위해 기녀妓女들이 춤을 추고, 악공樂工들이 연주를 하며, 재인才人들이 접시돌리기 등의 재주를 부리고 있는 장면을 그렸다. 합격자들이 문과와 무과 좌우로 나누어 앉아 있고, 그 맨 앞줄에 장원을 차지한 두 사람이 앉아 있다.

삼일유가三日遊街

1 「응방식應榜式」, 「모당홍이상공평생도慕堂洪履相公平生圖」. 국립중앙박물관 소장.

'삼일유가三日遊街'는 장원 급제자가 삼일 동안 부모님과 친인척, 선배들을 찾아다니며 감사 인사를 올리는 풍속으로 응방식應榜式이라고도 했다. 복두幞頭에 임금이 내려준 어사화御賜花를 쓰고 백마를 탄 급제자 앞으로 광대廣大와 재인才人들이 흥겹게 춤을 추거나 재주를 넘고 재담을 늘어놓는다. 그 앞으로는 세악수細樂手가 가고 있으며, 행렬의 맨 앞에는 붉은색 천으로 싼 합격증서인 홍패紅牌를 든 세 사람이 인도하고 있다. '홍패'는 문과 시험에 최종 합격한 사람에게 주던 증서로 붉은색 종이에 성적, 등급, 성명을 먹으로 적는다.

2 「**삼일유가**三日遊街」, 『**전김홍도필담와홍계희평생도**傳金弘道筆淡窩洪啓禧平生圖』. 국립중앙박물관 소장.
삼일유가의 마지막 날 급제자의 집에서 친지들을 초대하여 벌이는 문희연聞喜宴을 묘사한 그림이다. 과거 급제를 축하하는 행사 중에서 뭐니 뭐니 해도 문희연이 제일 홍겨웠다. 경복궁 근정전 등에서 급제자에게 합격 증서를 수여하는 의식인 방방의放榜儀, 급제자를 축하하기 위해 의정부에서 베푼 잔치인 은영연恩榮宴, 급제자들 모두가 궁궐로 가서 왕에게 인사를 올리는 사은례謝恩禮, 성균관 문묘文廟에 가서 공자의 신위神位에 참배하는 알성례謁聖禮 등 엄숙하고도 근엄한 축하연 혹은 의례를 모두 마친 후에 마지막으로 시가를 돌며 잔치를 벌이는 축제인 문희연은 도문연到門宴이라고도 불렀다. 삼일유가에는 당대의 거의 모든 예능과 연예演藝가 두루 행해졌다.

광대廣大

「응방식應榜式」(부분), 「모당홍이상공평생도慕堂洪履相公平生圖」. 국립중앙박물관 소장.

일종의 광대라 할 수 있는 우인優人은 고대로부터 존재했으나 전문 직종으로 자리 잡게 된 시기는 고려 시대 이후부터라고 할 수 있다. 특히 조선 시대에 들어와 천인賤人 신분의 특수 예인藝人 집단인 광대廣大, 재인才人 등을 다르게 부르는 용어로 우인이 사용되었다. 조선 시대의 연희演戲 문화는 대체로 기녀妓女, 악공樂工, 사당社堂, 무당巫堂을 비롯하여 우인 · 창우倡優 · 광대 · 재인 · 화랑花郞 등의 배우에 의해 유지되었는데, 이들 가운데 배우가 그 주류를 이루었다. 조선 시대 우인들은 일정한 곳에 머물며 농사를 짓고 사는 게 아니라 떠돌이 생활을 하였다. 이들은 주로 마을의 도당都堂굿이나 별신別神굿에 동원되거나 장시場市를 찾아다니며 각종 기예技藝 및 풍악, 노래 등의 공연을 하며 그 대가로 식량을 구걸하여 먹고살았다. 한편 이들은 궁중에서 벌어지는 나희儺戲(궁중에서 새해의 악귀를 쫓을 목적으로 행하다가 차츰 여러 행사에서 다양한 연희를 행하는 것으로 변화됨)에 출연하여 여러 물품을 하사받기도 하였으며, 과거 시험 장원급제자가 거리를 돌며 시험관, 선배, 친척 등을 찾아보는 유가遊街 행사를 할 때 여기에 동원되어 풍악을 울리고 가무를 하기도 하였다. 18세기 후반 광대들의 놀이는 ① 가곡 · 음률 · 별곡, ② 판소리 열두마당, ③ 줄타기, ④ 땅재주, ⑤ 정재呈才(대궐 안의 잔치 때에 벌이던 춤과 노래)와 가면무, ⑥ 관원官員놀이 · 검무, ⑦ 소학지희笑謔之戲(시사적인 사건을 우스갯소리와 우스갯짓으로 표현하여 연출한 풍자적인 연극), ⑧ 무가巫歌, ⑨ 꼭두각시놀음 등이었다.(「관우희觀優戲」) 이러한 광범위한 판놀음의 내용은 광대들 중에 소리하는 광대廣大와 악사樂士인 재비, 그리고 줄타기와 땅재주를 하는 재인才人의 분업을 낳게 되었다. 그래서 『경도잡지』에는 삼일유가에 세악수細樂手와 함께 광대와 재인을 불러 논다고 하여 광대와 재인을 나누고 있다. 세악수에 대해서는 '성기聲技, 음악과 연극'을 참조할 것.

공작 깃털[공작우孔雀羽]

1 「**정조의 화성 행차**」(부분). 국립중앙박물관 소장.
정조가 탄 것을 나타내는 '어좌마御座馬' 뒤에서 일산日傘과 기旗를 든 별감別監의 모자 위에 공작깃털[공작우孔雀羽]이 꽂혀 있다.

2 **관모冠帽 장식**. 국립민속박물관 소장.
무당이 쓰는 관모에 꽂는 공작 깃털이다. 우인優人의 모자 위에 꽂은 것은 공작 깃털[공작우孔雀羽]이다. 일명 방우傍羽라고도 하며, 대개 공작의 깃털에 공작의 꼬리깃과 남색 털을 묶어 만는다. 전립戰笠(무관이 쓰던 모자의 하나로 붉은 털로 둘레에 끈을 꼬아 두름)에 삭모槊毛(기旗나 창槍 따위의 머리에 술이나 이삭 모양으로 만들어 다는 붉은 빛깔의 가는 털. 상모)와 같이 달기도 하며 주립朱笠(무신武臣이 융복戎服을 입을 때 쓰던 붉은색의 갓)과 초립草笠(주로 어린 나이에 관례를 한 사람이 쓰던 갓으로 썩 가늘고 누런 빛깔이 나는 풀이나 말총으로 겯어서 만듬)에 꽂기도 한다.

재인才人

1 **김준근, 「광대 줄타고」.** 국립민속박물관 소장.
줄광대가 악사들의 반주에 맞춰 줄 타는 모습을 그린 그림이다. ×자로 교차한 나무 사이로 이어진 줄 위에서 줄광대가 줄을 타고 있다. 줄광대는 고깔(승려나 무당 또는 농악대들이 머리에 쓰는, 위 끝이 뾰족하게 생긴 모자)와 장삼長衫(승려의 웃옷으로 길이가 길고, 품과 소매를 넓게 만듦)을 입고 중놀이 대목을 연행하고 있다. 줄아래에는 어릿광대가 줄광대와 재담을 하며 분위기를 돋우고 있고, 오른쪽 위에는 삼현육각三絃六角(피리가 둘, 대금, 해금, 장구, 북이 각각 하나씩 편성되는 풍류)을 갖춘 반주자들이 자리잡고 있다. 재인은 줄을 타고 재주를 넘는 등 온갖 유희를 벌인다. 재인은 재주를 넘거나 익살스러운 동작으로 사람을 웃기며 풍악을 맡거나 가창을 하던 천민 계급을 말한다. 『경도잡지』에서는 재인이 줄타기와 재주넘기를 한다고 했다. 줄타기는 답삭희踏索戱라고 했는데, 줄 타는 연희자를 줄광대라 했고, 그들이 공연하는 광경을 광대줄, 광대줄판, 판줄 등이라 지칭했다. 조선 시대에 줄광대는 궁중 연희나 양반집, 부잣집, 여유 있는 잔칫집 혹은 마을의 축제에 초청을 받아 공연했고, 그 기능도 우수했던 것으로 전해진다. 조선 시대 말에 이르러 광대줄타기와 그 용어는 점차 약해지고, 남사당패의 어름줄타기가 줄타기의 명맥을 이었다. 어름은 줄타기의 은어이다. 얼음판같이 매끄럽고 위험한 곳에서 하는 놀이라는 의미에서 이렇게 붙인 것이다. 광대줄은 대개 낮에 놀고, 어름줄은 밤에 놀았다. 줄타기는 연기(기예)와 재담으로 진행되었다.

2 **재주넘기.** 문화재청 국가문화유산포털.
살판이라고도 했다. 재주넘기는 몸을 공중에 날려 위아래로 휘돌리는, 공중제비 같은 연기다. 재주넘기의 원문은 "근두筋斗", 곧 곤두박질과 관련된 말이다. 남사당패나 솟대쟁이패들이 노는 살판에는 세 명이 등장한다. 살판은 열두 가지 땅재주 중 하나로 제일 마지막 재주다. 살판이란 말은 꼰두쇠들이 이 재주를 넘으면서 '잘하면 살판, 못하면 죽을 판'이란 말에서 따왔다고 한다. 그만큼 위험한 기예라는 얘길 터. '곤두박질친다'는 곤두를 하다 실수하여 처박히는 모양새를 이름이니 이 기예가 얼마나 위험한지를 방증하는 말이다.

가도呵導, 고관 행차

재상宰相이나 시종신侍從臣의 행차를 알리는 가도呵導 소리는 웅장하고 맑고 거세기가 각기 다르다. 그 앞을 지나가거나 말을 타고 있거나 담뱃대를 물고 있거나 소매를 저으면서 지나가거나 꿇어앉지 않은 자들은 일단 길가의 집에 잡아 가두었다가 나중에 벌을 준다.

초헌軺軒이나 말을 타고 문을 드나들 때마다 종들이 일제히 '삷우[백우白右]'라고 외치는데, 여기서 '우右'는 '위'를 뜻하고, '삷[백白]'은 쓰개가 상인방[문미門楣]에 부딪힐지 모르니 살피라는 말이다. 이런 이유에서 이후에도 그 풍습은 없앨 수 없는 일이 되었다.

卿宰侍從呵導聲, 雄渾淸激, 各殊. 有犯前導或騎馬含烟掉袂不坐者, 並拘路傍舍, 拿治. 乘軒坐馬出入門, 衆隸齊聲白右, 右者上也, 白者慮其帽礙於楣也. 以爲不可廢之儀節.

가도呵導

1 「좌의정행차左議政行次」,
『전김홍도필담와홍계희평생도傳金弘道筆淡窩洪啓禧平生圖』.
국립중앙박물관 소장. 좌의정 행차 앞의 사람들이 앉아서 고개를 숙이고 있다. 좌의정은 네 사람이 맨 평교자平轎子(종일품 이상 및 70세가 넘는 정이품 이상의 문관들을 예우하기 위하여 설치한 기로소耆老所의 당상관堂上官이 타던 가마로 앞뒤로 두 사람씩 네 사람이 낮게 어깨에 메고 천천히 다님)를 타고 있다. 재상의 행차에서는 '가도呵導'를 했다. 가도는 왕이나 고관대작이 행차할 때 앞길을 트기 위해 종들이 물러서라고 외치는 소리를 말한다. 그 종들 혹은 그들이 행하는 일을 대개 '갈도喝道' 혹은 '가금呵禁'이라 했다. '물러서라' 외치는 소리를 '벽제辟除'라고도 했는데, 보통 '벽제를 잡는다'고 했다. '물렀거라' 혹은 '에라, 게 들어섰거라'고 외쳤고, 왕이 행차할 때는 '시위~'라고 소리쳤다. 벽제는 달리 권마성勸馬聲이라고도 했다. 권마성은 말이나 가마가 지나갈 때 위세를 더하기 위하여 그 앞에서 하졸들이 목청을 길게 빼어 부르는 소리를 말한다. 임금이 거둥할 때에는 궁중의 가마나 말에 관한 일을 맡아보던 관아인 사복시司僕寺의 하인이, 그 밖의 경우에는 역驛에 속하여 심부름하던 역졸驛卒이 불렀다. 참고로 '역'은 중앙관아의 공문을 지방 관아에 전달하며 외국 사신의 왕래, 벼슬아치의 여행과 부임 때 마필馬匹을 공급하던 곳으로 주요 도로에 대개 30리마다 두었다. 가도는 원래 길을 열고 불결한 것을 치우기 위한 것이었는데, 나중에는 왕이나 벼슬아치의 위엄을 과시하는 행사로 정착했다.

2

3

2 **경기감영도병풍**京畿監營圖屛風(부분).

문화재청 국가문화유산포털

https://www.heritage.go.kr/heri/cul/culSelectDetail.do?VdkVgwKey=12,13940000,11&pageNo=1_1_1_0

오른쪽 끝에 말을 탄 고관의 뒤로 하급 관리들이 뒤를 따르고 있고, 그 앞으로 깃발을 든 군졸이 섰으며, 그 앞으로는 여러 명의 악대가 군악을 울리면서 행진하고 있다. 그림에서는 보이지 않으나, 맨 앞에서는 앞길을 트기 위해 '물렀거라'를 외치는 벽제 소리가 들리는 듯하다. 길가의 사람들은 앉아 있거나 서서 조용히 그 행렬을 바라보고 있다.

3 **김득신, 「노상현알**路上見謁」.

공유마당 : https://gongu.copyright.or.kr/gongu/wrt/wrt/view.do?wrtSn=13360636&menuNo=200018

나귀를 탄 양반이 두 명의 하인을 이끌고 길을 가는 중인데, 길을 가다 마주쳤는지 부부인 듯한 평민 남녀가 바닥에 절을 할 듯한 포즈로 예를 갖추는 순간이다. 일개 양반의 행차에서도 저런 형편었는데, 성대한 행차 대열 앞에서 감히 담배를 피우거나 그 앞을 활보하며 걷는 것은 상상조차 할 수 없었을 것이다. 참고로 『경도잡지』에서 "가도 소리는 웅장하고 맑고 거세기가 각기 다르다"라고 했는데, 「한양가」에 그 사정이 자세히 묘사되어 있다. "의정부 삼상三相네는 애민하사愛民下士하는 모양 / 평교자平轎子 늦은 줄에 낮은 키 별구종別驅從이 / 고이 여며 가오실 제 호피虎皮꼬리 땅을 쓴다 / 대로 결은 파초선芭蕉扇을 햇빛을 반쯤 가려 / 벽제도 크지 않고 행보도 완완緩緩하다 / 거룩타 서불장개署不張蓋 상위上位의 도리로다." 어려운 말이 많이 나오지만, 이 대목에서 중요한 것은 "벽제도 크지 않고 행보도 완완하다"라는 말이다. 의정부의 삼상은 영의정, 좌의정, 우의정 등 정1품관을 말하니, 이들 고위 관료의 행차에서는 벽제 소리가 그리 크지 않았고, 그 행렬도 느릿느릿 여유가 있었음을 알려준다. 그렇게 해서 더욱 위엄을 차렸다고 하겠다. 한편 대사마大司馬, 곧 병조판서의 행차를 묘사한 부분은 분위기가 좀 다른다. "호기 있는 대사마大司馬는 백보 밖에 인배引陪 세고 / 건장한 뇌자牢子 기수旗手 원앙진鴛鴦陣 작대作隊하여 / 쌍쌍이 벽제 소리 날래고도 영렬하다 / 외바퀴 높은 초헌軺軒 키 큰 구종驅從들이 / 손을 들어 밀어갈 제 좌우의 색구色鷗 견배牽陪 / 호한豪悍한 별배別陪들이 날개로 벌여 서서 / 세층 벽제 소리 기구器具도 엄위嚴威할사" 벽제 소리가 "날래고도 영렬하다"고 했다. '영렬英烈하다'는 뛰어나고 용맹스럽다는 뜻이다. 한마디로 벽제 소리가 강하고 웅장했다는 말이겠다. 더구나 그 소리가 "세 층"이라 했으니, 높고 낮은 소리가 대단히 강렬했음을 알려준다. 그래야 병조판서의 행차답기는 하겠다.

평교자平轎子

1 **평교자**平轎子. 국립고궁박물관 소장.

평교자는 사방이 트여있는 가마이다. 가마는 형태에 따라 지붕과 벽이 있는 유옥교자有屋轎子와 지붕과 벽이 없이 사방이 트여있는 평교자平轎子로 나눌 수 있다. 평교자는 앉는 자리와 가마채(가마 밑 양편에 앞뒤로 나오게 세로로 지르는 기다란 나무로 가마를 멜 때 이 나무 끝에 멜빵을 걸고 손으로 잡음)로 구성되어 있는데 네 명의 가마꾼이 가마채에 연결된 끈을 어깨에 메어 이동하였다. 종 1품 이상의 관원과 기로소耆老所(70세가 넘는 정이품 이상의 문관들을 예우하기 위하여 설치한 기구)의 당상관堂上官(정삼품 상上 이상의 품계에 해당하는 벼슬)만이 탈 수 있었다. 가마 전체에 누런색이 조금 섞인 붉은색의 주칠朱漆이 되어 있다. 앉는 자리의 네 측면에는 난간이 설치되어 있는데 각 면은 당초문唐草紋(여러 가지 덩굴이 꼬이며 뻗어나가는 모양의 무늬)을 투각透刻(조각에서, 묘사할 대상의 윤곽만을 남겨 놓고 나머지 부분은 파서 구멍이 나도록 만들거나, 윤곽만을 파서 구멍이 나도록 만듦)하여 표현하였다. 등받이 상단과 손잡이에는 각각 용머리와 봉황 머리를 장식하였다. 이런 행차의 가도呵導는 대단히 삼엄했다. 가도 소리를 들으면, 말이나 나귀를 타고 있는 자들은 냉큼 내려 꿇어앉아야 했다. 그 소리를 듣고도 모른 척한다면, 엄벌을 면하지 못한다. 특히 그 앞에서 담배를 피우는 자는 치도곤을 당하기 일쑤였다. 담배는 얼른 숨겨야 하고 고개는 납작 숙여야 했다. 하물며 소매를 저으면서 활보하는 자는 용서치 않았다. 행차가 무사히 지나가야 하니, 그런 자들은 일단 양반 어르신네의 눈에 띄지 않게 얼른 잡아채어 가두어둬야 했다. 행차가 지나간 뒤에 그들을 기다린 것은 무시무시한 형장刑杖이었다.

2 **표범 가죽을 깐 평교자平轎子를 타고 집을 나서는 관리의 모습.**

『사진엽서로 보는 근대풍경』 7 - 풍속, 조선인, 민속원, 2009, 409쪽.

의자에 표범 가죽을 깔아 권위를 더해 보는 사람들로 하여금 예를 갖추게 했다. 평교자는 종일품 이상 및 기로소의 당상관이 타던 가마로, 앞뒤 두 사람씩 네 사람이 낮게 어깨에 메고 천천히 다녔다.

파초선芭蕉扇과 피맛골

1 「**좌의정시**左議政時」, 「**모당홍이상공평생도**慕堂洪履相公平生圖」. 국립중앙박물관 소장.

파초선은 파초의 모양으로 만든 부채 또는 파초잎을 그대로 구부려 만든 것으로, 이 그림에서 보듯이 삼정승三政丞(조선 시대 행정부의 최고 기관인 의정부議政府에서 국가 주요 정책을 결정하는 일을 맡아보던 세 벼슬인 영의정領議政, 좌의정左議政, 우의정右議政)이 출행할 때 이것으로 머리 위를 가렸다. 대개 대나무의 표면 겉대를 죽사竹絲(실처럼 가늘게 쪼갠 대오리)처럼 얇고 가늘고 길게 가공하여 채상彩箱(대나무를 가늘게 쪼개어 채색한 무늬를 놓아 만든 상자)처럼 부채 면을 짜 3겹의 주칠朱漆(누런색이 조금 섞인 붉은색의 칠)을 올렸다. 가는 대나무로 입맥을 만들고, 위와 아래는 소가죽으로 무늬를 넣어 보강했다.

2 **피맛골**. https://love.seoul.go.kr/asp/articleView.asp?intSeq=1384.

1900년대 초 종로 거리의 모습이다. 종로통에서 고관대작이 행차를 할 때 아랫것들이 담배를 물고 있거나 활개를 치고 걷거나 머리를 조아리지 않으면 치도곤을 당했다. 그 꼴을 보기 싫은 이들은 아예 그 행차를 피해 뒷골목으로 다녔는데, 그곳이 바로 피맛골이다. 위 사진에서 종로통 양옆 좁고 까맣게 보이는 골목길이다. 원래 '피마避馬'는 길을 가다가 자기보다 품계가 높은 관리를 만났을 때 말에서 내려 길을 피하여 경의를 표하라고 강제하거나 스스로 그렇게 하는 일이었다. 그런데 서민들은 이예 자리를 피해 그 기들먹거리는 꼴을 보려 하지 않았다는 말로 바꿔 쓴 것이다.

초헌軺軒

1 「병조판서시兵曹判書時」, 「모당홍이상공평생도慕堂洪履相公平生圖」. 국립중앙박물관 소장.
병조판서가 초헌軺軒을 타고 행차할 때, 오른쪽 가운데 부분에서 하급무관으로 보이는 한 사람이 납죽 엎드려 있고, 옆의 사람은 양반이어서인지 고개만 숙이고 있다.

2 3

2 **초헌**. 국립고궁박물관 소장.

초헌은 명거命車, 목마木馬, 초거軺車 등 여러 이름으로 불린다. 매우 긴 줏대에 외바퀴가 밑으로 달려 있고, 앉는 데는 의자와 비슷하게 생겼으며, 발을 얹어놓도록 고안되었고, 위는 꾸미지 않았다. 두 개의 긴 채가 달려 있어 앞뒤에서 사람이 잡아끌고 밀게 되어 있다. 바퀴는 쇠로 덧입혀 튼튼하게 강도를 주었고, 줏대 등은 물푸레나무, 참나무 등과 같은 단단한 목재를 이용했고, 그 위에 소 힘줄을 어교魚膠(민어의 부레를 끓여서 만든 풀로 교착력이 강하여 목기木器를 붙이는 데 많이 씀)나 아교阿膠(짐승의 가죽, 힘줄, 뼈 따위를 진하게 고아서 굳힌 끈끈한 것으로 풀로 씀)로 부착하여 강도와 탄력을 높였다. 의자는 사슴 가죽으로 등받이와 방석을 만들고, 맨 앞부분과 의자 바로 뒤쪽에 가로대를 꿰어놓아 이것을 잡아끌고 밀도록 했으며, 맨 뒤쪽에서는 줏대를 잡고 보조를 맞추게 되어 있다. 보통 여섯에서 아홉 명이 한 조를 이루어 운반한다. 궁중용은 붉은 칠을, 사대부의 것은 검은 칠을 했으며 크기도 달랐다.

3 **김준근, 「대신 금관조복한 모양」**. 『민속에 대한 기산의 지극한 관심』, 민속원, 2004, 181쪽.

초헌은 "사람이 끄는 외바퀴의 높은 탈것이다. 세종 때 처음 만들어진 조선 고유의 것이다. 2품 이상의 관원이 탔으나 무관은 탈 수 없었다. 앉는 자리가 높게 올라가 있어 권위의 상징이었으므로 왕자와 부마도 타고 다녔다. 긴 줏대에 외바퀴가 밑에 달렸다. 앉는 데는 의자와 비슷한 형태로 발을 얹도록 했다. 두 개의 긴 채가 달려 앞뒤에서 사람이 잡아끈다."(국립고궁박물관 설명) 참고로 박제가는 초헌을 타는 풍속을 다음과 같이 비판했다. "우리나라에서는 2품 이상의 문신이 바퀴 한 개가 달린 높은 수레를 타는데 이것을 초헌이라고 부른다. 이 수레는 바퀴가 작고 높이는 한 길이나 되어 멀리서 바라보면 사다리로 지붕을 오르는 모양이기 때문에 위태위태하기가 말할 나위가 없을 뿐만 아니라 이 수레를 움직이는 데에는 다섯 사람이 아니면 불가능하다. 또 그 뒤를 따르는 사람이 반드시 필요하다. 옛날 수레를 사용할 때에는 수레 한 대를 이용하여 사람 여섯을 실었는데, 초헌은 수레를 사용하면서 여섯 사람을 걷게 하고 한 사람만 탄다. 여기에 대해 귀한 사람이 천한 사람을 부리는 것은 천지의 변함없는 법칙이요 고금에 통하는 이치라고 강변하는 자가 있다. 그러나 나는 이렇게 말한다. 귀천의 분별이란 이런 것을 두고 말하는 것이 아니다. 옛날의 제왕은 귀천을 구별할 때에도 우선은 실용을 앞세우고 그다음에 격식을 차렸다."(『북학의』)

상인방上引枋[문미門楣]

상인방. 국립민속박물관 소장.
창이나 문틀 윗부분 벽의 하중을 받쳐 준다. '문미門楣'라고도 하는 상인방은 창이나 문의 위쪽에 기둥과 기둥 사이를 가로지르는 나무로 창이나 문틀 윗부분 벽의 하중을 받쳐 준다. 구조물의 기둥 윗면을 수평으로 가로지르는 나무를 인방引枋이라 하는데, 상인방은 위쪽의 인방을 말한다. 요즘도 상인방에 부적을 붙이거나 실에 묶은 북어를 매달아 둔다.

솟을대문

전라남도 민속문화재 제16호 영암집영재靈岩集英齋**의 솟을대문.** 문화재청 소장.

솟을대문은 가마를 타고 출입할 수 있도록 좌우 행랑보다 높게 설치한 대문이다. 우뚝 솟은 대문이 양반의 권위를 더욱 높여주고 있다. 양반 관료들은 주로 가마를 타고 다녔는데, 특히 이 중에서도 종2품 이상이 타는 초헌軺軒은 외바퀴가 달린 수레 형식의 가마로 보통 6~9인이 한 조를 이루어 움직였으며, 가마가 높고 바퀴가 달려있어서 솟을대문을 설치하였을 뿐만 아니라 바퀴가 통과할 수 있도록 문턱도 없앴다. "초헌을 타고 대문을 들어갈 때에는 대문의 위쪽 상인방, 곧 문의 위쪽에 기둥과 기둥 사이를 가로지르는 나무에 이마를 부딪히는 수가 있어 수행하는 종들이 일제히 '쉶우[白右]' 하고 위를 살피라고 소리를 질러 주의를 환기시키는 것이 관례였다." '쉶우'는 '숣다'와 '위'가 합쳐진 말이다. '숣다[白]'는 '사뢰다, 여쭙다'는 뜻이다. '우右' 역시 '위'의 이두식 표기다. 결국 '숣우'는 '위를 (살피기를) 아룁니다'라는 뜻이 된다.

세시

歲時

원일 元日

설날에 남녀가 모두 새 옷을 입는 것을 세장歲粧, 곧 설빔이라 하고, 친척과 어르신을 찾아가 절을 올리는 것을 세배歲拜라고 한다. 제철에 알맞은 음식인 시식時食으로 대접하는 것은 세찬歲饌이라 하며, 설날에 마시는 술은 세주歲酒라고 한다. 세주는 데우지 않는데, 이것은 봄을 맞이하는 뜻이다.

부녀자들은 곱게 꾸민 어린 계집종을 보내 좋은 말로 서로 안부를 묻는데, 그것을 문안비問安婢라고 한다.

대대로 벼슬하는 집안에서는 대청 위에 옻칠을 한 상을 놓아둔다. 그러면 아전들이 이름을 적은 종이를 가지고 와서 상 위에 두고 가는데, 그것을 세함歲啣이라고 한다. 왕기王錡의 『우포잡기寓圃雜記』를 보니, "서울 풍속에 설날이면 집주인들이 모두 축하하러 나간다. 그래서 탁상에 백지 장부와 붓과 벼루를 두면 하객들이 와서 이름을 쓰고 갈 뿐 영접하고 환송하는 일은 없다."라고 했다. 이것이 바로 세함의 시초이다.

멥쌀로 만든 떡을 누르고 문질러 나뭇가지처럼 길게 만들고, 굳어지면 가로로 동전처럼 얇게 잘라 꿩고기와 후춧가루를 넣고 끓이는데, 이 떡국은 세찬에서 없어서는 안 되는 음식이다. 나이 먹은 것을 떡국 몇 그릇을 먹었다고 한다. 육방옹陸放翁이 지은 『세수서사歲首書事』의 주석을 보니, "시골 풍속에 설날에는 반드시 탕병湯餠을 쓰는데, 그것을 동혼돈冬餛飩, 연박탁年餺飥이라고 한다."라고 했다.

『수성도壽星圖』와 『선녀도仙女圖』 그리고 『치일도値日圖』와 『신장도神將圖』를 세화歲畫라고 한다. 그리고 황금 갑옷을 입은 두 장군의 모습을 궁궐 문의 양쪽에 거는데, 그것을 문배門排라고 한다. 그 장군들은 키가 한 길이 넘는다. 한 사람은 부斧를, 그리고 다른 한 사람은 절節을 들었다. 또 붉은 도포와 검은 사모紗帽를 쓴 사람의 그림을 중합문重閤門에 건다. 임금의 내외 친척들과 민간에서도 그렇게 할 수 있는데, 그림의 크기는 문짝에 따라 작게도 한다. 상인방上引枋(문미門楣)에는 귀신의 머리를 그려 붙인다. 항간에서는 황금 갑옷을 입은 사람을 울지공尉遲恭과 진숙보秦叔寶, 붉은 도포와 검은 사모를 쓴 사람을 위정공魏鄭公이라고 한다. 송민구宋敏求의 『춘명퇴조록春明退朝錄』을 보니, "「도가주장도道家奏章圖」에 하늘 문을 지키는 황금 갑옷을 입은 사람이 있는데, 갈장군葛將軍은 정旌을, 주장군周將軍은 절節을 들었다."라고 했다. 그런데 오늘날의 문배 그림이 갈주葛周 두 장군과 비슷한 것은 전기傳奇 소설에 나오는 당 나라 문황文皇 때의 일을 견강부회한 것이다.

붉은 싸리나무 두 가지를 네 토막으로 쪼개, 긴 것은 대략 삼촌三寸가량, 작은 것은 콩 반쪽 만하게 만들어 던지는데, 그것을 윷놀이[사희柶戲]라고 한다. 네 개가 모두 엎어진 것을 모, 네 개가 모두 잦혀진 것을 윷, 세 개가 엎어지고 하나가 잦혀진 것을 도, 두 개가 엎어지고 두 개가 잦혀진 것을 개, 하나가 엎어지고 세 개가 잦혀진 것을 걸이라 한다. 윷판에는 29개의 점을 찍고, 두 사람이 상대해서 던지는데, 각각 네 마리의 말을 쓴다. 도는 한 점을 가고, 개는 두 점을 가며, 걸은 석 점을 가고, 윷은 넉 점을 가며, 모는 다섯 점을 간다. 말판에는 돌아서 가는 길과 지름길이 있고, 말에는 느린 말과 빠른 말이 있어서 이기고 지는 것을 결정한다. 설날에 이 놀이가 제일 인기가 많다. 『설문해자說文解字』에서 '사柶'를 찾아보니, 그것은 비匕였다. 나무가 네 개라는 뜻을 취해서 사희柶戲라고 한 것이다. 이수광李睟光의 『지봉유설芝峯類說』에서는 "사희는 탄희攤戲인데, 탄희는 저포樗蒲이다."라고 했다. 그러나 사희라는 것은 저포의 일종이기는 하지만, 그렇다고 그것을 저포라고 단정할 수는 없다. 항간에서는 설날에 윷을 던져 새해의 길흉을 점친다. 세 번을 던져 나온 짝을 64괘 중 하나에 배정하는데, 각 괘에는 다음과 같은 요사繇辭, 곧 점괘의 뜻을 나타낸 말이 있다.

도 도 도	건(乾)	아이가 어머니를 만남
도 도 개	이(履)	쥐가 창고에 들어감
도 도 걸	동인(同人)	어두운 밤에 촛불을 얻음
도 도 모	무망(无妄)	파리가 봄을 만남
도 개 도	구(姤)	큰물이 거슬러 흐름

도 개 개 송(訟) 죄를 짓는 중에 공을 세움
도 개 걸 둔(遯) 나방이 등불에 부딪힘
도 개 모 부(否) 금과 쇠가 불을 만남
도 걸 도 쾌(夬) 학이 날개를 잃음
도 걸 개 태(兌) 굶주린 사람이 밥을 얻음
도 걸 걸 혁(革) 용이 넓고 깊은 바다로 들어감
도 걸 모 수(隨) 거북이가 통발 속으로 들어감
도 모 도 대과(大過) 나무에 뿌리가 없음
도 모 개 곤(困) 죽은 사람이 다시 살아남
도 모 걸 함(咸) 추운 사람이 옷을 얻음
도 모 모 췌(萃) 가난한 사람이 보물을 얻음
개 도 도 대유(大有) 해가 구름 속으로 들어감
개 도 개 규(睽) 장마 때 해를 봄
개 도 걸 이(離) 활이 화살을 잃음
개 도 모 서합(噬嗑) 새가 날개가 없음
개 개 도 정(鼎) 약한 말이 무거운 짐을 짐
개 개 개 미제(未濟) 학이 하늘에 오름
개 개 걸 여(旅) 굶주린 매가 고기를 얻음
개 개 모 진(晉) 수레가 두 바퀴가 없음
개 걸 도 대장(大壯) 어린아이가 젖을 얻음
개 걸 개 귀매(歸妹) 중한 병에 약을 얻음
개 걸 걸 풍(豊) 나비가 꽃을 찾음
개 걸 모 진(震) 활이 화살을 얻음
개 모 도 항(恒) 낯선 손님을 절하고 뵘
개 모 개 해(解) 물고기가 물을 잃음
개 모 걸 소과(小過) 물 위에 물결이 일어남
개 모 모 예(豫) 용이 여의주를 얻음
걸 도 도 소축(小畜) 큰 물고기가 물에 들어감

걸 도 개	중부(中孚)	무더위에 부채를 줌
걸 도 걸	가인(家人)	새매와 매에 발톱이 없음
걸 도 모	익(益)	강물에 구슬을 던짐
걸 개 도	손(巽)	용 머리에 뿔이 남
걸 개 개	환(渙)	가난하고 천함
걸 개 걸	점(漸)	가난한 선비가 녹을 얻음
걸 개 모	관(觀)	고양이가 쥐를 만남
걸 걸 도	수(需)	물고기 변해 용이 됨
걸 걸 개	절(節)	소가 꼴과 콩깍지를 얻음
걸 걸 걸	기제(旣濟)	꽃나무가 열매를 맺음
걸 걸 모	둔(屯)	중이 속세로 돌아감
걸 모 도	정(井)	나그네가 집을 생각함
걸 모 개	감(坎)	말에 채찍이 없음
걸 모 걸	건(蹇)	나그네가 길을 찾음
걸 모 모	비(比)	해가 풀의 이슬을 비춤
모 도 도	대축(大畜)	부모가 아들을 얻음
모 도 개	손(損)	공은 있지만 상이 없음
모 도 걸	비(賁)	용이 깊은 못에 들어감
모 도 모	이(頤)	맹인이 문에 다다름
모 개 도	고(蠱)	어두운 곳에서 불을 봄
모 개 개	몽(蒙)	사람이 손과 팔이 없음
모 개 걸	간(艮)	대인을 만나니 이로움
모 개 모	박(剝)	활에 시위가 없음
모 걸 도	태(泰)	귓가에 바람이 일어남
모 걸 개	임(臨)	어린아이가 보물을 얻음
모 걸 걸	명이(明夷)	사람을 얻었다가 도로 잃음
모 걸 모	복(復)	어지럽고 길하지 못함
모 모 도	승(升)	살아갈 길이 아득함

모 모 개	사(師)	물고기가 낚시를 삼킴
모 모 걸	겸(謙)	나는 새가 사람을 만남
모 모 모	곤(坤)	형이 아우를 만남

백성의 살림집이 많이 모여 있는 여항의 부녀자들이 널빤지를 짚단 위에 가로로 올려놓고 양쪽 끝에 나누어 서서 힘차게 굴러 뛰면 몇 자까지 올라간다. 그때 장신구나 패물이 부딪치는 소리가 맑게 울리는데, 지쳐 떨어져 나가는 걸 보고 즐거워한다. 이것을 널뛰기[초판희超板戲]라고 한다. 주황周煌의 『유구국기략流球國記略』을 보니, 유구琉球의 부녀자들이 널빤지 위에서 춤을 추는 것을 판무板舞라 하는데, 이 널뛰기와 서로 비슷하다. 국초에 유구의 사신이 우리 조정의 회의에 참여할 때 아마 이 널뛰기를 사모하여 흉내 낸 것이 아닌가 한다.

중들이 큰북을 지고 길거리로 들어와 두드리는 것을 법고法鼓라고 한다. 일반 사람에게 돈이나 물건을 시주하도록 이끄는 글귀를 적은 모연문募緣文을 펴놓고 바라[발鈸]를 치면서 염불을 하기도 하고, 쌀자루를 지고 집집마다 쌀[재미齋米]을 보시해 달라고 노래를 부르기도 한다. 떡 한 개로 속세의 떡 두 개와 바꾸기도 하는데, 중의 떡을 얻어 어린이에게 먹이면 마마가 낫는다는 속설이 있다. 그런데 우리 상감[당저조當宁朝]께서 중들이 성문으로 들어오지 못하도록 금했기 때문에, 이런 풍습은 성 밖에서만 볼 수 있다.

남녀가 한 해 동안 머리를 빗을 때 밀랍蜜蠟이나 백랍白蠟 따위를 입힌 납지蠟紙로 만든 주머니에다 빠진 머리카락을 넣어 빗접 속에 모아둔다. 그랬다가 이날 해질 무렵에 문 앞에서 태운다. 손사막孫思邈의 『천금방千金方』에 보니, "정월 인일寅日에 백발을 태우면 길하다."라고 했으니, 설날에 머리카락을 태우는 일은 여기에서 비롯된 것이다.

야광夜光이라는 귀신은 밤에 사람 사는 집에 들어와 신을 훔치는 걸 좋아한다. 그러면 신을 잃은 사람은 한 해 동안 불길하다. 그래서 겁을 먹은 아이들은 신을 감추고 불을 끄고 일찍 잔다. 그리고 마루 벽 위에다 체를 걸어둔다. 그러면 야광귀가 와서 그 구멍을 세다가 다 못 세고 닭이 울면 도망간다고 한다. 혹 어떤 이는 "야광은 구귀癯鬼다. 그러므로 구광癯光이라고 하는 것이 마땅하다. '구癯'와 '야夜'는 우리나라 말로 비슷하기 때문이다."라고 한다. 그런데 내가 보기에 이 설은 틀렸다. 야광은 '약왕藥王'의 음이 잘못 전해진 것이다. 약왕의 추한 모습을 무서워하는 아이들을 일찍 재우고자 만들어낸 이야기인 것이다.

男女悉著新衣, 曰歲粧. 往拜親戚長者, 曰歲拜. 饋以時食, 曰歲饌. 酒, 曰歲酒. 歲酒不溫, 寓迎春之意. 婦女遣靚粧少婢, 以吉語相問, 曰問安婢. 仕宦家置髹案於堂上, 司吏摺紙具名, 來置案上而去, 號歲啣. 按王錡寓圃雜記, "京師風俗, 每正朝, 主人皆出賀, 惟置白紙簿並筆硯于几, 賀客至, 書其名, 無迎送也." 此即歲啣之始. 粳米餠按摩成條, 候硬橫截, 薄如錢, 烹調雉肉胡椒屑, 爲歲饌之不可缺者, 至稱添齒者, 爲餠湯第幾椀. 按陸放翁歲首書事詩註, "鄕俗, 歲日必用湯餠, 謂之冬餛飩年餺飥." 壽星, 仙女, 直日, 神將圖, 謂之歲畵. 又金甲二將軍像, 長丈餘, 一持斧, 一持節, 揭于宮門兩扇, 曰門排. 又絳袍烏帽像, 揭重閤門. 戚里及閭巷, 亦得爲之畵, 隨門扇. 而小門楣又粘畵鬼頭. 俗以金甲者爲尉遲恭, 秦叔寶, 絳袍烏帽爲魏鄭公. 按宋敏求春明退朝錄, "道家奏章圖, 天門守衛金甲人, 葛將軍掌旌, 周將軍掌節." 今之門排, 似卽葛周二將軍, 而世俗乃以傳奇中唐文皇時事傅會之爾. 赤荆二條, 剖作四隻, 長可三寸許, 或小如半菽, 擲之號爲柶戱. 四俯曰牡, 四仰曰㭐, 三俯一仰曰徒, 二俯二仰曰, 个一俯三仰曰傑. 局畵二十九圈, 二人對擲, 各用四馬, 徒行一圈, 个行二圈, 傑行三圈, 㭐行四圈, 牡行五圈, 圈有迂捷, 馬有遲疾, 以決輸贏. 元日此戱最盛. 按柶說文云: "匕也". 特取四木之義, 謂之柶戱. 李睟光芝峯類說, 以爲攤戱, 攤卽樗蒲也, 柶戱者樗蒲之類也, 而不可便謂樗蒲也. 世俗元日, 又擲柶占新歲休咎. 凡三, 擲配以六十四卦, 有繇辭. 徒徒徒, 乾, 兒見慈母; 徒徒个, 履, 鼠入倉中; 徒徒傑, 同人, 昏夜得燭; 徒徒牡, 无妄.【㭐與牡同用】蒼蠅遇春; 徒个徒, 姤, 大水逆流; 徒个个, 訟, 罪中立功; 徒个傑, 遯, 飛蛾撲燈; 徒个牡, 否, 金鐵遇火; 徒傑徒, 夬, 鶴失羽翮; 徒傑个, 兌, 飢者得食; 徒傑傑, 革, 龍入大海; 徒傑牡, 隨, 龜入筍中; 徒牡徒, 大過, 樹木無根; 徒牡个, 困, 死者復生; 徒牡傑, 咸, 寒者得衣; 徒牡牡, 萃, 貧人得寶; 个徒徒, 大有, 日入雲中; 个徒个, 睽, 霖天見日; 个徒傑, 離, 弓失羽箭; 个徒牡, 噬嗑, 鳥無羽翰; 个个徒, 鼎, 弱馬駄重; 个个个, 未濟, 鶴登于天; 个个傑, 旅, 飢鷹得肉; 个个牡, 晋, 車無兩輪; 个傑徒, 大壯, 嬰兒得乳; 个傑个, 歸妹, 重病得藥; 个傑傑, 豊, 蝴蝶得花; 个傑牡, 震, 弓得羽箭; 个牡徒, 恒, 拜見踈賓; 个牡个, 解, 河魚失水; 个牡傑, 小過, 水上生紋; 个牡牡, 豫, 龍得如意; 傑徒徒, 小畜, 大魚入水; 傑徒个, 中孚, 炎天贈扇; 傑徒傑, 家人, 鷙鷹無爪; 傑徒牡, 益, 擲珠江中; 傑个徒, 巽, 龍頭生角; 傑个个, 渙, 貧而且賤; 傑个傑, 漸, 貧士得祿; 傑个牡, 觀, 猫兒逢鼠; 傑傑徒, 需, 魚變成龍; 傑傑个, 節, 牛得芻荳; 傑傑傑, 旣濟, 樹花成實; 傑傑牡, 屯, 沙門還俗; 傑牡徒, 井, 行人思家; 傑牡个, 坎, 馬無鞭策; 傑牡傑, 蹇, 行人得路; 傑牡牡, 比, 日照草露; 牡徒徒, 大畜, 父母得子; 牡徒个, 損, 有功無實; 牡徒傑, 賁, 龍人深淵; 牡徒牡, 頤, 盲人直門; 牡个徒, 蠱, 暗中見火; 牡个个, 蒙, 人無手臂; 牡个傑, 艮, 利見大人; 牡个牡, 剝, 角弓無弦; 牡傑徒, 泰, 耳邊生風; 牡傑个, 臨, 穉兒得寶; 牡傑傑, 明夷, 得人還失; 牡傑牡, 復, 亂而不吉; 牡牡徒, 升, 生事茫然; 牡牡个, 師, 魚呑釣鉤; 牡牡傑, 謙, 飛鳥遇人; 牡牡牡, 坤, 哥哥得弟. 閭巷婦女用白板橫駕藁枕, 上分立兩端, 激盪而跳數尺許, 環珮琤然, 以困頓爲樂, 號爲超板戲. 按周煌琉球國記略, 其婦女舞於板上, 曰板舞." 與此相類, 國初琉球入朝, 抑或慕而效之者歟? 緇徒負大鼓入街巷擂動, 謂之法鼓. 或展募緣文, 叩鈸念佛, 或荷米帒, 沿門唱齋. 又用一餠換俗二餠, 俗得僧餠, 飼小兒, 以爲善痘. 當宁朝禁僧尼不得入都門, 城外尙有此風. 男女一年梳頭, 用蠟紙, 帒貯退髮, 留梳函中, 必待是日黃昏, 燒於門前. 按孫思邈千金方, "正月寅日, 燒白髮, 吉." 元日燒髮, 昉於是. 鬼名夜光, 夜入人家, 喜偸鞋鞋, 主不吉. 小兒畏之, 藏鞋滅燈, 早宿. 廳壁上, 縣篩, 夜光計其孔不盡, 鷄鳴乃去云. 或言: "夜光者, 瘧鬼也, 當曰瘧光. 瘧與夜, 東語相近也." 按此說非也, 夜光卽藥王之音轉也. 藥王像醜, 故怖兒使之早宿.

설날

1 국립민속박물관 소장.

2 국립민속박물관 소장.

양梁 나라 종름宗懍의 『형초세시기荊楚歲時記』에 "정월 초하루는 삼원일이다."라고 했고, 『규합총서閨閣叢書』에서는 "정월 첫날은 삼원지일三元之日인 고로 원조元朝라 하나니라."고 했다. 그날부터 새로운 해와 달과 날이 시작된다는 뜻이다. 최남선은 『조선상식朝鮮常識』에서 "세속에서 새해의 첫날[세수歲首]을 '설'이라 하여, 고서古書에 '신일愼日' 혹 '달도怛忉'로써 택하니, 곧 정월 첫 쥐날[상자上子], 첫 용날[상진上辰], 첫 말날[상오上午], 첫 돼지날[상해上亥] 등에 모든 일을 꺼리고 삼가고 근신하여 동작을 함부로 하지 아니하는 풍속이다. 그 기원에 관하여는 『삼국유사三國遺事』에 '신라의 소지왕炤知王이 까마귀와 쥐와 돼지와 연못 용의 인도로 왕후가 승려와 역모逆謀하고 있는 것을 발견하고 중대한 위기를 모면하니, 이로부터 국속國俗이 정월 초의 자진오해일子辰午亥日을 새해 첫머리에 있는 삼가고 조심하는 시기로 삼아 귀중한 교훈을 기념하고, 또 15일을 특히 오기일烏忌日이라 하여 찰밥으로 까마귀에게 바치게 되니라'고 한 뜻의 전설이 있다. 그러나 말한 바가 너무 전기적傳奇的이어서 신빙되지 않으며, 좀 더 상식적으로 해석을 시도한 것에 이런 설이 있다. 『지봉유설芝峰類說』에 이르기를, '동방의 옛 풍속에 설날과 정월의 상자오일上子午日과 2월 1일을 신일愼日이라고 이르니, 살펴보건대 신라 때 용은 비를 오게 하고, 말은 힘든 일에 종사하며, 돼지와 쥐는 곡식을 축냄으로써 매 새해의 진오해자일辰午亥子日에 제사를 베풀어 신명神明에게 빌고, 사람은 모든 일을 폐하고 놀고 즐겨 설이라 일렀는데, 『여지승람輿地勝覽』에 설명하기를, 설이라 함은 슬프고 근심하여 금기한다는 뜻이라 하니라'한 것이다. 이렇게 인생, 특히 농사 관계의 가축류에 대한 기양적祈禳的 제사의식이라 함은 비교민속학적으로 매우 유리하고 재미있는 한 견해라 할 것이다. 다만 2월 1일도 신일이라 함은 지금은 없어진 것이다."라고 했다. 그리고 『조선상식문답朝鮮常識問答』에서는 '정월 초생을 설이라고 함은 무슨 까닭입니까'라는 질의에 대해 "'설'이라 함은 보통으로는 섧다, 슬프다는 뜻이지만 옛날에는 조심하여 가만히 있다는 의미로도 쓰던 말이니, '설'이라 '설날'이라 함은, 곧 기우祈禳하기 위하여 가만히 들어앉는 날이라는 뜻입니다. 옛날 풍속에 무슨 중대한 일이 있으면 그 일이 아무런 탈 없이 순하게 성취되기를 위하여 몸과 마음을 깨끗하게 가지고 혹시라도 부정한 일이 있을까 보아서 기우를 대단히 하였습니다. 그래서 해가 바뀐 정월 초하루에는, 1년 내 어느 날이고 탈 없이 지내게 하여 주십사는 뜻으로, 1년 360일의 처음 되는 이날을 극진히 조심하고 지내며, 또 농사를 생활의 근본으로 소중히 아는 마음에서, 1년 내 농사에 관계되는 여러 가지 축언祝言을 정월 초생에 행하는데, 첫 번 드는 용날[진일辰日]에는 비가 알맞게 옵시사는 뜻으로 이날을 조심하며, 말날[오일午日]에는 농사를 대신해 주는 말이 1년 내 잘 지냅시사는 뜻으로 이날을 조심하며, 쥐날[자일子日]과 돼짓날[해일亥日]에는 쥐와 돼지가 곡식을 너무 다치는 일이 없으시라는 뜻으로 이날을 조심하고, 이러한 날들을 죄다 설날 곧 조심하는 날이라고 일컬었습니다. 이 때문에 정월 초생을 통틀어 설이라 하고, 특히 초하룻날을 설날이라고 하기도 한 것입니다. 한문으로는 신일愼日이라고 쓰기도 하고 달도일怛忉日이라고 쓰기도 합니다."라고 답변했다. 설날은 새로운 해의 시작이라는 문화적인 시간 인식 주기에 익숙하지 못한 속성, 곧 낯설음을 가장 강하게 띠는 날이다. Arnold Van Gennep이 제시한 통과의례通過儀禮(출생, 성년, 결혼, 사망 따위와 같이 사람의 일생동안 새로운 상태로 넘어갈 때 겪어야 할 의식을 통틀어 이르는 말)의 순차구조에 따르면, 설은 묵은해에서 분리되어 새해에 통합되어 가는 전이과정에 속하면서 새해에 통합되기에는 아직 익숙지 못한 단계이다. 각종 세시기歲時記에서 설을 삼가고 조심하는 날이라는 뜻인 신일愼日로 표현한 것은 새해라는 시간 질서에 통합되기 위해서는 조심하고 삼가야 된다는 것을 강조하기 위함이다. 원단元旦, 원일元日, 원삭元朔, 원정元正, 원신元辰, 정조正朝, 세수歲首, 세초歲初, 세단歲旦, 연두年頭, 연시年始, 연수年首, 세일歲日 등을 같이 쓴다. "(신과 사람들은) 해마다 새해 아침이 되면 서로 축하를 하는데 (…) 이날 해와 달의 신에게 절을 한다.(『수서隨書』「신라전新羅傳」)라고 한 데서 보듯이, 우리나라 설날의 역사는 삼국 시대까지 올라감을 알 수 있다.

세장歲粧[설빔]

1 **설빔.** 『사진엽서로 보는 근대풍경』 8 - 조선인 · 관제엽서, 민속원, 2009, 135쪽.

입춘이 와 운수 대통하고 경사가 많으라는 기원을 담은 입춘첩立春帖(봄의 시작을 알리는 절기인 입춘에 한 해의 행운과 건강을 기원하며 대문이나 기둥에 붙이는 봄을 송축하는 글귀)의 하나인 '입춘대길立春大吉, 건양다경建陽多慶' 앞에서 아이들이 설빔으로 받은 때때옷(까치옷)을 입고 서 있다. 이 사진은 1925년 조선총독부에서 간행한, 조선의 풍속에 대한 안내서인 『조선의 풍습朝鮮の風習』에 들어 있다. 설빔이라고도 하는 세장은 새해를 맞이해서 새 옷으로 갈아입는 풍속이다. 설빔은 묵은 것을 다 떨구어 버리고 새출발을 하는 의미와 함께 새해를 맞이하는 기쁨을 담고 있다. 설빔을 마련하기 위해서 주부는 밤을 새워 옷감을 짜고 바느질을 해서 섣달그믐께에는 모든 준비를 끝낸다. 그 과정을 『농가월령가』는 다음과 같이 노래하고 있다. "집안의 여인들은 세시 의복 장만할 제 / 무명(무명실로 짠 천) 명주(명주실로 무늬 없이 짠 천) 끊어 내어 온갖 무색(물감을 들인 빛깔) 들여내니 / 자주 보라 송화색(소나무의 꽃가루 빛깔과 같이 엷은 노란색)에 청화(푸른색) 갈매(짙은 초록색) 옥색(옥의 빛깔과 같은 흐린 초록색)이라 / 일변으로 다듬으며 일변으로 지어내니 / 상자에도 가득하고 횃대(옷을 걸 수 있게 만든 막대. 대나무로 된 장대를 잘라 두 끝에 끈을 매어 벽에 달아매어 둠)에도 걸렸도다."(십이월령十二月令)

2 **설빔.** 서울역사박물관 소장.

운이 열려서 큰 행운이 오기를 기원한다는 뜻의 입춘첩인 '개운홍희開運鴻禧' 앞에서 아이들이 설빔을 입고 서 있다. '춘첩春帖' 혹은 '입춘첩春帖子'이라고도 부르는 입춘첩은 한 해의 무사태평과 풍농을 기원하고 봄이 시작되었음을 자축하기 위해 문구를 써서 집 안 곳곳에 붙이는 글이다.

3 **엘리자베스 키스, 「정월 초하루 나들이」.**
국립민속박물관 소장.

설빔으로 어른은 바지, 저고리, 두루마기를, 어린 아이는 색깔이 있는 화사한 옷을 입으며, 특히 부녀자의 치마저고리는 화려한 것으로 호사를 한다. 옷뿐 아니라 버선과 대님 등도 새것으로 한다. 아이들의 설빔을 흔히 까치옷 혹은 때때옷이라고 한다. 『열양세시기洌陽歲時記』에서는 설빔을 '세비음歲庇廕'이라고 했는데, 이는 설빔을 한자로 음차해 표기한 것이다. 『해동죽지海東竹枝』에서는 "옛 풍속에 설날 남녀노소가 새옷을 입는 것을 '셜빔'이라고 한다."라고 하면서 "집집마다 어머니가 지어 주신 / 오색 찬란한 세배 옷 / 갑사댕기 새겨진 황금 글자 / 수복다남壽福多男 눈부시구나(家家慈母手中線, 五色斑爛歲拜衣, 甲紗檀紀黃金字, 壽福多男映日輝)"라고 노래했다. 『세시풍요歲時風謠』에서도 설빔 풍속을 생생하게 노래하고 있다. "때때옷 바지저고리 화려한 치장 / 세배하는 아이들 너무나도 기뻐 / 소매 가득 담고서 돌아오는 길 / 곶감이며 색색의 강정(班爛襦袴燦衣裝, 拜歲兒童喜欲狂, 滿袖歸來何所得, 串紅乾柿色剛餹)" 특히 다음 시는 설빔을 구체적으로 묘사하고 있다. "아잇적 차림처럼 꾸며 입은 설빔 / 붉은 전복戰服에 덧받쳐 입은 양당裲襠 / 휘늘어진 요도腰刀에 안경 걸치고 / 태사혜太師鞋 신고서 훨훨 걷누나(歲衣年少時樣裝, 猩血纖氈稔裲襠, 鞸着腰刀撐眼鏡, 太師鞋下步揚揚)" '전복戰服'은 관복官服과 군복軍服에 입는 소매 없는 무복武服으로 동달이(붉은빛의 안을 받치고 붉은 소매를 단 검은 두루마기) 위에 걸쳐 입는다. '요도腰刀'는 병기兵器로 쓰던 칼로, 대개 날의 길이가 석 자 두 치, 자루가 세 치인데, 강철로 조금 휘우듬하게 만들어 허리에 찬다. '태사혜太師鞋'는 둘레가 낮은 마른신의 한 가지로, 조선 시대 사대부 양반 계층의 남자들이 전복에 신었으며, 조선 시대 말기에는 임금도 평상복에 이를 신었다. 신 가를 두른 신울 부분은 비단이나 가죽으로 하고, 밑 둘레를 밀랍을 칠한 실로 꿰맸으며, 신코와 뒤축 부분에 흰 줄무늬를 새겼다. 또한 가죽으로 된 밑창에 촘촘하게 징을 박아 사용하기도 하였다. '양당裲襠'은 저고리 위에 입는, 조끼 모양으로 생긴 덧저고리로, 단추가 없고 양쪽 겨드랑이 아래를 내리 터놓은 옷, 속칭 배자褙子이다.

세배歲拜

1 **세배.** 세배는 지금까지 강한 생명력을 지닌 채 전승되어 오고 있다. 세배는 설날에 하는 것이 원칙이지만 정월 보름까지 찾아가서 세배하면 인사에 크게 어긋나지 않는다. 세배는 일대일로 하는 것이 원칙이지만, 번성한 가문으로 인원이 많을 때에는 항렬별로 합배合拜하는 경우도 있다. 세배를 받는 어른에게 "앉으세요.", "절 받으세요."라는 말은 하지 않는다. 세배하기 전에 혹은 세배하면서 "새해 복 많이 받으십시오." 등의 인사를 겸하는 경우가 많은데, 세배 자체가 인사이므로 아무 말이 필요 없으며, 그저 어른의 덕담을 기다리면 된다. 웃어른이 아랫사람에게 답배答拜하기도 하는데, 제자나 친구의 자녀, 자녀의 친구, 연하자라도 상대가 성년이면 반드시 답배해야 한다. 상가喪家(사람이 죽어 장례를 치르는 집)로서 상청喪廳(고인의 신위神位를 모셔놓은 자리와 그에 딸린 모든 것을 차려 놓는 곳)이 있는 경우, 상청에 먼저 조문하고 상주喪主(부모나 조부모가 세상을 떠나서 상중喪中에 있는 자식 중 장자長子)에게 인사를 한 다음 세배를 한다.

2 **세배.** 국립민속박물관 소장. "새해에 친지가 서로 만나서 해가 바뀌었다는 인사를 하고, 이어 생자生子·득관得官·치부致富 내지 상대방에게 알맞은 반가울 말을 들려주는 것을 덕담이라 하니, 신년의 덕담은 '이제 그렇게 되라'고 축원하는 것이 아니라, '벌써 그렇게 되셨다니 고맙습니다'라고 경하함을 특색으로 한다. 이를테면 "금년에는 부자가 되셨다지요."하는 유이다. 각 가정간에는 서로 사람을 보내어 전갈로써 덕담을 교환하며, 멀리 떨어져 있는 사람들 사이에는 서한으로 덕담함도 널리 행하는 바이다. 이 덕담에는 대개 두 가지 원시 심리적 근거가 있으니, 첫째는 언령관념言靈觀念이다. 고인古人은 인류의 성음聲音 내지 언어에 신비한 능력이 들어 있어 '무엇이 어떻다' 하면 그 말속에 그대로 실현되게 하는 영력靈力이 있다고 믿으니, 덕담은 곧 이러한 언령적 효과를 기대하는 것이다. 또 한 가지 근거는 점복관념占卜觀念이니, 고인은 만사만물萬事萬物에 길흉의 예조預兆가 있다 하여, 그것을 알려고 여러 가지 점복의 술術이 생겼는데, 그 중의 하나는 청참聽讖이라 하여 어느 일에 대하여 아침에 일어나서 맨 먼저 길에 나아가 맨 처음 듣는 인어人語 혹 물성物聲으로 미래를 짐작하는 것이었다. 여기 인하여 새해 첫머리에 처음 듣는 소리는 일년의 길흉을 점占할 것이라 하여 조청鳥聽·경청鏡聽 등 청참법聽讖法이 있는데, 사람과 사람, 집과 집 사이에 처음 교환하는 인사에 덕담을 넣음은 또한 일종의 청참적 의미를 가진 것이다."(『조선상식』)

세찬歲饌

1

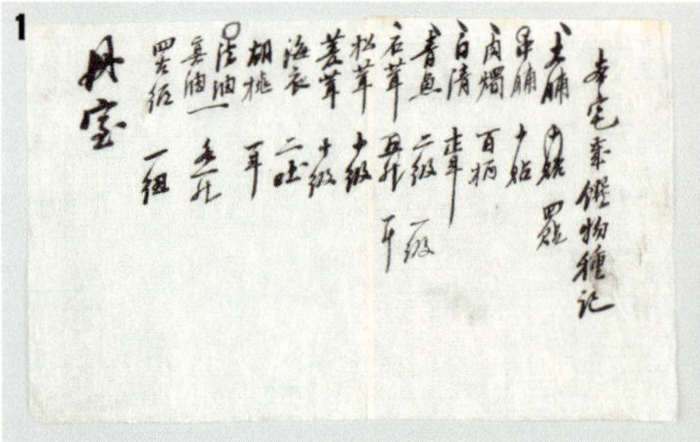
本宅歲饌物種記

2

1　**본댁세찬물종기**本宅歲饌物種記. 국립민속박물관 소장.

설에 차리는 음식, 곧 세찬歲饌의 종류를 적은 종이다. 종이 2장을 이어 붙여 작성되었다. 우측에 '본댁세찬물종기本宅歲饌物種記'라고 써있고, 대포大脯, 중포中脯, 쇠기름으로 만든 초[육촉肉燭], 빛깔이 희고 품질이 좋은 꿀[백청白淸], 청어青魚 등 13종류의 음식명과 수량이 나란히 적혀 있다. "설날에 손님이 오면 술과 고기를 대접하는데, 그것을 세찬이라 한다."(『열양세시기洌陽歲時記』) "황해도와 평안도의 절도사節度使는 의례 조정에서 벼슬하는 조신朝臣의 집에 세찬을 보낸다."(『동국세시기東國歲時記』) "옛 풍속에 섣달그믐날이 다가오면 군과 읍에서부터 서울까지, 여항에서 향리까지 서로 먹거리를 선사하는데, 그것을 세찬이라 한다."(『해동죽지海東竹枝』)

2　**세찬상**. 국립민속박물관 소장.

새해에 세배꾼에게 대접하는 음식상을 세찬상이라 한다. 세찬상에는 두 가지가 있다. 하나는 '떡국상'인데 간략한 것이다. 또 하나는 본격적인 잔치상인데 떡국과 만두가 주식이고 식혜·수정과가 놓임은 떡국상과 비슷하지만 이밖에 저냐, 약식, 떡볶이에다가 편육(소, 돼지)을 곁들이고 과일은 약과, 강정, 다식 따위 '유과'에다가 밤을 삶아 꿀에 범벅한 것, 또는 생강이나 대추를 꿀에 범벅한 숙과熟果 및 생과가 얹혀진다. 술을 먹는 사람이면 노소를 막론하고 주전자에 담아 내오는데 소주는 쓰지 않는다. 어렵게 지내서 변변히 고깃점도 못 먹는 일가 친척에게 후히 대접하는 뜻으로 세찬상을 내기도 한다. 혼자면 외상, 둘이면 겸상, 여럿이면 교잣상에 차려서 내놓으므로 반빗간[주방]에는 대강 상이 차려져 있다.(『서울잡학사전』) 세찬상을 차리려면 돈이 많이 든다. 이를 미리 대비하기 위해 부녀자들끼리 세찬계歲饌契를 들었다. 『농가월령가』 12월령에서 "세육歲肉은 계를 믿"는다고 한 것은 이 세찬계를 말하는 것이다. '세육'은 설에 쓰는 고기를 말한다.

세주歲酒

공유마당 : https://www.kogl.or.kr/recommend/recommendDivView.do?recommendIdx=11687&division=img

『동국세시기』에 따르면, 최식崔寔의 『사민월령四民月令』에 "정월에 조상의 사당에 정성껏 제사를 지내고 초백주椒栢酒를 마신다."라 했고, 종름宗懍의 『형초세시기荊楚歲時記』에 "설날에 도소주屠蘇酒와 교아당膠牙餳을 올린다."라고 했는데, 이것이 세주와 세찬歲饌의 시초이다. 한편 『농가월령가』에서는 "귀 밝히는 약藥술"이라고 했다. 술을 마시면 귀밑이 빨갛게 되므로 귀가 붉어지는 술이라는 말에서 '귀가 밝아진다'는 말이 덧생겼다고도 한다. '귀볼기술'이라 하는 곳도 있지만, 귀가 밝아 한 해 동안 좋은 소식을 들었으면 좋겠다는 염원이 거기에 담겨 있다고 보는 것이 적절할 것이다. 아울러 최식의 『사민월령』에 "술잔을 올리는 차례는 마땅히 연소자로부터 한다."라 했고, 후한後漢 때 사람 동훈董勛이 지은 『문예속問禮俗』에는 "젊은 사람은 한 해를 얻으니 먼저 마시고, 늙은 사람은 세월을 잃으니 뒤에 마신다."라고 했다. 어른이 부르면 귀가 밝아서 잘 듣고 빨리 대답하라는 뜻에서 젊은이들부터 먹인다는 이야기도 있다. 세주의 대표적인 술로 도소주屠蘇酒가 있다. '초백주椒栢酒'는 후추 일곱 개와 동쪽으로 향한 측백나무의 잎 일곱 개를 넣고 우린 술로 섣달그믐날[제석除夕]에 담가서 정초正初에 마시면 괴질怪疾을 물리친다고 한다. 최식의 『사민월령』에 "'초'를 마시면 사람의 몸이 가뿐해지며 늙는 것을 방지한다. '백'은 선약仙藥이다."라고 하였다. ('도소주屠蘇酒'는 다음 항목 참조)

도소주屠蘇酒

안중식, 「탑원도소지회지도塔園屠蘇會之圖」(1912), 간송미술관 소장.

제목은 '탑원에서 열린 도소주 마시는 모임'이라는 뜻이다. 탑원은 위창葦滄 오세창吳世昌(1864~1953)의 집이다. 저 뒤에 보이는 탑은 백탑白塔, 곧 지금의 탑골공원에 있는 원각사지십층석탑圓覺寺址十層石塔이다. 1912년 새해를 맞아 오세창의 집에서 뜻있는 사람 여덟 명이 모여 도소주를 마신다. 거기에는 손병희, 최린 등 후에 민족대표 33인으로 불린 사람들이 있었다. 그들을 둘러싼 안개는 당시의 암울한 상황을 말해 주는지 모른다. 그 축축한 안개에 실려 일제라는 염병이 몰려왔다. 그들은 그것을 물리치고자 다짐하며 도소주를 마셨을 터이다. 도소주는 길경桔梗, 산초, 방풍防風, 백출白朮, 밀감피蜜柑皮, 육계피肉桂皮 따위의 약초를 다려 빚은 술로, 설날에 마시면 사기邪氣를 물리친다고 여겼다. 후한後漢의 신의神醫 화타華陀 혹은 당 나라의 손사막孫思邈이 만들었다고 전해지는 이 도소주는 초백주椒柏酒(산초나무 열매와 잣을 넣어 빚은 술로 섣달그믐날 밤에 담가서 정초에 마시면 괴질을 물리친다고 함)와 함께 섣달그믐날인 제석除夕에 담근다. 참고로 조재삼趙在三은 『송남잡지松南雜識』에서 "(도소주의) 도는 귀신의 기를 잘라 버리고, 소는 사람의 혼을 각성시킨다는 뜻이다. 어느 사람이 짚으로 인 암자에 살고 있었는데, 매년 섣달그믐에 약 한 첩을 주머니에 넣어 우물 속에 빠뜨려 놓은 다음 설날에 그 물을 술통에 넣어 둔 것을 도소라고 했다. 온 집안이 그것을 마시면 돌림병, 곧 염병을 앓지 않는다." 옛날에 집 지을 때 천장에 도소를 그려 붙이면 좋다는 속신이 있었는데, 그런 집에서 만든 술을 도소주라 했다는 말도 전한다.

떡국[병탕餠湯]

1

2

1 **떡국.** 공공누리 : https://www.kogl.or.kr/recommend/recommendDivView.do?recommendIdx=11241&division=img
"좋은 입쌀을 가루 내어 가는 체로 쳐 둔다. 맑은 물로 반죽하고 골고루 익혀 안반案盤[떡판] 위에 올려놓고 떡메(인절미나 흰떡 따위를 만들기 위하여 찐 쌀을 치는 메로 굵고 짧은 나무토막의 중간에 구멍을 뚫어 긴 자루를 박아 씀)로 마구 친 다음 조금씩 떼어 돌려 비벼 떡을 만든다. 둥글고 긴 것이 마치 문어발 같은데, 이것을 권모拳模라고 한다. 먼저 장국을 끓이다가 국물이 펄펄 끓을 때 떡을 동전처럼 가늘게 잘라서 그 속에 집어넣는데, 끈적거리지도 않고 부서지지도 않으면 잘 된 것이다. 그런데 혹 돼지고기 · 소고기 · 꿩고기 · 닭고기 등으로 맛을 내기도 한다. 섣달그믐밤에 식구대로 한 그릇씩 먹는데, 이것을 떡국이라고 한다. 항간에서 아이들에게 나이를 물을 때 '너 지금껏 떡국 몇 그릇째 먹었느냐?'고 한다. 육방옹의 『세수서사』에 '밤중에 제사를 지낸 다음에 박탁餺飥을 나누어 먹는다.'라 했고, 그 주註에 '시골 풍속에 설날에는 반드시 탕병을 쓰는데, 그것을 동혼돈 · 연박탁이라고 한다.'고 했는데, 이것이 아마도 떡국인 것 같다."(『열양세시기』) 한편 『동국세시기』에서는 떡국 떡을 "백병白餠"이라 했고, 떡국은 장국에 소고기와 꿩고기를 맛을 내 산초가루를 친다고 했으며, 시장에서 시식時食, 곧 제철음식으로 판다고 했다. 참고로 최남선은 "춘하추동 사시와 일 년 열두 달 그때마다 철 맞추어 먹는 음식을 시식이라고 이르니, 대개 그때그때의 명일名日을 중심으로 하여 새로 나는 물건이나 먹을 맛있는 음식의 종류를 선택하여 마련되었던 것입니다. 이를테면 설의 떡국, 대보름의 약밥, 정 이월의 물쑥 청포, 한식寒食의 개피떡, 삼월 삼일의 화전花煎, 초파일의 도미국수, 단오의 수단水團, 유두流頭의 밀쌈, 추석의 송편, 구일九日의 국화전菊花煎, 동지의 팥죽, 납향臘享(동지 후 셋째 미일未日인 납일臘日에 종묘 · 사직에 지내는 큰 제사)의 고기구이 등이 그 주요한 것입니다."라고 했다.(『조선상식문답』) 시식은 절식節食이라고도 한다.

2 **떡 만들기.** 『일본지리풍속대계日本地理風俗大系』(1930).
안반이라고 하는 통나무 떡판 위에 떡메로 떡을 치는 장면이다. 보통은 한두 사람이 떡을 치고, 여자는 앉아서 친 떡이 뭉치지 않도록 물을 뿌리거나 손에 물을 묻혀 뒤집는데, 이 사진에서는 남자 네 사람이 번갈아 가면서 떡을 치고 있다. 많은 양의 떡을 만들고 있는 모양이다. 떡메로 오래 내리쳐야 떡 속에 공기가 빠져 쫄깃한 식감이 살아난다.

안반과 떡메, 동혼동冬餛飩과 연박탁年餺飥

1

2

3

1 **안반과 떡메.** 국립민속박물관 소장.
안반은 떡판이라고도 한다. 안반 위의 떡을 내려치는 떡메와 짝을 이룬다. 안반 아래 네 귀에는 짧은 발을 단다. 안반의 한쪽은 평편하게 두고, 다른 쪽은 반죽을 놓도록 우묵하게 판 형태도 있다. 우묵한 곳에 시루에서 찐 멥쌀반죽이나 찹쌀반죽을 놓고 떡을 친 다음 옆의 평편한 곳에서 썰도록 만들었다. 떡을 칠 때는 안반 위에다 찐 떡덩이 또는 밥덩이를 올려놓고, 옆에서 적절하게 물기를 주어 가며 떡 치는 사람이 떡메로 힘차게 쳐서 찰진 떡이 되게 한다. 떡을 치는 떡메를 공이라고도 한다. 공이는 둥글고 넓적한 통나무 가운데에 긴 자루를 박아서 만든다.

2 **동혼돈冬餛飩.**
중국에서 동짓날 먹는 '혼돈餛飩'이라는 음식을 말한다. 혼돈은 얇은 밀가루 반죽으로 소를 싸서 국물에 끓여 먹는다.

3 **연박탁年餺飥.**
중국에서 설날에 먹는 일종의 분식이다.

세화歲畵와 문배門排

1 정홍래鄭弘來(1720~?), 「욱해창응旭海蒼鷹」. 국립중앙박물관 소장.

솟아오르는 해를 배경으로 바다 가운데 솟은 바위에 앉아 있는 매를 그린 이 그림은 삿된 것이 범접하지 못하게 막아주는 벽사辟邪의 용도로 그린 것이다. 이런 그림을 세화歲畵라고 한다. “세화란 신년을 송축하고 역귀疫鬼(전염병을 일으키는 귀신)를 막는 그림으로 세초歲初에 도화서에서 군왕에게 바친다. 내용은 보통 수성壽星 · 선녀仙女 · 직일신장直日神將 · 계鷄 · 호虎 · 종규鐘馗 · 금갑이장군金甲二將軍 등으로, 조선 초에는 신라 이래의 벽사신辟邪神인 처용處容과 사민도四民圖 같은 것도 그렸던 모양인데, 후대에 오면 국속에 따른 처용이나 사민도는 사라진다. 그리고 금갑이장군 같은 장여丈餘의 큰 그림은 궁전의 궁문 양비兩扉(양쪽 문)에 붙이고, 나머지 것들은 궁벽을 위시하여 각처에 풀로 붙인다. 본래 세화는 국초國初에 60장 가량을 제작하여 궁에도 쓰고 척신戚臣(임금과 성이 다르나 일가인 신하) · 근신近臣(임금을 가까이에서 모시던 신하)에게 나누어주었던 모양인데, 중종 때 곧 16세기에 들어서면 신하에게 내리는 것만 해도 한 사람에 20장을 산算하여 전체로는 막대한 양이 되었다. 기록에 의하면 이런 막대한 양을 제작하느라 3개월이 걸렸다고 한다. 그런데 지紙(종이), 필筆(붓), 회구繪具(그림을 그리는 데 쓰는 물감, 붓 따위를 통틀어 이르는 말)가 귀했던 16세기만 해도 그 비용은 대단하다고 여겨졌던 모양이다. 그 까닭에 때로는 세화의 진상을 중지하자는 의견도 있었으나 역시 궁중의 신년 행사로 꾸준히 계속되었고, 심지어는 세화의 풍습이 여항으로 번져 집집마다 이것을 흉내 내기에 이르렀다. 그런데 세화는 대개 같은 것을 그리는 연례행사인지라 그림은 점차로 범례화되어 여늬 그림과는 다른 도식화 · 장식화되었는데, 더구나 시정에 오면 그 가운데 인기 있는 수성壽星 · 선녀仙女 · 기록선녀騎鹿仙女 · 종규 · 계 · 호 등이 더욱 간략화되어 본보기 그림의 특색을 나타낸다. 이러한 풍습은 최근까지 행하여졌다. 필자의 60년 전의 아득한 기억에도 세초歲初에는 집집마다 중문비中門扉(대문 안에 또 세운, 가운데뜰로 들어가는 문짝)에 계 · 호 등의 본보기 그림을 붙였는데, 그림은 지물포에서 사는 것이 상례였다. 세화는 궁중이나 여염집이나 문비門扉(문틀이나 창틀에 끼워서 여닫게 되어 있는 문이나 창의 한 짝) · 벽상壁上에 강풀로 붙이므로 일회용으로 쓰고 버리는 것이 보통이다. 이것은 마치 입춘 때 대문에 입춘대길立春大吉을 써서 붙였다가 떼어버리는 것과 같다.”(『한국회시론』)

2 **세화판**. 서울역사박물관 소장.

정초에 집안과 밖에 붙여 새해를 축하하는 세화를 찍기 위해 나무에 새겨넣은 목판이라고 설명하고 있지만, 정확히 말하면 문배판門排板이다. "왼쪽 상단 모서리에 '기신紀信(중국 한나라 고조 때의 무장으로 항우의 군사에게 포위당한 고조를 도망치게 한 후 살해됨)'을 고부조高浮彫(모양이나 형상을 나타낸 살이 매우 두껍게 드러나게 한 부조)로 새기고, 가운데에는 왼손을 앞으로 뻗어서 무언가를 가리키고 있는 모습에 세 번 꺾인 삼곡三曲자세로 몸을 비튼 중국식 갑옷을 입은 장수를 양각陽刻하였다. 머리에는 투구를 쓰고 몸에 미늘(갑옷에 단 비늘 모양의 가죽 조각이나 쇳조각)로 덮은 갑옷을 걸쳤는데, 미늘은 가로로 가는 선각線刻을 조밀하게 새겨넣었다. 복부에는 용두龍頭를 장식한 흉갑胸甲을 입었다."(서울역사박물관 설명) 문배는 섣달그믐에 한 해 동안의 질병과 재난 등을 막기 위해 나례儺禮를 행한 후 정월 초하룻날 새벽에 문간에 붙이는 그림이나 글씨를 말한다. 주로 문짝에 붙이기 때문에 문화門畵라고도 했다. 여기에 새겨진 인물은 집안에 나쁜 기운이 들어오지 못하도록 문앞에서 지키고 있는 문신門神 장수이다. "모든 기록에서 나온 문신상門神像은 신도神荼, 울루鬱壘, 울지공尉遲恭, 진숙보秦叔寶 그리고 갈주葛周 두 장군을 말하였으며, 세화에 또 수성, 선녀, 직일신장, 종규, 귀두鬼頭 등이 있다. 그 신명神名을 보면 모두 지나인이며, 도가道家 풍속에서 나온 것이다. 그의 내력을 살펴보면 고려 중엽에 시행되었다. 고려 예종조에 송의 도교가 들어와 도관[복원궁福源宮]을 세우고 우류羽流를 두었으니, 문신상 설치는 이때부터였을 것이다. 우리나라에서는 입춘일이면 여항인가에서 혹 '신도울루神荼鬱壘,' 네 글자를 대서大書하여 문선門扇에 붙였는데, 이는 글로써 그림을 대신한 것이다. (…) 우리나라 풍속에 사詞를 붙여 귀鬼를 막고 상像을 붙여 사邪를 막았으니, 이는 신라 시대에서 비롯되었다. 『삼국유사』의 비형랑鼻荊郞 및 처용랑處容郞의 일이 이것이다. 이 모두가 우리 고유의 풍속으로서 도교가 몰락함과 함께 교섭된 것일 터이다."(『조선무속고朝鮮巫俗考』)

3

3 **전 김홍도, 「치사**致仕」, 『**담와홍계희평생도**淡窩洪啓禧平生圖』. 국립중앙박물관 소장.

문배門排는 새해에 외부로부터 들어오는 잡귀를 막기 위하여 문에 붙이는 그림을 말한다. 중국에서는 문신門神이라고 한다. 신라 때 처용을 문배로 활용한 이후 조선 시대에는 문배의 제재가 보다 많아지는데, 『용재총화慵齋叢話』에 "이른 새벽에 그림을 문門·호戶·창窓·비扉에 붙이는데, 처용·각귀角鬼·종규鍾馗·복두관인幞頭官人·개주장군介胄將軍·경진보부인擎珍寶婦人·닭·호랑이 따위의 그림이다."라고 했다. 첫 번째 왼쪽 그림은「담와홍계희평생도」의 한 그림이고, 오른쪽 그림은 문배 부분을 확대한 것이다. 문 두 쪽에 각각 장군이 그려져 있다. 『경도잡지』에 따르면, 이들은 갈장군과 주장군 혹은 울지공尉遲恭과 진숙보秦叔寶인 듯한데. 아래에서 보듯이 신도神荼와 울루鬱壘일 수도 있다. 갈장군은 삼국 시대 촉한蜀漢의 모사謀士 제갈량諸葛亮을, 주장군은 오吳 나라 모사 주유周瑜를 말한다고 한다. 『삼국지연의三國志演義』에는 두 사람의 지략과 활약이 잘 묘사되어 있다. 한편 울지공의 이름은 공恭이고 자는 경덕敬德이다. 진숙보와 함께 당 나라 초기의 명장名將으로서 지조와 절개가 있고 용감하여 전쟁에서 많은 공을 세웠다. 진숙보는 당 나라 초기의 사람으로 본명은 경瓊, 자는 숙보이다. 지조와 절개가 굳세며 용감하여 싸움을 잘했다. 전쟁에서는 항상 선봉先鋒이 되어 대소 2백여 싸움에서 혁혁한 공을 세웠다. 익국공翼國公에 봉해지고 능연각凌煙閣(태종이 공신과 충신 24인의 얼굴을 그려 모신 각)에 초상이 모셔졌다. 울지공과 함께 태종의 고굉지신股肱之臣(다리와 팔같이 중요한 신하라는 뜻으로 임금이 가장 믿고 중히 여기는 신하)이다. 참고로 "세속에서는 금갑을 한 두 장군을 사천왕四天王의 신상神像이라고도 한다."(『동국세시기』)

신도神荼와 울루鬱壘

1 

2 

3 

1 지난 2015년 워싱턴DC 주미 대한제국 공사관 복원 과정에서 19세기 말 신도神荼와 울루鬱壘가 그려진 문배도가 붙은 광화문 사진(아래)이 발견돼 실체가 확인됐다. (문화재청 제공)

2 재현한 신도와 울루. 『오주연문장전산고五洲衍文長箋散稿』에 신도와 울루에 대한 설명이 상세하다. "『유서類書』에 '황제黃帝 시대에 두 형제가 있어 형의 이름은 신도神荼, 아우의 이름은 울루鬱壘인데 악귀를 잘 죽였다. 후세에 한 사람이 창해滄海 가운데 있는 도삭산度朔山에 당도하였다가, 큰 복숭아나무가 주위 3천리나 뻗어 있고 그 밑에는 두 신神이 새끼를 가져다가 상서롭지 못한 악귀를 결박하는 것을 보았다 한다'고 하였으니, 바로 위와 같은 유이다. 세속에서 섣달그믐날을 기하여 복숭아나무에 부적을 그려 문 위에 걸고 신도와 울루 두 신의 모습을 그려 붙이고는, 그들을 문신門神이라 칭하니, 이 또한 여귀厲鬼를 방어하는 뜻이다." '여귀'는 제사를 받지 못하는 귀신이거나 못된 돌림병으로 죽은 사람의 귀신을 말하는데, 그 귀신들이 사람을 괴롭히거나 전염병을 일으킨다고 여겼다.

3 문배도에 그려진 문신상門神像 중에서 가장 많이 쓰거나 그린 것은 신도와 울루이다. 우리나라에서는 그림 대신에 '신도'와 '울루'라는 네 글자를 크게 써서 문짝에 나누어 붙이는 경우가 많았다. 참고로 인터넷상에는 '신도神荼'를 '신다神茶'라고 표기한 경우가 많은데, '도荼' 자를 '다茶'로 잘못 읽은 것이다.

용호도龍虎圖

1 「용호도龍虎圖」. 국립중앙박물관 소장.
용은 복을 불러들이는 역할을 하고, 호랑이는 나쁜 재앙을 물리치는 기능을 한다. 이들 문배도를 통해서 가정을 평안하게 지키고 행복하게 가꾸기를 소망한 것이다.(『한국민속대백과사전』)

2 **그림 대신 용龍과 호虎 자를 써넣은 문배.** 국립민속박물관 소장.
"인가에서는 혹 '신도울루'라는 네 글자를 크게 써서 문짝에 나누어 붙였는데, 이는 글로 그림을 대신한 것이다. (…) 우리나라 풍속에 글을 붙여 귀신을 물리치고 그림을 붙여 사악한 것을 물리치는 것은 신라 시대부터 시작되었다."(『조선무속고朝鮮巫俗考』)

새해 부적

1 「**삼두조**三頭鳥. 삼척시립박물관 소장.
"상인방엔 반폭짜리 금닭 새기고 / 세 마리 매는 또 삼재를 물리친다네 / 선명하게 채색한 신선과 거북이와 학 그림은 / 특별히 임금께서 내려주신 세화"(『세시풍요』) 『동국세시기』에서 "상인방에 세 머리의 매를 그려 붙여 그해의 액을 막는다."라고 했듯이, 이 그림은 삼재三災에 든 사람을 위한 부적으로도 쓰였다.

2 **삼재부적**三災符籍. 국립민속박물관 소장.
삼재三災를 막기 위해 사용하는 부적으로 머리가 셋, 다리가 하나인 매[삼두일족응三頭一足鷹]를 그리고, '탁삼재啄三灾'와 '삼재소멸법三灾消滅法'이라고 쓰여 있다. 각각 '(매의 부리로) 삼재를 쪼아먹는다', '삼재를 없애는 법'이라는 뜻이다. 참고로 '삼재'는 인간에게 9년 주기로 돌아온다는 3가지 재난을 말한다. 연장이나 무기로 입는 재난인 도병재刀兵災, 전염병에 걸리는 재난인 역려재疫癘災, 굶주리는 재난인 기근재飢饉災가 있다. 이 삼재는 3년 동안 머무르게 되는데, 그 첫해가 들삼재, 둘째 해가 묵삼재(또는 눌삼재), 셋째 해가 날이 날삼재로 그 재난의 정도가 점점 희박해진다고 한다. 그래서 첫 번째 해인 들삼재를 매우 겁내고 조심하는 풍습이 있다.

수성도壽星圖

1 **이정**李霆(1554~1626), 「**수복도**壽福圖」. 국립중앙박물관 소장.

수성壽星을 그린 수성도는 신선사상을 배경으로 한 수성신앙에 바탕을 두고 회갑 축하와 장수 축원 등 축수용祝壽用으로 많이 그려졌으며, 수노인도壽老人圖·노인성도老人星圖·남극성도南極星圖 또는 남극노인도南極老人圖라고도 한다. 대체로 작은 키, 흰 수염, 큰 머리, 튀어나온 이마에 발목까지 덮은 도의道衣 차림을 한 웃음 짓는 노인의 모습으로 그려진다. 손에 두루마리 책이나 불로초·복숭아 등을 들고 있기도 하고, 나무를 배경으로 사슴이나 학·선동자와 함께 묘사되기도 한다. 당대唐代에 도상적圖上的인 특징이 성립되었으며, 우리나라에서는 조선 초기부터 노인성 신앙의 팽배와 더불어 세화歲畫로도 많이 그려졌다.

2 「**수성노인도**壽星老人圖」. 국립중앙박물관 소장.

수성노인은 인간의 수명을 관장한다는 수성壽星을 인격화한 것이다. 『사기史記』 천관서天官書에 따르면, 수성이 나타날 때에는 국가가 편안해지고 왕의 수명이 연장되는 반면, 보이지 않을 때에는 전란이 일어난다. 사람들은 추분 새벽과 춘분 저녁에 남교南郊에서 수성이 나타나기를 기다린다. "낭성狼星 근처 큰 별을 남극노인성南極老人星이라고 하는데, 그 노인성이 나타나면 정치가 편안하다고 한다. 노인성의 한 별은 호성狐星의 남쪽에 있는데, 인주人主가 수명을 연장하는 조응照應이 된다. 그러므로 수창壽昌이라 하며 천하가 안녕하다. (…) 석씨찬石氏贊에 이르기를 '노인성이 밝으면 임금이 장수하고 창성하다.'고 했다."(『완당집阮堂集』)

3 「**수성노인도**壽星老人圖」. 국립민속박물관 소장.

무속에서 모시는 신상神像을 표현한 그림이다. 서울시 마포구 신수동 복개당福介堂 벽면에 사용된 것으로 보인다. 송판 8조각을 끼워 맞추게 되어있는데, 도교풍의 두 신선 노인이 서로 마주 보고 있는 그림이다. 한 노인은 한 손에 호리병이 달린 지팡이, 다른 한 손엔 부채를, 다른 노인은 한 손에 지팡이를 들고 있다. "수성은 남극성 · 삼신 · 8월의 신으로 부른다. 인간의 수명을 맡고 있는 장수를 상징한다는 흰 수염이 많은 수성노인은 정수리가 위로 길게 솟아 있고 손에는 천도복숭아나 불로초를 들고 있으므로 쉽게 알아 볼 수 있다. 민화 속의 수성노인은 천상에서 구름이나 사슴을 타고 나타나는데, 먹으면 천 년을 살 수 있다는 커다란 천도복숭아나 불로초를 손에 들고 있다. 지팡이를 들고 있는데, 인간들의 수명을 기록한 두루마리와 호리병이 이 지팡이의 머리 부분에 걸려 있으며, 옆에는 돌자가 있다. 때로는 수성노인의 기다란 정수리가 남성의 성기로, 천도복숭아는 여자의 엉덩이로 상징되기도 한다. 수성노인도는 민화에서 뿐 아니라 도석인물화道釋人物畵(도교와 불교 관련 인물 그림)에도 많이 등장하는 소재다. 흥미로운 것은 불교와는 아무 관련이 없는 소재인데도 법당이나 산신각의 벽화에 등장한다는 점이다. 불교에서는 가섭迦葉이 마치 수성노인과 흡사한 모습이라고 하여 이 수성노인 그림을 가섭상이라고 해석하기도 한다. 수명을 관리하는 수성노인도가 불교와 융합되어 나타난 현상인 것으로 이해된다. 민화에서 수성노인은 다른 신선들과 함께 무리 지어 나타나지 않고 반드시 단독으로 그려지지만 불화 가운데 칠성탱화나 벽화에서는 여타의 불제자나 보살들과 같이 그려지기도 한다, 단독으로 그려진 수성노인도는 회갑이나 희수稀壽[일흔 살. 희년稀年]의 선물용으로 지금도 많이 그리고 있다."(『민화이야기』)

선녀도仙女圖

1 「전정명공주작자수傳貞明公主作刺繡」. 국립중앙박물관 소장.
정월 초하루에 대궐에 붙이는 세화歲畫는 선녀도 혹은 사슴을 데리고 있는 신선 그림 등이 그려졌다. 하단의 두 신선은 바구니에 불로초不老草라고 하는 영지靈芝와 지혜를 상징하는 두루마리를 담고 있고, 또 한 신선은 복숭아를 들고 있다. 화면 상단에 학을 탄 수성노인壽星老人이 복숭아 가지를 들고 하강하고 있다.

2 「김홍도필 파상군선도金弘道筆波上群仙圖」(3폭 중 1폭). 국립중앙박물관 소장.
원래 8폭의 병풍이었으나 현재는 3폭의 족자로 되어 있는 이 그림에는 모두 19명의 신선이 크게 세 무리로 나뉘어 화면 왼쪽을 향해 나아가고 있다. 꽃바구니를 맨 하선고何仙姑와 마고麻姑 등의 여선女仙들이 맨 앞에 있고, 이어서 하얀 나귀를 탄 장과노張果老, 딱따기를 든 조국구曹國舅, 어고간자魚鼓簡子를 든 한상자韓湘子의 모습이 보이며, 맨 뒤에는 외뿔소를 탄 노자老子와 종이를 펼쳐 들고 붓을 든 문창文昌 등이 따르고 있다. 여기에 등장하는 신선들은 대부분 중국의 신선전神仙傳 화본畫本(그림의 바탕이 되는 종이, 천, 물감 따위를 이르는 말인데, 여기서는 보고 따라 그리는 그림들이 들어 있는 책을 말함)에 나오는 것이다.

3 김홍도, 「군선도群仙圖」(부분).
공유마당 : https://gongu.copyright.or.kr/gongu/wrt/wrt/view.do?wrtSn=13361735&menuNo=200018
등에 복숭아나무 가지를 걸치고 있는 이가 천도복숭아를 먹고 선녀가 되었다는 하선고何仙姑이다. 그 뒤에서 꽃바구니를 어깨에 맨 이는 성별이 모호한 남채화藍采和이다.

12신장도十二神將圖

작가 미상, 「십이지도十二支圖」. 국립중앙박물관 소장.

12방위에 따라 다른 동물 얼굴과 사람 몸을 취하는 12종류의 신神, 곧 십이신장十二神將 혹은 십이신왕十二神王을 말한다. 이들은 『약사경藥師經』을 외우는 불교인을 지키는 신장神將이다. 이들은 열두 방위에 맞추어서 호랑이 · 토끼 · 용 · 뱀 · 말 · 양 · 원숭이 · 닭 · 개 · 돼지 · 쥐 · 소 등의 얼굴 모습을 가지며 몸은 사람으로 나타난다. 이것은 도교道教의 방위신앙에서 강한 영향을 입은 것으로 보인다. 각각의 명칭은 다음과 같다. 1. 궁비라대장 2. 벌절라대장 3. 미기라대장 4. 안저라대장 5. 알니라대장 6. 산저라대장 7. 인달라대장 8. 파이라대장 9. 마호라대장 10. 진달라대장 11. 초두라대장 12. 비갈라대장. 궁비라대장宮毘羅大將은 쥐인 자신子神으로 내 몸과 남의 몸에 광명이 있도록 정성을 다하는 원願을 가진 신이고, 벌절라대장伐折羅大將은 소인 축신丑神으로 덕이 높아서 중생을 모두 깨우치려는 원을 가진 신이며, 미기라대장迷企羅大將은 호랑이인 인신寅神으로 중생으로 하여금 욕망에 만족하며 결핍되지 않게 하려는 원을 가진 신이고, 안저라대장安底羅大將은 토끼인 묘신卯神으로 일체 중생으로 하여금 대승교에 들어오게 하려는 원을 가진 신이다. 안비라대장安備羅大將은 용인 진신辰神으로 일체 중생으로 하여금 깨끗한 업을 지어 모든 계율을 지키게 하려는 원을 가진 신이고, 산저라대장珊底羅大將은 뱀인 사신巳神으로 모든 불구자로 하여금 모든 근根이 완전케 하려는 원을 가진 신이며, 인달라대장因達羅大將은 말인 오신午神으로 몸과 마음이 안락하여 부처의 깨달음을 얻게 하려는 원을 가진 신이고, 파이라대장跛伊羅大將은 양인 미신未神으로 일체 여인으로 하여금 모두 남자가 되게 하려는 원을 가진 신이다. 그리고 마호라대장麻呼羅大將은 원숭이인 신신申神으로 외도外道의 나쁜 소견을 없애고 부처님의 바른 지견智見을 포섭하려는 원을 가진 신이며, 진달라대장眞達羅大將은 닭인 유신酉神으로 나쁜 왕이나 강도 등의 고난으로부터 일체중생을 구제하려는 원을 가진 신이고, 초두라대장招杜羅大將은 개인 술신戌神으로 일체중생의 기갈飢渴을 면하고 배부르게 하려는 원을 가진 신이며, 비갈라대장毘羯羅大將은 돼지인 해신亥神으로 가난하여 의복이 없는 이에게 훌륭한 옷을 얻게 하려는 원을 가진 신이라고 한다.

호작도虎鵲圖(작호도鵲虎圖)

까치호랑이도. 서울역사박물관 소장.

이 그림은 '신년보희新年報喜', 곧 새해 기쁨을 알린다는 뜻을 담고 있다. 표범(호랑이라기보다는 표범이라 해야 옳다)은 중국어로 표豹(bao)인데 그 발음이 '보報'와 같다. 즉 알린다는 말이다. 그리고 까치는 중국에서 대개 '희작喜鵲'으로 쓴다. 즉 '기쁘다'는 뜻을 내포하고 있다. 소나무는 화투에서 솔[송松]이 숫자 1이 되는 데서 보듯이, 대개 '새해[정월]'라는 의미와 관련이 있다. 이렇게 보면 소나무를 배경으로 하여 표범과 까치가 묘사되어 있는 이 '호작도'는 새해 기쁨을 알린다는 의미를 갖는 그림이 되는 것이다.

처용處容

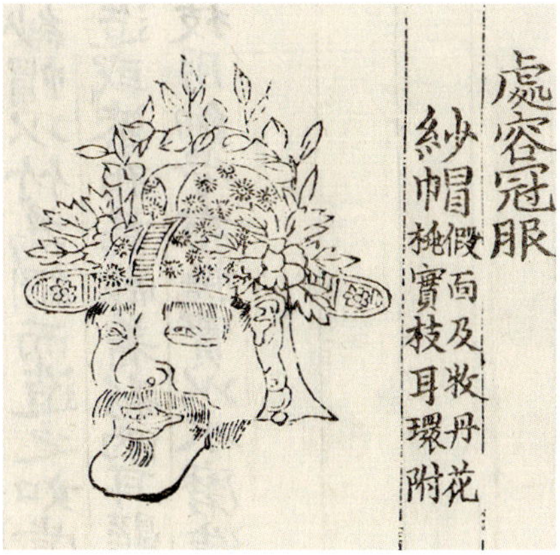

『악학궤범樂學軌範』에 전하는 처용. 서울대학교 규장각한국학연구원 소장.

설화상으로 처용은 동해 용왕龍王의 아들이다. 헌강왕이 개운포開雲浦(지금의 울산)에서 놀다가 돌아가려고 낮에 물가에서 쉬고 있었다. 이 때 갑자기 구름과 안개가 자욱해 길을 잃었다. 왕이 이상하게 여겨 신하들에게 까닭을 물으니, 일관日官이 "이는 동해 용의 조화이오니 좋은 일을 행해 풀어야 합니다"라고 하였다. 이에 왕이 용을 위해 근처에 절을 지으라고 명령을 내리자 구름과 안개가 걷혔다. 그래서 이곳을 '개운포'라 하였다. 동해의 용이 기뻐해 아들 일곱을 거느리고 왕 앞에 나타나 덕을 찬양해 춤을 추고 음악을 연주하였다. 그 가운데 한 아들이 왕을 따라 서울로 와서 왕의 정사를 도왔다. 그리고 이름을 처용이라 하였다. 왕이 그에게 아름다운 여자를 아내로 삼게 하여 머물러 있도록 하고, 급간級干의 관등을 주었다. 아내가 대단히 아름다워 역신疫神(역질疫疾을 일으키는 신, 특히 천연두天然痘인 마마를 맡았다는 신)이 흠모한 나머지 사람으로 변해 밤에 몰래 그 집에 가서 동침하였다. 이때 밖에서 돌아온 처용은 두 사람이 누워 있는 것을 보고 노래를 부르며 춤을 추었다. 이에 역신은 본래의 모양을 나타내어 처용 앞에 꿇어앉아 "내가 당신의 아내를 사모해 잘못을 저질렀으나 당신은 노여워하지 않으니 감동하여 아름답게 여긴다. 맹세코 이제부터는 당신의 모양을 그린 것만 보아도 그 문 안에 들어가지 않겠다."고 하였다. 이 일로 인해 나라 사람들은 처용의 모습을 그린 부적을 문에 붙여 귀신을 물리치고 경사스러운 일을 맞아 들였다고 한다. 이후 처용은 '양재처용禳災處容(재앙을 물리치는 처용)'의 의미를 갖게 되었다. 재앙을 쫓기 위하여 행하는 처용무處容舞가 대표적인 것이다. 한 해의 말에 궁중에서 악귀惡鬼를 쫓는 행사로 구나의驅儺儀(섣달그믐날 밤인 제석除夕에 민가와 궁중에서 묵은해의 잡귀를 몰아내기 위하여 벌이던 나례儺禮 의식으로 대나大儺라고도 함)가 있는데, 이때 이 처용무를 추었다. 처용무는 향악무鄕樂舞의 하나로, 처용탈을 쓰고 오방五方에 따라 오색으로 차려입은 무동舞童들이 추는 춤으로, 사이사이에 「봉황음鳳凰吟」을 부른다. 「봉황음」은 조선 세종 때에 윤회尹淮가 지은 악장樂章이다. 처용가處容歌의 가사歌詞를 개작한 것으로, 조선 왕조의 문물을 찬미하고 태평을 기원하는 송축가頌祝歌이다.

부斧, 정旌, 절節

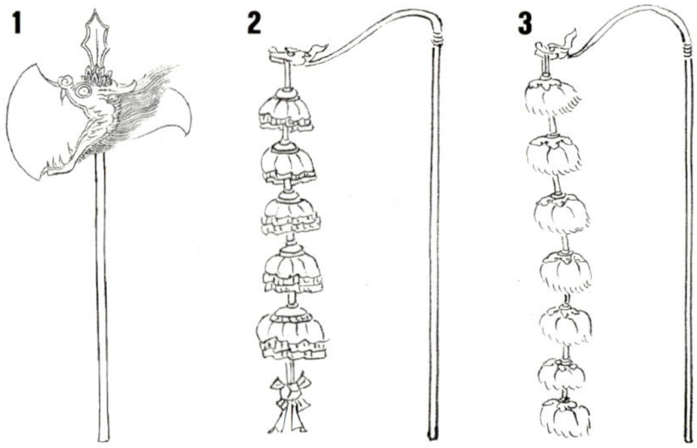

1 **부**斧. 서울대학교 규장각한국학연구원 소장.

이것은 은월부銀鉞斧이다. 은월부는 나무로 도끼 형상을 만들고 은색을 칠한 뒤 붉게 칠한 자루에 꿰어 놓은 것이다. 왕의 대가大駕(임금이 타던 수레. 어가御駕), 법가法駕(임금이 영희전永禧殿·문묘文廟·단향壇享·전시殿試 따위에 거둥할 때 타던 수레), 소가小駕(대가나 법가 이외의 작은 약식 가마) 등에 사용된 의물儀物(의식儀式에서 쓰는 여러 가지 물건)로 둥근 자루 끝에 부斧를 물고 있는 용두龍頭 조각이 꽂혀 있다. 용두는 화려하게 은채銀彩되었다. 은월부는 "나무로써 이를 만든다. 은銀으로써 바르고 주칠봉朱漆棒에 꿴다."(『세종실록世宗實錄』「오례五禮」"군례軍禮" '기旗')

2 **정**旌. 서울대학교 규장각한국학연구원 소장.

"정旌는 깃털이 있고, 기旗는 깃털이 없다."(『설문해자說文解字』). 이것은 선명한 깃털로 깃발의 끝을 장식한 기를 이르는 말이었으나, 군대 뒤쪽에서 드는 깃발을 이르는 말로 널리 쓰이게 되었다. "홍색·흑색·백색 세 가지 빛깔의 저사紵紗(중국에서 생산되는 비단[사紗]의 하나로 흔간두히 사모紗帽를 만드는 데 씀)로써 세 겹의 처마[첨檐]를 일산[개蓋]과 같이 만드나 작다. 무릇 5층인데, 매층마다 위에는 도금鍍金한 구리의 덮개[개아蓋兒]를 설치하고 연꽃을 새기며, 가죽으로 꿰어서 간두竿頭(장대나 대막대기 따위의 끝)의 용구龍口(나무로 만든 물건의 머리 쪽에 뚫린 긴 구멍) 고리에 매어 단다."[『세종실록世宗實錄』「오례五禮」"군례軍禮" '기旗']

3 **절**節. 서울대학교 규장각한국학연구원 소장.

이것은 모절旄節이다. 모절은 꼭지에 새 깃털이나 소 꼬리털로 장식한 고대의 깃발에서 유래한 의장물이다. 연꽃을 새긴 도금한 구리 덮개 아래에 홍·흑·백색의 휘장을 연결하고, 휘장이 연결된 덮개 다섯 개를 가죽끈으로 꿰어서 붉게 칠한 자루 위의 용머리 형태 고리에 걸었다. 이는 의장물을 갖출 수 있는 왕실 남성인 왕과 왕세자가 사용했던 의장물이다. "붉은색으로 물들인 상모象毛(기旗나 창槍 따위의 머리에 술이나 이삭 모양으로 만들어 다는 붉은 빛깔의 가는 털. '삭모'라고도 함)로써 이를 만든다. 무릇 일곱 층인데, 매층마다 위에 도금鍍金한 구리의 덮개를 설치하고 연꽃을 새기며, 가죽으로 꿰어서 붉은 색깔을 칠한 간두竿頭의 용구龍口 고리에 매어 둔다."[『세종실록世宗實錄』「오례五禮」"군례軍禮" '기旗']

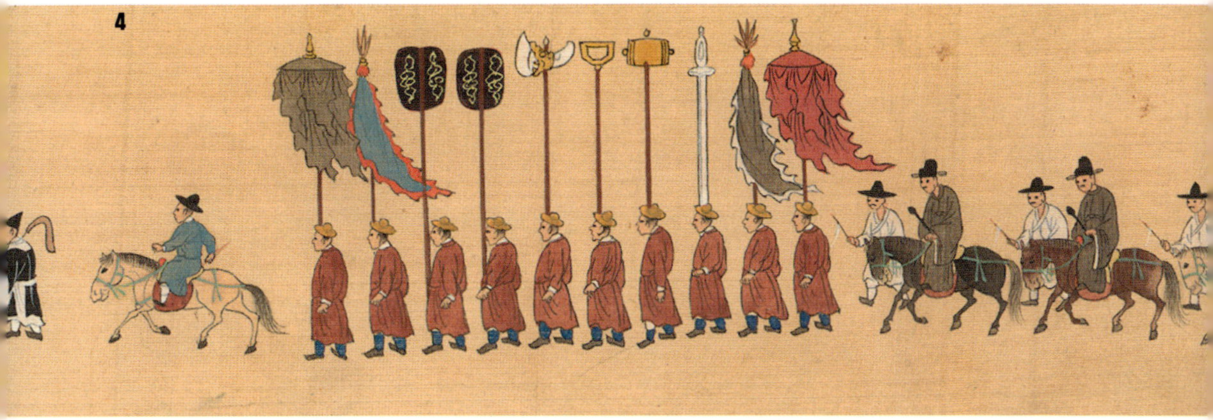

4 『**기해기사계첩**己亥耆社契帖』. 국립중앙박물관 소장.

당시 궁중에서 사용한 깃발 등 의장을 상세히 볼 수 있다. '기사耆社란 원래 70세 이상 정이품正二品 이상의 중신重臣을 우대하는 뜻에서 만든 모임이다. 이 첩은 1719년(숙종 45) 4월 17일, 18일에 있었던 경로잔치를 글과 그림으로 기록한 것으로 1720년에 완성되었다. 이 기사 모임은 왕이 친히 참석하신 귀한 자리였으며, 이유李濡(1645~1721) 등 11명이 참석 대상이었다. 모두 12부를 만들어 1부는 기사의 관청에서 보관하고, 11부는 참석한 중신들이 1부씩 나누었다고 한다. 숙종이 내린 글, 서문과 발문, 행사 장면을 그린 그림, 참석 중신들의 초상과 직접 쓴 축시祝詩 등으로 구성되었다. 제일 뒤에는 서사관書寫官(관아에서 필사하는 일을 맡아 하는 잡직의 구실아치) 이의방李義芳, 화원畵員 김진여金振汝 등 5명의 명단이 있어 이 화첩의 제작 배경과 제작자를 명확히 알 수 있다. 당대 최고의 궁중 예술가들이 최고급 재료를 써서 제작한 궁중행사의 공식기록 그림으로서 조선 후기 문화의 품격을 대변하는 작품이다.'(국립중앙박물관 설명)

윷

1

2

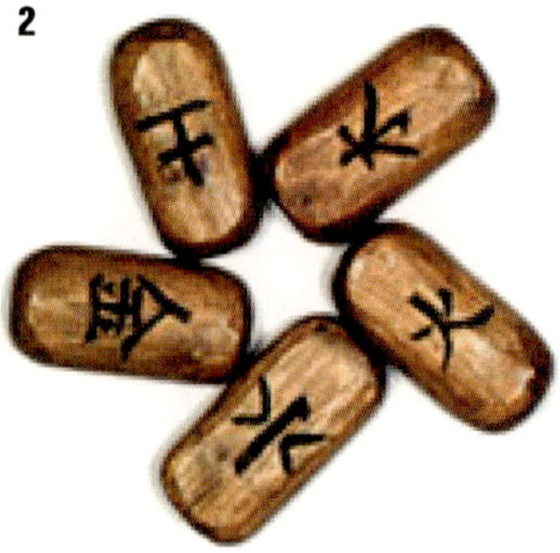

1 **윷.** 국립민속박물관 소장.
도 · 개 · 걸 · 윷 · 모라는 명칭에 대해서는 부여의 마가 · 구가 · 저가 등의 관직명에서 유래되었고, 여기에 여러 가축들의 이름을 붙여 가축들의 번식을 좀더 원활하게 유도해 내려고 했다는 설이 널리 알려져 있다. 이에 따르면, 도는 돼지를, 개는 개를, 걸은 염소 또는 양, 윷은 소, 모는 말을 상징한다고 한다. 윷에는 채윷(가락윷 · 장작윷이라고도 함)과 밤윷의 두 종류가 있다. 채윷은 장작처럼 생겼으며, 밤윷은 밤알처럼 작아서 그렇게 부른다. 밤윷은 작아서 종지 그릇에 담아서 던지기도 한다. 채윷은 주로 붉은 통싸리나무나 박달나무로 길이 15cm정도 되게, 가운데는 약간 통통하게 끝은 얇게 만들고 한 쪽 면을 약간 깎아 놓은 모양으로 만든다. 밤윷은 새끼손가락 만한 크기로 만들며 그 모양이나 수는 네 개로 장작윷과 같다. 옛 농촌에서는 팥이나 콩을 갈라 윷놀이를 하기도 하였고 은행이나 과실의 씨를 반으로 색칠하여 윷놀이를 즐겼다고 한다.

2 **오행윷.** 서울역사박물관 소장.
"윷은 조선에만 있는 놀음으로 신라 시절부터 성행한 증거가 일본의 옛 책에 적혀 있습니다. 옛날 일은 알 수 없지만, 근세에는 윷이 농가의 놀음으로 세초歲初에 편을 갈라 한 편은 산농山農이 되고, 한 편은 수향水鄕이 되어, 그 이기고 짐으로써 그 해 농사가 고지高地에 잘 될지, 저지低地에 잘 될지를 판단하는 점법占法이었습니다. 근년에 이것이 일반적 민간 유희를 이룸과 함께 자연 점법의 옛 뜻을 잃어 버리고, 다만 부인네들의 '윷괘점'이란 것이 약간 그전 모습을 가지고 있습니다."(『조선상식문답』)

윷놀이

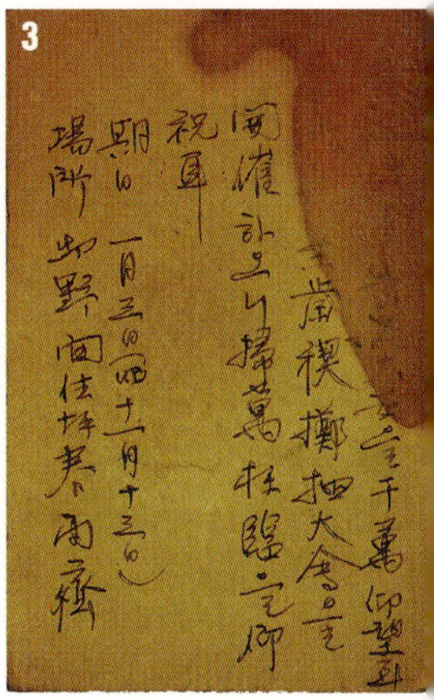

1 **김준근, 「윷 두는 모양」.** 국립민속박물관 소장.

2 **윷놀이.** 국립민속박물관 소장.

윷놀이는 네 개의 가락을 던져 엎어지거나 젖혀지는 결과를 가지고 말판에 말을 쓰면서 겨루는 놀이다. 정월 초하루에서 보름까지 남녀노소 누구나 어울려 즐기면서 노는 놀이로 사희柶戲 또는 척사희擲柶戲라고도 한다. 윷놀이는 윷과 윷판, 그리고 윷말만 있으면 어디에서나 놀 수 있다. 이 간단한 도구가 준비되면 편을 갈라서 윷을 던져 나온 윷패에 따라 윷말을 써서 먼저 4동이 나면 이긴다. 매우 간단한 도구와 단순한 방법으로 놀이를 하지만 놀이 과정에서 나타나는 다양한 변수들이 흥을 돋우기도 하고 탄식을 자아내기도 한다. 윷놀이를 할 때 편 구성은 아주 다양하게 할 수 있다. 크게는 마을 단위와 문중 단위로 편을 가르지만 개별 윷놀이는 아주 다양하게 편을 가를 수 있다. 편을 가를 때 윷을 던져서 편을 가르기도 하고 또 마을의 골목이나 도랑을 경계로 가르기도 한다. 개별 윷놀이나 문중 윷놀이를 할 때는 주로 나이순으로 윷을 던져서 편을 가르고, 마을 전체가 놀이를 할 때는 마을의 골목이나 도랑 등을 경계로 가른다. 간혹 지역에 따라 심지를 뽑아 편을 가르기도 한다. 마을 전체나 문중이 윷놀이를 할 때는 마을의 큰집이나 종가宗家 혹은 서원書院 마당에서 한다. 그러나 소수 인원이 윷놀이를 할 때에는 방이나 대청 등 적당한 공간만 있으면 놀 수 있다. (『한국세시풍속사전』)

3 **일제 시대 윷놀이대회**[척사대화擲柶大會] **초청장.** 문화재청 국가문화유산포털.

기일 : 1월 3일, 장소 : 물야면 주평 춘우제春雨齋'라고 쓰여 있다.

윷점

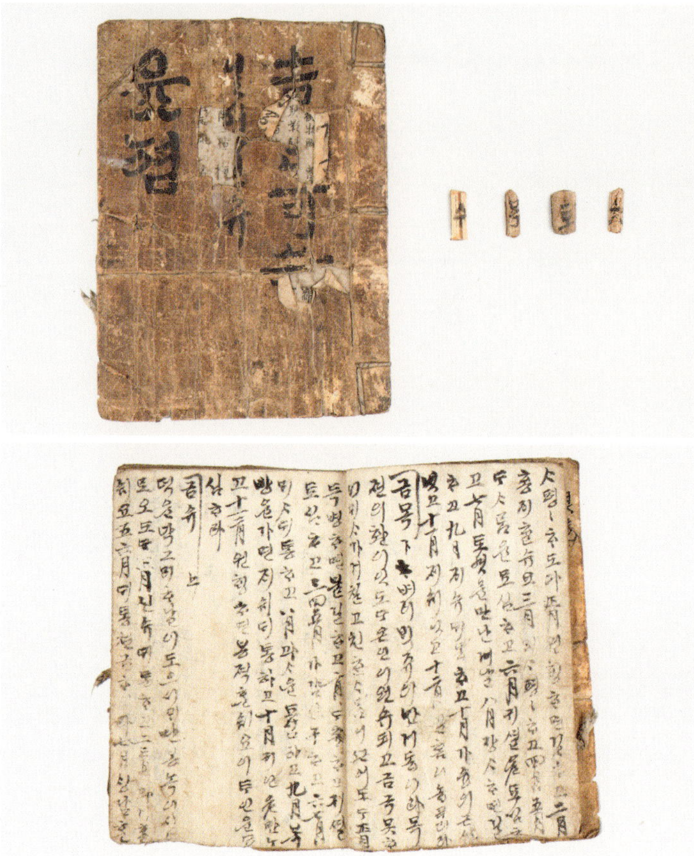

윷점. 국립민속박물관 소장.

『주역』의 음양오행설에 근거해 윷놀이처럼 던져 그 형태를 보고 신수身數(한 사람의 운수)를 점치는 오행점이 기록된 책이다. 책과 윷 4점으로 구성되었고, 금목수화토, 금목, 목수 등의 점사占辭(점괘에 나타난 말)가 풀이되어 있다.(이에 대해서는 『경도잡지』 본문에 상세히 나와 있다.) 윷 한쪽 면에 각각 '수', '목', '토', '火'가 먹물로 쓰여 있다. 윷점에는 두 가지 종류가 있다. 하나는 집단으로 편을 갈라 윷놀이를 하여 승부를 겨뤄 그해 농사의 풍흉을 점치는 것이다. 이것은 옛날에 농촌에서 여러 가지로 농사 점을 하던 점년법占年法의 하나였다. 다른 하나는 이와 달리 일반적인 오락으로서 윷을 던져서 나오는 말로 개인의 운수를 점치는 것이다. 그 방법은 윷을 세 번 던져 괘를 얻는다. 첫 번째 던져 나오는 말을 상괘로, 두 번째 던져 나오는 말을 중괘로, 세 번째 던져 나오는 말을 하괘로 삼아 모두 64괘로 되어 있는 괘를 찾아 점사占辭를 풀어서 길흉을 판단한다.

64괘

하괘 \ 상괘	☰ 건 乾	☱ 태 兌	☲ 리 離	☳ 진 震	☴ 손 巽	☵ 감 坎	☶ 간 艮	☷ 곤 坤
☰ 건 乾	1 健 건	43 夬 쾌	14 大有 대유	34 大壯 대장	9 小畜 소축	5 需 수	26 大畜 대축	11 泰 태
☱ 태 兌	10 履 이	58 兌 태	38 睽 규	54 歸妹 귀매	61 中孚 중부	60 節 절	41 巽 손	19 臨 임
☲ 리 離	13 同人 동인	49 革 혁	30 離 리	55 豊 풍	37 家人 가인	63 旣濟 기제	22 賁 비	36 明夷 명이
☳ 진 震	25 无妄 무망	17 隨 수	21 噬嗑 서합	51 震 진	42 益 익	3 屯 준	27 頤 이	24 復 복
☴ 손 巽	44 姤 구	28 大過 대과	50 鼎 정	32 恒 항	57 巽 손	48 井 정	18 蠱 고	46 升 승
☵ 감 坎	6 訟 송	47 困 곤	64 未濟 미제	40 解 해	59 渙 환	29 坎 감	4 蒙 몽	7 師 사
☶ 간 艮	33 遯 둔	31 咸 함	56 旅 여	62 小過 소과	53 漸 점	39 蹇 건	52 艮 간	15 謙 겸
☷ 곤 坤	12 否 부	45 萃 췌	35 晉 진	16 豫 예	20 觀 관	8 比 비	23 剝 박	2 坤 곤

『주역』에서 인간과 자연의 존재 양상과 변화 체계를 상징하는 64개의 괘卦를 말한다. 괘에는 3효爻(주역의 괘卦를 나타내는 가로 그은 획으로, '－'을 양陽으로 하고 '--'을 음陰으로 하며, 밑에서부터 세어 초효初爻, 이효二爻라고 하고, 맨 위 여섯 번째의 것을 상효上爻라고 함)로서 구성된 8개의 단괘單卦와 두 개의 단괘가 겹쳐진 6효 중괘重卦가 있는데, 8괘를 두 개씩 중첩시켰을 때 나타날 수 있는 괘의 수는 64개이기 때문에 『주역』 64괘로 구성된 것이다. '8괘가 사물을 상징하는데 비해 64괘는 사건을 상징한다. 6효 중괘는 각 단괘들 자체의 내용과 두 개의 괘가 결합하는 방식 그리고 각 효들간의 상호 관계에 의해 발생하는 의미와 사건에 따라 전체적인 괘의 내용 즉 괘사卦辭가 결정되고, 각 효의 위상과 상호 관계에 의해 각 효의 의미, 즉 효사爻辭가 규정된다. 괘사와 효사는 점사占辭이다. 점사는 좋고 나쁨, 즉 길흉을 판단해주는 기능을 한다. 즉 단괘들의 결합 방식, 그리고 각 효들 간의 관계성에 의해 좋고 나쁨, 길과 흉이 결정되는 것이다. 예를 들어, 땅을 상징하는 곤괘坤卦가 위에 있고 하늘을 상징하는 건괘乾卦가 아래에 있는 태괘泰卦는 무거운 땅의 기운은 아래로 내려오고 가벼운 하늘의 기운은 위로 올라가 두 기운이 만나 교감하기 때문에 길하고 형통한 괘로 규정된다. 반면 그 반대가 되는 비괘否卦 는 하늘 기운은 위로 올라가고 땅기운은 아래로 내려와 두 기운이 만날 수 없기 때문에, 막히고 이룹지 못한 괘로 규정된다. 이와 같이 괘와 효사의 좋고 나쁨이 결정되는 데에는 일정한 법식이 있으며, 그 법칙은 『주역』의 음양 원리에 근거를 둔 것이다.'(『한국민족문화대백과사전』)

윷판

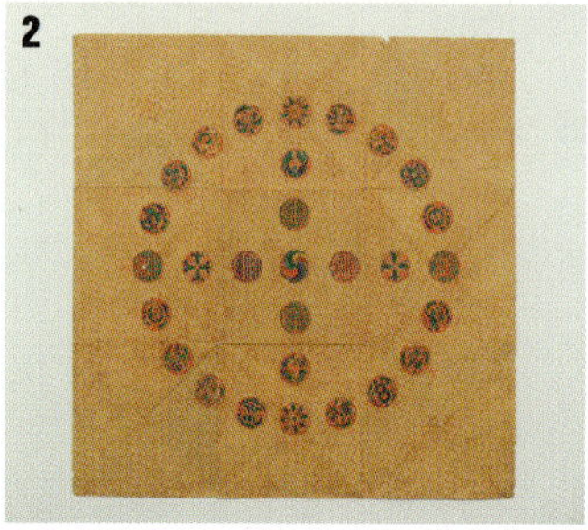

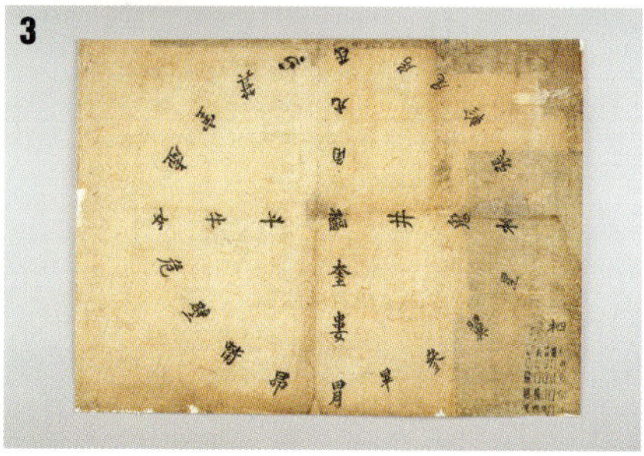

1 **윷판.** 국립민속박물관 소장.

윷판은 우리가 알고 있는 것처럼 단순히 작은 동그라미로 위치만 표시되어 있는 것이 아니다. 그 그림에는 하늘의 별자리를 방위별로 표시하고 있다. 한 가운데 있는 별은 추성樞星, 즉 북두칠성의 첫째 별이다. 이 별을 중심으로 나머지 늘어서 있는 별은 모두 28개, 즉 '이십팔수二十八宿'이다. 윷판은 원래 둥글게 생겼는데, 이는 하늘을 본뜬 것이며, 안에 네모진 것은 땅을 가리킨다[천원지방天圓地方]. 윷도 마찬가지다. 윷의 둥근 부분은 하늘을 나타내며 반대편은 모진 땅을 상징한다. 윷이 네 개인 것은 땅의 숫자이고, 그것이 조합하여 나오는 도 · 개 · 걸 · 윷 · 모의 다섯 가지는 하늘의 숫자이다. 이것을 가지고 말을 움직이면 그것은 곧 태양의 움직임을 나타내게 된다. 이 견해에 따르면, 우선 가장 짧은 코스인 수水－목木－토土－수水의 진행은 동지冬至로 해가 가장 짧다. 반대로 수－목－화－금－수의 진행은 하지夏至로 해가 가장 긴 진행을 하고 있는 것과 일치한다. 수－목－토－금－수의 진행은 춘분春分, 수－목－화－토－수의 진행은 추분秋分이 된다. 윷이 바로 서고 뒤집히는 것은 곧 양과 음이 교차되는 것과 일치하므로, 이로 인해 천지의 만물이 형성됨을 상징한다고 하겠다.

2 **윷판.** 국립민속박물관 소장.

점 혹은 발[권圈]을 중국산 그림 물감인 당채唐彩로 그렸다.

3 **윷판.** 국립민속박물관 소장.

29개의 한자로 말판을 구성하였다. 우하단에 도에서 모까지를 그림으로 설명하였다. 점 혹은 발[권圈]을 한자로 표시했다.

4

5

6

4 **윷판.** 국립한글박물관 소장.
점 혹은 밭[권圈]을 한글로 썼다.

5 **윷판.** 국립민속박물관 소장.
목판을 연결하여 만든 장방형長方形으로 상부에 말판이 있는 널을 끼워 마감했고, 판 하부에 풍혈風穴(나무 그릇 따위의 공예품 가장자리로 돌아가며 잘게 새긴 꾸밈새)이 있는 마대가 달려 있으며, 마대馬臺(농이나 장 따위의 받침다리)의 네 발밑에는 나무판이 덧대어져 있다.

6 **임실 상가윷판유적.** 울산대학교 반구대암각화유적보존연구소 소장.
2019년 현재 한반도 진역에서 85개의 윷판 암각화가 조사, 보고되었다.

널뛰기

1 **김준근, 「널 뛰는 모양」.** 『민속에 대한 기산의 지극한 관심』, 민속원, 2004, 38쪽.

"정월 초승에 여자들이 높은 받침 위에 긴 널을 얹고 좌·우 끝에 한 사람씩 올라서서 널 끝을 구르면서 서로 번갈아 몸 솟음하여 서로 오르락내리락하는 널뛰기는 아마 조선에만 있는 여자의 장난인 듯합니다. 다만 조선의 남방 해상에 있는 옛 유구국琉球國에 이 비슷한 장난이 있다고 하지마는, 유구는 조선을 상국上國으로 섬겨서 교통이 잦았으니까, 대개 조선에서 배워 간 것으로 보아도 결코 틀림없을 것입니다. 그러면 널뛰기는 어째서 생긴 것이냐 하건대, 대개 조선 옛날의 여자는 우리가 상상하는 것 이상으로 매우 활발하여, 말 타고 격구擊毬(말 위에서 장시라는 긴 채를 이용해 공을 쳐서 상대의 구문毬門에 넣어 승부를 겨루는 놀이)하는 것까지도 예사로 하고 평시平時로부터 나라에 큰 일이 있을 때를 예비하는 여러 가지 단련[연성鍊成]이 있었는데, 정초에 널뛰고 단오에 그네뛰는 것이 다 이러한 연성과목鍊成科目의 하나로서, 뒤에 중문中門(대문 안에 또 세운, 가운데뜰로 들어가는 대문) 안으로 잡아넣은 바 되었으되, 이런 고풍古風만은 전해 내려온 것일까 합니다."(『조선상식문답』)

2 **「널뛰기」.** 『사진엽서로 보는 근대풍경』 6 - 관광 · 풍속, 민속원, 2009, 333쪽.

『낙하생전집洛下生全集』「답판사踏板詞」에서는 널을 뛸 때 "짚신을 신지 않고, 치마는 긴치마를 입지 않는다."라고 했으며, 제시한 사진에서 보듯이, 너무 높이 뛰어오르면 떨어질 우려가 있어 벽과 벽 사이에 줄을 달아 그것을 잡고 널뛰기를 하기도 했다. 참고로 『오주연문장전산고五洲衍文長箋散稿』에 따르면, 유구국에 사신을 다녀온 명나라의 학사學士 서보광徐葆光은 "정월 16일에 남녀가 다 같이 조상의 산소를 참배하고 나서는, 여자들이 격구와 판무板舞를 벌인다. 판무는 큰 널빤지를 나무로 된 걸상[등상凳床] 위에 가로 올려놓고 두 사람이 널빤지의 양쪽 머리에 마주 서서 두 발을 굴러 하나가 솟구칠 적에는 하나는 내려서게 되는데, 한번 굴러서 4~5척尺 정도의 높이로 솟구쳐도 한쪽으로 기울거나 미끄러지지 않는다."라고 했다. 1척은 1척은 약 30.3cm에 해당한다.

법고法鼓

1 

2 

1 **김준근, 「중벗고치고」.** 국립민속박물관 소장.
승려가 법고를 치는 모습을 그렸다. 법고를 등 뒤에 두고 장단을 치는 고두鼓頭와 뒤에서 채를 들고 서 있는 승려가 그려져 있다. 고두는 북채를 쥐고 손을 들어 올려 장삼長衫 자락을 휘날리고 있고, 채를 든 승려는 장삼을 입고 고깔을 썼다. 법고는 원래 절에서 치는 북, 또는 북에 비유하여 불법을 표현한 말인데, 여기서는 정초에 승려가 민간에 내려와서 법고를 치며 권선勸善(절을 짓거나 불사를 위하여 신자들에게 보시布施를 청함)을 하면 각 집에서는 쌀이나 돈을 내주었고, 이에 대한 보답으로 승려들이 떡을 만들어 각 집에 1개씩 나누어 주면 다시 각 가정에서는 떡 2개를 승려에게 주었다고 한다. 그때 모연문募緣文(승려가 시주施主에게 돈이나 물건을 기부하여 부처와 좋은 인연을 맺으라고 권고하는 내용의 글)을 팔기도 했다.

2 **김준근, 「중 수륙하는 모양」.** 국립민속박물관 소장.
이 그림에서는 '수륙하는 모양'이라 했다. 수륙재水陸齋는 물과 육지에서 떠도는 영혼과 아귀餓鬼(계율을 어기거나 탐욕을 부려 지옥에 떨어진 귀신으로, 몸이 앙상하게 마르고 배가 엄청나게 큰데, 목구멍이 바늘구멍 같아서 음식을 먹을 수 없어 늘 굶주림으로 괴로워한다고 함)를 달래고 위로하기 위해 불법을 설명하고 음식을 베푸는 불교의식 중 하나이다. 가운데 승려는 법고法鼓춤을 추고 있고, 오른쪽 승려는 바라춤을 추고 있다.

모연문募緣文

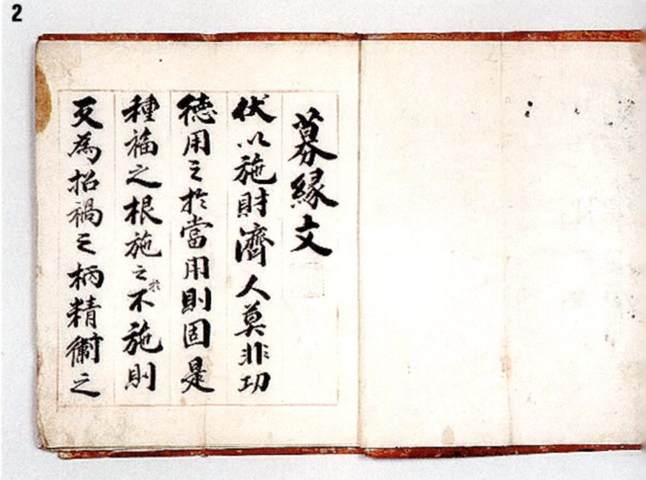

募緣文
伏以施財濟人莫非功
德用之於當用則固是
種福之根施之於不施則
反爲招禍之柄精衛之

1 **김홍도, 「시주施主」. 『단원풍속도첩檀園風俗圖帖』, 국립중앙박물관 소장.**
승려들이 모연문募緣文 혹은 권선문勸善文이라고 부르는 일종의 시주를 독려하기 위한 안내문을 팔고 있다. 승려가 세속인들에게 시주를 권유하여 재물을 거두는 것을 모연募緣이라 했는데, 인연因緣 혹은 법연法緣을 모은다는 뜻으로 절에서 행하는 불사佛事에 재물을 시주하여 인연을 맺게 한다는 의미이다. 사찰에는 모연문募緣文, 혹은 권선문勸善文을 가지고 다니며 시주를 권장하는 일을 담당했던 승려가 있었는데, 이들을 연화승緣化僧이라 불렀다. 『동국세시기』에서는 "승려들이 모연문을 펼쳐 놓고 바라를 치면서 염불을 하면 사람들이 다투어 동전을 던진다."라고 했다.

2 **모연문募緣文. 국립중앙박물관 소장.**
모연문에는 불교 교리, 하고자 하는 불사佛事의 내용과 참여 방법, 시주를 하면 복리福利를 받는다는 내용 등으로 구성되었는데, 때로는 시주를 하면 작은 범죄도 용서를 받게 해주겠다는 현실적인 내용이 담기기도 했다. 휴대 하기에 편리한 절첩折帖(책을 장정하는 방법의 하나. 두루마리식으로 길게 이은 종이를 옆으로 적당한 폭으로 병풍처럼 접고, 그 앞과 뒤에 따로 표지를 붙임. 첩장帖裝.)으로 만들기도 했고 화려한 장식을 첨가하기도 하였다.

바라[哱囉]

동발. 국립민속박물관 소장.

동발이라고도 하는 바라[哱囉]는 금부金部 무율타악기無律打樂器의 하나이다. 자바라[부독기訃篤奇] 혹은 제금提金이라고도 한다. 바라는 냄비 뚜껑같이 생긴 두 개의 얇고 둥근 놋쇠판으로 만들며, 놋쇠판 중앙의 불룩하게 솟은 부분에 구멍을 뚫고 끈을 꿰어 그것을 양손에 하나씩 잡고 서로 부닥쳐 소리를 낸다. 자바라는 장구 · 용고龍鼓 · 징 · 태평소와 함께 행진곡풍의 대취타大吹打에 사용되며, 불교 의식 무용의 하나인 바라춤[독기무篤奇舞]을 출 때 양손에 들고 춘다.

빗접

1

2

1 **빗접**. 국립민속박물관 소장. 머리를 빗은 뒤 빠진 머리카락을 넣어 보관해 두는 물건이다. 장방형으로 내용물이 빠지지 않도록 종횡으로 4번 접은 형태다. 앞면에는 '복福' 자가, 뒷면에는 꽃문양, 4괘문, 나비, 박쥐문 등으로 장식되어 있다.

2 **나무로 된 빗접**(화장용구 함). 국립중앙박물관 소장. 소함梳函. 빗, 빗솔, 빗치개와 같이 머리를 빗는 데 쓰는 물건을 넣어 두는 도구이다. 흔히 창호지 따위를 여러 겹 붙여 기름에 결어서 만든 것과 나무로 짜서 만든 것이 있다.

야광귀夜光鬼

1 **야광귀 쫓기.** 국립민속박물관 소장.
『해동죽지海東竹枝』에서는 "옛 풍속에 야광신이 하늘에서 내려와 사람의 신을 신어 보면 반드시 말다툼이 있다고 부녀자들이 홀려서 크고 작은 신을 모두 깊숙한 곳에 감추었다. 정월 초하룻날 밤에 내려온다고도 하고 혹은 보름날 밤에 내려온다고도 하는데, 이를 '앙광이'라고 한다."라고 했다. 『경도잡지』에서 "야광은 구귀瘧鬼이니 구광瘧光이라고 해야 마땅하다. '구瘧'와 '야夜'의 우리말이 비슷하기 때문이다."라고 했는데, 이는 '구瘧'가 '야위다'의 뜻이므로 '야위다'의 '야'와 밤 '야夜'가 음이 같다는 말이다. 『동국세시기』에 따르면, 야광귀가 체에 난 수많은 구멍을 세어 보다가 다 세지 못하여 신 신는 것을 잃어버리고 닭이 울면 가 버린다고 했다.

2 **체.** 국립민속박물관 소장.
가루를 곱게 쳐내거나 액체를 거르는 데 사용하는 도구이다. 얇은 나무를 둥글게 휘어 만든 쳇바퀴(체의 몸이 되는 부분. 얇은 나무나 널빤지를 둥글게 휘어 만든 테로, 이 테에 쳇불을 메워 체를 만듦) 아래쪽에 망사형 쳇불(쳇바퀴에 메워 액체나 가루 따위를 거르는 그물 모양의 물건. 말총, 명주실, 철사 따위로 짜서 만듦)이 씌워져 있는 형태다. 쳇바퀴의 테가 겹치는 부분은 솔뿌리로 감아 고정시킨다. 쳇불이 씌워진 부분은 나무를 둥글게 휘어 만든 아들바퀴(쳇불을 메우는 데에 쓰는 두 개의 좁은 테로 하나는 쳇불을 씌워서 바깥쪽에 있는 바퀴 아래쪽에 대고 다른 하나는 그 안쪽에 덧댐)를 끼우고 쳇바퀴 옆면 군데군데 대나무 못과 쇠못을 박아 고정시킨다. 그런데 왜 하필 체를 걸어 쫓아내려고 하는가, 그리고 야광은 체의 구멍을 왜 세는가? 이는 눈[目]의 기능과 관계가 있는 것으로 보인다. 눈은 능히 물건을 알아 살피는 힘이 있다고 믿고 있거니와, 눈을 많이 가진 것이 귀신에게 두려움을 주고 또 물러가게 한다는 속신이 있다. 이는 장례식 때에 행렬 앞에 네 눈을 가진 방상시[방상씨方相氏](음력 섣달그믐날에 묵은해의 마귀와 사신을 쫓아내려고 베풀던 의식인 나례儺禮에 나오는 인물 중 하나로, 금빛의 네 눈이 있고 방울이 달린 곰의 가죽을 들씌운 큰 탈을 쓰며, 붉은 옷에 검은 치마를 입고 창과 방패를 가짐) 가면을 세우는 것을 보더라도 알 수 있다. 체의 구멍은 많은 눈이 모여 있으므로 귀신이 이 체 구멍을 보고 '이것은 많은 눈을 가진 자임에 틀림없다'고 생각하고, 이를 두려워하여 그 집안에 들어가는 것을 주저할 것이라는 믿음이 작동하고 있는 것이다.

약왕藥王

감응약왕感應藥王. 고판화박물관 소장.

공유마당 : https://gongu.copyright.or.kr/gongu/wrt/wrt/view.do?wrtSn=11949315&menuNo=200018

약왕은 약왕보살의 준말로서 『법화경法華經』에 나오는 스물다섯 보살 중의 하나인데, 좋은 약을 값없이 남에게 주어 중생의 심신의 병고를 덜어 주고 고쳐 주는 보살이다. 산스크리트어로는 Bhaiajya-rāja이다. 『경도잡지』에서는 아이들이 무서워할 정도로 그 모습이 추하다고 했다. 참고로 중국 내 각지의 약왕묘藥王廟에 모시고 있는 약왕들은 신의神醫로 일컬어지 편작扁鵲 같은 고금의 명의名醫들이다.

해일·자일·사일 亥日子日巳日

정월 상해일上亥日, 곧 첫 번째로 오는 해일亥日을 돼지날, 상자일上子日, 곧 첫 번째로 오는 자일子日을 쥐날이라고 한다. 예전에 궁중의 젊은 환관宦官 수백 명이 횃불을 이어 땅에 끌면서 "돼지 지진다", "쥐 지진다"라고 하며 돌아다녔다.

태운 곡식 씨앗을 주머니에 채워 재상宰相과 근시近侍에게 내려주어 풍년의 뜻을 나타내었다. 주머니를 내려주던 제도는 곧 폐지되었는데, 주상[당저當宁]께서 등극하자 다시 내려주셨다. 주머니는 비단으로 만드는데, 해낭亥囊은 둥글고, 자낭子囊은 길다.

쥐날에 민간에서도 콩을 볶으면서 "쥐 주둥이 지진다, "쥐 주둥이 지진다.'라고 주문呪文을 외운다.

돼지날에 두설豆屑, 곧 팥가루로 만든 비누로 세수를 하면 검은 얼굴이 하얗게 된다. 돼지의 빛깔이 검기 때문에 반대로 그 뜻을 취한 것이다.

사일巳日, 곧 뱀날에는 머리를 깎고 다듬지 않는다. 뱀이 집에 들어오는 것을 꺼리기 때문이다.

正月上亥爲豕日, 上子爲鼠日. 國朝故事, 宮中小宦數百, 聯炬曳地, 呼燻豕熏鼠. 燒穀種盛于囊, 頒賜宰執近侍, 以眎祈年之意. 頒囊尋廢矣, 當宁御極復頒. 囊用錦製, 亥囊圓, 子囊長. 子日閭巷亦炒豆, 呪云鼠嘴焦鼠嘴焦. 亥日作豆屑澡面, 黑者漸白. 豕色黑故, 反取其義也. 巳日不理髮忌蛇入宅.

상해일上亥日, 상자일上子日

1 「십이지도十二支圖」(부분). 국립중앙박물관 소장. 상해일은 음력 정월의 첫 해일亥日을 말한다. 돼지날이라고도 한다. 돼지는 신화에서 신통력을 지닌 동물, 제사에서 쓰이는 희생犧牲(천지신명 따위에 제사 지낼 때 제물로 바치는, 산 짐승으로 주로 소, 양, 돼지 따위를 바침), 길상으로 재산이나 복의 근원, 집안의 재신을 상징한다. 그런 반면에 속담에서는 대부분 탐욕스럽고 더럽고 게으르며 우둔한 동물로 묘사되는 모순적 양가성兩價性을 지닌 동물이다. 산돼지와 쥐가 곡식을 흩트리거나 쏠거나 해서 많은 해를 준다. 그래서 조선 시대에는 첫 쥐날과 첫 돼지날에 궁중에서 돼지나 쥐의 주둥이를 지지는 주술적인 행사를 거행했다.

2 「십이지도十二支圖」(부분). 국립중앙박물관 소장. 상자일은 음력 정월의 첫 자일子日을 말한다. 쥐날이라고도 한다. 『삼국유사』에서는, 상자일에는 모든 일을 꺼리고 근신한다고 했다. 농가에서는 불을 밝히지 않고 어둡게 지내며, 아낙네들도 길쌈(실을 내어 옷감을 짜는 모든 일)을 하거나 바느질하는 것을 금기하였다. 이날 베를 짜고 옷을 지어 입으면 쥐가 썬다고 하여 일을 쉬었다. 상자일에 논두렁과 밭두렁의 풀을 태워 쥐를 잡는데, 이것을 쥐불놀이라 했다. 상자일 밤 자시子時(밤11시~1시)에 방아를 찧으면 쥐가 없어진다고 하여 부인들은 밤에 방아를 찧었다. 찧을 곡식이 없으면 빈 방아라도 찧어 요란한 소리를 내었는데, 이렇게 하면 쥐가 놀라 달아나므로 쥐의 해를 막을 수 있다고 생각하였다.

환관宦官

김준근, 「엄환閹宦」. 『민속에 대한 기산의 지극한 관심』, 민속원, 2004, 381쪽.

엄환은 환관宦官, 내시內侍와 같은 뜻이다. 내시부內侍府에 속하여 임금의 시중을 들거나 숙직 따위의 일을 맡아보던 남자로 거세당했다. 내시 두 명이 검은 사모紗帽(검고 얇은 비단[사紗]으로 만든, 벼슬아치들이 관복을 입을 때에 쓰던 모자)에 바닥은 나무나 가죽으로 만들고 검은빛의 사슴 가죽으로 목을 길게 만든 장화 모양의 목화木靴를 신고 합죽선合竹扇(얇게 깎은 겉대를 맞붙여서 살을 만든, 접었다 폈다 하게 된 부채)을 들고 있는 모습이다. 깃이 곧고 뻣뻣하며 소매가 넓은 직령直領 도포를 입고 그 위에 전복戰服, 곧 밑이 길고 소매가 없는 조끼형의 관복官服인 답호褡䙜를 입고 띠를 둘렀다. 일반적으로 환관은 거세로 인해 남성적인 특징이 퇴화해 중성화된다. 정직하고 자비심도 많다고 하지만 반대로 물욕이 강해 재물을 모으는 데 열중하기도 하였다. 군주를 측근에서 받들면서 여러 기밀을 접하는 기회가 많아 스스로 권력을 장악해서 정치를 혼란하게 하는 일도 있었다.

쥐불놀이

1

2

1 **쥐불놀이**. 국립민속박물관 소장.
쥐불놀이는 정월 첫 쥐날에 들판에 불을 놓는 것인데, 그렇게 하는 이유는, 쥐의 피해가 심하므로 쥐를 박멸하기 위함과 논밭의 해충을 제거하고, 또 새싹을 왕성하게 자라게 하기 위한 것이다. 쥐불놀이는 한 해 농사를 준비하고 새 출발을 다짐했던 조상의 슬기가 담겨 있는 놀이이다. 쥐불놀이는 단순한 대보름놀이가 아니라 우리 민족의 건강한 삶의 지혜가 녹아 있는 미풍양속이라 할 수 있다. 즉 마른 풀을 태워서 풀잎에 붙어 있던 해충의 알과 잡균 · 유충 따위를 태워 없애고, 언 땅에 온기를 주어 새 풀이 잘 돋아나게 하려는 과학적인 사고가 담겨 있다. 따라서 곡물의 병충해를 그만큼 줄일 수 있으니 농사에도 좋을 뿐 아니라 잡균을 태워 죽이니 위생 · 방역의 측면에서도 효과를 얻을 수 있었던 것이다. 또한 정월을 기해 작년까지의 모든 묵은 액과 살을 불로 정화하고 명과 복, 풍요 등을 얻을 수 있는 새해를 적극적으로 맞이한다는 의미도 담고 있다. 『용재총화』에서는 "어린아이들이 다북쑥[호蒿]을 모아서 동산에서 불을 지르는데, 그것을 해일亥日에는 훈가훼薰猳喙라고 하고, 자일子日에는 훈서薰鼠라고 한다."라고 했고, 『담정유고薝庭遺藁』에서는 "농부들의 풍속에 대보름날 밭두둑에 불을 놓는데, 그것을 '쥐 주둥아리 태운다'고 한다. 정월 첫 자일[상자일上子日]에 하기도 한다."고 했다.

2 **쥐불놀이**. 국립민속박물관 소장.
현대로 오면서 아이들은 깡통의 아래쪽과 옆에 구멍을 뚫고, 깡통에 철사로 긴 고리를 만들어 불깡통놀이를 한다. 이 놀이는 쥐불놀이와 함께 행해졌던 놀이인데, 노인들의 증언에 따르면, 그 유래는 6 · 25전쟁 이후 깡통이 보편화되면서 생겨났다고 한다. 즉 전쟁 중에 공수된 군수 물자 가운데 각종 통조림이 있었는데, 그 깡통을 놀이 도구로 이용하면서 자연스럽게 쥐불놀이와 결합되었다는 것이다. 깡통돌리기가 어느 정도 진행되다가 자정이 가까워지면 불깡통에 넣은 나무가 모두 타올라 밑에는 불씨만 남게 된다. 이때 떼지어 낮은 동산 위로 올라가거나 강변에 나가서 하늘 높이 불깡통을 던지면, 깡통에 남아 있던 수백 개의 불꽃이 떨어지면서 밤하늘을 화려하게 수놓는다. 이는 마치 정월에 연을 날려 보냄으로써 액운을 물리칠 수 있다고 믿는 것과 같이, 불깡통을 마지막에 던져 버림으로써 액을 보내고 복을 맞이하기 위함으로 이해할 수 있다. 풍년을 기원하고 나쁜 액을 몰아내고자 하는 바람이 마침 쥐날에 쥐가 무서워하는 불과 만나 만들어 낸 이 놀이는, 농경사회가 점차 약화되면서 서서히 자취를 감추게 되었고 정월대보름 저녁 각 지방 자치 단체 등의 이벤트 행사의 일환으로 행해지면서 명맥만 유지되고 있다. (『한국민속예술사전』)

해낭亥囊과 자낭子囊

예단으로 보내는 오곡주머니. 국립민속박물관 소장.

『열양세시기』에 따르면, "궁중에서 돼지날과 쥐날 이틀에 각색 비단을 마름질해 차는 주머니를 만든다. 구멍을 뚫고 매듭을 만들어 줄을 끼워 넣은 다음 유소流蘇(가마, 기旗, 끈, 띠, 책상보, 옷 따위에 장식으로 다는 여러 가닥의 실)를 늘어뜨리는데, 마치 큰 나비가 기쁘게 나는 모양과 같다. 설날 임금께 인사드리려고 늘어서 있는 근신近臣과 재상들은 전례대로 내려 주시는 주머니를 얻는다. 그 유래가 매우 오래되었지만, 그렇게 된 까닭은 알 수 없다. 어떤 사람은 '해亥와 자子가 십이지신十二支神의 끝과 처음에 있으므로, 이날 주머니를 만드는 것은 한 해의 복록을 주머니에 담아 동여매라는 뜻이다.'라고 한다." 『해동죽지』에 따르면, "옛 풍속에 대궐에서는 궁녀들이 비단과 굵은 베로 주머니[단낭緞囊·삼승낭三升囊]를 만드는데, 해일에 만들기 때문에 해낭이라고 한다. 매년 12월에 관리들에게 나누어주면 정월 초하룻날 모두 그것을 차는데, 이것을 '궁낭宮囊'이라고 한다." 궁중에서 음력 정월 첫 자일子日과 첫 해일亥日에, 왕이 재상과 가까운 신하들에게 비단 주머니를 나누어주는 것을 반낭頒囊이라고 하는데, 자낭은 길쭉하고 해낭은 둥근 모양인데, 속에는 볶은 콩 3알을 붉은 종이에 싸서 넣었다. 이것은 풍년을 비는 민속적 행사로서 돼지나 쥐는 농작물에 해를 끼치는 동물이므로 그 부리를 지진다는 뜻에서 콩을 태운 것으로 보인다.

사일巳日

1 「십이지도十二支圖」(부분). 국립중앙박물관 소장.
사일巳日은 뱀날이라고도 한다. 이날에는 남녀 모두 머리를 빗거나 자르지 않는다. 만일 그렇지 않으면 뱀이 집안에 들어와 화를 입게 된다고 한다. 또 이날에는 빨래를 하지 않고 바느질도 하지 않으며, 땔나무를 옮기거나 집안에 들여놓지 않는다. 이는 뱀이 들어오는 것을 두려워해서였다.

2 액막이 풍습.
사일巳日에 12간지 중 뱀을 뜻하는 사巳 자를 거꾸로 붙여 뱀의 피해를 마는다.

팥비누

1 **팥비누.**

팥은 사포닌을 함유하고 있어 피부를 보호하고 윤기 있게 하는 기능을 한다. 팥가루로 비누를 만들어 쓰면 모공 속 피지와 노폐물 제거와 미백에 효과가 있고 피부 해독도 도와준다. 녹두나 팥 따위를 갈아서 만든 가루비누를 조두澡豆라 하고, 그 비누를 만드는 장인을 두설장豆屑匠이라 한다.

2 **「백자소문방형비누합**白磁素文方形비누盒」. 국립중앙박물관 소장.

비누를 담아두는, 문양이 없는 네모난 백자 그릇이다. 비누는 '비노', '비루飛陋' 등 다양하게 표기했다. 참고로 빨래비누는 '석감石鹼'이라고 했다. "땅을 파서 구덩이를 만들어 석회를 바르고 말린다. 여회藜灰(명아주를 태운 재) 즙을 만들어 석회 가루를 탄 물과 섞고, 저절로 말라서 덩어리가 되기를 기다렸다가 분합粉盒(분을 담는 작은 상자)에 보관해 둔다. 뜨거운 물에 타서 때 묻은 옷을 빨면 오래된 것이라도 옥처럼 하얗게 된다."(『소문사설謏聞事說』)

인일 人日

동인승銅人勝을 각신閣臣들에게 내려 준다. 그 모양은 조그맣고 둥근, 자루 달린 거울 같은데, 신선의 모습을 새겨 놓았다.

인일人日과 삼짇날, 칠석七夕, 중양절重陽節에 과거科擧를 베풀어 선비를 뽑는데, 이것을 절제節製라고 한다.

頒銅人勝于閣臣. 如小圓鏡有柄, 鏤仙人. 是日及重三重七重九, 皆設科取士曰, 節製.

동인승銅人勝

1

2

3

1 **동인승.** 온양민속박물관 소장.

초이레인 인일人日에 임금이 규장각奎章閣의 각신閣臣들에게 동인승을 내려준다고 했다. 인일人日과 인일寅日은 같이 쓰는데, 사람이 호랑이[인寅]의 정기를 받았다고 해서 첫 인일寅日을 '사람날'이라고 한다는 설이 있다. '화승花勝'이니 '은승銀勝'이니 하는 데서 보듯이, '승勝'은 머리꾸미개를 말한다. "공조工曹에서 화승을 올린다. 또 구리로 둥근 공 모양을 만들어 그 위에 사람의 형상을 새기는데, 그것을 동인승이라고 한다. 전궁殿宮에 하나씩 진상進上한다."(『열양세시기』) 그런데 인승은 화승 등과 달리 도가적인 주문呪文을 적은, 사람 모양의 종이 또는 헝겊을 병풍에 붙이거나 비녀에 걸거나 하였다. 동인승은 종이나 헝겊이 아니라 구리로 만든 인승이라는 뜻이다. 중국 형초 지방의 세시풍속을 기록한, 종름宗懍의 『형초세시기荊楚歲時記』에서는 "비단을 오리거나 금박에 글씨를 써서 병풍 위에 붙이거나 또는 머리를 장식한다. 사람이 신년이 되어 고쳐 새로움을 따르는 것을 나타낸다."라고 하였다. "『세시기』에는 '수 나라 유진劉臻의 아내 진씨陣氏가 인일에 인승을 올렸는데, 혹 비단을 자르고 혹 금박으로 새겨 만들었다'고 했다. 오늘날의 인승은 이것을 모방한 것이다."(『동국세시기』)

2 **중국의 화승**花勝.

옛날 아낙네들이 종이를 자르거나 비단으로 무늬를 만들어 꽃가지에 매거나 꽂아 머리를 장식하였다.

3 **놋쇠 머리꽂이.** 국립중앙박물관 소장.

이 머리꽂이도 넓은 의미의 '승勝'이라 불렀을 것이다.

각신閣臣

1

2

1 **수교각신재직대관좌의현판**受教閣臣在直戴冠坐椅懸板. 국립고궁박물관 소장.
이 현판은 규장각 신료들의 근무처인 이문원摛文院 기둥에 걸었던 것으로 추정된다. "각신은 근무 중에 의관을 단정히 하고 의자에 앉아 있으라"는 내용이 새겨져 있다. 뒷면 중앙의 묵서를 통해 1850년(철종 1)에 중수한 것임을 알 수 있다. 각신은 조선 시대 홍문관弘文館, 예문관藝文館, 규장각奎章閣 소속의 당상관堂上官(정삼품 상上 이상의 품계에 해당하는 벼슬)인 관각당상館閣堂上으로, 홍문관의 대제학大提學, 제학提學, 부제학副提學, 예문관의 대제학, 제학, 직제학直提學, 규장각의 제학, 직제학을 말한다. 이 가운데 홍문관 부제학 외에는 모두 다른 관직을 겸직시켰다. 홍문관, 예문관은 보통 한 사람이 겸직하여 '양관 대제학'이라 불렀으며, 예문관의 직제학은 도승지都承旨(중추원中樞院에 속한 정삼품 벼슬)가 당연직으로 겸임하였다. 조선 후기에는 특히 규장각의 제학, 직제학이 요직으로 간주되었는데, 그들을 '각신'이라고 하였다. 이들은 국가의 문필을 잡은, 가장 영예로운 벼슬로 여러 특혜가 주어진 청화직清華職으로서 존중되었으며, 정이품 판서判書나 정일품 의정議政, 곧 영의정, 좌의정, 우의정 등 고위직으로 승진하는 지름길이 되기도 하였다.

2 **수교범각신재직비공사무득하청**受教 凡閣臣在直非公事毋得下廳. 국립고궁박물관 소장.
궁궐이나 사찰 등의 건물에는 현판 외에 기둥에 주련을 걸기도 하였다. 주련柱聯은 기둥이나 벽에 장식으로 써서 붙이는 글귀로 주로 해당 건물과 관련된 글이나 옛 시의 연구聯句(한시漢詩의 대구對句, 곧 비슷한 어조나 어세를 가진 것으로 짝지은 둘 이상의 구절) 등을 쓴다. 이 주련은 규장각에 걸려 있던 것으로 규장각에서 근무하는 신료들이 지켜야 할 지침이 적혀 있다. "모든 규장각 신료는 근무 중에 공사公事가 아니면 자리를 비울 수 없다"는 임금의 분부를 새겼다.

진달래 화전. 국립민속박물관 소장.

음력 3월 3일은 상사上巳, 상사절上巳節, 원사元巳, 상제上除, 답청절踏青節 등으로도 부르는데, 이날은 양수陽數인 홀수 3자가 겹치는 날이어서 길일로 여긴다. 추위를 피해 강남 갔던 제비도 이날 돌아온다. "옛 풍속에 삼짇날 화전花煎으로 차례를 지내고, 또 동산에 올라 화전으로 상춘놀이를 하는데, 이것을 '화젼노리'라고 한다."(『해동죽지』) "진달래꽃을 따다가 찹쌀 가루에 반죽하여 둥글게 떡을 만들고, 그것을 참기름으로 지진 것을 화전이라" 한다(『동국세시기』) "('삼질'이라고도 하는 이 날은) 대개 추운 겨울에 웅크리고 들앉았던 사람들이 훗훗하여진 봄볕에 기운을 펴고, 물에 다다라서는 때를 씻고, 들에 나가서는 나물을 캐고, 운치 찾는 이는 시냇가에서 술추렴을 하여 대자연의 품속에 새로워진 생명의 젖을 빠는 날이었습니다. 신라 이래로 이날 여러 가지 행사가 있었거니와, 조선에서는 이날 민간에서 보통 진달래꽃으로 떡 · 국수 · 술을 만들어 들놀이를 하고, 아낙네들은 물맞이를 시작하며 제비 돌아오는 날이라 하여 그 묵은 집을 보수해 주며, 나라에서는 노인잔치를 동문東門 밖에 베풀어 늙은이에게 젊은 기운을 마시게 하는 등 봄을 맞는 여러 가지 행사가 있었습니다."(『조선상식문답』)

중칠重七[칠석날]

「견우직녀도牽牛織女圖」. 고구려 덕흥리벽화고분德興里壁畵古墳의 앞 칸 남벽 천정 벽화.

음력 7월 7일, 곧 칠월 칠석은 양수陽數인 홀수 7이 겹치는 날이어서 길일로 여긴다. 이날 견우牽牛와 직녀織女가 까막까치들이 놓은 오작교烏鵲橋에서 한 해에 한 번씩 만난다는 이야기가 전한다. 음력 7월이 되면 맑은 바람이 불어오고 하늘이 맑고 높으며, 북두칠성은 한쪽으로 몰아 떠 있고 비단결 같은 은하수는 금방 쏟아질 것 같다. 그 동쪽에 직녀성이 수줍은 듯 희미하게 비치고 서쪽에서는 견우성이 휘황하게 빛을 발하는데, 마치 서로 마주보며 정겨워하는 듯하다. 그러다가 칠석 때면 천정天頂 부근에서 두 별을 보게 되는데 마치 일 년에 한 번씩 만나는 것처럼 보인다. 이러한 별자리를 보고 '견우와 직녀' 설화를 만들어 냈음 직하다. 이 그림은 남포시 덕흥리 소재 무덤 앞칸인 전실前室 남측에 그려진 「견우직녀도牽牛織女圖」(408년)이다. 견우는 글자 그대로 소를 끌고 있으며, 그 뒤 은하수를 형상화한 것이 분명한 굽이치는 강물 너머에 직녀가 있다. 직녀 뒤로는 개가 보인다. "칠석이 만만치 아니한 명절의 하나임은 고려 시에 (임금이 관리에게 녹봉을 주던) 반록頒祿을 이날로 정하며, 이조에도 궁정에서 이날 잔치를 하는 일이 있고, 또 성균관 유생의 절일제節日製도 칠석에 행하는 것 등으로 살필 것이다."(『조선상식』) 절일제는 『경도잡지』에서 '절제節製'라고 한 것으로, 성균관과 지방의 유생을 대상으로 하여 명절인 인일절人日節·상사절上巳節·칠석절七夕節·중양절重陽節에 실시한 과거이다. 성균관에서 시나 글을 짓는 제술製述로써 인재를 뽑았다.

중구重九[중양절重陽節]

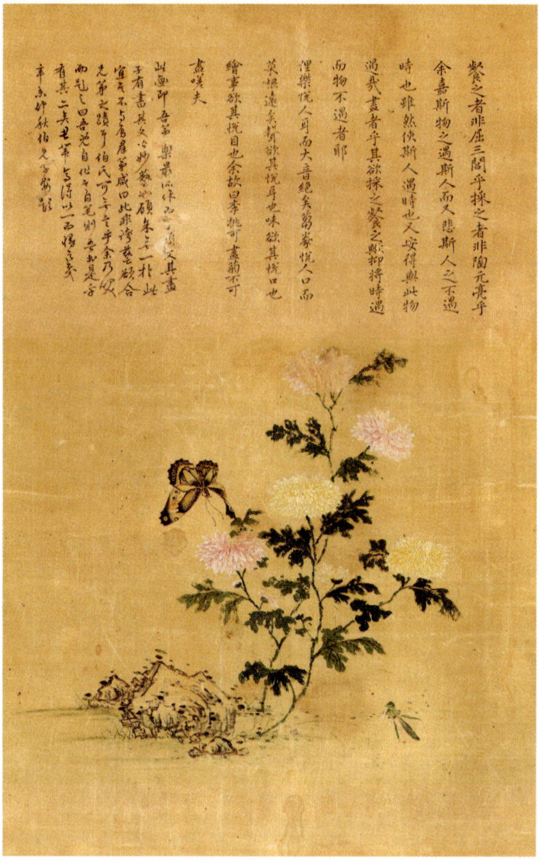

홍낙최洪樂最(1735~1757), 「**국접도**菊蝶圖」. 국립중앙박물관 소장.

"9월 9일은 5월 5일과 같이 양수가 겹치기 때문에 명일이 되는 것인데, 9월 9일은 일 년 중 마지막 그런 날이라는 의미에서 특별히 숭상하여, 중국의 옛날에는 높은 곳에 올라서 먼 데를 내다보며 즐기고[등고登高], 멀리 객지에 있는 이는 고향 쪽을 바라며 집 생각하는 날이었습니다. 그리고 일 년 중 마지막 피는 국화가 이때 한창이므로 국화 구경하는 명일이 되었습니다. 조선에서는 신라 이래로 이날을 명일로 하여 나라에서 잔치를 베풀고 군신이 즐거움을 한 가지로 하였으며, 이씨 조선에서는 특별히 3월 3일과 함께 봄 · 가을 두 차례 노인잔치를 하는 날이었습니다. 민간에서는 국화전菊花煎(깨끗이 씻은 국화꽃에 찹쌀가루를 묻혀서 기름에 지진 음식)과 화채花菜(꿀이나 설탕을 탄 물이나 오미잣국에 과일을 썰어 넣거나 먹을 수 있는 꽃을 뜯어 넣고 잣을 띄운 음료)로 조상께 차례를 올리고, 서울서 운치 찾는 이는 남 · 북한산과 도봉 · 수락산 같은 데로 하이킹을 행하였습니다."(『조선상식문답』)

절제節製

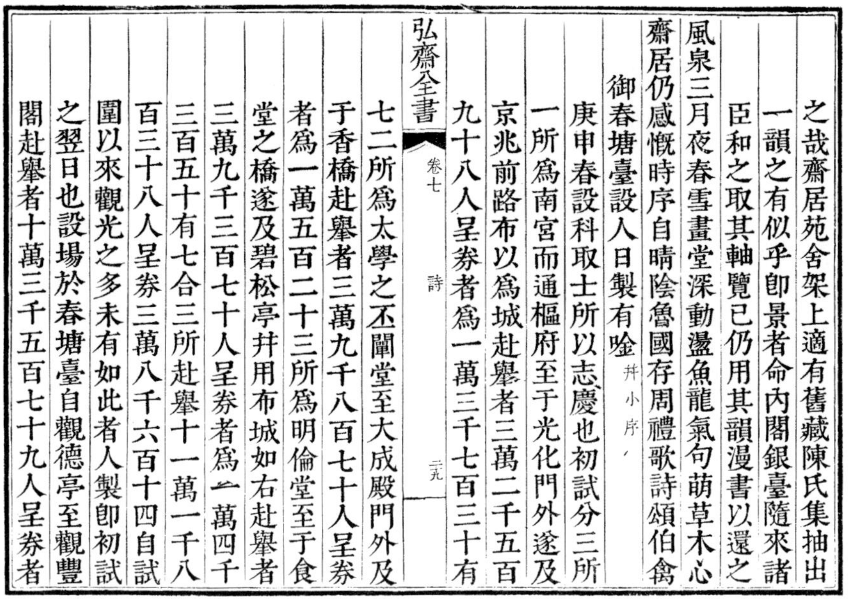

之哉齋居苑舍架上適有舊藏陳氏集抽出
一韻之有似乎卽景者命內閣銀臺隨來諸
臣和之取其軸覽已仍用其韻漫書以還之
風泉三月夜春雪畫堂深動盪魚龍氣句萌草木心
齋居仍感慨時序自晴陰魯國存周禮歌詩頌伯禽
御春塘臺設人日製有唫 并小序
庚申春設科取士所以志慶也初試分三所
一所爲南宮而通樞府至于光化門外遂及
京兆前路布以爲城赴擧者三萬二千五百
九十八人呈券者爲一萬三千七百三十有
弘齋全書 卷七 詩 二九
七二所爲太學之丕闡堂至大成殿門外及
于香橋赴擧者三萬九千八百七十人呈券
者爲一萬五百二十三所爲明倫堂至于食
堂之橋遂及碧松亭并用布城如右赴擧者
三萬九千三百七十人呈券者爲一萬四千
三百五十有七合三所赴擧十一萬一千八
百三十八人呈券三萬八千六百十四自試
圍以來觀光之多未有如此者人製卽初試
之翌日也設場於春塘臺自觀德亭至觀豐
閣赴擧者十萬三千五百七十九人呈券者

「**춘당대**春塘臺**에 왕림하셔서 인일제**人日製**를 베풀고 읊다. 소서를 아울러 쓰다**御春塘臺, 設人日製有唫. 并小序.」, 『**홍재전서**弘齋全書』. 서울대학교 규장각한국학연구소 소장.

정조가 1800년 3월 22일에 작성했다. 1800년 3월에는 삼월 삼짇날을 기념하는 시험이 있었다. 정조는 혜경궁 홍씨의 병이 나은 것을 기념하는 경과慶科(나라에 경사스러운 일이 있을 때, 이를 기념하고자 보게 하던 과거. 문무과文武科에만 한정하였으며 별시別試, 정시庭試, 증광시增廣試 따위가 있었음)도 함께 실시했는데, 경과는 3월 21일, 인일제는 그 이튿날에 치러졌다. "옛 풍속에 조정에서는 매년 명절이면 과거를 베풀어 선비를 뽑는데, 그것을 절제라고 한다. 인일에는 인일제가 있고, 삼일제三日製는 화제花製, 칠석제七夕製는 오제梧製, 구일제九日製는 국제菊製라 한다."(『해동죽지』) "정월 인일, 삼월 삼일, 칠월 칠석, 구월 구일에 임금이 친히 글제[과제科題]를 내려 성균관에서 과거를 보아 상재생上齋生을 뽑는데, 대신大臣과 양관兩館의 제학提學을 독권관讀券官으로 삼아 탑전榻前(왕의 자리 앞)에서 합격자의 등수를 매기게 한다. 1등으로 뽑힌 사람은 왕왕 사제賜第하고, 그 나머지에게는 차등 있게 상을 내리는데, 이를 절일제節日製라고 한다. 사학四學의 유생들도 함께 시험 보게 하는데, 이를 통방외通方外라고 한다."(『열양세시기』) 그런데 절제를 볼 수 있는 사람은 "외방外方의 유생을 아울러 시험 보이거나 성균관成均館의 유생"이었다.(『속대전續大典』) "인일제는 시詩·부賦·표表·책策·잠箴·명銘·송頌·율부律賦·배율排律 등 각 문체로 글제를 정하고, 심사하여 1등을 한 사람에게는 사제賜第하고 시상에서도 차등을 둔다. 반궁泮宮(성균관과 공자를 모신 사당인 문묘文廟를 통틀어 이르는 말)에서 시험을 실시하는데, 혹 임금께서 대궐에서 친히 시험을 보이기도 한다."(『동국세시기』) 참고로 '상재생'은 성균관의 상재上齋에 거처하던 유생儒生

으로 생원시生員試와 진사시進士試에 합격한 사람들에게 상재에 거처할 자격을 주었다. '독권관'은 복시覆試에서 선발된 사람에게 임금이 친히 치르게 하던 과거인 전시殿試를 맡아보던 시험관으로 정승 한 명과 종이품 이상 문관 두 명으로 구성되었는데, 과거 시험을 감독하고 답안지인 글장을 채점하며 응시자의 우수한 시제試題를 어전御前에서 읽는 일을 하였다. '사제賜第'는 임금의 특명으로, 과거에 급제한 사람과 똑같은 자격을 내려 주던 일을 말한다.

※ 다음은 인용한 글의 번역문이다. "춘당대春塘臺에 임어하여 인일제人日製를 베풀고 읊다 소서를 아울러 쓰다. 경신년 봄에 과거科擧를 베풀어 선비를 취한 것은 경사를 기록하기 위함이었다. 초시初試는 삼소三所로 나누어서 보였다. 일소一所는 남궁南宮이었는데, 통추부通樞府에서 광화문光化門 밖까지 이르고 마침내는 경조京兆의 앞 길까지 베[布]로 성城을 만들었는바, 과거에 응시한 자 총 3만 2598인 가운데 시권試券을 바친 자는 1만 3737인이었다. 이소二所는 태학太學의 비천당丕闡堂이었는데, 대성전大成殿 문 밖으로부터 향교香橋에까지 사람이 그득했는바, 과거에 응시한 자 총 3만 9870인 가운데 시권을 바친 자는 1만 520인이었다. 삼소三所는 명륜당明倫堂이었는데, 사람이 식당食堂의 다리[橋]를 거쳐 마침내 벽송정碧松亭에 이르렀는바, 모두 이상과 같이 베로 성을 만들었고, 과거에 응시한 자 총 3만 9370인 가운데 시권을 바친 자는 1만 4357인이었다. 그래서 삼소를 통합하면 과거에 응시한 자는 모두 11만 1838인이고, 시권을 바친 자는 모두 3만 8614인이었으니, 과거를 보여온 이래로 관광인觀光人이 이렇게 많은 적이 없었다. 인일제는 바로 초시의 다음 날에 보였다. 춘당대에 과장科場을 설치했는데, 관덕정觀德亭에서 관풍각觀豐閣에 이르기까지 사람이 그득했는바, 과거에 응시한 자는 모두 10만 3579인이었고, 시권을 바친 자는 모두 3만 2884인이었다. 그중에는 서울이 2211인, 경기京畿가 3586인, 해서海西가 3111인, 관서關西가 3173인, 호서湖西가 6096인, 관동關東이 1025인, 호남湖南이 4700인, 영남嶺南이 5231인이고, 북관北關은 관동의 숫자와 같았으며, 화성華城이 368인, 광주廣州가 356인, 송도松都가 210인, 강도江都가 90인, 제주濟州가 3인이었고, 거주지를 기록하지 않은 자가 766인이었으니, 참으로 굉장하다고 할 만하다. 호경鎬京 벽옹辟廱의 동서남북에 각각 부제賦題를 게시하고 경향京鄕에서 장원壯元 각 1인씩을 취하여 사제賜第하고, 그다음으로 삼하三下 100인은 초시初試에 부쳤는데, 서울이 10인, 경기가 10인, 해서와 관서가 각각 8인, 호서가 11인, 관동이 7인, 호남과 영남이 각각 11인, 북관이 8인, 화성이 5인, 광주와 송도 및 강도가 각각 3인, 제주가 2인이었다. 또 그다음으로 차상次上 각인各人에게는 시상施賞을 하는 데 있어 경향京鄕에 각각 몫을 나누어서 삼하三下의 예와 같이 하였는데, 오직 제주에는 1인이 줄고 화성에는 1인이 더해졌다. 그리고 시권을 심사하여 급제자의 방榜을 내거는 데에는 해서 · 관서 · 호서를 먼저 하고, 그다음은 관동, 그다음은 호남과 영남, 그다음은 북관의 순으로 하였으니, 이는 ≪시경≫ 본장本章에서 깨우쳐 준 말을 따른 것이다. 마침내 인人 자를 뽑아서 짓다. '춘당대의 사물이 모두 따뜻한 봄이라서春臺物物摠陽春 / 동서남북이 임금의 손 되기에 이로워라南北東西利用賓 / 바다처럼 넓은 마당 삼만의 시권 속에如海廣庭三萬券 / 그 누가 충효 드높여 장원한 사람인고阿誰忠孝壯元人'"

입춘 立春

경기도 골짜기의 여섯 읍에서는 움파, 산갓, 승검초를 진상한다. 산갓은 이른 봄 눈이 녹을 무렵 산에서 자생하는 겨자이다. 끓는 물에 데쳐 초장에 먹으면 맛이 대단히 매워서 고기를 먹은 후에 먹으면 좋다. 승검초는 움에서 기른 당귀當歸의 싹이다. 깨끗하기가 마치 은비녀 다리와 같은데, 꿀에 찍어 먹으면 맛이 매우 좋다.

승정원承政院에서는 초계문신抄啟文臣과 시종신侍從臣에게 궁전에 쓸 춘첩자春帖子를 지어 바치게 하는데, 명패命牌로써 제학提學을 불러 운韻을 내고 채점하게 한다. 설날 연상시延祥詩와 단오첩端午帖도 모두 이 예에 따른다.

백성의 살림집이 많이 모여 있는 여항의 시정에서는 일반적으로 대련對聯을 사용한다.

산처럼 오래 살고, 바다처럼 부자 되라.

모든 재앙은 가고, 온갖 복은 오라.

입춘에 크게 길하고, 따뜻한 봄날 경사가 많아라.

나라는 태평하고 백성은 평안하며, 집집마다 넉넉하고 사람마다 풍족하라.

요임금 시절이요, 순임금 세상이어라.

임금을 사랑하여 도道가 열리길 바라며, 나라를 걱정해 풍년 들기 바란다.

천하는 태평한 봄날이요, 사방에는 아무 일도 없어라.

나라에는 풍운같이 경사 일고, 집에는 양식 걱정 없어라.

봉황은 남산 달 아래에서 울고, 기린은 북악 바람에 노닌다.

재앙은 봄눈처럼 사라지고, 복은 여름구름 따라 일어나라.

버드나무는 황금처럼 아름답고, 배꽃은 백설처럼 향기롭다.
북당의 원추리는 푸르고, 남극의 수성壽星은 밝으리라.
하늘에는 봄이 가깝고, 사람에게는 오복이 온다.
마당을 쓸면 황금이 생기고, 문을 열면 만복이 들어온다.
닭은 새해의 덕을 부르고, 개는 묵은해의 재앙을 쫓는다.
대문은 춘하추동 복을 맞이하고, 방문은 동서남북 재물을 들인다.
여섯 자라는 장수長壽를 축원하고, 아홉 용은 보물을 실어온다.

상인방[문미門楣]에는 단첩單帖을 붙인다.

봄이 문 앞에 오자 부귀가 늘어난다.
봄빛은 길한 사람 집에 먼저 온다.
하늘에는 좋은 새들이 노래를 화답한다.
봄날의 따뜻한 기운이 상인방에 가득하다.
높은 이름 드높여 서울 안에 가득 찬다.

사대부들은 새로 지어 쓰거나 옛사람의 좋은 구절을 골라 쓰기도 한다.

畿峽六邑進葱芽山芥辛甘菜. 山芥者, 初春雪消時, 山中自生之芥也. 熱水淹之, 調醋醬, 味極辛烈, 宜於食肉之餘. 辛甘菜者, 窨養當歸芽也. 淨如銀釵, 股夾蜂蜜, 噉之甚佳. 承政院抄啓侍從製進殿宮春帖子, 牌召提學, 命韻考第, 元日延祥詩及端午帖, 俱用是例. 閭巷市井通用對聯. 壽如山富如海, 去千灾來百福, 立春大吉建陽多慶, 國泰民安家給人足, 堯之日月舜之乾坤, 愛君希道泰憂國願年豊, 天下泰平春四方無一事, 國有風雲慶家無桂玉愁, 鳳鳴南山月麟遊北岳風, 灾從春雪消福逐夏雲興, 柳色黃金嫩梨花白雲香, 北堂萱草綠南極壽星明, 天上三陽近人間五福來, 掃地黃金出開門百福來, 鷄呼新歲德犬吠舊年灾, 門迎春夏秋冬福戶納東西南北財, 六鰲拜獻南山壽九龍載輸四海珍. 門楣上單帖. 士大夫多用新製, 或揀古人佳語.

움파

1

산갓

2

1 **움파**[총아葱芽].
움파는 겨울에 베어낸 줄기에서 봄에 연한 속대를 내보이며 자라나온 대파를 말한다. 대파는 생으로 먹을 때의 매운맛과 특유의 향, 그리고 익혔을 때 단맛으로 인해 예로부터 음식에서 빠지지 않는 향신채香辛菜(음식에 맵거나 향기로운 맛을 더하는 채소)이다. 따뜻한 지방에서 가을에 종자를 뿌려 이듬해 봄에 수확하는 겨울 대파는 여름 대파에 비해 더 단단하고 단맛이 강하다.

2 **산갓**[산개山芥].
잎이 갓을 닮아 '산갓'이라는 이름이 붙었다. 겨자처럼 톡 쏘는 맛이 나는 산갓은 '는쟁이냉이'라고도 하는데, 봄 눈 속에서 올라와 구하기 어렵다. 산갓을 이용한 김치는 조선 시대 최고의 별미김치였다.

승검초

승검초[신감채辛甘菜].

승검초는 짙은 향기와 단맛이 나는 산나물로서 예로부터 귀하게 여겨 온 우리나라 특유의 향채香菜(향기로운 나물)이나 항간에서는 뿌리를 귀한 약재로 쓰는 당귀當歸라는 이름으로 더 잘 알려져 있다. 이 약을 먹으면 기혈이 마땅히 제자리로 다시 돌아온다 하여 당귀라는 이름이 붙었다는 속설이 있다. 참고로 『경도잡지』에서 말하는 움파, 산갓, 승검초를 이용해 오신채五辛菜를 만들어 먹는다. 오신채는 입춘날 먹는 시식時食(그 계절에 알맞은 음식)으로 다섯 가지 매캐한 모듬나물이다. 시대에 따라 그리고 지방에 따라 나물의 종류가 다르지만, 다음 여덟 가지 나물 가운데 노랗고 붉고 파랗고 검고 하얀, 각색 나는 다섯 가지를 골라 무쳤다. 파, 마늘, 움파, 달래, 평지, 부추, 무릇 그리고 미나리의 새로 돋아난 싹이나 새순이 그것이다. 노란색을 한복판에 무쳐 놓고 동서남북에 청, 적, 흑, 백의 사방색四方色 나는 나물을 배치해 내는데, 여기에는 임금을 중심으로 하여 사색당쟁四色黨爭을 초월하라는 정치 화합의 의미가 부여되어 있다고도 한다. 임금이 굳이 오신채를 진상 받아 중신重臣(중요한 관직에 있는 신하. 정이품 이상의 벼슬아치)에게 나누어 먹인 뜻도 여기에서 찾을 수 있을 것이다. 백성들 역시 오신채를 통해 가족의 화목을 상징적으로 보완하고, 사람으로서 갖추어야 할 다섯 도리인 인仁, 의義, 예禮, 지智, 신信을 증진하는 것으로 알았으니, 대단히 철학적인 뜻을 담고 있다 하겠다. 아울러 다섯 가지 맵고 쓰고 쏘는 이 오신채를 먹음으로써 인생의 다섯 가지 괴로움을 참아내라는 처세의 교훈도 담겨 있다. 옛말에 오신채에 기생하는 벌레는 고통을 모른다는 말이 있듯이, 고통을 참아내는 힘을 길러주는 음식으로 여겨지기도 했던 것이다. 현실적으로는 추운 겨우내 신선한 채소를 먹을 수 없던 상황에서 입춘 전후에 오신채를 먹으면서 입맛을 되찾고, 겨울 동안 움추렸던 몸과 마음을 풀며 봄맞이의 기분을 느낄 수 있었다. 불교에서는 이것들을 '오훈五葷'이라 하여 금했다.

초계문신抄啟文臣

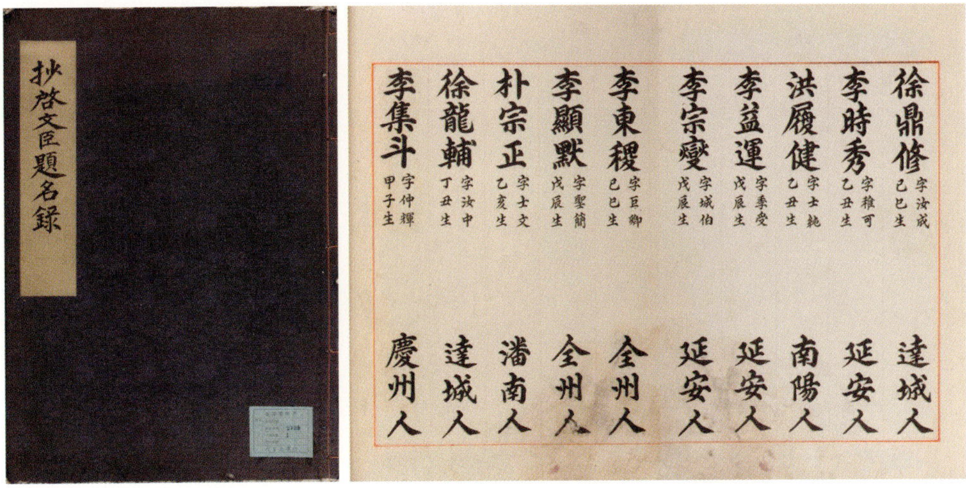

『**초계문신제명록**抄啓文臣題名錄』(1786). 서울대학교 규장각한국학연구원 소장.

1781년(정조 5)부터 시행된 문신文臣 재교육 프로그램인 초계문신제도抄啓文臣制度에 선발된 학자들의 명단을 정리한 인명록이다. 정조 대 10회, 헌종 대 2회 등 총 12회에 걸쳐 선발된 학자들의 이름이 수록되어 있다. 초계문신은 정조 때 규장각奎章閣에 특별히 마련된 교육 및 연구 과정을 밟던 문신들로, 당하문신堂下文臣 중에서 문학에 재주가 뛰어난 사람을 뽑아서 다달이 강경講經(과거시험에서 시험관이 지정하여 주는 경서의 대목을 외던 일)과 제술製述(과거시험에서 시를 짓거나 글을 쓰는 일)의의 시험을 보게 하던 사람들을 말한다. 『정조실록』에 따르면 37세 이하의 문신에 한하고, 『대학』, 『논어』, 『맹자』, 『시전』, 『서전』, 『주역』으로 순서를 정하여 돌려 가면서 익혔으며, 경서의 강을 끝낸 다음에 비로소 『사기』를 강하였다. 초계문신제는 조선 전기의 사가독서제賜暇讀書制(유능한 젊은 문신들을 뽑아 휴가를 주어 독서당에서 공부하게 하던 일)를 이어받은 것으로, 37세 이하의 참상參上(육품 이상 종삼품 이하의 벼슬)과 참하參下(칠품 이하의 하급관리)의 당하문신 중 승문원承文院(외교에 대한 문서를 맡아보던 관아)의 분관分館(새로 문과에 급제한 사람을 승문원, 성균관, 교서관의 삼관三館에 나누어 배치하여 '권지權知'라는 이름으로 실무를 익히게 함)인 자를 뽑아 규장각에서 교육시키고 40세에 졸업시키는 제도이다. 1781년에 처음 시행되었다. 교육의 성과를 높이기 위해 초계문신들은 신분 및 경제적 보장 조처가 취해졌고, 잡무도 면제되었으며, 왕이 직접 이들을 지도 편달하는 친림親臨(임금이 몸소 나옴)의 행사도 있었다. 정조는 이 제도의 시행을 통해 연소한 문신들을 재교육함으로써 인재를 양성하고, 나아가 자신의 친위세력을 배출하여 당파의 타파를 시도했다. 후자의 목표는 성공하지 못했다. 이 제도는 정조 대의 문화정책의 수행이나 인재의 양성에 기여했다고 평가된다.

제학提學

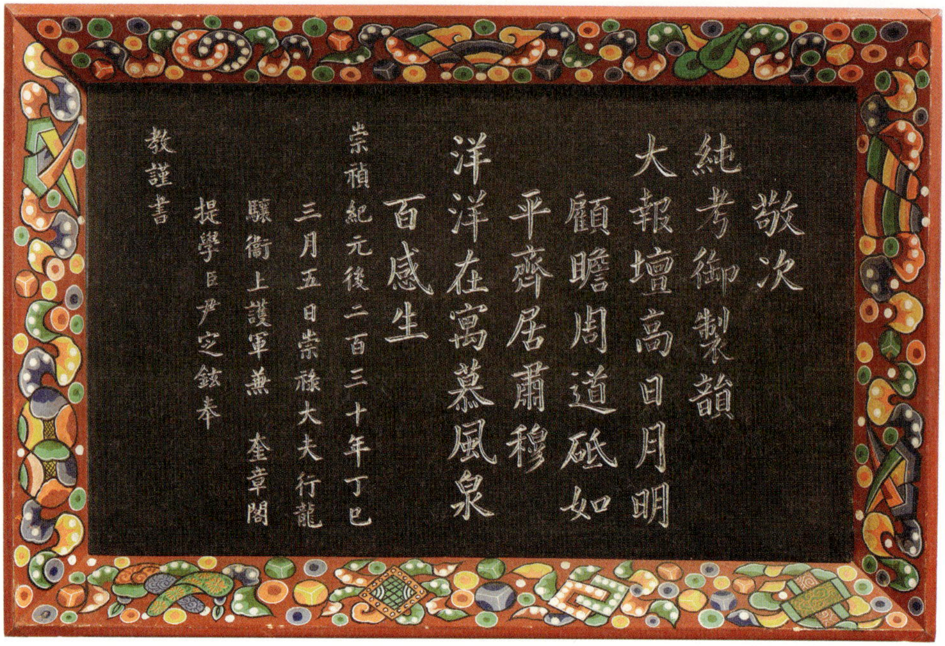

「경차순고어제운 현판敬次純考御製韻懸板」(1857). 국립고궁박물관 소장.

1857년 3월 5일에 철종哲宗(재위 1849~1863)이 순조의 어제시御製詩에 차운하여 지은 시를 새긴 현판懸板(글자나 그림을 새겨 문 위나 벽에 다는 널조각)이다. 대보단大報壇(명나라의 태조 · 신종 · 의종을 제사 지내던 사당으로 임진왜란 때 명나라가 원병을 보내주었다고 하여 숙종 30년인 1704년에 창덕궁 후원後苑에 설치함)의 높고 평탄함과 명나라에 대한 사모의 마음을 읊은 것으로 규장각奎章閣 제학提學 윤정현尹定鉉(1793~1874)이 전교를 받들어 글씨를 썼다. 윤정현은 1841년(헌종 7) 성균관에서 행한 특별시험 황감응제黃柑應製에 뽑혀, 1843년 3년에 한 번씩 돌아오는 전시殿試(복시覆試에서 선발된 사람에게 임금이 친히 치르게 하던 과거로 문과 33명, 무과 28명의 합격자를 재시험하여 등급을 결정하였는데, 특별한 사유가 없는 한 떨어뜨리는 법은 없었음)에 급제하였다. 51세의 나이로 늦게 벼슬을 얻었으나, 이듬해 규장각대교奎章閣待敎에 뽑혀 들어간 뒤 학문 · 문장의 조예와 가문적 배경으로 인하여 급속히 승진하였다. 2년 뒤인 1846년 성균관 대사성을 거쳐 이듬해 정월 재신宰臣(정삼품 당상관堂上官 이상의 벼슬)의 반열에 올라 홍문관제학弘文館大提學을 역임하고, 1848년 황해도 관찰사로 나갔다가 1년 만인 1849년 2월 병조판서가 되었다. 과거급제 후 6년 만에 판서에 오른 것이다. 이후 이조 · 예조 · 형조의 판서를 두루 거치고, 1856년(철종 7) 9월 판의금부사判義禁府事를 겸직하였으며, 11월에는 규장각제학奎章閣提學이 되었다.

입춘첩立春帖

1 **입춘방**立春榜. 국립민속박물관 소장.

입춘날 벽이나 문짝, 문지방 따위에 써 붙이는 글을 입춘방이라고 한다. 입춘첩 또는 춘첩春帖 혹은 춘첩첩春帖子라고도 하는데, 궁에서는 설날에 문신들이 지어 올린 신년을 축하하는 시인 연상시延祥詩 중에서 잘된 것을 골라 대궐의 기둥과 난간에 써 붙였는데, 일반 민가와 상점에서도 그러한 풍속을 따라 새봄을 송축했다. "옛 풍속에 궁중에서는 문사文詞를 담당한 신하를 시켜 입춘날에 입춘첩, 정월 초하룻날에 연상첩延祥帖, 단옷날에 단오첩端午帖을 지어서 바치게 하여 궁전의 기둥에 붙이며, 백성들은 축사를 종이에 써서 입춘날을 기다렸다가 일시에 문짝과 기둥에 붙여 좋은 일로 여기는데, 이것을 '입춘 부친다'라고 한다."(『해동죽지』) 입춘첩은 춘축春祝이라고도 했다. "대궐 안에는 춘첩자를 붙이고, 사대부와 서민의 집 그리고 시장의 가게에는 모두 춘련春聯을 붙여 봄이 온 것을 기리고 신에게 비는 것을 춘축春祝이라고 한다."(『동국세시기』) 예로 제시한 첫 번째 사진의 글은 '입춘대길立春大吉(입춘을 맞아 크게 길하다)', '건양다경建陽多慶(날씨가 따뜻해지니 경사도 많다)', 두 번째 사진의 글은 '개운홍희開運鴻禧(운이 트여 대복이 온다)', '국태민안國泰民安(나라는 태평하고 백성은 편안하다)'이다.

2 **삼두응**三頭鷹 **입춘첩**. 서울역사박물관 소장.

"왕십리 지역의 일부 공장들과 상가들에서 오늘날도 입춘이 되면 입춘첩을 붙이는 사람들이 많다. 그런데 이 입춘첩들 중에 바탕에 삼두응三頭鷹이 그려져 있는 첩들이 종종 보인다. 이것은 그 가게의 주인이 삼재가 들었을 경우 이러한 형태의 입춘첩을 사찰이나 무속인들에게 받아서 붙인다고 한다. 집안의 안녕을 비는 입춘첩에 삼재(수재, 화재, 관재)까지 막는 부적을 바탕에 그려 넣어 일거양득의 효과를 누리고자 하는 의도를 엿볼 수 있다."(서울역사박물관 설명)

3 「**영조어필팔곡병**英祖御筆八曲屛」. 경희대학교 혜정박물관 소장.

영조의 친필 묵서墨書(먹물로 쓴 글씨)로 이루어진 춘첩春帖을 모아 8폭의 병풍으로 꾸민 것이다. “이 병풍에는 영조가 직접 쓴 ‘춘양다경春陽多慶’, ‘춘축春祝’, ‘춘원春願’ 등 축원의 글이 대자大字로 필사되어 있고, 그 하단에 영조 어제어필 시가 함께 장황되어 있다. 한편, 병풍 제1폭에 내사기內賜記와 봉투가 장황되어 있는데, 내사기에는 ‘선사지기宣賜之記’라는 인장이 찍혀 있고 ‘건륭 46년 7월 30일 곡산부사谷山府使 오재소吳載紹(1729~1811)에게 선조어필先朝御筆 1건을 내부에서 하사 한다’라는 내용이 적혀 있다. 봉투에는 ‘옥판玉板 1건과 목판 1건을 곡산부사에게 하사 한다.’라고 되어 있다.”(수원박물관 2015년 특별기획전 ‘영조어필’ 전시도록 설명)

명패命牌들

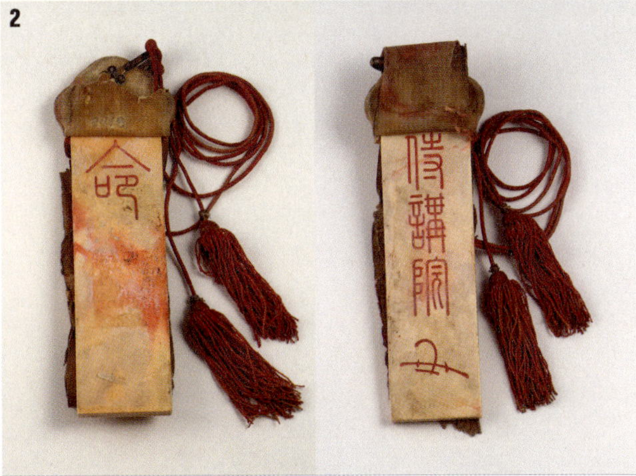

1 「**철제은입총어사전명패**鐵製銀入總禦使傳命牌」. 국립중앙박물관 소장.

명패는 임금이 삼품 이상의 벼슬아치를 부를 때 보내던 나무패로, '명命' 자를 쓰고 붉은 칠을 한 것으로, 부르고자 하는 벼슬아치의 이름을 써서 돌렸다. 이를 받은 사람은 참석할 수 있으면 '진進', 참석할 수 없으면 '부진不進'이라 써서 되돌려 바친다. 총어사摠禦使(조선 말기의 중앙 군영인 총어영摠禦營의 으뜸 벼슬)의 명령임을 증명하는 전명패傳命牌다. 은실을 이용하여 한쪽 면에는 '총어사摠禦使', 다른 한쪽 면에는 '영令'이라는 글자를 새겨 넣었다.

2 「**상아제시강원명패**象牙製侍講院命牌」. 국립고궁박물관 소장.

시강원侍講院(세자나 왕태자의 교육을 담당한 관청. 왕세자를 상징하는 '춘春'을 써서 '춘방春坊'으로도 부름) 명패命牌는 임금이 시강원의 관리를 부를 때 내린, 상아象牙(코끼리의 엄니)로 만든 부신符信(나뭇조각이나 두꺼운 종이에 글자를 기록하고 증인證印을 찍은 뒤에, 두 조각으로 쪼개어 한 조각은 상대자에게 주고 다른 한 조각은 자기가 가지고 있다가 나중에 서로 맞추어서 증거로 삼던 물건)이다. 앞면에는 시강원侍講院과 임금의 수결手決(자기의 성명이나 직함 아래에 도장 대신에 자필로 글자를 직접 쓰던 일. 또는 그 글자)을 새기고, 뒷면에는 명命자와 직책을 새겼다. 모두 12부를 만들어 10부는 현재의 관원에게 주고, 2부는 검교檢校(해당하는 벼슬의 정원 외에 임시로 증원할 때나 실제 사무를 보지 않고 이름만 가지고 있게 할 때, 그 벼슬 이름 앞에 붙여 이르던 말. 특별히 조선 영조 · 정조 때에, 임시로 규장각 제학提學이나 직각直閣의 사무를 맡아보던 사람의 벼슬 이름 앞에 붙여 이르기도 함)에게 주었다.

연상시延祥詩

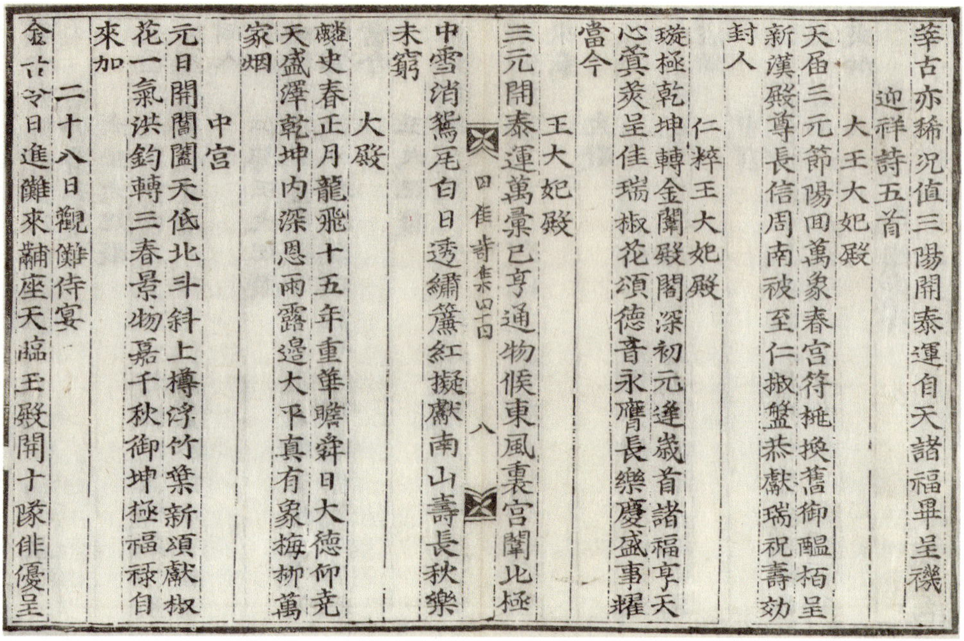

華古亦稀況值三陽開泰運自天諸福畢呈禨
迎祥詩五首
大王大妃殿
天啓三元節陽回萬象春宮符桃換舊御醞栢呈
新漢殿尊長信周南被至仁椒盤恭獻瑞祝壽効
封人
仁粹王大妃殿
璇極乾坤轉金闌殿閣深初元逢歲首諸福享天
心賁爻呈佳瑞椒花頌德音永膺長樂慶盛事耀
當今
王大妃殿
三元開泰運萬彙已亨通物候東風裏宮闈北極
四佳詩集四 八
中雪消鴛尾白日透繡簾紅擬獻南山壽長秋樂
未窮
大殿
麟史春正月龍飛十五年重華瞻舜日大德仰堯
天盛澤乾坤內深恩雨露邊大平真有象梅柳萬
家烟
中宮
元日開閶闔天低北斗斜上樽浮竹葉新頌獻椒
花一氣洪鈞轉三春景物嘉千秋御坤極福祿自
來加
二十八日觀儺侍宴
今日進儺來黼座天臨玉殿開十隊俳優呈

서거정徐居正(1420~1488)**의 연상시 다섯 편. 『사가집**四佳集』. 서울대학교 규장각한국학연구원 소장.

각각 대왕대비전大王大妃殿, 인수왕대비전仁粹王大妃殿, 왕대비전王大妃殿, 대전大殿, 중궁中宮에 지어 바쳤다. 영상시迎祥詩라고도 한 연상시는 "금후에는 춘첩자春帖子와 영상시는 매년 새로 짓게"(『세종실록』) 했고, "옛일을 따라서 입춘의 연상시와 단오의 첩자를 (임금의 교서 등을 작성해 올렸던) 지제교知製教로 하여금 5언절구로 짓게 한 후, 그 가운데 뛰어난 한 수를 택하여 궁문에 붙였다."(『성종실록』)고 했다. 서거정의 영상시 중 왕대비전에 올린 시를 읽어 본다. "삼원으로 태평한 운세가 열리니 / 온 세상 만물이 이미 형통하였네 / 만물의 철 따른 변화는 동풍 속이요 / 후비의 궁전은 대궐의 중심이로다 / 눈은 기왓장에 하얗게 녹아내리고 / 햇살은 수놓은 주렴에 비춰 빨갛네 / 남산 같은 수를 올리고자 하노니 / 장추궁에 즐거움이 무궁했으면." 참고로 '삼원'은 정월正月 초하루로, 연年, 월月, 일日의 처음이라 하여 이렇게 말한다. '남산'은 곧 임금이나 웃어른의 장수를 축복하는 관용구이다. '장추궁'은 태후의 처소를 지칭한다.

대련對聯과 단첩單帖

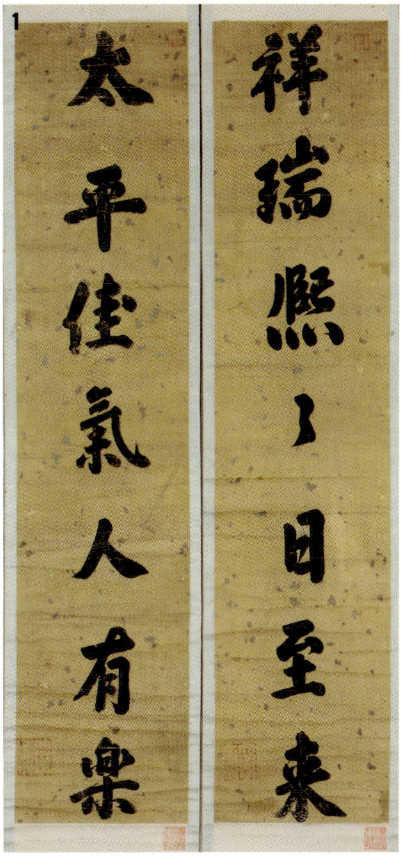

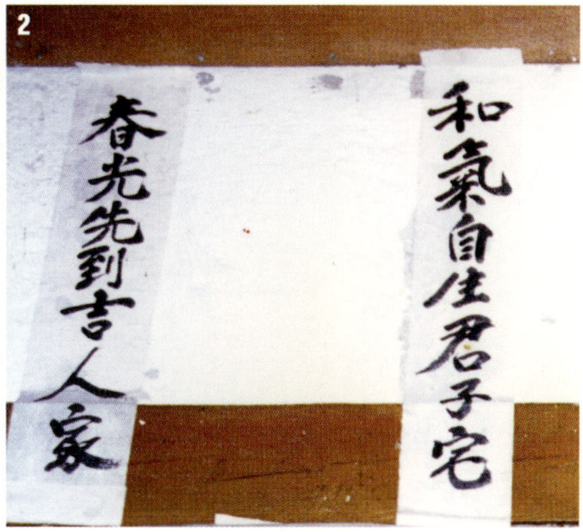

1 「**철종어필대련**哲宗御筆對聯」. 국립중앙박물관 소장.
대련은 대對를 맞춘 글귀, 곧 글자 수가 같고 의미가 상응하며 구조가 같은 두 글귀를 말한다. 대구對句라고도 한다. 철종의 대련은 "태평하고 아름다운 기운 사람이 즐겁게 누린다[태평가기인유락太平佳氣人有樂]"는 구절과 "상서로운 밝은 일이 날마다 이른다[상서희희일지래祥瑞熙熙日至來]"는 구절이 서로 대를 이루고 있다.

2 **단첩**. 국립민속박물관 소장.
단첩은 대련對聯처럼 대구對句로 되어 있지 않고 한 구로 이루어진 글을 말한다. 예시한 단첩의 각각은 왼쪽부터 "춘광선도길인가春光先到吉人家(봄볕은 운수 좋은 사람의 집에 먼저 온다)", "화기자생군자댁和氣自生君子宅(따스하고 화창한 기운은 군자의 집에서 저절로 생겨난다)"이다.

상원 上元

찹쌀밥에 대춧살, 곶감, 삶은 밤, 잣을 섞고 다시 꿀, 참기름, 진간장[진장陳醬]으로 조미한 것을 약밥이라고 하는데, 정월대보름의 맛난 음식으로 신라의 옛 풍속이다. 『동경잡기東京雜記』를 보니, "신라 소지왕炤智王 10년 정월 15일에 왕이 천주사天柱寺에 행차했을 때, 날아가던 까마귀가 왕에게 경고하여 역모를 꾀한 중을 쏘아 죽였다. 나라 풍속에 정월대보름날 찹쌀밥을 지어 보새報賽, 곧 까마귀의 은혜에 보답하는 제사를 지낸다."라고 하였다.

십사일 밤에 짚으로 인형을 엮어 만든 것을 처용處容, 곧 제웅이라고 하는데, 머리 안에 동전을 넣는다. 아이들이 밤새도록 문을 두드리며 처용을 달라고 외치면 주인은 문을 열고 던져 주는데, 아이들은 그것을 얻어서는 즉시 머리를 깨뜨려 동전을 얻으려고 다툰다. 『문헌비고文獻備考』를 보니, "신라 헌강왕憲康王이 학성鶴城에 행차했을 때, 동해의 용왕이 아들 일곱 아들을 거느리고 임금님 가마 앞에서 춤을 추었다. 그 가운데 아들 하나가 임금의 가마를 따라 서울로 들어왔는데, 그가 처용이다."라고 했다. 오늘날 장악원掌樂院 향악부鄕樂部에서는 처용무處容舞를 춘다.

항간에서는 판수의 점을 믿어 판수가 "일직성日直星, 월직성月直星과 수직성水直星이 명궁明宮에 든 사람은 모두 재액을 맞는다."라고 하면, 종이를 잘라 해와 달의 모양을 만들고 나무에 끼워 용마루에 꽂고, 또 종이에 밥을 싸 한밤중에 우물에 던져 재액을 물리친다. 처용직성處容直星을 가장 꺼리는데, 짚으로 인형을 만들어 길에 버리면 재액을 물리칠 수 있다.

계집애들은 나무로 만든 작은 호로葫蘆를 만들어 청, 홍, 황색으로 각각 한 개씩 칠을 하여 채색실로 끈을 만들어 차고 다니다가, 정월대보름날 밤에 몰래 길에 버림으로

써 소액消厄, 곧 액을 없앤다.

맑은 새벽에 밤이나 무를 깨물면서 일 년 열두 달 무사태평하기를 축원하는 것을 부럼이라고 한다.

소주를 한 잔 마셔 귀를 밝게 한다. 섭정규葉廷珪의 『해록쇄사海錄碎事』를 보니, "사일社日에 치롱주治聾酒를 마신다."라고 했는데, 오늘날의 풍속에서는 정월대보름으로 옮겨졌다.

남녀가 이른 새벽에 갑자기 서로 불러 대답하면 "내 더위 사라."고 한다. 그래서 모든 꾀를 내어 불러도 대답하지 않는다. 육방옹陸放翁의 시를 보니, "원락院落에서 호로呼盧를 던지며 새해맞이 떠들썩 / 춘곤春困 파는 아이들은 오경에 일어나네"라고 했는데, 그 주註에 "입춘날 날이 밝기 전에 서로를 불러 춘곤을 판다."라고 하였다. 오늘날 매서賣暑, 곧 더위팔기는 이와 비슷한 것이다.

도성의 북문을 숙청문肅淸門이라 한다. 항상 닫아두고 이용하지 않는다. 그곳의 시내와 골짜기가 깨끗하고 그윽하여 정월대보름 전에 백성의 살림집이 많이 모여 있는 여항閭巷의 부녀자들이 세 번 가서 노는데, 그것을 도액度厄, 곧 액막이이라 한다.

무명실을 자아 옷을 지으면 길하다고 하여 부녀자들은 정월대보름날 실을 서로 선물한다.

새벽에 종각 네거리의 흙을 퍼다가 부뚜막에 바르면 재물이 모인다.

나물로 먹는 것은 대개 외꼭지, 가지 고지, 시래기 등인데, 모두 버리지 않고 서서히 햇볕에 말려서 정월대보름날을 기다려 삶아 먹으면 더위를 타지 않는다.

개를 먹이지 않는데, 먹이면 파리가 많이 꾀고 개가 마른다. 항간에서는 굶는 것을 농담 삼아 "개 보름 쇠 듯 한다."라고 한다. 봄을 타서 얼굴이 검게 되고 마르는 아이는 정월대보름날 백 집에서 밥을 빌어다가 절구를 타고 개하고 마주 앉아 개에게 한 숟갈 주고 자기도 한 숟갈 먹으면 다시는 병에 걸리지 않는다.

짚을 둑기[독기纛旗] 모양으로 묶고 깃대 끝에 씌워 집 옆에 세우고 새끼줄을 늘어뜨려 고정시키는 것을 화적禾積, 곧 볏가릿대라 한다. 우리나라 옛일에 정월대보름날 궁궐에서 빈풍칠월豳風七月의 경작하고 수확하는 모습을 모방하여 좌우로 나누어 승부를 겨루는데, 대개 이 역시 풍년을 기원하는 뜻이다. 여항의 화간禾竿도 마찬가지다.

과실나무의 갈라진 가지 사이에 돌을 끼워 넣으면 열매가 많이 열리는데, 그것을 가수稼樹, 곧 나무시집보내기라고 한다. 서광계徐光啓의 『농정전서農政全書』를 보니, "오얏나무만에만 이 법을 쓴다."라고 했다.

삼문三門 밖과 아현阿峴 사람들이 만리현萬里峴, 곧 만리재 위에서 돌을 던져 서로 싸우는데, 속설에 삼문 밖이 이기면 경기도에 풍년이 들고, 아현이 이기면 팔도에 풍년이 든다고 한다. 용산龍山과 마포[마호麻湖]의 악소배惡少輩, 곧 불량한 청년들은 떼를 지어 아현을 돕는다. 바야흐로 싸움이 한창일 때는 함성 소리가 지축을 흔들며, 이마가 깨지고 어깨가 부러져도 후회하지 않는다. 해당 부서에서는 종종 엄금해 중단시키지만, 성안의 아이들도 따라서 한다. 행인들은 모두 돌을 무서워해 피한다. 『당서唐書』「고려전高麗傳」을 보니, "매년 초에 패수浿水, 곧 대동강 가에 모여서 노는데 물과 돌을 서로 뿌리고 던지면서 달리고 쫓고 하기를 두세 번 하다가 그친다."라고 했는데, 이것이 우리나라 석전石戰의 시초이다.

어린아이들은 종이연에 액厄 자를 써서 해질녘에 연줄을 끊어 날려 보낸다. 연을 만드는 법은 대나무 뼈대에 종이를 붙여 키[기箕] 모양 비슷하게 만들어 오색칠을 한다. 기반연碁斑鳶, 묘안연猫眼鳶, 작령연鵲翎鳶, 어린연魚鱗鳶, 용미연龍尾鳶 등 이름과 모양이 매우 다양하다. 중국에서 풍쟁風錚, 곧 연날리기는 늦은 봄의 놀이인데, 우리나라는 겨울부터 정월대보름까지 한다. 날리는 법도 어느 하나로 한정되어 있지 않다. 종횡으로 휩쓸고 다니면서 다른 연과 서로 싸우는데, 연줄을 많이 끊은 연을 좋게 친다. 실을 합치고 아교를 칠해 흰말 꼬리처럼 말끔하게 만들거나 치자梔子로 누렇게 물들여 바람을 거슬러 쌩쌩 소리를 내는 연이 제일 좋다. 연줄을 잘 자르려고 심한 것은 사금파리나 구릿가루를 바르기도 하지만, 승패는 그것보다는 연싸움을 잘하고 못하는 데 달려 있다. 서울 소년들 가운데에서 연싸움을 잘하는 것으로 이름이 난 아이는 종종 부귀한 집에 불려 가기도 한다. 매년 정월대보름 하루 이틀 전에 수표교水標橋 위아래를 따라 연싸움을 구경하는 사람들이 담장처럼 모여든다. 아이들은 끊어져 어지럽게 떨어지는 연줄을 기다리거나 싸움에 진 연을 따라 담을 타고 집을 뛰어넘어 가는데, 사람들은 모두 놀라 겁을 낸다. 정월대보름이 지난 후에는 다시 연을 날리지 않는다.

어린아이들은 한 가닥으로 된 생명주실에 거위의 솜털을 매어 바람을 따라 날리는데, 그것을 고고매苦苦妹라고 한다. 몽골어로 봉황이라는 뜻이다.

해질녘에 횃불을 들고 높은 곳에 올라가는 것을 영월迎月, 곧 달맞이라고 하는데, 먼저 달을 본 사람이 길하다.

달이 뜨면 서울 사람들이 모두 종로에 나가 종소리를 듣고는 흩어져 여러 다리를 밟는데, 그러면 다리병이 낫는다고 한다. 대광통교大廣通橋와 소광통교小廣通橋와 수표교에서 가장 성대하다. 이날 저녁에는 전례대로 야금夜禁, 곧 밤 통행금지를 풀어 사람들이 매우 많이 모이는데 퉁소와 북소리로 요란하다. 육계굉陸啓浤의 『북경세화기北京歲華記』에는 "정월 보름날 밤에 부녀자들이 모두 나와 다리로 달려간다."라고 했고, 우혁정于奕正의 『제경경물략帝京景物略』에서는 "대보름날 저녁에 부녀자들이 서로 이끌고 밤에 다니면서 질병을 없애는 것을 주백병走百病이라고 한다."라고 했으며, 심방沈榜의 『완서잡기宛署雜記』에는 "십육일 밤에 부녀자들이 떼를 지어 노니는데, 다리가 있는 곳에서 삼삼오오 서로 이끌고 지나가는 것을 도액度厄, 곧 액막이라 한다."라고 했다. 이것이 바로 우리나라 풍속인 답교踏橋가 유래한 바이다. 『지봉유설芝峯類說』에 "대보름날 답교놀이는 고려 때부터 시작되었다. 태평한 때에는 매우 번성하여 남녀가 나란히 거리를 가득 메웠는데 밤새도록 그치지 않았다. 이에 법으로 금지하고 체포하는 데까지 이르렀다."라고 했다. 그래서 오늘날 풍속에는 답교하는 부녀자들은 없다.

糯米飯, 揉以棗肉柿餠蒸栗海松子, 更調蜂蜜芝麻油陳醬, 號藥飯, 爲上元佳饌, 新羅舊俗也. 按東京雜記, 新羅炤智王十年正月十五日, 幸天柱寺, 有飛烏警告于王, 射殺謀逆僧. 國俗以上元, 作糯米飯, 飼烏報賽. 十四日夜, 結草偶, 號處容, 顱中藏銅錢. 羣兒終夜, 打門喚處容, 主人開門擲之, 羣兒得便捶曳破顱爭錢. 按文獻備考, 新羅憲康王, 遊鶴城, 東海龍率七子, 歌舞於駕前, 其一子隨駕入京, 名曰處容. 今掌樂院鄕樂部, 有處容舞, 是也. 俗信盲卜, 盲言日月及水星直命宮, 俱有災厄, 剪紙象日月, 鉗以木揷屋脊, 以紙裹飯, 夜半投井中, 禳之. 最忌處容直星, 作草偶棄于道, 可禳. 淸晨嚼栗或蘿菖, 祝曰, 一年十二朔, 無事太平, 謂之嚼癤. 童女珮旋木小葫蘆, 靑紅黃各一, 用綵絲爲綬, 上元夜半, 潛捐于道, 消厄. 又飮燒酒一盞, 令人耳聰. 按葉廷珪海錄碎事, 社日飮治聾酒, 今俗移於上元. 士女凌晨, 猝然相呼, 諾之則曰, 賣吾暑, 百計呼之不肯. 按陸放翁詩, 呼盧院落譁新歲, 賈困兒童起五更, 註立春未明, 相呼賣春困. 今俗賣暑, 亦此類也. 都城北門曰肅淸. 恒閉而不用. 澗壑淸幽, 上元前閭巷婦女, 三遊此門, 謂之度厄. 纔木綿絲製衣吉祥, 婦女以上元綵相贈遺. 曉掘鍾閣十字街土, 傳竈財聚. 食菜者, 凡瓜顱茄皮蘿菖之葉, 皆不棄徐徐曬乾, 以待上元烹食. 不病暑不飼犬, 飼之則多蠅而瘦. 俗戲餓者, 爲上元犬. 小兒春病黧瘠者, 上元乞百家飯, 騎臼對犬而坐, 與犬一匙自啜一匙, 不復病東. 藁如纛狀, 冒竿首建屋傍, 張索把定, 稱禾積. 國朝故事, 正月望日, 大內象豳風七月耕穫狀, 分左右角勝, 盖亦祈豊之意. 而閭巷禾竿亦其一事爾. 果樹歧枝閣石子, 則果繁, 謂之嫁樹. 按徐光啓農政全書, 唯李樹用此法也. 三門外阿峴人, 飛石相鬪於萬里峴上, 俗云三門外勝, 則畿內豊, 阿峴勝, 則諸路豊. 龍山廝湖惡少, 結黨救阿峴方. 其酣鬪時, 喊聲動地, 破額折臂, 亦不悔也. 當部往往禁斷, 城中羣兒, 亦效而爲之. 行人皆畏石回避. 按唐書高麗傳, 每年初, 聚戲浿水之上, 以水石相濺擲, 馳逐再三而止, 此爲東俗石戰之始. 童子書厄字於紙鳶, 日暮斷送. 鳶制竹骨糊紙, 微似箕狀五色. 或碁斑猫眼鵲翎魚鱗龍尾名色特繁.中國風筝, 爲晚春之戲, 東俗自冬天至于上元. 且其飛法, 不住定一處. 縱横掃盪, 與他相交, 以多割爲快. 合絲淬膠, 淨如白馬尾, 或染梔黃, 凌風而吽者最善. 割甚者, 傅以磁末銅屑, 然在交法之能否. 都下少年, 有以善交鳶噪名者, 豪貴家往往延致. 每上元前一兩日, 水標橋沿河上下, 觀交鳶者, 簇如堵墻. 羣童候斷搶絲, 或追敗鳶, 踰墻越屋, 人多怖駭. 過上元後不復飛鳶. 小兒用獨繭絲, 繫鵝毳, 順風而颺之, 號苦苦妹. 蒙古語鳳凰也. 黃昏持炬登高, 謂之迎月, 以先見月者爲吉. 月出後都人悉出鍾街聽鍾, 散踏諸橋, 云已脚病. 大小廣通橋及水標橋最盛. 是夕例弛夜禁, 人海人城, 簫鼓喧轟. 按陸啓浤北京歲華記, 正月十五夜, 婦女俱出門走橋, 于奕正帝京景物略, 元夕婦女相率, 宵行以消疾病, 曰走百病. 沈榜宛署雜記, 十六夜婦女羣遊, 凡有橋處, 三五相率, 以過謂之度厄. 此卽東俗踏橋所沿也. 芝峯類說云, 上元踏橋之戲, 始自前朝. 在平時甚盛, 士女騈闐, 達夜不止, 法官至於禁捕. 今俗婦女無復踏橋者矣.

보름달

상원上元(정월대보름). 언스플래쉬.

상원이란 중원中元(음력 7월 15일, 백중날)과 하원下元(음력 10월 15일)에 대칭이 되는 말로서, 이것들은 다 도교적인 명칭이다. 이날은 우리 세시풍속에서 가장 중요한 날로 비중이 크다. 1월 1일은 1년이 시작하는 날로서 당연히 의의를 지녀 왔지만, 달의 움직임을 표준으로 삼는 음력을 사용하는 사회에서는 첫 보름달이 뜨는 대보름날이 보다 더 중요한 뜻을 지녔다. 민속놀이 등 세시풍속에서도 숫자상 가장 많은 비중을 차지한다. 최남선은 '대보름이라 함은 무슨 뜻입니까'라는 질문에 "옛날 아주 오랜 옛날 시절에는 사람들이 달 밝은 날을 신비한 의미로 좋아하여, 매양 보름날 밤이면 동네 동네가 한 마당에 모여서 놀이도 하고 혹 큰 판결사도 함이 보통인데, 일 년 십이월의 첫 번 드는 정월 보름은, 그해의 연운年運(당해의 운수)을 점치는 것이라는 의미로 특별히 소중하게 여겨서, 보름 가운데 큰 보름이라 하여 대보름이라고 일컬은 것입니다. 그리하여 이날이 깨끗하고 궂음과 이 날 달이 밝고 희미함과 이 날 공기가 맑고 흐림과 이날 풍세가 곱고 사나움 등으로써, 그 해 일년 동안의 수한水旱(장마와 가뭄)과 풍흉豊凶(풍작과 흉작)과 다른 여러 가지 화복禍福(재앙과 복)을 미리 짐작하며, 또 이것 저것 여러 가지 방법으로 일 년 내 모든 일의 길흉을 판단하는 풍속이 있었습니다."(『조선상식문답』)라고 대답하였다.

약밥[약반藥飯]

1 **약밥.** 국립민속박물관 소장.

"밤 · 대추 여러 가지 과실과 꿀을 섞어 지은 찰밥을 약밥이라고 하는 풍속은 미상불未嘗不(아닌 게 아니라 과연) 오랜 옛날부터의 일인 모양입니다. 누구든지 다 아는 옛날이야기에 신라의 제21대 소지왕이 어느 해 정월 보름에 신명이 위태한 일이 있더니, 까마귀가 깨우쳐 주어서 이를 면하니, 왕이 이 은공을 갚을 양으로 이 날을 까마귀 위하는 날로 하여, 해마다 약밥을 만들어서 제사한 것이 약밥의 시초라고 하는 것이 있습니다. 그러나 해가 바뀐 뒤에 일부러 밥을 하여 까마귀를 풀어 먹이는 풍속은 조선뿐 아니라 만주와 더 북쪽 여러 민족 사이에서 널리 행하는 바이니까, 소지왕이 신세 갚으려고 그리했다는 이야기는 그대로 믿을 수 없는 말입니다. 또 중국 음식에 여덟 가지 과실을 사탕에 볶아 찰밥에 섞어 먹는 팔보반八寶飯이라고 하는 것이 있으니, 우리 약밥이 꼭 조선만의 것이 아님을 알 것입니다. 그런즉 약밥은 약밥대로 따로 생긴 것이요, 정월에 까마귀를 대접하는 것도 저대로 따로 출처가 있는 일이며, 다만 과실 섞어 지은 밥을 소중하게 여겨서 정월 초생에 일년 내 벽사辟邪(사악한 것을 물리침)하는 의미쯤으로 먹는 것이 예로부터의 풍속이던 것이라고 생각하고 싶습니다. 후세에 와서는 까마귀 먹이는 일은 아주 없어지고, 정월 보름 안에 사람이 약밥을 먹어야 좋다고 하여서, 아무 음식 장수가 없던 옛날에 정월 초생이면 약밥 장수가 서울 성중에 떼지어 쏘대는 일을 보건대 약밥이 까마귀를 위하는 것이 아니라, 실상 사람을 위하던 것임을 짐작하겠습니다."
(『조선상식문답』)

2 **약밥의 재료들.** 국립민속박물관 소장.

『경도잡지』에서는 찹쌀밥에 대춧살, 곶감, 삶은 밤, 잣을 섞고 다시 꿀, 참기름과 진장으로 조미한 것을 약밥이라 한다고 했다. '찹쌀'은 '나미糯米'를 말하는데, 『향약구급방鄕藥救急方』에 "시속에서 점미粘米라고 한다. 그 성질은 차며 술을 빚으면 열을 낸다."라고 하였다. 그리고 '진간장'이라고 하는 '진장陳醬'은 검정콩으로 쑨 메주로 담가 빛이 까맣고 오래 묵어서 아주 진하게 된 간장을 말한다. 약밥에 대해서는 조풍연의 전언이 소중하다. "약식藥食은 약밥이라고도 한다. 우리나라의 고유한 음식으로서 워낙은 정월대보름의 시식時食(그 계절에 알맞은 음식)이라고 하지만, 정조正朝(설날 아침) 차례상에 오르는 것을 흔히 보아 왔다. 뿐만 아니라 큰 잔치이면 때없이 해먹는 고급 음식이다. 약식은 우리 소년 시절부터 떡집에서 만들어 파는 것을 보았고, 겨울철에는 밤참거리로 행상이 거리로 골목으로 외고 다녔지만 맛이 없었다. 이것을 만들 때 드는 재료가 매우 비싼 것뿐이고 만드는 기술이 까다로워서 진짜를 얻어먹기가 어려웠다. 그러므로 약식 잘 만드는, 솜씨 좋은 사람은 잔칫집에 뽑혀 다니기도 하였다.(약식을 만드는 과정은 다음과 같다. 필자) 찹쌀로 밥을 찐다.(수증기로 익힌다.) 여기에 미리 준비한 진간장과 흑설탕(꿀이 없는 경우)과 대추·밤, 그리고 참기름을 섞어 골고루 버무린다. 흑설탕과 참기름을 쓰는 까닭은 빛을 검게 하기 위해서이다. 흑설탕이 없으면 누런 설탕, 그것마저 구하기 어려우면 흰 설탕을 불에 녹여 누런빛을 내게 한다. 참기름은 맛과 미끈거려 버무리기 좋으라고 쓰는 듯. 잘 버무려진 것은 중탕中湯(끓는 물 속에 음식 담은 그릇을 넣어 익히거나 데움)하는 것이다. 익으면 약식이 되는데, 다 돼 갈 때쯤 그 위에 잣(실백)을 얹는다. 이상은 재료와 만드는 과정을 간단히 적은 것이지만 기술과 요령에 따라 만들어진 약식이 잘 되고 못 되고 하는 것은 무슨 까닭인가? 그것은 우선 재료가 진품이어야 한다. 특히 참기름 얻기가 매우 어려운 이즈음이라 잘 가려 써야 한다. 또 진간장은 집에 오래 묵혀 내려오는 것이 있을지 의문이다. 진간장이라고 하고 대량 생산해 팔고 있는 것은 왜간장이라면 모를까, 우리가 아는 진간장은 결코 아니다. 다음에는 중탕할 때의 열도와 시간이 매우 까다롭다. 과열하거나 시간이 지나치면 돼 나온 약식이 검은빛이 되기 쉽고 모자라면 희어지기 쉽다. 기술이란 바로 이 열도와 시간의 요령에 있는 것이다. 약식은 조선조의 명신 약봉 서성藥峯 徐渻(1558~1631)의 어머니가 공부하는 아들에게 대접하기 위해 생각해 낸 것이라 하며, '약'이란 글자가 달린 것이 '약봉'에서 나온 것이라 한다. 약봉이 매우 어진 양반이라 약현藥峴이란 동네 이름이 그가 거기서 살았기 때문에 생긴 것이라고 한다.(『서울잡학사전』)

처용處容(제웅)

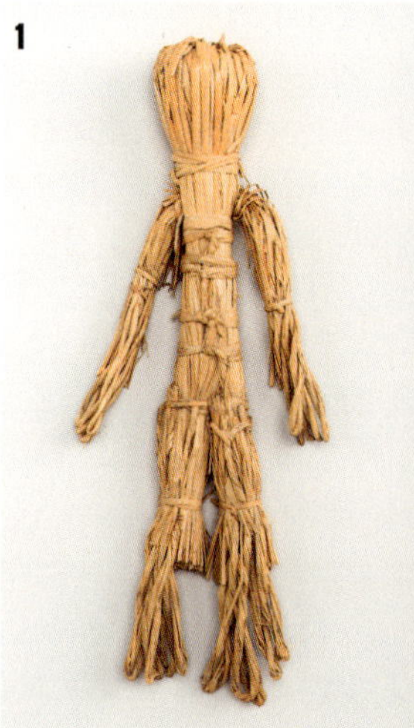

1 **제웅.** 국립민속박물관 소장.

'처용'은 음력 정월 열나흗날 저녁 액막이용으로 쓰는, 짚으로 만든 사람의 형상이다. 제웅, 추인芻人, 추령芻靈, 제용祭俑, 체용體俑, 초인草人, 초우인草偶人 등 다양하게 부른다. "옛날 사람들은 하늘에 반짝이는 별들이 공연히 있는 것이 아니라, 우리 인간에 있는 모든 물건을 떠맡아 지키고 있는 것으로 생각하는 가운데, 또 몇 살 먹은 사람은 무슨 별에 매여 있다고 하는 것을 믿습니다. 그런데 나후성이라는 별에 매이게 되는 운수를 당한 이는 신수가 심히 불길하니까, 정월 보름에 그림이나 인형을 만들어서 그것으로 하여금 내 액운을 대신 싣고 멀리 가게 할 필요가 있다 합니다. 이 소용으로 짚으로 인형을 만들어 거기 그 사람의 옷을 입혀서 그이 자는 옆에 두었다가 보름날 저녁에 내어다 버리는 것을 속담에 제웅이라고 하는데, 제웅이라 함이 무슨 뜻인지는 자세치 않습니다. 어떤 이는 말하기를 신라 시절에 동해 용왕의 아들로서 역질疫疾 귀신을 쫓는 능력을 가졌던 이 중에 처용이라는 사람이 있었으니, 그 이름을 빌어다가 액운을 쫓는 인형을 부르게 된 것이라 하나 꼭은 알 수 없습니다."(『조선상식문답』)

2 **제웅.** 국립민속박물관 소장.

"옛 풍속에 정월대보름날 짚을 묶어서 인형을 만들어 머리에는 돈을 넣고 헤진 옷을 입혀 싸라기죽으로 제사하고, 나후직성을 타고난 사람의 생년월일을 쓴다. 아이들은 제용을 구걸해 때리는데, 이것을 '제용치기'라고 한다."(『해동죽지』) 참고로 나후성羅睺星은 흉한 직성直星(사람의 나이에 따라 그 운명을 맡고 있는 아홉 별)으로 구설수가 있고 재수가 없는 불길한 별이다. 남자는 열 살, 여자는 열한 살에 처음 들며, 9년에 한 번씩 돌아온다고 한다. 나후직성羅睺直星 혹은 처용직성處容直星이라고도 하는데, 남자는 10, 19, 28, 37, 46, 55, 64, 73, 82세가 나후직성이고, 여자는 11, 20, 29, 38, 47, 56, 65, 74, 83세가 나후직성이다.

3 **제웅**. 국립민속박물관 소장.
"정월 14일 민간에서는 볏짚으로 인형을 만들어 그 속에 돈을 조금 넣는데, 머리 · 배 · 팔 · 다리 등 정해 놓은 바는 없다. 그리고 혹 아이들이 입는 바지저고리 등의 옷을 그 몸에 입히는데, 그것을 처용이라고 하여 액을 없애는 방편으로 삼는다. 저녁이 되면 거리의 아이들은 떼를 지어 집집마다 다니면서 처용이 있는지 없는지 묻는다. 처용을 만들어 둔 집에서 처용을 아이들에게 던져 주면 문 밖에 있던 아이들이 제각각 처용의 머리와 다리를 잡고서 좌우로 빼앗아 처용은 결국 조각조각 찢어진다. 그러면 아이들은 각기 잡아든 몸체를 뒤져 돈이 있으면 갖는데, 이것을 '타처용'이라고 한다. 일이 인륜의 옳음은 없으나 역시 시행된 지는 이미 오래이다."(『조선무속고』) 이런 풍습을 제웅치기, 타추인打芻人, 타추희打芻戲 등으로 불렀다.

4 **제웅**. 국립민속박물관 소장.
"한 묶음의 사람 모양 추령 / 생김새 대충 봐도 진짜 사람은 아니네 / 어째서 다투어 문 두드리며 나를 부르나 / 네 몸 속에 든 동전 때문이라네[一束生蒭所謂人, 夲來面目也非眞, 排門底事爭呼喚, 只爲青銅伴汝身]"(『세시잡영』) "한 묶음 제용에 패랭이 씌워 / 온 거리 밝은 달 아래에서 보내기 좋아하네 / 세상 사람들 제용이 생각 없다 비웃지만 / 나는야, 세상 사람이 도리어 제용이라 비웃으리[一束芻靈縱襳攡, 九街明月好相送, 世人笑俑無眞腦, 我笑世人還是俑]"(『해동죽지』)

5 **제웅치기**. 국립민속박물관 소장.
석남 송석하의 현지조사 사진이다. 사진 뒷면에 "정월 15일 야행正月十五日夜行"이라고 기재되어 있다. 사진 내용은 정월대보름 풍습인 제웅치기로, 짚으로 사람 형상을 만들어 옷을 입혀 집의 기둥 한쪽에 세워 놓았다.

처용무處容舞

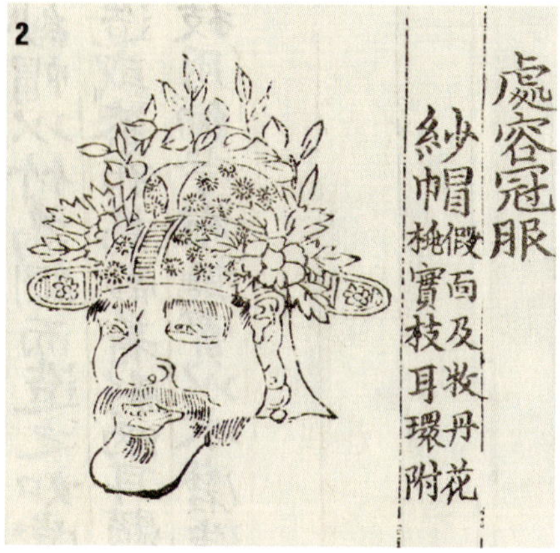

1 **처용가면**. 국립국악원 소장.
1795년 혜경궁 홍씨의 회갑연 행사를 기록한 『원행을묘정리의궤園幸乙卯整理儀軌』에 따르면, 처용가면은 피나무를 사용하여 새로 제작하였는데, 1척 5촌, 즉 45㎝에 달하였다고 한다.

2 **처용관복**處容冠服. 『악학궤범樂學軌範』. 서울대학교 규장각한국학연구원 소장.

3 **처용탈**. 국립민속박물관 소장.

4 **처용탈**. 국립민속박물관 소장.

5 **처용무.** 「이원기로회도梨園耆老會圖」, 『이원기로계첩梨園耆老契帖』(부분). 국립중앙박물관 소장.

「이원기로회도」는 1730년(영조 6) 장악원掌樂院(궁중에서 연주 되는 음악 및 무용에 관한 모든 일을 맡아보던 관청)에서 열린 고령의 전 · 현직 관리, 곧 기로耆老들의 잔치 장면을 그린 것이다. 이 잔치는 21명이 참석해 서로 시를 읊으며 친목을 도모했다. '계첩契帖'은 그 모임에 참여한 사람들이 계契를 조직해 만든 화첩畫帖(그림을 모아 엮은 책)을 말한다. 여기에 처용무가 등장한다. 처용무는 궁중 나례儺禮(민가와 궁중에서, 섣달그믐날에 묵은해의 마귀와 사신을 쫓아내려고 베풀던 의식)나 중요 연례宴禮(나라에 경사가 있을 때 베푸는 잔치)에 처용의 가면을 쓰고 추던 탈춤(중요무형문화재 제39호), 곧 신라 헌강왕憲康王 때의 처용 설화處容說話에서 유래된 가면무용假面舞踊이다. 구나驅儺(세밑에 궁중에서 전염병을 일으키는 역귀疫鬼를 쫓던 일. 또는 그런 의식. 역귀로 분장한 사람을 방상시方相氏가 쫓는 연극으로 이루어짐) 뒤에 추던 무용으로, 대개는 「처용만기處容慢機」와 「봉황음鳳凰吟」(「처용가」를 개작한, 조선 왕조의 문물을 찬미하고 태평을 기원하는 송축의 노래)에 맞추어 춤추었다. 『악학궤범』에 "섣달그믐날 밤[제석除夕] 나례에 두 번씩 처용무를 추었다." 라고 했는데, 그 격식은 다음과 같다. 5명의 무원舞員이 5방위五方位에 따라 각각 청[東], 홍[南], 황[中央], 백[西], 흑[北] 색의 옷을 입고 처용의 탈을 쓴 다음 한 사람씩 무대에 나가 한 줄로 선 채 일제히 「처용가」를 부르고, 노래가 끝나면 선 자리에서 5명이 두 팔을 올렸다내리고 서로 등지고 선다. 다음에는 발돋움춤으로 3보 전진하여 사방으로 흩어져 서로 등을 지고 추는 상배무相背舞, 왼쪽으로 돌며 추는 회무廻舞를 마친 뒤, 중무中舞가 사방의 무원舞員과 개별적으로 대무對舞하는 오방수양수무五方垂揚手舞를 춘다. 이 춤이 처용무의 절정을 이루는 부분이다. 이어서 일렬로 북향하고 「봉황음」을 제창한 다음 잔도드리[세환입細還入] 곡조에 따라 낙화유수무落花流水舞를 추면서 한 사람씩 차례차례 오른쪽으로 돌아 퇴장한다.

6 「**기사사연도**耆社私宴圖」, 『**기사계첩**耆社契帖』(부분), 국립중앙박물관 소장.

이 그림은 1719년(숙종 45) 숙종이 59세로 기로소耆老所에 들어가 친히 참석한 경희궁慶熙宮에서의 경로잔치를 그린 것인데, 오방처용무五方處容舞[궁중의 연회 때와 세모歲暮에 역귀疫鬼(전염병을 일으키는 귀신)를 쫓는 의식 뒤에 추던 춤으로, 파랑 · 노랑 · 빨강 · 하양 · 검정의 옷을 입은 다섯 무동舞童이 각기 처용의 탈을 쓰고 다섯 방위로 벌여 서서 여러 장면으로 바꾸어 가며 춤을 추는데, 그 사이에 「처용가處容歌」와 「봉황음鳳凰吟」을 부름]의 춤사위 모습을 잘 볼 수 있다. "처용희處容戲는 신라의 헌강왕 때부터 시작되었다. 신인神人이 바다에서 나와 처음에는 개운포開雲浦(경남 울산)에 나타났다가 경주로 들어왔는데, 그 사람됨이 기위奇偉하고 독특하여 노래와 춤추기를 좋아하였다. 익재益齋 이제현李齊賢의 시에 "조개 같은 이와 붉은 얼굴이 달밤에 노래하는데 / 솔개인 양 으쓱한 어깨에 붉은 소매가 봄바람에 춤춘다[具齒頳顔歌夜月, 鳶肩紫袖舞春風]라고 한 것이 그것이다. 처음에는 한 사람으로 하여금 검은 베옷에 사모紗帽를 쓰고 춤추게 하였는데, 그 뒤에 오방처용五方處容이 있게 되었다. 세종世宗이 그 곡절을 참작하여 가사를 개찬改撰하여 봉황음鳳凰吟이라 이름하고, 마침내 묘정廟廷의 정악正樂으로 삼았으며, 세조世祖가 이를 확대하여 크게 악樂을 합주合奏하게 하였다. 처음에 승도僧徒가 불공하는 것을 모방하여 기생들이 일제히 영산회상불보살靈山會相佛菩薩을 창唱하면서 외정外廷에서 돌아 들어오면 영인伶人들이 각각 악기를 잡는데, 쌍학인雙鶴人 · 오처용五處容의 가면 10명이 모두 따라가면서 느리게 세 번 노래하고, 자리에 들어가 소리를 점점 돋우다가 큰북을 두드리고 영인과 기생이 한참 동안 몸을 흔들며 발을 움직이다가 멈추면 이때에 연화대놀이[연화대희蓮花臺戲]를 한다. 먼저 향산香山과 지당池塘을 마련하고 주위에 한 길이 넘는 높이의 채화彩花를 꽂는다. 또 좌우에 그림을 그린 등롱燈籠이 있는데, 그 사이에서 유소流蘇(깃털이나 실을 이용해 만든 벼이삭 모양의 꾸미개)가 어른거리며, 연못 앞 동쪽과 서쪽에 큰 연꽃 받침을 놓는데 작은 기생이 그 속에 들어 있다. 보허자步虛子를 주악奏樂하면 쌍학雙鶴이 곡조에 따라 너울너울 춤추면서 연꽃 받침을 쪼면 두 명의 기생이 그 꽃받침을 헤치고 나와 서로 마주 보기도 하고 서로 등지기도 하며 뛰면서 춤을 추는데, 이를 동동動動이라고 한다. 이리하여 쌍학은 물러가고 처용이 들어온다. 처음에 만기縵機를 연주하면 처용이 열을 지어 서서 때때로 소매를 당겨 춤을 추고, 다음에 중기中機를 연주하면 처용 다섯 사람이 각각 오방五方으로 나누어 서서 소매를 떨치고 춤을 춘다. 그다음에 촉기促機를 연주하는데, 신방곡神房曲에 따라 너울너울 어지러이 춤을 추고, 끝으로 북전北殿을 연주하면, 처용이 물러가 자리에 열 지어 선다. 이때에 기생 한 사람이 '나무아미타불'을 창唱하면, 여러 사람이 따라서 화창和唱하고, 또 관음찬觀音贊을 세 번 창하면서 빙 돌아 나간다. 매번 섣달그믐날 밤이면 창경궁昌慶宮과 창덕궁昌德宮의 전정殿庭으로 나누어 들어가는데, 창경궁에서는 기악妓樂을 쓰고, 창덕궁에서는 가동歌童을 쓴다. 새벽에 이르도록 주악하고 영인과 기녀에게 각각 포물布物을 하사하여 사귀邪鬼를 물러가게 한다."(『용재총화』)

7 **처용무.** 국립민속박물관 소장.
서울 창덕궁 인정전 앞에서 행한 처용무를 찍은 흑백사진이다. 석남 송석하(1904~1948)가 수집한 사진 자료로 아키바 다카시秋葉隆(1888~1954)와 아카마쓰 지조赤松智城(1886~?)가 촬영한 것이다.

8 **처용무**(국가무형문화재 제39호). 국립국악원 소장.

판수 독경讀經

1 **김준근, 「복자 점 치고」.** 국립민속박물관 소장.

점복자占卜者(점을 치는 사람)가 거북점을 치고 있는 모습을 그린 그림이다. 거북점은 원래 거북의 등딱지를 불에 태워서 그 갈라지는 틈을 보고 길흉을 판단하는 점인데, 여기서는 납작하고 네모진 검은 나무 바탕에 흰 뼈를 붙여, 여러 가지 수효의 구멍을 새긴 골패骨牌 서른두 짝을 다 엎어 거북 모양으로 벌여 놓고, 혼자 젖히어 패를 맞추어 보면서 길흉을 판단하는 점이다. 소경인 점복자는 한 손에는 거북점통을 들고 있고, 머리에는 흑건黑巾(검은 색의 쓰개)을 썼다. 소반에는 종이와 불이 붙은 향이 올려져 있다.

2 **김준근, 「경 읽는 모양」.** 국립민속박물관 소장.

독경무讀經巫(경을 외우면서 굿을 하는 무당)가 경을 외우며 굿을 하는 모양을 그린 그림이다. 제사상 앞에는 북과 징을 치고 있는 독경무와 축원하는 여인이 앉아 있다. 독경무는 갓에 도포 차림이다. 여인은 건을 머리에 쓰고, 고름을 쥐고 있다. 얼굴은 가는 선으로 둥글게 그려졌다.

3 **독경하는 판수.** 『일본지리풍속대계日本地理風俗大系』(1930).
점치는 일을 직업으로 삼는 맹인인 판수는 민간신앙에서 무당과 함께 기원祈願을 하는 역할을 했다. 판수는 도교의 경문經文을 읊조리면서 귀신을 퇴치하는 신통력을 가졌다고 여겼다.

4 **김준근, 「판수 경 읽는 모양」.** 국립민속박물관 소장.
판수가 독경하는 모습과 독경을 의뢰한 집의 식구들을 그린 그림이다. 판수는 점을 치거나 독경을 했던 시각장애인으로 화면 속 판수는 북과 징을 두드리며 독경하며, 병풍에는 종이를 오려 만든 신장神將(귀신 가운데 무력을 맡은 장수신將帥神으로 사방의 잡귀나 악신을 몰아냄)을 걸었다.

5 **김준근, 「맹인호점盲人呼占」.** 『민속에 대한 기산의 지극한 관심』, 민속원, 2004, 269쪽.
도포에 갓을 쓴 맹인이 점을 보라고 하며 다니는 모습이다. 오른손에는 부채를 들었고, 왼손에는 맹인용 지팡이를 잡았다. 당시 맹인은 먹고 살기 어려웠고 몸도 자유롭게 움직일 수 없어서 대개는 역학易學을 배워 점을 치고 아울러 경문經文을 외워 생업을 삼았다.

직성直星

1

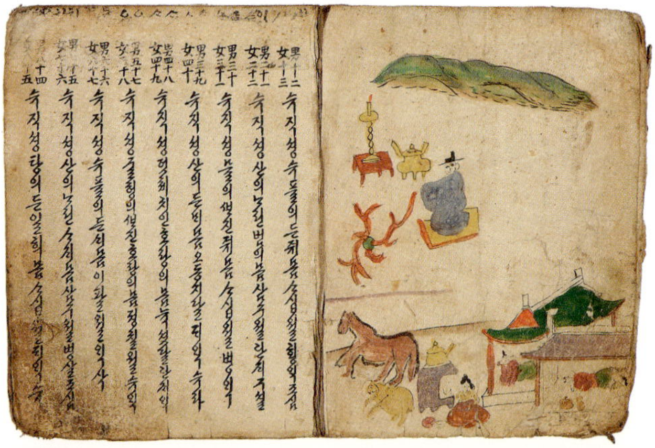

2

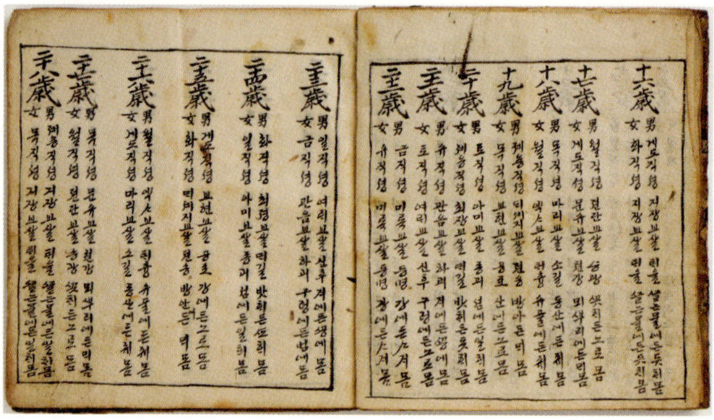

1 『직성행년법直星行年法』. 국립중앙박물관 소장.

9직성直星(사람의 나이에 따라 그 운명을 맡고 있는 아홉 별로 제웅직성, 토직성, 수직성, 금직성, 일직성, 화직성, 계도직성, 월직성, 목직성을 말함)의 믿음에 근거하여 사람의 나이에 따라 1년 운세를 점치는 데 쓰이던 책이다. 처용직성處容直星, 나후직성羅睺直星이라고도 하는 제웅직성은 직성 중에서 가장 흉한 직성으로 구설수가 있고 재수가 없는 직성이라고 해서 제일 꺼린다. 남자는 열 살, 여자는 열한 살에 처음 들며, 9년에 한 번씩 돌아온다고 한다. 남자는 10, 19, 28, 37, 46, 55, 64, 73, 82세가 나후직성이고, 여자는 11, 20, 29, 38, 47, 56, 65, 74, 83세가 나후직성이다.

2 『오행책五行冊』. 국립민속박물관 소장.

직성直星에 따른 한해의 운수를 점치는데 사용하는 책이다.(필사본. 표지 2장. 내지 22장) 표지에 '신해원월십칠일辛亥元月十七日'이 쓰여 있어, 1911년 1월 17일에 펴낸 것으로 보인다. 내지에 10세부터 64세까지 각 직성별 운세가 남녀별로 기재되고, 직성법直星法, 행년법行年法, 천지물응신수부새법天地物應身数否塞法, 오행점과五行占課 등이 수록되어 있다.

명궁命宮

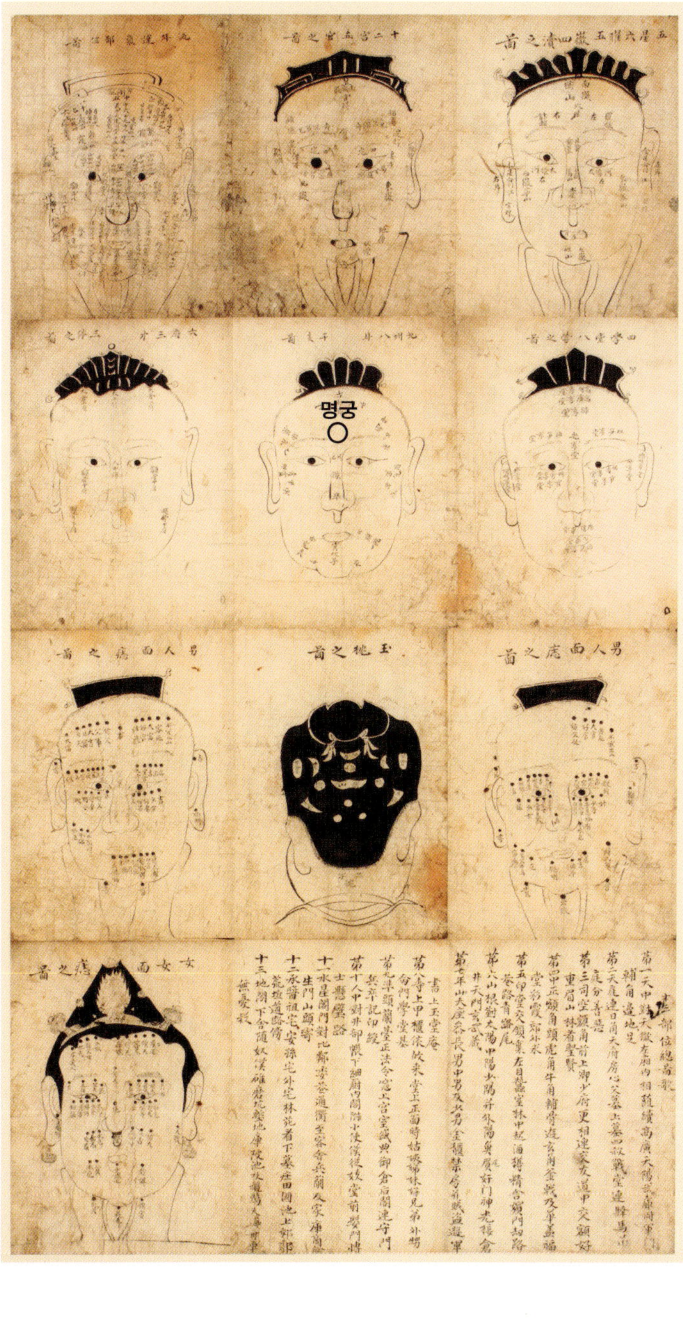

「관상도觀相圖」. 국립민속박물관 소장. 명궁은 관상에서 '양미간'을 이르는 말로 얼굴에 있는 십이궁十二宮의 하나로 평생 운수가 나타나는 곳이라고 한다. 참고로 십이궁은 사람이 태어난 연월일시年月日時를 별자리에 배당한 것으로 명궁命宮, 형제궁兄弟宮, 처첩궁妻妾宮, 자궁子宮, 재백궁財帛宮, 질액궁疾厄宮, 천이궁遷移宮, 노복궁奴僕宮, 관궁官宮, 전택궁田宅宮, 복덕궁福德宮, 부모궁父母宮을 말한다.

부럼

부럼. 국립민속박물관 소장.

"대보름날 새벽에 호두, 잣, 은행, 무우 등속을 깨물면서 '1년 열두 달에 부스럼 앓지 말게 하여 주십사' 하는 풍속을 시속에서 '부름 먹는다'고 합니다. 이 풍속이 어떻게 생겼는지를 분명히 말할 수 없으되, 중국이나 일본의 풍속을 보건대, 정월 초생에 단단한 엿이나 과실을 먹어서 이를 굳힌다는 것이 있고, 조선에서는 대보름에 고기구이 먹는 것을 '이굳히기 산적'이라 하니, 정초 혹은 대보름에 무슨 방법으로써 이를 단단하게 하는 예방은 어디고 있는 풍속인데, 우리가 부럼으로 먹는 과실을 보건대, 잣, 호두, 밤 등이 죄다 껍질 단단한 과실임을 보건대, 본래는 또한 이굳히로 먹던 것이 아닐지 모르겠습니다. 그리고 따로 부스럼이 나지 말라는 부럼이라는 것이 있었는데, 뒤에 두 풍속이 한데 합쳐져서 지금과 같이 과실 깨무는 것이 부스럼의 예방을 이룬 것처럼 생각할 수 있습니다." (『조선상식문답』) 부럼은 작절嚼癤, 교창과咬瘡果, 작옹嚼癰, 고치지방固齒之方 등으로도 불렀다. 대개 자기 나이 수대로 단번에 깨무는데, 첫 번째 것은 마당에 버리기도 한다. 깨물면서 "일 년 열두 달 무사 태평하고 종기하고 부스럼이 나지 않게 해주십사."라고 축원한다. 깨무는 '딱' 소리에 잡귀가 물러간다고도 한다. 부럼이라는 말은 두 가지 뜻을 가지고 있는데, 껍질이 굳고 단단하며 그 안에 종자가 들어 있는 견과류에 대한 총칭과 부스럼의 준말인 종기가 그것이다. 여기에는 부럼을 깨묾으로써 부스럼이 없어진다는 언어질병적言語疾病的 속신이 작용한 일면도 엿보이며, 단단한 것을 깨묾으로써 이가 단단해진다는 과학적인 치병治病 관념도 엿볼 수 있다. 그런데 왜 부스럼, 곧 종기에 대해 이토록 큰 관심을 보였을까? 요즈음에야 부스럼이 나는 경우도 극히 드물어졌고, 설혹 발병하더라도 크게 개의치 않지만, 이전에는 잘못하면 죽음에 이르는 무서운 병이었다. 정조와 같은 제왕도 부스럼으로 목숨을 잃을 정도였다. 그래서 조선 전기에는 부스럼만 전문적으로 치료하는 치종청治腫廳이라는 관청까지 있었다. 민간에서는 부스럼을 개에 비유하여 환부 자리에 구狗 자를 쓰고 그 둘레에 호虎 자를 아홉 개 써서, 호랑이가 개를 포위해 잡아먹는 모양을 만들어 치료되기를 바라기도 하였다.

『일본지리풍속대계日本地理風俗大系』(1930)의 병막이 미신들

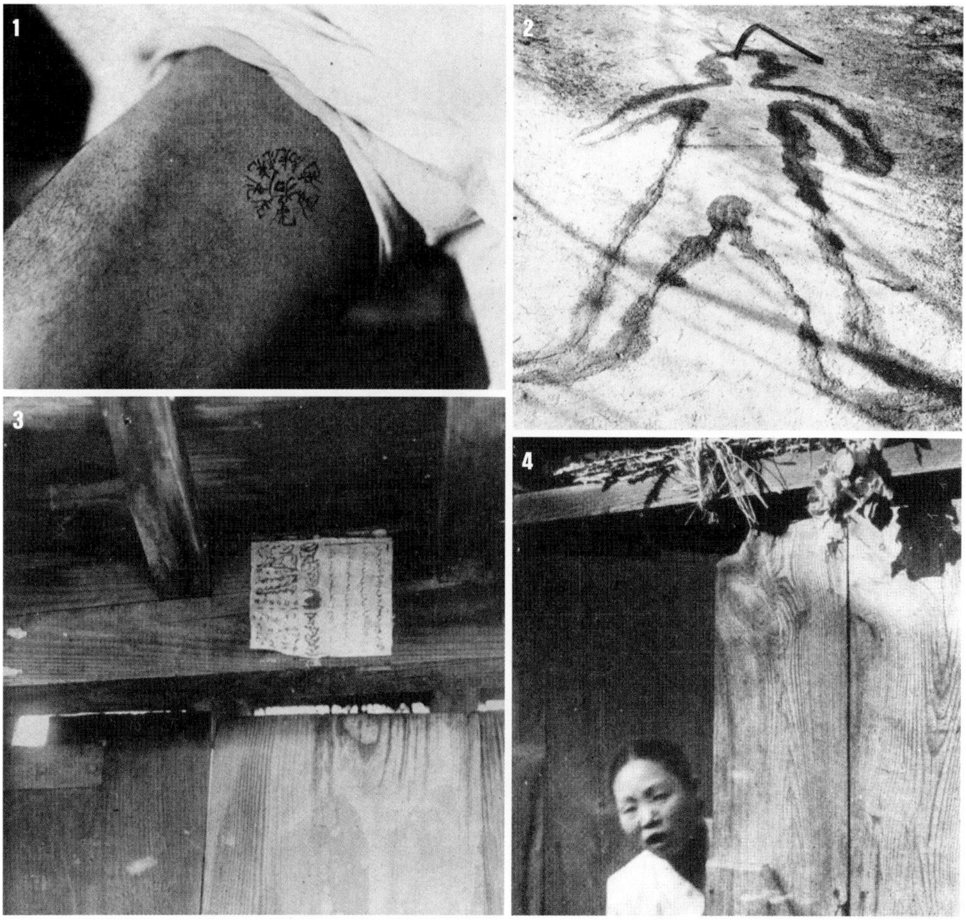

1 병은 전통적으로 눈에 보이는 악귀라고 여겼다. 종기나 부스럼의 경우에는 악귀를 한 마리의 개나 개구리로 보았고, 이를 막기 위해 사진과 같이 환부의 위에 먹으로 개 구狗자나 개구리 와蛙자를 쓰고 둘레에는 호랑이 호虎 자나 뱀 사蛇 자를 썼다. 이는 악귀로 여겨지는 개나 개구리를 아홉 마리의 호랑이나 일곱 마리의 뱀으로 가둔다는 의미의 '병봉病封', 곧 병막이 미신이다.

2 두통을 치료하려고 땅바닥에 환자의 모습을 그린 다음, 그 머리에 낫을 찔렀다.

3 장티푸스 병이 집에 들어오는 것을 막으려고 상인방上引枋[문미門楣]에 부적을 붙였다.

4 집에 역병疫病, 곧 전염병이 들어오지 않도록 대문 위에 엄나무 가시더미를 올려놓았다.

숙청문肅清門[숙정문肅靖門]

1 「도성도都城圖」 중 숙청문肅淸門. 국립중앙박물관 소장.
조선 시대에 건립한 한양 도성의 북쪽 정문이다. 사대문의 하나로, 문루門樓(궁문, 성문 따위의 바깥문 위에 지은 다락집)가 없고 암문暗門으로 되어 있는데 순조 때 폐문되었다. 지금의 삼청공원 뒤에 있었다. 북정문北靖門, 북청문北靑門, 숙정문肅靖門이라고도 했다. 원래는 '지혜를 드러내지 않는다'는 의미의 숙청문肅淸門이라고 하였으나, 이후 중종 때에 '고요하고 안정되어 있다'는 정靖 자로 바꾸어 숙정문으로 이름이 바뀌었다. 1523년(중종 18년) 처음으로 숙정문이라는 표기가 쓰인 후 혼용되다가 숙정문으로 굳은 것으로 추정된다. '암문暗門'은 성벽에 누樓 없이 만들어 놓은 문으로 적의 눈에 띄지 아니하는 곳에 만들어서 평소에는 돌로 막아 두었다가 필요할 때 비상구로 사용하였다.

2 문루 없는 숙정문(1956년 촬영, 『서울 육백 년』 1, 1994, 76쪽)과 문루가 세워진 숙정문(직접 촬영).
숙정문은 원래 문루가 없었다. 여러 고지도에서는 물론이고 어떠한 기록에서도 문루나 현판에 대한 내용이 나타나지 않는다. 그런데 지금 숙정문에는 문루가 있다. 1975년 숙정문을 복원할 때, 태조 때 축조할 때는 있었을지도 모른다는 막연한 추측에 따라 문루를 세웠다. 현판 글씨도 왼쪽에서 오른쪽으로 쓰여 있다. 현판 글씨는 전대통령 박정희가 썼다.

무명실, 묵은 나물

1

2

1 **무명실**. 국립민속박물관 소장.
목면사木綿絲로 솜을 자아 만든 실을 말한다. 면사綿絲, 목사木絲라고도 했다. 『동국세시기』에 따르면, "정월 묘일을 토끼날이라 한다. 이날 뽑은 무명실을 톳실이라고 하는데, 그 실을 차고 다니면 재앙을 물리칠 수 있다."

2 **묵은 나물**. 국립민속박물관 소장.
"마른나물을 진채陳菜, 곧 묵은나물이라고 한다."(『세시풍요』). "옛 풍속에 정월대보름날 집집마다 지난 해의 나물을 먹음으로써 일 년 동안의 질병을 없애는데, 이를 '무근나물'이라 한다."(『해동죽지』) 『동국세시기』에 따르면, "박 · 오이 · 버섯 등 여러 말린 채소와 대두황권 · 순무[만청蔓菁] · 무[나복蘿蔔]를 묵혀두는 것을 진채라고 하는데, 이날에는 반드시 나물로 무쳐 먹는다. 외꼭지 · 가지 고지 · 시래기를 모두 버리지 않고 햇볕에 말려서 삶아 먹으면 더위를 타지 않는다고 한다." 묵은나물을 아홉 가지 이상 만들어 먹으면 한 해 동안 탈 없이 지내게 된다는 속신俗信이 있다. 묵은나물은 봄철에 미리 산에 나는 산나물을 뜯어다 말려 갈무리를 해 두었다가 쓰는데, 주로 취 · 개암취 · 까막취 · 산미역취 등과 같은 취나물 종류와 굴싸리 · 오야지 · 삿갓나물 · 고추나물 등이 이용된다. 또 가지나 오이, 호박과 같은 채소를 말린 것, 시래기 등도 많이 쓰이고 있다. 묵은 나물은 아니지만 콩나물 · 숙주나물 · 무나물도 아홉 가지 나물에 넣기도 한다.

둑기[독기纛旗]

1

2

1 **둑기.** 『세종실록世宗實錄』. 서울대학교 규장각한국학연구원 소장.

둑기는 임금이 타고 가던 가마 앞 또는 군대의 대장 앞에 세우던 큰 의장기다. 큰 세 가닥 창 밑에 붉은 털 술을 많이 달았던 기로, 행진할 때 말을 탄 장교가 대를 받들고 군사 두 사람이나 세 사람이 벌이줄을 잡아당기며 간다. "『운회韻會』에 '모우旄牛(털이 긴 소)의 꼬리로 이를 만들고, 왼쪽 비마騑馬(두 마리 이상의 말이 마차를 끌 때, 옆에서 끌거나 따라가는 말)의 머리에 싣는다.'고 한다. 『광운廣韻』에 '크기가 말[두斗]만 하다.'고 한다. 『이의실록貳儀實錄』에 '검은 비단으로써 이를 만드는데, 치우蚩尤의 머리와 비슷하며, 군대가 출발할 적에 둑에 제사 지낸다.'고 한다."(『세종실록』 「오례五禮」 "군례軍禮" '기旗')

2 **「환어행렬도還御行列圖」, 『화성행행도華城行幸圖』**(부분). 국립고궁박물관 소장.

이 그림은 정조가 현륭원顯隆園에서 사도세자를 성묘하고 회갑을 맞은 혜경궁 홍씨에게 진찬례進饌禮(나라에 경사가 있을 때에 궁중에서 베풀던 잔치인 진연進宴보다 규모가 작고 의식이 간단한 궁중 잔치)를 올린 다음 화성華城에서의 모든 행사를 마치고 한양으로 돌아가는 모습을 담은 것이다. 붉은 둑기와 커다란 교룡기가 보인다.

화적禾積(볏가릿대)

1 **벼까리.** 송석하의 현지조사 사진(1935), 국립민속박물관 소장.
울산지방의 농가 근처에 세워진 볏가릿대로, 긴 장대 끝에 곡식을 매달아 놓았다. 벼까리는 볏가릿대를 말한다. “시골의 인가에서는 정월대보름 전날에 깃발 모양으로 짚을 묶고 그 안에 벼, 기장[서黍], 피[직稷], 조[속粟]의 이삭을 넣어 목화를 달아 긴 장대 끝에 씌운 다음 집 옆에 세우고 새끼줄을 늘어뜨려 고정시키는 것을 화적이라고 하는데, 풍년을 기원하는 것이다. 산골 풍속에서는 가지가 많은 나무를 외양간 뒤에 세우고, 거기에 곡식과 목화를 걸어 두면 아이들이 새벽에 일어나 그 나무를 에워싸고 다니면서 노래하여 풍년을 축원하는데, 해가 뜨면 그만둔다.”(『동국세시기』) 참고로 화적은 기년祈年, 화간禾竿, 도간稻竿, 벼가리, 볏가릿대, 벼낟가리 등으로 부른다. 정월 보름 전날 무렵 소나무를 베어다 마당 한복판에 세우고, 그 위에 짚을 묶어 쌓아서 기를 만들고, 그 위에 목화를 늘어놓으며, 이월 일일 아침 일찍 철거한다. 헐기에 앞서 섬이나 가마니 같은 것을 가져다 곡물을 넣는 흉내를 내면서 고성高聲으로 “벼가 몇 만 석이요”, “조가 몇 천 석이요”, “콩이 몇 천 석이요”, “팥이 몇 천 석이요”하고 마치 풍년이 든 것처럼 외친다. 풍년이 들게 해 달라는 말을 해가 뜰 때까지 노래로 부르기도 한다. 이월 초하룻날에 거두는데, 이 때 짚단 안에 넣어 두었던 곡식이나 나뭇가지에 매달았던 곡식으로는 송편을 만들어 노비에게 먹인다.

2 **볏가릿대.** 국립민속박물관 소장.

3 **볏가릿대에 넣는 곡식들.** 국립민속박물관 소장.
화적, 곧 볏가릿대에 넣는 오곡인 벼, 기장[서黍], 피[직稷], 조[속粟]의 이삭이다. 참고로 『담정유고藫庭遺藁』에 따르면, “짚을 엮고 오곡을 주머니에 채워 담아 긴 장대에 거는 것을 ‘화균禾囷’이라고 한다. 이월 초하루에 송편을 쪄서 밭과 조상께 제사를 지낸다.”

빈풍칠월도豳風七月圖

이방운李昉運(1761~?), 「**빈풍칠월도첩**豳風七月圖帖」(여섯번째 그림). 국립중앙박물관 소장.

이 도첩圖帖은 총 여덟 면으로 구성되었으며 매면마다 윗부분에 그림의 소재가 된 「빈풍칠월도」 중 해당 장章을 써넣었다. 「빈풍칠월도」는 『시경詩經』의 「빈풍칠월편豳風七月篇」을 그림으로 그린 것으로, 주周 나라 농민들이 농사와 길쌈에 종사하는 생활을 읊은 일종의 월령가月令歌를 그린 것이다. 이 시가는 중국의 주공周公이 어린 조카 성왕을 위하여 백성들의 농사짓는 어려움을 일깨워 주기 위하여 지은 것이다. 이 도첩의 각 면 상단에는 해당하는 장의 시가 적혀 있고, 이 내용에 맞게 그림이 그려져 있다. 제1면의 밭을 갈고 씨를 뿌리는 봄의 풍경에서 시작하여 곡물을 수확하여 갈무리하는 제8면의 겨울의 모습까지 다양한 농경의 모습이 그려져 있다. 시에서는 시차를 두고 행해지는 일들이 그림에서는 명확한 구획 없이 배치되어 있는데, 이는 제한된 화면 안에 시간적 순서가 다른 사건들을 묘사하는 동양 회화에서 흔히 볼 수 있는 방식이다.

나무시집보내기[가수稼樹]

"돌을 과수의 가지 사이에 끼우는 것을 '가수稼樹'라 하는데, 그러면 곧 열매가 많이 열린다."(『세시풍요』) "모든 과실나무 중 열매를 맺지 않는 것이 있으면 정월 초하룻날 오경五更쯤 도끼로 나무 둥치를 어슷비슷 찍어 놓으면 열매가 많이 달리고 떨어지지 않는다. 『거가필용居家必用』에는 '대추나무·감나무·오얏나무의 경우 도끼로 찍어 놓으면 더욱 좋다'고 하였고, 『사시찬요四時纂要』에는 '대추나무는 찍지 말아야 한다. 찍어 놓으면 대추가 잘아진다'고 하였다. 모든 나무는 다 암수가 있는데, 수나무는 열매를 맺지 않는 경우가 많다. 이런 경우 나무 둥치에 사방 한 치 정도의 구멍을 파고 그 구멍에 맞게 암나무를 깎아 박은 다음 진흙을 이겨 발라 두면 열매가 잘 열린다."(『산림경제』) "과실나무의 갈라진 가지 사이에 돌을 끼워 넣으면 열매가 많이 열린다고 하는데, 이것을 '나무시집보내기'라고 한다. 서광계徐光啟의 『농정전서農政全書』에 "오직 오얏나무만에만 이 법을 쓴다."고 하고, 유종본兪宗本의 『종과소種果疏』에 "오얏나무 시집보내는 법은 정월 초하루나 보름날에 시행한다."고 하며, 진호陳淏의 『화력신재花曆新栽』에 "오얏나무 시집보내기는 섣달그믐날[제석除夕] 오경五更에 장대로 오얏나무 가지를 때리면 열매가 많이 열린다.", "석류 시집보내기는 설날에 돌덩이를 석류 가지 사이에 놓으면 열매가 크게 열리는데, 섣달그믐날 밤에 해도 좋다."고 했다. 대개 과실나무 시집보내기는 섣달그믐날, 설날, 대보름날 가운데 어느 날 해도 좋다. 오늘날의 풍속은 여기에서 나온 것이다.(『동국세시기』)

석전石戰

1

2

3
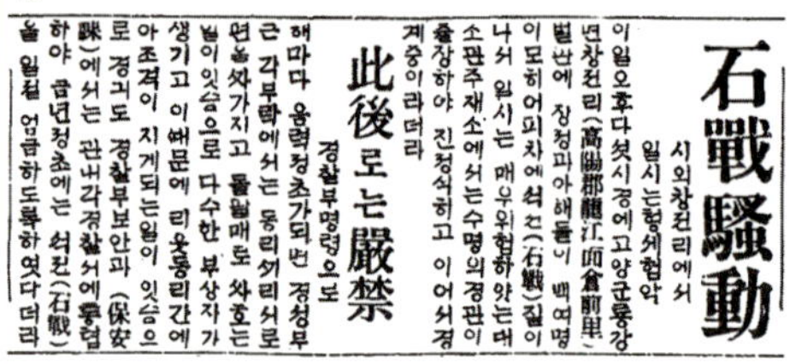

石戰騷動

시외창천리에서
일시는형세험악

이일오후다섯시경에고양군룡강면창천리(高陽郡龍江面倉前里)벌판에 장정파아해들이 백여명이모히어피차에석전(石戰)질이나서 일시는 매우위험하얏는대소관주재소에서는수명의경관이출장하야 진정식히고 이어서경계중이라더라

此後로는嚴禁

경찰부명령으로

해마다 음력정초가되면 경성부근 각부락에서는 동리끼리서로편을짜가지고 돌팔매로 싸호는일이잇슴으로 다수한 부상자가생기고 이때문에 리웃동리간에아조격이 지게되는일이 잇슴으로 경긔도 경찰부보안과(保安課)에서는 관내각경찰서에통첩하야 금년정초에는 석전(石戰)을 일절 엄금하도록하엿다더라

1 **프랑스의 주간 화보지 Journal des Voyages 제318호**(1903년 1월 4일 발행)**에 실린 석전 장면 삽화.** 서울역사박물관 소장.

이 주간지는 총 23쪽으로 되어 있는데, 85~86쪽에 한국의 석전石戰을 묘사한 삽화와 "한국에서의 돌싸움(Les Combats de Pierres, en Corée)"이라는 기사가 있다. "늦은 가을부터 이른 봄까지 크게 유행하여 한국 사람들이 가장 큰 열성을 보여주는 놀이가 있다. 그것은 다름아닌 석전, 곧 편싸움이다. (…) 한국에서는 아이들이 어른들을 본떠서 아이하고 어른이 모두 한다. (…) 이 장난은 대개 좋은 낯으로 시작하여 끝날 때까지 그런 분위기로 계속된다. 그러나 때로는 피도 흘리고 흥분하여 거칠어질 때도 있다. 참가하는 사람은 부락이 얼마나 큰가에 따라 달라진다. 내가 본 가장 큰 편싸움은 한 쪽이 800명 내지 1,000명이나 되었다. 싸움이 일찌감치 아이들로부터 시작하여 저녁때까지 산발적으로 계속되다가 어른들이 참가하면서 싸움은 차차 격렬해진다. 결말은 해가 지고야 끝이 난다. (…) 내가 본 제일 큰 싸움은 어른과 아이 2,000여 명이 참가한 싸움이었다.(『서울풍물지』)

2 **김준근, 「편쌈하는 모양」.** 국립민속박물관 소장.

석전, 곧 돌싸움은 변전邊戰·편전便戰·편전희便殿戲·편싸움 등으로도 부른다. "옛 풍속에 매년 초 무사無事할 때 많은 사람들이 널찍하고 툭 트인 광장에 모여 각자 단단한 나무 방망이를 들고 위아래 두 편으로 나누어 서로 공격하여 설사 죽더라도 뉘우침이 없었는데, 이것을 '편쌈'이라고 한다." (『해동죽지』)

3 **석전소동.** 『동아일보』, 1923.2.4.

"'석전 소동. 시외 창천리에서 일시는 형세 험악' 이날 오후 다섯 시 경에 고양군 용강면 창천리 벌판에 장정과 아이들이 백여 명이 모여 피차에 석전질이 나서 일시는 매우 위험하였는데, 소관 주재소에서는 수 명의 경관이 출장하여 진정시키고 이어서 경계중이라더라. '차후로는 엄금. 경찰부 명령으로' 해마다 음력 정초가 되면 경성 부근 각 부락에서는 동네끼리 서로 편을 짜가지고 돌팔매로 싸우는 일이 있으므로 다수한 부상자가 생기고 이 때문에 이웃 동네 간에 이주 격이 지게 되는 일이 있으므로 경기도 경찰부 보안과에서는 관내 각 경찰서에 통첩하여 금년 정초에는 석전을 일절 엄금하도록 하였다."

4

5

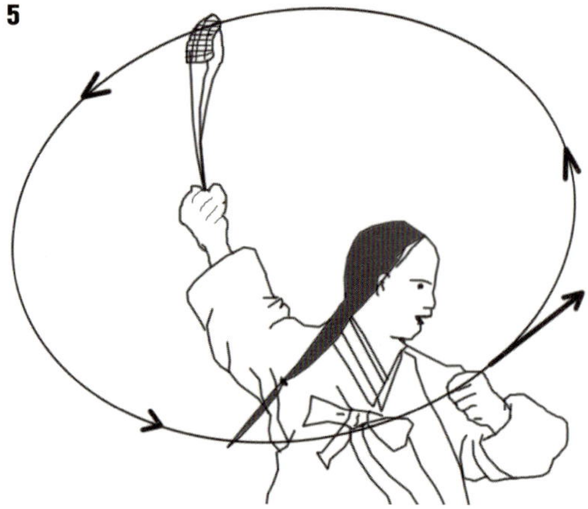

4 **돌팔매줄**. 김해민속박물관 소장.

무기는 돌멩이와 나무막대기인데, 돌멩이를 손이나 새끼 끈으로 만든 투석기로 던진다. 나무막대기는 짧고 뭉뚝해서 가끔 사람이 맞아 죽기도 한다.

5 **돌팔매질 하는 사람**.

양쪽 모두 앞쪽에 선 사람은 모험심이 강한 사람들이다. 초병哨兵 같은 몫을 하면서 손이나 투석기로 돌을 던져 상대편을 괴롭힌다. 양쪽에서 진격과 반격이 일어날 때마다 몽둥이를 든 사람이 앞쪽에 서서 공격하고 뒤에 선 사람들은 돌을 던진다. 상대편에서는 몽둥이를 든 사람이 공격해 오기를 기다렸다가 세차게 반격을 한다. "작년에 안찰사按察使로서 영남嶺南을 순회하던 중 경주에 당도했을 때의 일이다. 때는 정월 보름, 밤이 되자 거리가 떠들썩한 게 마치 무슨 전투라도 벌어진 듯하더니, 그 왁자지껄한 소리는 새벽이 되어도 그칠 줄 몰랐다. 사람을 붙들고 물어보았더니 그의 대답인즉, 그 고을에 예부터 석전이라는 것이 있어 왔단다. 그의 말에 따르면, 이 고을 사람들은 언제나 정월 보름이면 좌우로 편을 갈라 서로 각축전을 벌이는데, 비가 쏟아지듯 싸락눈이 퍼붓듯 서로 돌팔매질을 하여 승부가 가려질 때까지 그달 내내 싸우다가 이기면 그 해 운수가 좋고, 지면 나쁘기 때문에 싸울 때는 오직 싸움에만 몰두하여 그칠 줄 모르는 것이다. 한 해의 길흉이라는 것이 그들 마음을 움직이고 있기 때문이었다. 싸움이 일단 시작되면 손에 쥐어진 것은 돌멩이 뿐이어서 있는 힘을 다하여 숨을 몰아쉬고 땀을 뻘뻘 흘리면서 누구보다도 용감하게 가로 치닫고 앞으로 돌진하고 마치 미치광이처럼 날뛴다. 던질 때는 반드시 남보다 먼저 던지고 싸움도 혹시 남 뒤질세라 자식이 아비에게, 아우가 형에게, 척속戚屬(친족이 아닌 일가 혹은 성姓이 다른 일가)이 척속에게, 이웃이 이웃에게 마구 돌팔매질을 해댄다. 이미 너와 나로, 원수로 갈린 이상 반드시 상대와 맞서고 상대를 이겨서 내가 장해지고 내가 올라서고자 하는 것이다. 그러기에 머리가 깨져 피가 흐르고, 살갗이 찢기어 살이 드러나고, 머리를 싸매고, 발이 갈라지고, 기가 죽고, 털이 빠지고 하여 구렁텅에 쭈그리고 앉아 깊이 숨도 못 쉬게 만들어 놓아야만 비로소 내 마음이 시원하여 의기양양하게 말하기를, '내가 이겼다. 상대는 도망쳤다. 이제 나는 금년의 길운吉運을 차지하여 우환도 없을 것이고 질병도 없을 것이다.' 라고 하면서 좋아한다."(『졸옹집拙翁集』)

연鳶

1 **연날리기.** 『일본지리풍속대계日本地理風俗大系』(1930).
아이가 연을 날리고 있는 모습이다.

2 **연.** 국립민속박물관 소장.
아이들은 정월부터 2월 초에 걸쳐서 주로 연날리기를 하며 논다. 연에 "송액천리送厄千里, 송액영복送厄迎福(곧 액운은 천리 밖으로 보내고, 복은 맞이한다)"는 글을 써서 실을 끊고 날려 보내거나 화약을 실에 묻혀 도중에 자연스럽게 끊어지도록 하여 복을 기원한다. 『동국세시기』에 따르면, "어린아이들이 종이연의 등에 '집안 식구 아무개 무슨 생生, 몸의 액을 없앤다'는 뜻의, '가구모생家口某生, 신액소멸身厄消滅'이라는 글자를 순서대로 써서 연이 날아가는 대로 놓아두었다가 저물녘에 연줄을 끊어 날려 보낸다." 제시한 연에는 "송액영신"이라고 쓰여 있다. 액운을 떠나보내고 새로움을 맞이한다는 말이다.

3

4

3 **김준근, 「연 날리는 모양」.** 국립민속박물관 소장.

연날리기는 재주부리기와 연싸움으로 대별된다. 재주부리기는 연의 생김새와 연 날리는 사람의 기술에 좌우되는데, 수직으로 높이 날리기, 지면에 가장 낮게 날리기, 수평으로 좌우 날리기 등이 있다. 연싸움은 두 사람이 연을 올려서 상대방의 연줄을 끊어 연을 날려보내는 놀이로서 연 날리는 사람의 기술과 연의 성능, 그리고 연실의 질에 좌우된다. 특히 연을 조종하는 사람의 기술이 무엇보다 중요하다.

4 **엘리자베스 키스의 「연날리기」.** 국립민속박물관 소장.

"연날리기는 우리의 민속놀이 중에서도 세계에 자랑할 만한 상쾌하고도 흥미진진한 것이다. 음력 정월 초하루부터 날리기 시작해 보름날에 액막이연을 날려보냄으로써 끝내는 것이 원칙이지만, 직전인 섣달 하순께는 벌써 하늘에 연들이 드문드문 눈에 띄는 것이었다. (…) 한국 연의 특색은 다른 연과 공중에서 다투어서 상대쪽을 베어먹음에 있다. 그렇게 연 모양에서부터 날리는 기술에 이르기까지 '공중전'에 유리하도록 발달돼 있다. 혼자서 혹은 띄엄띄엄 날려 봤자 재미도 없고 땅 위에서 보는 사람의 관심을 별로 끌지 못한다. 서울서는 대개 동네끼리 다툰다. 이를테면 제동의 휘문학교 뜰에서 연이 오르면 낙원동의 파고다 공원 뒤에서 연이 오른다. 두 군데에는 청소년들이 모여서 지켜보고 반드시 장로長老가 한 사람쯤이 있어서 지도한다. 선수는 마고자에 솜바지를 입고 삼팔 목도리를 두른 청년이 많았다. 연이 얼려(경기해) 저쪽 연을 베어먹으면 '나갔다!'라고 쾌재를 부르며, 아이들은 그 연을 잡으러 뛴다. 반대로 이쪽의 연이 나가면 금방 딴 연을 날린다. 실 감은 얼레가 여렷이고, 얼레 자루에는 예비연들이 여러 개 끼어 있었다. 삼파전三巴戰이 벌어지는 수도 있다. '저것은 상삿골 점돌이 연이다'하고 구경꾼들은 어디의 누가 날리는 것인가를 그 위치와 연의 모양과 날리는 솜씨를 알아낼 만했었다."(『서울잡학사전』)

5 「**아이의 연놀이**小供のタコ遊び」(1920년대).
우라키와 가즈야 엮음, 『그림엽서로 보는 근대조선』 6 - 풍속엽서, 민속원, 2017, 126쪽.

6 「**백동자도**百童子圖」(8폭병풍). 국립민속박물관 소장.
이 그림은 여덟 번째 폭에 그려진, 아이들이 연을 날리는 모습이다. 남바위를 쓰고 있고 연줄이 서로 교차하고 있는 것으로 보아 겨울철 연싸움을 하고 있음을 알 수 있다. "연과 연이 교차하여 서로 실을 깎아 상대편을 '나가게' 하는 전투를 '연이 얼린다'라고 표현한다. 얼릴 때 '필승'을 기해 갖가지로 준비를 하게 된다. 연을 잘 만드는 것은 말할 것도 없고 연줄(실)을 잘 골라야 한다. 상백사常白絲·당백사唐百絲·떡줄, 그리고 세철사細鐵絲 줄 등 각종의 실을 사용한다. 이 실에다가 갬치(가미라고도 함)를 알맞게 바르는 것인데, 부레뜸과 풀뜸에 사금파리(사기 가루) 또는 유릿가루를 곱게 빻아서 묻힌다. 얼레 하나에서 실을 풀고 얼레 하나가 감아들일 경우에 중간에 놓인 갬치 그릇을 실이 통과할 때 그 갬치가 실에 오르는 것이다. 이것을 '갬치 먹인다'라고 말한다. 이 작업을 하다가 손이 베어지는 사례도 많다. 도전에서부터 결투에 이르기까지에는 수많은 기술이 작용한다. 꼬드기는 것은 연을 높이 추키는 것이요, 튀김 주는 것은 연을 거꾸로 박히게 하는 기술이다. 얼린 다음에는 실을 풀어서 상대쪽 연실을 끊게 한다. 연줄이 다하여 망고가 되면 큰 탈이다. 숨어서 남의 연줄을 끊는 것을 빽줄치다라고 한다. 이 해적 행위는 책임이 날리는 자의 부주의에 있으므로 나무라지 않는다."(『서울잡학사전』)

각종 연들

3

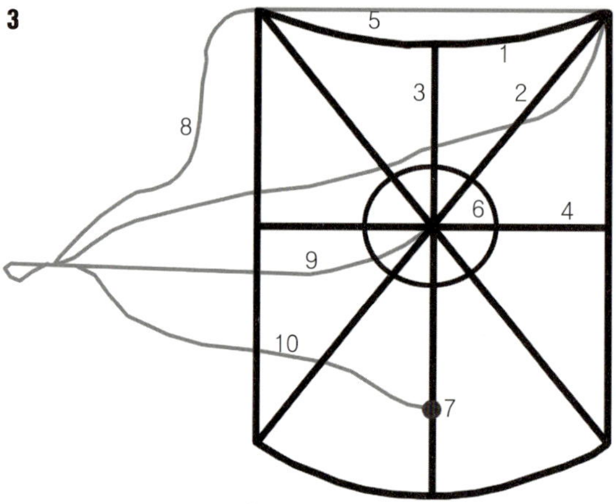

1. 머릿살
2. 장살(대각살)
3. 중심살
4. 허릿살
5. 머릿줄
6. 방구멍(가운데 구멍)
7. 아래 줄 구멍
8. 모든 줄
9. 가운데 줄
10. 아랫 줄

1 **가오리연**. 국립민속박물관 소장.

가오리 모양으로 만들어 꼬리를 길게 단 연. 띄우면 오르면서 머리가 아래위로 흔들린다. "일반 청장년이 많이 날리는 중간치 연은 길이가 21인치, 너비 17인치에서부터 길이 27인치, 너비 22인치의 연들이다. 종이는 백지 · 창호지 · 삼첩지를 쓰고 농선지를 쓰는 것은 못 보았다. 살(달이라고도 함)에 쓰이는 대는 고황죽枯黃竹 · 백간죽白簡竹이고, 새것을 예리한 칼로 잘 깎고 다듬는다. 아이들 속이는 장사치가 지우산살을 쓰는 수가 있지만, 조금이라도 녹이 슬면 공중에서 균형을 잃고 기울어진다. 연의 종류는 대개 이마와 허리와 치마에 색종이를 붙이거나 또는 색칠을 하는 것에 따라 그 명칭이 달라진다. 아마(상부 중앙)에 둥근 딱지를 붙인 것은 꼭지연인데 청꼭지 · 홍꼭지 따위가 있고, 둥글지 않고 반달처럼 된 것은 '반달연'이고, 허리에 칠한 것은 허리동이연이며, 아랫도리에 칠한 것은 치마연이다. 허리와 치마에는 색종이를 붙이지 않는다. 공중에서 균형잡기가 어려운 때문이다. 아무 것도 칠하지 않은 흰 연을 '상제喪制연'이라고 하고, 양쪽 귀에 동그라미를 새긴 검은 귀를 칠한 것이 귀머리장군이다."(『서울잡학사전』)

2 **방패연**. 국립민속박물관 소장.

방패 모양으로 만든 연으로, 네모반듯한 종이의 한 귀퉁이를 접어서 머리 쪽이 되게 하고 '干' 자 모양의 달을 붙이고 꽁지를 달고 가운데는 구멍을 내어, 세로 두 줄의 벌이줄과 가로 활벌이줄을 잡았다. 방패연은 견고함과 유연성 면에서 뛰어난 구조를 갖추고 있다. 얼레로 줄을 풀고 감아 높이를 조정할 수 있고, 조정하는 사람이 이동하면서 좌우로 방향을 바꿀 수 있는 등 공중에서 종횡무진 활약할 수 있어 연싸움에서 많이들 쓴다.

3 **방패연 부분 명칭**.

4 **얼레**. 국립민속박물관 소장.

나무오리로 네 기둥을 맞추고 가운데에 자루를 박아서 실을 감아 연을 날리는 데 쓰는 기구로 지방에 따라 자새 혹은 감개 등으로 부른다. 네모얼레, 육모얼레, 팔모얼레 그리고 볼기짝얼레 등이 있다. 보통 네모얼레를 많이 사용하지만, 경기용으로는 대개 육모나 팔모얼레를 쓴다. 연거運車 혹은 사거絲車라고도 한다. 참고로 연줄은 대개 명주실, 무명실 등에 부레뜸 혹은 풀뜸을 한다. 이 부레나 풀 끓은 물에 사기가루나 유리가루를 타서 올리는 것을 '개미'라고 하고, 이를 '개미 먹인다'라고 한다. 사기가루를 타서 올리는 개미를 '사기개미', 유리가루를 올리는 개미를 '유리개미'라고 한다(『경도잡지』에서는 '구리가루'를 입힌다고 했다.). 모두 연줄을 끊어 먹는 연싸움에서 이기기 위한 준비들이다.

수표교水標橋

1

2

1 **수표교**. 국립중앙박물관 소장.

서울 청계천변 수표교의 전경이다. 수표교는 세종 2년(1420) 청계천에 놓은 다리다. 길이는 27.5m, 폭은 8.3m이며, 다리를 바치고 있는 교각 수는 모두 45개다. 이곳에 우마牛馬 시장이 있어 마전교馬廛橋라고도 불렀는데, 세종 23년에 물의 깊이를 재기 위해 세운 자인 수표水標를 만들어 이 다리 서쪽에 세운 후부터 수표교라 하였다. 지금 수표교는 장충단 공원 입구에, 수표는 세종대왕기념관에 각각 옮겨져 있다. 『신증동국여지승람』에 "수표교는 장통교 동쪽에 있는데, 다리 서쪽 수중에 돌로 된 표지를 세우고 길이를 재는 숫자를 새겨 빗물의 양을 계산해 그 깊고 얕음을 알았다."라고 하였다.

2 **수표**. 세종대왕기념사업회 소장.

수표는 청계천의 마전교 서쪽과 한강변에 세워졌는데, 처음에는 물속에 돌을 놓고 그 위에 구멍을 파서 나무로 만든 기둥을 세웠다. 나무기둥에는 눈금을 새겨 수위를 알아볼 수 있도록 하였다. 그러나 나무로 만든 수표는 쉽게 망가져 15세기 성종 때 돌기둥으로 교체하였다. 돌기둥 양면에는 1척에서 10척까지 눈금을 새겼으며, 다시 3·6·9척에는 ○표를 파서 각각 갈수渴水, 평수平水, 대수大水를 헤아리는 표지로 삼았다. 즉 6척 안팎의 물이 흐르면 보통의 수위였으며, 9척 이상이 되면 위험 수위로 개천의 범람을 미리 헤아릴 수 있도록 한 것이다.

달맞이[영월迎月]

「경직도열폭병풍耕織圖十幅屛風」(제7폭).
국립민속박물관 소장.

"옛 풍속에 정월대보름날 달을 바라보면서 수재水災(장마나 홍수로 인한 재난)·한재旱災(가뭄으로 인하여 생기는 재앙)·풍년·흉년을 점치는 풍속이 있는데, 늙은 농부들이 가장 잘 안다. 심지어는 떡봉[병봉餠峯]·밥봉[반봉飯峯]·죽봉粥峯이라는 예언서[참서讖書]도 있는데, 대개 여러 『세시기』에서 나온, 달을 보고 점치는 이야기들이다. 이것을 '달마지'라고 한다."(『해동죽지』) "농가에서는 초저녁에 홰(화톳불을 놓는 데 쓰는 물건으로 싸리, 갈대, 또는 노간주나무 따위를 묶어 불을 붙여서 밤길을 밝히거나 제사를 지낼 때 씀)를 묶어 불을 붙이고 떼를 지어 동쪽을 향해 달려가는데, 이것을 달맞이라고 한다. 달이 다 떠올랐을 때 달무리의 색을 보고 농사의 풍흉을 점친다. 오산五山 차천로車天輅의 시에 '농가에선 보름날 / 달 떠오르길 기다려 / 북쪽에 가까우면 산골 풍년 / 약간 남쪽이면 해변가 풍년 / 붉으면 초목 탈까 걱정 / 희면 냇물 넘칠까 염려 / 누렇고 둥글어야 / 대풍 든다네(農家正月望, 相候月昇天, 近北豐山峽, 差南稔海邊, 赤疑焦草木, 白怕漲川淵, 圓滿中黃色, 方知大有年)'라고 했다.(『열양세시기』) "초저녁에 횃불을 들고 높은 곳에 올라가는 것을 달맞이라고 하는데, 먼저 달을 본 사람이 길하다. 달빛으로 점을 치는데, 달빛이 붉으면 가물고, 희면 홍수가 날 징조이다. 또 달이 뜰 때, 그 형체가 큰지 작은지 그리고 떠오르는 것이 높은지 낮은지로 점을 치며, 달의 윤곽이 두텁고 얇은 것으로 사방의 농사를 점치는데, 두터우면 풍년, 얇으면 흉년이 될 징조이다. 이것은 조금의 어긋남도 없다."(『동국세시기』)

광통교廣通橋

1900년대 종로에서 바라본 광통교. 『조선풍속풍경사진첩朝鮮風俗風景寫眞帖』(1911).

광통교는 종로 네거리에서 남대문으로 가는 큰길을 잇는 청계천 위에 걸려 있던 다리로, 원명은 '광통방廣通坊에 있는 큰 다리'라는 뜻의 대광통교(혹은 대광교)이다. 청계천 다리 중에서 규모가 가장 컸는데, 처음에는 태조 때 토교土橋로 축조하였다가, 1410년(태종 10) 큰비로 다리가 무너지자 태조의 계비繼妃 강씨의 묘인 정릉貞陵에 있던 12개의 석각신장石刻神將을 사용하여 석교石橋로 다시 축조하였다. 이 다리는 장방형의 돌에 작은 불상·구름·당초唐草 따위의 모양을 새겨서 조선 초기의 아담한 멋이 담겨져 있어서 이름이 높았다. 소광통교는 대광통교의 남쪽에 있는 다리다. 서울의 명승지 여덟 곳을 노래한 「국도팔영國都八詠」중 하나인 '광통제월廣橋霽月(광통교에서 올려보는 비 갠 후 맑은 달)'에서 보듯이, 광통교에서 보는 달은 장관이었던 모양이다. 그래서 다음 시들에서 보는 것처럼, 정월대보름날 달을 보면서 하는 답교踏橋놀이에서 특히 광통교가 인기가 많았다. "대보름날 밝은 달 아득한 하늘 / 북쪽 마을 남쪽 고을 몇 갈래 길 / 서른 여섯 다리 두루 밟나니 / 제일 먼저 건너기는 광통교라네(上元明月夜迢迢, 北里南村路幾條, 三十六橋俱踏遍, 就中先數廣通橋)"(『세시잡영』), " 청계천을 남북으로 나누는 길 / 흰 담을 바라보며 수표교 지나가네 / 탕건이 벗겨지고 꺾어지는 인파 속에서 / 광통교 뚫고 지나가기 제일 힘드네(川南川北路分條, 白墻相望過水標, 盪折風巾人海裡, 最難穿去廣通橋)"(『세시풍요』)

답교

1

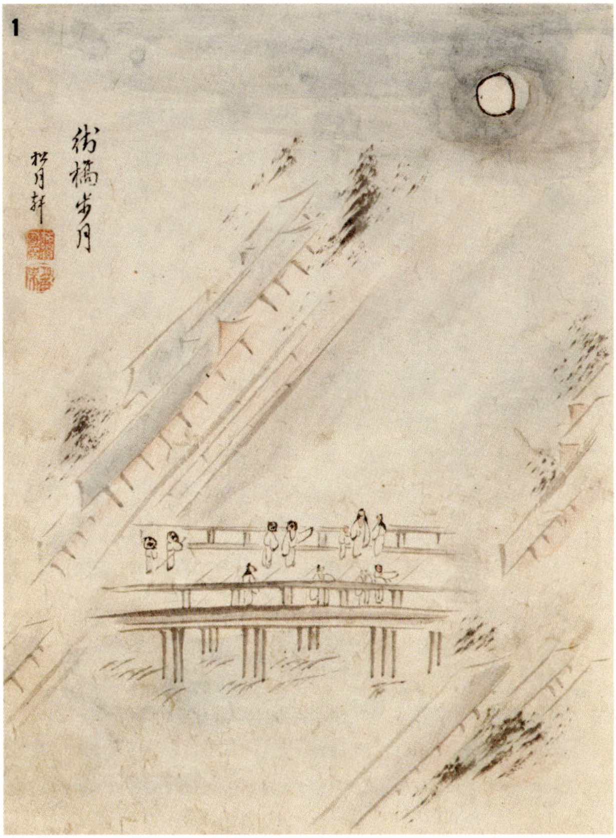

1 **임득명, 「가교보월**街橋步月」, 『**옥계사십이승첩**玉溪四十二勝帖』, 1786. 삼성출판박물관 소장.

정월대보름 밤에 청계천 광통교에서 행해진 다리밟기 장면을 그렸다. 다리밟기는 신체의 다리와 발음이 같은 하천의 다리를 밟으면 늙어 죽을 때까지 다리에 병이 생기지 않는다는 속설에 따라 매년 정월대보름에 행해지던 풍습이다. 이날 조정에서는 특별히 야간통행 금지령을 풀어 신분이나 성별, 나이에 상관없이 자유롭게 나다닐 수 있게 했다. 청계천의 모든 다리를 다 건너는 것을 관례로 했다. 밤이 늦도록 이어지는 행렬에는 북과 퉁소 같은 악기까지 동원되어 한바탕 흥겨운 축제가 이루어졌다. 나중에는 문란하다는 비판이 일어나 남녀가 따로 날을 정해 다리를 건너게 했다. 구체적으로는 상류층 사람들은 서민들이 붐비는 15일 밤을 피하여 그 전날인 14일 밤에 했고, 부녀자들은 16일 밤에 행하였다. 결국 다리밟기는 정월대보름 하루 동안의 행사가 아니라 3일 동안 지속될 정도로 성행했다.

2

3

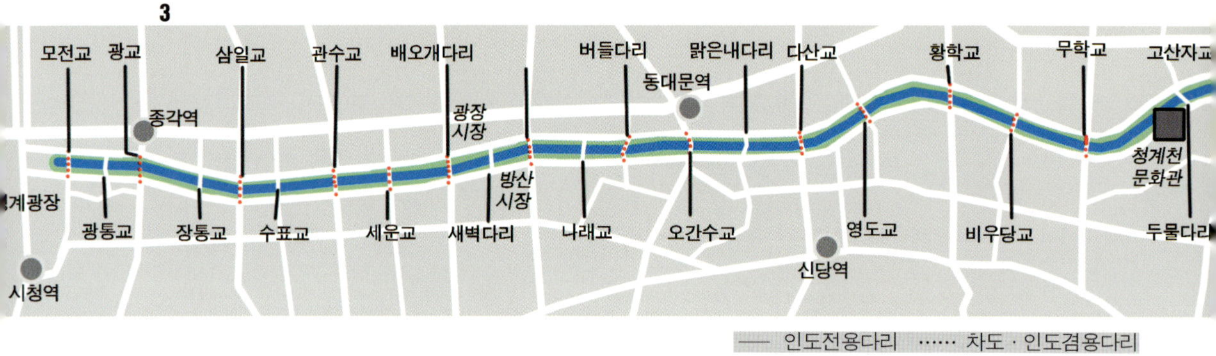

2 **오계주**吳啓周, 「**상원야회도**上元夜會圖」. 국사편찬위원회 소장.

"대보름날 밤 열두 다리를 밟고 지나가는 것을 열두 달 액을 다 건넌다고 하여, 재상 귀인貴人에서부터 여항 서민들에 이르기까지 늙고 병든 이들을 빼고는 모두 나가지 않는 사람이 없어 가마 · 말 · 나막신이 온 동네 거리를 가득 메우고, 생황笙簧 · 퉁소 소리 요란하며, 술병 · 술동이가 여기저기 널려 있다. 일 년 중 서울에서 돌아다니면서 구경하기는 오직 대보름과 초파일에 가장 성한데, 이 두 날 밤에는 야금을 해제하는 칙서勅書(임금이 특정인에게 훈계하거나 알릴 내용을 적은 글이나 문서)가 내려온다."(『열양세시기』) 『동국세시기』에 따르면, "우리나라 말로 다리[교橋]가 다리[각脚]와와 소리가 같기 때문에, 속설에 답교를 하면 일년 내내 다리 병이 없다고들 한다."

3 **청계천의 옛다리들.**

청계천 본류에는 모전교毛廛橋, 광통교廣通橋, 수표교水標橋, 오간수교五間水橋, 영도교永渡橋, 하랑교河浪橋 등 여러 다리가 있었다. 1967년부터 1976까지 청계천을 복개하면서 모두 철거되었다. 현재 22개의 다리가 복원되었다.

4 **김준근, 「정월 망일에 답교하는 모양」.** 국립민속박물관 소장.

"대보름날 밤에 다리 열둘을 밟고 지나면, 열두 달 동안 액이 없어진다 하기도 하고, 혹은 다리의 탈이 없어진다 하여 옛날에는 서울에서 이를 가장 숭상하여 이 날 밤에는 나라에서 짐짓 사대문을 닫지 아니하고, 순라巡邏(도둑 · 화재 따위를 경계하기 위하여 밤에 궁중과 장안 안팎을 순찰하던 군졸)도 잡지 아니하며, 백성들은 남녀노소 없이 종로의 인경[인정人定](통행금지를 알리거나 해제하기 위하여 치던 종) 소리가 나기 무섭게 떼떼이 몰려서 광통교 · 수표교 등 다리를 건너갔다 건너왔다 하면서 밤이 늦음을 잊어버렸습니다. 이것을 답교라고 하던 것입니다. 대보름날은 원체 사람들이 붐비니까, 점잖은 양반네는 14일에 미리 행하고, 내외하는 아낙네는 물려 16일에 행하니, 이렇게 해서라도 답교를 해야만 직성이 풀리던 것입니다. 그러나 대보름날 액을 없앤다 하여 다리를 건너다니는 풍속은 중국에서도 성행하는 것이니까, 그 시초가 조선에 있지 아니하는지도 모릅니다. 지방에서는 함흥咸興 만세교萬歲橋의 답교가 굉장하기로 유명하였습니다."(『조선상식문답』)

야금夜禁

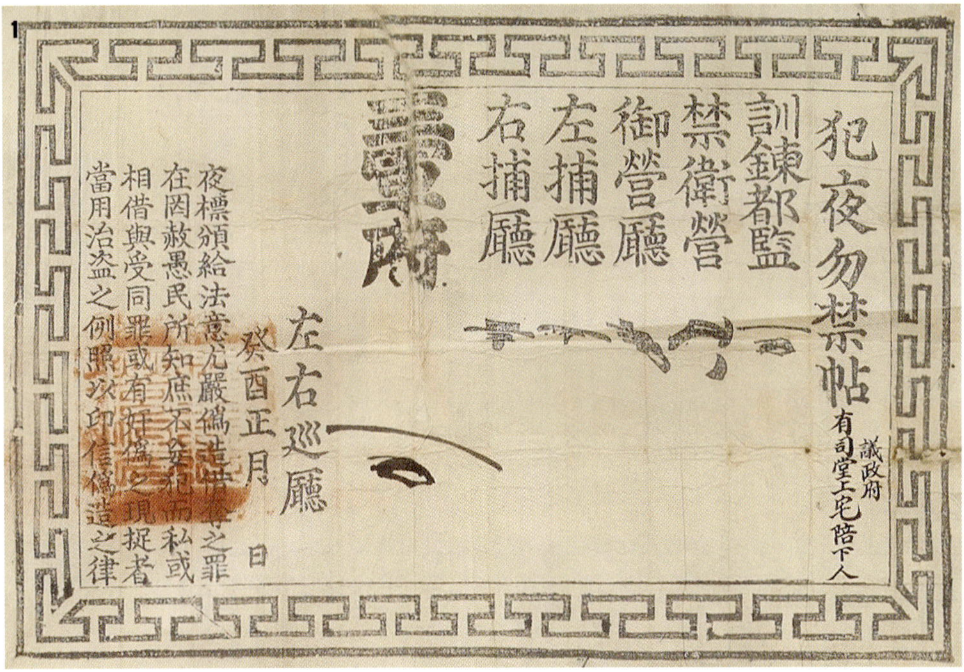
犯夜勿禁帖

訓鍊都監

禁衛營

御營廳

左捕廳

右捕廳

三軍府

議政府 有司堂上宅陪下人

左右巡廳

癸酉正月 日

夜標頒給法意尤嚴僞造借貸之罪在罔赦愚民所知庶不妄犯而私或相借與受同罪或有奸僞之現捉者當用治盜之例照以印信僞造之律

1 **범야물금첩**犯夜勿禁帖. 서울대학교 규장각한국학연구원 소장.

야간 출입증에 해당하는 이 증서는 1873년(고종 2)에 발급된 것으로, 훈련도감訓鍊都監, 금위영禁衛營, 어영청御營廳, 포도청捕盜廳 및 삼군부三軍府 관리의 수결手決(자기의 성명이나 직함 아래에 도장 대신에 자필로 글자를 직접 쓰던 일. 또는 그 글자)이 있다. 말미에는 이 증서를 위조하거나 훔칠 경우 처벌한다는 문구가 기재되어 있다. 보통 이경二更(밤 아홉 시부터 열한 시 사이)에서 오경五更(새벽 세 시에서 다섯 시 사이)까지 도성 내에 대소관민大小官民이 통행하는 것을 금지했는데, 명절날이나 특별한 날에 성문을 열어 야금夜禁, 곧 야간 통행금지를 해제하였다. 『영조실록』에 "방야放夜하도록 명하였는데, 정월 대보름날 답교하는 놀이가 있었기 때문이었다."라는 기록이 보인다. '방야'는 명절날이나 특별한 날에 성문을 열어 야간 통행 금지를 해제하는 것을 말한다. "일년 중 서울에서 돌아다니면서 구경하기는 오직 대보름과 사월 초파일에 가장 성한데, 이 두 날 밤에는 야금을 해제하는 칙서勅書(임금이 특정인에게 훈계하거나 알릴 내용을 적은 글이나 문서)가 내려온다."(『열양세시기』)

2

3

4

2 **신윤복, 「야금모행夜禁冒行」.** 국립중앙박물관 소장 유리건판.

'야금모행夜禁冒行'이란 밤에 통행금지를 무릅쓰고 돌아다닌다는 말이다. 겨울밤 별감別監과 양반, 그리고 담뱃대를 물고 있는 기생이 어딘가 가고 있는 모습이다. 가장 왼쪽의 초립과 홍의紅衣를 입은 별감은 기생을 관리하는 자로, 기생과 동침을 원하는 양반에게 기생을 딸려 보내는 장면으로 추정된다.

3 **신윤복, 「춘야밀회春夜密會」.**

공유마당 : https://gongu.copyright.or.kr/gongu/wrt/wrt/view.do?wrtSn=13362724&menuNo=200018

'춘야밀회春夜密會'란 봄밤 남녀가 비밀리에 만난다는 말이다. 삐딱하게 갓을 쓴 남정네를 따라 처네로 얼굴을 가린 여인이 어느 집으로 들어가고 있다.

4 **신윤복, 「월하정인月下情人」.** 국립중앙박물관 소장 유리건판.

'월하정인月下情人'이란 '달빛 아래의 연인'이라는 말이다. "달은 기울어 밤 깊은 삼경인데 두 사람 마음은 두 사람이 안다(月沈沈夜三更, 兩人心事兩人知)."라는 화제畫題가 쓰여 있다. 신윤복의 또 다른 그림인 「월야밀회月夜密會」에서는 달빛만 고요한 밤중에 인적이 드문 길의 후미진 담장 밑에서 한 쌍의 남녀가 깊은 정을 나누고 있다.

주상[당저當宁]께서 병진년(1796)에 중화척中和尺을 재상宰相과 시종신侍從臣에게 내려주었다. 이 자는 반죽斑竹과 홍염목紅染木으로 만드는데, 중화절中和節의 옛일을 따라 실행한 것이다.

정월대보름날 세워 두었던 화간禾竿을 풀어내려 솔잎을 깔고 송편을 만들어서 나이만큼 노비들을 먹인다. 이날을 속칭 노비일奴婢日이라고 하는데, 농사가 이때부터 시작되기 때문에 그들을 대접하는 것이다.

온 집안을 깨끗이 청소하고 종이를 잘라 "향랑각씨는 속히 천리 밖으로 가라[향랑각시속거천리香娘閣氏速去千里]"는 여덟 글자를 써서 서까래에 붙인다. 각씨는 우리말로 여자이다. 향랑각시는 노래기를 가리키는데, 그것을 미워해서 피하려고 붙인 말이다.

當宁丙辰, 頒中和尺于宰執侍從. 尺用斑竹及紅染木制, 修中和節故事也. 卸下上元禾竿, 作松葉夾餅, 饋奴婢如其齒數, 俗稱奴婢日. 東作伊始故饗此屬云. 灑掃堂宇, 剪紙書香娘閣氏速去千里八字, 粘椽上. 閣氏者東語女子也. 香娘閣氏, 蓋指馬陸也, 惡而辟之之辭也.

중화척中和尺

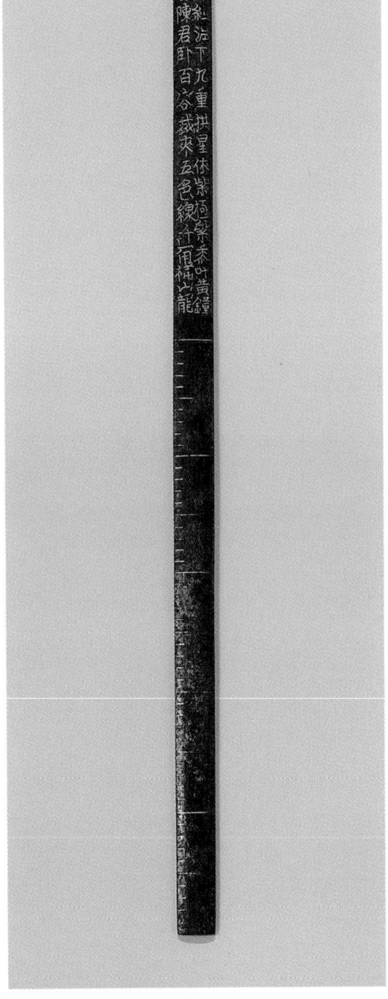

철제은상감척鐵製銀象嵌尺. 국립중앙박물관 소장.

정조가 신하들에게 내려준 이 자에는 정조가 직접 지은 시가 은으로 입사入絲(놋그릇이나 쇠 그릇 표면에 은실로 장식함) 되어 있다. 정조는 1796년 2월 초하루에 공경대부公卿大夫와 가까운 신하들에게 자를 나누어 주었다.(『열양세시기』) 원래는 중국 당 나라의 덕종德宗 정원貞元 연간에 음력 2월 초하루인 중화절中和節에 대신大臣과 척리戚里(임금의 외척外戚)에게 자를 내려주고, 모든 관료는 농서農書를 올려 농사에 힘쓰는 뜻을 표했다는 고사故事가 있었다. 이를 본받아 정조는 매년 2월 1일을 중화절로 삼았다. 이때 내려준 자는 주로 얼룩무늬가 있는 대나무인 반죽斑竹이나 붉게 물들인 나무인 홍염목紅染木으로 만들었다고 하나, 이 자는 철로 만든 것이다. 중화척은 바느질을 할 때에 쓰는 자인 포백척布帛尺보다 약간 짧다고 한다. 참고로 중화절은 궁중에서 농사철의 시작을 기념하던 절일節日로 음력 2월 1일을 일컫는다. '중화中和'란 '중용中庸'과 같은 말인데, 『중용』에 따르면 만물은 중화에서 자라난다고 한다. 여기에서 연유하여 중국에서 농사를 시작하는 날을 중화절로 부르게 되었다. 이날 천자가 백관百官들로 하여금 농서農書를 올리게 하고, 또 술과 음식을 베풀고 중화척을 나누어줌으로써 농업이 국가의 근본임을 나타내었다.

반죽斑竹

1

2

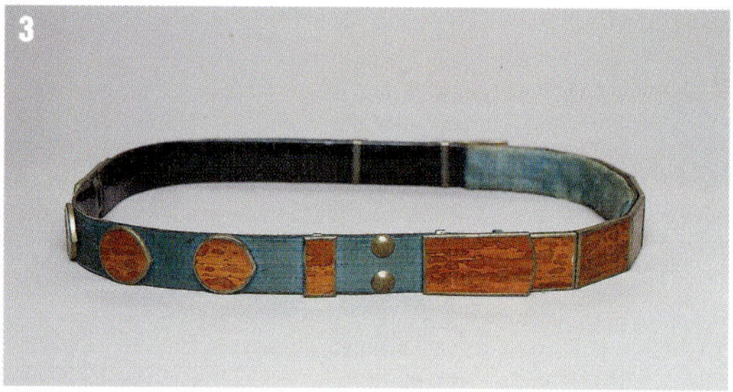

3

1 **반죽.**
볏과와 댓[죽竹]과를 통틀어 이르는 화본과禾本科에 속하는 대나무로 줄기는 높이 10m 내외이고, 환경에 따라 빛깔이 다르며, 노란색 바탕에 검은색 반점이 있다. 죽세공竹細工(대나무를 재료로 하여 정밀하게 만드는 공예품)의 재료와 지팡이로 쓰이며, 주로 관상용으로 심는다. 한국, 중국, 일본에 분포한다.

2 **붓대를 반죽으로 만든 붓.** 국립민속박물관 소장.

3 **외면에 반죽을 붙인 각대角帶.** 국립민속박물관 소장.
각대는 벼슬아치가 예복禮服에 두르는 띠다.

홍염紅染

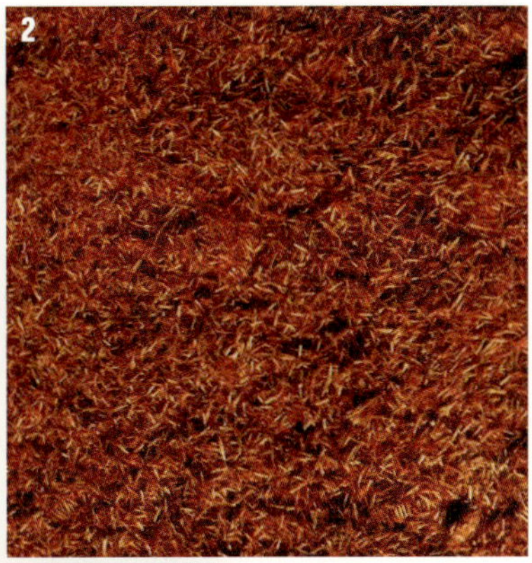

1 **잇꽃**. 픽사베이.
국화과 식물인 잇꽃을 건조시킨 것을 홍화紅花라고 한다. 홍화는 이집트 원산의 두해살이초본으로 전체에 털이 없고, 잎은 어긋나며 넓은 피침형이다. 꽃은 7~8월에 피며 모양이 엉겅퀴와 같으나 붉은빛이 도는 황색이고 원줄기 끝과 가지 끝에 1개씩 달린다. 꽃은 적색 염료로 사용하고 식품 염색에도 쓰며 한방에서는 부인병, 통경약 등으로 사용한다. 어린 순을 식용하며 종자는 기름을 짠다.

2 초여름에 노란 꽃이 빨갛게 변할 때 꽃을 뜯어 그늘에서 말린다. 맛은 맵고 성질은 따뜻하다. 한의학적으로 보면, 혈액 순환을 촉진하고 어혈瘀血(타박상 따위로 살 속에 피가 맺힘. 또는 그 피)을 없애며 월경을 순조롭게 하고 태아를 떨군다. 적은 양에서는 혈을 보한다.

3 잇꽃은 주로 직물을 붉은색과 노란색으로 염색하는 목적과 화장품에 사용하였다. 홍화를 물에 넣어 황색소를 녹여낸 다음 물에 잘 씻어서 잿물에 담그면 홍색소가 녹아서 나온다. 여기에 초를 넣어서 침전시킨 것을 연지臙脂(화장할 때에 입술이나 뺨에 찍는 붉은 빛깔의 염료)로 사용하였다.

노비

1 「경직도耕織圖」. 국립중앙박물관 소장.

노비들이 탈곡하고 지붕을 잇는 것을 노비 주인이 손자를 데리고 구경하는 모습이다. 우리나라의 전통 사회는 신분제 사회였기에, 각기 다른 사회적 특권과 제약을 가지고 있는 여러 개의 신분 계층이 상하로 연결되어 신분의 위계 체계를 형성하고 있었다. 구조는 크게 보아 귀족, 양인良人, 천인賤人으로 이루어져 있었으며 천인의 대표적 존재가 노비였다. 노비는 보통 '종'이라 불렀는데, 사내종은 '노奴', 계집종은 '비婢'라 했다. 노비는 크게 관가에 속한 공노비公奴婢와 권문세가에서 사적私的으로 부리던 사노비私奴婢로 나누는데, 사노비의 경우 한 가호의 노비가 그들 상전 가족의 일원으로 생활하고 있는가, 혹은 그 상전으로부터 독립한 가호와 가계를 유지하면서 생활하는가에 따라 전자를 '솔거노비率居奴婢' 또는 '가내노비家內奴婢'라 하고 후자를 '외거노비外居奴婢'라고 했다. 거의 대부분 외거노비에 속하는 공노비는 주인의 직접적인 부림에서 벗어나 행동이 비교적 자유로웠으나, 사노비인 솔거노비는 독자적인 가계나 재화 축적의 기회, 행동의 자유 등이 주어지지 않았고 일부는 주인의 처첩이 되기도 하고 대부분 하인으로서 잡역 및 농경에 최대한 사역되었다. 이들은 고공雇工(주로 농가에 고용되어 그 집의 농사일과 잡일을 해주고 대가를 받는 사내 머슴)과 더불어 상전의 호적에 기재되었으며 조선시대 노비 가운데 최악의 위치에 있었다.

2 **노비 가족.** 국립중앙박물관 소장.

노비일은 머슴날, 하리아드랫날, 일꾼날이라고도 하는데, 농가에서 머슴들의 수고를 위로하기 위해 음식을 대접하며 즐기도록 하는 날이다. 추수가 끝난 다음, 노비들은 겨울 동안 크게 힘든 일이 없이 평안하게 지냈으나 2월에 들면서 농사일을 준비해야 한다. 그래서 고된 일이 시작되기에 앞서 일꾼들을 하루 쉬게 하여 즐겁게 놀도록 하는 것이다. 노비에게 돈을 주어 쓰도록 하며, 음식을 장만해서 배불리 먹고 취흥에 젖도록 한다. 노비일과 관련해서는 다음 『세시풍요』의 전언이 참고된다. "풍년 비는 길일 따뜻해지는 볕 / 화간 머리 흰 쌀주머니 풀어 내리네 / 늙은 여종들 부지런히 물 뿌리고 청소를 하게 / 떡 나눠 주린 배 채워 줄 테니(禳田吉日暖初陽, 解下竿頭白粲囊, 老婢莫辭勤灑掃, 取多分餅飽飢腸)" 화간禾竿에서 쌀을 내려 곡식을 더해서 떡을 만들어 빈다. 여종들로 하여금 나이 수대로 먹게 하는데, 그것을 비일婢日이라고 한다. 이날 집안의 먼지를 쓴다." '화간'은 풍년을 기원하여 여러 가지 곡식 이삭을 볏짚단에 싸서 세우는 장대로 '볏가릿대' 혹은 '벼난가리' 등으로도 부른다.

노비송편

노비송편. 국립민속박물관 소장.

음력 2월 1일은 예부터 농사가 시작하는 날로 여겨왔다. 농사를 짓는 데 큰 도움이 되는 사람이 머슴이기 때문에 이날을 머슴날이라고도 하여 머슴을 위하는 풍속이 전국적으로 있었다. 지역에 따라 머슴을 위하는 방법은 다르다. 특히 경기·강원·충청 등 중부지역에서는 이날 떡을 해서 머슴을 대접했다. 이날 만드는 떡으로는 송편이 많았다. 음력 2월에 먹는다고 해서 이월떡, 노비(머슴)에게 먹인다고 해서 노비송편(또는 머슴송편), 머슴의 나이 수만큼 먹도록 했다고 해서 나이떡, 또는 나이송편이라고도 불렀다. 『동국세시기』에서는 이렇게 말했다. "대보름날 세워 두었던 화간의 곡식을 풀어내려 흰떡[백병白餠]을 만든다. 큰 것은 손바닥만하게, 작은 것은 계란만큼씩 하게 해서 모두 둥근 옥을 반으로 자른 모양으로 만드는데, 찐 콩으로 소를 해 시루 안에 켜켜이 솔잎을 깔고 쪄 익힌 다음 꺼내서 물로 씻고 참기름을 바른 것을 송편이라고 한다. (…) 떡집에서는 팥·검은 콩·푸른 콩으로 소를 해 꿀을 넣거나 찐 대추·삶은 미나리를 넣어 떡을 만드는데, 이달부터 그것을 시식時食(그 계절에 알맞은 음식)으로 삼는다."

노래기

1 **노래기.** 픽사베이.

노래기는 향혼각시香婚閣氏, 마륙馬陸, 마자馬蚿, 백족충百足蟲, 서충瑞蟲, 논략, 논역, 요내기, 사내기(산애기), 새양각시, 고농각시, 문둥이, 발많이, 노적이, 강남각씨 등으로도 부르는데, 농촌의 초가지붕, 그중에서도 오래된 집의 지붕에서 흔히 나온다. 고약한 악취를 풍기기 때문에 사람들이 몹시 싫어한다. 노래기를 예방하거나 쫓기 위해 부적을 붙이는 한편 아이들은 대개 솔가지를 꺾어다가 지붕에 던지거나 꽂는데, 이때 "새양각시 바늘 줍소"·"새양각시 바늘 주자", "사내기 밥 주자", "사내기 바늘 준다" 등의 말을 하거나, 보름날 아침 밥을 할 때 소금을 한 웅큼 집어서 부뚜막에 얹으면서 "산애기 간질한다"라고 하기도 한다.

2 **노래기를 쫓아내는 부적.**

"논역각시속거천리論易角氏速去千里"라고 썼다. '논역論易'은 노래기를, "각시角氏"는 '아내'나 '갓 결혼한 여자' 또는 '조그맣게 색시 모양으로 만든 여자 인형'을 의미하는데 주로 '각씨閣氏'로 적는다. "속거천리"는 '속히 천리 밖으로 달아나라'는 말로, 나쁜 것을 물리치는 부적 등에서 쓰는 말이다. 한편 비슷한 풍속으로 다음과 같은 것이 있었다. "2월 초하룻날은 화조花朝라 하여 이른 새벽에 솔잎을 문간 뜨락에 뿌리는데, 속언俗言으로는 "그 냄새나는 벌레가 미워서 솔잎으로 찔러 사邪를 없앤다."(『용재총화』) "옛 풍속에 2월 1일에는 집안을 대청소하고 좀[두蠹]의 알을 태우며 햇볕을 들여보내는데, 병의 근원이 되는 독기를 없애기 위함이다. 이를 '좀의 알 썬다'고 한다."(『해동죽지』)

— 한식 寒食 —

서울 사람들은 설날[정조正朝], 한식, 단오端午, 중추中秋 등 네 명절에 성묘를 하는데, 한식과 중추에 가장 성하다. 이날 사방의 교외에서는 남녀의 행렬이 길게 이어져 끊이지 않는다.

都人上冢用正朝寒食端午中秋四名節, 寒食中秋最盛. 四郊士女, 綿絡不絕.

한식寒食

1 **당진 진관2리 한식차례 헌작**獻爵. 국립민속박물관 소장.

『형초세시기荊楚歲時記』에 "동지冬至 지나 백오 일이면 바람이 심하게 불고 비가 많이 내리는데, 그날을 한식이라 한다. 한식에는 삼일 간 불 지피는 것을 금한다."라고 했다. 설날, 단오, 추석과 함께 4대 명절의 하나로 음력 2월 또는 3월에 든다. 2월에 한식이 드는 해는 철이 이르고, 3월에 드는 해는 철이 늦다. 그래서 "2월 한식에는 꽃이 피지 않고, 3월 한식에 꽃이 핀다."라는 말이 전한다. 한식은 어느 해나 청명절淸明節 바로 다음 날이거나 같은 날에 든다. 이때는 양력 4월 5, 6일쯤으로 나무 심기에 알맞은 시기이다. 우리나라에서 4월 5일을 식목일로 정하여 나무를 심는 이유도 여기에 있다. 이날 불을 때는 것을 삼가고 찬밥을 먹는 오랜 풍속이 있었다. 중국에서는 주대周代에 중춘仲春(2월)에 목탁을 치면서 전국에 금화禁火토록 하였는데, 『사물기원事物紀原』에 따르면, 이것은 진문공晋文公이 개자추介子推를 부르고자 방화放火하였다가 개자추가 불에 타 죽게 하였으므로 사람들로 하여금 그를 애도하여 감히 연기를 내지 못하게 하였다거나, 이 무렵에 바람이 매우 심해서 금화케 하였다고도 한다. 또 용성좌龍星座의 목성木星이 봄에 동방의 심성心星을 저촉하면 큰불이 난다 하여 화기火氣가 성하지 않도록 금화하고 찬 음식을 먹었다고도 한다. 국가에서는 종묘宗廟, 능원陵園(왕이나 왕비의 무덤인 능陵과 왕세자 등의 무덤인 원園, 곧 왕족들의 무덤)에 제사하고, 민간에서는 조상의 분묘에 성묘한다. "우리나라 풍속이 기제사忌祭祀는 중히 여겨도 시제時祭는 그렇지 않아 오랑캐의 누추한 습관을 면치 못했다. 그러나 본조本朝 중엽에 이르러 유현儒賢들이 배출되고, 사대부 중에서도 예를 공부하는 학자가 많아져 비로소 시제를 중시하게 되었다. 그렇지만 대체로 가난하고 검소하여 네 계절에 모두 시제를 지내는 이는 드물고, 봄·가을 두 번의 시제로 그치는데, 봄에는 삼월 삼일 삼짇날, 가을에는 구월 구일 중양절重陽節에 지내는 사람이 많다."(『열양세시기』)

2 「**한식제의**寒食祭儀」. 국립민속박물관 소장.

한식寒食 날 제祭를 지낼 때 사용된, 행사의 진행 순서를 적어 낭독하게 하는 홀기笏記다. '홀기'란 혼례나 제례 때에 의식의 순서를 적은 글이다. 본문 앞뒤에 강신降神(처음 잔을 올리기 전에 신을 내리게 하기 위하여 향을 피우고 술을 따라 모래그릇인 모사茅沙 위에 부음), 참신參神(죽은 사람의 위패位牌인 신주神主 앞에서 절함), 초헌初獻(첫 술잔을 신위 앞에 올림), 아헌亞獻(둘째 술잔을 신위 앞에 올림), 종헌終獻(셋째 잔을 신위 앞에 올림), 유식侑食(제주祭主가 술을 다 부은 다음 숟가락을 제삿밥 가운데 꽂고 젓가락 끝이 동쪽으로 가게 놓은 다음 재배함), 음복飮福(제사를 지내고 난 뒤 제사에 쓴 음식을 나누어 먹음), 사신辭神(신을 보낸 후 재배하고 지방紙榜과 축문祝文을 불사름), 철찬徹饌(제사가 끝난 뒤에 제사 음식을 거두어 치움) 등 절차가 수록되어 있다.

한식성묘寒食省墓

1 **성묘**. 국립민속박물관 소장.

"서울 풍속에 산소에 올라가 잔 드리고 제향祭享을 올린다. 정조正朝 · 한식 · 단오 · 추석 네 명절에 술 · 과일 · 포脯 · 식혜 · 떡 · 국수 · 고깃국 · 산적 등의 음식으로 제사 드리는 것을 절사節祀(절기나 명절을 따라 지내는 제사)라고 한다."(『동국세시기』) "비석을 세우고 제절除節(무덤 앞에 평평하게 만들어 놓은 땅)을 고치고 무덤을 고치거나 옮기는 자는 마땅히 한식날 움직여야 한다. 옛날에는 택일하지 않고 모두 이때를 이용했다. 이날은 여러 신들이 하늘로 올라가는 날이므로 물건을 움직이고 고치고 지으며 새 무덤과 옛 무덤을 사초莎草(무덤에 떼를 입혀 잘 다듬는 일)하거나 옮기는 데 모두 이롭다."(『산림경제山林經濟』) 참고로 『견한잡록遣閑雜錄』에서는 한식날 묘제는 근거가 없다고 했다. "우리나라 풍속의 명절은 정조正朝 · 한식 · 단오 · 추석인데, 그때는 묘제墓祭(무덤 앞에서 지내는 제사)를 지내고, 3월 3일과 4월 8일, 그리고 9월 9일에는 술 마시고 놀았다. 『주자가례朱子家禮』에 묘제는 3월 상순에 지낸다고 하였는데, 중국에서는 지금도 이같이 행한다. 우리 나라 풍속에는 네 명절에 지내는데, 어느 때부터 시작되었는지 그 출처를 알지 못하겠다. 『국조오례의國朝五禮儀』에는 '정조 · 단오 · 추석에는 사당에 제사지낸다'고 할 뿐, 한식은 없는데 국속國俗에서 묘제를 지내니 또한 그 어찌 된 까닭인지 알지 못하겠다. (…) 능묘陵墓(임금이나 왕후의 무덤)의 제사가 극히 번거롭고, 사삿집[사가私家] 묘제 역시 번거로우니 예의에도 어긋나는 것이고 편리하지도 않다. 임진란 이후에는 나라의 제도가 많이 감생減省(덜고 줄여 간소화함)되었으니 사삿집 묘제도 감해야 할 것이다."

2

3

2 **김준근, 「한식에 산소 보러 가는 모양」.** 국립민속박물관 소장.
한식에 성묘하러 산소로 가고 있는 모습을 그린 그림이다. 장옷을 쓴 여자와 음식을 머리에 이고 있는 하녀, 그리고 여인의 아들인 듯한 아이가 그려졌다.

3 **김준근, 「성묘지행**省墓之行」. 『민속에 대한 기산의 지극한 관심』, 민속원, 2004, 189쪽.
장옷을 입은 여인과 하녀가 성묘를 가는 모습이다. 하녀는 한 손에는 둘둘 말린 돗자리를 들고 머리 위에는 간단한 제물祭物(제사에 쓰는 음식물. 제수祭需)을 보자기로 덮은 모판[목판木板](음식을 담아 나르는 사각형의 나무 그릇)을 이고 있다.

4 **송석하의 현지조사 사진.** 국립민속박물관 소장.

카드 상단에 "명칭 금화산지방한식金華山地方寒食 성묘"라고 기재되어 있다. 한식날 금화산 근처에 조상의 묘를 둔 후손들이 한식 성묘를 가는 장면이다. 사진에 나오는 사람들의 수로 보아, 한식날 성묘가 매우 성행했음을 알 수 있다. 한식날은 '손 없는 날', '귀신이 꼼짝 않는 날'로 여겨 산소에 손을 대도 탈이 없다고 한다. 그래서 이날에는 산소에 개사초改莎草(잔디를 새로 입힘)를 하거나 봉분을 손질하고 축대를 보수하였으며, 비석 또는 상석을 세우거나 이장을 하기도 했다. 정학유丁學游(1786~1855)는 『농가월령가農家月令歌』「삼월령」에서 "한식날 성묘하니 백양나무 새잎 난다"고 노래했다. 성묘는 조상의 묘를 손질하고 살피는 일이지만, 사실상 조상의 묘를 손질하는 것과 배례拜禮(절하는 예禮. 또는 절하여 예를 표함)가 합해진 것으로 볼 수 있다. 주로 한식과 추석에 성묘를 하는 것이 정착되었다. 요즘 일반 가정에서는 일정한 날을 정하여 묘제墓祭(무덤 앞에서 지내는 제사)를 지내는 것이 힘이 들자 추석 차례 때 성묘하면서 묘제를 함께 지내는 것이 일반화되고 있다.

중삼 重三

삼짇날 진달래꽃을 따다가 찹쌀가루에 반죽하여 둥글게 떡을 만들고, 그것을 참기름으로 지진 것을 화전花煎이라고 한다.

采杜鵑花, 揉糯米粉, 作團糕, 煎以芝麻油, 號花煎.

삼짇날과 진달래꽃

1 픽사베이.

삼짇날은 상사上巳, 상사절上巳節, 원사元巳, 중삼重三, 상제上除, 답청절踏靑節 등으로도 부르는데, 양수陽數인 홀수 3자가 겹치는 날이어서 길일로 여긴다. 추위를 피해 강남 갔던 제비도 이날 돌아온다. 참고로 이날 흰나비를 보면 그해에 상복喪服을 입게 되고, 노랑나비, 호랑나비를 보면 운수가 좋으며, 상사일上巳日이니 뱀을 보아도 좋다고 한다. "옛날에는 삼월의 사일巳日을 상사上巳라 하여 들에 나가 봄놀이하는 명일을 삼더니, 뒤에는 사일이 들쭉날쭉함을 폐롭게 알아서 드디어 삼월 삼일을 붙박이로 쓰기로 하고, 이름은 그냥 상사라 이르게 되었습니다. 조선말에 '삼질'이라 함은 삼월의 자음이 조금 변한 것입니다. 삼질이라는 명절은 대개 추운 겨울에 웅크리고 들앉았던 사람들이 훗훗하여진 봄볕에 기운을 펴고, 물에 다다라서는 때를 씻고, 들에 나가서는 나물을 캐고, 운치 찾는 이는 시냇가에서 술추렴을 하여 대자연의 품속에 새로워진 생명의 젖을 빠는 날이었습니다. 신라 이래로 이날 여러 가지 행사가 있었거니와, 조선에서는 이날 민간에서 보통 진달래꽃으로 떡, 국수, 술을 만들어 들놀이를 하고, 아낙네들은 물맞이를 시작하며 제비 돌아오는 날이라 하여 그 묵은 집을 보수해 주며, 나라에서는 노인잔치를 동문東門 밖에 베풀어 늙은이에게 젊은 기운을 마시게 하는 등 봄을 맞는 여러 가지 행사가 있었습니다."(『조선상식문답』)

2 **진달래꽃**. 국립민속박물관 소장.

일명 참꽃이라고도 불리며 한자어로는 두견화杜鵑花라 한다. 잎보다 꽃이 먼저 피는데, 제주도에서는 3월 초순이면 피며, 서울에서는 4월 중순에 활짝 피고 설악산과 한라산 · 지리산 산정 가까이에서는 5월 말경에 활짝 핀다. 꽃 색도 다양하여 분홍색 · 진분홍색 · 흰색에 자주분홍색까지 있다. 삼월삼짇날에는 진달래꽃으로 만든 화전花煎을 먹으며 봄맞이를 하였고, 진달래꽃으로 빚은 진달래술은 봄철의 술로 사랑받았다. 특히, 면천의 진달래술은 중요무형문화재로 지정될 정도로 명성이 높다. 진달래는 일반적으로 황토질의 산성땅에 잘 나고 질소분이 많은 땅은 좋아하지 않는다. 진달래가 우리나라 전역의 산지에 나는 것은 진달래가 살기에 좋은 환경인 까닭이다.

화전花煎놀이

화전놀이. 국립민속박물관 소장.

『용재총화』에 따르면, "삼짇날을 상사上巳라고 하는데, 세속에서는 답청절踏靑節이라 한다. 이날에는 사람들이 모두 교외의 들로 나가 노는데, 꽃이 있으면 지져 술을 마시고, 또 새로 난 쑥 잎으로 백설기[설고雪糕]를 만들어 먹는다." 꽃을 지져먹었다고 한 그것이 바로 화전花煎이다. 참고로 국화를 따 떡을 만든다. 삼짇날 진달래떡[두견화고杜鵑花糕]과 같아 역시 화전이라 부른다. 참고로 진달래 화전뿐 아니라 진달래 화면花麪도 만들어 먹었는데, 만드는 방법은 다음과 같다. 잎이 크고 온전한 진달래꽃을 많이 따서 꽃술과 꽃받침을 제거하고 말렸다가 물에 담그면 다시 피어난 것처럼 꽃잎이 일어선다. 물을 버리고 습기만 남긴 채 꽃잎을 덮을 정도로 녹두가루를 뿌린 뒤 뜨거운 물에 살짝 데쳤다가 찬물에 띄운다. 따로 면을 가늘게 뽑아 오미자와 꿀을 탄 물에 넣고 다시 진달래꽃을 띄운다. 계피가루, 잣 십여 개를 넣는다.(『오주연문장전산고』) "옛 풍속에 삼짇날 화전으로 차례를 지내고, 또 동산에 올라 화전으로 상춘놀이를 하는데, 이것을 '화젼노리'라고 한다."(『해동죽지』) 화전놀이는 꽃놀이, 화花놀이 · 꽃달임 · 화류花柳놀이 · 화류유花柳遊라고도 한다. 원래 '화전花煎'은 꽃전 곧 꽃을 붙이어 부친 부꾸미로 차전병의 하나인데, 진달래꽃이 필 때 그 꽃을 부치거나 떡에 넣거나 하여 여럿이 모여 먹는 놀이라는 데서 그런 명칭이 생긴 것이다. 3월에 가지 않고 다른 달에 갈 때는 흔히 화전놀이라는 말 대신 화류놀이란 말을 쓴다. 화전놀이를 하는 곳을 화전장花煎場이라고 하는데 그 곳에서 화전 외에 진달래꽃을 녹두가루에 반죽하여 만들어 먹는 '화면花麵'도 해먹고 그 지방 특유의 음식을 해먹기도 하며 또 화전가를 지기도 하며, 하루를 즐긴다.

화전가花煎歌

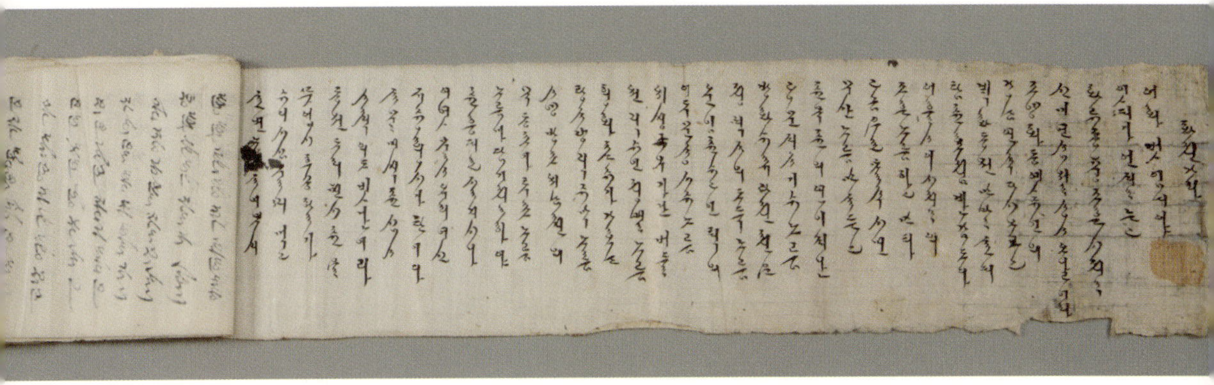

「화전가花煎歌」. 국립민속박물관 소장.

이 「화전가」는 조선 시대 필사본 한글가사이다. 봄철을 맞은 여인들이 시집살이의 굴레를 벗어나서 경치 좋은 곳을 찾아 즐겁게 화전놀이를 하며 읊은 내용으로 되어 있다. 「화전가」는 조선 시대 한글 가사로 봄철을 맞은 여인들이 시집살이의 굴레를 벗어나서 경치 좋은 곳을 찾아 즐겁게 화전놀이를 하며 읊은 노래이다. 삼월 삼짇날이나 청명절清明節(24절기의 하나로 춘분春分과 곡우穀雨의 사이에 들며, 4월 5일 무렵임) 등 봄에 일기가 좋은 날을 택해 부녀자들이 산이나 경치 좋은 곳을 찾아가서 하루를 즐기는데, 그 장소를 화전장花煎場이라 한다. 화전장은 주로 사방이 트여 잘 보이는 나즈막한 산봉우리가 많다. 여인들은 그곳에서 준비해 간 음식과 진달래 꽃전을 만들어 먹기도 하고, 또 지필묵紙筆墨(종이와 붓과 먹)으로 현장에서 창작, 윤작輪作(같은 주제나 소재로 여러 작가가 돌아가며 글을 씀), 독송獨誦(혼자서 읽거나 외움), 윤송輪誦(돌아가며 읽거나 외움) 등의 규방가사閨房歌詞(부녀자가 짓거나 읊은 가사 작품을 통틀어 이르는 말. 조로 영남지방에서 널리 유행함)로 노래하면서 노는 모임을 여는 것이 상례처럼 되어 있다. 이때 지은 가사를 화전가花煎歌라 한다. 화전가는 이처럼 현장에서 짓기도 하지만, 미리 지어 오거나 또는 화전놀이가 끝난 뒤 집에 돌아와 그날 하루를 돌이키며 그 감회를 글로 남기기도 한다. 내용은 대개 봄을 맞아 화전놀이를 준비하는 과정으로부터 시작, 그 날 화전장에서 하루를 즐기는 모습, 그리고 하산해 집으로 돌아가는 과정과 집에 도착한 뒤의 감회까지 모든 과정을 상세하게 그리고 있다. 단락을 나누면 서사序辭(전체의 진행을 암시하거나 예고하는 내용이 담긴 첫머리 부분), 본사本辭(본 이야기), 결사結辭(맺는 이야기), 발사跋辭(끝에 본문 내용의 대강大綱이나 간행 경위에 관한 사항을 간략하게 적은 글) 등 네 부분으로 구분된다. 먼저 서사에서는 만화방창萬花方暢(따뜻한 봄날에 온갖 생물이 나서 자라 흐드러짐)한 꽃 시절을 맞는 영춘송迎春頌(봄을 맞이하여 기리는 글)으로부터 시작된다. 이어서 화전놀이의 날짜와 장소, 경비를 정해 시비侍婢(곁에서 시중을 드는 계집종)나 노파를 시켜 통문通文(여러 사람의 성명을 적어 차례로 돌려보는, 통지하는 문서)을 돌리고, 부모님의 허락을 받은 뒤, 경비를 추렴하는 과정이 묘사된다. 본사는 화전놀이 당일 요란하게 몸치장을 하고 출발하는 모습과, 화전장에 도착해서 준비해 온 음식을 나누어 먹기도 하고, 또 직접 그 곳에서 화전花煎과 화면花麪(삼짇날에 먹는 화채. 진달래꽃의 꽃술을 빼고 씻어 녹말을 씌워서 끓는 물에 살짝 데친 후에 냉수에 식혀 오미잣국에 넣고 실백잣을 띄워 먹음) 등을 만들어 먹으며 문중 이야기나 집안 자랑, 시집살이 이야기 등으로 꽃을 피우며 즐겁게 노는 광경이 묘사된다. 그러면서도 산에서 사방을 둘러보며 자기 친정이나 동기간을 그리워하는 모습도 함께 나타나 있다. 이어서 분위기가 전환되면서 선비들을 흉내 내는 '풍월風月놀이'와 '잡가타령' 등의 흥겨운 놀이로 분위기가 고조된다. 결사에서는 하산해 집으로 돌아가는 과정을 노래하고 있으며, 아쉽게 끝나버린 하루해를 '춘몽春夢', '남가일몽南柯一夢' 등과 같이 허무적 표현으로 끝내고 있다. 마지막 발사 부분은 작품의 제작 연대 및 간지干支, 지은이의 택호宅號(본인의 고향 이름 따위를 붙여서 그 사람을 부르는 말) 등과 가사를 짓게 된 연유, 아랫사람들에게 주는 충고와 경계의 격언 등으로 되어 있다. 이와 같이 화전가는 화전놀이를 소재로 하고 있으며, 가사 내용 가운데 "근친覲親(시집간 딸이 친정에 가서 부모를 뵘) 길이 제일이요 화전길이 버금이라"(상주 지방)라는 말이 있듯이, 새봄을 맞아 상춘賞春(봄을 맞아 경치를 구경하며 즐김)한다는 의미와 함께 시집살이의 굴레에서 하루만이라도 벗어나고 싶어하는 부녀자들의 간절한 염원이 잘 나타나 있다. 형식은 4·4조가 기조를 이루고, 문장 투식어套式語(형식처럼 굳어진 틀로 된 어투)로 서사에서는 '이야~더라'·'어화~더라', 본사에서는 '두어라', '긋처라', '어화', 결사에서는 '일장춘몽', '남가일몽' 등이 사용되는 것이 일반적이다. 화전놀이의 과정은 대개 <놀이에 대한 공론→택일→통문通文→시부모 승낙→음식 준비→몸 단장→나들이→화전 굽기→유흥→귀가>의 순으로 이루어졌다.(이상 『한국민족문화대백과』를 풀어씀) 참고로 화전놀이는 궁중에서도 행해졌다. 『정조실록』에 따르면, 정조가 육상궁毓祥宮(칠궁七宮의 하나로 조선 제19대 왕인 숙종의 후궁이며, 제21대 왕인 영조의 생모 숙빈 최씨淑嬪崔氏의 신위를 모신 사당)·연호궁延祜宮(영조의 장남으로 일찍 죽어 후에 왕으로 추존된 진종의 생모 정빈 이씨를 모신 사당)·선희궁宣禧宮(육상궁 내에 있던 왕실의 사묘私廟로, 1764년에 영조의 후궁이자 사도세자의 생모인 영빈이씨暎嬪李氏의 신주神主를 봉안한 사당)을 참배하고 세심대洗心臺(필운대와 함께 살구꽃으로 유명한 곳이다. 1791년 정조가 이곳에 올라와 신하들과 함께 활도 쏘고 시도 지으면서 즐긴 일이 민간의 연례행사가 되면서 필운대 버금가는 곳으로 이름을 얻게 되었다. 봄이 되면 꽃구경하는 사람들과 함께, 이 틈에 한몫보려는 술장수, 떡장수에 기생들이 모여들고 화전과 꿀떡을 파는 이동식 주방까지 설치되어 법석을 일었음)에 올라 신하들에게 밥을 내려 주고 여러 신하들과 활쏘기를 했고, 선희궁의 소원小園에 도로 와서 화전놀이를 하면서 칠언절구를 짓고는 군신들에게 화답하여 바치도록 하였다.

파일 八日

손님을 맞이해 느티떡, 볶은 콩, 삶은 미나리로 반찬을 차려 놓는다고 하는데, 이것을 부처님 탄신일 소밥[소반素飯]라고 한다. 또 아이들이 등간燈竿 아래에서 물동이에 물을 채워 바가지를 띄워 놓고 빗자루로 그 등을 두드리면서 진솔한 소리를 내는 것을 수고水鼓, 곧 물장구라고 한다. 장원張遠의 『오지隩志』를 보니, "서울 풍속에 염불을 하는 사람이 콩으로 그 횟수를 헤아리는데, 사월 초파일 부처 탄신일에 이르러 콩을 볶을 때 소금을 약간 치고 길에서 사람을 맞이하여 그 콩을 먹어 보라 청하면서 인연을 맺는다."라고 했다. 오늘날의 콩볶이는 대개 이것을 흉내 낸 것이다. 또 『제경경물략帝京景物略』을 보니, "정월대보름날 밤 아이들이 밤을 새워 이튿날 새벽까지 북을 치는 것을 태평고太平鼓라 한다."라고 했다. 오늘날의 수고는 아마도 그 태평고인데, 부처 탄신일이 초파일 날 저녁인 등석燈夕이기 때문에 이날에 하는 것으로 옮겨졌다.

인가에서는 자녀의 수만큼 등을 켜는데, 밝아야 길하다고 여긴다. 등간은 큰 대나무 수십 개를 묶어 만드는데, 사치스러운 집에서는 한강의 주요 나루터 중 하나인 오강五江의 돛대를 실어 온다. 등간 끝에는 깃을 꽂고 색색의 깃발을 매달거나 일월권日月圈을 꽂아 바람을 따라 어지럽게 돌게 한다. 종로에 늘어선 가게들에서는 높고 큰 등간을 좋아해 수십 가닥의 새끼줄을 늘어뜨려 힘껏 끌어올린다. 왜소한 등간은 비웃음거리가 된다. 이날 저녁에는 의례 밤 통행금지인 야금夜禁을 해제하기 때문에 연등을 구경하는 사람들이 두루 남북의 산기슭에 올라가거나 퉁소와 북을 둘러메고 길을 따라 마음껏 구경한다. 『고려사』를 보니, "왕궁이 있는 서울에서부터 시골 읍에 이르기까지 정월대보름 이틀 밤에 연등하는데, 최이崔怡가 사월 초파일에 연등을 했다."라고 했다. 또 『고려사』를 보니, 나라 풍속에 사월 초파일 석가의 탄생일에 집집마다 연등을 다는데, 그 수십 일 전부터 아이들은 종이를 잘라 등간에 끼워 깃발을 만들어, 성 안의 거리를 두루 외치고 다니면서 쌀과 포목을 구하여 그 비용으로 삼는데, 그것을 호기呼旗라 한다."라고 했다. 오늘날 등간에 깃발을 매다는 것은 이 호기에서 유래한 것이다.

등의 이름은 마늘등, 연꽃등, 수박등, 학등, 잉어등, 자라등, 병등, 항아리등, 배등, 북등, 칠성등七星燈, 수자등壽字燈 따위인데, 모두 그 모양을 흉내 낸 것이다. 종이를 바르거나 푸른 비단에 운모雲母를 박아 날아가는 신선, 꽃과 새를 장식한다. 북 등에는 대개 삼국의 옛일을 그린다. 또 그림자등[영등影燈]이 있는데, 안에다가 돌아가는 틀을 설치하고, 종이를 오려 매와 개를 데리고 호랑이, 사슴, 꿩, 토끼를 잡는 모양을 만들어 그 틀에 바르는데, 그것을 바람으로 빙빙 돌아가게 하면 밖에서 그 모양을 볼 수 있다. 소동파蘇東坡가 오군채吳君采에게 보낸 편지를 보니, "그림자등은 아직 보지 못했지만, 그것을 보느니 차라리 『삼국지』를 한번 읽는 것이 어떠한가?"라고 했는데, 이로 보아 삼국의 고사로 그림자를 만들었음이 분명하다. 또 범석호范石湖의 「상원기오중절물배해체시上元吳下節物排體詩」를 보니, "그림자등을 돌리니 말 탄 장수 종횡무진"이라는 구절이 있고, 그 주註에 마기등馬騎燈이라고 하였는데, 대개 송나라 때부터 이미 이런 제도가 있었다.

延客設饌, 楡葉餠賁豆烹芹云, 是佛辰茹素. 又童子設盆水于燈竿下泛瓢, 用帚柄叩其背, 爲眞率之音, 號爲水鼓. 按張遠隩志, 京師俗念佛號者, 輒以豆識其數, 至四月八日佛誕生之辰, 賁豆微撒以鹽, 邀人于路請食之, 以爲結緣也. 今俗賁豆, 盖昉於此. 又按帝京景物略, 元夕童子撾鼓, 旁夕向曉, 曰太平鼓. 今俗水鼓似卽太平鼓, 而佛日爲燈夕, 故移用之也. 人家點燈依子女多少, 以明亮爲吉. 燈竿縛大竹累十, 而成侈者馱致五江檣桅. 頭揷雉羽, 繫色幟, 或揷日月圈, 隨風眩轉. 鍾街列廛, 務尙高大, 張數十索, 邪許引起. 矮小者, 人皆嗤之. 是夕例弛夜禁, 觀燈者遍於南北麓, 或攜簫鼓, 沿街縱觀. 按高麗史, 王宮國都以及鄕邑, 正月望燃燈二夜, 崔怡於四月八日燃燈. 又按高麗史, 國俗以四月八日, 是釋迦生日, 家家燃燈, 前期數旬, 羣童剪紙注竿, 爲旗周, 呼城中街里, 求米布爲其費, 謂之呼旗. 今俗燈竿揷幟者, 呼旗之類也. 燈名蒜蓮西瓜鶴鯉黿鼈甁缸船鼓七星壽字類, 皆象形. 紙塗, 或用碧紗嵌雲母, 飾飛仙花鳥. 鼓燈多畵三國故事. 又有影燈, 裏設旋機, 剪紙作獵騎鷹犬虎鹿雉兎狀, 傅於機, 爲風炎所轉, 外看其影. 按東坡與吳君采書云, 影燈未嘗見, 與其見此, 何如一閱三國志耶, 此必以三國故事作影也. 又范石湖上元吳下節物排體詩, 轉影騎縱橫, 註云馬騎燈, 盖自宋時已有此制.

느티떡

느티떡. 전통문화포털.

느티떡은 쌀가루에 느티나무의 잎을 넣어서 찐 시루떡이다. 유엽병楡葉餠이라고 하는 이 떡은 초파일에 먹는 절식節食(명절에 따로 차려서 먹는 음식)의 하나이다. 『농가월령가』 「사월령」에서 "파일八日 현등懸燈(등불을 높이 매담)함은 산촌에 불긴不緊(반드시 있어야 하는 것은 아님)하니 느티떡 콩찐이는 제때의 별미로다"라고 노래했다. 느티나무는 3~4월에 어린 새싹이 나오는데, 독이 없고 향이 좋아 떡에 섞어 찌면 느티나무의 잎(느릅나무과의 낙엽활엽 교목인 느티나무의 새싹) 향기가 집안에 가득하다. 주로 사월 초파일 전후에 떡에 넣어 먹는데, 이때가 제일 맛있기 때문이다. 만드는 법은 다음과 같다. 멥쌀을 하룻밤 정도 불린 다음 건져, 소금을 넣고 가루로 곱게 빻는다. 쌀가루에 물을 섞어서 손으로 잘 비벼 고운 체에 내린 후 설탕을 고루 섞는다. 어린 느티나무의 잎을 골라 끝부분에 붙은 검은 것과 억센 줄기는 떼어낸 후 씻어서 물기를 빼고 쌀가루에 버무린다. 팥은 하루 전날 물에 불려 껍질을 벗겨 쪄내고 더울 때 소금을 넣고 찧어서 어레미로 내려 팥고물을 만든다. 시루에 팥고물을 넉넉히 넣고 준비해 둔 쌀가루를 두툼하게 넣어 다시 팥고물을 충분하게 얹는다. 계속 반복하여 켜켜이 얹어 쪄낸다. 대추와 밤, 쑥, 잣가루, 늙은 단호박, 곶감을 가루에 섞은 후 녹두 고물로 켜를 만들어 쪄먹기도 한다. 남병楠餠, 석남엽병石楠葉餠, 석남엽증병石楠葉甑餠이라고도 한다. 느티나무를 '석남石楠'이라 하기 때문에 이런 이름들이 생겨났다.

등간燈竿

1 「관등觀燈」. 서울역사박물관 소장.

"옛 풍속에 4월 8일을 욕불절浴佛節이라 한다. 고려 때부터 채붕綵棚(나무로 단을 만들고 오색 비단 장막을 늘어뜨린 장식 무대로 신라 진흥왕 때 시작한 팔관회에서부터 설치된 기록이 있음)놀이가 있었는데, 큰 나무와 긴 대[죽竹]를 묶되 머리는 꿩과 공작의 꼬리로 장식하고, 허리에는 붉고 푸른 비단 깃발을 매달아서 많은 사람들이 함께 일으켜 세운다. 높이가 사오십 길은 되며, 깃대의 중간쯤에는 큰 등을 단다. 종로에는 수백 개의 시렁[붕棚]이 몰려오고, 기타 작은 것들은 성안 구석구석을 채운다. 이것은 당나라 오산결채鰲山結彩(산대놀이)에서 유래한 오래된 풍속인데, 그것을 '등재'라고 한다."(『해동죽지』) 이 '등대'가 바로 초파일에 들을 다는 등간燈竿이다.

2 **개성**開城 **관등**觀燈 **팔관회**八關會. 송석하의 현지조사 사진. 국립민속박물관 소장.

우뚝 솟은 등간을 볼 수 있다. 『열양세시기』의 증언대로 연등을 많을 때는 십여 개, 적을 때는 서너 개를 단다면, 『세시풍요』에서 밝힌 대로 서울의 호수戶數가 4만이라 하고, 한 가구당 대략 다섯 개씩만 단다고 치더라도 서울 장안에는 총 20~30만 개 이상의 연등이 매달리게 된다. 이렇게 보면 "높이 올라가서 그것을 보면 온 하늘의 별자리처럼 반짝거린다."(『열양세시기』)는 말은 결코 과장이 아니다. 거기에다 불꽃놀이의 일종인 줄불놀이와 떨기불[총화叢火]까지 더해졌으니, 전기가 없던 시절에 그것은 가히 장관이었을 것이다. "불단佛壇의 등불 삼일 밤 휘황했으니(蕭寺龕燈三夜輝)"라는 『세시풍요』의 시구에서 보듯이, 연등 축제는 삼 일 동안 지속되었다. '줄불놀이와 떨기불'은 "종이에 화약을 싸 줄에 매달아 승기전乘機箭(화약을 장치하거나 불을 달아 쏘던 화살. 신기전神機箭)처럼 쏘아 올리면 터져서 내려오는 불줄기[화각火脚]가 흩어져 비처럼 내려오게 하는 놀이"(『동국세시기』)를 말한다.

3 **오강**五江**의 돛대들**. 『일본지리풍속대계日本地理風俗大系』(1930).

서울 근처의 중요한 나루가 있던 오강五江, 즉 다섯 군데의 강가 마을인 한강, 용산, 마포, 현호玄湖, 서강西江이 있던 이곳은 그 중 마포나루인데, 돛대들이 많이 보인다. 저 돛대들을 가져다가 연등을 다는 등간燈竿으로 썼다.

물장구[수고水鼓]

물장구. 국립국악원 소장.

초파일에 아이들이 물동이에 바가지를 띄워 돌려가면서 두드리며 노는 놀이로, 물박치기, 수고水鼓, 수포水匏, 수부水缶, 수부희水缶戱, 격부擊缶, 수포악水匏樂이라고도 한다. "옛 풍속에 4월 8일 홰나무잎 떡[괴병槐餠]을 찌고 검은콩을 볶는다. 어린아이들은 모두 새 옷을 입는데, 이것을 '팔일빔'이라고 한다. 또 바가지를 물동이에 띄워 놓고 퐁퐁 질장구[토부土缶] 소리를 내면서 노래하거나 춤을 추는데, 이것을 '물장구'라고 한다."(『해동죽지』) "연등 켜는 저녁 뛰어 노는 아이들 / 여기저기 똑같이 물장구 놀이 / 빗자루로 바가지 치며 노래 부르니 / 삶은 콩 느티떡은 공양 같구나(洛城燈夕走村童, 水缶游嬉處處同, 帚柄叩匏齊俗唱, 豆蒸楠餠似齋供)"(『도하세시기속시都下歲時紀俗詩』) "밤은 어찌하여 이리도 화창한지 / 물장구/ 둥둥둥 땅 밟는 노랫소리 / 남북의 거리마다 두루 걸린 연등 보니 / 집집마다 아이들 많은 걸 알겠네(淸和天氣夜如何, 水鼓鼕鼕踏地歌, 巷南巷北燈光遍, 始覺人家子女多)"(『세시잡영』) / "느릅나무 연한 싹은 떡 하기 좋아 / 볶은 콩 찐 물고기로 풍성한 한 상 / 마당에 달 떠올라 물장구 울리니 / 꽃 떨어지는 촌마을 적막함을 깨우네(黃楡芽葉軟宜糕, 煮豆蒸魚一桌饒, 新月燈庭鳴水缶, 洛花村裡破寥寥)"(『세시풍요』) "부처님 목욕시킨 후 다투어 공양하니 / 홰나무잎 찐 떡에 검은 콩 향기롭네 / 아롱옷 입은 아이 참새 뛰듯 노닐며 / 물바가지 소리에 덩실덩실 춤을 추네(金身浴罷爭供養, 槐葉蒸餻黑豆香, 彩服兒孫如雀躍, 水匏聲裡舞翺翔)"(『해동죽지』)

연등燃燈

1

2

1 1971년 조계사 연등.

공유마당 : https://gongu.copyright.or.kr/gongu/wrt/wrt/view.do?wrtSn=13299065&menuNo=200018.

등을 다는 것은 부처가 깨달은 진리의 빛, 다시 말해 불광佛光을 본다는 목적과 부처를 향한 정성스러운 공양을 올리자는 의미가 있다. 정성을 기름으로 하고 신심信心을 심지로 해서 피우는 등은 어떤 세파에도 꺼지지 않는데, 『아사세왕수결경阿奢世王授決經』, 『현우경賢愚經』의 「빈녀난타품貧女難陀品」, 『빈녀난타경貧女難陀經』 등에 보이는, '왕과 귀족들이 밝힌 등불은 모두 꺼졌으나 가난하나 진실한 마음으로 살아가는 한 여인 난타의 등불은 결코 꺼지지 않고 밝게 빛나고 있었다'는 '빈자일등貧者一燈'의 이야기가 그 의미를 잘 함축하고 있다. 그러나 실상은 대단히 화려하고 사치스러웠다. "초파일이 되면 집집마다 장대를 세워 등불을 걸고, 부호들은 화려하게 치장한 시렁을 크게 차려 놓았는데, 층층이 달린 수많은 등불은 마치 하늘에 별이 펼쳐진 것과 같았다. 서울 사람들은 밤새도록 구경하고, 무뢰한 젊은이들은 그것을 올려 보면서 툭툭 건드리는 것을 낙으로 삼았다. 지금은 불교를 숭상치 않아, 혹 연등놀이를 한다고 해도 옛날 번성하던 것만 못하다."(『용재총화』) 참고로 최남선은 연등에 대해 다음과 같이 설명했다. "사월 팔일은 부처님의 나신 날이라 하여, 처음에는 절간에서 경축하던 것이지마는, 고려 이래로 일반 민속이 이날을 큰 명절로 하여 여러 가지 놀이를 베풀고, 이씨 조선에 들어와서는 이날 낮에는 탈등이라 하여 장난감 저자를 세워서 아이들의 기쁜 날을 만들고, 밤에는 관등이라 하여 서울 한복판에 큰 등대燈臺를 세우고, 가지각색의 현란한 등을 천 개 만 개 달며, 밝은 초를 일제히 켜서 하늘의 별·달과 빛을 다투게 하여 시민 상하의 가슴을 시원하게 하고, 각 가정에서는 집안 아이의 수효대로 찬란하게 꾸민 등을 켜서 컴컴하던 밤이 이날만은 환한 옷을 입었었습니다. 한창 시절에 등 호사가 얼마나 야단스러웠던가는 옛날 시조에 '하사夏四월 첫 여드렛날에 관등觀燈하려 임고대臨高臺하니, 원근고저遠近高低에 석양이 비꼈는데, 어룡등魚龍燈·봉학등鳳鶴燈·두루미·남생이며, 종경등鍾磬燈·북등이며, 수박등·마늘등과 연꽃 속의 선동仙童이며, 난봉鸞鳳 위의 천녀天女로다. 배등·집등·산대등山臺燈과 영등影燈·알등·병등甁燈·벽장등壁欌燈·가마등·난간등欄干燈과 사자獅子 탄 체궐이며 호랑이 탄 오랑캐라. 발로 툭 차 구름등에 칠성등七星燈 벌려 있고, 일월등日月燈 밝았는데 동령東嶺에 월상月上하고, 곳곳이 불을 현다. 어언홀언간於焉忽焉間에 찬란燦爛도 한지이고' 운운云云 한 엮음에서 대강을 짐작하겠습니다."(『조선상식문답』)

2 **초파일놀이**. 국립민속박물관 소장.

한양의 번화한 관등놀이는 시골 사람들에게는 동경의 풍습이었다. "들 늙은이 해 저물자 봄갈이를 파하고서 / 외론 등불 높이 걸고 부처 앞에 예 올리네 / 아스라이 스쳐보니 봉성鳳城이 삼십리라 / 성긴 별 밝은 달은 하늘에 비추누나 / 이날이라 농부들 밭갈이를 폐하고서 / 부산히 돌아와 부처 앞에 소원 비네 / 적막한 강촌이라 등불은 전혀 없고 / 중천에 달빛만이 휘영청 밝네 그려 / 성안에 선 집집마다 농사도 아니 짓고 / 관등觀燈으로 밤을 새니 이슬방울 하얗구나 / 뉘라서 알리 게으른 촌부자 / 홀로 사립문 닫고 누워 밤 지새우는 줄(田翁日暮罷春耕, 高掛孤燈禮佛生, 遙想鳳城三十里, 疏星淡月照天明, 此日農夫盡輟耕, 紛然歸佛願修生, 江村寂寞無燈化, 只有中天月色明, 城郭家家不事耕, 觀燈終夜露華生, 誰知懶慢村夫子, 獨掩柴扉臥徹明)"(『양촌집陽村集』) 관등놀이는 임금도 부러워했다. "임금이 집경당集慶堂에 나아가니, 약방에서 입진入診(임금의 병을 진찰함)하였다. 임금이 도제조都提調(외교문서를 맡아보던 승문원承文院, 제사祭祀와 시호諡號에 관한 일을 맡아보던 봉상시奉常寺, 외국어의 번역 및 통역에 관한 일을 맡아보던 사역원司譯院, 군인을 양성하던 훈련도감訓鍊都監 따위의 으뜸 벼슬로 정승이 겸임하거나 정승을 지낸 사람을 임명하였으나, 실무를 보지는 않았음)에게 말하기를, '오늘 저녁은 연등하는 밤이다. 도민都民들은 부자 형제가 서로 이끌면서 등불을 구경하련만 나 혼자만 없으니 이 무슨 팔자인가?'라고 하였다."(『영조실록』) 한편 관등놀이는 높은 곳에 올라가 연등을 구경하는 놀이이기도 했다. "연등을 행하는 저녁에는 의례 야간 통행금지를 해제하기 때문에 남녀들이 초저녁에 모두 나와 남북의 산기슭에 두루 올라가 연등 매단 것을 구경하거나, 악기를 들고 길을 따라 노닐어서 인산인해와 불야성을 이루어 밤새도록 떠들썩하다. 시골의 촌 노파들은 서로 이끌고 앞다퉈 와서 반드시 잠두봉에 올라 구경한다."(『동국세시기』)

호기|呼旗

호기|呼旗. 국립민속박물관 소장.

고려 시대 부처의 탄신일인 사월 초파일 이전에 개경開京(고려 태조 왕건이 왕위에 오른 이듬해에 궁궐을 새로 지어 도읍지로 정하였던 곳. 개성)의 아이들이 종이를 꽂아 깃발을 만들고는 성안의 집집마다 다니면서 쌀과 베를 구해서 비용을 염출捻出(필요한 비용 따위를 어렵게 걷거나 모음)하던 놀이를 말한다. 일명 호기동희呼旗童戱라 하였다. "사월 팔일에는 연등을 하는데, 세속에서는 석가탄신일이라고 한다. 봄날에 아이들을 종이를 잘라 깃발을 만들고, 물고기 껍질을 벗겨 북을 만들며, 다투어 모여 무리를 지어 동네를 돌아다니며 연등할 비용을 구걸하는데, 그것을 호기라고 한다."(『용재총화』) 불교가 성행했던 고려에서는 호기가 명절놀이로 인식되었으며, 국왕들도 이 놀이를 구경하고 많은 양의 쌀과 베를 하사하는 경우가 종종 있었다. 『고려사』에 용례가 보인다. "공민왕 13년(1364) 4월에 연등을 하였다. 궁전의 뜰에서 호기희를 관람하고 포布를 하사下賜하였다. 국가의 풍속에 4월 8일을 석가의 탄생일이라 하여 집집마다 연등하였다. 그 수십일 전에 여러 아이들이 종이를 잘라 장대에 꽂아서 깃발을 만들고는 성안 거리를 소리치고 돌아다니면서 쌀과 베를 구하여 그 비용으로 삼았는데 이를 호기라 하였다."

그림자등[영등影燈]

주마등. 조명박물관 소장.

그림자등은 촛불이나 등불이 바람에 꺼지지 않도록 겉에 천 따위를 씌운 등 속에 회전하는 기구를 설치한 뒤 종이로 사람이나 동물의 모양을 만들어 그 위에 붙여서 바람이나 불기운의 상승 효과로 빙빙 돌게 하여서 그 그림자가 밖으로 드러나도록 만든 등을 말한다. 그림자등을 마기등馬騎燈이라고도 하는 이유는 등에 붙이는 종이 그림이 『삼국지』에 등장하는 여러 장수들이 말을 타고 달리는 모습을 오려 붙였기 때문이다. 등이 돌아가면 마치 말을 탄 장수들이 힘차게 내달리는 듯했다. 여기서 무엇이 언뜻언뜻 빨리 지나감을 비유적으로 이르는 말인 '주마등走馬燈'이 나왔다. '주마등'은 달리는 말이 보이는 등이라는 뜻이다.

단오 端午

애호艾虎를 각신閣臣에게 내려 주는데, 작은 짚에 채화彩花를 동여매면 여뀌 이삭처럼 나풀거린다. 또 새로운 부채를 내려주는데, 그것을 단오선端午扇이라고 한다. 매우 큰 것은 댓살[죽폭竹幅]이 오십 개 정도 되는데, 그것을 백첩白貼이다. 이것을 얻은 사람들은 거기에 대부분 금강산 일만 이천 봉을 그리는데, 근래에는 버들개지, 복숭아꽃, 나비, 연꽃, 은붕어, 해오라기 등을 그려 넣기를 좋아한다. 『계암만필戒菴謾筆』을 보니, "단옷날 서울의 관리들에게 궁중에서 만든 부채인 궁선宮扇을 하사하는데, 댓살에 종이를 발라 날짐승과 길짐승을 그린 다음 오색 비단실 둘러 묶는다."라고 한바, 애호라는 것이 바로 그것이다.

호남과 영남의 감사監司·병사兵使·수사水使가 있는 큰 고을에서는 높은 관리[조열朝列]과 벗들에게 부채를 선사하는데, 전주와 남평현에서 만든 것이 가장 좋다. 꼭지를 승려의 머리처럼 동그랗게 만든 승두선僧頭扇, 꼭지를 뱀 대가리처럼 만든 사두선蛇頭扇, 꼭지에 고리가 달린 유환선有環扇, 꼭지에 고리가 없는 무환선無環扇, 변죽의 바깥쪽에 뿔을 댄 외각선外角扇, 변죽의 바깥은 대나무나 나무로 해서 합치고, 안쪽에는 뿔을 댄 내각선內角扇, 댓살이 많고 위의 펴짐이 반원 모양으로 넓게 펴지는 활연선濶沿扇, 댓살의 수가 적고 위쪽이 펴지는 것이 반원이 안 되는 협연선狹沿扇 등 만든 모양이 각각 다르다. 항간에서는 흰색과 검은색을 좋아하는데, 붉은색과 누런색은 부인과 아이들에게 주고, 푸른 것은 신랑이 쥔다. 근래 일종의 아청색鴉青色 부채가 나왔는데, 항간에서는 그것을 높이 친다. 둥근 방구부채인 단선團扇에는 기름을 입히거나 검은색 옻칠을 하며, 오동잎 비슷한 모양의 오엽선梧葉扇도 있다. 남자는 집에 있을 때 부채를 부치지만, 문을 나서면 부치지 않는다.

부인네는 특히 여러 색깔의 단선을 갖는다.

단오를 속칭 술의일戌衣日, 곧 수릿날이라고 하는데, '술의'라는 것은 우리나라 말로 수레[거車]이다. 이날 수레바퀴 모양으로 쑥떡을 만들어 먹기 때문에 술의일이라고 한다. 쑥 잎 중에서 약간 둥글고 배가 흰 것을 햇볕에 쬐어 가루를 내서 부싯깃을 만든다. 또 찧어서 넣으면 떡이 녹색을 내는데, 떡을 수레바퀴 모양으로 만들기 때문에 수리치라고 한다. 『본초강목本草綱目』에, "(솜방망이라고도 하는) 천년애千年艾를 중국 사람들이 구설초狗舌草라 한다."고 한 것이 그것이다. 무규武珪의 『연북잡지燕北雜志』를 보니, "요동遼東 풍속에 오월 오일 발해渤海의 요리사가 쑥떡을 올린다."라고 했는데, 이것이 우리나라 풍속의 연원이다.

여자아이는 붉고 푸른색의 새 옷을 입고, 창포탕으로 얼굴을 씻으며, 창포 뿌리로 만든 비녀인 창포잠菖蒲簪에 주사朱砂로 점을 찍어 쪽머리에 꽂는데, 그것을 단오장端午粧이라고 한다.

항간의 부녀자들은 그네뛰기를 매우 성대하게 한다.

『완서잡기宛署雜記』를 보니, "연경燕京에서는 오월 초하루부터 오일까지 규방의 어린 아가씨들을 매우 곱고 맵시 있게 단장을 시키며, 이미 출가한 여자들도 각기 친정으로 돌아가는데, 이날을 여아절女兒節이라고 한다."라고 했다. 우리나라와 북경이 아주 멀지 않아서 풍속이 왕왕 서로 답습한다.

서울의 소년들은 남산 기슭에 모여 서로 씨름을 한다. 씨름하는 법은, 두 사람이 무릎을 맞대고 꿇어앉아 각자 오른손으로 상대방의 허리를 잡고, 왼손으로는 상대방의 오른쪽 넓적다리를 잡은 다음 일시에 일어나면서 서로를 들어 메치는 것이다. 안걸이[외국外局], 밭걸이[내국內局], 둘러메치기[윤기輪起] 등 여러 기술이 있다. 중국 사람들이 그것을 흉내 내 고려기高麗技 또는 요교撩跤라고 한다.

내의원內醫院에서 옥추단玉樞丹을 제조하면 그것을 허리에 차 재앙을 물리친다.

관상감觀象監에서는 주사朱砂로 벽사문辟邪文을 베낀다. 항간에서는 상인방에 붙이는데, 그 내용은 "오월 오일 천중절天中節에 위로는 하늘의 녹을 얻고, 아래로는 땅의 복을 얻어라. 머리는 구리요 이마는 쇠인 치우신蚩尤神이 붉은 입과 붉은 혀로 4백 4개의 병을 일시에 소멸시킬 것이니, 냉큼 명령을 따르라"는 것이다. 또 어떤 본에는 "갑작甲作은 흉胸을 먹고, 필위胇胃는 호虎를 먹고, 웅백雄伯은 매魅를 먹고, 등간騰簡은 불상不祥을 먹고, 남제攬諸는 구咎를 먹고, 백기伯起는 몽夢을 먹고, 강량强梁과 조명祖明은 함께 걸사磔死와 기생寄生을 먹고, 위수委隨는 관觀을 먹고, 착단錯斷은 거巨를 먹고, 궁기窮奇와 등근騰根은 함께 고蠱를 먹는다. 무릇 이 열두 신으로 하여금 흉악한 것들을 쫓아내고, 네 몸을 위협하며, 네 등뼈 마디를 꺾고, 네 살갗과 살을 갈라내며, 네 폐와 장을 뽑아내게 할 것이다. 서둘러 달아나지 않고 뒤처지는 놈이 있으면 먹이가 될 것이다."라고 되어 있는데, 이는 『속한서續漢書』 「예의지禮儀志」에서 보듯이 민간이나 조정에서 조상이나 종묘사직宗廟社稷에 제사 지내던 날 납일臘日 하루 전날 행하는, 사악한 것들을 쫓아내던 대나大儺에서 천연두를 일으키는 역신疫神을 쫓아낼 때 초라니인 진자侲子가 화답하는 말이다.

頒艾虎于閣臣, 用小桿纏束綵花, 簌簌如蓼穗. 又頒新扇, 號端午扇. 絶大者竹幅滿五十, 名白貼. 得此者, 多畫金剛一萬二千峰, 近俗喜寫折枝桃花蝴蝶芙蓉銀鯽鷺鷥. 按戒菴謾筆, 端午賜京官宮扇, 竹骨紙面, 俱畫翎毛, 五色線纏繞. 艾虎者是也. 湖嶺藩閫雄府, 致扇于朝列朋舊, 以全州南平縣制爲佳. 僧頭蛇頭有環無環外角內角濶沿狹沿制樣各殊. 俗喜白黑二色, 紅黃與婦人小兒. 靑者新郞把之. 近有一種鴉靑色扇, 俗頗尙之. 團扇着油, 或黑漆, 有似桐葉樣者. 男子在家則搖, 出門便捨. 婦人持諸色團扇. 端午俗名戌衣日, 戌衣者, 東語車也. 是日作艾糕, 象車輪形食之, 故謂之戌衣日. 艾葉微圓, 背白曝乾, 可碎作火絨. 又可爛搗入, 糕發綠色, 以其作車輪糕, 故號戌衣翠. 本草, 千年艾, 華人呼作狗舌草者, 是也. 按武珪燕北雜志, 錄遼俗五月五日, 渤海廚子進艾糕, 此東俗之所沿也. 小兒女著紅綠新衣, 菖蒲湯頮面, 又削菖蒲根作簪, 點朱砂揷髻, 號端午粧. 閭巷婦女盛爲秋千戲. 按宛署雜記, 燕都自五月一日至五日, 飾小閨女, 盡態極姸, 已出嫁之女, 亦各歸寧, 號是日爲女兒節. 我東與燕中, 不甚遠, 故風俗往往相襲. 都下少年會于南山之麓, 與之角力. 其法兩人對跪各, 用右手拿對者之腰, 又各用左手, 挐對者之右股, 一時起立, 互擧而拌之. 有內句外句輪起諸勢. 中國人效之, 號爲高麗技, 又曰撩跤. 內醫院製玉樞丹, 佩之禳災. 觀象監朱砂, 搨辟邪文. 俗粘門楣, 曰五月五日天中之節, 上得天祿下得地福. 蚩尤之神, 銅頭鐵額, 赤口赤舌, 四百四病, 一時消滅, 急急如律令. 又一本, 曰甲作食胸, 胇胃食虎, 雄伯食魅, 騰簡食不祥, 攬諸食咎, 伯起食夢, 强梁祖明共食磔死寄生, 委隨食觀, 錯斷食巨, 窮奇騰根共食蠱. 凡使十二神, 追惡凶, 赫女軀, 拉女幹節, 解女肌肉, 抽女肺腸. 汝不急去, 後者爲糧. 此卽續漢書禮儀志, 臘一日大儺逐疫, 侲子所和之詞也.

애호艾虎

1

2

1 '애호'가 적혀 있는 부적판.

국립민속박물관 소장.

부적을 찍어내기 위해 만든 판으로 직사각 형태이다. 앞면에 호랑이를 타고 한쪽 손에 칼을 든 신장神將의 모습이 양각陽刻되고, 하단에 나뭇잎이 배치되었다. 뒷면은 우측 상단에 "애호진택艾虎鎭宅"이, 중앙에 뱀을 밟고 입에 무언가를 물고 있는 호랑이가 양각되었다. '애호진택'은 '애호가 악귀를 몰아내어 집을 안정시킨다'는 말이다. 애호는 주로 양반들이나 점잖은 남자 어른들이 지녔던 것으로, 원래는 쑥의 줄기로 호랑이 모양을 만들거나 비단으로 호랑이를 만들어 쑥 잎으로 장식했던 것인데, 대개 궁중 비빈妃嬪이나 부인의 머리 위에 꽂는다. 나중에 쑥을 대신해 지푸라기와 비단을 쓰기도 하고, 나무로 호랑이 모양을 만들어 창포를 붙이고 모시로 만든 꽃을 붙여 만들기도 하였다. 이것을 지니면 재앙을 물리치고 장수한다고 여겼는데, 쑥의 살균력과 호랑이의 벽사력辟邪力을 믿었기 때문이다. 우리나라에서는 쑥을 쓰지 않고 끝을 뾰족하게 깎은 한 뼘 정도 길이의 나무에 물들인 비단, 모시 등의 헝겊과 창포, 오색실 등으로 장식을 만들어 비녀처럼 머리에 꽂아 애화艾花라고도 불렀다. 애호는 머리에 꽂기도 하지만, 짚으로 몸뚱이를 만들어 색색의 장식을 덧붙여서 단옷날 저녁 문 위에 매달아 두어 한 해의 액운을 막는데도 쓰였다. 나무로 호랑이 모양을 만들어 창포잎을 붙이고 모시로 만든 꽃을 붙여 만들기도 하여 쑥호랑 · 쑥범이라고도 한 애호를 지니면 재앙이 물러가고 수명도 길어져 건강하게 오래 살 수 있다고 믿었으므로, 이것을 머리에 꽂거나 허리에 차고 다녔다. 이는 쑥의 살균력과 호랑이의 벽사력이 잡귀의 침범으로 여겼던 전염병이나 재앙을 막을 수 있다는 속신에 근거한다. 『형초세시기荊楚歲時記』의 "지금 사람들은 쑥으로 호랑이를 만들거나 비단을 잘라 작은 호랑이를 만들고 거기에 쑥 잎을 붙여 머리에 꽂는다."라거나 "쑥을 뜯어 사람 모양을 만들고 문 위에 걸어 독기毒氣를 막는다."라는 기록으로 볼 때, 이 풍속은 중국에서 유래한 것임을 알 수 있다.

2 **오세창吳世昌의 '애호艾虎' 글씨**(1948년).

공유마당 : https://gongu.copyright.or.kr/gongu/wrt/wrt/view.do?wrtSn=13363169&menuNo=200018

백첩白貼에 그려 넣은 금강산과 관동팔경關東八景

1

2

1 **정선, 「정양사正陽寺」**. 국립중앙박물관 소장.

대나무 살이 40~50개고 칠을 하거나 무늬를 그리지 않은 아주 큰 부채인 백첩白貼에 그린 정양사正陽寺. 정양사는 금강산의 주봉인 비로봉毗盧峯에서 내려오는 금강산의 정맥正脈 위에 자리를 잡고 있는데, 정양사의 망루인 헐성루歇惺樓는 금강산 일만이천봉을 한꺼번에 바라볼 수 있다. 이 작품은 산수 표현을 절제하고 금강대金剛臺와 정양사의 전경만을 담아내고 있다. 이런 그림은 와유臥遊로 제격이었다. '와유'는 누워서 유람한다는 뜻으로, 집에서 명승이나 고적을 그린 그림을 보며 즐김을 비유적으로 이르는 말이다.

2 **「낙산사洛山寺」**. 국립중앙박물관 소장.

신라의 의상대사義湘大師(625~702)가 창건하였다는 낙산사는 동해안을 내려다보며 서 있다. 정선은 낙산사에 바라보는 일출 광경, 곧 '낙산일출洛山日出'을 묘사하였다.

부채의 부분 명칭

1

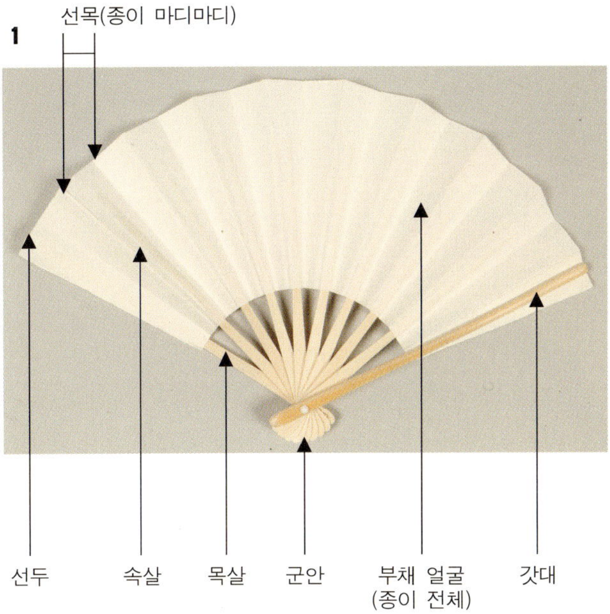

2

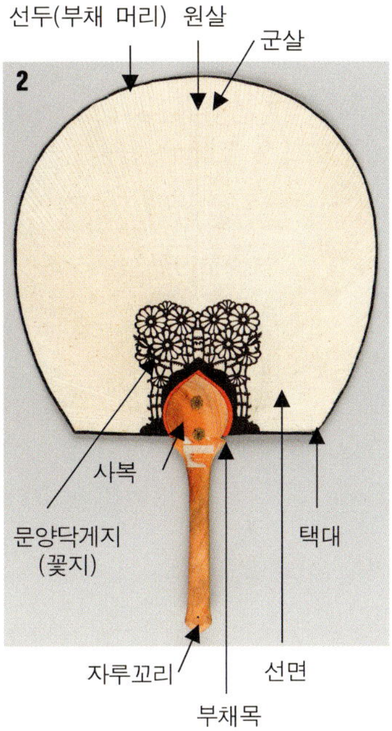

3

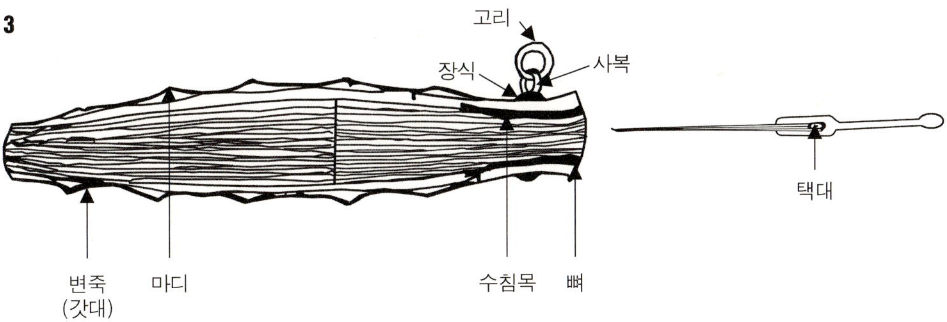

1 **접선의 부분별 명칭.** 국립민속박물관 소장.
접선摺扇(접었다 폈다 하게 되어 있는 부채. 쥘부채)

2 **단선의 부분별 명칭.** 국립민속박물관 소장.
단선團扇(둥글게 만든 부채. 둥글부채. 방구부채)

3 **접선의 부분별 명칭.**

승두선僧頭扇과 사두선巳頭扇

1

2

1 **승두선**僧頭扇. 국립민속박물관 소장.
접었다 폈다 하는 쥘부채인 접선摺扇의 밑 부분 사복砂卜(목살을 고정시키는 못)이 박히는 군안(목 아래 부챗살이 모이는 꼭지 부분)이 승려의 머리처럼 둥근 부채.

2 **사두선**巳頭扇. 국립민속박물관 소장.
부채 자루의 끝이 뱀 대가리처럼 생긴 부채.

유환선有環扇과 아청색鴉靑色

1

2

1 **꼭지에 고리와 선추가 달린 유환선.** 국립민속박물관 소장.
선추扇錘는 부채고리에 매어 다는 장식품으로, 선초扇貂라고도 한다. 쥘부채인 합죽선合竹扇이나 방구부채인 단선團扇에 달았다. 종류는 나무에 조각한 것, 말총으로 엮은 것, 옥이나 돌에 조각한 것 등이 있고, 향香과 나침반, 그리고 초혜집(이쑤시개나 귀이개 따위를 넣는 조그마한 통으로 은 또는 목각으로 만듬) 등을 달기도 했다. 여자들의 경우에는 이것을 저고리 고름에 찼다고 한다. 선추를 매다는 끈은 대개 매듭을 썼다.

2 **아청색으로 염색한 쾌자快子와 버선.** 국립민속박물관 소장.
쾌자와 버선 모두 검푸른 빛의 아청색으로 염색하였다. 쾌자는 소매가 없고 등솔기가 허리까지 트인 옛 전복戰服(조선 후기에, 무관들이 입던 옷)으로, 근래에는 복건과 함께 명절이나 돌에 어린아이가 입는다. 이 쾌자는 무당이 굿 할 때 입는 무복巫服으로 사용한 것이다. 동달이(검은 두루마기에 붉은 안을 받치고 붉은 소매를 달며 뒤 솔기를 길게 터서 지은 군복) 위에 덧입는 전복 형태이다.

단선團扇, 오엽선梧葉扇, 윤선輪扇

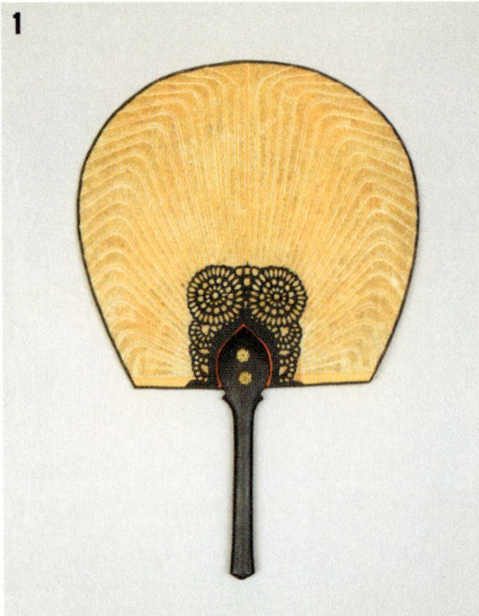

1 **단선.** 국립민속박물관 소장.

단선은 납작하게 펴진 부채살에 종이나 명주실로 짠 비단인 깁을 붙여서 만든 둥근 모양의 부채로, 원선圓扇 또는 방구方球부채라고도 부른다. '방구'란 둥글다는 뜻이다. 반면 선면扇面을 접었다 폈다 할 수 있는 부채를 접선摺扇 혹은 쥘부채라고 한다. 단선의 종류는 모양 · 재료 · 쓰임에 따라 구분된다. 즉 오엽선梧葉扇, 연엽선蓮葉扇, 파초선芭蕉扇, 진주선眞珠扇, 공작선孔雀扇, 부들부채, 팔덕선八德扇 등이 있다.

2 **오동잎 모양의 부채인 오엽선.** 국립민속박물관 소장.

오동잎 모양을 본떠 만든 부채다. 부챗살을 구부려 엽맥葉脈을 살린 것도 있다. 선면의 색깔에 따라 청오엽선, 홍오엽선, 백오엽선 등으로 나누며, 선면에 기름을 먹이면 유지油紙 오엽선이라 한다.

3 **윤선.** 국립고궁박물관 소장.

윤선은 접었던 부채를 펴면 360도로 펼쳐져서 마치 차 바퀴처럼 원을 이룬다. 이것으로 바람을 일으킬 수도 있지만, 햇볕을 가리는 일산日傘용의 기능이 더 크다.

쑥떡과 쑥 부싯깃

1 **쑥떡.** 국립민속박물관 소장.

멥쌀에 삶은 쑥을 넣고 빻아 쪄서 치댄 후, 얇게 밀어 볶은 콩가루를 묻힌 떡이다. 쑥떡을 만들기 위해서는 우선 멥쌀에 삶은 쑥을 섞어 빻아 쪄서 치대어 준다. 치대어 쫄깃해진 쑥떡을 조금씩 떼어내 얇게 밀어 볶은 콩가루를 묻혀준다. 또 다른 방법으로 만들어지는 쑥떡이 있다. 연한 쑥을 뜯어 메밀가루, 보릿가루, 고구마 가루 등에 각각 섞어 찌는 쑥떡이다. 이 떡은 위장병을 앓고 있거나 속이 안 좋은 이들에게 좋은 효과가 있다고 하여 일명 '약떡' 혹은 '속떡'이라고 부르기도 한다. 쑥떡은 3, 4월에 아낙네들이 쑥을 많이 뜯어서 만들곤 했다.

2 **부시, 부싯돌, 부싯깃, 부시쌈지.** 국립민속박물관 소장.

부싯돌을 쳐서 불을 일으키는 쇳조각을 부시라고 한다. 부싯돌은 석영石英으로, 백색 · 회색 · 갈색 · 흑색 등이 있으며 반투명 또는 불투명하다. 부싯깃은 부시를 칠 때 불똥이 박혀서 불이 붙도록 부싯돌에 대는 물건으로 수리취, 쑥 잎 따위를 불에 볶아 곱게 비벼서 만들기도 하고, 흰 종이나 솜 따위에 잿물을 여러 번 묻혀서 만들기도 한다. 부시쌈지는 부시, · 부싯깃 · 부싯돌을 담는 주머니다. 담뱃잎을 넣고 다니는 주머니는 담배쌈지다.

창포菖蒲와 창포탕菖蒲湯

1 **창포**. 직접 촬영.

창포는 다년생 초본으로 햇볕이 잘 드는 물웅덩이나 물이 잘 빠지지 않는 습지에서 잘 자란다. 주로 관상용으로 쓰이며, 뿌리는 약용으로 쓰인다. 『향약구급방鄕藥救急方』에서 창포는 "시속에서는 송의죽松衣竹이라고 하는데, 맛이 맵고 따뜻하며, 5월 5일과 12월에 뿌리를 채취하여 그늘에서 말린다." 라고 하였다.

2 **창포탕**. 국립민속박물관 소장.

창포를 베어다가 장독간에서 하룻밤을 재우며 밤이슬을 맞힌 다음, 잎사귀는 떼어내고 줄기만 가마솥에 넣어서 푹 끓이면 약간 거무스름한 빛을 띠는 창포물이 완성된다. 창포물을 만들 때에는 창포만 삶기도 하지만, 단옷날 중에서도 가장 양기가 왕성한 오시午時(전 열한 시부터 오후 한 시 사이)에 쑥을 넣어서 함께 삶기도 한다. 이렇게 해서 머리를 감으면 머리카락에 윤기가 흐르고 잘 빠지지 않는다고 하였다.

창포뿌리로 만든 창포비녀[창포잠菖蒲簪]

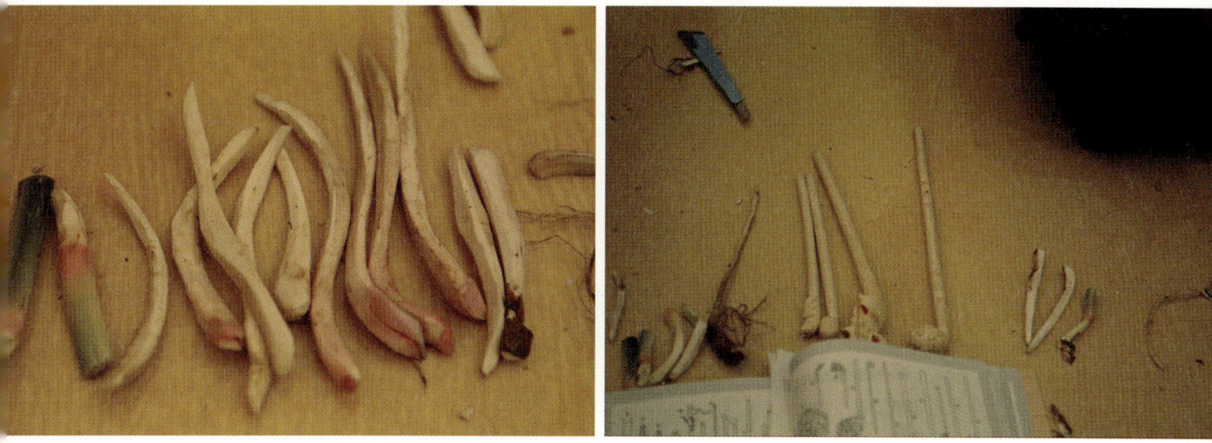

창포뿌리와 창포비녀. 국립민속박물관 소장.

단옷날 사기邪氣를 물리치기 위해 창포뿌리로 만든 비녀를 머리에 꽂았다. 창포비녀는 창포잠이라 한다. 예로부터 창포의 특이한 향기가 사기나 역귀疫鬼(전염병을 일으키는 귀신)를 쫓는다는 속신이 있어, 잎을 삶은 물에 머리를 감거나 목욕을 했다. 그리고 뿌리를 깎아 비녀를 만들어 벽사辟邪(사악한 기운을 물리침)의 색인 연지燕脂(화장할 때 입술이나 뺨에 찍는 붉은빛깔의 염료)나 주사朱砂(수은으로 이루어진 황화 광물로 붉은색 안료, 약재로 쓰거나 부적을 찍는 데 씀)를 발라 머리에 꽂거나 달고 다녔다. 특히 비녀에 칠한 연지, 주사의 붉은색은 양색陽色으로써 벽사의 기능을 가지고 있을 뿐만 아니라 여름 동안 더위를 먹지 않고 건강하게 지낼 수 있다고 믿는 데에서 단옷날 창포비녀를 꽂는 풍속이 생겼다. 『동국세시기』에는 "창포의 뿌리를 깎아 비녀를 만드는데, 수복壽福자를 새기고 끝에 연지를 발라 두루 머리에 꽂는다. 이로써 전염병을 물리친다."라고 하였고, 『열양세시기』에는 "남녀로서 머리를 땋은 처녀 총각들은 창포뿌리의 흰 부분 네댓 치를 깨끗이 씻어 닦아 그 끝에다 붉은 칠을 해서 머리에 꽂거나 허리에 차기도 한다."라고 하였다. "창포 뿌리 가늘게 깎아 연지 바르고 / 구부러진 줄기에 수복壽福 자를 새기네 / 꽃 캐어 머리 감는 여아절女兒節 / 머리마다 하나 가득 창포비녀 꽂았네(菖根纖削着臙脂, 壽福字成屈曲枝, 華采沐芳女兒節, 頭頭爭揷滿簪垂)"(『도하세시기속시都下歲時紀俗詩』) 참고로 『동국세시기』의 전언에 따르면, 『완서잡기宛署雜記』에 "연경燕京에서는 오월 초하루부터 오일까지 어린 규방 아가씨들을 아주 곱고 맵씨 있게 단장시키며, 이미 출가한 여자들도 각기 친정으로 돌아가는데, 이날을 여아절이라고 한다."라고 했다. 요즈음에도 머릿결이 부드럽고 고와지라고 여자들이 창포물에 머리를 감기도 하나, 창포뿌리를 머리에 꽂거나 허리에 차는 풍속은 거의 사라졌다.

단오장端午粧[단오빔]

단오장. 서울역사박물관 소장.

『해동죽지』에서는 “옛 풍속에 단옷날엔 창포탕에 머리를 감고 창포비녀[창포잠菖蒲簪]를 꽂으며, 처녀 아이들은 모두 새옷을 입는데, 이것을 ‘단오빔’이라고 한다.”라고 하면서, “창포물 따뜻해 난초탕 같고 / 향기롭게 머리 감아 온갖 병 없애 / 아이들도 시절의 변화를 아는지 / 붉은 깁 흰 모시 새 옷을 자랑하네(菖蒲水暖似蘭湯, 百病消除沐髮香, 童稚亦知時節變, 紅羅白苧詑衣裳)”라고 노래했다. 단오빔을 노래한 한시들이 여럿 남아 전해 당시의 풍속을 짐작할 수 있다. “설빔과도 같은 아이들 단오빔 / 난탕蘭湯에 세수하고 창포 뿌리 비녀 꽂네 / 푸르고 붉게 꾸며 어찌 그리 고운지 / 바람도 없는데 갈옷에선 향내가 솔솔(端午兒粧似歲粧, 蘭湯頮洗髻簪菖, 青紅盛飾何斑爛, 細葛無風自動香)”(『도하세시기속시』) “오월 오일에 정자 가득 바람 불어라 / 산에 비 내리려고 구름도 모여드누나 / 앵두는 입에 머금고 창포는 머리에 꽂았는데 / 향촌의 아녀들 또한 푸르고 붉게 꾸미었구나(五月五日滿亭風, 山雨欲來雲色同, 櫻桃含口菖插髻, 鄕村兒女亦青紅)”(『다산시문집』) “아이들 옷차림 설빔과 같고 / 총각머리에 푸른 창포비녀 꽂았네 / 팔뚝엔 푸르고 붉은 장명루長命縷 / 갓끈엔 금박金箔한 옥추단玉樞丹(兒童衣似歲時裝, 丱鬟丫簪削綠菖, 繫得青紅長命縷, 玉樞金字纚頭黃)”(『세시풍요』) 여기서 ‘장명루’는 장수를 비는 뜻으로 늘어뜨리는 오색의 실로 만든 물건이고, ‘옥추단’은 단오에 임금이 신하에게 나누어 주던 구급약으로 음식물을 잘못 먹어서 갑자기 게우고 설사를 하거나, 더위로 체하였을 때 쓴다.

김준근이 묘사한 그네뛰기

1 김준근, 「추천하는 모양」. 국립민속박물관 소장.

2 김준근, 「단오에 산에 올라 추천하고」. 『민속에 대한 기산의 지극한 관심』, 민속원, 2004, 35쪽.

3 김준근, 「추천하는 모양」. 국립민속박물관 소장.

그네뛰기는 추천秋天, 반선희半仙戲, 비선희飛仙戲라고도 한다. 남자들의 씨름과 함께 단오의 대표적인 민속놀이로, 노소를 막론하고 누구나 할 수 있는 보편적이고 전국적인 놀이이다. '그네'는 '근의'(『재물보才物譜』), '글위'("紅실로 紅글위 믹오이다", 「한림별곡」), "萬里만리옛 글위 宮궁긴 習俗습속이 켳리가지로다."(『두시언해』), "글위 츄, 글위 쳔"(『훈몽자회』), '그릐'(『역어유해譯語類解』), '그릐'(『동문유해同文類解』), '근듸'(「춘향전」) 등으로 표기하였고, 지방에 따라 근데, 군데, 군듸, 근듸, 그리, 구리 등으로도 부른다. 이를 근거로 최남선은 그네의 어원을 '근', 곧 '끈[승繩]의 놀이[희戲]'인 '근희'라 해석하였고, 양주동은 여러 명칭의 원형은 '글위' 혹은 '굴위'인데, 그 어원은 '발을 구르다'의 '구(우)르'에 있다고 하였다. 한편 한자어 추천鞦韆에 대해서는 『고금예술도古今藝術圖』에 "鞦韆추천은 혹 '秋千추천'이라고도 쓰는데, 본래 그 글자는 한漢 나라 궁중에서 축수祝壽할 때에 쓰던 것을 후세에 와서 거꾸로 잘못 읽어서 秋千이 되었다."라고 하였고, 『사물기원事物紀原』에는 "秋千추천을 秋遷추천이라 한 것은 잘못된 것"이라고 하였다. 추천이 변방[새외塞外] 민족의 풍속인 것은 분명해 보이는데, 그렇다면 그 이름도 그 민족이 사용하던 말과 관련이 있을 가능성이 많다고 생각하는 것이 순리다. '鞦추'는 '推추'와 뜻이 같으니, '밀어 끈다'는 뜻이고, '韆천'은 '遷천'과 같은 말이니, '밀어 옮겨간다'는 뜻이다. 그런데 두 글자에 모두 가죽 혁革을 쓴 것을 보면, 북방 민족이 그넷줄을 가죽으로 썼던 것에 기인한 것이 아닌가 한다. 한편 그네는 흔히 마을 어귀나 동네 마당에 있는 큰 느티나무 혹은 버드나무 등의 가지에 매어 놓고, 동네 사람들이 수시로 나와서 뛰고 놀게 한다. 마땅한 나무가 없거나 더 큰 그네가 필요할 경우에는 넓은 터에 긴 통나무 두 개를 높게 세우고, 그 위에 가로질러서 묶은 통나무에 그네를 단다. 이 통나무에는 색 헝겊을 둘러서 장식하고 그넷줄은 굵은 새끼줄이나, 또는 색실, 노끈들을 꼬아서 만들기도 한다. 이렇게 가설된 그네를 '땅 그네'라 한다. 그네놀이에는 한 사람이 뛰는 '외 그네뛰기'와 두 사람이 함께 마주 서서 뛰는 '쌍 그네뛰기'가 있다. 자세는 앉거나 서며, 그네를 뛸 때는 몸이 잘 날도록 앞뒤로 몸을 움직여 구르면서 뛴다. 처음에 시작할 때 한 번은 다른 사람이 그네를 밀어준다. 높이 올라가기를 겨루지 않고 단순한 오락으로 그네놀이를 즐길 때는 서로 밀어주고 타기를 번갈아한다. 그네뛰기는 대개 4월 초파일 전후부터 5월 단오 무렵까지 많이 뛰는데, 이 무렵에는 한창 신록이 우거지고 날씨 또한 청명할 때이기 때문이다. 그네는 재미로 즐기기도 하지만 높이뛰기를 겨루는 경기도 한다. 흔히 단옷날에는 그네뛰기 대회를 열어 경기를 하는데, 많은 상품을 걸어 흥과 열을 돋우기도 한다. 상품은 대개 여성의 노리개나 비단 · 포목 등인데, 이는 남자들의 씨름에 황소를 거는 것과 좋은 대조를 이룬다. 승부는 그네가 높이 올라가는 것으로 판가름하는데, 그네의 높이를 재는 방법에는 두 가지가 있다. 그네 앞 적당한 거리에 긴 장대를 세우고 그 꼭대기에 방울을 매어 단 뒤, 그네가 앞으로 높이 솟았을 때 장대에 매달린 방울을 발로 차서 방울 소리의 크고 작음을 가지고 승부를 가리거나, 그네의 발판에 긴 줄자를 매달고 그네가 높이 올라갔을 때 그 높이를 재는 방법이 그것이다.(이상은 『한국민족문화대백과사전』을 요약, 정리한 것임)

씨름

길림성 집안시集安市에 있는 고구려 각저총角抵塚 씨름 벽화.

씨름은 예로부터 내려오는 우리나라의 전통적 기예의 하나로, 두 사람이 샅바나 띠 또는 바지의 허리춤을 잡고 힘과 기술을 겨루어 상대를 먼저 땅에 넘어뜨리는 것으로 승부를 결정하는 민속놀이이자 운동경기다. 씨름의 어원에 대해서는 아직 확실한 정설은 없다. 서로 버티고 힘을 겨루는 것을 '씨룬다'고 하는 영남지방의 방언에서 유래되었다는 설과 씨름의 어근 '실'이 다리[각脚]의 뜻을 가진 몽골어 'silbi' 혹은 'saba' 등의 어근語根 'sil'에서 파생되었다는 설이 있고, 씨름을 '씨[종種]의 겨룸'으로 보아 남자끼리의 힘겨룸을 가리키는 것으로 보는 견해도 있다. 다음은 씨름을 한자로 적은 용례들이다. ① 각력角力 : '각角'이 '겨루다 · 견주다 · 비교하다'라는 의미니, 각력은 '힘을 겨룬다'는 뜻이다. ② 각저角抵/觝 : '저抵/觝'가 '밀다, 밀어젖히다, 맞닥뜨리다'라는 의미니, 각저는 '다투어 밀친다 · 맞닥뜨려서 다툰다'는 뜻이다. ③ 각희角戲 : '다투어 논다'는 뜻이다. ④ 상박相撲 : 서로 '상' 자와 부딪칠 '박'이 합쳐져서 '서로 힘을 겨룬다(부딪친다)'는 뜻으로, 일본에서는 이것을 스모라고 발음한다. 옛 중국 문헌에서는 우리의 씨름을 고려기高麗伎 또는 요교撩跤로 불렀는데, 이는 우리의 씨름이 중국의 것과 다른 특징이 있음을 시사해 주는 말이다. 요교에서 '요'는 '싸움을 돋우다'는 뜻이고, '교'는 경골脛骨(정강이뼈) 중의 발회목(다리 끝 발목에서 복사뼈 위의 잘룩하게 들어간 곳. 족완足腕)에 있는 부분이다. 이밖에도 각력희角力戲 · 각투角鬪 등의 명칭도 있다. 그런데 각력 · 각저 · 각희 등이 오늘날의 씨름을 지칭하는 경우도 물론 있지만, 어느 경우에나 예외 없이 그런 것은 아니다. 대개 각력은 활쏘기 · 말타기 시험을 보는 것이고, 각저는 무거운 것 들기 · 솟대 오르기 등을 지칭한다. 이렇게 볼 때 우리의 씨름을 중국의 유사 놀이와 억지로 연관지으려는 태도는 지양해야 한다. (이상은 『한국민족문화대백과사전』을 요약, 정리한 것임)

조선 후기 풍속화에 묘사된 씨름

1 김홍도, 「상박相撲」, 『단원풍속도첩檀園風俗圖帖』. 국립중앙박물관 소장.

2 신윤복, 행려인물도行旅人物圖(부분). 국립중앙박물관 소장.

대쾌도大快圖

전傳 **신윤복,** 「**대쾌도**大快圖」. 국립중앙박물관 소장.

이 그림은 씨름과 택견으로 백성들이 크게 즐거워하는 모습을 그린 것이다. 화면 위 오른쪽 부분에 "을사년(1785). 온갖 꽃들이 화창하게 피는 시절에 격양노인擊壤老人이 강구연월康衢煙月에서 그리다. 혜원[乙巳. 萬花方暢時節, 擊壤老人寫於康衢煙月. 蕙園]"이라고 쓰여 있다. '격양세'니 '강구연월'이니 하는 말은 모두 태평성대를 의미한다. 이 그림의 화면 구성은 세 부분으로 나누어진다. 위쪽에는 나지막한 언덕과 가마 행렬, 가운데 부분에는 씨름과 택견 시합 장면과 이를 구경하는 관중들, 아래쪽에는 술을 파는 사람 앞에 모여드는 사람들의 모습이 묘사되어 있다. 이 작품은 유숙劉淑(1827~1873)의 작품으로 전해지는 「대쾌도」(서울대학교박물관 소장)와 대단히 유사한 것으로 보아 한쪽이 다른 쪽을 모사한 것이 아닌가 한다.

「**대쾌도**」(씨름 부분).

"매년 5월 마포 사람들과 반촌泮村 사람들(성균관 근방에서 소를 잡아 팖)이 마포 북쪽 마을 도화동桃花洞에서 씨름 시합을 벌였다. (…) 마포 사람들 중 김흑金黑이라는 자가 있었다. 아주 힘이 세어 씨름으로 이름난 반촌 사람들 모두가 그보다 하수였다. 지는 것을 부끄러워한 반촌 사람들이 분통을 터뜨리며 한번 이겨보려 했지만 되지 않았다. 단오를 며칠 앞둔 날 반촌 사람들은 김흑이 새벽부터 아침 여섯 시 무렵까지 짐을 124필의 말에 실었다는 이야기를 듣고 '오늘 김흑이 힘을 못 쓸 것이다' 하고는 성 안팎에 격문檄文(급히 사람들에게 알리려고 각처로 보내는 글)을 띄어 마포 사람들과 승부를 겨룬다고 알렸다. (…) 반촌 사람들과 성안 사람들이 서북쪽에 서고, 마포 사람들이 동남쪽에 서서 구경을 했다. 반촌 사람들이 열 명의 상대를 뽑자고 하자 마포 사람들은 '우리는 많은 사람으로 노는 것은 잘 모른다. 김흑 한 사람으로 상대하겠다'고 했다. 반촌 사람들은 더욱 화가 났다. 김흑이 양어깨를 드러내고 옷을 벗어 장딴지에 묶고, 안짱다리를 걸거나 다리를 엎어 발을 밟기도 하며, 손을 활처럼 뒤틀어 연거푸 아홉 사람을 쓰러뜨렸다. 마지막으로 날렵한 황씨가 남았다. 김흑이 샅바를 잡고 들어 올려 내동댕이치려 해도 황씨는 발버둥을 치면서 꼿꼿이 몸을 가눴다. 상대를 메다꽂아도 상대가 서 있으면 다시 겨루게 된다. 황씨는 김흑이 연거푸 일곱 번을 내던졌는데도 넘어지지 않았다. 그러자 김흑이 어깨까지 들어 올려 던질 것처럼 하다가 급히 뒤로 내팽겨 치니 황씨는 그제야 넘어져 일어서지 못했다. 반촌 사람들이 고함으로 지르며 소란을 피우려 했지만 마포 사람들이 주먹을 뽐내며 낯빛을 바꾸자 감히 움직이지 못했다. 그때 능창군綾昌君이 언덕에 올라 구경하면서 '장사로구나' 하며 차고 있던 부채와 향주머니를 끌러 하사하였다."(『문무자초文無子抄』)

김준근이 묘사한 씨름

1 김준근, 「씨름하는 모양」. 국립민속박물관 소장.

2 김준근, 「단오에 씨름하고」. 『민속에 대한 기산의 지극한 관심』, 민속원, 2004, 55쪽.

3 김준근, 「각희脚戲」. 『민속에 대한 기산의 지극한 관심』, 민속원, 2004, 203쪽.

4 김준근, 「씨름하는 모양」. 『민속에 대한 기산의 지극한 관심』, 민속원, 2004, 57쪽. 이들 그림에 등장하는 심판은 모두 도포에 갓을 쓰고 부채를 들고 있다.

근대의 씨름

1 「**각력**角力」(1918~1922 사이에 촬영).

우라키와 가즈야 엮음, 『그림엽서로 보는 근대조선』 6 - 풍속엽서, 민속원, 2017, 191쪽.

씨름판에 모래가 아니고 거적 같은 것을 깐 것이 이채롭다.

2 1920년대 씨름.

공유마당 : https://gongu.copyright.or.kr/gongu/wrt/wrt/view.do?wrtSn=13160429&menuNo=200018

부경근대사료연구소가 수집한 근현대 발행 엽서인 이 그림에서 당시 씨름이 얼마나 성행한 놀이였는지 잘 볼 수 있다.

왜성대倭城臺와 신무문神武門

1

2

3

4

1 **왜성대**(1906). 『사진엽서로 보는 근대풍경』 4권 - 관광, 민속원, 2009, 432쪽.
단옷날 씨름판이 벌어졌던 왜성대의 모습으로, 일본인들은 '왜성대'의 '왜倭'라는 글자를 싫어하여 이를 '화성대和城臺'라고 고쳐 불렀다. 언덕 위의 조형물은 일본인들이 세운 갑오역기념비甲午役記念碑이다.

2 **남산총독관저**. 『사진엽서로 보는 근대풍경』 1권 - 도시, 민속원, 2009, 186쪽.
『경도잡지』에서 씨름을 하던 장소로 '남산 기슭'을 말했는데, 구체적으로는 왜성대다. 왜성대는 임진왜란 때 왜군들이 주둔한 데서 마을 이름이 유래되었다. 이곳은 조선시대에 군사들이 무예를 연습하던 훈련장인 무예장武藝場이 있었으므로 무예장을 줄여 예장 혹은 예장골이라 하였다.

3 **신무문**. 국립중앙박물관 소장 유리건판.
씨름은 왜성대뿐 아니라 도처에서 행해졌는데, 크게 벌어진 곳은 왜성대와 함께 신무문 등이다. 『동국세시기』에서는 "혈기왕성한 젊은이들이 남산의 왜장倭場이나 북산北山의 신무문 뒤에 모여 씨름놀이를 열어 승부를 겨룬다."고 했다. '북산'은 주로 성곽의 북쪽에 있는 산을 말한다.

4 **신무문**. 국립중앙박물관 소장 유리건판.
신무문神武門이라는 현판이 분명히 보인다. 신무문은 경복궁의 북문으로, '북쪽을 관장하는 현무玄武'에서 따와 신무문이라 하였다. 씨름판이 벌어진 '신무문 뒤'는 지금의 청와대 자리다.

근대의 그네뛰기

1

2

1 그네타기. 『사진엽서로 보는 근대풍경』 6 - 관광 · 풍속, 민속원, 2009, 382쪽.

2 그네타기. 국립중앙박물관 소장.

그네뛰기는 근대에도 여전히 유행했지만, 근래에는 거의 사라진 놀이가 되었다. 다음 기록들은 조선시대 그네뛰기의 실상을 보여준다. (1)『용재총화慵齋叢話』: 서울 사람들은 길거리에 큰 나무를 세워 그네뛰기를 하는데, 계집애들은 모두 아름다운 옷으로 단장하고 길거리에서 떠들썩하게 채색한 그네 줄을 잡으려 다투며, 소년들은 몰려와서 그것을 밀고 당기면서 음란한 장난이 그치지 않는다. 조정에서 이것을 금하여 지금은 성행하지 않게 되었다.[권2] (2)『백호집白湖集』: 새하얀 모시옷에 진분홍 허리띠 / 처자들 손잡고 겨루는 그네뛰기 / 방죽 가 백마는 어느 댁 도령 탔나 / 채찍을 빗겨 잡고 서성이고 있구나 / 발그래한 두 뺨에 땀방울 송글송글 / 반공중에 떨어지는 아양끼 어린 웃음소리 / 나긋한 손길로 그네 줄 고쳐 잡아 / 가느다란 허리는 산들바람 못이기네 / 구름 같은 쪽진 머리 금봉차金鳳釵 떨어지니 / 저 총각 주워 들고 싱글벙글 자랑하네 / 그 처자 수줍어 살짝 묻는 말 "도련님 사시는 곳 이디인가요?" / "수양버들 숲가, 주렴 드리운 거기랍니다." (3)『열녀춘향수절가』: 이때는 3월이라 일렀으되 5월 단오일이었다. 천중지가절天中之佳節이라. 이때 월매 딸 춘향이도 또한 시서詩書 · 음률音律이 능통하니 천중절을 모를쏘냐. 추천을 하랴 하고 향단이 앞세우고 내려올 때 난초같이 고운 머리 두 귀를 눌러 곱게 땋아 금봉차를 정제整齊하고 나군羅裙을 두른 허리 미앙未央의 가는 버들 힘이 없이 듸운 듯, 아름답고 고운 태도 아장거려 흐늘거려, 가만가만 나올 적에 장림長林 속으로 들어가니 녹음방초綠陰芳草 우거져 금잔디 좌르륵 깔린 곳에 황금 같은 꾀꼬리는 쌍거쌍래雙去雙來 날아들 때 무성한 버들 백척장고百尺丈高 높이 매고 추천을 하려할 때, 수화유문水禾有紋 초록장옷 남방사藍紡紗 홑단 치마 훨훨 벗어 걸어두고, 자주영초紫紬英綃 수당혜繡唐鞋를 썩썩 벗어 던져두고, 백방사白紡紗 진솔 속곳 턱 밑에 훨씬 추고 연숙마軟熟麻 추천 줄을 섬섬옥수纖纖玉手 넌짓 들어 양수兩手에 갈라 잡고, 백릉白綾 버선 두 발길로 섭적 올라 발 구를 때, 세류細柳 같은 고운 몸을 단정히 노니는데 뒷 단장 옥비녀 은죽절銀竹節과 앞치레 볼작시면 밀화장도蜜花粧刀 옥장도玉粧刀며 광월사光月紗 겹저고리 제 색 고름에 태가 난다. '향단아 밀어라.' 한 번 굴러 힘을 주며 두 번 굴러 힘을 주니 발 밑에 가는 티끌 바람 좇아 펄펄 앞뒤 점점 멀어가니 머리 위에 나뭇잎은 몸을 따라 흐늘흐늘 오고 갈 때, 살펴보니 녹음 속에 홍상紅裳 자락이 바람결에 내비치니 구만 장천九萬長天 백운간白雲間에 번갯불이 쐬이는 듯, 첨지재전홀연후瞻之在前忽然後라, 앞에 얼른하는 양은 가비야운 저 제비가 도화 일점桃花一點 떨어질 때 차려 하고 좇이는 듯, 뒤로 번듯하는 양은 광풍狂風에 놀란 호접蝴蝶 짝을 잃고 가다가 돌치는 듯, 무산선녀巫山仙女 구름 타고 양대상陽臺上에 내리는 듯, 나뭇잎도 물어보고 꽃도 질끈 꺾어 머리에다 실근실근. "이애 향단아, 그네 바람이 독하기로 정신이 어찔한다. 그넷줄을 붙들어라." 붙들려고 무수히 진퇴하며 한창 이리 노닐 적에 시냇가 반석상盤石上에 옥비녀 떨어져 쟁쟁하고, "비녀, 비녀"하는 소리 산호채珊瑚釵를 들어 옥반玉盤을 깨치는 듯, 그 태도 그 형용은 세상 인물 아니로다. 연자삼춘비거래燕子三春飛去來라.

주사朱砂와 부적符籍

1

2

1 **주사.**
새빨간 빛이 나는 육방 정계六方晶系의 광물이다. 수은과 황의 화합물로, 정제하여 물감이나 한방약으로 쓰인다. 특히 부적에서 노란 바탕에 그리는 빨간색 그림이나 글자는 모두 주사로 칠한 것이다. 빨간색은 사악한 기운이나 요사스러운 귀신을 물리치는 벽사辟邪의 기능을 해 부적을 찍는 염료로 쓴다. 단사丹砂, 단주丹朱, 진사辰砂라고도 한다.

2 **주사를 묻혀 찍어낸 부적.** 국립민속박물관 소장.
부적은 잡귀를 쫓고 재앙을 물리치기 위하여 붉은색으로 글씨를 쓰거나 그림을 그려 몸에 지니거나 집에 붙이는 종이로 보부寶符, 신부神符, 음부陰符, 주부呪符라고도 한다.

단오부적端午符籍

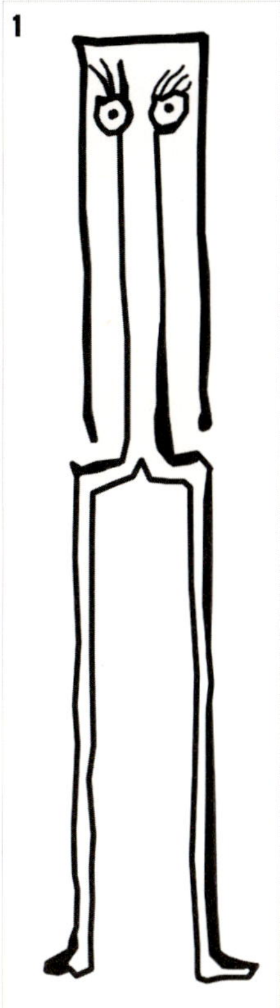

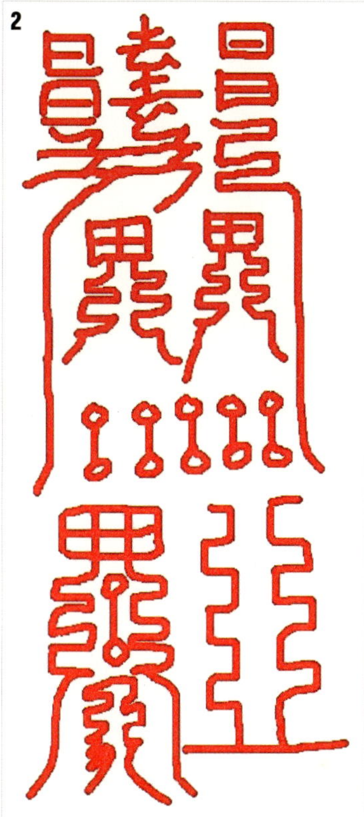

1 **단오부적**. 단오부적을 보고 그림.

2 **단오부적**. 단오부적의 일부를 그림으로 그림.

단오를 맞아 그해의 액을 쫓기 위해서 쓰는 부적이다. 단오부적端午符籍, 천중부적天中符籍, 치우부적蚩尤符籍이라고도 한다. 단오는 양기陽氣가 가장 왕성한 날이다. 이날 부적을 쓰면 잡귀를 물리칠 뿐만 아니라, 집안의 재액도 모두 소멸될 수 있다고 믿었다. 단오에는 그해 불길한 것을 제거하기 위해 주부가 절에서 부적을 받아와 집안의 방문 위나 부엌 벽에 붙이기도 했다.

유월 십오일 六月 十五日

속칭 유두절流頭節이다. 분단粉團을 만들어 꿀물에 타서 먹는 것을 수단水團이라고 한다. 『고려사』를 보니, "희종熙宗이 즉위한 유월 병인년丙寅年(1146)에 시어사侍御史 두 사람이 환관宦官(내시) 최동수崔東秀와 광진사廣眞寺에 모여 유두음流頭飮을 했다."라고 하였다. 우리나라 풍속에 이달 15일에 동쪽으로 흐르는 물에 머리를 감아 상서롭지 못한 것을 물리치고 모여서 술을 마시는 것을 유두음이라 한다.

俗稱流頭節. 作粉團, 澆以蜜水食之, 號水團. 按高麗史, 熙宗卽位六月丙寅, 有侍御史二人與宦官崔東秀, 會于廣眞寺, 作流頭飮. 國俗以是月十五日, 浴髮東流水, 祓除不祥, 因會飮, 號流頭飮.

유두流頭

1 **목욕하는 사람들**[수욕도水浴圖]. 국립중앙박물관 소장.

2 **목욕하는 사람들**[수욕도水浴圖](부분). 국립중앙박물관 소장.
예로부터 우리나라 사람들은 목욕을 청결을 위한 수단 외에 미용, 건강, 질병 치료 혹은 의식儀式의 수단으로 생각하였으며, 신라 시대에 비롯된 유두流頭 풍습이 계속되어, 음력 6월 보름이 되면 계곡과 냇가에 가서 목욕하고 '물받이'를 하였다. 이 그림은 이와 같은 풍습을 묘사한 풍속화로서 가파른 암벽을 배경으로 흐르는 계곡물에 목욕하며 정겨운 이야기를 나누는 한가로운 정경을 묘사하였다.

3

3 **김홍도, 「송석원시사야연도**松石園詩社夜宴圖」.

공유마당 : https://gongu.copyright.or.kr/gongu/wrt/wrt/view.do?wrtSn=13268664&menuNo=200018

1791년 유둣날 중인인 천수경千壽慶(?~1818)의 집 송석원松石園에서 밤에 열린 시사詩社(중인층 시인들이 조직한 시 모임)의 모습을 그렸다. 유두는 음력 6월 보름으로, 명절의 하나이다. 복중伏中에 들어 있으며 유둣날이라 한다. 정동유鄭東愈(1744~1808)는 『주영편晝永編』에서 우리나라의 명절 중 유두만이 고유의 풍속이라 하였다. 이날은 일가친지들이 맑은 시내나 산간 폭포에 가서 머리를 감고 몸을 씻은 뒤, 가지고 간 음식을 먹으면서 서늘하게 하루를 지낸다. 이것을 유두연流頭宴, 곧 유두잔치라고 하는데, 이렇게 하면 여름에 질병을 물리치고 더위를 먹지 않는다고 한다. 유두란 '동쪽으로 흐르는 물에 머리를 감는다'는 '동류수두목욕東流水頭沐浴'에서 유래했다. 동류수에 머리를 감는 것은 동쪽이 청靑, 곧 양기陽氣가 가장 왕성한 곳이라 믿었기 때문이다. 유둣날 아침 각 가정에서는 유두면, 밀전병, 수단水團, 건단乾團, 그리고 피, 조, 벼, 콩 등 여러 가지 곡식을 새로 나온 과일과 같이 사당에 차려 놓고 고사를 지내는데, 이를 유두천신流頭薦新이라 한다. 농가에서는 연중 농사가 잘 되게 해 달라고 농신農神에게 고사를 지낸다.

물맞이

1 **경북 청송의 물맞이.** 한국민족문화대백과사전.

유두는 소두梳頭, 수두水頭라고도 표기하였는데, 수두란 물마리(마리는 머리의 옛말)로서 '물맞이'라는 뜻이다. 오늘날에도 신라의 옛 땅인 경상도 지방에서는 유두를 물맞이라고 부른다. "6월 15일을 유두라 하니, 대개 신라 옛 풍속에 이날 동류수東流水에 머리를 감아서 상서롭지 못한 것을 떨어버리고 인하여 잔치를 베풀어 이것을 '유두연'이라 한 데서 나온 말이라 한다. 그러나 유두라는 글자는 어느 고어古語의 취음取音에 불과한 것으로 봄이 타당할 것이다. 경주에는 오래도록 이 유풍이 있었다 하지마는 다른 곳에서는 진작부터 행사상의 변천이 있어 대개는 유두일에 수단 · 건단을 시식時食(그 계절에 알맞은 음식)으로 하여 그냥 더운 기운을 씻어 내는[척서滌暑] 놀이나 함이 통례가 되고 머리 감는 풍속은 하절夏節 어느 때든지 부녀들이 이른바 '물을 맞는다'는 행사에 옮겨가서 경성의 정릉, 광주光州의 무등산 물통 폭포, 제주 한라산의 성판봉 폭포城板峯瀑布 등처럼 지방마다 '물맞이'의 명소가 있게 되었다. 대저 원시민原始民이 물에 정화력淨化力이 있음을 보고 이것을 종교화하여 여러 종류의 의식을 만든 것은 세계 공통의 사실이니, 신천神川 · 영천靈川 등의 이른바 성수聖水가 어느 국민 사이에서나 발견되는 까닭도 여기 있으며, 지금 고등종교 중에 두루 행하는 관정灌頂(불교에서 계戒를 받거나 일정한 지위에 오른 수도자의 정수리에 물이나 향수를 뿌리는 일. 또는 그런 의식), 침례浸禮(기독교에서 온몸을 물에 적시는 방식으로 행하는 죄악을 씻는 행위), 세례洗禮(기독교에서 입교하는 사람에게 그동안 지은 모든 죄를 씻는 표시로 베푸는 의식) 등은 다 그 유풍遺風에 속하는 것이다. 이것을 중국에서 부정 씻는 목욕[계욕禊浴]이라 하여 3월 3일에 행함이 통례가 되고, 일본에서는 'ミソキ(미소기)'라 하되 여기에 관한 특별히 정해진 시기가 별로 없는 듯한데, 우리나라에서는 6월 15일에 이를 행하고 유두라고 이른 것이다."(『조선상식』)

2 **제주 소정방폭포 물맞이.** 디지털서귀포문화대전.

공유마당 : https://gongu.copyright.or.kr/gongu/wrt/wrt/view.do?wrtSn=12441140&menuNo=200018

수단水團(보리수단)

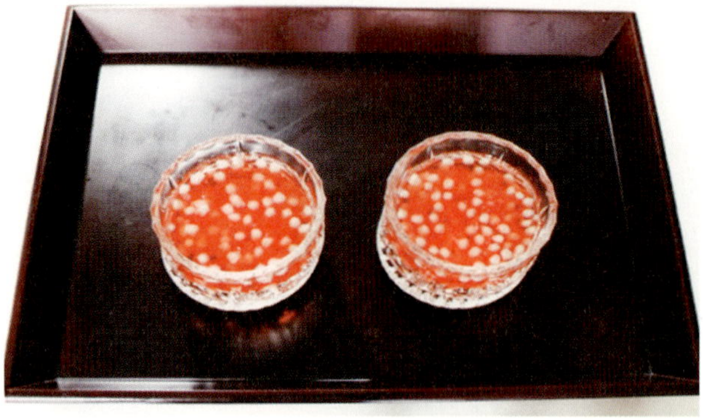

수단. 농업진흥청 블로그 농다락.

『고금석림古今釋林』에 "분단은 일명 수단, 일명 백단白團이라고도 하는데, 단오의 시식時食(그 계절에 알맞은 음식)이다."라고 하였다. 수단병水團餠이라고도 하는 수단은 쌀가루 경단을 끓는 물에 삶아 내어 꿀물에 넣고 잣을 띄운 음료로 유두 절식節食(명절에 따로 차려서 먹는 음식)의 하나이다. 만드는 방법은 멥쌀가루를 물에 담가 곱게 가루로 빻은 다음, 흰떡을 칠 때처럼 끓는 물에 버무려서 잘 익게 찐다. 분량이 많을 때에는 떡판에 놓고 치고, 적을 때에는 베 보자기에 싸서 떡판에 놓고 주물러서 말랑한 떡 덩어리가 되면 손가락처럼 비벼 보통 가래떡보다 가늘게 만든다. 이것을 은행알만큼씩 떼어 가운데를 잠깐씩 눌러 단추 모양으로 만든 다음 녹말가루를 묻혀 끓는 물에 삶아 찬물에 건져 낸다. 꿀물을 담은 화채 대접에 한 숟가락씩 띄우고 잣을 대여섯 개 띄워 낸다. 시원하게 마시는 청량음료로 여름철에는 주로 수단을 쓰고, 정월 보름날에는 원소병元宵餠을 쓴다. 수단은 수교위[수각아水角兒]로 시식時食 중 성찬盛饌(풍성하게 잘 차린 음식)이다. 수단이라는 것은 설날에 먹는 가래떡과 같은데, 몸체가 약간 가늘고 조금 더 도톰하게 자른다. 그것에 쌀가루를 발라 옷을 입히고 살짝 삶아 건져내어 꿀물에 넣고 얼음을 채워 마신다. 수교위는 밀을 갈아 고운 체로 쳐서 밀기울을 제거하고 물에 반죽하여 조그맣게 떼어 낸 다음 방망이로 고루 손바닥만하게 민다. 그리고 늙은 큰 외를 잘게 썰어 돼지고기, 소고기, 닭고기로 조미하고 기름, 간장 등 여러 조미료를 넣어 잘 볶은 후 소를 만들고, 밀어 놓은 밀가루에 넣어서 양쪽을 말아 합치면 적당히 접혀 찌그러져 대략 만두 모양과 비슷한데, 초장에 찍어 먹는다. 사진에서 보인 보리수단은 푹 삶은 보리쌀에 녹두 녹말을 묻혀 끓는 물에 삶은 후에 건져서 물에 헹구는 과정을 여러 번 반복하여 만든다. 통통하고 투명하게 옷을 입힌 보리쌀알을 볼그스레한 오미자 국물에 띄운, 여름철에 잘 어울리는 전통음료이다. 한방에서 보리는 맛이 달고 짜며 성질은 서늘하여 소화를 잘 되게 하며 식체나 설사를 치료하고 소변을 잘 통하게 하여 몸이 붓는 것을 치료한다고 알려져 있다.

복
伏

개고기와 파 밑둥을 섞어 푹 삶으면서 닭고기와 죽순을 넣으면 더욱 맛이 좋은데, 이를 구장狗醬이라 한다. 혹은 국을 끓여 산초가루로 조미하고 잡곡을 섞지 않고 쌀로만 지은 흰밥을 말아먹으면서 땀을 흘리면 더위를 물리치고 허한 기운을 보할 수 있다. 『사기史記』를 보니, "진덕공秦德公 2년 처음으로 삼복三伏 제사를 지냈는데, 사대문에서 개고기를 찢어 충재蟲災를 막았다."라고 했다. 개고기를 찢는 것은 옛날 복날에 행한 일이었는데, 오늘날 풍속에서는 먹게 되었다.

狗肉和葱白爛蒸, 入鷄笋更佳, 號狗醬. 或作羹, 調以番椒屑, 澆白飯食之發汗, 可以祛暑補虛. 按史記, 秦德公二年初, 作伏祠, 磔狗四門, 以御蟲災, 磔狗卽伏日故事, 而今俗遂食之.

구장狗醬

1 **개장국.** 국립민속박물관 소장.

개장국, 술갱戌羹, 구갱狗羹, 구학狗臛, 개장, 지양탕地羊湯이라고도 하며, 오늘날 남쪽에서는 보신탕이라고 하고 북쪽에서는 단고기라고 한다. 여름철 보신補身을 주 목적으로 하는 절식節食(명절에 따로 차려서 먹는 음식)인데, 복중伏中(무더위가 심한 초복初伏에서 말복末伏까지의 사이)에 먹는 이유는 음양오행설陰陽五行說에서 개고기는 화火에 해당하고 복伏은 금金에 해당하여 복의 금기金氣를 화기火氣로 억누름으로써 더위를 이겨내고, 또 더운 성질의 개고기를 먹음으로써 이열치열以熱治熱로 더위에 지쳐 허약해진 몸을 회복시켜 준다고 믿었기 때문이다. 『산림경제山林經濟』는 황구黃狗(털빛이 누런 개. 누렁이) 고기가 사람을 보한다고 하여, 황구를 일등품으로 여기고 있다. 따라서 황구를 이용한 개고기찜[구증狗蒸]이 1795년 음력 6월 18일의 혜경궁 홍씨의 회갑연 상차림에 오르고 있고, 『농가월령가』에 며느리가 근친覲親(시집간 딸이 친정에 가서 부모를 뵘)갈 때 개를 잡아 삶아 건져 가는 풍습이 있는 것을 볼 때, 복날이나 그 이외에도 궁중 이하 백성들이 즐겼던 음식으로 추측된다. 그러므로 조선 시대 조리서에는 개고기 요리법이 다양하게 기록되어 있다. 지방에 따라 된장 · 생강 · 머위 · 미나리 · 죽순 등을 첨가하기도 한다. 참고로 『경도잡지』에서 말하는 '충재蟲災'는 벌레로 인한 농작물의 피해를 말하는데, 『사기』에는 "[진秦 나라 덕공德公 2년] 초복에 개를 먹어 고蠱를 없앴다[初伏, 以狗禦蠱]."고 하고 있다. '고蠱'는 본래 벌레의 한 가지로 사람의 음식물 속에 들어 있고, 모르고 그것을 먹은 사람은 그 독으로 반드시 죽는다고 한다. 이 벌레는 사람의 눈에는 보이지 않아 뭔가 사기邪氣를 받고 죽거나 병에 걸리는 것은 바로 이 '고' 탓으로 돌리는 일이 생겼다. 『산해경山海經』 곽주郭注에서 '고'를 '요사한 기운'이라 한 것이 그것이다. 그런데 『경도잡지』를 지은 유득공柳得恭은 이 '고'를 벌레를 의미하는 '충蟲'으로 잘못 보아 '충재'라고 했던 것이다.

2 **개장국집.** 국립민속박물관 소장.

간판에 팽구가烹狗家라고 써 있다. '팽구烹狗'가 '개를 삶는다'는 말이니, '팽구가'는 '개 삶는 집'을 말한다.

중원 中元

속칭 백중날[백종절百種節]이라고 하는 중원中元에 서울 사람들은 음식을 성대하게 차려 산으로 올라가 노래하고 춤추며 즐긴다. 『우란분경盂蘭盆經』을 보니, "목련비구目連比邱가 칠월 십오일에 온갖 맛의 오과五果를 쟁반에 쌓아두고 시방대덕十方大德을 공양했다."라고 했는데, 오늘날의 이른바 백종百種은 온갖 맛, 곧 백미百味를 말한다. 고려는 불교를 숭앙하여 우란분회盂蘭盆會를 행했지만, 오늘날의 풍속에서는 단지 취하고 포식할 뿐이다. 혹자가 말하기를, 이날 옛 풍속에 온갖 곡식의 씨앗을 진열했기 때문에 백종百種이라 한다고 하는데, 이는 근거 없는 말이다.

俗稱百種節, 都人盛設饌登山, 歌舞爲樂. 按盂蘭盆經, 目連比邱, 七月十五日, 具百味五果, 以著盆中, 供養十方大德. 今所云百種, 卽百味之謂也. 高麗崇佛爲盂蘭盆會, 今俗只醉飽而已. 或云, 是日舊俗陳列百穀之種, 故曰百種, 無稽之說也.

백중놀이

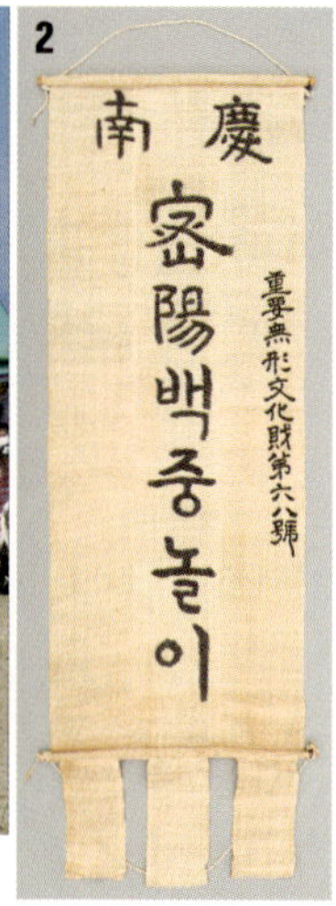

1 **밀양백중놀이**(강릉단오제 축제). 국립민속박물관 소장.

중원中元은 음력 7월 15일로 민간의 명절이다. 백종百種, 百終 · 백중百衆, 百中 혹은 망혼일亡魂日이라고도 하는데, 지금은 주로 백중날이라고 부른다. '망혼일'은 돌아가신 부모 등의 혼을 위로하기 위해 술 · 음식 · 과일을 차려 놓고 신명神明에게 올리는 제삿날을 말한다. '중원'은 도교에서 유래한 말로 천상의 선관仙官이 일 년에 세 번 인간의 선악을 기록하는 시기를 원元이라고 하는데, 1월 15일은 상원上元, 7월 15일은 중원中元, 10월 15일은 하원下元이라 하고, 이 삼원일三元日에 초제醮祭[성신星辰에게 지내는 제사]를 지낸다. '백종'이란 말은 이 무렵에 과실과 채소가 많이 나와 옛날에는 백 가지 곡식의 씨앗을 갖출 수 있다고 한 데서 유래하였다고 하지만, 근거가 있는 말은 아니다. 최남선은 "7월 15일을 백중이라 일러 한문으로 백종百種 · 백종魄縱 · 백종白踵 · 백중白衆 등의 글자를 쓰니 그 어의語義는 다 미상하며, 그 한자에 대하여 여러 가지 해석이 행하되 실상 확실한 증거가 없으며, 요컨대 농사 진행상의 어느 단계에 있는 고유의 한 행사와 불교 · 도교의 요소 등이 뒤섞여 특수한 한 형태를 구성한 절일節日로 볼 것이다."(『조선상식』)라고 하였다. 밀양 백중놀이는 바쁜 농사일을 끝내고 고된 일을 해오던 머슴들이 음력 7월 15일경 용날을 선택하여 지주들로부터 하루 휴가를 얻어 흥겹게 노는 놀이를 말한다. 이러한 놀이는 '호미씻이'라 해서 벼농사를 주로 했던 중부 이남지방의 농촌에서는 흔히 볼 수 있다. 밀양에서는 머슴날이라고 하며 지주들이 준비해 주는 술과 음식을 일컫는 꼼배기참을 먹으며 논다해서 꼼배기참놀이라고도 부른다. 밀양 백중놀이의 특징은 상민과 천민들의 한이 전체놀이에서 익살스럽게 표현되어 있다는 점이다. 병신춤과 오북춤은 밀양에서만 전승되어 오고 있으며 배김내사위는 이 놀이의 주된 춤사위로 춤동작이 활달하고, 오른손과 오른발이, 왼손과 왼발이 같이 움직이는 것이 특이하다.

2 **밀양백중놀이 깃발**. 국립민속박물관 소장.

3

3 **호미씻기.** 국립민속박물관 소장.
농부들이 연간 농작물 재배의 핵심적인 활동을 모두 마치고, 음력 7월 초중순 무렵에 마을 단위로 날을 정하여 하루를 먹고 노는 잔치이자 의례다. 이것이 호미씻이로 명명된 것은, 일 년이라는 영농 주기에서 농작물 재배의 핵심적인 활동의 마지막에 위치하는 작업이 호미를 이용한 김매기였기 때문이다. 호미씻이는 중노동의 농번기에서 벗어나는 시점에 농민들이 집약 노동의 중압감을 씻어내고 노동 주기상의 새로운 단계에 진입하는 전환점이었다. 따라서 호미씻이는 일년 주기의 농업 노동에서 전반부의 재배기에서 후반부의 수확기로 이행하는 과정에 설정된 시간적 통과의례였다. 동시에 호미씻이는 매년 결성되던 두레와 같은 공동 협업 노동 조직이 제 기능을 다했다고 판단되는 시점에 그런 노동 조직을 해체하는 의식이기도 했다.(『한국민속대백과사전』) 호미씻이는 한자어로는 세서연洗鋤宴이라 하고, 지방에 따라 풋굿 · 초연草宴이라고도 한다. 풋굿이란 풀밭에서 한바탕 굿 행사같이 놀기 때문에 붙여진 이름이며, 초연은 풀밭에서 잔치를 벌이기 때문에 붙은 명칭이다. 농촌에서는 7월 백중 무렵이면 논매기가 다 끝나는데, 이때 농사일을 잠시 쉬고 머슴에게 하루를 즐기게 하였으므로 이 날을 머슴날이라고도 하였다. 옛날부터 음력 7월 보름께에 각 농가에서 제각기 음식을 내어서 시냇가나 산기슭의 나무 그늘 밑에 모여 앉아 술과 음식을 같이하면서 징 · 꽹과리 · 날라리 · 북 · 장구 등 농악기를 울리면서 질탕하게 하루를 한껏 즐긴다. 이것을 '호미씻이'라고 하는데, 그 뜻은 이때는 논밭의 김을 다 매어 호미를 씻어두고 놀기 때문이다. 호미씻이 때에는 그 마을에서 그해 농사가 잘 된 집이 있으면 그 집 머슴을 뽑아서 여러 머슴 중에서 우두머리로 삼아 그 머슴에게 삿갓을 씌우고 황소에 태워서 여러 머슴이 에워싸고 노래하고 춤추며 마을 마을로 돌아다니는데, 이때 그 집 주인은 술과 음식을 내어 잘 먹였다.(『한국민족문화대백과사전』)

우란분경盂蘭盆經

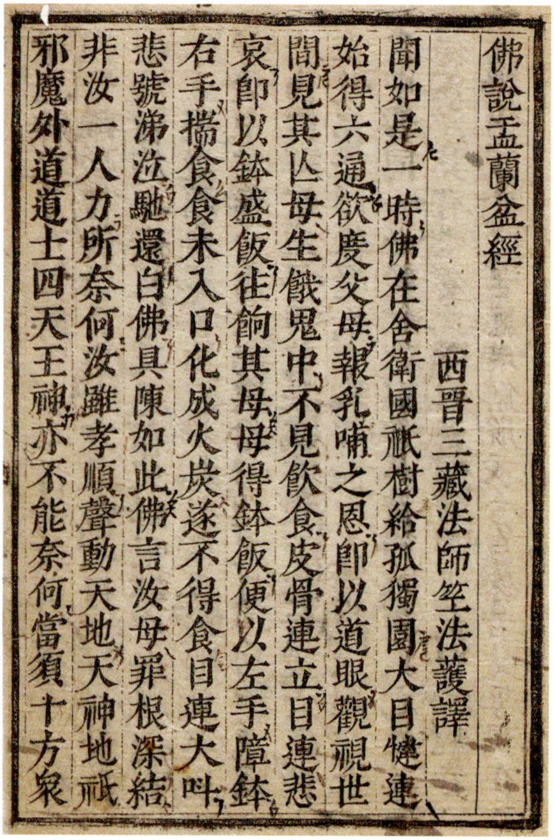

佛說盂蘭盆經

西晉三藏法師竺法護譯

聞如是一時佛在舍衛國祇樹給孤獨園大目揵連始得六通欲度父母報乳哺之恩卽以道眼觀視世間見其亡母生餓鬼中不見飮食皮骨連立目連悲哀卽以鉢盛飯往餉其母母得鉢飯便以左手障鉢右手揣食食未入口化成火炭遂不得食目連大叫悲號涕泣馳還白佛具陳如此佛言汝母罪根深結非汝一人力所奈何汝雖孝順聲動天地天神地祇邪魔外道道士四天王神亦不能奈何當須十方衆

『불설우란분경소佛說盂蘭盆經疏』. 국립중앙도서관 소장.

『우란분경』은 불경의 하나로, 승려들이 4월 보름부터 시작되는 하안거夏安居(승려들이 음력 4월 15일부터 7월 15일까지 일정한 곳에 머물며 수도修道하는 일)의 끝날인 음력 7월 보름에 읽는 경전이다. 목련존자目連尊者가 그 어머니의 영혼을 구제한 일을 기린 내용으로 되어 있다. 참고로 유사한 경전으로 『목련경目連經』이 있는데, 이 경은 『대목건련경大目犍連經』이라고도 하는 1책의 불경으로 우리나라에서는 고려 시대부터 효도 경전으로 널리 독송되었다. 송 나라 때 법천삼장法天三藏이 한역漢譯했다고 하나, 『우란분경』을 원본으로 목련의 효행에 다른 불제자의 효행을 더해서 만든 위경僞經(석가모니가 직접 가르친 것처럼 '불설佛說'이라는 이름을 빌려 위조함으로써 정전正典의 진실성을 인정할 수 없는 의경疑經)이라는 설이 지배적이다.

목련비구目連比邱

1 「**목련경변상도**目連經變相圖」. 백화사(은평구 의상봉길 70-7) 소장.
백화사의 「목련경변상도」는 내용상 화면이 좌우로 양분된다. 화면의 오른쪽에는 불단(부처를 모셔 놓은 단) 위에 붓다가 선정인禪定印(부처가 한마음으로 사물을 생각하여 마음이 하나의 경지에 정지하여 흐트러짐이 없는 상태의 수인手印. 수인은 깨달음의 내용이나 활동을 상징적으로 나타내는 표시 가운데, 양쪽 손가락으로 나타내는 모양)을 취하고 앉아있고 그 좌우에는 6위의 보살이 시립하여 있으며, 위쪽에는 사천왕상四天王像이 자리하고 있다. 불단 아래에는 부처의 10대 제자들인 가섭迦葉과 아난존자阿難尊者가 서있고 가운데에는 목련존자目連尊者가 합장하며 부처에게 어머니를 구제할수 있는 방법을 알려달라고 간청하는 모습이 보인다. 화면의 왼쪽에는 중앙에 높은 담이 둘러진 아비지옥阿鼻地獄이 있고 그 아래에는 목련존자가 옥졸에게 끌려나온 어머니와 상봉하는 장면, 무기를 들고 있는 옥졸들과 끌려온 죄인들의 모습, 그리고 붓다에게서 뻗어나오는 서광을 타고 어머니가 승천하는 모습이 더해져 있다. 석존 당시의 불제자 목건련의 어머니가 죄를 지어서 아귀도餓鬼道[불교에서 이르는 삼악도三惡道의 하나. 이승에서 욕심꾸러기로 지낸 사람이 죽은 뒤에 태어나게 된다는 곳으로, 늘 굶주림과 목마름으로 괴로움을 겪는다고 함]에 떨어져 있을 때, 음력 7월 보름날 대중大衆에게 공양供養을 올려서 영혼에 위안을 주고 고통을 구제한 사실에서 비롯하여, 불佛·승僧·중생衆生이 공양하는 것이다. '비구'는 팔리어 'bhikku'의 음차이므로, '比丘'를 쓰든 『경도잡지』에서처럼 '比邱'를 쓰든 상관없다.

2 **아비지옥에 떨어진 어머니를 구제하는 목련존자**. 고양 보월사 법당 탱화.

우란분회盂蘭盆會

1 「감로탱화甘露幀畵」. 국립민속박물관 소장.
그림 상부 중앙에는 칠불七佛(지난 세상에 나타난 일곱 부처)이, 우측에는 북과 징을 치고 바라, 나비춤을 추는 승려들이 그려졌다. 하부 중앙에 아귀餓鬼(계율을 어기거나 탐욕을 부려 지옥에 떨어진 귀신으로, 몸이 앙상하게 마르고 배가 엄청나게 큰데, 목구멍이 바늘구멍 같아서 음식을 먹을 수 없어 늘 굶주림으로 괴로워한다고 함)의 모습이 크게 그려졌고, 좌측에는 현세의 여러 모습이 묘사되었다.

2 「감로탱화」(부분).
여러 사람들이 '우란분盂蘭盆'을 들고 아귀도餓鬼道에 떨어진 중생을 천도하고자 우란분재를 행하고 있다. 우란분은 범어梵語 'Ullabana'의 음역으로 구도현救倒懸이라고 번역되기도 한다. '분盆'은 식기食器의 뜻으로 곧 음식을 죽은 자의 영혼에 바쳐 거꾸로 매달려진 그의 고통을 구제한다는 뜻이다. 목련의 고사에 대해서는 『형초세시기』의 다음 설명이 자세하다. "목련이 죽은 어머니가 아귀들 가운데 사는 것을 보고 곧 바리에 음식을 담아 어머니에게 바쳤다. 그런데 음식이 입에 들어가기 전에 숯으로 변하여 마침내 먹을 수가 없었다. 목련이 크게 울부짖으며 달려 돌아와 부처님께 사뢰었다. 부처님께서 '너의 어미는 지은 죄가 너무 무거워 너 한 사람으로는 어찌할 수가 없다. 마땅히 사방 여러 중의 힘이 필요하다. 7월 15일에 이르러 마땅히 7대의 부모들이 위급하고 곤란한 상태에 처한 자를 위하여 백미오과百味五果를 갖추고 분에 담아 시방대덕十方大德(세상 모든 곳에 있는 장로 · 부처 · 보살 · 고승 등)께 공양하라.'고 하셨다. 부처님께서 여러 중에게 명하여 모두 시주施主(자비심으로 조건 없이 절이나 승려에게 물건을 베풀어 주는 일)를 위하여 7대 부모를 축원하며 선정禪定(부처가 한마음으로 사물을 생각하여 마음이 하나의 경지에 정지하여 흐트러짐이 없는 상태)의 뜻을 행한 후에 음식을 받게 하였다. 이때 목련의 모는 모든 아귀의 고통에서 벗어날 수 있었다. 목련이 부처님께 '미래세未來世의 불제자도 효순孝順을 행하는 자도 역시 우란분을 받들어 마땅히 공경해야 할 것입니다.'라고 했다. 부처님이 매우 좋다고 하였다. 그리하여 후대의 사람들이 이로 인해 널리 화식華飾(아름답게 꾸밈)을 만들었다. 곧 나무를 조각하고, 대나무를 쪼개고, 밀랍을 엿으로 만들고, 비단을 오려 꽃잎 모양을 만드는데, 그 세공이 정교의 극에 달했다."

중추 中秋

중추는 속칭 추석인데, 가배嘉排라고도 한다. 『삼국사기三國史記』를 보니, "신라 유리이사금이 왕녀 두 사람을 시켜 육부六部의 여자들을 나누어 거느리고 칠월 보름부터 대부大部의 뜰에 모여 길쌈하게 했는데, 을야乙夜(밤 9시에서 11시 사이)가 되어 끝내기를 팔월 보름까지 계속하였다. 그 실적의 많고 적음을 따져서 진 쪽은 술과 음식을 차려 이긴 쪽에게 사례하였다. 이때 노래하고 춤추면서 온갖 놀이를 하는데, 그것을 가배라고 한다. 이때 진 쪽의 여자 하나가 일어나 춤을 추고 탄식하면서 '회소會蘇, 회소會蘇'라고 하는데, 그 소리가 애처롭지만 우아하였다."라고 했다.

俗稱秋夕, 又曰嘉排. 按三國史, 新羅儒理尼斯今, 使王女二人分, 率六部女子, 自七月望, 集大部之庭, 績麻乙夜而罷, 至八月望. 考其功之多少, 負者置酒食, 以謝勝者. 於是歌舞百戲皆作, 謂之嘉排. 是時負家一女子起舞歎曰, 會蘇會蘇, 其音哀雅.

중추中秋[추석秋夕]

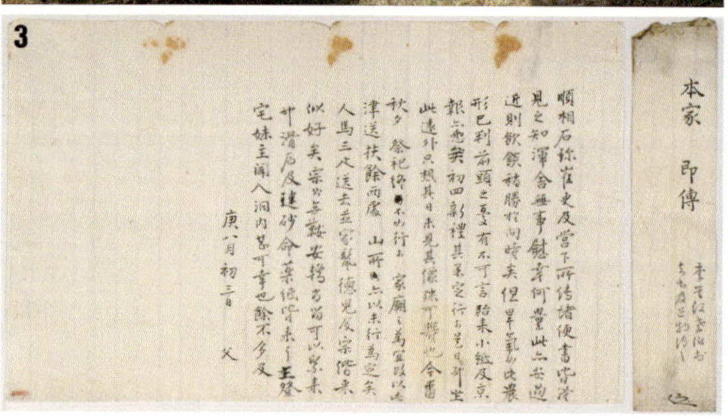

1 **팔월 보름달**. 직접 촬영.

'중추'는 가을이 한창일 때라는 뜻으로, 음력 8월을 달리 이르는 말이다. 한 계절을 석 달로 했을 때, 첫 달은 맹월孟月, 가운데 달은 중월仲月, 마지막 달은 계월季月이라 불렀다. 예를 들어 가을이 시작되는 첫 달은 맹추孟秋, 가운데 달은 중추仲秋, 마지막 달은 계추季秋라 한 것이다. 흔히 중추절仲秋節이라 하면 추석秋夕을 말한다. 추석은 가배嘉俳 · 嘉排, 가비嘉非, 가회嘉會, 가외라고도 하는데, 여기서 한가위라는 말이 나왔다. "가배란 말은 신라에서 비롯되었는데, 이달에는 만물이 성숙한다. 중추는 가절佳節이라 하듯이, 민간에서 이날을 가장 중요하게 여겨 비록 궁벽한 시골이나 가난한 집안이라도 의례 모두 쌀로 술을 빚고 닭을 잡아 찬도 만들며 온갖 과실을 소반에 풍성하게 차려 놓고 '더도 말고 덜도 말고 한가위만 같아라'고 한다. 사대부의 집에서는 정조正朝(설날), 한식寒食, 중추, 동지冬至 등 네 명절에 묘제墓祭(무덤 앞에서 지내는 제사)를 지내는데, 정조와 동지에는 간혹 지내지 않는 경우가 있다. 그러나 한식과 중추만은 성대하게 지내는데, 한식도 중추의 성대함 만은 못하다. 유자후柳子厚가 '조皂, 예隸, 용傭, 개丐도 모두 부모의 산소에 가서 제사지낼 수 있다'고 한 것은 오직 이날에만 가능하다."(『열양세시기』) '조, 예, 용, 개'는 각각 하인, 노비, 품팔잇군, 거지 등 하층 천민을 지칭하는 말이다.

2 **추석 성묘에서 재배하는 모습**. 국립민속박물관 소장.

3 「**간찰**簡札」. 국립민속박물관 소장.

황하신黃夏臣(1656~1723)이 집에 보낸 편지로, 4일에 혼사婚事가 있음에도 가지 못하는 사정과 추석에 제사 지내는 문제에 대해서도 걱정하고 있다. '이번 추석 제사는 가묘家廟에서 지내는 것만 못한데, 사람을 부여의 산소 두 군데에 보내는 것도 역시 아직 정하지 못했다'는 내용이다.

4 **안중식**安中植(1861~1919), 「**노안도**蘆雁圖」. 국립중앙박물관 소장.

이 그림은 추석 즈음의 분위기를 잘 묘사하고 있다. 화면 왼편에는 보름달이 떠 있고, 보름달을 배경으로 기러기 한 무리가 줄을 이루면서 갈대숲으로 찾아들고 있으며, 갈대숲 속에는 기러기 한 마리가 졸고 있다. 기러기와 갈대를 그린 그림은 '늙어서 편안하게 지내라'는 덕담을 전한다. 갈대 '노蘆'는 늙을 '노老' 자와, 기러기 '안雁'은 편안할 '안安' 자와 발음이 통하기 때문이다.

길쌈

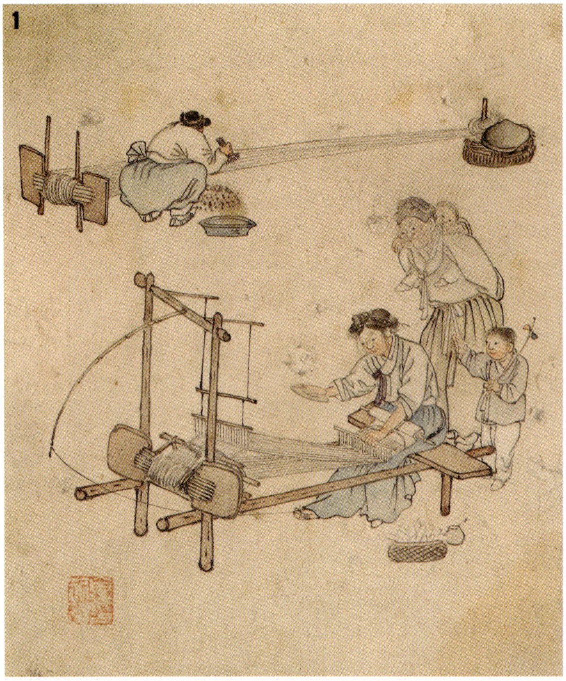

용두머리
눈썹대
베틀신대
선다리
(앞다리)
눈썹끈
잉앗대
바디
잉아
바디집
뱁댕이
도투마리
사침대
부테
앉을개
베틀신끈
가로대
베틀신
부테끈
북바늘
누운다리
뒷다리
북

1 **김홍도, 「직조織造」, 『풍속도화첩金弘道筆風俗圖畵帖』.** 국립중앙박물관 소장.

베틀에 앉은 여인은 열심히 북질을 하고 있고, 뒤돌아 앉은 여인은 베를 메고 있다. 벼메기는 누에고치에서 갓 풀어낸 명주실에 풀을 먹여 길을 질기게 하는 작업이다. 도투마리로 푼 실을 감아가며 풀솔로 풀을 먹이고 있다. 이 도투마리는 나중에 아래의 베틀에 걸고 이 실로 명주를 짜는 데 썼다. "길쌈이란 각종 섬유 재료에서 실을 뽑고 이를 가공하여 삼베, 모시, 명주, 무명 같은 피륙을 짜는 일련의 수공업 작업을 일컫는다. 그 과정은 매우 복잡하여 지방에 따라 또는 옷감의 종류에 따라 직조織造의 시기와 규모가 다르다. 그러나 길쌈을 하는 과정에서 집단으로 모여 놀이를 하는 점은 공통적이다. 특히 충청도, 전라도, 경상도의 삼남 지방에서는 대개 음력 7월부터 8월 추석에 걸쳐 온 마을의 부녀자들이 두레와 같은 공동체를 조직하고 길쌈을 하였다. 길쌈 과정은 매우 까다롭다. 공동 길쌈은 지방에 따라 또는 길쌈 재료에 따라 조직하는 시기와 규모 등이 달랐으나, 이를 진행하는 과정에서 집단적으로 모여 유쾌한 놀이를 하는 일은 거의 공통적이었다. 길쌈을 해야 하는 마을 부녀자들은 길쌈두레를 조직하여 매일 저녁 길쌈두레에 가입한 부녀자들의 집을 차례로 돌면서 공동으로 길쌈을 해 준다. 이렇게 번갈아서 둘레둘레 돌아가면서 삼을 삼아 준다고 하여 '두레삼[공동 또는 협동마적協同麻績]' 또는 '두루삼', '둘게삼'이라고 한다. 만일 길쌈두레로 길쌈을 하지 않고, 개인이 혼자서 하면 힘이 들기도 하겠지만 시일이 오래 걸려서 매우 비효율적인 노동이 된다. 그러나 두레삼으로 길쌈을 하면 짧은 시간에 많은 작업량을 효율적으로 해낼 수 있다."(『한국민속대백과사전』)

2 **도투마리.** 국립민속박물관 소장.

베틀 앞다리 너머 채머리 위에 얹어두는 틀로 베를 짜기 위해 날실을 감아 놓는 도구이다. 나무를 H자형으로 다듬고, 군데군데 나무토막이 못과 ㄷ자형 못으로 고정된 형태다. 도투마리 가운데에 끈이 묶여 있다.

3 **북과 베틀솔.** 국립민속박물관 소장.

북은 베틀에서 날실의 틈으로 왔다 갔다 하면서 씨실을 푸는 기구이다. 베를 짜는 데 중요한 역할을 하며, 배 모양으로 생겼다. 방추紡錘 또는 저축杼柚이라고도 했다. 베틀솔은 삼베에 풀을 묻혀주는 솔이다.

4 **베틀.** 국립민속박물관 소장.

명주 · 모시 · 무명 · 삼베 등을 짜는 틀이다.

5 「**길쌈**」(**유운홍필풍속화**劉運弘筆風俗圖). 국립중앙박물관 소장.

6 **김준근,** 「**뵈 낫는 모양**」. 국립민속박물관 소장.
여인들이 삼 삼기하는 모습을 그린 그림이다. 화면 상단의 세 여인은 가늘게 벗긴 삼(거칠고 긴 마섬유가 채취되는 식물을 통틀어 이르는 말. 대마, 아마, 저마, 마닐라삼 따위가 있음)의 껍질을 이어 삼실을 만들고, 우측 여인은 돌꼇(실을 감거나 푸는 데 쓰는 기구. 굴대의 꼭대기에 '+' 자 모양의 나무를 대고 그 끝에 짧은 기둥을 박아 만드는데, 굴대가 돌아감에 따라 이 기둥에 실이 감기거나 풀림)으로 삼실(삼 껍질에서 뽑아낸 실)을 감고 있다. 하단 두 여인은 삼실에 풀을 먹여 말리면서 도투마리에 감고 있다.

7 **김준근,** 「**항나 짜는 모양**」. 국립민속박물관 소장.
'항나'는 '항라亢羅', 곧 명주, 모시, 무명실 따위로 짠 피륙의 하나이다. 씨를 세 올이나 다섯 올씩 걸러서 구멍이 송송 뚫어지게 짠 것으로 여름 옷감으로 적당하다.

8 **김준근, 「여인 방적하고」.** 국립민속박물관 소장.

'방적紡績'은 섬유 원료로 실을 뽑아 피륙을 짜 내기까지의 모든 일을 말한다. 이 그림은 여인들이 실을 뽑는 장면을 묘사했다. 상단 여인들은 씨아(목화의 씨를 빼는 기구로 토막나무에 두 개의 기둥을 박고 그 사이에 둥근 나무 두 개를 끼워 손잡이를 돌리면 톱니처럼 마주 돌아가면서 목화의 씨가 빠짐)를 이용해 목화씨를 빼내고, 무명활을 당기고 튕겨 솜을 부풀린 후 고치(물레를 돌려 실을 뽑으려고 만들어 놓은 솜방망이)로 솜을 말고 있다. 하단 좌측 여인은 물레로 실톳(방추형으로 감아 놓은 실타래. 피륙을 짤 때 북에 넣어 씀. '실타래'는 실을 쉽게 풀어 쓸 수 있도록 한데 뭉치거나 감아 놓은 것이고 '북'은 베틀에서, 날실의 틈으로 왔다 갔다 하면서 씨실을 푸는 기구로 베를 짜는 데 중요한 역할을 하며, 배 모양으로 생김)을 짓고, 할머니는 손으로 실꾸리(둥글게 감아 놓은 실타래)를 만들고 있다. 베틀에 앉은 여인은 허리에 부티를 두르고 무명을 짜고 있다. 부티는 베를 짤 때, 베틀의 말코 두 끝에 끈을 매어 허리에 두르는 넓은 띠로 나무나 가죽 또는 베붙이 따위로 만든다.

9 **김준근, 「면주 뽑고 날고」.** 국립민속박물관 소장.

'면주綿紬'는 명주실로 무늬 없이 짠 피륙인 '명주'를 말한다. 이 그림은 여인들이 명주실을 뽑는 모습을 그렸다. 왼쪽 여인은 끓는 물에 누에고치를 넣어 실을 뽑고, 오른쪽 여인은 올이 풀리게 한 다음 말아서 타래를 만들고 있다.

베 매기

1 **김준근, 「베 매는 모양」.** 국립민속박물관 소장.
베 매기하는 모습을 그렸다. 베 매기는 베를 짜려고 날아 놓은(명주, 베, 무명 따위를 짜기 위해 샛수에 맞춰 실을 길게 늘인) 실을 매는(옷감을 짜기 위하여 날아 놓은 날실에 풀을 먹이고 고루 다듬어 말리어 감는) 일을 말한다. 한 여자는 왕겻불 옆에 앉아서 베솔로 풀을 바르고 있고, 다른 여자는 도투마리 옆에 앉아서 손질하고 있다. 바닥에는 뱁댕이가 놓여 있다. 뱁댕이는 베틀로 베를 짤 때 쓰는 연장의 하나이다. 나뭇가지로 만들며, 도투마리에 날실을 감을 때 날실끼리 엉기는 것을 막기 위하여 날실 사이사이에 끼운다.

2 **상한촌**(황해도 신천군 문화면 용현리)**의 길쌈하는 모습.** 국립중앙박물관 소장.

회소곡會蘇曲

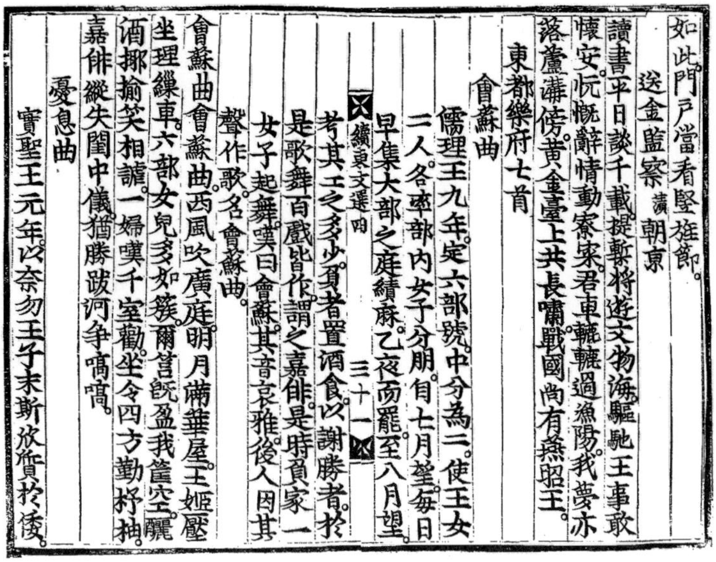
續東文選 卷四

如此門戶當看堅旌節。

送金監察 濤 朝京

讀書平日談千載提鞭將遊文物海驅馳王事敢懷安忼慨辭情動寮寀君車轆轆過漁陽我夢亦落薊霾傍黃金臺上共長嘯戰國尚有燕昭王。

東都樂府七首

會蘇曲

儒理王九年定六部號中分為二使王女二人各率部內女子分朋自七月望每日早集大部之庭績麻乙夜而罷至八月望考其功之多少負者置酒食以謝勝者於是歌舞百戲皆作謂之嘉俳是時負家一女子起舞嘆曰會蘇其音哀雅後人因其聲作歌名會蘇曲。

續東文選四 三十一

會蘇曲會蘇曲西風吹廣庭明月滿華屋王姬壓坐理繅車六部女兒多如簇爾筐既盈我筐空釃酒揶揄笑相謔一婦嘆千室勸坐令四方勤杼柚嘉俳縱失閨中儀猶勝跋河爭嗃嗃。

憂息曲

實聖王元年以奈勿王子未斯欣質於倭。

「회소곡會蘇曲」. 서울대학교 규장각한국학연구원 소장.

신라 유리왕 9년(32)에 왕이 육부六部를 둘로 나누어 왕녀王女 두 사람으로 하여금 부내部內의 여자를 거느리도록 하여 7월 16일부터 날마다 육부의 마당에 모여 길쌈을 시작하고 오후 10시경에 파하게 하여 8월 보름에 이르러 한 달 동안에 걸친 성적을 심사하고 진 편이 이긴 편에게 술과 음식을 마련하여 대접하며 노래와 춤으로 즐겼다. 이를 '가배嘉俳'라 하였는데, 이것이 곧 오늘날의 한가위, 곧 추석秋夕이다. 이때 진 편의 여자가 일어나 춤추며 '회소會蘇, 회소會蘇' 하고 탄식하는 음조音調가 매우 슬프고 아름다웠으므로, 후세의 사람들이 그 소리에 맞추어 노래를 지어 불렀다. 이것이 곧 「회소곡會蘇曲」이 되었다 한다. 한편 '회소, 회소'는 오늘의 '아서라, 말아라'에 해당하는 말로서, '마소, 마소'의 뜻이 아닌가 짐작된다. 제시한 자료는 『속동문선續東文選』 제4권 「칠언고시七言古詩」에 실린 김종직金宗直의 "동도악부 칠수東都樂府七首" 중 '회소곡'이다. "서풍이 넓은 뜰에 부니[西風吹廣庭] / 밝은 달이 화려한 집에 가득하네[明月滿華屋] / 공주님이 윗자리에 앉아 물레를 돌리니[王姬壓坐理繅車] / 육부의 여아들 떨기처럼 많네[六部六兒多如簇] / 네 바구니는 벌써 찼는데 내 바구니는 비었구나[爾筥既盈我筐空] / 술 빚어놓고 야유하고 웃으며 희롱하네[釃酒揶揄笑相謔] / 한 아낙이 탄식하니, 1천 집이 권장되고[一婦嘆千室勸] / 앉아서 사방 사람들에게 길쌈을 힘쓰게 하네[坐令四方勤杼柚] / 가배놀이가 비록 규중의 예의를 잃었지만[嘉俳縱失閨中儀] / 줄다리기로 왁자지껄 싸움하는 것보다 낫지[猶勝跋河爭嗃嗃]"

중구 重九

중구重九, 곧 중양절重陽節에 국화를 따서 떡을 만든다. 삼짇날에 해 먹는 진달래떡과 같아서 역시 화전花煎이라고 한다.

采菊花爲糕. 與重三之鵑花糕同, 亦稱花煎.

국화와 국화떡

1 **정조**正祖, 「**국화도**菊花圖」. 동국대학교박물관 소장.

공유마당 : https://gongu.copyright.or.kr/gongu/wrt/wrt/view.do?wrtSn=13268784&menuNo=200018

'중구重九'는 9월 9일로 날짜와 달의 숫자가 같은 중일重日 명절名節의 하나이다. 중일 명절은 3월 3일, 5월 5일, 7월 7일, 9월 9일 같이 홀수 곧 양수陽數가 겹치는 날에만 해당하므로 이날들이 모두 중양重陽이지만 특히 9월 9일을 가리켜 특별히 '중양'이라고 했다. 이때는 음력 삼월 삼짇날 강남에서 온 제비가 다시 돌아가는데, 가을 하늘 높이 떠나가는 철새를 보며 한해의 수확을 마무리하는 계절이기도 하다. 『농가월령가』에서는 "구월구일 가절佳節이라 / 화전하여 천신薦新하세 / 절서節序를 따라가며 추원보은追遠報恩 잊지 마소."라고 하였다. 여기서 '가절'은 좋은 계절을, '천신'은 철 따라 새로 난 과실이나 농산물을 먼저 조상에게 올리는 일을, '절서'는 절기의 차례를, '추원보은'은 낳으시고 기르신 부모의 은혜에 보답한다는 말이다. 중구에는 특히 국화가 만발하기 때문에 국화와 관련된 풍습이 많이 있다.

2 **국화떡**. 직접 촬영.

『오주연문장전산고』에 따르면, 늦가을 감국甘菊(들국화인 황국黃菊)을 따서 꽃받침과 꽃술을 제거한 다음, 물을 뿌려 축축하게 하고 쌀가루를 묻혀 전을 부치면 된다. 이때 꽃잎이 뭉치지 않도록 해야 모양이 곱다. 꿀에 담갔다 꺼내어 말려두었다가 겨울이나 봄, 여름까지도 먹을 수 있다고 하였다. 허균의 『도문대작屠門大嚼』에 따르면, 한양에서 봄에는 두견화전杜鵑花煎과 이화전梨花煎을, 여름에는 장미전薔薇煎, 가을에는 국화병菊花餠을 먹었다고 하니, 국화꽃뿐만 아니라 진달래꽃, 배꽃, 장미꽃도 모두 전으로 부쳐 먹었음을 알 수 있다. 국화떡은 국전菊煎, 국병菊餠, 국고菊餻라고도 한다.

등고登高와 국화주菊花酒

1 **등고**登高. 『조선의 연중행사』, 조선총독부, 1937.

『해동죽지』에서 전하듯이, 중구에는 높은 곳에 올라 단풍이 든 풍경을 보고 즐기며 시와 술을 함께 나누는 등고 풍습이 있었다. "이날 시인 묵객들이 중구절에는 큰 술동이에 국화를 띄우고 등고하여 시를 짓는데, 그것을 국화주라고 한다." 등고에 대해 『동국세시기』는 다음과 같이 말하고 있다. "서울 풍속에 이날 남산과 북악산에서 먹고 마시며 즐기는데, 이는 대개 등고의 옛 풍속을 답습한 것이다. 청풍계靑楓溪, 후조당後凋堂, 남한산, 북한산, 도봉산, 수락산水落山이 단풍 구경의 명승지들 명승지들이다." 『열양세시기』에 따르면, "사대부 가운데 옛것을 좋아하는 사람은 대부분 중양절에 등고하여 시를 짓는다."

2 **국화주**. 농촌진흥청 소장.

국화주는 향을 내는 재료인 국화를 넣어 빚은 가향주佳香酒로, 우리 조상들이 가장 즐겼던 대표적인 계절주의 하나이기도 하다. 국화주는 쌀과 누룩, 물을 섞어 빚은 곡주에 국화향을 넣는 화향입주법花香入酒法의 국화주를 근간으로 하고, 술을 빚을 때 만개한 국화를 함께 넣어서 빚는 경우, 국화 외에 여러 가지 생약재를 달인 물을 함께 넣어 빚는 경우, 그리고 황금주같이 전혀 국화는 넣지 않으면서도 국화주와 같은 술 빛깔을 띤다는 뜻에서 국화주라는 이름을 얻은 술 등 여러 가지가 있다. 국화주는 향기가 좋고 감미가 나는 야생 감국을 주로 이용하는데, 절식節食(명절에 따로 차려서 먹는 음식)으로 민간에서는 물론이고 궁중에서도 축하주로 애용되었다고 전한다.

시월 오일 十月午日

시월 오일午日은 속칭 말날이다. 팥으로 떡을 쪄서 마구간에 갖다 놓고 말의 건강을 축원하는데, 병오일丙午日에는 하지 않는다. 병丙과 병病의 음이 같아서 말이 병드는 것을 꺼리기 때문이다.

俗稱馬日. 蒸赤豆餠, 設廐中, 祝馬健, 丙午日則否. 丙與病音相類, 忌馬病也

상달과 성주城主[성조成造]

1

2

3

4

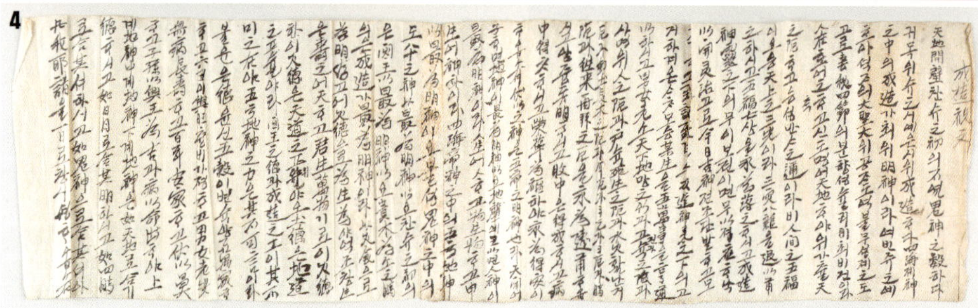

1 「성주신도城主神圖」. 국립민속박물관 소장.

10월은 상달이라 했다. 이 시기는 한 해 농사가 마무리되고 햇곡식과 햇과일을 수확하여 하늘과 조상께 감사의 예를 올리는 기간으로 옛사람들은 이달을 열두 달 가운데 으뜸가는 달로 생각하였다. 상달에는 고사를 지냈는데, 그 대상은 집을 수호하는 성주이다. 성주는 무속巫俗에서 믿는 신상

神像의 하나인 성주신이다. 성주신은 집을 지키는 신으로, 비녀를 꽂고 성수 부채, 무당 방울을 들고 있는 서있는 모습으로 그려진다. "성주城主란 가택신家宅神을 싸잡아 부르는 말이다. 세속에서 시월 상달에 무당을 불러 기도했는데 이를 안택安宅(집안에 탈이 없도록 무당이나 맹인盲人을 불러 가신家神들을 위로하는 일)이라 한다. 안택신을 섬기는 데는 성주석城主釋(속명 '성주풀이')이 있는데, 혹은 성주받이굿이라고도 한다. '풀이'는 성주신을 받들어 앉히는 일을 뜻한다. 성주받이는 지방에따라 풍속이 다르다. 경성에서는 백지에 동전을 싼 다음 접어서 청수淸水(맑고 깨끗한 물)를 뿌려 대들보에 붙이고, 마르기 전에 그 위에 백미白米를 뿌려 붙인다. 충청북도 풍속은 경성하고 같으나, 다만 상주上柱(안방과 마루 사이에 있는 가장 중요한 기둥)에 붙인다. 평안도와 함경도에서는 백미를 항아리에 담아 대들보 위에 안치한다. (…) 요즈음 민가에서는 시월에 농사일이 다 끝나면 햇곡식으로 큰 시루에다 떡을 해서 주과酒果를 베풀고 굿을 하는데, 이것을 성조成造라고 한다. 성조란 집안과 나라를 조성한다는 뜻이다. 이것은 단군이 백성들에게 거처하는 방법을 가르친 데서 비롯하였다. 궁실을 조성하였다."(『조선무속고』)로 『해동죽지』에서는 "옛 풍속에 단군이 성조씨成造氏에게 명하여 궁실宮室과 가옥을 지었는데, 그 옛 풍속을 따라 단군이 10월 3일 하늘에서 내려왔기 때문에 10월을 상짤로 삼았다. 매년 10월이면 술과 떡을 차리고 무당을 불러서 복을 빌며 대들보 위에 종이를 붙이는데, 그것을 성조바지라고 한다."라고 했다. 『세시풍요』에 따르면, "이달 인가에서는 대개 『안택경安宅經』을 외워 재액災厄을 없앤다." 그런데 이것들은 모두 10월 상달에 거행했다. 최남선은 "10월은 왜 상달이라고 합니까"라는 질문에 다음과 같이 대답하였다. "1년 내 지어 오던 농사가 10월에 와서 끝이 나고 새곡식·새과실에 먹을 것이 풍성해지면, 이렇게 배를 불려주시고 마음을 흐뭇하게 하여 주시는 하느님이 고마우시고, 일월산천의 신령이 고마우시고, 또 이러한 나라와 우리 집안을 만들어 주신 조상님네가 고마우셔서, 우리가 그대로 있을 수 없는 생각을 합니다. 그래서 정성스럽고 깨끗하게 떡도 하고 술도 빚어서 하느님, 신령님, 조상님께 감사하는 제사를 바치게 됩니다. 동네에서는 당산제堂山祭(토지나 마을의 수호신이 있다고 하여 신성시하는 마을 근처의 산이나 언덕인 당산에서 산신에게 지내는 제사), 집안에서는 고사告祀(액운厄運은 없어지고 풍요와 행운이 오도록 집안에서 섬기는 신에게 음식을 차려 놓고 비는 제사), 산소에서는 시제時祭(10월에 5대 이상의 조상 무덤에 지내는 제사)를 지내는 것이 그것입니다. 이렇게 사람과 신령이 한가지로 즐기게 되는 달이므로, 시월은 12월 가운데 첫째가는 상달이라고 하는 것입니다."(『조선상식문답』)

2 **성주.** 국립민속박물관 소장.
가신家神들 가운데 집의 건물을 지키는 성주의 신체다. 가장자리를 잘게 자른 한지를 여러 겹 포개어 둥글게 만들고, 그 중심부에 쌀 몇 알을 한지로 싸서 매달아 놓았다. 나뭇가지로 대를 만들고 한지를 여러 가닥의 흰 무명실로 매듭을 두껍게 하여 연결하였다. 성주의 신체는 지역마다 다양한 형태로 존재한다.

3 **성주.** 송석하의 현지조사 사진. 국립민속박물관 소장.

4 **성조축문成造祝文.** 국립민속박물관 소장.
굿에서 집을 관장하는 성조신成造神에게 고하는 글을 적은 문서이다. 직사각형의 종이에 성조신은 모든 신 가운데 으뜸이며, 세상의 생명을 살필 것과 풍년과 무병장수를 기원하는 내용의 글이 적혀 있다.

고사떡

1 **고사떡.** 국립민속박물관 소장.

시월 상달 고사에는 시루떡을 바쳤다. "곡식 가루를 뭉쳐서 여러 가지 모양으로 찌거나 굽거나 부치거나 띄우거나 쳐서 먹는 음식을 떡이라 이르니, 한문의 병餠·이餌·고餻에 당하는 것이다. 가만히 동양 삼국의 떡들을 살펴 보건대 중국에서는 가루를 주재료로 하여 굽는 것 본위요, 일본에서는 가루를 주재료로 하여 치는 것 본위임에 대하여 조선에서는 멥쌀가루를 주재료로 하여 찌는 것이 본위로 되어 있어서 삼국이 제각기 특색이 있다. 진실로 조선의 떡은 시루떡이 정통의 것으로서, 다른 여러 종류는 즉 불과 시루떡에 대한 보조물·사치건奢侈件쯤 되는 듯하다. 시루떡이란 것은 쌀을 물에 담갔다가 가루를 만들어서 시루 속에 넣고 쪄서 내는 떡을 말하니, 거기 들어가는 재료와 제조하는 방법에 따라 여러 가지로 나뉜다. 쌀가루만을 쪄서 낸 것은 백설기라 하여 가장 원시적인 것이요, 가루에 콩·호박고지·무채·신검초 · 꿀·곶감 썬 것 같은 것을 넣어 찌는 것을 제각기 콩시루떡·대추시루떡이라 부르고 떡가루를 켜켜이 깔고 그 사이에 붉은 팥·껍질을 벗긴 팥·콩·녹두·계피가루·석이石耳버섯·밤·잣·귤병橘餠 같은 것을 붙여서 켜켜이 쪄내는 것은 가진시루떡이라 하여 혹 맛을 취하고 혹 맵시를 취하여 특별히 만들어 쓰는 것이다. 시루떡 가운데 특별히 이름난 것을 들건대 이색李穡의 『목은집牧隱集』에 '영설고詠雪餻'가 있어 그 성질을 절찬했고, 허균許筠의 「도문대작屠門大嚼」에 금강산 표훈사表訓寺의 '석이병石耳餠'을 떡 가운데 제일미第一味로 들었다. 그러나 시루떡의 발달은 아무래도 서울이요, 또 궁중을 칠밖에 없으니, 잔치[연향宴享]·제사 등으로 분화와 진보가 다 대단하여진 결과이다."(『조선상식』)

2 **시루떡.** 국립민속박물관 소장.

"멥쌀가루를 시루에 깔고 삶은 팥으로 켜켜이 덮는데, 멥쌀가루를 얼마나 깔는지는 시루의 크기를 보고 정한다. 혹 찹쌀가루를 켜켜이 깔고 찌기도 한다. 그것을 시루떡[증병甑餠]이라고 하는데, 그것으로 세시歲時(한 해의 절기나 달, 계절에 따른 때)에 귀신에게 고사를 지낸다. 삭망 때 그리고 무시無時로 귀신에게 고사를 지낼 때에도 그렇게 한다."(『동국세시기』)

마병馬病

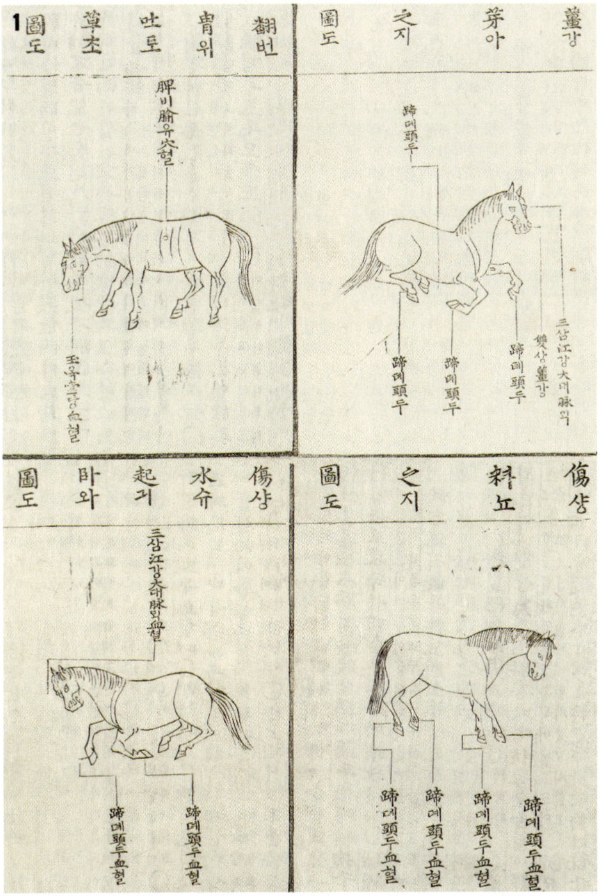

1 『마경초집언해馬經抄集諺解』. 서울대학교 규장각한국학연구원 소장.

17세기 경 조선에서 간행된 말에 관한 수의학서로, 줄여서 『마경언해』라고도 부른다. 1399년 조선에서 간행된 『신편집성마의방우의방新編集成馬醫方牛醫方』과 명나라 마사문馬師問의 『마경대전馬經大全』의 내용들을 적절히 골라 뽑고 한글로 언해한 책이다. 저자는 확실히 알 수 없으나 인조 때 정사 1등 공신이었던 월봉 이서李曙(1580~1637)가 편찬하였다는 것이 대체적인 결론이다. 책이 편찬된 기본 의도는 고도의 지식이 없는 일반 병사들이 말의 질병을 효율적으로 치료하는 데에 있으며, 이러한 의도는 임진왜란 직후라서 국방의 중요성이 강조되었을 뿐만 아니라 말이 국방의 가장 중요한 전투 수단이자 보급 수단이었기 때문인 것으로 보인다. 이 책에는 말이 걸릴 수 있는 여러 질병들을 그림과 함께 실어 이해를 돕고 있다. 『청파극담青坡劇談』에서는 말이 병이 나는 이유에 대해 이렇게 말하고 있다. "대개 말이 병 나는 것은 사람과 같다. 그래서 고치는 방법도 똑같으니, 간으로 간을 보補하고, 콩팥으로 콩팥을 보하며, 허파로써 허파를 보하고, 심장으로 심장을 보하며, 지라로써 지라를 보하여 오장이 모두 그러한데, 눈에 있어서만 그렇지 않겠는가? 나는 눈알을 가지고 눈을 고치기 때문에, 백 번 약을 써도 낫지 않는 적이 없다. 제비는 항상 하늘을 날아다니면서 온갖 벌레를 잡아 먹이로 하는데, 살은 벌써 소화가 되어도 눈알만은 소화가 안 된다. 제비 똥을 많이 구해서 냇물에 닦으면 더러운 찌꺼기는 모두 없어지고, 눈알만 남는다. 그렇지만 하루에 얻는 양은 아주 조금이다. 그렇게 해서 이것을 갈아서 약에 타 앓는 눈에 넣으면 자연히 신묘한 효과가 있다." 마의馬醫 윤중년尹仲年의 증언이다.

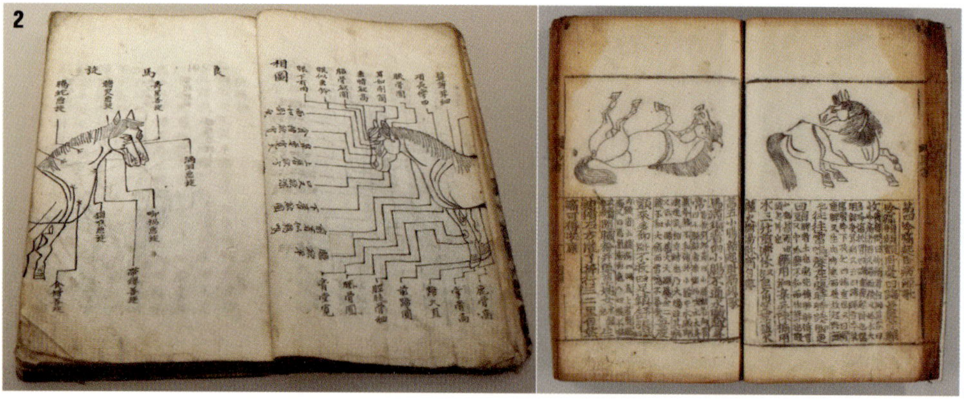

2 「**신편집성마의방**新編集成馬醫方」. 국립중앙도서관 소장.

1399년(정종 1)에 편찬한 말 · 소의 병과 관리에 대한 수의학서 수의학서獸醫學書(1책. 목판본)이다. 우마牛馬에 관한 수의학서로는 우리나라에서 제일 오래된 것으로 후대에 여러 번 간행되었다. 조선은 건국 후 목장과 마정馬政(말의 사육, 개량, 번식, 수출입 따위에 관한 행정)에 대한 전반적인 개혁정책을 행했는데, 이 책 역시 그런 정책의 일환으로 편찬되었다. 부정확한 지식으로 마병馬病의 치료를 함부로 하는 경우가 많았으므로 이를 바로잡기 위해 편찬했다. 내용은 '마의방馬醫方'과 '우의방牛醫方'으로 구별된다. 마의방에서는 18가지의 큰 병과 치료법을 비롯하여, 좋은 말을 식별하는 법, 말의 수명을 알아보는 법, 피를 빼내는 법, 말의 민첩함을 알아보는 법, 수말이 싸우지 않게 기르는 법, 정마征馬(먼 길을 가거나 싸움터에서 타는 말) 기르는 법, 말 기르는 법, 그리고 각종 병과 상처에 대한 증세, 약, 치료법을 그림을 곁들여 설명했다.

마숙馬宿과 소삼신

1 2

1 **마숙**馬宿. 『일본지리풍속대계日本地理風俗大系』(1930).

말이 중요한 교통수단이었던 시대에 역참驛站(공공의 소식을 전하는 기별奇別, 관용官用의 교통 및 통신 수단인 역마驛馬를 바꿔 타는 곳과 통하는 길인 역로驛路에 세워 국가가 경영하던 여관의 하나인 역원譯院 등 여행 체계를 합쳐서 이르는 말. 대개 25리마다 1참을 두고 50리마다 1원院을 둠)에 설비되었던 마숙馬宿, 곧 마구간의 모습이다. 농가에서 말이나 소를 사육하는 공간으로 지역에 따라 달리 부른다. 서남부 지방에서는 오양간, 제주도에서는 쇠막 또는 쇠왕이라고 하며, 강원도와 경상도 지방에서는 마구간이라고 부른다. 소를 두는 공간임에도 불구하고 이렇게 마구간이라 부르는 것은 말을 키울 때 부르던 명칭이 아직까지 남아 있는 현상이라 하겠다. 여물을 먹이는 구유는 부엌 쪽에 두어서 부엌에서 먹이를 줄 수 있도록 하고, 여물도 직접 부엌에서 끓이게 함으로써 겨울철 소를 보살피느라 주부가 바깥에 나가지 않아도 되게 한다. 외양간의 바닥은 부엌 바닥보다 낮게 만들어 소의 오물이 부엌 안으로 스며드는 일이 없도록 한다. 행랑채에 설치하는 경우에는 행랑채 중앙의 대문간 옆에 붙여서 배치하는 것이 보통이다. 외양간의 평면구조는 대개 두 면은 막히고, 한 면은 출입을 위한 출입구를 제외하고는 간단한 짚 등으로 가렸으며, 다른 한 면은 개방하여 이곳에 통나무로 만든 구유를 놓아 먹이를 줄 수 있게 하였다. 바닥은 흙바닥이며, 이 위에 짚 등을 깔아놓는다. 이 짚은 두엄이라 하는데 더러워지면 거름이나 땔감으로 이용한다.

2 **소삼신**. 국립민속박물관 소장.

소의 건강과 다산을 기원하고, 재액을 막기 위해 마구간에 걸어두는 돌이다. 강원도에서는 '쇠구영신'이라고도 한다. 삼각형의 자연석으로, 상단부에 구멍이 있고, 구멍에는 삼실(삼 껍질에서 뽑아낸 실)이 끼워져 있다.

마조馬祖와 마조단馬祖壇

1

2

3

1 **마조단.** 『경성부사』 3권, 1941.
마조는 말의 수호신, 조상신인 동시에, 하늘의 별인 마조성馬祖星으로서, 조선 시대의 국가 제례 체계에 소사小祀(나라에서 지내던 소규모의 제사)로 편입, 분류되어 숭배되었다. 성종 대 이전까지는 마조단에서 말을 다스리는 네 신령인 마조와 말 기르는 일을 관장하는 신[양마養馬]인 선목先牧, 말을 처음 탄 사람이자 말의 수호신인 마사馬社, 말에게 재앙과 질병을 내리는 신령인 마보馬步 등을 함께 제사 지냈다. 이들은 천사성天駟星(이십팔수二十八宿의 넷째 별자리에 있는 별들로 말의 수호신으로 불림)으로도 숭배되었다.

2 **마조단 터.** 『경성부사』 3권, 1941.
말의 돌림병을 막아주기를 기원하고 제사를 지내던 단이다. 지금의 성동구 사근동 설곶이벌[전곶평箭串坪]에 있었다. 원래 이곳은 조선 초기에 말을 목축하며 울타리를 친 장소였다고 한다.

3 **마조단 터 비.** 한양대학교 교내.
조선 시대 살곶이 목장[전곡복장箭串牧場] 안에 있던, 말의 무병無病과 번식을 위해 말의 조상에게 제사 지내던 터이다. "마조단은 넓이가 2장 1척, 높이가 2척 5촌이요, 작은 담이 하나이다. 묻는 구덩이는 모두 묘단廟壇(묘 앞에 두둑하게 높이 쌓은 단)의 북쪽 임방壬方(24방위의 하나로 정북正北에서 서西로 15도의 방위를 중심으로 한 15도 각도 안의 방향)의 땅에 있게 하되, 남쪽으로 계단을 내고, 네모지고 깊게 하여 물건을 넣어 둘 만하게 만든다. 그 제도는 벽돌을 층이 지게 쌓아 올려서 조그마한 천정을 만드는데, 깊이와 넓이를 3, 4척쯤 되게 하고, 그 남쪽에 밟고 오르내리는 통로를 만들어서, 일이 없을 때에는 흙을 매워 두고, 제사지낼 때에는 흙을 파내고 깨끗이 청소하였다가, 제사를 마치면 사람을 시켜서 폐백幣帛(제사 때 신에게 바치는 물건)과 축판祝版(제사 때에 축문을 얹어 놓는 널조각) 등속을 가지고 밟고 다니는 길로 내려가서 구덩이 안에 집어넣은 다음에 흙을 부어서 꼭꼭 다지고 예에 따라 사람을 두고 지키게 한다."(『세종실록』)

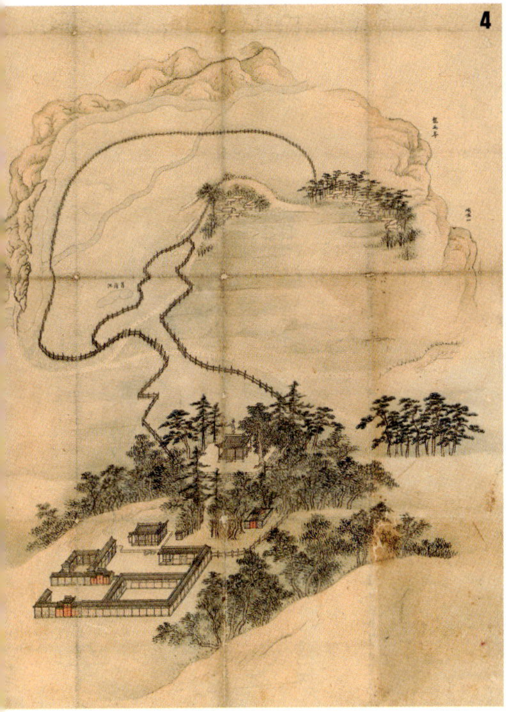

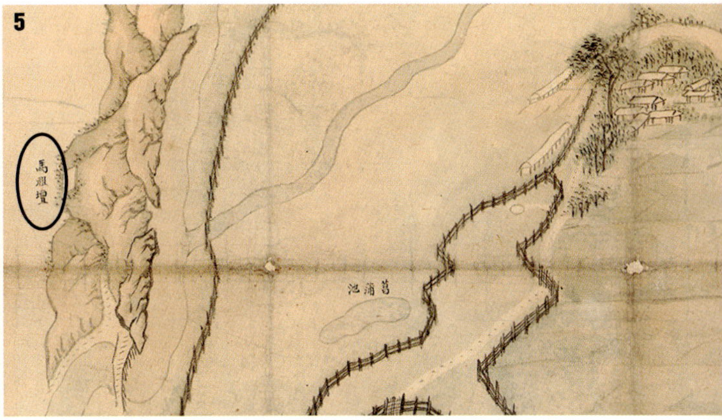

4 「**동대문외마장원전도**東大門外馬場院全圖」. 국립중앙박물관 소장.
왼쪽에 '마조단馬祖壇'이 보인다.

5 「**동대문외마장원전도**」(부분).
마조단이 세워진 산은 행당산이다. 오른쪽에 용마봉龍馬峯과 아차산峨嵯山이 보인다. 근대의 교통수단이 나타나기 전까지 말은 군사용이면서 중요한 교통수단이었다. 그래서 국가에서 마제단을 만들어 제사를 지냈다. 참고로 '조선은 전국에 159개의 국영 목장을 설치해 최대 4만 마리의 말을 길렀다. 사육사와 수의사, 목동도 양성했다. 늘 군마의 조달이 문제였다. 말은 크게 전투용 말과 수송용 말로 구분되는데, 전투용 군마 한 필 값이 쌀 30가마가 넘었다. 남자 노비 6~7명 값이고, 자영농의 1.5~2년 치 생산량에 맞먹었다. 국영 목장 제도는 임진왜란과 병자호란 양난을 거치면서 제주도를 제외한 나미지 지역에서는 쇠퇴했다. 조선 말기엔 5천 마리 정도 남았다.'(노주석의 『서울풋돌 순례기』)

동지 冬至

임금은 새로 만든 책력冊曆인 황장력黃粧曆과 백장력白粧曆을, 동문지보同文之寶를 찍어 내려 준다. 대대로 벼슬을 하는 집안에는 관리 임명장인 고신告身을 쓰는 일을 담당하는 아전이 한 사람씩 있다. 만일 그 집안의 누군가가 군현郡縣의 수령으로 나가게 되면, 그 아전에게 당참전堂參錢을 준다. 당참이란 수령을 새로 제수받아서 의정부에 들어가 알현謁見하는 것을 말한다. 그 아전에게 수고비로 돈을 주면, 그 아전은 그 답례로 동지 때마다 청장력靑粧曆 한 권을 바친다. 또 서울의 옛 풍속에 단오부채는 관원이 아전에게 나누어주고, 동지의 책력은 아전이 관원에게 바치는데, 이를 하선동력夏扇冬曆, 곧 '여름 부채 겨울 책력'이라고 한다. 그것들은 시골 고향의 친지와 묘지기, 그리고 소작인에게까지 두루 전달된다.

팥죽에 찹쌀가루로 새알 모양을 만들어 넣고 꿀을 타서 먹는다. 이날 문짝에 팥죽을 뿌려 사악한 것을 물리친다. 종름宗懍의 『형초세시기荊楚歲時記』를 보니, "공공씨共工氏에게 못난 아들이 있었는데, 동짓날 죽어 돌림병을 일으키는 전염병을 일으키는 역귀疫鬼가 되었다. 그가 붉은 팥죽을 무서워했기 때문에 동짓날 팥죽을 쑤어 역귀를 물리친다."라고 했다.

頒新曆黃粧白粧, 安同文之寶. 仕宦家各有句管銓吏一人, 掌寫告身. 出宰郡縣, 給堂叅錢. 堂叅者, 守令新除, 叅謁都堂之謂也. 錢爲銓吏所資, 每於冬至獻靑粧曆一卷. 又都下舊俗, 端午之扇, 官分于吏, 冬至之曆, 吏獻于官, 是爲夏扇冬曆. 波及鄕曲親知墓奴庄客. 赤豆粥, 用糯米粉, 爲鳥卵狀, 投其中, 和蜜食之, 是日潑豆粥於門板, 以辟惡. 按宗懍荊楚歲時記, 共工氏有不才子, 以冬至死爲疫鬼. 畏赤小豆, 故冬至日, 作赤豆粥, 以禳之.

책력冊曆

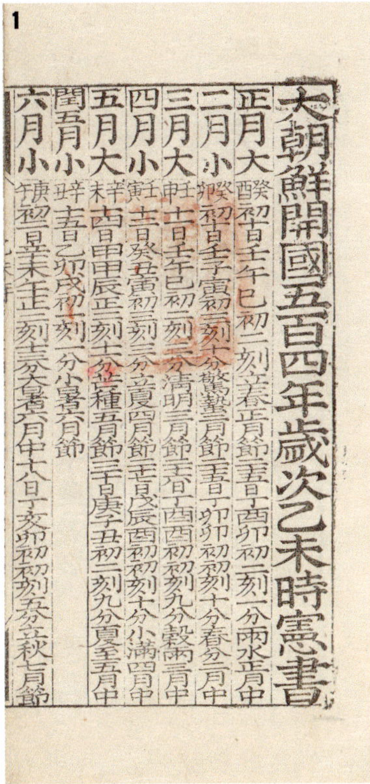

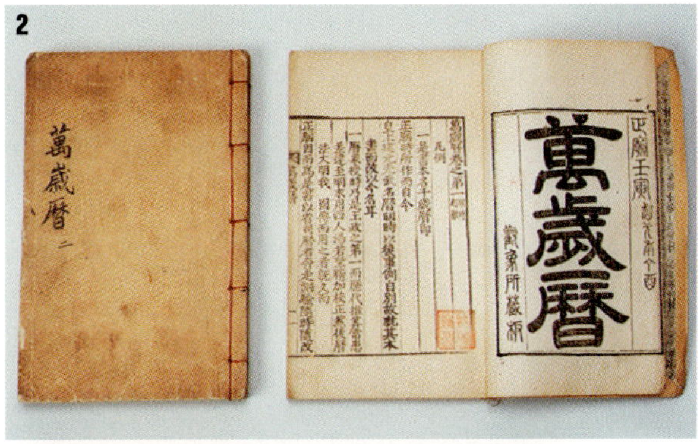

1 『대조선개국오백사년시헌서大朝鮮開國五百四年時憲書』. 국립중앙박물관 소장.

시헌서는 시헌력時憲曆이라고도 부르는데, 서양역법을 기초로 하여 제작한 것으로 태음력에 태양력의 원리를 적용하여 24절기의 시각과 하루의 시각을 정밀하게 계산하여 만들었다. 『농가월령가』에 "동지冬至 하지夏至 춘추분은 일행日行 추측하고"라는 말이 나온다. 이 구절은 음력이 계절의 변화를 정확히 반영하지 못하기 때문에 태양의 운행을 참고해서 동지, 하지 등 24절기를 만들었음을 말해준다. 곡식이 싹 트고 자라 익는 데 많은 영향을 주는 일조량, 강수량, 기온 같은 것은 태양의 움직임과 관계가 있기에 달의 움직임을 바탕으로 만든 태음력太陰曆은 실제로 농사를 짓는 데 부족함이 많았던 것이다. 이런 점을 보완하려고 태음력에다 태양의 움직임을 반영한바, '태음태양력太陰太陽歷'이 바로 그것이다. 참고로 '시헌'은 마테오 리치Matteo Ricci의 호號이기도 하다.

2 만세력萬歲曆. 국립중앙박물관 소장.

1782년(정조 6) 왕명에 의해 관상감觀象監에서 편찬, 간행한 책력冊曆(한 해 동안의 월일, 해와 달의 운행, 월식과 일식, 절기, 특별한 기상 변동 따위를 날의 순서에 따라 적은 책)이다. 1777년부터 100년간의 역을 계산하여 편찬했다. 이 역은 10년마다 다시 10년씩의 역을 보충하도록 한 것으로, 1772년(영조 48)에 간행한 『칠정백중력七政百中曆』을 보완, 확충한 것이다. 처음에는 천세력千歲歷이라 불렀는데, 이 천세력으로 앞으로 100년 동안의 여러 가지 역에 관한 지식을 미리 알 수 있게 한 것이다. 이렇게 천세력을 매10년마다 추가 계산해 나가면 1만년에 걸친 역서를 한 책에 수록할 수 있어 1904년에 만세력으로 고쳐 발간하였다. 이러한 책력은 잘 장식해 만들어서 동짓날 임금이 내려주거나 서로 주고받았다. "옛 풍속에 동짓날 책력을 내려 준다. 시골과 여항에 이르기까지 백성들은 책력을 서로 주고받는데, 그것을 '동지책력冬至冊曆'이라고 한다."(『해동죽지』) "관상감에서는 새 달력을 인쇄하여 이날에 비로소 반포하니, 청장력, 백장력, 월력月曆, 중력中曆, 상력 등의 명품名品이 있다."(『면암집勉菴集』) 육조 각 관아의 사무 처리에 필요한 행정 법규와 사례를 밝힌 『육전조례六典條例』에 따르면, "진상하는 색장력色粧曆과 청장력은 각 50건件이고, 중력은 일백 축軸이다."

3 청장력靑粧曆. 국립민속박물관 소장.

푸른색으로 장식한 책력이다. 이 『대청가경십사년시헌서大淸嘉慶十四年時憲書』는 중국 숭정역법崇情曆法(서양의 수치와 계산방법이 채택된 역법)을 시헌력법時憲曆法에 의거하여 1809년에 교정하여 펴낸 책력이다.

조선 시대 여러 보인寶印과 동문지보同文之寶

1

「조선왕보(朝鮮王寶)」(1394)

「조선국왕지인(朝鮮國王之印)」(1401)

「시명(施命)」(1467)

「체천지보(體天之寶)」(1464)

「자성왕비지보(慈聖王妃之寶)」(1464)

「왕세자인(王世子印)」(1464)

「소신지보(昭信之寶)」(1458)

「과거지인(科擧之印)」(1502)

「유서지보(諭書之寶)」(1503)

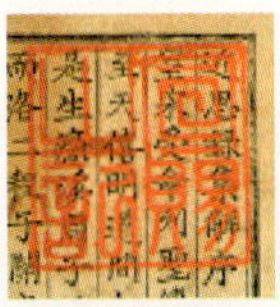

「선사지기(宣賜之記)」(1519)

「규장지보(奎章之寶)」(1553)

「과거지보(科擧之寶)」(1587)

「시명지보(施命之寶)」

2 圖　　寶

1 조선시대의 여러 보인寶印. 문화재청 문화유산포털.

보인은 국권의 상징으로 국가적 문서에 사용하던 임금의 도장인 어보 또는 국새國璽를 말한다. 어보는 종묘의 사직을 이어간다는 상징적인 인장으로 사후死後에 이름인 존호尊號, 왕의 사후에 그의 공덕을 칭송하여 붙인 시호諡號, 왕비가 죽은 뒤 시호와 함께 올리던 휘호徽號 등을 새겨 종묘에 보관한다. 이성계는 고려 때부터 사용되던 국왕신보國王信寶와 국왕행보國王行寶를 계속해서 사용했다. 국왕신보는 관료를 임명할 때, 국왕행보는 여진족 추장 등을 임명할 때 사용되었다. 그그러나 조선 건국 이후에도 계속해서 고려 국왕의 도장을 사용하는 것은 문제가 있었기에 조선왕보朝鮮王寶를 제작하게 되었다. 이 결과 조선 건국 직후에는 어보들이 특별한 기준 없이 혼용되었다. 이후 왕의 도장 종류 및 쓰임은 세종 대의 정비과정을 거쳐 법제화되었다. 『대전회통大典會通』의 규정에 따르면, 왕의 도장에는 중국과의 외교문서에 사용되는 대보大寶, 관료 임명장 또는 국왕 명령서에 사용되는 시명지보施命之寶, 일본과의 외교문서에 사용되는 이덕보以德寶, 국왕의 유서諭書(관찰사, 절도사, 방어사 들이 부임할 때 임금이 내리던 명령서)에 사용되는 유서지보諭書之寶, 과거 합격증에 사용되는 과거지보科擧之寶, 국왕이 서적을 하사할 때 사용되는 동문지보同文之寶, 국왕의 어제에 사용하는 규장지보奎章之寶, 규장각 각신閣臣들의 임명장에 사용되는 준철지보濬哲之寶 등이 있었다. 이 도장들은 모두 실무용이기에 궁궐 안에서 보관했다.

2 동문지보同文之寶. 『보인부신총수寶印符信總數』.

『대전통편大典通編』과 『대전회통大典會通』의 「예전禮典」 '새보조璽寶條'에 따르면, "동문지보는 서적을 반사頒賜할 때 쓴다."고 하였다. '반사'는 임금이 물건이나 녹봉 등을 내려서 나눠주는 일을 말한다. '동문지보'는 영조 때부터 쓰였다고 하나, 실제로 사용한 예는 1781년(정조 5)에 간행된 『문신강제절목文臣講製節目』에서 볼 수 있다. 『대전회통』이 간행된 1865년(고종 2)에는 일시 사용되지 않았으나, 1889년 8월에 다시 만들어 사용하였다. 모양은 한 변이 9㎝ 정도인 방형方形이었다. 『중용中庸』의 "이제 천하의 수레가 동일한 궤도를 가고, 글이 동일한 문장을 쓰며, 행동에 동일한 윤리가 적용된다(今天下車同軌, 書同文, 行同倫)."라고 한 구절을 인용하여, 천하가 통일되어 태평하다는 뜻을 나타낸 것이다. 여기서 '동문'은 중국과 같은 문화권이라는 말이다.

고신告身

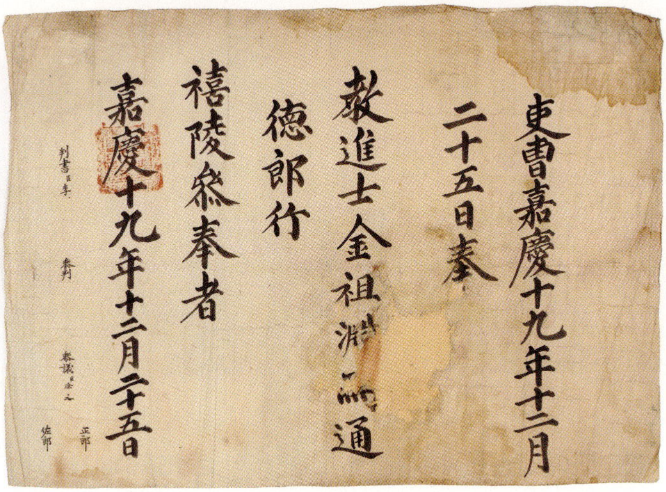
吏曹嘉慶十九年十二月
二十五日奉
敎進士金祖淵爲通
德郎行
禧陵參奉者
嘉慶十九年十二月二十五日

김조연희릉참봉고신金祖淵禧陵參奉告身. 국립고궁박물관 소장.

이조吏曹(문관을 선임하거나 관직을 높여주며, 관원의 성적을 평가하고, 옳고 그름이나 선하고 악함을 판단하여 결정하는 일을 맡아보던 관아)에서 1814년(순조14) 12월 25일에 내린 국왕의 명을 받들어 진사進士 김조연金祖淵(1773~?)을 통덕랑通德郞 희릉禧陵 참봉參奉에 임명한 문서이다. 희릉은 중종의 계비繼妃 장경왕후章敬王后(1491~1515)의 능이며, 종9품 벼슬인 참봉을 두어 관리하였다. 연호와 숫자 사이에 '이조지인吏曹之印'이 찍혀 있으며, 이조참의吏曹參議의 성姓과 서압署押(자기의 성명이나 직함 아래에 도장 대신에 자필로 글자를 직접 씀)이 있다. 뒷면 좌측 하단에 '이조서리吏曹書吏 김형록金亨祿'이라고 문서 작성자의 직책과 성명을 명기하였다. 고신 중에서도 5품 이하 관원을 임명하는 사령장辭令狀을 교첩敎牒이라고도 부른다. 이와 관련해서는 '당참전堂參錢' 풍속을 이해해야 한다. 이조吏曹의 서리 중에는 대대로 벼슬해 온 집안의 관리 임면에 관한 문서를 단골로 맡아 써주는 자가 있는데, 그 집안사람이 지방 수령으로 나가게 되면 그 서리에게 당참전을 준다. 당참전은 어느 사환가仕宦家(대대로 벼슬하는 집안)의 사람이 군현郡縣의 수령 등 지방관으로 부임하게 되면 고신告身, 곧 임명장 작성을 맡은 서리에게 주는 사례금을 말한다. '당참堂參'은 새로 수령에 제수되면 도당都堂, 즉 의정부를 찾아가 인사하는 것을, '전錢'은 인사기록을 맡은 아전에게 수고료로 주는 돈을 말한다. 당참전을 받은 대가로 그 서리는 사환가에 감사의 표시로 청장력을 바쳤다.

동지팥죽

1 **팥죽.** 공공누리 : https://www.kogl.or.kr/recommend/recommendDivView.do?recommendIdx=11850&division=img

팥죽은 붉은 팥을 삶아 거른 팥물에 쌀을 넣고 쑨 죽으로, 동짓날 먹는 시식時食(그 계절에 알맞은 음식)의 하나이다. 새알심이라 하는 찹쌀 경단을 함께 섞어 쑤기도 한다. "서울에서는 동지를 작은설[소신정小新正]이라 하여, 마치 설에 떡국을 끓여 먹듯이 이날 팥죽을 쑤어 먹는 습관이 있어서 오늘날에 이른다. 원래 동지차례라는 것이 있었다는데 필자는 어려서 본 일이 없고 동지 고사는 보았다. 팥죽과 북어포 따위에 청주 혹은 탁주를 놓고 터줏대감에게 싹싹 비는 것이다. 팥죽은 어느 집이고 쑤었다. 팥을 흠씬 삶아 건져서 굵은 체에 대고 문지르면 팥껍데기는 체에 남고 고운 앙금이 아래에 생기는데, 여기에 쌀을 넣어 죽을 쑤면 팥죽이 된다. 거기다가 찹쌀로 경단을 만든 새알심을 죽이 거진 쑤어져 갈 때 넣어서 먹는다. 팥죽은 서울 사람이 사철 즐겨 쑤어 먹는 것으로 이웃집에서 초상이 나면 자진하여 팥죽을 쑤어서 동이로 이어 날라다 준다. 상제들이 곡하느라 목이 칼칼하여 밥은 넘어가지 않는다고 보아 죽으로 부조하는 것인데, 흰죽 · 콩죽 등은 안 하고 꼭 팥죽이었다. 동지팥죽은 아주 가난하면 못 쑤므로 어려운 사람한테는 견디는 집에서 덜어 보내는 습관이 있어서 동짓날은 어쨌든 온 서울 사람이 한 끼를 팥죽으로 삼았다 해도 틀린 말이 아니다."(『서울잡학사전』) 팥죽을 먹는 풍습은 중국 고대에 공공씨라는 사람의 못난 아들이 동짓날 죽어서 역귀疫鬼(전염병을 일으키는 귀신)가 되었기 때문에 피 대신 팥죽을 발라 그 귀신을 쫓던 일에서 유래되었다고 한다. 새알심은 팥죽 속에 찹쌀가루나 수수가루 등을 반죽하여 새알만 한 크기로 동글동글하게 빚어 넣은 덩이인데, 동지팥죽의 새알심은 가족 구성원 각각의 나이 수대로 넣어 먹기도 한다. 한편 팥죽은 정월 대보름날과 삼복에도 먹었다. 특히 삼복三伏(여름철의 몹시 더운 기간. 초복, 중복, 말복)에 팥죽을 쑤어 먹는 풍습을 복죽伏粥이라고 했는데, 더운 날 끓는 팥죽을 먹는 것은 이열치열의 효과와 함께, 팥죽의 붉은 색이 귀신을 쫓는다는 믿음 때문이다. 『열양세시기』에 따르면, "개를 삶아 국으로 먹어 양기陽氣를 돕고, 팥죽을 쑤어 염병[려癘]을 물리친다."

2 **문에 팥죽 뿌리기**, 국립민속박물관 소장, 1999.12.22. 촬영.

동짓날 팥죽을 쑤어 먹기에 앞서 대문이나 장독대에 뿌리면 귀신을 쫓고 재앙을 면할 수 있다고 여겼다. 이사하거나 새집을 지었을 때에도 팥죽을 쑤어 집 안팎에 뿌리고 이웃과 나누어 먹는 풍습이 있다. 병이 나도 팥죽을 쑤어 길에 뿌리기도 하였는데, 이것은 팥의 붉은 색이 병마를 쫓는다는 생각에서 연유한 것이다. 『해동죽지』와 『세시풍요』의 시가 이 풍습을 잘 묘사하고 있다. “집집마다 팥죽 끓는 향내 / 문에 뿌려 부적을 대신하네 / 오늘 아침 고약한 산山 귀신 쫓아냈으니 / 양陽이 나는 동짓날 길상吉祥 맞겠네[赤豆家家煮粥香, 潑來門戶替符禳, 今朝逐盡山魈鬼, 冬至陽生迓吉祥]”, “늙은 몸 돌아보게 하는 추운 날 붉은 팥죽 / 둥글고 둥근 새알이 한 그릇에 가득하네 / 붉은 죽을 쑤어 문짝에 어지러이 뿌리니 / 공공씨의 아이 붉은색을 두려워해서라네[寒天荳粥憶無萎, 粉卵團團滿一盂, 門扇亂塗紅煮汁, 共工兒怕血糢糊]”

납평臘平

우리 조정에서는 동지 후 세 번째 미일未日을 납일臘日로 삼았다. 『지봉유설芝峯類說』을 보니, 채옹蔡邕의 설을 인용하여 "청제青帝는 미일로, 적제赤帝는 술일戌日로, 백제白帝는 축일丑日로, 흑제黑帝는 진일辰日로 납일을 삼았다. 우리나라가 납일을 미일로 삼은 이유는 동방東方이 목木에 속하기 때문이다."라고 하였다.

주상께서 궁중의 의약을 맡아 보던 내국內局, 곧 내의원內醫院에서 만든 납약臘藥을 내려 주신다. 청심원淸心元은 가슴이 꽉 막힌 데 주효하고, 안신환安神丸은 열을 다스리는 데 잘 들으며, 소합원蘇合元은 곽란癨亂 같은 위장병 치료에 효과가 있다. 이 세 가지는 제일 요긴한 약이다. 주상께서 기존의 약들을 등분하고 가감해서 새로 두 종의 약을 짓게 하였다. 그것은 신중하게 생각한 끝에 나왔는데, 소합원에 비해 효과가 더 빠르다. 주상께서 그 약에 제중단濟衆丹, 광제환廣濟丸이라는 이름을 내려 주셨다.

경기도 내 산이 많은 군에서는 옛날부터 납향臘享, 곧 납일에 올리는 제사에 쓸 멧돼지를 공물貢物로 바쳤다. 백성을 풀어 수색하고 사냥케 했는데, 주상께서 특명을 내려 그것을 하지 못하게 했고, 대신 장용영壯勇營의 장교가 포수를 거느리고 용문산龍門山과 축령산祝靈山 등 여러 산에서 사냥하여 바치게 하였다.

참새를 잡아 어린아이에게 먹이면 마마媽媽, 곧 천연두天然痘에 좋다고 하여, 서울에서는 사사로이 조총鳥銃, 곧 새총을 쏠 수 없는데도 이날만은 잡을 수 있게 허락하였다.

本朝以未臘. 按芝峯類說, 引蔡邕之說, 青帝以未臘, 赤帝以戌臘, 白帝以丑臘, 黑帝以辰臘. 我國臘用未, 蓋以東方屬木云. 頒臘藥, 內局所制也. 淸心元主閔塞, 安神丸主熱, 蘇合元主癨. 三種爲最要. 當宁朝新劑二種等分加減, 寔出睿思, 比蘇合元效尤速. 賜名濟衆丹廣濟丸. 畿內山郡, 舊貢臘猪. 發民搜獵, 當宁朝特罷之, 壯勇營將, 官領礟手獵于龍門祝靈諸山以進. 捕黃雀, 飼小兒, 善痘, 都城中不得私放鳥槍, 是日許令捕雀.

12지지地支

구분	청	적	황	백	흑
五行	木	火	土	金	水
자연	나무	불	흙	쇠	물
방향	東	南	中央	西	北
10간(天干)	甲, 乙	丙, 丁	戊, 己	庚, 辛	壬, 癸
12지(地支)	寅, 卯	巳, 午	丑, 辰, 未, 戌	申, 酉	亥, 子
계절	봄	여름	간절기	가을	겨울

지지地支는 자축인묘진사오미신유술해子丑寅卯辰巳午未申酉戌亥의 12지지에 의해서 이루어져 있으나, 이것을 십간十干(갑을병정무기경신임계甲乙丙丁戊己庚辛壬癸)과 서로 짜 맞춘 것을 간지干支라 하며, 이 경우 아래에 자리한 것을 지지라 한다. 갑甲은 십간의 으뜸이고 자子는 12지지의 첫 번째이다. 이들 10개의 천간天干과 12개의 지지를 상하로 짝을 맞추어 천지, 음양, 남녀, 부모, 부처夫妻 등, 천하 만상을 이상일태二象一態의 상태로서 조성된 것이 갑자甲子에서 계해癸亥에 이르기까지 60조의 간지, 곧 육십갑자六十甲子가 된다. 방위적으로는 동서남북 및 중앙을 관장하고 계절적으로는 춘하추동을 나타내며 각각 음양오행陰陽五行에 소속이 되어 있다. 1월에서 12월에 이르는 매월의 호칭이며 간지는 지지와의 짜맞춤에 60쌍이나 되나 그중에서도 지지는 일정하여 있고 불변한 것이다. 『경도잡지』에서는 11월과 관련하여 특히 '납일臘日'을 언급했다. 고려 시대에는 대한大寒을 전후하여 진일辰日을 납일로 삼고, 고려 중기 이후에는 동지冬至 후 세 번째 술일戌日을 납일로 삼았으며, 조선시대에는 동지 후 세 번째 미일未日로 납일을 삼았다. 후한後漢 말의 학자인 응소應劭의 『풍속통의風俗通義』에 따르면, '납일臘日'의 '납臘'은 '접接'과 같은 뜻으로 신구년新舊年이 교접하는 즈음에 대제大祭를 올려 그 공에 보답한다는 뜻이다. 『경도잡지』에서 "청제靑帝(방위를 지키는 오방신장五方神將의 하나로, 음양오행설에서 여름을 맡은 남쪽의 신)는 미일未日로, 적제赤帝는 술일戌日(개날. 지지地支가 술戌로 된 날)로, 백제白帝(방위를 지키는 오방신장의 하나로, 음양오행설에서 가을을 맡은 서쪽의 신)는 축일丑日(소날. 지지地支가 축丑으로 된 날)로, 흑제黑帝(방위를 지키는 오방신장의 하나로, 음양오행설에서 겨울을 맡은 북쪽의 신)는 진일辰日(용날. 지지地支가 진辰으로 된 날)로 납일을 삼았는데, 우리나라가 납일을 미일로 삼은 이유는 동방東方이 목木에 속하기 때문이다."라고 한 것은 우리나라가 동쪽에 있으므로 동쪽의 신인 청제가 미일을 납일로 삼은 것을 따랐다는 말이다.

오방신장五方神將

1

2

1 **오방신장도**五方神將圖. 국립민속박물관 소장.
청제靑帝는 봄을 관장하는 동쪽의 신, 적제赤帝는 여름을 관장하는 남쪽의 신, 백제白帝는 가을을 관장하는 서쪽의 신, 흑제黑帝는 겨울을 관장하는 북쪽의 신이다. 중앙을 맡은 신은 황제黃帝이다.

2 **오방신장기**五方神將旗. 국립민속박물관 소장.
무당이 굿에서 사용하는 다섯 색깔의 깃발이다. 깃발은 다섯 방위의 신장을 상징하는 청색, 백색, 적색, 녹색, 황색의 식물로 꽃 모양 무늬가 있는 비단으로 되어 있다. 동쪽은 파란색으로 우환憂患(걱정 근심이나 몸의 온갖 병)을 상징하며 동방청제신장東方靑帝神將이라고 한다. 서쪽은 흰색으로 명복冥福(죽은 뒤 저승에서 받는 복)을 상징하며 서방백제신장西方白帝神將이라 한다. 남쪽은 빨간색으로 재수財數(재물이 생기거나 좋은 일이 있을 운수)를 상징하며 남방적제신장南方白帝神將이라 한다. 북쪽은 검은색으로 죽음을 상징하며 북방흑제신장北方白帝神將이라 한다. 중앙은 노란색으로 조상祖上을 상징하며 중앙 황제신장中央白帝神將이라 한다.

납약臘藥

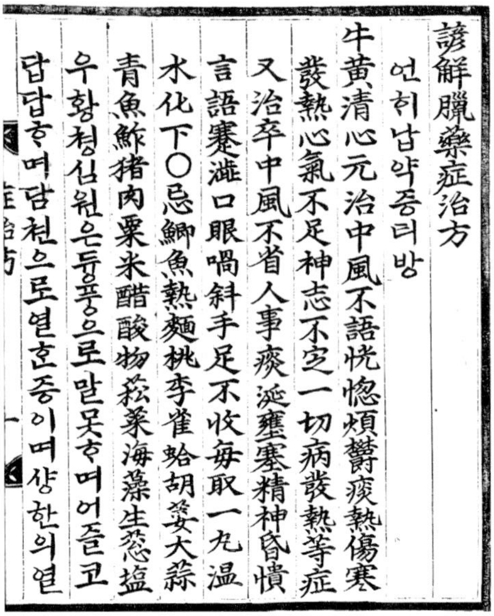

諺解臘藥症治方
언ᄒᆡ납약증티방
牛黃淸心元治中風不語恍惚煩鬱痰熱傷寒
發熱心氣不足神志不定一切病發熱等症
又治卒中風不省人事痰涎壅塞精神昏憒
言語蹇澁口眼喎斜手足不收每取一丸溫
水化下○忌鯽魚熱麵桃李雀蛤胡荽大蒜
靑魚鮓猪肉粟米醋酸物菘菜海藻生葱塩
우황쳥심원은듕풍으로말몯ᄒᆞ며어즐코
답답ᄒᆞ며담쳔으로열호증이며샹한의열

『언해납약증치방諺解臘藥症治方』. 서울대학교 규장각한국학연구원 소장.

이 책은 납약의 사용법과 복용 시 유의사항을 수록한 의서醫書이다. 납약은 납일臘日(민간이나 조정에서 조상이나 종묘 또는 사직에 제사 지내던 날로 동지冬至 뒤의 셋째 술일戌日에 지냈으나, 조선 태조 이후에는 동지 뒤 셋째 미일未日로 하였음)에 임금이 근시近侍(임금을 가까이에서 모시던 신하)와 지밀나인至密內人(임금과 왕비가 늘 거처하던 대전大殿, 내전內殿에서 그들을 모시던 궁녀)에게 나누어 주던 약으로 내의원內醫院(궁중의 의약醫藥을 맡아보던 관아)에서 만든 소합환蘇合丸(소화제의 일종), 안신원安神元(해열제의 일종), 우황청심환牛黃淸心丸(신경안정제의 일종) 따위이다. 납제臘劑라고도 한다. "내의원에서 각종 환약丸藥(약재를 가루로 만들어 반죽하여 작고 둥글게 빚은 약)을 조제해 올리는 것을 납약이라고 하는데, 가까이에서 모시는 신하들에게 내려 준다. (…) 여러 영문營門(관찰사觀察使가 직무를 보던 관아)에 내려 주어 군졸軍卒을 치료하는 데 쓰이게도 한다. 기로소耆老所(70세가 넘는 정이품 이상의 문관들을 예우하기 위하여 설치한 기구)에서도 납약을 만들어 여러 기신耆臣(연로하고 덕이 높은 기로耆老의 신하. 기耆는 예순 살을, 노老는 일흔 살을 이름)들에게 나누어주고, 각 관서에서도 납약을 많이 만들어 나누어주며, 서로 선사하기도 한다."(『동국세시기』) 청심원은 중풍으로 졸도하여 사람과 사물을 식별하지 못하고 가래가 끓으며, 말이 고르지 못해 중얼거리듯 하고 입과 눈이 돌아가고 팔 · 다리 · 손 · 발이 자유롭지 못하는 등의 구급시에 쓴다. 안신원은 심신이 쇠약하고 신장에 기氣가 많이 차서 밤에 탁한 소변이 자주 나오고 몸이 점점 여위어 가고 얼굴이 검어지며, 눈이 어둡고 귀울림이 있고 치아에 충치가 생겨서 흔들리고 아픈 증상을 치료하는 데 처방한다. 『산림경제』에 따르면, "떨어지거나 물건에 눌리어 상처를 입고 죽은 자는 소합원 3~5알을 따뜻한 술이나 동변童便에 타 먹이면 즉시 소생한다."

납향臘享과 납육臘肉

천신월령薦新月令 **현판**懸板. 국립고궁박물관 소장.

춘향春享, 하향夏享, 토왕土旺, 추향秋享, 동향冬享, 납향臘享 등 칠사七祀에 관한 내용과 다달이 정례定例로 종묘에 올리는 천신薦新 물품 목록을 판각한 현판이다. 칠사는 나라에서 봄, 여름, 가을, 겨울에 지내던 일곱 제사로 봄에는 사명司命과 호戶, 여름에는 조竈, 가을에는 문門과 여閭, 겨울에는 행行, 계하季夏와 토왕土旺에는 중류中霤에게 지냈다.[중류는 당堂이나 실室의 거처를 맡은 신을 말함] 천신은 철 따라 새로 난 과실이나 농산물을 먼저 신위神位에 올리는 일을 말한다. 납일臘日에서 '납'은 '렵獵'과 통하는 말로 사냥에서 얻은 금수禽獸로 선조에게 제사함을 의미한다. 『설문해자說文解字』에 따르면 '납臘'의 왼쪽 부분은 육肉 변이고 오른쪽 부분은 '랍'의 발음으로 의미는 '백신百神에게 제사 지내는 것'이라 했다. 그래서 납일에 한 해 동안의 일이나 농사 결과를 하늘에 고하는 제사를 납향臘享 또는 납제臘祭라 한다. 납향으로 인해 납일臘日이라는 명칭이 정해졌고, 12월을 납월臘月이라 불리는 것도 여기에서 연유한다. 국가에서는 이날 새나 짐승을 잡아 종묘宗廟와 사직社稷에 공물供物로 바치고 제사를 지냈는데, 사맹삭四猛朔(춘하추동의 각 첫 달인 1, 4, 7, 10월의 삭일 제사)과 함께 5대제향五大祭享으로 중시했고, 민가에서도 혹 제사를 지냈다. 이 현판에 따르면, 납향에 동정귤洞庭橘, 유감乳柑, 숭어[秀魚], 생토끼를 천신했다. 납향은 납일臘日에 한 해 동안 지은 농사 형편과 그 밖의 일들을 여러 신에게 고하는 제사를 말한다. 납향 고기로는 돼지와 토끼를 썼다.(『동국세시기』) "깊은 산 속에 포병을 풀어 납향에 쓸 돼지를 사냥해 납향일에 백관에게 나누어주고, 민가에서도 고기를 먹는데, 이를 납臘肉이라고 한다."(『해동죽지』) "여러 도에 명하여 납육을 꿩으로 대신 바치게 하였다. 이에 앞서 상이 납육을 바치기 위해 행하는 사냥이 크게 민폐를 끼친다는 것을 듣고서 경기 고을들에서 바치는 멧돼지·노루·사슴을 꿩으로 대신 바치라고 명하였다. 또 호남 지방은 바닷가가 아니면 평야 지대인데다가 주변의 산마저 벌거숭이여서 납육을 바치라고 독촉하는 것은 나무에 올라가서 물고기를 구하는 것과 다를 것이 없다 하여 경기 감영監營의 예에 따라 대신 꿩으로 바치게 하였다."(『정조실록』)

사냥

1 「**수렵도팔곡병**狩獵圖八曲屛」(8폭 중 7폭). 국립중앙박물관 소장.
위로부터 호랑이, 사슴, 멧돼지를 사냥하는 장면을 그렸다.

2 「**수렵도팔폭병풍**獸獵圖八幅屛風」(8폭 중 5폭). 국립민속박물관 소장.
호랑이와 표범 그리고 멧돼지를 사냥하는 모습을 그렸다.

3 「**호렵도**胡獵圖」. 국립민속박물관 소장.

호복胡服(청나라의 옷)을 입은 사람이 말을 타고 철퇴로 멧돼지를 사냥하는 장면을 그렸다.

4 **김준근, 「매사냥 가고」**. 국립민속박물관 소장.

매사냥에는 매를 조정하는 수알치, 꿩이 숨어있는 잔솔밭을 터는 털이꾼, 매나 꿩이 날아가는 방향을 알려주는 배꾼 등이 한 동아리를 이루어 활동하였다. 가운데 인물의 망태에는 꿩이 담겨져 있고, 앞에는 두 마리 사냥개가 앞장서고 있다.

5 **꿩사냥**. 국립민속박물관 소장.

매를 이용해서 꿩을 잡고 있는 장면을 포착했다.

6 「**호렵도**胡獵圖」. 국립민속박물관 소장.

험준한 산을 배경으로 호복胡服을 착용한 인물들이 짐승을 사냥하는 장면을 그린 그림이다. 이용우李用雨(1902~1952)가 1943년에 그렸다. 산을 배경으로 화살과 창을 든 사람들이 멧돼지와 사슴 등을 사냥하는 모습을 그렸다.

7 **매사냥꾼.** 『일본지리풍속대계日本地理風俗大系』(1930).

매를 손에 얹은 매사냥꾼의 모습이다. 매사냥꾼은 주로 매를 이용하여 꿩을 사냥하고, 그 보상으로 매에게 꿩의 머리를 준다.

8 **김준근, 「아이 새 잡는 모양」.** 국립민속박물관 소장.

아이들이 활을 쏘며 새를 잡는 모습을 그렸다. 옆에 선 아이는 낚시코(다람쥐를 잡기 위하여 낚싯대 끝에 맨 올무)와 잡은 새를 들고 있다.

9 **화약을 넣고 납탄을 재어 쏘는 조총鳥銃, 곧 새총을 든 구한말 포수들.** 1903년 헤르트 폰팅 촬영.

『경도잡지』에서는 조총을 '조창鳥槍'이라 했다. 같은 말이다.

10 **꿩사냥.** 국립민속박물관 소장.

조총으로 잡은 꿩을 걸어둔 사진이다.

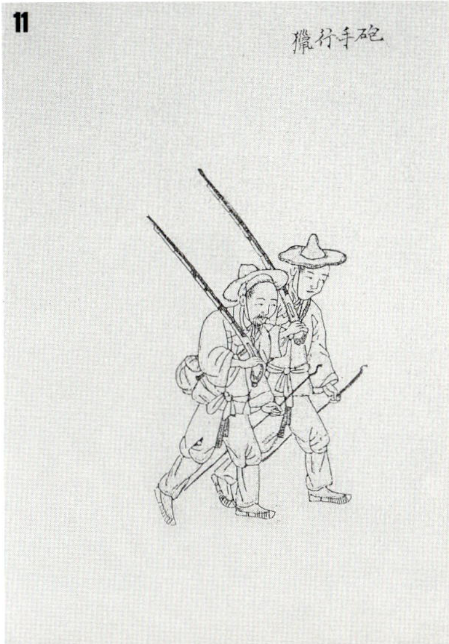

11 **김준근, 「포수행렵**砲手行獵」. 『민속에 대한 기산의 지극한 관심』, 민속원, 2004, 341쪽.

사냥 가는 두 포수의 모습을 그렸다. 포수는 어깨에 사냥용 화승총火繩銃(불을 붙게 하는 데 쓰는 노끈인 화승의 불로 터지게 만든 구식 총)인 조총을 얹었고, 화약을 다지는 데 쓰는 철장鐵杖을 들고 있다. 포수의 가슴에는 탄알과 포탄 등이 달려 있다.

12 **김준근, 「포수 모양**」. 국립민속박물관 소장.

조총으로 사냥하는 포수를 그렸다. 한 명은 앞을 향해 조총을 겨누고 있고, 다른 한 명은 탄환을 넣고 있다. 인물들은 바지·저고리에 패랭이를 쓰고, 어깨에 망태기를 메고 있다.

13 **김두량**金斗樑(1696~1763)**과 김덕하**金德夏(1722~1772), 「**전원행렵도**田園行獵圖」(1744). 국립중앙박물관 소장.

이 작품은 조선 후기의 화원畵員 김두량金斗樑이 1744년, 그의 나이 49세 때 그의 아들로 역시 화원이었던 김덕하金德夏와 함께 비단 바탕에 수묵담채로 그렸다. 사냥꾼들이 활과 칼, 쇠스랑과 몽둥이 등을 들고 노루와 꿩, 토끼를 사냥하고 있다.

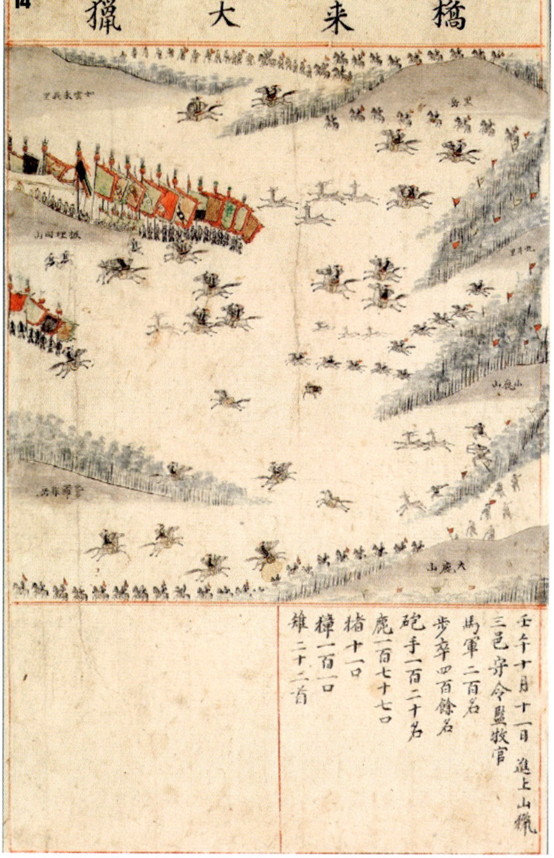

14 「**교래대렵**橋來大獵」, 『**탐라순력도**耽羅巡歷圖』. 제주목관아에서 직접 촬영.

1702년(숙종 28) 10월 11일 제주도 교래에서 진상進上을 위한 산짐승과 날짐승을 사냥하는 그림이다. 사슴과 노루를 쫓는 모습이 생동감이 있고, 왼쪽에 그려진 고초기高招旗들이 화려하다. 고초기는 고조기高照旗라고 하는데, 군대를 지휘하고 호령할 때 쓴 군기로 행로를 가르거나 합치는 신호로 쓰였다. 이날 사냥에 동원된 인원은 마군馬軍(말을 타고 싸우던 군대로 용호영龍虎營, 훈련도감訓鍊都監, 금위영禁衛營, 어영청御營廳에 속한 금군禁軍, 마병馬兵, 기사騎士 따위가 있음) 200명, 보졸步卒(육군의 주력을 이루는 전투 병과. 소총小銃을 주 무기로 삼으며, 최후의 돌격 단계에서 적에게 돌진하여 승패를 결정하는 구실을 함) 400여 명, 포수砲手(총으로 짐승을 잡는 사냥꾼) 120명이며, 사냥을 통해 사슴 177마리, 돼지 11마리, 노루 101마리, 꿩 22마리를 잡았다고 그림에 쓰여 있다.

마마媽媽

1

2
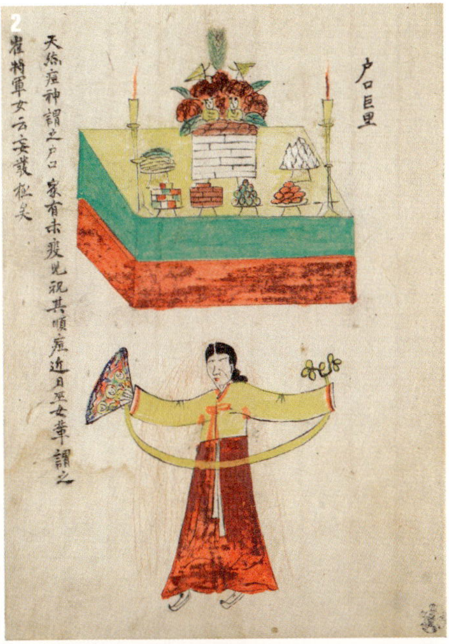

3

4

1 「**호구별상도**戶口別相圖」. 국립민속박물관 소장.

마마신(호구신戶口神)은 집집마다 찾아다니며 천연두天然痘를 앓게 한다는 여신으로, '강남江南'(중국 양자강揚子江의 남쪽 지역을 이르는 말인데, 흔히 남쪽의 먼 곳이라는 뜻으로 씀)에서 특별한 사명을 띠고 주기적으로 찾아온다고 한다. '호구별성戶口別星'이라고도 한다. 호구별성은 서울굿 혹은 강신무降神巫(신이 내려서 된 무당으로 무당이 되기 전에 신병神病을 체험하여 영력靈力을 얻어 인간의 길흉화복을 조절하는 능력을 지님)와 세습무世襲巫(조상 대대로 무당의 신분을 이어받아 된 무당으로 시어머니에게서 며느리로 물리어 감)이 모두 섬기는 신 가운데 하나이다. 호구별성은 그림에서 보듯이, 그리고 '호구애기씨'라는 말에서 보듯이, 대개 여성으로 표현된다.

2 「**호구거리**戶口巨里」, 『**무당내력**』. 서울대학교 규장각한국학연구원 소장.

마마를 쫓아내는 굿을 손님굿(마마배송굿굿, 호구거리, 별상거리)이라고 하는데, '손님'은 마마, 곧 천연두를 주관하는 신의 무속적 명칭이며, 손님굿은 손님신에 대한 무속제의巫俗祭儀이다. 손님굿은 지역에 따라 명칭이 다소 다르게 나타난다. 서울 및 중부 지역에서는 '별상거리' 또는 '호구거리'라고 하며, 호남 지역에서는 '손굿'이라고 하고 제주도에서는 '마누라배송'이라고 하며, 동해안 지역에서는 '손님굿'이라고 한다. 함경도와 평안도 등 북부 지역에서는 큰굿의 제차(차례)에 손님굿이 없다.

3 **마마신을 보내는 평안북도 정주의 마신송**痲神送. 국립민속박물관 소장.

송석하(1904~1948)가 수집한 사진 자료로, 아키바 다카시秋葉隆(1888~1954)와 아카마쓰 지조赤松智城(1886~?)가 촬영한 것이다. 뒷면에 '정주定州 마신송痲神送 オシエンイ'라고 적혀 있고, '3054'가 찍혀 있다.

4 **두신**痘神 **축출의 비방**. 국립민속박물관 소장.

두신은 호구별성戶口別星이라고 해서 집집마다 찾아다니며 천연두를 앓게 하는 여자귀신으로 굿을 하거나 비방祕方을 써서 귀신을 물리친다고 믿었다.

제석 除夕

대궐에서 대포를 쏘는 것을 연종방포年終放砲라고 한다. 각 도의 감사監司, 병사兵使, 수사水使 그리고 여러 군수들은 섣달그믐 전에 서울로 선물을 보내며 안부를 묻는 서신을 보낸다. 서신에는 따로 작게 접은 종이에 꿩, 토끼, 닭, 포脯, 물고기, 담배, 술 등 여러 종류의 토산품을 열거해 적는데, 이것을 총명지總名紙라고 한다. 주처周處의 『풍토기風土記』를 보니, "촉蜀 풍속에 연말에 서로 선물을 보내 문안을 하는 것을 궤세餽歲라 한다."라고 했는데, 이 풍속은 옛날부터 그러했다.

온 집안에 등불을 켜는데, 마구간과 뒷간에 이르기까지 각각 등잔 하나씩을 지펴 밤새도록 자지 않고 수세守歲를 한다. 속담에 제야除夜에 자면 눈썹이 센다고 하여 어린아이들은 그것을 매우 두려워한다. 혹 자는 아이가 있으면 다른 아이들이 쌀가루를 반죽하여 자는 아이의 눈썹에 바른 다음 깨워 거울을 보라고 하면서 실없이 놀려댄다.

온혁溫革의 『쇄쇄록瑣碎錄』을 보니, "섣달그믐날 밤 신령과 부처 앞, 대청, 방, 뒷간 모든 곳에 등을 밝혀 새벽까지 집안의 광명을 지킨다."라고 했다. 또 맹원로孟元老의 『동경몽화록東京夢華錄』에 "제석除夕에는 모든 집에서 화롯가에 둘러앉아 아침이 되도록 자지 않는데, 그것을 수세守歲라 한다."라고 했다.

禁中發大礮, 號年終放礮. 藩閫列郡, 歲除前, 餽問都下. 書緘中, 另具小摺, 列錄土産雉鷄脯魚烟酒諸種, 謂之聰明紙. 按周處風土記, 蜀俗晩歲相餽問, 謂之餽歲. 此風自古而然矣. 渾舍張燈, 以至廐溷, 各點一盞, 達夜不睡, 以守歲. 俗云除夜睡, 雙眉白, 小兒甚憚之. 或睡他兒, 以米粉抹之, 擾使對鏡, 以爲戲笑. 按溫革瑣碎錄, 除夜神佛前及廳堂房𡨥, 皆明燈至曉, 主家室光明. 又孟元老東京夢華錄, 除夕士庶之家, 圍爐團坐, 達朝不寐, 謂之守歲.

연종방포年終放砲

연종방포年終放砲의 현대적 변용이라고 할 수 있는 연말 폭죽.

"대궐에서는 섣달그믐 전날부터 대포를 쏘는데, 이를 연종방포라고 한다. 불화살을 쏘고 북과 징을 치는 것은 대나大儺(궁중에서 섣달그믐 전날 밤에 사악한 것들을 쫓아내던 행사)에서 역신疫神(천연두를 일으킨다는 귀신)을 쫓던 유습遺習(지금까지 남아 있는 옛날의 풍속)인데, 섣달그믐날과 정월 초하루에 폭죽을 터뜨려 귀신을 놀라게 하는 풍습을 모방한 것이다. 우리나라에서는 대궐에서만 행한다."(『동국세시기』) 『형초세시기荊楚歲時記』에 따르면 "마당에 폭죽을 놓아 악귀인 산조山臊를 쫓는다. 『신이경神異經』에 '서방西方의 산중에 어떤 사람이 키가 1척이 넘고 발이 하나로 사람을 두려워하지 않으며 그를 범하는 자는 한열寒熱(오한과 신열)케 하는데, 그를 산조라 한다.'고 했다. 사람들이 대나무를 붙여 폭죽 소리를 내면 산조가 놀라고 두려워하며 멀리 도망간다. 속인들이 폭죽과 풀을 태워 마당을 밝히면 제후 · 대부 · 백성들이 왕을 넘보지 못한다고 여겼다." 한편 민간에서는 마당에 불을 피워 놓고 청죽靑竹 같은 생대[생죽生竹]를 태운다. 그러면 이것이 요란한 소리를 내면서 터지게 되는데, 이를 폭죽 · 대총 · 대불 놓기 등으로 불렀다. 이렇게 하면 집안에 숨어 있던 잡귀들이 놀라 멀리 도망가게 되어 무사태평하게 한 해를 보내게 된다는 것이다. 전남지방에서 하는 댓불놀이가 그것이다. 구한말 때는 관가官家와 세도가에서 총을 쏘았다는 기록도 있다. 참고로 중국 고대 전설에 '연年'이라는 괴수가 있었는데 몸집이 크고 긴 머리에 두 개의 뿔이 달렸다. 이 괴물은 성격이 거칠고 대단히 포악해서 사람들에게 아주 커다란 재난을 가져다주었다. 그런데 그 '연'이 가장 두려워하는 것은 붉은 색, 불빛과 폭죽소리라서 매년 섣달 말이 되면 사람들이 문 앞에 붉은 색 대련對聯(문이나 기둥에 써 붙이는 대구對句, 곧 비슷한 어조나 어세를 가진 것으로 짝 지은 둘 이상의 글귀)을 걸고 붉은 등불을 밝히고 나서 또 폭죽을 디뜨려 연수를 몰아냈다고 한다.

궤세饋歲

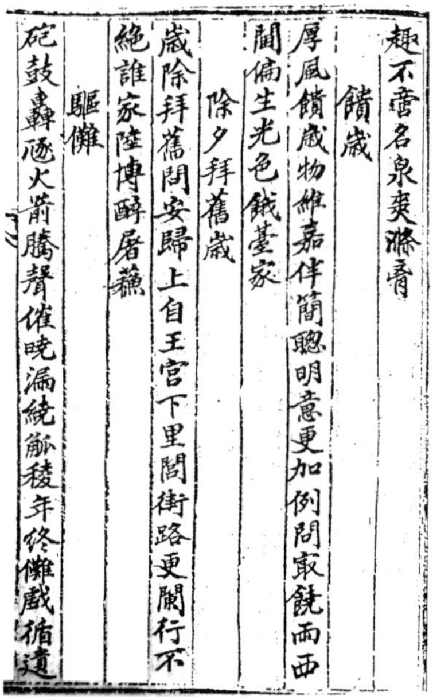
趣不啻名泉爽滌胷
饋歲
厚風饋歲物維嘉伴簡聰明意更加例問最饒兩西
閫偏生光色餓臺家
除夕拜舊歲
歲除拜舊問安歸上自王宮下里閭街路更闌行不
絶誰家陸博醉屠蘇
驅儺
砲鼓轟豗火箭騰聲催曉漏繞鄕稜年終儺戲循遺

홍석모洪錫謨(1781~1857), **「궤세**饋歲**」, 『도하세시기속시**都下歲時紀俗詩**』.**

홍석모는 『도하세시기속시』의 115번째 시로 「궤세」를 다음과 같이 노래했다. "좋은 것 선사하는 인정 많은 풍속 / 반 접은 총명지聰明紙에 정 더욱 도탑네 / 제일로 넉넉한 건 황해도와 평안도 곤수閫帥의 선물 / 주린 집에 피어나는 훤한 얼굴빛(厚風饋歲物維嘉, 伴簡聰明意更加, 例問最饒兩西閫, 偏生光色餓臺家)" '궤세'는 연말에 상관에게 인사로 좋은 음식이나 물품을 올리는 일로, 세궤歲饋, 세의歲儀라고도 한다. '총명지'는 궤세의 물품 내역을 적은 종이다. '곤수'는 '곤외閫外'라고도 하는데, 병마兵馬를 책임진 장군, 곧 병마절도사兵馬節度使를 말한다. 참고로 '곤외'는 성문 밖, 곧 변방이라는 뜻이다. "묵은해를 보내고 새해를 맞는 개력改曆(묵은해를 보내고 새해를 맞이함)의 전후를 세歲라 하여 선물을 서로 주고받는 것을 세찬歲饌이라 이르니, 여기에 여러 종류가 있어 이를테면 민간 일반의 인정미 주고받기와 조정에서 기로대신耆老大臣(연로하고 덕이 높은 이들과 정승), 종척각신宗戚閣臣(왕의 종친, 외척과 규장각의 벼슬아치)에게 쌀·고기·물고기·소금을 하사함과 또 외방外方의 수령守令 방백方伯이 각각 토산품으로 서울의 친척 혹 권세가에 보내는 것 등이 그것이다. (…) 세찬의 종류는 거의 쌀·술·연초煙草·어물魚物·육종肉種·산 꿩·계란·곶감·김 등에 국한된 듯하며, 또 민간의 세찬은 세전歲前에 주고받는 것이 통례로되, 조정에서 내려주는 것은 대개 세후歲後에 행함으로 예를 삼았다. 『수서隋書』 「신라전新羅傳」에 '매 정월 초하루에 서로 하례를 하고, 왕은 연회를 베풀어 여러 관리에게 나누어주는 일을 행하였다'는 기사가 있으니, 우리나라 세수歲首에 물품을 선사하는 풍속이 오래되었음을 볼 것이다."(『조선상식』)

수세守歲

수세守歲. 『조선의 연중행사』.

수세는 경신일庚申日에 잠을 자지 않고 밤을 지새우는 도교적인 장생법의 하나인 수경신守庚申을 말한다. 60일에 한 번씩 돌아오는 경신일이 되면 사람 몸에 기생하던 세 마리의 벌레인 삼시三尸(각각 이마 · 심장 뒤 · 배꼽 아래 단전에 산다고 함)가 사람이 잠든 사이에 몸을 빠져 나와서 천재天帝에게 지난 60일 동안의 죄과를 고해 바쳐 수명을 단축시키기 때문에 밤에 자지 않고 삼시가 상제에게 고해 바치지 못하도록 하여 천수天壽를 다하려는 신앙의 한 형태가 수경신이다. 중국에서는 일찍부터 민간 신앙의 하나로 전승되다가 송 나라 때부터는 축제의 형태로 이어졌다. 우리나라에서 수경신의 풍습이 기록된 최초의 문헌은 『고려사』로, 고려 원종 6년(1265)에 태자가 밤새워 연회를 베풀면서 자지 않았다는 기록이 전한다. 조선 시대 궁중에서는 이날 기녀와 악공을 불러 놓고 연회를 베풀면서 밤을 지새우는 관행이 계속 행해지다가 영조 35년(1759)에 미신이라고 여겨 연회를 폐지하고 다만 등불을 밝히며 근신하였다. 한편 수경신은 비단 궁중에서만이 아니라 일반 민간에서도 행해졌는데, 민간에서는 궁중에서 연회를 베푸는 것과는 달리 등촉을 대낮같이 밝히면서 철야한다. 대개의 경우 노래와 춤, 음식과 술로 밤을 지새는데, 풍류객이나 난봉꾼들이 마음놓고 즐기는 기회로 삼았다.

참고문헌

자료

가례도감嘉禮都監, 가례작의嘉禮酌儀, 격몽요결擊蒙要訣, 견한잡록遣閑雜錄, 경국대전經國大典, 경도잡지京都雜志, 경모궁의궤景慕宮儀軌, 경세유표經世遺表, 계곡만필谿谷漫筆, 계산기정薊山紀程, 고금석림古今釋林, 고려사高麗史, 고운당필기古芸堂筆記, 관우희觀優戲, 국도팔영國都八詠, 국조오례의國朝五禮儀, 규합총서閨閤叢書, 금경禽經, 금오신화金鰲新話, 금제절목禁制節目, 낙하생고洛下生藁, 난중일기亂中日記, 노사집蘆沙集, 농가월령가農家月令歌, 다산시문집茶山詩文集, 담정유고薄庭遺藁, 담정총서薄庭叢書, 담헌서湛軒書, 대전회통大典會通, 도문대작屠門大嚼, 도하세시기속시都下歲時紀俗詩, 동국세시기東國歲時記, 동국여지비고東國輿地備考, 동다기東茶記, 동몽선습童蒙先習, 동문선東文選, 동사록東槎錄, 동의보감東醫寶鑑, 만기요람萬機要覽, 만휴당기晩休堂記, 매천집梅泉集, 면암집勉菴集, 명회전明會典, 목련경目蓮經, 목민심서牧民心書, 목은시고牧隱詩藁, 목은집牧隱集, 몽경당일사夢經堂日史, 몽어유해蒙語類解, 무명자집無名子集, 문무자초文無子抄, 반계수록磻溪隧錄, 발합경鵓鴿經, 방언유석方言類釋, 백사별집白沙別集, 백운필白雲筆, 백호집白湖集, 병와집甁窩集, 보인부신총수寶印符信總數, 북학의北學議, 빈녀난타경貧女難陀經, 사략史略, 산림경제山林經濟, 산해경山海經, 삼국유사三國遺事, 삼국지연의三國志演義, 삼언이박三言二拍, 상서기문象胥紀聞, 서계집西溪集, 석주집石洲集, 설문해자說文解字, 성소부부고惺所覆瓿藁, 성호사설星湖僿說, 세시기歲時記, 세시잡영歲時雜詠, 세종실록世宗實錄, 세종실록지리지世宗實錄地理志, 소문사설搜聞事說, 소학小學, 속동문선續東文選, 송남잡지松南雜識 , 수서隋書, 숙종실록肅宗實錄, 순암선생문집順庵先生文集, 순조기축진작의궤純祖戊子進爵儀軌, 시경詩經, 신증동국여지승람新增東國輿地勝覽, 신증유합新增類合, 아언각비雅言覺非, 악학궤범樂學軌範, 약사경藥師經, 양화소록養花小錄, 어우야담於于野談, 연경제전집硏經濟全集, 연대재유록燕臺再遊錄, 열녀춘향수절가烈女春香守節歌, 열양세시기洌陽歲時記, 열하일기熱河日記, 영조실록英祖實錄, 오주연문장전산고五洲衍文長箋散稿, 오하기문梧下記聞, 완당전집阮堂全集, 왜어유해倭語類解, 용재총화慵齋叢話, 우란분경盂蘭盆經, 원행을묘정리의궤園幸乙卯整理儀軌, 유서필지儒胥必知, 임원경제지林園經濟志, 임하필기林下筆記, 자산어보玆山魚譜, 자저실기自著實記, 전등신화구해剪燈新話句解, 전등신화剪燈新話, 정유각집貞蕤閣集, 정조실록正祖實錄, 존재집存齋集, 주영편晝永編, 주자가례朱子家禮, 중용中庸, 증보사례편람增補四禮便覽, 지봉유설芝峯類說, 진연도감進宴都監, 진택집震澤集, 창암집蒼巖集, 천자문千字文, 청성잡기青城雜記, 청장관전서青莊館全書, 청죽화사聽竹畵史, 통감通鑑, 퇴계집退溪集, 파한집破閑集, 표암유채豹菴遺彩, 풍속통의風俗通義, 하곡집霞谷集, 학봉속집鶴峯續集, 한경사漢京詞, 한경지략漢京識略, 한도십영漢都十詠, 한양가漢陽歌, 해동역사海東繹史, 해동죽지海東竹枝, 향약구급방鄕藥救急方, 현우경賢愚經, 형초세시기荊楚歲時記, 환영지寰瀛誌, 후한서後漢書, 훈몽자회訓蒙字會

단행본

강문종 외, 『조선잡사』, 민음사, 2020.

강용권, 『한국민속극연구』, 제일문화사, 1997.

『경성부사京城府史』, 경인문화사, 2000.

고려대학교아세아문제연구소육당전집편찬위원회, 『조선상식문답朝鮮常識問答』, 현암사, 1974.

______________________, 『조선상식朝鮮常識』, 현암사, 1974.

국립고궁박물관, 『조선왕실의 가마』, 그라픽네트, 2005.

__________, 『왕실문화도감 : 조선왕실복식』, 2013.

국립민속박물관, 『한국세시풍속사전』, 2004~2006.

__________, 『한국민속대백과사전』, 2015.

__________, 『한국민속예술사전』, 2015~2016.

규장각 한국학연구원, 『조선 양반의 일생』, 글항아리, 2009.

길모어, 『서울풍물지』, 집문당, 2019.

김근, 『욕망하는 천자문』, 삼인, 2003.

김영상, 『서울육백년』, 대학당, 1994.

김운학, 『한국의 차 문화』, 이른아침, 2004.

김재철, 『조선연극사朝鮮演劇史』, 민속원, 1995.

김학주, 『한·중 두 나라의 가무와 잡희』, 서울대학교출판부, 1994.

나카무라 킨조, 『조선풍속화보朝鮮風俗畫譜』, 온이퍼브, 2015.

문일평, 『화하만필花下漫筆』, 삼성문화재단, 1972.

문화재청, 『문화재사랑』, 2018.6.

박동춘, 『우리 시대 동다송』, 허원미디어, 2013.

방신영, 『조선요리제법朝鮮料理製法』, 열화당, 2011.

부산박물관 학예연구실, 『사진엽서로 보는 근대풍경』, 민속원, 2009.

세종대왕기념사업회, 『한글글꼴용어사전』, 2011.

아키바 다카시, 『조선민속지朝鮮民俗誌』, 동문선, 1993.

우라카와 가즈야 엮음, 『그림엽서로 보는 근대조선』, 민속원, 2017.

윤열수, 『민화이야기』, 디자인하우스, 1995.

이능화, 『조선무속朝鮮巫俗考』, 동문선, 1991.

_____, 『조선여속고朝鮮女俗考』, 동문선, 1990.

이동주, 『한국회화사론』, 열화당, 1987.

이완우, 『서예감상법』, 대원사, 1999.

이용기, 『조선무쌍신식요리제법朝鮮無雙新式料理製法』, 궁중음식연구원, 2001.

이용희, 『한국회화사론』, 연암서가, 2018.

이우성 · 임형택, 『이조한문단편집』, 일조각, 1978.
『일본지리풍속대계日本地理風俗大系』, 경성일보사, 1930.
임종국, 『한국사회풍속야사』, 서문당, 1997.
정문기, 『어류박물지魚類博物誌』, 일지사, 1974.
조선총독부, 『백두산식물조사서白頭山植物調査書』, 1918.
『조선풍경인속사진첩朝鮮風景人俗寫眞帖』, 일한서방, 1911.
『조선풍속풍경사진첩朝鮮風俗風景寫眞帖』, 朝鮮風俗硏究會, 1920.
조용진, 『동양화 읽는 법』, 집문당, 1989.
조풍연, 『서울잡학사전』, 정동출판사, 1991.
조흥윤, 『민속에 대한 기산의 지극한 관심』, 민속원, 2004.
주남철, 『한국의 문과 창호』, 대원사, 2001.
진경환, 『서울의 풍속과 세시를 담다: 완역 경도잡지』, 민속원, 2021.
______, 『예로부터 이른 말이 농업이 근본이라: 주해 농가월령가』, 민속원, 2021.
______, 『세시기 번역과 주석의 제 문제』, 민속원, 2022.
______, 『백성의 말 하려 하니 목이 메고 눈물 난다: 주해 조선후기 현실비판가사』, 문예원, 2023.
______, 『조선의 세시를 기록하다: 완역 동국세시기』, 민속원, 2023.
하영섭 · 황필홍, 『한시 작법의 정석』, 단국대학교출판부, 2009.
『한국사진첩』, 박문관, 1905.
한국정신문화연구원, 『한국민족문화대백과사전』, 1996.
홍선표, 『조선요리학朝鮮料理學』, 조광사, 1940.
Jon Carter Covell, *Korea's Cultural Roots*, Hollym, 1982.
內由道夫 解說, 『北京風俗圖譜』 1, 平凡社, 2012.

논문

강명관, 「조선후기 기녀제도의 변화와 경기京妓」, 『한국고전여성문학연구』 18, 2009.
김정희, 「조선시대 유하마도 연구」, 고려대학교 석사학위논문, 2007.
사진실, 「산희와 야희의 공연 양상과 연극사적 의의」, 『공연문화연구』 3, 2001.
신경숙, 「가곡 연창 방식에서의 '중대엽, 만대엽과 대가'」, 『민족문화연구』 49, 2008.

기타

한국고전종합DB.

찾아보기

가

마

바

사

아

자

차

카

타